徽学文库

徽学研究的拓展与深化

——教育部名栏《安徽大学学报》「徽学」专栏论文选

安徽大学学报编辑部◎编

北京师范大学出版集团
BEIJING NORMAL UNIVERSITY PUBLISHING GROUP
安徽大学出版社

图书在版编目(CIP)数据

徽学研究的拓展与深化:教育部名栏《安徽大学学报》"徽学"专栏论文选/安徽大学学报编辑部编. —合肥:安徽大学出版社,2018.9
(徽学文库)
ISBN 978-7-5664-1704-6

Ⅰ.①徽… Ⅱ.①安… Ⅲ.①文化史—徽州地区—文集 Ⅳ.①K295.42—53

中国版本图书馆 CIP 数据核字(2018)第 195828 号

徽学研究的拓展与深化:教育部名栏《安徽大学学报》"徽学"专栏论文选　　安徽大学学报编辑部编

出版发行:北京师范大学出版集团
安 徽 大 学 出 版 社
(安徽省合肥市肥西路 3 号 邮编 230039)
www.bnupg.com.cn
www.ahupress.com.cn
印　　刷:安徽昶颉包装印务有限责任公司
经　　销:全国新华书店
开　　本:170mm×240mm
印　　张:36.25
字　　数:572 千字
版　　次:2018 年 9 月第 1 版
印　　次:2018 年 9 月第 1 次印刷
定　　价:89.00 元
ISBN 978-7-5664-1704-6

策划编辑:李　君　　装帧设计:李　军
责任编辑:李　君　　美术编辑:李　军
责任印制:陈　如

目　录

地方、士人与空间秩序：晚期帝制时代中国士人的“地方”想象

——以宋明间徽州士人的乡邦言说为例

［美］杜勇涛

近三十多年来，西方中国史研究领域最令人瞩目的亮点之一就是地方史的兴起。通过将分析的焦点从整个帝国转向某一具体地域，它已经在诸如社会流动、宗教、精英阶层以及民间组织等诸多问题上，深刻地改写了多年以来的传统观点。而在此过程中，地方史研究本身在视角上所经历的变迁也颇令人深思。

地方史在1970年代初起之时，是由明清史领域内的学者引领的一项方法上的革新，主要目的是避免在研究像中国这样的庞大帝国时出现大而化之的倾向。但是到了1980年代，宋史学者们加入进来时，地方史开始和一个非常大胆的有关士大夫的历史论说交结在一起。该说最初由Robert Hartwell提出，经由其高徒Robert Hymes之手变得很有影响①。其主要观点可以概括为：中国士人在政治与社会生活上的导向在两宋之间实现了从朝廷/京城向本乡本土的转折——南宋以后的士大夫开始成为真正的乡绅，从政入仕虽然重要，但只是多项考虑中的一项，并且因科举制度的逐渐深入而变得无法

---

① Robert Hartwell, “Demographic, Political, and Social Transformations of China, 750—1550”, *Harvard Journal of Asiatic Studies*, vol. 42, no. 2, 1982, pp. 365—442; Robert Hymes, *Statesmen and Gentlemen: the Elite of Fu-Chou, Chiang-Hsi, in Northern and Southern Sung*, Cambridge, Eng.: Cambridge Univ. Press, 1986.

逆料，而对乡土的关注则成为恒久之事（所以 Hymes 的书取名 *Statesmen and Gentlemen*）。两人都认为南宋的士人和明清的士人在立足乡土这一点上非常相似，所以南北宋之间的变迁可能是中国历史上具有“长时段”意义的转折。此说产生的影响之一是研究宋元明清思想史、文化史的学者沿此思路，考察“地方”如何成为“士文化”的内在本性之一，并参与对士文化的界定。例如，Peter Bol 等学者研究地方士人如何以构建地方文化传统的方式来和朝廷争夺对“士”的表述权①。

本文试图将上述“地方”与“士”关系的研究换个角度切入：不是考察“地方”如何界定“士”，而是考察士人如何解说“地方”，以及如何在其对空间秩序的理解中给“地方”定位。笔者将“空间秩序”定义为各个不同大小的地理实体——诸如天下、国家、州郡、村庄等等——之间的关系。“地方”的尺度划在哪里当然可以有各种观点，此处仅循地方史研究中的惯例将地方行政体系所划定的府或县作为“地方”（府县作为典型的“地方”，其中缘由另有探讨，此处从略）。研究的方法也依地方史惯例，选择一地进行分析。所选徽州府在南宋开始有比较集中的地方士人有关乡土的著述，此后的三百多年间，徽州士人对其乡土的论说经历了明显的变化：南宋时多以水土论风俗，元明之际推出了徽州为“东南邹鲁”一说，到明中叶则又以祠堂、宗族等为一地之标识。此后直到清末，徽州人对于自己乡土的论说大体稳定，主要以“东南邹鲁”与祠堂、宗族并举。所以此文的考察在时间上界定在 1200 年与 1550 年之间。

一、地气与民风：宋代徽州的地域观

南宋时，徽州已经有很多关于士人致力于乡邦建设的记载，比如造桥修路、兴建社仓等等。同时亦有士人将本乡本土高举为德性的试金石。《新安志》的作者罗愿（1136—1184）讲到南北朝时的徽州先贤程灵洗时说道：

---

① Peter Bol, “The ‘Localist Turn’ and ‘Local Identity’ in Late Imperial China”, *Late Imperial China*, vol. 24. no. 2, 2003; “Neo-Confucianism and Local Society: Twelfth to Sixteenth Century: A Case Study”, in Paul Smith & Richard von Glahn(eds.), *The Song-Yuan-Ming Transition in Chinese History*, Cambridge: Harvard University Asia Center, 2003, pp. 241—283.

壮士之出身，用武以立功显名于时者世常有之，然能使其乡百世思之者鲜矣。中古以来，相矜以权利，有啮臂而去其亲，为间而焚其孥，临阵而欺其友，苟取一切，不顾所厚。其威则伸于敌矣，而不见信于族党。其位则列于朝矣，而不见誉于州里。激扬人主之前，矜视同列，得志富贵矣，而不可以见故乡之父老，先世之丘墓，往往随宦留止，不能复还，使其子孙为羁人于四方，数世之后燕秦楚越矣，而况能使其乡百世思之者哉？若吾州程公则不然。[①]

此处的徽州“地方”被赋予道德判断的最后发言权，而徽州以外的四方与朝廷则被当作功名利禄之场。方岳（1199—1262）在论说与自己基本同时代的乡贤程泌（1164—1242）时则更为彻底：

圣有大训，言忠信，行笃敬，虽蛮貊之邦行矣。言不忠信，行不笃敬，虽州里行乎哉？然而行于蛮貊者易，行于州里者难。独何与？州里得之于其常，蛮貊得之于其暂，暂者易勉而常者难持也。士固有冠冕佩玉天下之通贵，而不为乡士大夫所齿者矣。月旦之评其可畏如此。故士之所以修其身者，愈近则愈难事容，可以欺天下而不可以欺妇子也。夫子之所以圣，不过乡党一书，而所谓治国平天下者无余蕴矣。[②]

在此类论说中，地方显然已经不只是被国家行政区划所界定的一个行政单位，而是普世价值的避难所，因而彰显出其相对于朝廷的独特性。但是，有什么内在的特点令徽州与众不同呢？宋代徽州人在谈到徽州时，多数会强调其由于山川土壤等自然条件所造就的民风，比如罗愿在《新安志》中所说的山高水急，故而士人适合做谏官；山限水隔，故而男子耐劳、女人守节等等。朱熹也说徽州：

山峭厉而水清激，故禀其气、食其土以有生者，其情性习尚不能不过刚而喜斗。然而君子则务以其刚为高行奇节，而尤以不义为羞。故其俗

① 罗愿：《鄂州小集》卷3《程仪同庙记》，《景印文渊阁四库全书》，台北：台湾商务印书馆。

② 方岳：《休宁县修学记》，《新安文献志》卷13，《景印文渊阁四库全书》，台北：台湾商务印书馆。

难以力服而易以理胜。[①]

比朱熹稍晚的程泌则说：

> 大江之南、黟歙之间有郡焉，曰新安。其山峭刻而壁立，其水清泚而流湍，其人育山灵而吞水液也，往往方严而劲正，耻谀澜而疾回奸，其民则尚气好斗好讼，其士大夫则尚气好义，可杀可僇，而英气毅概凛然而莫干。故其出任于时也多为材御史，否则为真谏官。此固自昔已如此，而非独今为然也。[②]

如此讲论地方特性，强调的是一地之“气”对民风的影响。这种观念可追溯到先秦。但自秦汉政治一统以来，一地之“气”多被认为是偏狭之气，它所造就的民间文化则是“俗”文化，需要被帝国王朝所代表的“雅”文化所归化。对此，余英时先生早有论述。南宋徽州士人对地方土俗的崇尚是否上接被压制的先秦观念，则有待深究。然而南宋徽州士人做此类论说却并非没有顾虑：首先，强调地气的影响会将他们拉近村野小民，从而削弱他们的士人地位。所以在上述论说中我们看到，论者在赞扬了地气之后，又急忙将其对士人的影响和对村野小民的影响区分开来。其次，土俗之为“俗”，正在于其中有粗野之处，这和士君子“如琢如磨”的理念不合。认同“俗”文化有可能使他们离“雅”文化更远，从而将自己置于尴尬境地。元代徽州人程文（1289—1359）对新任徽州路绩溪县主簿揭士弘所做忠告，也正反映了讲论土俗者所面对的共同处境：

> 惟其民风土俗则不可以不察也。徽之为郡，在万山中，地高而气寒，其民刚而好斗。绩溪当宣歙之交，尤为阨塞险绝处。国初，有司者乘其新附，虎视而鹰攫之。民不堪命，遂起为乱。朝廷命将出师以讨之。堑山垒泽以为固，攻之不下。其人曰，吾非敢反也，纾死也，若许侯来，无事兵矣。许侯者名楫，尝守徽，有惠爱于民。是时迁他官，诏召以来。许侯掉臂入其巢穴，众皆罗拜而出矣。人皆谓许侯贤于三军之师，而不知绩溪之民可以义服而不可以威屈也。[③]

---

① 朱熹：《休宁县新安道院记》，弘治《徽州府志》卷12。

② 程泌：《洺水集》卷12《祭汪给事》，《景印文渊阁四库全书》，台北：台湾商务印书馆。

③ 程文：《送揭主簿之官绩溪序》，《新安文献志》卷20。

此处程文对乡民习俗同情甚至推崇自不待言,但是这里土俗已然导致乡民犯上作乱,所以程文也只能调和一下,以“绩溪之民可以义服而不可以威屈”的说法来掩盖土俗里面的尴尬因素。本于水土地气的风俗或有可爱的一面,但是作为士人则很难对它作毫无保留的颂扬。

既然有如此顾虑,南宋徽州士人为什么仍要以水土风俗论地方特性呢?其原因大概与南宋徽州士文化本身的特点有关:它的士人圈在宋室南渡后才生发出来,且士人多以入仕见称。《新安志》对此有确切描述:

> 自汉世……其人自昔特多以材力保捍乡土为称。其后寖有文士。黄巢之乱,中原衣冠避地保于此。后或去或留,俗益向文雅。宋兴则名臣辈出。[①]

换言之,这个士文化圈本身初生不久,并无什么过人之处,而颂扬水土风俗则更容易彰显徽州的独特之处。在南宋士人方兴未艾的对“地方”的关注之中,它显然更容易地满足了一种需求。另一方面,南宋徽州士人通过入仕,又能保证自己的“士大夫”身份安然无忧。在此情况下,高扬一下土俗并无大害。但如此界定出来的徽州并不隐含与其他地方的对比,也很难将徽州的士人与天下的士人和士人文化连接在一起。对于南宋徽州士人来说,这不成为问题,因为这种必要的连接他们通过科举入仕已经得到。但是对于元代徽州士人来说,因为科举入仕之途基本被堵死,这种连接只能靠儒学来维系。如此一来,徽州士人对乡土的论说就不得不改变。

二、学问与地域:“东南邹鲁”的生成

(一)士文化的转变与徽州形象的重塑

有元一代,汉族士人通过科举入仕的可能性剧减。以徽州而言,总共只有23人得中举人,得中进士者更不过5人而已。士人之所以为“士”者原有两途,或入仕或为学。现在入仕之途既没,则只剩为学一途。元代徽州士人多数是在野的学者,这在明代徽州方志中亦有体现:“勋贤”一门,到南宋戛然

---

① 罗愿:《新安志》卷1《风俗》,《景印文渊阁四库全书》,台北:台湾商务印书馆。

而止，而“硕儒”一门所载，则几乎全在元代；“书院”一门的记载，亦集中在元代。与此同时，儒学本身在元代也发生了很大变化。长期以来，儒学内部的“文章”与“道学”两种倾向围绕着科举考试的科目展开竞争，而朝廷则是“文章”派的重要支柱。元初科举考试的没落使得“文章”派失去了这个支柱，而“道学”派则获得了更加自由的生长空间，并在各地士人中渐占上风。到1313年，朝廷为加强其在士人心目中的合法性而重启科考时，自然因时就势，转而支持“道学”派。所以“道学”在元代成了儒学正统。

在徽州，“道学”的兴起可由朱熹地位的隆起略窥一斑。朱熹祖籍徽州，所以被认为是徽州人。自南宋末起，徽州士人为朱熹建祠修庙的现象日渐频繁。到元中期，朱熹之学已然是徽州儒学的灵魂。活跃于此期的徽州大儒陈栎(1252—1334)曾言：“某生朱子之乡，学朱子之学，性膏理髓，嚅哜迄今。窃尝编述发明朱子之说……舍朱子之书不好也。”[①]与陈栎大致同时，徽州儒者如程若庸(1268年进士)、胡炳文(1250—1333)、倪士毅(1330年前后在世)、郑玉(1298—1358)、汪克宽(1304—1372)、赵汸(1319—1369)、朱升(1299—1370)等相互激励，形成一派，人称“新安儒学”。这些学者多数在野，专以弘扬“道学”、抵制“文章”之学为任。比如赵汸曾说：“徒以文学称者，非圣人意也。”[②]郑玉也说：“道之不明文章障之也，道之不行文章尼之也，文章之弊可胜言哉。”[③]

而新安儒者作为群体最明显的标识就是对朱熹的独尊。他们称朱子为“郡先师”，以朱学正传自命，而又将世/士风的败坏归咎于天下士人对朱学的偏离。为拯救圣学于危难，他们又效仿宋儒，讲论道学谱系，将新安儒者接在孔孟程朱之后，以续正统。比如陈栎生前便有承续道统之说，死后则被尊为朱学正传。揭傒斯所作墓志铭曰：

> 圣人之学，至于新安朱子广大悉备。朱子既没，天下学士群起著书。一得一失，各立门户，争奇取异，附会缴绕，使朱子之说翳然以昏。朱子没五十有三年而陈先生栎生于新安。生三岁，祖母吴夫人口授《孝经》

① 陈栎：《定宇集》卷10《上张郡守书》，《景印文渊阁四库全书》，台北：台湾商务印书馆。

② 赵汸：《华川书舍记》，《新安文献志》卷16。

③ 郑玉：《师山集》序，《景印文渊阁四库全书》，台北：台湾商务印书馆。

《论语》辄成诵。五岁入小学,即涉猎经史。七岁通进士业,十五岁为人师,二十三而宋与科举俱废。慨然发愤圣人之学,涵濡玩索,废寝忘食,贯穿古今,罗络上下。以有功于圣人莫盛于朱子,惧诸家之说乱朱子本真,乃著《四书发明》《书传纂疏》《礼记集义》等书,余数十万言。其畔朱子者刊而去之,其微辞隐义引而伸之,其所未备补而益之。于是朱子之学焕然以明。[①]

元末,朱升亦被尊为朱学正传,有友人吴鼎赠诗曰:“紫阳道统接河南,又得枫林(朱升号枫林先生)继述完,一脉真传今即古,千年秘学易而难。”[②]

与徽州士文化的变迁相呼应,徽州士人对乡邦的言说亦开始转变。宋元之际,已有人将徽州与儒学的发源地作比。例如,方回于1281年讲到:“歙,今鲁也;紫阳,今洙泗也。”[③]此后不久,徽州士人又将二程的祖籍也追溯到徽州,并在1324年将二程请入乡贤祠。胡炳文为此作乡贤祠记,将徽州列在帝尧之冀、文王之岐和孔子之鲁后面,俨然儒学圣地:

近有为道统之说者,曰圣贤之生,天地气化,相为循环。冀在北,岐周在西,鲁在东,舂陵新安在南。夫斯道绝续,天也。自北而南迭生圣贤,以续道统之传,非偶然也。方今程子之学行天下,四海之外、遐陬僻壤犹有学其学者,况兹大好山水,乃其云之泰山、河之昆仑也哉?此乡贤祠之所由作也。《诗》不云乎“维岳降神,生甫及申”,吾新安以之;又不云乎“高山仰止,景行行止”,吾新安之士当以之。[④]

到了元明之际,徽州为“东南邹鲁”之说逐渐成形。相关表述很多,以赵汸的表述为例:

新安自南迁后,人物之多,文学之盛,称于天下。当其时,自井邑田野以至于远山深谷,民居之处,莫不有学有师有书史之藏。其学所本则一以郡先师子朱子为归。凡六经传注,诸子百氏之书,非经朱子论定者父兄不

---

① 揭傒斯:《定宇先生墓志铭》,《定宇集》卷17。

② 朱升:《朱枫林集》卷10《附录·诸名公赠归新安诗》,《景印文渊阁四库全书》,台北:台湾商务印书馆。

③ 方回:《徽州重建紫阳书院记》,《新安文献志》卷14。按,紫阳山在徽州府城外。

④ 胡炳文:《徽州乡贤祠记》,《新安文献志》卷14。

以为教，子弟不以为学也。是以朱子之学虽行天下，而讲之熟、说之详、守之固，则惟新安之士为然。故四方谓东南邹鲁。[①]

(二)乡学、"天下"与地域次序

徽州士人为什么要以朱熹和道学为核心重新定义徽州的士文化呢？一个明显的原因是以朱熹为纽带，他们可以与天下的士文化相连接。用胡炳文等人的话说，就是程朱之学"行之天下"，程朱之书"四海共读"[②]。但此事尚有另外一面：虽然朱熹毫无疑问可以将徽州与天下儒学连在一起，但是在徽州，朱熹却是被称为"郡先师"。上引陈栎在陈述自己独尊朱学的理由时亦并未从学理上着力，而以"某生朱子之乡"为首要理由。这似乎暗含徽州士人已将儒学地域化视为当然。

这方面还有别的证据。汪克宽曾撰文称颂古代乡学之风，说"士生斯时，不待舍去桑梓而有学有师，其人才之盛、风俗之美非后世所能及也"[③]。赵汸则更为明确地说："学之为道，又非可以私意苟且而妄为之者，矧新安之学本乎郡先师者，父兄师友之授受犹或有传也，其可一旦废而不讲乎。"[④]曾有一个游学四方的乡人出发前上门拜访，求赠一言，赵汸委婉地劝他不要"徇外以为学"[⑤]。这种不愿轻去其乡的为学路径，当然并不意味着徽州士人无视天下的存在，而是要立足本乡兼济天下。赵汸将此表述为：

夫所谓天下之士者，不出乎一乡一国也。以一乡一国之士而以天下名，则其所立必有大异于常人者矣。[⑥]

"一方之士"与"天下士"是元代汉族士人经常争论的话题。当然，争论的结果大抵都是"士"之为"士"不能被一乡一域所局限。但是这种争论的存在

---

① 赵汸：《东山存稿》卷4《商山书院学田记》，《景印文渊阁四库全书》，台北：台湾商务印书馆。

② 胡炳文：《徽州乡贤祠记》，《新安文献志》卷14；唐桂芳：《白云集》卷7《祭朱子文》《紫阳书院上梁文》。

③ 汪克宽：《万川家塾记》，《新安文献志》卷16。

④ 赵汸：《东山存稿》卷4《商山书院学田记》。

⑤ 赵汸：《东山存稿》卷2《送叶宗茂还安丰序》。

⑥ 赵汸：《对江右六君子策》，《新安文献志》卷38。

本身则表明，对于元代士人来说，以“地方”论学问已成为一种趋势。这种趋势的发展有时甚至令赵汸担忧，因而劝其同志者不要“论先哲于乡土”[①]。关于这种“乡学”之风在元代的发展，最近的地方史研究在别处也有发现。

“乡学”之风的兴起在另一面则意味着一地士人意识到其他地方也有“乡学”和士人圈子。比如赵汸就对他的婺州友人说过“浙东多文献故家，它邦莫及”。朱升的儿子朱同也向他的婺州友人恭维婺州的学术传统，并说“学之不可无父兄师友乡党闾里之助也”。同样，婺州的儒者也有时会劝勉永嘉学者发扬光大“永嘉之学”。也就是说，当徽州的士人以儒学来重新界定徽州的士文化时，各地儒士已开始注意到儒学的地域性的维度，并在某种意义上把它当作各地之学的总汇。徽州士人把朱熹称为“郡先师”，反映的大概就是这样一种趋势。

在这种趋势下，徽州士人对乡邦的论说进行调整就显得很有必要。从前以山川地气论乡邦的办法，强调的是一种先天的赋予，而非后天的修养磨炼，这使得它与士文化的理念之间一直有不和谐之处。假如宋时他们通过科举入仕可以保证自己和天下的士文化有稳固的联系，从而暂时忽略这种不和谐的话，那么，到了元代由于科举断绝，士人身份全靠儒学来维持，他们已经无法继续忽视这个问题。为了维护已经受到威胁的士大夫身份，他们必须高度强调自己儒学的一面。而此时儒学已然成为各地之学总汇的这一现实，也迫使他们必须对山川地气论做低调处理，否则他们自己声称的儒学正统地位必将受到削弱。

将徽州重新塑造为“东南邹鲁”强调的是徽州士人后天的学养，从而使徽州与士文化理念之间更加融洽。徽州作为一个“地方”的个性并未丧失，与此同时，它却可以获得山川地气论里所没有的一些象征性资源，即徽州与“天下”的关联。程朱之学是“行之天下”的普世之学，各地共宗之；徽州是程朱之学的正宗，因而是天下的楷模。徽州与天下各地是联系在一起的，并且是羊群里的领头羊。作为“东南邹鲁”的徽州因此超越了别的地方。但是这种超越并不意味着徽州与别的地方有任何本质上的不同，特性呈现在共性之中。

① 赵汸：《华川书舍记》，《新安文献志》卷16。

三、宗族与地域

(一)宗族、地方主义与地域特征

宗族成为徽州的标识也和道学的传播有关,不过它牵涉更多的人,经历了更长的时间。宗族建设作为士大夫地方主义行为的最主要方式在南宋徽州就开始了。其主要形式是士大夫通过建立同宗组织,培养宗人联系,从而确保本族在地方社会中的优势地位。由宋经元到明,宗族建设在徽州日渐兴盛。在此过程中道学的贡献甚为关键:几乎所有的道学家都同时是宗族活动的积极组织者和参与者;更为重要的是,道学为宗族建设提供理论支柱。随着道学在徽州的展开,不仅道学家,而且普通士人都参与到了宗族活动中。徽州的宗族之盛是众所周知的,而宗族活动在生活中的渗透之深则反映在一地之内族与族之间的竞争之中,比如请名人为族谱作序以显亲扬名,或以一族为单位与它族展开词讼等。关于此类竞争,Hymes 在研究宋元时期的江西抚州时有很精妙的解释,即族群意识从前是私事,现在则变成了公开领域内讨论、评介并宣扬的事情。在徽州,此类竞争尤其激烈,而其最明显的证据则是通过编纂《新安大族志》之类的书对本地大族进行排名。最早的《新安大族志》由陈栎在 1316 年编定成书,以后二百多年又有多种版本继其后。

到 16 世纪初,徽州士人逐渐将徽州与宗族联系在一起。成书于 1502 年的弘治《徽州府志》已经开始在"宫室"一门中记载宗祠。嘉靖中期的吴子玉论到:"寰海之广,大江之南,宗祠无虑以亿数计,徽最盛;郡县道宗祠无虑千数,歙最盛……姓必有族,族有宗,宗有祠。诸富人往往独出钱建造趣办,不关闻族之人。诸绌乏者即居湫隘,亦单力先祠宇,毋使富人独以为名。由是祠宇以次建益增置矣。"[①]1566 年的嘉靖《徽州府志》"宫室"门更是明确提出"惟宗祠以奉尝祖祢,群其族人,而讲礼于斯,乃堇见吾徽而它郡所无者"。徽州宗族发展之极盛是在清代,但是宗族作为徽州的标识,其确立是在 16 世纪中期应该毫无疑问。

---

① 吴子玉:《大鄣山人集》卷 22《沙溪凌氏祠堂记》,"四库全书存目丛书"本。

相对于道学，宗族活动更能凸显“地方”的重要性。首先，它通过一整套的礼乐制度将士人与他们的宗人凝聚在一起，而由此又将他们与乡土连接在一起。正如明中期的徽州士人程敏政(1445—1500)在探寻江南宗族之盛的原因时所说，“虽歉而不事他徙，故得相保而不至并亡也”[①]。其次，宗族间的竞争也促使宗人安于本土。对此程敏政亦有发明，即在宗族林立的地方，社会秩序“非数百年聚处而有道以维之，亦不足以致之也”[②]。换言之，人与桑梓同宗的联系更深化了人与乡土“地方”的联系。在这个意义上，一个合格的宗人同时就是一个合格的乡人。所以也不奇怪，随着元明间宗族活动的深入，弘治《徽州府志》在其“风俗”一门中又更加强调“安土重迁”四字。

将宗族高举为徽州的标识，就是彰显徽州士人与本乡本土根深蒂固的连接。与南宋徽州仍带有较强“号召”色彩的地方主义不同，明中期徽州的地方主义因为宗族的发展而具有了坚固的制度基础。南宋士人对乡土的推崇更是一种“言论”与“理想”，其发生的背景中包括了许多人们对乡土的“不重视”，而其发生本身或许就是对这种“不重视”的反应。比如吴儆(1125—1183)一方面对徽州的山水地气民风大唱赞歌，另一方面又哀叹很多徽州士人在致仕之后“寓他郡”，终老不还乡[③]。而有宋一代徽州所出的职位最高的官员程大昌(1123—1195)在致仕之后就是定居于湖州，而不是徽州。到明中叶，类似于南宋时期有关乡土的重要性的言说已经很少见，它们多被实实在在的宗族活动所取代，而从徽州入仕的士人致仕后终老他乡的事例则几乎绝迹。

(二)宗族活动与空间秩序

宗族活动也有其空间的维度。在本文所考察的时期内，徽州宗族基本上是以村为空间活动范围。现存大族志之类文献对各族居地的记载都是村级

---

① 程敏政：《篁墩文集》卷43《槐塘程府君墓表》，《景印文渊阁四库全书》，台北：台湾商务印书馆。

② 程敏政：《篁墩文集》卷32《古林黄氏续谱序》。

③ 吴儆：《竹洲集》卷12《尚书宋公山居三十韵序》，《景印文渊阁四库全书》，台北：台湾商务印书馆。

地名。现代学者对徽州及其他地区宗族的研究亦发现它们多在村的空间规模上活动。而宋明间的徽州士人对此也有很明确的意识,并且深以为荣。比如程敏政(程本人自许为谱学高手,对宗族活动也非常投入)曾言,"吾乡巨姓必标其所居之地以自名,其不地者不问可知其为下姓也"①。

这种对"族"与"地"之间关联的高调处理,不禁使人想起中古时期的豪族的"郡望"。两者都以地名来标志一族的声望,但中古豪族的声望多为全国范围内的声望,其地名为郡名,其声望地位得到政府的承认,并且是和入仕特权直接有关。而徽州宗族的声望为在徽州一地之内的声望,与政府无关,也不牵涉入仕特权,并且其地名为村名。如果套用中古的词汇,我们不妨称之为"村望"。

很显然,中古时期的全国范围内的大族政治,在宋明间经历了"去官方化"的过程之后被微缩到了一地之内。虽然失去了官方色彩,但族与族之间在公共领域内展开的声望竞争仍然很激烈。程敏政对于这种一地内大族间的竞争津津乐道,在上面所引"巨姓必标其所居之地"的言论之后,他接下来讲到其重要性:"盖姓必以地。则君子有所据而联姻,小人有所依而获庇。"在程敏政看来,"村望"是徽州大族在联姻结盟等"地方政治"中的重要的象征性资源。值得注意的是,所有这些"政治",不管是为此付出的心思还是成功后在声望方面的收获,都在"徽州"这个地方"舞台"上展开。所以虽然大族的立足之处是"村",其瞩目之处则是郡县这样的"地方"。在宗族活动的过程中,"村"被整合进郡县这样的"地方"社会空间,而"地方"则成为包含了许多"村"的一个整体。如果借用 Max Weber 以来常用的一个比喻,即"人是生活在由他自己织出的一张网上,他对事物的理解亦由这张网规定"②,我们可以说徽州士人的宗族活动就是他们织网的行为,而徽州作为一个"地方"就是他们织出的网。

要使宗族活动保持活力,这网必须能够给予人们足够的象征性的回报,从而使人们在宗族建设中有持续的孜孜不倦的热情,否则他们必将迁居到其

---

① 程敏政:《篁墩文集》卷 32《古林黄氏续谱序》。

② Clifford Geertz, *The Interpretation of Cultures*, New York: Basic Books, 1973, p. 5.

他的“舞台”上，比如像中古豪门一样聚集在京城附近。所以徽州作为一个“地方”必须是一个能够自立的社会空间。而《新安大族志》这样的给全郡大族排名的行为，则证明徽州也确实有这个能力。与中古官修氏族志覆盖全国不同，徽州的这类大族志中只管本郡，不及其他。其编纂指导思想一般是收录越多越好，所收大族一律以迁入徽州的时间先后顺序排名，一个宗族只要居地在徽州，就有资格被收录；在徽州的时间越久，其排名就越靠前。虽然在实际操作中未必能够严格遵行，但这个编纂思想背后的理念则是各族只在徽州“地方”范围内进行相互间的比较，“地方”以外涉及国家的因素诸如仕宦科举成就等与此无涉。换言之，“地方”将“天下”搁置，自己成为象征性资源的掌管者。

但是“天下”之被搁置，并非意味着它与徽州完全无关。实际上，它之所以能够被搁置，就是因为它已经被内化于宗族活动之中，并且赋予宗族活动普世性的意义。宋明间宗族理论和宗族实践背后强大的推动力是道学，而道学是将宗族建设作为自己的“经世”宏图的一部分来推广的。其背后的逻辑是“从地方做起”，最终的目的是对普天下道德与社会秩序的重整。所以对道学家来说，宗族建设绝不缺少普世性关怀。朱熹曾说：“敬宗收族之义，由一家而达之一国，天下所以使之相维而不散越者。”①

这种说法实际上是相信微观层面上的宗族建设和宏观层面上的普世关怀是相容的。不管在徽州还是别处，参与宗族活动的士人多将宗族的制度比作国家的制度，宗族的典籍如族谱比作国家的典章如经史，族内的和谐比作天下的和谐。程敏政说道：“家之有范犹国之有典乎，臣人于国而能守其典则忠，子孙于家而能守其范则孝。”②沿此逻辑，维系族内的秩序和维系天下的秩序是密不可分的。程对此曾展开充分的阐述：

> 族之有谱，非徒以录名讳备考实而已，一家之礼乐实系焉。世降俗漓，而知其为重者鲜矣。孔子曰乐乐其所自生，而礼反其所自始。谱之作，其缘于斯乎？又曰乐者为同，礼者为异。同则相亲，异则相敬。故曰

---

① 朱熹：《藏溪汪氏族谱序》，《新安汪氏重修八公谱》卷1。

② 程敏政：《篁墩文集》卷14《程氏遗范集序目录后记》。

礼乐之说管乎人情矣。夫谱成而族之位奠，秩然彪分，可谓异矣。异而后有敬，曰此诸父也，此诸兄也，不敢忽也。谱行而族之情睦，熙然春洽，可谓同矣。同而后有亲，曰此当爱也，此当恤也，不敢蠡也。一家之礼乐既兴，推之一乡可知也，进而推之邦国可知也。[①]

依程敏政，宗族建设并非仅仅关乎一族而是关乎天下，所以他在为其本宗的《新安程氏统宗世谱》作序时说，该谱之作“岂独一宗之幸而已，骇者安，疑者释，天下后世之有家者将不取法于程氏也哉”[②]。更重要的一点是，以礼乐为载体的天下秩序可以在宗族、地方和全国等不同层面上构建。空间的等级被转换成了同心圆一样的延展，而在不同空间层面上的道义行为只是相同的努力，不同的地点，互相之间并无本质差别。

宗族建设和道学一样都有普世关怀，也都受王朝国家支持与保护。以宗族论徽州和以道学论徽州所起到的效果是一样的：两者都强调徽州在追求共同的目标方面比别的地方做得更好，走得更远，都是在共性之内界定个性。不同的是，以宗族论徽州，将村庄、郡县与天下全国等不同的空间层次融合在一起，从而使士大夫至少从理念上可以将它们在各层面上的关怀与努力看作一体。从这个意义上讲，以宗族论徽州是补足了以道学论徽州所缺失的一点成分。南宋徽州士人钱时在论到士人立身处世的进阶次序时曾说，“力足以及一乡者有以善一乡，及一邑者有以善一邑，随力所及推而广之”[③]。可以说，对于多数徽州士人而言，这个理想只有到了明中叶宗族活动变为社会生活的常态之后才可能得以实现。

四、结论：“天下之大，州县之积”的含义

徽州士人的乡邦言说当然并未终止于明中叶。晚明的徽商曾令徽州士人在一个短暂的时期内不知深浅地高调宣扬徽州的财富，后来招致惨痛教训，又很快返回到前说（关于这个插曲及其相对于空间秩序的含义别处另有探讨）。即使到了 20 世纪末，仍有 1987 年徽州地区改名黄山市的举措。新

---

① 程敏政：《篁墩文集》卷 34《休宁流塘詹氏家谱序》。

② 程敏政：《篁墩文集》卷 23《新安程氏统宗世谱序》。

③ 钱时：《答汪帅卿纲书》，《新安文献志》卷 10。

造的地域形象也未必能将以前的建造完全抹去。宋代的山川地气说在明清徽州方志里也都会提及，只是已经不是士人们谈论的重心。历史的发展无疑是层层积累的，而“意义”的构建则越来越复杂且丰富。

本文所考察的350年间的徽州历史可看作人们对“地方”进行想象与解说的长卷中的一章，该章的主角是士大夫。从国家与社会关系的角度看，该章的主题是士大夫在“地方主义”的大趋势中与国家拉开距离。但是徽州士大夫与全国范围内的士文化之间从未隔断连接，相反，随着科举之外的道学与宗族等新的联系渠道的建立，这种连接更紧密了。从这个角度看，这350年间徽州士人的乡邦言说，可视作他们不断地调整自己对“地方”以及对“天下”整体的想象以适应新的社会政治环境。南宋的山川地气说充满激情，和地方主义兴起之初士大夫对由于发现“地方”这个新的社会空间而产生的新奇不无关系。以山川地气论徽州很容易给他们一种认同感，但这个路径忽略了徽州与别处的联系，让它显得与众不同。以道学论徽州照顾到了徽州与别的“地方”之间的共性，建立了与别的地方的联系，同时也让徽州得以保持一些“特”性(但不是“独”，只是“特”，因为它是“羊群里的领头羊”)。到了以宗族论徽州时，徽州就不只是“领头羊”似的“特”，而且它与大到天下、小到村庄等等空间实体的关系也被调理通顺。Peter Bol在论到宋代以后“地方”的发展脉络时认为，随着时间推移和地方士人的不断构建，一个“地方”将获得越来越丰富的内涵，变得越来越有特性(more distinct)[①]。徽州的个案则不禁令我们接下去追问：是不是在此过程中一个“地方”也为自己在整个空间秩序中找到了越来越合适的位置呢？

以道学论徽州和以宗族论徽州虽然成形有先后，但二者在构想上和理论基础上出于一源。晚明和清代，这两者多被士人相提并论。由此我们可以说，徽州士人在空间秩序的层面上对乡邦的论说与想象，到16世纪中期大体定型。在这种强调“地方”之“特”但不强调“地方”之“独”的论说中，其他“地方”被认为和本地在社会道德的理想上以及士大夫努力的方向上大致相同。

---

① Peter Bol，“The Rise of Local History：History，Geography，and Culture in Southern Song and Yuan Wuzhou”，*Harvard Journal of Asiatic Studies*，vol. 61，no. 1，2001，pp. 37—76.

宋明间徽州士人很少将徽州与其他地方做直接的对比，应该也是这种思路所致：因为大致相同，所以别的地方就隐含在所谓“天下”之中，不必具体论及（到了明末，具体的一地与另一地之间的对比则在文人的论著中多起来。但这已经是另一个问题了）。

徽州的例子有多大的典型性呢？并非所有地方都有像徽州这样活跃的道学家群体和发达的宗族体系，但是差别在量而不在质。道学与宗族作为理念，在晚期帝制时代毕竟是天下共尊。具体实践当然千差万别，但就士大夫的空间想象而言，则每一个其他的地方都应该是如同本地一样，包含了相同的社会秩序与道德理想，而所有的“地方”都应该是“天下”的缩写。Joseph Levenson 早年曾将浪漫主义时期的德国和 1949 年以后的中国在对本民族进行空间上的想象时所遵循的模式进行对比，发现在前者，“地方是小写的全国，每一个地方都蕴含了全国的缩影”；而在后者，则“全国是大写的地方，只有将所有的地方都包进来时，才成其为全国”[①]。徽州的个案提示我们，其实在帝制晚期，中国士人对于天下的想象更接近于浪漫主义时期的德国人，而不是现代的中国人。王阳明曾说，“天下之大，州县之积也，州县无不治则天下治矣”[②]。此类说法在明清时代多不胜数，其背后隐含的大概也是“地方是小写的全国”这样的空间想象模式。

原载《安徽大学学报》2015 年第 3 期

① Joseph Levenson, “The Province, the Nation, and the World,” in Albert Feuerwerker, et al., eds., *Approaches to Modern Chinese History*, Berkeley: University of California Press, 1967, p. 284.

② 王阳明：《王文成公全书》卷 29《高平县志序》，“四部丛刊初编”本。

地方政治势力的兴起与历史人物形象重塑

——以罗愿《新安志》汪华记载为中心的考察

董乾坤

汪华作为"徽州第一伟人"(叶显恩语),近年来围绕其身世、事迹及信仰,学界取得了诸多成果[①]。有关汪华的生平事迹及其信仰的诸多问题,在这些成果中得以解决。然而阅读文献亦不难发现,对汪华的身份界定,历史文献有一个不断塑造的过程。在汪华归唐之初,唐朝官方即通过《高祖封越国公诰》及《左卫白渠府统军诰》肯定了其功绩和权力。两篇诰文皆有石刻为证[②],且前一篇诰文亦被《全唐文》收录[③],汪华的身份得到唐朝官方的正面肯定是无疑的。然而,对于这样一个具有"公"之封号的人物,据学者研究,新、

① 汪蔚云:《论汪华的起兵反隋》,《安徽史学通讯》1959 年第 3 期;蒋立松:《从汪公等民间信仰看屯堡人的主体来源》,《贵州民族研究》2004 年第 1 期;唐力行:《从杭州的徽商看商人组织向血缘化的回归——以抗战前夕杭州汪王庙为例论国家、民间社团、商人的互动与社会变迁》,《学术月刊》2004 年第 5 期;万明:《明代徽州汪公入黔考——兼论贵州屯堡移民社会的建构》,《中国史研究》2005 年第 1 期;汪柏树:《徽州歙县瞻淇的王祖祭》,《安徽师范大学学报》2007 年第 2 期;李发:《跋〈奉籍归唐表〉等相关石刻》,《历史文献研究》(总第 28 期),2009 年;汪柏树:《新安之神、靖民之神——罗愿〈新安志〉关于汪华的研究》,《黄山学院学报》2009 年第 1 期;冻国栋:《唐宋间黟、歙一带汪华信仰的形成及其意义》,《魏晋南北朝隋唐史资料》第 25 辑,2009 年;汪大白:《臆论关于汪华的神奇传说和神灵崇拜》,《黄山学院学报》2012 年第 6 期;苏婷:《徽州地区汪华信仰研究》,安徽大学硕士学位论文,2012 年;丁希勤:《唐宋汪华的神话故事与徽州社会变迁》,《安徽史学》2013 年第 3 期;章毅:《理学、士绅与宗族:宋明时期徽州的文化与社会》第五章,香港:香港中文大学出版社,2013 年;张佩国:《林权、坟山与庙产》第八章,北京:中国社会科学出版社,2014 年。

② 《北京图书馆藏中国历代石刻拓本汇编》第 11 册,郑州:中州古籍出版社,1989 年。

③ 《全唐文》卷 1,影印本,北京:中华书局,1985 年。

旧《唐书》皆未给其立传。不仅如此，司马光《资治通鉴·唐纪五》则直称汪华为"贼帅"。这一形象至淳熙二年(1175)刊刻的罗愿《新安志》得到了颠覆性的重塑。

罗愿，字端良，"尤号雄深雅健，为当时所称。有《尔雅翼》《新安志》《鄂州小集》等书传于世"[①]。其父罗汝楫，官至吏部尚书，除龙图阁学士。罗愿始受父荫，后于乾道二年(1166)登第，知鄂州。《新安志》在后世多次重刻，影响深远，今流行本为光绪十三年(1887)李宗媚重刻本。据汪柏树的研究，《新安志》从三个方面为汪华翻案：第一，为汪华立传；第二，汪华是主动归顺而非被迫投降；第三，汪华是有大功的英雄而非贼[②]。这一翻案是成功的，自此之后，汪华的"英雄"形象逐渐被后世所接受。

不难想象，作为汪华的同乡，罗愿为汪华翻案自有其合理之处。但笔者认为，罗愿此举之所以能够成功，与宋王朝对民间诸神的敕封政策，特别是以汪氏为首的徽州地方政治势力的兴起有着密切的关系。下面即以《新安志》为线索对此展开探讨，疏漏之处，祈请方家指正。

一、宋代对汪华的敕封

汪华死后，虽在官方史书中未获得应有的肯定，但他在徽州很快就被作为神加以祭祀。目前所知最早的相关记载应为汪台符的《歙州重建汪王庙记》(以下称《庙记》)，此文除《新安志》有节录外，有三个版本可供参考，分别见于《文苑英华》《五代史记注》和《全唐文》。前二者文字完全相同，《全唐文》稍有差异，但文意相同[③]。《文苑英华》最早收录该文，因论述需要，此处不惮烦琐，将全文录载如下：

> 天不欲盖，地不欲载，两曜不欲凝，万根不欲生。玉石一尘，贤愚一血，则神人不得不降，圣人不得不作，我唐不得不兴，越公不得不起。起

---

① (明)宋濂：《宋学士文集》卷44《芝园集卷第四》，"万有文库"第二集，上海：商务印书馆，1937年，第779页。

② 见前揭汪柏树《新安之神、靖民之神——罗愿〈新安志〉关于汪华的研究》。

③ 前揭冻国栋《唐宋间黟、歙一带汪华信仰的形成及其意义》曾对《文苑英华》和《全唐文》所载文字进行逐一比对。

而不失进退存亡者，越公得之矣。隋鹿无主，群雄率舞，公矫翅一鸣，声著千古。提山搁海，沃沸填危，扫平反侧之源，归我唐虞之际。武德四年，高祖下制曰：汪华往因离乱，保据州郡(《新安志》作“乡”)，镇静一隅，以待宁晏。识机慕义(志作“化”)，远送款诚。宜从褒宠，授以方牧。可使持节歙、宣、杭、睦、婺、饶等六州诸军事。感天人知己，瞻玉阙言怀，龙剑一沉，死而不朽，贞观二十三年也。有棠树之诗，无良丈之叹，固得父老请建祠堂在厅之西。大历十年，刺史薛邕迁于乌聊东峰。元和三年，刺史范传正又迁于南皋，即今庙是也。中和四年，刺史吴公圆克荷冥应，复新栋宇。迄今，司空浔阳公景慕英尘，经始灵宫，凡三迁饰。物不告劳，民惟求旧。济于时、死于国，功宣教化则祭之，其余不在祀典。狄梁公按察江淮，焚淫祠七百所，朝野韪之。所谓能执干戈以卫社稷，越公欲盖而彰，虽焚不可得矣。且汤不干，尧不湿，曷显圣人之政。唐历十有九帝，二百八十年，其时间有奴狂仆醉，触破王化。洎僖皇岁庚子，盗起曹南，逆尘犯跸，我淮王大叫义声，千里奔命，宣、池、濠、寿、滁、和九郡，统(一作“绕”)我马棰，分我君忧，苟无将将之雄，莫破铮铮之胆。我司空浔阳公独危(一作“陶雅”，尝为歙州刺史二十年)仁义礼乐，饵舒、池、常、润，于歙，最为政第一。慰本城之人，筑久长大本，岂矜庄严(一作“壮丽”)一祠，企望六郡，直在乎开物成务，遗民金石者也。台符，越公之裔，浔阳之吏。祖能神，主能贤，辞或不直，作神之羞，辱主之命。诏我邦人，同归典实，庶可与言文论政矣。龙集壬戌[①]十二月十有一日谨记。[②]

由此可知，汪华死后即受到汪氏族人的祭祀。但从“建祠堂在厅之西”来看，当时应为类似于家庙的场所，其祭祀的人群也应仅限于汪氏族人，作为一

① 即唐天复二年(902)，据(宋)罗愿《新安志》卷1《汪王庙考实・碑记》，见萧建新、杨国宜校著《〈新安志〉整理与研究》(合肥：黄山书社，2008年)，第44页。按：本文所引《新安志》文字(包括所注页码)，除特别说明外，皆出自该书。

② (宋)谢昉等编：《文苑英华》卷815《歙州重建汪王庙记》，影印本，北京：中华书局，1966年，第4304页下～4305页上。

种怀思先人的形式[1]。然而，一百多年后，其地位开始上升。大历十年(775)，时任歙州刺史薛邕将其祠堂迁于乌聊东峰，祭祀性质或许由此开始发生变化，从祖先转向神灵。元和三年(808)再迁至南皐，其后至少在汪台符撰《庙记》时，地址一直未变。中和四年(884)再加修葺，这就是所谓的"三迁饰"。至迟在天复二年(902)，祭祀汪华的场所已称"庙"。由此可知，其身份由汪氏祖先"人"升至具有神力的"神"，这一过程在唐朝即已完成。其祭祀场所的位置从其家迁至其起义之处乌聊山，再至南皐，亦说明祭祀群体在唐时即已越出汪氏后人，成为徽州当地一个具有象征意义的公共神。当然，其范围有多大，尚不清楚。

不过，从《庙记》来看，祭祀汪华的正当性在初时并未得到政府的认可。《庙记》中指出，狄仁杰在江南毁淫祀时，对汪华的祭祀亦在被毁之列，尽管汪台符为"越公欲盖而彰"而不无得意，但当时未获得合法性亦是事实。据冻国栋的考证，狄仁杰毁淫祠在唐垂拱四年(688)左右，此时距汪华去世(649)仅三十余年，此说当可信[2]。随后历经一百多年，才得到地方官的认可并实现了"三迁饰"，但是否获得中央政府的认可尚未可知。

汪华作为"神"的身份正式得到中央王朝的认可，据目前所掌握的史料来看是在宋朝。"及国朝东封秩群祀，郡人方演知州事，上唐所赐诰命为奏，请追封灵惠公。"[3]这次请封的结果，据胡伸记载，"及章圣东封，始载国朝祀典"[4]。随后很长时间内未见敕封，直到政和四年(1114)宋朝政府才正式敕封，并不断加封。据《新安志》卷一《祠庙》所载，至南宋淳熙二年止，对汪华及其家人的敕封达八次之多(表1)。

---

① 日本学者斯波义信曾认为汪华死后所建庙宇为"汪台符庙"，实误。见[日]斯波义信《宋代江南经济史研究》，方健、何忠礼译，南京：江苏人民出版社，2012年，第405页。

② 见前揭冻国栋《唐宋间黟、歙一带汪华信仰的形成及其意义》，第122页。

③ (宋)罗愿：《新安志》卷1《祠庙》，第35页。

④ (明)程敏政：《新安文献志》卷61《行实·唐越国公行状》，明弘治十年(1497)刻本。

表 1　北宋末南宋初对汪华及其家人的敕封

人物	时间	封号
汪华	政和四年(1114)三月	赐庙号“忠显”
	政和七年(1117)十二月	封英济王
	宣和四年(1122)	加“显灵”
	隆兴二年(1164)闰十一月	加“信顺”
	乾道四年(1168)三月	进封信顺显灵英济广惠王
汪华妻	乾道五年(1169)六月	追封灵惠夫人
汪华子	绍兴十年(1140)	赐庙号“忠助”
	乾道九年(1173)正月	咸赐侯爵

可见,自北宋末的政和四年至南宋初的乾道四年,五十多年间,汪华的地位迅速上升,并荫及妻、子。朝廷的态度无疑使得汪华及其神力在徽州当地的影响空前增强。这一事实应是罗愿在《新安志》中高度重视汪华身份的直接原因。然而,徽州名人除汪华外,生活于南朝的程灵洗声名更大,不仅《南史》《陈书》有传,且死后配享梁武帝,其身份早已获官方认可。据嘉靖《祁门善和程氏族谱》载,程灵洗在南朝陈光大元年(567)即已得到中央官府的敕封。不过,入宋以后则迟至南宋嘉定十六年(1223)方首次得到宋政府的敕封①。汪华的身份何以在宋代出现如此大的变化?下面笔者即从汪氏族人在两宋时期政治势力的迅速上升入手,对此加以分析。

二、淳熙二年以前徽州汪氏在政治上的兴起

关于汪氏何时迁入徽州,汪华是土著还是侨民,由于缺乏可靠资料,目前尚无定论②。但至迟在唐中叶,汪氏即为徽州大族是可以肯定的。斯坦因敦煌文书 2052 号《新集天下姓望氏族谱》行 93 载有歙州之姓望:

---

① (明)程昌:《祁门善和程氏族谱·程氏宠光录》,嘉靖二十四年(1545)刻本,上海图书馆藏。

② [日]臼井佐知子:《徽州汪氏家族的迁徙与商业活动》,《江淮论坛》1995 年第 1 期;冻国栋:《唐宋间黟、歙一带汪华信仰的形成及其意义》。

歙州　郡出五姓　叔孙　方　谏　授　汪[1]

据王仲荦考证,《新集天下姓望氏族谱》大致编于唐德宗时期(780—805)[2]。汪姓为五大姓之一,此记载应为可信。此后的情况虽不可知,但《新安志》卷八《进士题名》(以下简称《题名》)所载自北宋太平兴国五年(980)至南宋淳熙二年(1175)年之名单,记录了徽州汪氏发展的趋势[3]。在此195年间,被《题名》收录的徽州各类进士有278人,包括53姓,其具体情况见表2。

表2　《新安志·进士题名》载徽州进士姓氏

姓氏	人数	姓氏	人数	姓氏	人数	姓氏	人数	姓氏	人数
汪	54	余	7	吕	3	楚	1	梅	1
胡	26	曹	6	闵	3	崔	1	邱	1
程	14	舒	6	周	3	邓	1	苏	1
王	14	洪	5	鲍	2	董	1	唐	1
俞	14	聂	5	查	2	冯	1	魏	1
孙	12	奚	5	康	2	傅	1	谢	1
张	12	陈	4	罗	2	葛	1	叶	1
吴	11	江	4	宋	2	韩	1	詹	1
方	8	许	4	滕	2	何	1	章	1
黄	8	朱	4	郑	2	凌	1	共计278人、53姓	
李	7	金	3	祝	2	卢	1		

据此可知,汪氏族人的登第人数位列第一,占总人数的近五分之一,是第二位胡氏的两倍以上,是第三位程氏的近四倍。不仅如此,汪氏在官职的级别上亦称冠全郡。在此278人中,获大学士职衔的有8人,而汪氏即占3人,其中汪伯彦"高宗即位,擢知枢密院事。未几,拜右仆射"[4],官至宰相,是两

① 唐耕耦、陆宏基编:《敦煌社会经济文献真迹释录》第1辑,北京:书目文献出版社,1986年。

② 王仲荦:《〈新集天下姓望氏族谱〉考释》,《敦煌吐鲁番文献研究论集》第2辑,收入氏著《㟧华山馆丛稿》,北京:中华书局,1987年。本文所据为后著所录。

③ 具体参见前揭《新安志》第239~255页。

④ (元)脱脱:《宋史》卷473《列传第二百三十二》。

宋之际高宗集团的核心人物之一，极大影响了当时的政局。由此可见，此时的汪氏在科举方面，无论是数量还是质量都遥遥领先。如果再对历年汪氏登第情况进行分析，我们亦会发现，其登第人数并不均匀。自北宋天禧三年(1019)汪氏族人首次登第至宣和六年(1124)的105年间，汪氏有29人登第，占同时期全郡人数188人的六分之一不到。而从建炎元年(1127)至淳熙二年(1175)仅仅48年间，汪氏有25人登第，占汪氏总登第人数的近一半，占同时期全郡登第总人数90人的四分之一以上(表3)。这说明，与北宋相比，南宋时期汪氏的政治势力迅速膨胀。

表3 《新安志·进士题名》载北宋至南宋淳熙二年汪氏科举情况

年代	姓名	籍贯	官职
天禧三年(1019)	汪震	婺源	司封郎中
宝元元年(1038)	汪信臣	婺源	未知
	汪澄	婺源	未知
庆历二年(1042)	汪宗颜	未知	都官员外郎、赠中大夫
庆历六年(1046)	汪师道	婺源	职方员外郎
皇祐五年(1053)	汪谷	未知	奉议郎
	汪师熊	婺源	未知
嘉祐二年(1057)	汪汲	绩溪	奉议郎
熙宁三年(1070)	汪茂	婺源	未知
熙宁六年(1073)	汪鸿	祁门	未知
元祐六年(1091)	汪奕	绩溪	宣教郎等
绍圣四年(1097)	汪路	婺源	承议郎，知贵溪
	汪恺	婺源	朝请大夫
元符三年(1100)	汪舜昭	黟县	未知
崇宁二年(1103)	汪藻	婺源	翰林学士、赠端明殿学士
	汪次言	婺源	未知
	汪伯彦	祁门	建炎宰相
	汪滋	绩溪	特奏名
崇宁五年(1106)	汪天舜	绩溪	未知
	汪叔詹	歙县	司农少卿、朝请大夫

续表 3

年代	姓名	籍贯	官职
大观二年(1108)	汪希旦	歙县	朝请大夫、虞部郎中等
政和二年(1112)	汪发	婺源	未知
	汪廷直	婺源	屯田员外郎
	汪临	婺源	未知
政和五年(1115)	汪襄(奕)	绩溪	奉议郎,主管亳州明道宫
	汪艺	婺源	未知
	汪掀	婺源	未知
	汪思	婺源	特奏名
宣和六年(1124)	汪利和	婺源	朝奉郎
建炎元年(1127)	汪若海	歙县	献策、朝散大夫、直秘阁等
建炎二年(1128)	汪僎	歙县	未知
	汪杞	未知	未知
	汪利往	婺源	未知
绍兴二年(1132)	汪皋会	黟县	奉议郎
	汪勃	黟县	签枢密院端明殿学士
绍兴五年(1135)	汪廓	婺源	未知
	汪若荣	歙县	将作监丞等
	汪冠卿	黟县	建昌军通判
	汪逌	婺源	未知
绍兴八年(1138)	汪彦中	未知	奉议郎
绍兴十二年(1142)	汪俣	祁门	教授
	汪若斯	歙县	秘书郎、朝议郎
绍兴十五年(1145)	汪安仁	婺源	未知
	汪安世	绩溪	吉州永丰簿
绍兴十八年(1148)	汪端彦	婺源	未知
绍兴二十四年(1154)	汪远猷	休宁	太学生、宣教郎
	汪安行	绩溪	知礼
	汪裓	婺源	未知

续表 3

年代	姓名	籍贯	官职
乾道五年(1169)	汪义端	黟县	未知
	汪义荣	黟县	未知
	汪泳	休宁	未知
乾道八年(1172)	汪洪	未知	未知
淳熙二年(1175)	汪必达	黟县	未知
	汪必进	黟县	未知

不难想象,至罗愿于淳熙二年刊刻《新安志》时,由于汪氏在科举上取得巨大成功,必然对中央朝政与徽州地方社会产生有效的影响。但是,这种影响及汪华自政和四年后不断得到敕封,是否与《新安志》关于汪华的形象重塑有直接关系呢?笔者认为要解决这一问题,还要从罗愿立论所依据的两篇文献谈起。

三、《汪王庙考实》所依据的两篇文献

罗愿在《汪王庙考实》之后加一“按语”:

> 右考实之文。先是,郡太守郑公,精意在民,祷王必应,政成,欲传广其威灵,得告命于官府,得诗文于金石,复访求遗事。于是州之人士及耆老王实辈,各致所闻。既已诠次,愿于公辱礼闱知己之分,窃从假观之,亦欲一出意见,而卷帙既定,方亟于攻木,不敢有所动摇。独念王归唐大节,自我先侯及丞相、内翰两汪公,今致政尚书金公(即金安节,休宁人——引者注),皆有翰墨,力为发明。复辄考其款附月日,与王雄诞战伐先后,薪以益信前说。说始萌芽,又旁订凡语及王者十一事,以备采择,考实辨疑,先侯诗语也,故本之。乾道五年九月朔,州民罗愿述。[1]

此“按语”详细说明了罗愿对汪华如此重视的原因及其考证的过程。综合起来,其原因有二:其一,为“广其威灵”,受时任徽州太守郑公之请,为汪华辩诬;其二,汪华何时归唐,事关大节,且前有其父罗汝楫及丞相汪伯彦、内翰

① (宋)罗愿:《新安志》卷1,第45页。

汪藻、致政尚书金安节等人“力为发明”，罗愿此举可视作完成前人之志的努力。罗汝楫、汪伯彦及汪藻有关汪华的考证之文目前已难找到，但据《新安志》可知，罗愿对前代史书中有关汪华的记载相当熟悉，所以，他才能详征博采作“考实之文”。结合《新安志》及其他文献，我们可以基本还原罗愿的论述线索及其所引文献与以汪氏为核心的徽州官僚之间的关系。

由“按语”可知，《新安志》“祠庙”部分有关汪华的记载由于许多是根据耆老传闻撰写而成，罗愿甚不满意。后欲“一出意见”，但由于卷帙已定，刊刻在即，不能遽改，于是才又根据各种史书、碑文，分十一门详加考订。细读《考实》，确如罗氏所言，此文博采广引，对多种文献加以考析、辨正。其所引文献，除官方史书外，有几位学者的文章则是其立论的基础。具体言之，主要包括：(1)汪台符的《歙州重建汪王庙记》，(2)胡伸的《唐越国汪公行状》(以下简称《行状》)，(3)汪伯彦、汪藻、金安节及汪路四人所撰文章。汪伯彦、汪藻所撰全文已不可见，其部分文字仅在《考实》中有所引用①，而金安节所撰文章及汪路所写《传》则更无所见②。目前所能见到者仅有《庙记》与《行状》二文，下面即围绕二文加以探讨。

《庙记》一文是罗愿所引时代最早、最重要的一篇文献，也是目前研究汪华信仰的最重要文献之一。其作者汪台符，新、旧《五代史》皆无传，有关他的记载，目前掌握的资料皆为宋人的记载，最早记载此人的是宋人龙衮的《江南野史》，其后马令、陆游所编修的《南唐史》及罗愿的《新安志》对其亦有记载，但皆据《江南野史》而成。内容虽详略有差，但文意略同。汪台符，歙人，唐末五代文士，有治国之才，因遭宋齐丘所嫉而未得重用，后为齐丘所害，时间当在李昪称帝(937)之前。据罗愿考证，前引《庙记》当撰于唐天复二年(902)，文中“淮王”者为杨行密，“弘农公”为行密之子杨渥，而“司空浔阳公”则为杨

---

① 汪伯彦所撰部分文字，见《考实·夫人》(《新安志》第43页)；汪藻所撰部分文字见《考实·姓氏》(《新安志》第38页)。

② 《考实·境土》一节有载：“承议汪公所作传，特为整洁，至王师正删略太甚。”(《新安志》第39页)据《新安志》卷8《进士题名》可知，至罗愿撰写《考实》时止，徽州士人官职为承议郎的仅婺源汪路一人，绍圣四年登第(《新安志》第246页)。

行密属将陶雅。时陶雅为歙州刺史[①]。从《庙记》来看,此时汪台符为陶雅幕僚,汪王庙在此时能得到陶雅的承认并以官府的名义对其加以重修,当与汪台符的努力有关。且汪台符在《庙记》中有意将此时的杨行密比附于隋末的汪华,不无谄谀之意,但无疑是为汪华争求名分的一种手段,或许这一比附正是汪王庙得到陶雅认可的关键所在。此举不仅在事实上提升了汪华的地位,使汪华神再次得到政府的认可(尽管是地方政府),且此篇《庙记》也为后来汪华信仰的合法性及汪华形象的重塑留下了重要的史料依据。

入宋以后,北宋政府为取得各地方势力对其政权的认同,除武力讨伐外,对各地有名望的神灵进行了大规模的敕封[②]。据《新安志》载:"及国朝东封秩群祀,郡人方演知州事,上唐所赐诰命为奏,请追封灵惠公。"[③]查《宋史》,"东封"为大中祥符元年(1008)宋真宗赵恒封禅泰山事,而方演知歙州在祥符二年[④],奏封一事当属实。方演其人,史料记载不多,《新安志》载其为郡人,又据宋人王应麟《玉海》载:"至道三年(997)九月戊寅,殿中丞方演言曲阜文宣王庙有书楼而无典籍,请赐九经及先帝御书,重给祭器。从之。"[⑤]可知方演曾在京为殿中丞。殿中丞为殿中省之属官,从五品上,主要负责皇帝的日常起居及饮食用药之事,在宋代为食禄官,并无多少实权。但因其直接为皇帝服务,自然对中央的政治、政策较为熟悉。且由《玉海》所载方演的奏言可知,方演对祭祀问题较为关注,而作为郡人,在知歙州事时,必然请求朝廷对汪王神进行敕封;同时,汪华归顺唐朝的象征意义亦能得到宋王朝的认可,这使得汪王庙实现了由地方政府认可上升为中央王朝确认,地位大大提高[⑥]。

然而,祥符二年以后的汪王神很长时间未再加封,直至政和四年方有第二次敕封。诚然,此次敕封跟国家的敕封政策紧密相关,但本次敕封的实现

---

① (宋)罗愿:《新安志》卷1《汪王庙考实·碑记》,第44页。

② 可参阅雷闻《郊庙之外·导言》,北京:生活·读书·新知三联书店,2009年;皮庆生《宋代民众祠神信仰研究·绪论》,上海:上海古籍出版社,2008年。

③ (宋)罗愿:《新安志》卷1《祠庙》,第35页。

④ (宋)罗愿:《新安志》卷9《牧守》,第310页。

⑤ (宋)王应麟:《玉海》卷55《艺文·景德赐经史》,清文渊阁四库全书本。

⑥ 冻国栋认为,"上唐所赐诰命为奏"一事应在祥符元年(《唐宋间黟、歙一带汪华信仰的形成及其意义》,第126页)。

与徽州以汪氏为核心的地方政治势力亦不无关系。作为汪氏族人权位最高的汪藻与汪伯彦二人，自崇宁二年(1103)登第至此时已 11 年。汪藻，名载《宋中兴学士院题名》[①]，善属文，官至翰林学士，赠端明殿学士，《宋史》《新安志》皆有传。据宋人李幼武所编《宋名臣言行录别集》载，汪藻“中崇宁二年进士乙科，调婺州察推，除宣州教。忧吉，除荆南书记，不赴，改江西提学司干。至京，除编修《九域图志》。母忧吉，除校书郎，迁著佐符宝郎。时政和四年也”[②]。由此可知，政和四年汪藻丁母忧后，再次入京为官。汪伯彦，为建炎初宰相，对两宋之际的宋朝政局有很大影响，《新安志》有传，且叙述十分详细[③]。但由于汪伯彦在两宋之际的诸多行为被士大夫所诟病，因而《宋史》中与秦桧一起被列入奸臣传。据《新安志》载：“汪丞相伯彦，字廷俊，祁门人。崇宁中登第，调成安主簿。时吕惠卿镇北京，见其文，嗟赏，数檄主旁郡学，用中书侍郎梁子美荐召。会子美帅定州，辟管机宜文字，移大名，复从之，连三帅十余年，皆留自佐。及子美再帅，诏缮守备，务从宏大，子美专倚以办。不数年陪都势成，奏功自宣教郎至中奉大夫。”[④]此时，汪伯彦虽尚未获高位，但由于受吕惠卿、梁子美等人赏识，其活动能量必定很大。

不过，与政和四年敕封一事关系密切的则是徽州人胡伸。胡伸，字彦时，绍圣四年(1097)与另一位为汪华作传的汪路及兄胡伋同时登第。有文名，与汪藻一起被时人称为“江左二宝”，《新安志》有传[⑤]，其父胡绍亦于绍圣元年登第。据弘治《徽州府志》载，胡伋于政和四年通判深州，而其父“绍，幼力学。嘉祐中，林希为州考试，绍首荐。礼部尚书品天下魁，文以绍为第一，登绍圣元年第”[⑥]。可见，此时胡氏父子三人同朝为官。据宋人杨仲良《宋通鉴长编

① (宋)何异：《宋中兴学士院题名》，清光绪二十二年(1896)缪氏刻藕香零拾本。

② (宋)李幼武：《(重镌)宋名臣言行录别集》上卷 7，顺治十八年(1661)林云铭刻本。据该书，汪藻“字彦章，饶之德兴人”。虽然有关汪藻籍贯的记载与《新安志》不同，但其所载汪藻之经历、官职与《新安志》一致，可知二者为同一人。参见(宋)罗愿《新安志》卷 7《先达》，第 225～227 页。

③ (宋)罗愿：《新安志》卷 7《先达》，第 217～219 页。

④ (宋)罗愿：《新安志》卷 7《先达》，第 217～218 页。

⑤ 参见(宋)陆游《老学庵笔记》卷 1；《新安志》卷 7《先达》，第 214～215 页。

⑥ 弘治《徽州府志》卷 8《人物二》，明弘治刻本。

纪事本末》载：

> 大观元年(1107)正月庚子，御笔：议礼局依旧于尚书省置局，仍差两制二员详议，属官五员检讨。应缘礼制，可据本末议定取旨。二月壬戌，议礼局言：臣等伏以功成作乐，治定制礼。国家承祖宗积累之基，陛下以盛德大业缉熙太平、视六服承德之世，可谓并隆矣。乃者既成雅乐。于是，又置官设局，讲修五礼。臣等窃闻，孔子称商因于夏礼，周因于商礼，所损益可知。然则礼不可以不因，亦不可以无损益。因之，所以稽古；损益，所以趋时。今去唐虞三代为甚远，其所制作，恐当上法先王之意，下随当今之宜。稽古而不迂，随时而不陋，取合圣心，断而行之。庶几，有以追治世之弥文，善天下之习俗，以成陛下圣治之美意，一代之盛典。从之。己巳，起居郎刘涣、秘书丞胡伸、校书郎俞栗，并为议礼局检讨官，从详定官翰林学士郑居中等奏请也。

据此可知，宋徽宗在大观元年开始设置议礼局，以重新制定祭祀礼仪。其后，议礼局分别于大观元年、政和二年制定两部礼书，对自中央至地方各级神灵的祭祀规定了相应的规格。而此时胡伸恰在议礼局以秘书丞的身份兼任议礼局检讨官，是此时有关祭祀礼仪制定方面的核心人物之一。又据该书记载：

> (政和二年)四月庚戌，朝奉郎许尚志言：朝廷以新礼书颁降四方，乞各择官兼掌礼事，以上之德意志虑达于民，而察其违犯者。诏曰：礼以辨上下，定民志，神考成训，具在典册。道无废兴，洪之在人。官举其职，事乃无废，顾乃方讨论，以绍先烈，可依尚志所奏。①

此时，政府开始对民间诸神重新界定，汪王神自是在界定之列。然而地方神灵从民间申请到地方政府认定上报中央，再至中央政府同意申请加以敕封，其间有一个过程②，由此不难想象政和四年对汪华的敕封与此事的密切关系。据此可推测，作为徽州人的胡伸此时撰写《行状》一文或许正是为敕封

---

① (宋)杨仲良：《宋通鉴长编纪事本末》卷133《徽宗皇帝(议礼局大观、政和二礼附)》，清嘉庆宛委别藏本。

② 有关宋代的封神制度，可参阅冯大北《宋代封神制度考述》，《世界宗教研究》2011年第5期，第121～130页。

汪王神而准备的材料，因此在文中不惜篡改事实宣扬汪华的功绩，以强化其英雄身份[①]。但不论如何，此次申请成功，并开启了此后数年间的数次敕封，胡伸《行状》一文亦成为罗愿撰写《考实》的主要文献来源。

四、余　论

众所周知，徽州地区留下了异常丰富的历史文献。在以往的研究中，前辈学者对徽州文献本身做了大量翔实的探讨，对其类型、数量等等都有了清晰的认识。部分学者结合徽州文书对宋代以来的土地制度、赋役制度等相关的制度史做了许多开拓性的研究。同时，利用徽州文书及相关文献，从社会经济史、社会文化史的角度对徽州社会的商人、商业、宗族、民间信仰等亦做了大量揭示[②]。然而，上述研究中，对徽州文献多从其本身的形式、内容，将其当作一种史料予以利用。笔者以为，此种研究理路固然重要，但在“文化转向”的背景下，我们更应该将“文献”(written documents/sources)当作“文本”(text)来看待。饶伟新在有关族谱研究的论述中说到，族谱研究“所要探讨的不仅是族谱文本本身形成和使用流传的历史，也是家族社会生活和仪式生活如何进行、展开和变迁的历史，包括社会权力关系重组以及各种文化传统交互作用和相互渗透的社会历史过程。这是两层有着内在关联的历史，即族谱文本的历史和与之关联的社会文化变迁的历史，二者的结合或可称之为族谱文本的社会文化史”，其目的“不仅在于深入了解和认识族谱的文献本质及其在社会生活中的功能和意义，更在于揭示围绕族谱的编纂、生产和使用流传而发生的社会文化变迁过程及其历史机制”。这是“一种以族谱文本为中心的社会文化史研究”[③]，是以族谱为载体，运用目前学界所流行的“新文化史”的路径以及借鉴书籍史、阅读史等研究的具体方法，最终达到其所孜孜追

---

① 胡伸所撰《唐越国汪公行状》，见(明)程敏政《新安文献志》卷61。罗愿对其谬误之处有所辨析，详见(宋)罗愿《新安志》卷1《汪王庙考实》，第37～45页。

② 由于相关成果太多，无法一一列举，具体可参阅王振忠《徽学研究入门》，上海：复旦大学出版社，2011年。

③ 饶伟新主编：《族谱研究》“导言：族谱与社会文化史研究”，北京：社会科学文献出版社，2013年，第10页。

求的对传统中国社会文化的揭示与解释。

本文即在此学术理念下的一次尝试。通过上文粗浅的探讨，我们或可发现一部文献的产生、一个地方神灵地位的上升与地方科举及掌握政治资源强弱之间的微妙关系。汪台符作为唐末五代的一位文人，利用与地方政府的关系，通过撰写文献，提升汪华的地位，张扬其在乱世保捍乡民的功绩，并以此比附当时割据江南的杨行密以获得地方的认可，从而在地方上加强了汪王神信仰的合法性。入宋以后，郡人方演利用当时北宋王朝的敕封政策以及自己的政治资源首次为汪王神争取到了中央政府的承认与封号，为后来的敕封奠定了基础。而随着国家增加科举录取人数，徽州特别是汪氏在科举上取得了巨大成功，并于北宋晚期在中央政府掌握了大量政治资源，这样胡伸才能在大观、政和年间再次为汪华立传，不惜歪曲事实夸大其功绩且最终获得成功。随后数年间，汪华又屡次得到敕封，进而又荫及妻、子。当然，这些敕封跟两宋政府的敕封政策亦密切相关。但无论如何，至南宋乾道、淳熙年间罗愿编撰《新安志》时，为汪华正名平反、提高其声望的工作既有其现实的紧迫性又有其可能性。

限于学力与资料，诸如汪华获得敕封与汪氏及其他徽州官僚的直接关系，罗氏父子与汪氏的关系，以及在屡次敕封过程中地方社会又是如何运作的，罗愿编撰《新安志》时还受到哪些因素的影响，这些问题在本文中尚未得到揭示，有待更多的学者对此进行更加精细的探讨。

原载《安徽大学学报》2015 年第 5 期

明清时期徽州的儒贾观

赵华富

众所周知,中国自古以来一贯“右儒左贾”。明清时期,徽商大发展,叱咤风云,闻名天下。在这种社会背景之下,歙县岩镇著名学者汪道昆提出一种新的儒贾观。他说:“古者右儒而左贾,吾郡或右贾而左儒。盖诎者力不足于贾,去而为儒;赢者才不足于儒,则反而归贾,此其大氐也。”[①]又说:“吾乡左儒而右贾,喜厚利而薄名高。纤啬之夫,挟一缗而起巨万。”[②]有的学者对汪道昆新的儒贾观提出不同看法,认为明清时期徽州“右贾不左儒,甚至是右贾更右儒”[③]。笔者认为,无论“右儒左贾”还是“右贾左儒”,都是比较而言、相对而论的,两者之间都是程度上的差异,不能理解为“崇儒卑贾”,也不能理解为“重商轻儒”。这个问题很复杂,不能采用非此即彼的简单方法分析论证。

徽州的历史文献告诉我们,明清时期徽州人的儒贾观有三种:“右儒左贾”“右贾左儒”“儒贾并重”。现分别论述如下,请方家指正。

一、“右儒左贾”的儒贾观

中国封建王朝一贯实行“重本抑末”政策,士居四民之首,商居四民之末。明清时期,徽州人从商者虽然众多,但是传统的“右儒左贾”儒贾观的影响依

---

① 汪道昆:《太函集》卷54《明故处士谿阳吴长公墓志铭》,合肥:黄山书社,2004年。

② 汪道昆:《太函集》卷18《蒲江黄公七十序》。

③ 张海鹏、王廷元主编:《徽商研究》,合肥:安徽人民出版社,1995年,第417页。

然存在，许多宗族的族规家法都按“士、农、工、商”的顺序排列四民[①]。大多数徽商，“本为儒，去而从贾，非其志也”[②]。歙县人吴雪翀，“父以盐策起家，而雪翀耻为贾，轶宕不治家事，稍落其业，无以为亲欢。于是折节嗣盐策，然颇慷慨，喜负气……恒叹曰：‘士不得已而贾，寄耳。若龌龊务封殖，即一钱靳不肯出，真市竖矣’”[③]。婺源环田李氏宗族李大祈，“弃儒服贾，挟策从诸父昆弟为四方游，遍历天下都会……转徙维扬，出入荆楚，艖艘蔽江，业骎骎百倍于前，埒素封矣”。但是，“每以幼志未酬属其子，乃筑环翠书屋于里之坞中，日各督之一经，而叮咛勖之曰：‘予先世，躬孝悌而勤本业，攻诗书而治礼义，以至予身犹服贾人服，不获徼一命以光显先德，予终天不能无遗憾’”[④]。歙县长沙里江氏宗族江珮，“少负奇气，日诵数千言。年十六，试县官有声”。会母“暴卒”，父“内顾，则令公从贾”。于是“贾吴越”“徙维扬”“之梁，之楚”“游宋”。三弟江灌“受经”“试县官不利”，父“令释业”，从珮贾。珮对三弟曰：“夫农之望岁，固也，奈何以岁一不登，而辍耕乎？且吾业已悔之，汝复蹈吾悔耶？”[⑤]歙县人江才客钱塘，贾“不利”，遂“北贾青、齐、梁、宋，业日起”。后又“归而治盐策钱塘”。才“察叔季才，程督二子就学”，并曰：“吾先世夷编户久矣，非儒术无以亢吾宗，孺子勉之，毋效贾竖子为也。”[⑥]

以上所列四个徽商，是徽州“右儒左贾”传统儒贾观的典型人物。他们虽然都是商人，但都认为“儒高”“贾下”，都“崇儒”“鄙贾”。

明清时期，徽州人“右儒左贾”的儒贾观产生了巨大的社会作用。许多青年学子都把十年寒窗、金榜题名、显亲扬名、荣宗耀祖作为人生最高的终极追求。这个理想成为他们发奋图强、奋力拼搏的强大精神力量。每届科举，广大青年学子纷纷“应试”。许多人一试不中再试，再试不中三试，参加八九次

---

① 《休宁宣仁王氏族谱·宗规》，明万历三十八年家刻本；《重修古歙城东许氏世谱》卷7《许氏家规》，明崇祯七年家刻本。

② 歙县《溪南江氏族谱·故处士沙南江公墓志铭》，明隆庆刻本。

③ 许承尧：《歙事闲谭》第28册《吴瑞鹏》，抄本。

④ 徽州《三田李氏宗谱·环田明处士松峰李公行状》，明万历四十三年刻本。

⑤ 歙县《溪南江氏族谱·故处士沙南江公墓志铭》，明隆庆刻本。

⑥ 汪道昆：《太函集》卷67《明赠承德郎南京兵部车驾司署员外郎事主事江公暨安人郑氏合葬墓碑》。

十几次者大有人在[①]。个别学子甚至已届耄耋之年,还不罢休。乾隆皇帝八十寿辰,特开"万寿恩科",黟县南屏叶氏宗族八十一岁的举子叶逢年名落孙山。乾隆闻奏,特下谕旨"著加恩赏给举人":

据陈用敷奏,本年江南省应试诸生内,有八十一岁之叶逢年,三场完竣,未经中式等语。该生年逾八旬,精神矍铄,踊跃观光,实为儒林嘉瑞,著加恩赏给举人,准其一体会试,以示朕寿世作人、嘉惠耆龄至意。

次年,叶逢年赴京会试,又榜上无名。乾隆皇帝又下谕旨"著赏给翰林院检讨衔":

据知贡举铁保、姜晟奏,本年会试举子内有八十二岁之叶逢年,三场完竣,未经中式等语。本届朕八旬特开"万寿恩科",该举子年老应试,庞眉皓首,踊跃观光,洵为升平盛事。著赏给翰林院检讨衔,加赏缎二匹,以示朕嘉惠耆儒、仁寿作人至意。[②]

由于奋力拼搏,在明清科举考试的考场上,徽州举子取得了巨大成就。据道光《徽州府志》和新编原徽州府六个县的县志记载,明代徽州府科举中式进士计 492 人,清代中式进士计 782 人。据历史文献记载,明代共举行过 89 科进士科考试,录取进士约 25200 人,徽州进士占全国进士总数的 1.95%;清代共举行过 112 科进士科考试,录取进士约 26300 人,徽州进士占全国进士总数的 2.97%。

明清两代歙县中式进士多达 623 人。其中有状元 5 人、榜眼 2 人、武榜眼 1 人、探花 8 人、传胪 5 人、会元 3 人、解元 13 人[③]。

据统计,清代共有 118 位状元,其中徽州人(包括"本籍"和"寄籍")有 28 位,居全国府级之首。在 28 位状元之中,休宁人(包括"本籍"和"寄籍")有 14 位。宋、元、明、清四朝,休宁共有状元 17 位(2 位武状元不计),居全国县级之首,是"中国第一状元县"[④]。

---

① 婺源《董氏宗谱·步爵公暨德配洪孺人合传》曰:"少业儒,工时文,历十七试竟不售。"1931 年木活字本。

② 乾隆帝两道谕旨均见《黟县南屏叶氏族谱》卷 1,清嘉庆十七年木活字本。

③ 许承尧:《歙事闲谭》第 11 册《清代歙京官及科第》,抄本。

④ 汪顺生:《中国第一状元县》,《徽州学研究》第 3 卷,北京:中国文史出版社,2009 年。

明清时期，徽州人由于科举考试取得辉煌成就，因而产生了众多命官勋臣。据北京歙县会馆捐册名单，明代晚期歙县的达官显宦有大学士、尚书、侍郎、寺卿、给事中、巡抚、巡按御史、廉史和知府等，“其同时以进士官部曹及守令者约三十人，尚未及录，此诚他县所希”[①]。据北京歙县会馆观光堂题名榜，清代歙县在京达官显宦（包括“本籍”和“寄籍”）有大学士 4 人、尚书 7 人、侍郎 21 人、都察都御史 7 人、内阁学士 15 人[②]。

军机处是清朝总揽全国军政大权、施政发令的中枢机构。据统计，徽州人任军机大臣者 2 人，任军机章京者 19 人[③]。

徽州大量社会精英在科举仕宦这条金光大道上取得辉煌成就说明什么呢？特别是许多徽商千方百计令子弟走这条道路说明什么呢？一言以蔽之，这些人“右儒左贾”。

二、“右贾左儒”的儒贾观

明清时期，许多徽州人特别是社会俊秀“右儒左贾”，这是当时徽州社会的实际情况。但是，那时的徽州人是不是都“右儒左贾”呢？历史文献记载告诉我们，明清时期，徽州人除了“右儒左贾”之外，还有很多人“右贾左儒”。

明清时期，徽州“重商”之风特盛，是学术界的共识。徽州人为什么要“右贾左儒”呢？有三个重要原因：第一，科第仕宦之路太窄。徽州青年学子特别是俊秀学子人生的最高理想是：十年寒窗，金榜题名，显亲扬名，荣宗耀祖。但是，能够将这个人生理想变成现实的极少极少，只占人口总数的百分之零点几。他们清楚地知道，这是一条崎岖的山间小道，绝大多数人的理想都要落空。第二，“弃儒服贾”可以发财致富。明清时期，中国社会商品经济空前繁荣，经商致富的道路日益宽广。只要能吃苦耐劳、善于经营，达到小康并不很难。如果遇到机遇，发财致富，成为“素封”，也大有可能。第三，官场腐败，

---

① 许承尧：《歙事闲谭》第 11 册《科举故事一》，抄本。

② 许承尧：《歙事闲谭》第 11 册《清代歙京官及科第》，抄本。

③ 参见叶瑜荪《徽州籍军机大臣·军机章京名录》，《徽学通讯》1988 年第 2 期。按：乾隆二十年任吏部尚书、军机大臣的汪由敦，乾隆二年任内阁学士、军机章京的胡宝瑔，为笔者增补。

令人失望。明清时期,中国官僚机构的弊病日益严重,许多官员满口仁义道德,实际男盗女娼。不少正义感较强的青年学子看到官场黑暗,拒不“应试”[①]。

明清时期,徽州绝大多数人都从事商业活动。谚云:“前世不修,生在徽州,十三十四,往外一丢。”黟县人舒遵刚,“习商于饶,仅十四龄耳”[②]。歙县人许烶,年十四,与父许添荣“挟囊东游,商于太平郡”[③]。黟县人孙遴,十五岁“贾于苏浙江湖间,所如操胜算”[④]。除了广大青少年投身商业以外,大批苦读经书、“科场不售”的青年,也纷纷“弃儒服贾”。例如,歙县竦塘黄氏宗族黄用礼,“少习举子学,已弃去,游广陵、淮阴间,以居积起家……泉布出入,不假簿记,筹算心计之,虽久,锱铢不爽……既得孺人,无内顾虑,专精乘时,致赀巨万”[⑤]。绩溪城西关章氏宗族章献邠,“幼习博士艺,长而就贾。与其兄榷管子之盐,励志营运,以适父母欢,力行孝友”[⑥]。歙县江村济阳江氏宗族江梅,“弃儒服贾,贸易吴门,一切经营,力为担荷……重交游,乐与贤士大夫款洽。姑苏为冠盖往来地,慕公名者恒造庐以访”[⑦]。婺源游山董氏宗族董廷杰,“始业儒,后业商”[⑧]。董绳武,“中年以家贫弃儒业贾。尝谓人曰:‘丈夫有志,当壮游四方,乌能郁郁久居牖下?’为人倜傥有志节,善气迎人。遂挟赀走白下,游姑苏,商于江湖数十年,沐雨栉风,拮据经营,业骎骎起”[⑨]。祁门伊川倪氏宗族倪慕麟,“习儒不得志,废书叹曰:‘男子生桑弧蓬矢六,以射天地四方,不贵则富,安事毛锥子终老乡井乎?’寻仿鸱夷猗顿术,遨游江湖。一日抵荆涂,见其地为江北要区,可贩盐鹾,直走淮阴,运筹以鬻诸市,不数载

---

① 参见徽州方志《隐逸传》。据《休宁名族志》(合肥:黄山书社,2007 年)记载,休宁一县拒不应试的隐逸之士即达 44 人。

② 同治《黟县三志》卷 15《艺文志 · 人物类 · 舒君遵刚传》,清同治九年刻本。

③ 歙县《许氏世谱》第 5 册《邻溪行状》,明隆庆年间抄本。

④ 同治《黟县三志》卷 6《人物志 · 孝友》,清同治九年刻本。

⑤ 歙县《竦塘黄氏宗谱》卷 5《黄母吴氏孺人行状》,明嘉靖四十一年刻本。

⑥ 绩溪《西关章氏族谱》卷 24《家传》,清道光二十九年木活字本。

⑦ 《歙北江村济阳江氏族谱》卷 9《皇清候选州司马梅公传》,清乾隆四十三年刻本。

⑧ 婺源《董氏宗谱 · 慎斋公暨德配戴孺人合传》,1931 年木活字本。

⑨ 婺源《董氏宗谱 · 潽川董绳武公行状》,1931 年木活字本。

辄拥素封"[1]。歙县褒嘉里程氏宗族程善敏,"弃儒就贾,承祖、父之遗业,客廛于春谷之清江,行白圭治生之术。忍嗜欲,节衣服,与用事同甘苦,克俭克勤,弃取异尚,未几而家温食厚,享有素封之乐"[2]。

由于广大群众纷纷"弃儒就贾",徽州社会结构发生了重大变化。明人王世贞说:"新安僻居山溪中,土地小狭,民人众,世不中兵革,故其齿日益繁;地瘠薄,不给于耕,故其俗纤俭习事。大抵徽俗,人十三在邑,十七在天下;其所蓄聚,则十一在内,十九在外。"[3]歙人汪道昆说:"新都业贾者什七八。"[4]清代,徽州业贾者有了更大的发展。乾隆《歙县志·风俗》记载:"田少民稠,商贾十之九。"据历史文献记载,明清时期徽州地区不但庶民百姓纷纷"弃农经商",而且许多士大夫之家也改变人生之路,"弃儒服贾"。明人归有光说:

今新安多大族,而其在山谷之间,无平原旷野可为耕田。故虽士大夫之家,皆以畜贾游于四方。猗顿之盐,乌倮之畜,竹木之饶,珠玑、犀象、玳瑁、果布之珍,下至卖浆、贩脂之业,天下都会所在,连屋列肆,乘坚策肥,被绮縠,拥赵女,鸣琴跕屣,多新安人也。[5]

徽商生意兴隆通四海。万历《歙志》记载,歙县商人不仅"两京、江浙、闽广诸省","苏松、淮扬诸府,临清、济宁诸州,仪真、芜湖诸县,瓜州、景德诸镇"皆有,而且"山陬海壖,孤村僻壤,亦不无吾邑之人。但云大贾,则必据都会耳"[6]。休宁徽商"走吴、越、楚、蜀、闽、粤、燕、齐之郊,甚则逖而边陲,险而海岛,足迹几遍宇内"[7]。特别引人注目的是,有极少数徽商还走向海外,从事国际贸易。例如,明嘉靖、万历年间,歙县东门许氏宗族许谷"将服贾,资斧不具",兄"予千金","乃贩缯航海,而贾岛中,赢得百倍。舟薄浯屿,群盗悉掠

① 《祁门倪氏族谱》卷下《慕麟公纪略》,清光绪三年刻本。

② 《新安程氏世谱·歙西功叔程君传》,清刻本。

③ 王世贞:《弇州四部稿》卷61《赠程君五十叙》,上海:上海古籍出版社《四库全书》影印本。

④ 汪道昆:《太函集》卷17《阜成篇》。

⑤ 归有光:《震川先生全集》卷13《白庵程翁八十寿序》,四部丛刊初编本。

⑥ 万历《歙志》卷10《货殖》,明万历三十七年刻本。

⑦ 康熙《休宁县志》卷1,清康熙二十九年刻本。

之”[①]。歙县棠樾鲍氏宗族鲍文玉“行贾于外，转徙瓯粤间。是时市舶出洋，遭劫掠者无算。文玉数往来，属有天幸，独不遇。货委于地，人皆争取，无积滞，又数得息。佥曰：‘鲍翁至诚，人勿忍欺也。’海上无知书者，文玉善笔札，居人贾客，群依赖之……故游海上往往得神助云”[②]。歙北许村许氏宗族许宙“航大海，架(驾)沧江，优游自得，而膏沃充腴，铿锵金贝，诚古逸民中之良贾也”[③]。据何乔远《闽书》卷三十八《风俗》记载，福建“安平一镇尽海头，经商行贾，力于徽歙，入海而贸夷，差强赀用”。

明清时期，徽商取得辉煌的成就。明人谢肇淛说：“富室之称雄者，江南则推新安，江北则推山右。新安大贾，鱼盐为业，藏镪有至百万者，其他二三十万，则中贾耳。”[④]万历《歙志》卷十记载：“邑中之以盐策祭酒而甲天下者，初则有黄氏，后则有汪氏、吴氏，相递而起，皆由数十万以汰百万者。”万历年间，歙县溪南大贾吴养春一次就向国家捐输银30万两，因而得到万历皇帝的嘉奖，“诏赐其家中书舍人凡六人”[⑤]。清代，徽商的商业资本有了更大的发展。民国《歙县志》卷一《风土》记载：“两淮八‘总商’，邑人恒占其四。”这些大盐商“资本之充实者，以千万计。其次，亦以数百万计”[⑥]。乾隆年间，歙县江村济阳江氏宗族江春任两淮总商，“每遇灾赈、河工、军需，百万之费，指顾立办”[⑦]，因而得到乾隆皇帝的重奖。乾隆皇帝南巡驻跸扬州，亲眼见到徽商之富，叹曰：“富哉商乎，朕不及也！”[⑧]

社会实际有力地证明，明清时期，有许多徽州人持“右贾左儒”的儒贾观，并不奇怪，这是社会现实在人们头脑中的反映。

---

① 《重修古歙东门许氏宗谱》卷9《许全善传》，清乾隆二年刻本。

② 歙县《棠樾鲍氏宣忠堂支谱》卷21《鲍君文玉传》，清嘉庆十年家刻本。

③ 《续修新安歙北许村许氏东支世谱》卷1《迁许村始祖知稠公世系》、卷5《练溪辰江别叙》，明隆庆三年刻本。

④ 谢肇淛：《五杂组》卷4，北京：中华书局，1959年。

⑤ 许承尧：《歙事闲谭》第4册《吴士奇〈征信录〉中之〈货殖传〉》，抄本。按：吴士奇《征信录》中之《货殖传》载：“一日而五中书之爵下。”据许承尧考证，《歙志》“作六中书”，即吴时俸、吴养京、吴养都、吴继志、吴养春、吴希元。

⑥ 李澄：《淮鹾备要》卷7，清道光三年刊本。

⑦ 嘉庆《两淮盐法志》卷44《人物・才略》，清嘉庆十一年刊本。

⑧ 汤殿三：《国朝遗事纪闻》第1册《高宗南巡遗闻五则》。

三、"儒贾并重"的儒贾观

明清时期,徽州除了"右儒左贾"和"右贾左儒"这两种儒贾观,还有一种"儒贾并重"的儒贾观。许多徽州人既"重儒"又"重贾",换句话说,既"崇拜"高官显宦,又"崇拜"富商大贾。

徽州人为什么既"重儒"又"重贾"?

(一)儒贾俱有文化

自古以来,中国人都"重儒",因为儒是读书人,有文化。明清时期,徽州许多人"弃儒服贾",徽商队伍的文化程度空前提高,许多徽商都是"儒商"。他们"虽为贾者,咸近士风"①。婺源湖溪孙氏宗族孙大峦,"援例入国学生,有异质,气量恢宏""尝持筹吴越,生计渐裕""好与文人学士游,多闻往古嘉言懿行,开拓心胸,故能扫尽市井中俗态,虽不服儒服,冠儒冠,翩翩士君子之风焉"②。歙县溪南吴氏宗族吴钖,"年二十八受知于督学李公,补邑诸生,每试辄高等"。后赴扬州业盐。但他"自少留心经世之务,经史子集,环列几前,至老未尝释卷"③。歙县双桥郑氏宗族郑孔曼,"少而游吴,中岁游梁楚,晚栖迟旧京,凡三徙,而所在贤豪长者争识"。其人"虽游于贾,然峨冠长剑,褒然儒服,所至挟诗囊,从宾客登临啸咏,翛然若忘世虑者,著骚选近体诗如干首,若《吊屈子赋》《岳阳回雁》《君山吹台》诸作皆有古意,称诗人矣"④。黟县人朱光宅,"文公二十一世孙。喜读温公《通鉴》,偶说千百言具有条贯,学士能史者或逊其精熟。少随父懋迁,厥后家隆隆起……尤重学问,一时根柢朴学之彦与夫辞章胜流,皆乐数晨夕文酒相娱。兄弟三人,夙夜必偕相与讨论今古,规过奖善"⑤。许承尧曰:

---

① 戴震:《戴东原集》卷12《戴节妇家传》,清宣统二年渭南严氏孝义家塾刻本。

② 婺源《湖溪孙氏宗谱》卷1《萃峰孙公传》,清刊本。

③ 吴吉祜:《丰南志》第5册《皇清附贡生诰授资政大夫候选道加四级恩加顶带一级又恩加一级议叙加六级显考嵩堂府君行述》,抄本。

④ 歙县《双桥郑氏墓地图志·明故徕松郑处士墓志铭》,明嘉靖稿本。

⑤ 同治《黟县三志》卷15《艺文志·人物类·朱英亭传》,同治九年刻本。

商居四民之末，徽殊不然。歙之业鹾于淮南北者，多缙绅巨族。其以急公议叙入仕者固多，而读书登第，入词垣跻膴仕者，更未易仆数，且名贤才士往往出于其间，则固商而兼士矣……斯其人文之盛，非若列肆居奇、肩担背负者能同日语也。自国初（即清初——引者）以来，徽商之名闻天下，非盗虚声，亦以其人具干才，饶利济，实多所建树耳。故每逢翠华巡幸，晋秩邀荣，夫岂幸致哉。①

（二）儒贾俱讲道德

中国自古以来“右儒左贾”，一个重要原因是，儒者讲究孝、悌、忠、信、礼、义、廉、耻，贾者追求财富，损人利己，唯利是图。但徽商与其他商人不完全相同，有不少徽商特别讲究“以诚待人”“以信接物”“以义为利”“仁心为质”②。

歙县岩镇汪氏宗族汪通保“以积聚居上海”，“与诸子弟约，居他县毋操利权，出母钱毋以苦杂良，毋短少；收子钱毋入奇羡，毋以日计取盈。于是人人归市如流，旁郡县皆至。居有顷，乃大饶，里中富人无出处士（即通保——引者）右者”③。休宁人孙从理经营典业，“什一取赢，矜取予必以道，以质及门者踵相及，趋之也如从流”。因“质剂起家”者，没有人能与孙从理相比④。明末，南京“当铺总有五百家，福建铺本少，取利三分四分；徽州铺本大，取利仅一分二分三分”，“均有益于贫民”。人称：“人情最不喜福建，亦无可奈何也。”⑤据民国《重修婺源县志》记载，程国远，“性仁厚，尝偕友合伙贩茶至粤，公耗八百金。远念友赀无从措，独偿之”。程锡庚，“尝在广东贷千金，回婺贩茶。一路资给难民，至饶州金尽，遇负逋鬻妻者，犹佽助慰留”。查奎，其“族有业茶于粤东者，为行户亏折，久踬于外。奎以一千五百金贷之，始获归家。未数年折其卷”。余圣材，“与族人合贷重资，业茶粤东，牙侩亏空，归鬻己产

① 许承尧：《歙事闲谭》第18册《歙风俗礼教考》，抄本。

② 参见张海鹏、张海瀛主编《中国十大商帮》第十章《徽州商帮》，合肥：黄山书社，1993年。

③ 汪道昆：《太函副墨》卷13《汪处士传》，明万历十九年刊本。

④ 汪道昆：《太函集》卷52《南石孙处士墓志铭》。

⑤ 《金陵琐事剩录》卷3，转引自谢国桢《明代社会经济史料选编》中册，福州：福建人民出版社，1980年，第200页。

偿之。其同业者欲以屋抵偿，材弗受，焚其卷”。詹坦贞，“业茶粤东。有以数千金合业者，诚信无欺，人咸重之”。程士严，“慷慨好施，素在粤东业茶。有俞某贷银一千四百两，子母亏折，留滞羊城。严不责偿，并赠赀俾之归。后俞病笃，邀严诣其家，涕泣与诀。严面焚借卷，赠金佽助殡费”。朱文炽，“尝鬻茶珠江，逾市期交易文契，炽必书‘陈茶’两字，以示不欺。牙侩力劝更换，坚执不移。屯滞二十余载，亏耗数万金，卒无怨悔”。货真价实，市不二价，童叟无欺，是一些徽商的商业道德。

（三）儒贾俱能“亢宗”

明清时期，徽州人为什么“重儒”“崇儒”呢？一个很重要的原因是，他们认为儒能“亢宗”。有的徽商甚至认为，“非诗书不能显亲”[①]“非儒术无以亢吾宗”[②]。徽州人为什么又“重商”“崇商”呢？因为，事实证明商贾也能“亢宗”。

1. 发财致富，荣宗耀祖。据历史文献记载，明清时期，徽商发财致富，成为“素封”之家的比比皆是。明代，盐商有黄氏、汪氏、吴氏[③]；清代，仅歙县盐商即有江氏、吴氏、黄氏、程氏、汪氏、徐氏、郑氏、许氏、曹氏、宋氏、鲍氏、叶氏[④]。典商有歙县的汪通保[⑤]、休宁的孙从理[⑥]、黟县的胡学梓[⑦]，等等。汤殿三在《国朝遗事纪闻·高宗南巡遗闻五则》中说：

> 扬州之富，以淮南盐商名。商之著者凡八家，而黄氏妇居其最。高宗之幸郡也，诸商皆争自输金为御供，凡有可悦上意者，无不力致之。故上曰：“行在以来，莫若扬州适意者。”车驾还京后，有皇子晏起以误读，上责之曰：“汝欲逸乐，何不作淮南商人子，而必生吾家耶！”

徽商巨子腰缠万贯，富埒王侯。

---

① 吴吉祜：《丰南志》第5册《从父敬仲公状》，抄本。

② 汪道昆：《太函集》卷67《明赠承德郎南京兵部车驾司署员外郎事主事江公暨安人郑氏合葬墓碑》。

③ 万历《歙志》卷10，万历三十七年刻本。

④ 民国《歙县志》卷1《风土》，1937年铅印本。

⑤ 汪道昆：《太函副墨》卷13《汪处士传》，明万历十九年刊本。

⑥ 汪道昆：《太函集》卷52《南石孙处士墓志铭》。

⑦ 赵华富：《典商巨子胡学梓》，《合肥学院学报》2010年第4期。

2. 建设祠堂，荣宗耀祖。据历史文献记载，徽州城乡相望、美轮美奂的祠堂大多是徽商出资兴建的。例如，歙县棠樾鲍氏宗族盐商巨子鲍志道建“世孝祠”，鲍志道、鲍漱芳父子重建“万四公支祠”（又称“敦本堂”），鲍启运之子鲍有莱建“清懿堂”女祠[①]。歙县新馆鲍氏宗族大盐商鲍集、鲍概、鲍乐、鲍宋、鲍橐、鲍檀、鲍善烨、鲍善耀，共建“著存堂”[②]。黟县西递明经胡氏宗族典商巨子胡学梓兴建“追慕堂”，出银四千余两与宗人共建“本始堂”（又称“明经祠”）[③]。祁门渚口倪氏宗族巨商倪尚荣，“首捐巨赀”，与族人共建“贞一堂”[④]。

3. 设置族田，荣宗耀祖。明清时期，徽州宗族族田有巨大发展，许多名宗右族拥有族田多达数千亩[⑤]。据历史文献记载，这些族田大多是徽商捐输。例如，歙县棠樾鲍氏宗族大盐商鲍启运，捐赠鲍氏宗族义田共 1249 亩，其中“体源户”义田 700 多亩，“敦本户”义田 500 余亩。前者用于救济宗族鳏、寡、孤、独和自幼废疾不能受室难于活命者；后者青黄不接之时廉价粜给贫困族人。鲍启运这一“义举”，得到社会极高赞誉，两江总督陈大文、安徽巡抚朱珪均撰文颂扬。陈大文认为，设置“常平周族之田”，古人“未有行之者”，不仅是一种“义举”，而且也是一种“创举”[⑥]。

（四）儒贾俱能“利国”

中国自古以来“右儒左贾”，还有一个重要原因是，许多人认为儒能“治国平天下”。历史文献记载告诉我们，明清时期的徽商对国家也做出了重大贡献。例如，上文提到的歙县大贾吴养春，明万历年间一次就向国家捐银 30 万两；乾隆年间，歙县江春“每遇灾赈、河工、军需，百万之费，指顾立办”。又如，嘉庆年间，歙县棠樾鲍氏宗族鲍漱芳任两淮盐运总商，洪泽湖灾，“集议公捐

---

① 歙县《棠樾鲍氏宣忠堂支谱》卷 22《文翰·世孝祠记》，清嘉庆十年家刻本；鲍志道：《重建万四公支祠记》，碑刻；道光《徽州府志》卷 12《人物志·鲍启运传》，清道光七年刊本。

② 《歙新馆鲍氏著存堂宗谱》卷 3《祠规序》，清光绪元年刊本。

③ 参见赵华富《典商巨子胡学梓》，《合肥学院学报》2010 年第 4 期。

④ 《祁门倪氏族谱·清授直奉大夫五品衔例贡生倪公秀亭行状》，民国刊本。

⑤ 参见赵华富《徽州宗族研究》第 5 章《徽州宗族族产》，合肥：安徽大学出版社，2004 年。

⑥ 歙县《棠樾鲍氏宣忠堂支谱》卷 19《义田》，清嘉庆十年家刻本。

米六万石助振”；淮、黄大水，“公捐麦四万石展振”；高堰抢险，“集众输银三百万两，以佐工需”；芒稻河工程，捐银 6 万两；浚沙河闸，捐银 5000 两①。

（五）儒贾俱能得到“表彰”

明清时期，徽州不管是“儒”还是“贾”，只要是对黎民百姓和国家民族有较大贡献者，均得到黎民的“崇拜”和国家的“旌表”。

徽州宗族祠堂龛室都规定，一般黎民百姓神主都供奉在左右昭穆室，“五世则迁”；“儒”“贾”对黎民百姓和国家民族有较大贡献者神主，有的供奉在中龛始祖左右，有的供奉在昭穆室特设的酬功位，“百世不迁”②。

歙县棠樾牌坊群共有 7 座牌坊，“官联台斗”坊是颂扬工部侍郎鲍象贤，“乐善好施”坊是表彰大盐商鲍漱芳和鲍均父子。黟县西递牌坊群原有 13 座牌坊（“文化大革命”时拆毁 12 座），“荆藩首相”坊是颂扬胶州知州胡文光，“乐善好施”坊（“文化大革命”时拆毁）是表彰典商巨子胡学梓③。

明清时期，徽州的地方志（包括府志和县志）中都有《宦业传》和《义行传》，其中，《宦业传》是颂扬对黎民百姓和国家民族有贡献的命官勋臣；《义行传》是表彰道德高尚、对黎民百姓和国家民族有较大贡献者，这些有贡献者中很多是徽商。

四、结　语

汪道昆说：“新都三贾一儒，要之文献国也。夫贾为厚利，儒为名高。夫人毕事儒不效，则弛儒而张贾，既则身飨其利矣，及为子孙计，宁弛贾而张儒。一弛一张，迭相为用，不万钟则千驷，犹之转毂相巡，岂其单厚然乎哉，择术审矣。”④就一个家庭来看，徽州人有时“右儒左贾”，有时“右贾左儒”，有时“儒贾并重”。就徽州社会来看，有人“右儒左贾”，有人“右贾左儒”，有人“儒贾并重”。这就是明清时期徽州儒贾观的实际状况。

---

① 民国《歙县志》卷 9《人物志·义行》，1937 年铅印本。

② 歙县《桂溪项氏族谱》卷 22《祠祀·供奉神主龛室规》，清嘉庆十六年刊本。

③ 参见赵华富《典商巨子胡学梓》，《合肥学院学报》2010 年第 4 期。

④ 汪道昆：《太函集》卷 52《海阳处士金仲翁配戴氏合葬墓志铭》。

明清时期,徽州人采用这种多样的、机动的儒贾观,促进了徽州社会的发展和繁荣昌盛。

原载《安徽大学学报》2011 年第 6 期

明清徽州新儒贾观内涵与核心价值取向的再探讨

徐国利

明清徽州以宋明新儒学主要流派朱子理学和阳明心学的世俗化伦理思想为主导，对传统的四民观，特别是儒贾（士商）观的内涵和职业伦理价值做了转换与重构，提出“贾不负儒”“良贾不负宏儒”和“左儒右贾”“儒贾事道相通”“贾服儒行”“士商异术而同志”“儒名贾利”、儒贾“迭相为用”等反映新儒贾（士商）观的诸多新概念和命题。笔者曾对此做过理论探讨，不过，限于论述的角度，并未对这些新儒贾（士商）观的具体内涵和内在思想关联做系统深入的辨析①。明清徽州有关新儒贾（士商）观的诸多概念和命题往往具有丰富或特定的内涵，相互间存在着密切的思想联系，既反映了徽州在儒贾（士商）观的转换和重建方面的多重认识，又体现出这些新观念仍然秉持儒家的核心价值取向。对这些新儒贾（士商）观及其思想关联做深入梳理和辨析，可以更好地说明徽州儒贾（士商）关系的转换与重构。本文对此做进一步探讨，以期深化对该问题的理论认识。

一、“贾不负儒”“左儒右贾”和“贾服儒行”“儒贾事道相通”

儒和贾在传统职业观中地位悬殊，儒（士）为四民之首，贾（商）居四民之

① 徐国利：《阳明心学的世俗化伦理观与明清徽商伦理思想的转换与建构》，《安徽史学》2009 年第 4 期；《朱子伦理思想与明清徽州商业伦理的转换与建构》，《安徽史学》2011 年第 5 期。

末。然而，明清徽州却提出了“贾不负儒”的儒贾观，甚至说“良贾不负宏儒”。不仅如此，徽州还提出了与传统“右儒左贾”相左的“左儒右贾”观。这些新儒贾观和士商观既是商品经济和社会发展的产物，同时还有其内在的思想发展依据。笔者认为，“儒贾事道相通”和“贾服儒行”是明清徽州传统儒贾观和士商观转换与重建的最根本的理论依据[①]。在明清徽州人看来，商贾只要能遵循儒家道德规范，即“贾服儒行”，那么，贾与儒即是事道相通的。进而言之，既然儒贾事道相通，那么，商贾与儒士在职业上便无贵贱之分，他们的社会地位也无高低之别了，故而自然是“贾不负儒”了！

明中叶刊刻的休宁《汪氏统宗谱》说：“古者四民不分，故傅岩鱼盐中，良弼师保寓焉。贾何后于士哉！世远制殊，不特士贾分也，然士而贾其行，士哉而修好其行，安知贾之不为士也。故业儒服贾各随其矩，而事道亦相为通，人之自律其身亦何艰于业哉？”此文接着叙述了汪远的行谊：“公贾而儒行者也，其裕父之志，启诸子以儒，精勤心思在焉。又让所丰于昆季，而自居其瘠者，诸细行不悉数。儒者所谓躬行率先宜乎。”[②]为何说“业儒服贾各随其矩，而事道亦相为通”呢？通过该文可以看出，所谓儒与贾之“事道”，是指儒与贾的从业和行事都应遵循儒家伦理之道。由于汪远“贾而儒行”，能以儒家伦理之道行贾，故虽为贾，却与儒者没有职业贵贱和地位高下之分了。这种“贾服儒行”思想为许多徽商所奉行。如，歙县人黄长寿，“少业儒，以独子当户，父老，去之贾。以儒术饬贾事，远近慕悦，不数年，资大起。……嘉靖庚寅，秦地旱蝗，边陲饥馑，流离载道。翁旅寓榆林，输粟五百石助赈，副都御史萧公奏闻，赐爵四品，授绥德卫指挥佥事，旌异之。翁云：‘缘阿堵而我爵，非初心也。’谢弗受。翁虽游于贾人，实贾服而儒行，尝挟策浏览未尝置。性喜吟咏，所交皆海内名公，如徐正卿、叶司徒等，相与往来赓和，积诗成帙，题曰《江湖览胜》并

① 学术界对“儒贾相通”做过不同程度的研究，其中，唐力行的研究比较全面（唐力行：《徽州宗族社会》，合肥：安徽人民出版社，2005 年，第 201～213 页）。他对徽州商人文化整合的研究也涉及这方面的一些内容（唐力行：《论徽州商人文化的整合》，《安徽史学》1993 年第 1 期）。赵华富对明清徽州“儒贾并重”的分析在某种程度上也是对“儒贾相通”的论证（赵华富：《明清时期徽州的儒贾观》，《安徽大学学报》2011 年第 6 期）。

② 休宁《汪氏统宗谱》卷 168，转引自张海鹏、王廷元主编《明清徽商资料选编》，合肥：黄山书社，1985 年，第 439 页。

《壬辰集》，前太史景公赐为之引，梓成藏为家宝”[①]。黄长寿“以儒术饬贾事”，急公好义，被朝廷赐爵却婉言谢绝。在人们看来，他“实贾服而儒行”，故无异于儒士。再如，嘉靖年间歙商黄玑芳，“少读朱子小学，至温公训刘无城以诚；读《尚书》至‘有忍乃济’，即有颖悟，谓诚与忍乃二字符也，当佩之终身。平生自无妄话，与人交悃愊忠信。商游清源，清源齐鲁之墟，犹有周公遗风，俗好儒备礼。然其俗又宽缓阔达，而足智好议论，公一以诚御之。故足智好议论者服其诚，而好儒备礼者亦钦其德。若公者，商名儒行，非耶？”[②]黄玑芳谨守儒家道德，奉诚与忍为经商之道，为众望所孚，被人誉为“商名儒行”。

正是由于能“贾服儒行”“儒贾事道相通”，遂使明清徽商产生了“贾何负于儒”，甚至“良贾何负宏儒”的思想。明中叶歙商程澧，少孤，后被迫远游经商，贾业有成，为乡里楷模。他回忆自己的人生历程，感叹道：“澧故非薄为儒，亲在，儒无及矣。借能贾名而儒行，贾何负于儒！”[③]吴肖甫，明末歙县人，父亲希望他致力举业，他说：“岂必儒冠说书乃称儒耶！”其父“善权万货重轻”，然而，肖甫为贾，“间划一筹，巧出若翁上”[④]。在他看来，儒者并非以外在的“儒冠说书”为标准，行贾只要遵守儒道亦是儒者。汪道昆更是喊出“良贾何负宏儒”。他说：“大江以南，新都以文物著，其俗不儒则贾，相代若践更。要之良贾何负宏儒，则其躬行彰彰矣。”[⑤]在他看来，良贾在道德行为上“躬行彰彰”，有什么比宏儒差呢？与“贾何负于儒”相比，“良贾何负宏儒”体现的新儒贾观更具思想解放性。

既然贾服儒行便可儒贾事道相通，贾不负儒，那么，对商贾来说，儒行的本质是什么呢？这就是为商事贾必须正确处理义利关系。义利是一对道德价值范畴，义是指道德行为之当然，利是指物质利益。儒家尤其是宋明新儒

---

① 歙县《潭渡孝里黄氏族谱》卷9《望云翁传》。

② 歙县《竦塘黄氏宗谱》卷6《黄公玑芳传》，转引自《明清徽商资料选编》，第441页。

③ (明)汪道昆：《太函集》卷52《明故明威将军新安卫指挥佥事衡山程季公墓志铭》，合肥：黄山书社，2004年，第1102页。

④ 《丰南志》卷6《艺文志下·行状·光裕公行状》。

⑤ (明)汪道昆：《太函集》卷55《诰赠奉直大夫户部员外郎程公暨赠宜人闵氏合葬墓志铭》，第1146页。

家特别重视义利之辨，朱子说："义利之说，乃儒者第一义。"[①]儒家主流价值观是重义轻利，强调以义为本，利从属于义，义是仁、性善、天理或良知等人性的体现，具体说就是在社会生活中要遵守儒家的各种伦理道德规范。朱子说，义为人之正道，"义者，宜也。乃天理之当行，无人欲之邪曲，故曰正路"[②]。而义利之辨是商人职业伦理的核心。因为，商贾之业要求利，传统四民观之所以视商为四民之末，就在于认为商人重利轻义。

为了扭转儒尊贾贱的传统观念，使商人获得与儒士同等的社会地位认同，明清徽商在恪守儒家以义为本的前提下，对义利关系做了诸多新的阐释，提出在商业经营中要以义为利，以义致利，以义取利；经商获利后，要以利践义，以利化义。如，清代黟商舒遵刚引经据典对商贾义利关系所做的阐发尤其深刻。他在江西饶州经商时仅 14 岁，"精榷算，善权衡，年未三十即能创业。然与市阛狡诈之习不类。尝语人曰：'圣人言，生财有大道，以义为利，不以利为利。国且如此，况身家乎！'……其平日训诲后进，均用此语。……君之言又曰：'钱，泉也，如流泉然。有源斯有流，今之以狡诈求生财者，自塞其源也。今之吝惜而不肯用财者，与夫奢侈而滥于用财者，皆自竭其流也。人但知奢侈者之过，而不知吝惜者之为过，皆不明于源流之说也。圣人言，以义为利，又言见义不为无勇。则因义而用财，岂徒不竭其流而已，抑且有以裕其源，即所谓大道也。'"[③]。舒遵刚借圣人之言，提出经商"大道"是以义为利，如果因义生财，不仅不会竭其利源，还能裕其财源；否则，以不义获利便会自塞财源。

事实上，以义制利、以义取利、以利践义和以利化义等在明清徽州成为风尚。清人赵吉士说："吾乡之人俭而好礼，吝啬而负气。其丰厚之夫家资累万，尝垂老不御绢帛，敝衣结鹑，出门千里，履草□，襆被自携焉。乡党有称贷，锱铢升斗见于面。岁时伏腊必燕饮酬酢，一介不取与，乾糇必报。呜呼，

① (宋)朱熹：《晦庵先生朱文公文集》卷 24《与延平李先生书》，《四部丛刊》本，第 415 页。

② (宋)朱熹：《孟子集注》卷 7《离娄章句上》，《四书章句集注》，北京：中华书局，1983 年，第 281 页。

③ 同治《黟县三志》卷 15《艺文·人物类·舒君遵刚传》。

何其细也！然急公趋义，或输边储，或建官廨，或筑城隍，或赈饥恤难，或学田、道路、山桥、水堰之属，且输金千万而不惜。甚至赤贫之士，黾勉积蓄十数年而一旦倾囊为之。呜呼，又何其慷慨好义也。”[①]明清徽商正是以大量义行极大提升了其社会地位，赢得了与儒士相同的名誉，故时人说“士商异术而同志”。如，明休宁人汪弘，幼失怙，“崛有卓志，恢拓祖父之屯。尝自策曰：‘生不能扬名显亲，亦当丰财裕后，虽终日营营，于公私有济，岂不犹愈于虚舟悠荡，蜉蝣楚羽者哉！’暨长就学，疏通闻见，弃儒就商，力行干蛊之业。于是北跨淮扬，南游吴越，服贾鹾卤之场，挟刘晏之奇，谋猗顿之赀，积数十年遂有余蓄。晚归桑梓，乃构堂室，乃辟沃壤，祖考之志于是为烈。然能散而施之，无所顾靳。尝输金造文峰，以资学校。复输百金航梓宫，以济王事。用财于此，义莫大焉。……空同子曰：‘士商异术而同志，以雍行之艺，而崇士君子之行，又奚必于缝章而后为士也。’”[②]在汪弘看来，生虽不能业儒显亲扬名，若能继承父志丰财裕后于公私有济，同样能实现儒家的理想追求。他晚年“构堂室，乃辟沃壤，祖考之志于是为烈”，于“私”来说是显亲扬名了；同时，“输金造文峰，以资学校。复输百金航梓宫，以济王事”，于“公”来说是一种义行。其行为与业儒为士是完全一致的，故被颂为“士商异术而同志”。许多商人正是以自己的义行获得了不亚于士的名望。如，歙商黄玄赐在山东经商，“临财廉，取与义”，被当地称赞为“非惟良贾，且为良士焉”[③]。可见，在人们看来，黄玄赐集良商和良士于一身。这与“士商异术而同志”正是异曲同工之调。

不仅如此，明清徽州还提出了与传统儒贾观相左的“左儒右贾”观。如，明中叶汪道昆的《太函集》中三次提到徽州的“左儒右贾”观念和风习：“古者右儒而左贾，吾郡或右贾而左儒。”“吾乡左儒右贾，喜厚利而薄名高。”“休、歙右贾左儒，直以九章当六籍。”[④]这种观念在明代小说中也得到印证。《二刻拍案惊奇》谈到徽州风俗时说：“却是徽州风俗，以商贾为第一等生业，科第反

---

① 康熙《徽州府志》卷15《人物志四·尚义传》。

② 《汪氏统宗谱》卷116《弘号南山行状》，转引自《明清徽商资料选编》，第440页。

③ 歙县《竦塘黄氏宗谱》卷5《黄公玄赐传》，转引自《明清徽商资料选编》，第274页。

④ (明)汪道昆：《太函集》卷54《明故处士溪阳吴长公墓志铭》，第1142页；卷18《蒲江黄公七十寿序》，第381页；卷77《荆园记》，第1578页。

在次着。”[①]

明清徽州形成“右贾左儒”观，除了经商事贾是人们能够和必须从事的主要职业外，还有一个重要原因，在一些徽州人特别是徽商看来，商贾的功成名就可与儒士的科举功名相埒，故经商失败往往被视为“功名未遂”。如，歙商胡廷仕，“行贾湖南，久未归”，其妻“典钗珥得银数两”，令子胡士畿寻父。胡士畿徒步至山东、直隶，遍寻不见，沿途号泣。后来，“遇旧仆，引与父相见。父以功名未遂，坚不欲归。乡人感士畿之孝，群相敦劝资助，始允之”[②]。有些徽商为追求经商“功名”，有不成功便成仁的精神。休宁商人朱模立志经商时，击楫中流誓言：“昔先人冀我以儒显，不得志于儒。所不大得志于贾者，吾何以见先人地下，吾不复归。”[③]在朱模看来，无法实现先人冀望以儒显家的愿望，若再不能得大志于贾以告慰先人，便无颜归里。这种想法的背后同样是视商贾为功名。曾为明代礼部尚书、武英殿大学士的歙县人许国在给家乡商贾汪新作传时，甚至将商贾的功成名就视为可匹勋阀乃至君王的事业！他说：“郡中贤豪起布衣，佐国家之急，致身乎金紫，等于勋阀，则余所闻南昌卫指挥佥事松峰汪公（按，名新）。”汪新在淮扬业盐，“家故饶赀，及公赀益大起”；他好行义，“里有急，挫券周之，道有馑，具棺葬之。邑籍富民为城，公应令出。有径路辖民居，公出赀以为径易，其好义类此。公既雄于赀，又以文雅游扬缙绅间，芝城姜公、金公辈名儒巨卿皆与公交欢”[④]。一位商人能被当朝重臣视为佐国家之急和致身金紫者，位等勋阀，这不也是追求科举功名的儒士梦寐以求的吗？明中叶歙商许秩则说：“丈夫非锐意经史，即寄情江湖间，各就所志，期无忝所生而已。若其积学力行，善事吾父母，各将适中土，相厥土宜，收奇赢以给若。”他离家为贾20年，致息数倍。归家两月，又准备行装。有人劝他在家颐养天年，他不以为然地说：“男子生而桑弧蓬矢以射四方，明

---

① （明）凌蒙初：《二刻拍案惊奇》卷37《叠居奇程客得助 三救厄海神显灵》，北京：华夏出版社，2008年，第438页。

② 民国《歙县志》卷8《人物志·孝友》。

③ （明）李维桢：《大泌山房集》卷69《朱次公家传》，济南：齐鲁书社，1997年影印本。

④ 休宁《西门汪氏宗谱》卷6《挥佥新公墓志铭》。

远志也。吾虽贾人,岂无端木所至国君分庭抗礼志哉?”[①]许秩认为自己立志商贾是足与国君分庭抗礼的宏志。婺源商李大鸿,“尝叩诸父曰:‘人弗克以儒显,复何可以雄视当世?’有语之:‘阳翟其人埒千乘而丑三族,素封之谓,夫非贾也耶!”[②]他将商贾视为无官爵封邑而富比封君的人。明末休宁人程廷周,“德性温良,立志干蛊,贾居江西武宁乡镇,素手建立”,其兄和弟相继助之,“遂致殷裕,为建昌当,为南昌盐,创业垂统,和乐一堂”[③]。时人将程廷周的商贾之业视为“创业垂统”,气概非凡。余英时说:“此处所用‘创业垂统’四字实在非同小可。这四个字从来是开国帝王的专利品,现在竟用来形容商人的事业了。”[④]明清徽商视商贾之业等同勋阀,可比素封,甚至能与国君分庭抗礼,创业垂统,可谓明清商人非议传统儒贾观的最强音,成为当时最具思想解放意义的儒贾观!

总之,明清徽州将商贾的功成名就视为可与儒士功名相埒,甚至视其能等同勋阀,可比素封,能创业垂统等,实是对“贾服儒行”和“儒贾事道相通”的更高理解和诠释。在他们看来,商贾之业完全能取得如儒士所期望的治国天平天这一儒家最高的事功追求。

二、“贾为厚利,儒为名高”与儒贾“迭相为用”

明清徽州能实现传统儒贾观的转换和新儒贾观的构建,还在于对传统的儒名和贾利的价值观做了新诠释,使之既符合儒家事亲伦理,又有利于徽州宗族生存发展。在儒家主流名利观中,儒为名,贾求利,两者是对立的。明清徽州却认为儒贾各有其用,儒为名高,贾为厚利,两者不仅能实现儒家事亲伦理,而且对宗族生存发展有利,都能实现“大振家声”的目的。在这种观念支配下,徽州出现了大量儒贾“迭相为用”和“相代若践更”的现象。

---

① 歙县《许氏世谱》第5册《平山许公行状》,转引自《明清徽商资料选编》,第216页。

② 婺源《三田李氏统宗谱·恩授王府审理正碧泉李公行状》,转引自《明清徽商资料选编》,第296页。

③ (明)曹嗣轩:《休宁名族志》卷1《程》,合肥:黄山书社,2007年,第155页。

④ 余英时:《中国近世宗教伦理与商人精神》,合肥:安徽教育出版社,2001年,第245页。

明人汪道昆在介绍家乡习俗时说:“新都三贾一儒,要之文献国也。夫贾为厚利,儒为名高。夫人毕事儒不效,则弛儒而张贾;既侧身飨其利矣,及为子孙计,宁弛贾而张儒。一弛一张,迭相为用,不万钟则千驷,犹之转毂相巡,岂其单厚计然乎哉,择术审矣。”[①]在徽州人看来,提倡贾为厚利、儒为名高,两者迭相为用,是因为如果毕事儒不效无法得名,则要弛儒张贾以求利;而事贾侧身飨其利后,就必须为家族名誉考虑,让富裕的子孙弛贾张儒来求名。可见,贾为厚利旨在帮助和扶持子孙实现儒名以振家声。业儒和事贾一弛一张,迭相为用,“犹转毂相巡”,并非只看重贾之厚利。明代歙商吴良儒对儒贾的名利相通做了类似的诠释。他自幼丧父,母劝令其弃儒继承父业,“而父资斧不收,蚕食者不啻过半,而儒固善,缓急奚赖耶?”他退下深思后,第二天回复母亲说:“儒者直孜孜为名高,名亦利也;借令承亲之志,无庸显亲扬名,利亦名也。不顺不可以为子,尚安事儒?乃今自母主计而财择之,敢不惟命!”结果,他成为富商。其母笑曰:“幸哉孺子。以贾胜儒,吾策得矣。脱或堪舆果验,无忧子姓不儒。”吴良儒致富后声称:“吾少受命于亲,不自意儒名而贾业,幸而以贾底绩,吾其儒业而贾名。”[②]在他看来,贾为厚利与儒为名高都在于显亲扬名,两者目的相同。如为贫儒不能显亲扬名,何名之有?如为贾获利能孝顺父母,同样可显亲扬名。

在明清徽州,这种儒名和贾利迭相为用的观念相当普遍。李大析为明中叶婺源人,“茕立当户,百端丛脞,窘不能支。公惧堕其先世业,遂愤然曰:‘丈夫志四方,何者非吾所当为?即不能拾朱紫以显父母,创业立家亦足以垂裕后昆。’于是弃儒服,挟策从诸父昆弟为四方游,遍历天下大都会。”他致富后汲汲于课子读书,人称:“易儒而贾,以拓业于生前;易贾而儒,以贻谋于身后。”[③]在李大析看来,儒名和贾利各有其用,经商谋利创家立业亦足垂裕子孙。歙商方勉弟的父亲在中州为贾不能理家,兄方勉孝为邑诸生,他顾名思义,蹶然而起曰:“吾兄以儒致身显亲扬名,此之谓孝;吾代兄为家督修父之

① (明)汪道昆:《太函集》卷52《海阳处士金仲翁配戴氏合葬墓志铭》,第1099页。

② (明)汪道昆:《太函集》卷54《明故处士溪阳吴长公墓志铭》,第1143～1144页。

③ 婺源《三田李氏统宗谱·环田明处士松峰李公行状》,转引自《明清徽商资料选编》,第470～471页。

业,此之谓弟。”于是辍学,从父贾中州。致富后,“以数千缗缮祠圮者”[①]。在方勉弟看来,兄弟俩从事的职业虽然不同,但都是为了家族利益,都尽了儒家伦理之道。明代歙商许淳庵生于亦儒亦贾的家族,贾于濡须,“生子三,长厚山公已殡世,次碧峰君,三即弟也。弟幼而聪慧,淳庵公以厚山公既习举子,命弟以商。弟即遵庭训,往葺濡须,复营运于荆楚之间。尝语诸人曰:‘人之处世,不必拘其常业,但随所当为者。士农工贾,勇往为先,若我则贾业者也。或辞利涉之艰,则大事去矣,奚以充其囊橐,裕身肥家乎。于焉苦其心志,劳其筋骨,以致富有。’”[②]在他看来,家中子弟应有业儒与业贾的分工,长子已业儒,故三子虽幼而聪慧,仍应当经商。他认为,人生处世不当拘于常业,当随所当为者选择四民之业。儒贾各有其用的观念在徽州社会深入人心,即使妇女也有类似的主张。程长公之母策长公曰:“君方屈首受经,岁入浸损,有如傥来者不可命,君其如寡母弱弟何!夫养者非贾不饶,学者非饶不给。君其力贾以为养,而资叔力学以显亲,俱济矣。”[③]程长公认为说得对,遂到浙江业盐。在程母看来,养家只有经商才能致富,读书只有富足才能维济,两者交相为用,“俱济矣”。程母这番话把“儒贾迭相为用”的道理讲得相当透彻。

正是由于明清徽州对儒名和贾利有着上述辩证和深刻的认识,所以徽州宗族大多儒贾一张一弛,迭相为用,“其俗不儒则贾,相代若践更”。许多家族或宗族中,既有业儒为士者,也有经商事贾者,亦儒亦贾,儒商一体。如,休宁凤湖汪氏,“世以诗礼承家,文人高士抱节明经,代不乏人。有以计然致富者,有以盐策起家者,连檐比屋,皆称素封。……诚望族也。”[④]人们熟知的一些明清徽州大族可谓“迭相为用”和“相代若践更”的榜样。如,汪道昆家族,曾祖父以上,“十有五世,率务孝悌力田”。明嘉靖至万历年间,随着经商之风兴起,祖父和其兄开始用贾起家,“至十弟,始累巨万”。经商致富后,汪氏开始培养子弟读书,“诸弟子业儒术者则自吾始”[⑤]。终于,汪道昆成为嘉靖进士,

---

① (明)李维桢:《大泌山房集》卷72《方仲公家传》。

② 歙县《许氏世谱·西皋许公行状》,转引自《明清徽商资料选编》,第238页。

③ (明)汪道昆:《太函集》卷42《明故程母汪孺人行状》,第895页。

④ (明)曹嗣轩:《休宁名族志》卷2《汪》,第216页。

⑤ (明)汪道昆:《太函集》卷17《寿十弟及耆序》,第366页。

与文坛巨擘王世贞先后任兵部，世称“天下两司马”。汪氏家史是一部典型“贾儒迭相为用”的发家史。再如，清代歙县棠樾望族鲍氏以事贾起家，并很快走上亦儒亦贾之路。使鲍氏家族兴盛的是盐商鲍志道。他7岁读书，11岁因家道中落至鄱阳学会计。20岁来到盐业中心扬州，后应聘到有名的歙县盐商吴尊德家做经理。乾隆三十八年(1773)，他辞职独立经营，积累起巨资，不久被推举为盐业总商。致富后的鲍志道同样遵循“富而教不可缓”的原则，着力培养子弟入仕。次子鲍勋茂为徽州府学生员，乾隆四十九年钦取一等进士，授内阁中书，乾隆五十五年入军机处学习行走。这为鲍氏结交达官贵人直至清室打开了通道。鲍志道父以子贵，被封为文林郎内阁中书加一级，厕身于官僚特权阶层。他任总商职位长达20年。后长子鲍淑芳又继任总商。棠樾鲍氏因财产富厚和科甲鼎盛而成为徽州望族①。

明清徽州宗族出现的儒贾一张一弛、迭相为用和相代若践更的现象，表明了徽州社会对商贾社会地位和职业价值的充分认同。唐力行甚至说：“贾与儒的迭相为用，已是徽州宗族社会最高的价值取向。这一价值取向还以文字的形式昭示于徽人的厅堂：‘读书好，营商好，效好便好；创业难，守成难，知难不难。’”②在徽州宗族看来，商贾之业与儒士之业一样，已成为家族生存发展的两根支柱，两者相辅相成，缺一不可。这种社会现象和风尚的形成表明，明清徽州以新儒贾观和士商观为核心的职业价值观已深入徽州民间社会。

三、明清徽州儒贾(士商)观的儒家核心价值取向

那么，能否说明清徽州已建立起一种完全平等的儒贾观，或者说儒贾的社会地位与职业价值完全等同了呢？事实并非如此。明清徽州儒贾观的核心价值取向仍是以儒为本，以士为先，崇儒贵士，科举功名仍是徽州宗族首先追求的目标。即便是宣扬新儒贾和士商观最为积极有力的汪道昆在介绍家

① 唐力行：《商人与文化的双重变奏：徽商与宗族社会的历史考察》，武汉：华中理工大学出版社，1997年，第29～30页。

② 唐力行：《商人与文化的双重变奏：徽商与宗族社会的历史考察》，武汉：华中理工大学出版社，1997年，第30页。

乡从业习俗时也说："新都业贾者什七八，族为贾而隽为儒。"[①]此言一方面指出明中叶徽州业贾者已占十之七八，另一方面又明确说族中优秀的人仍以儒为业。明末曾任歙县知县的傅岩说得更清楚："徽俗训子，上则读书，次则为商贾，又次则耕种。"[②]可见，明中叶以来，徽州社会虽然形成了重贾风气，业贾者占了人口的大多数，但并不是以否定和贬低儒业和士人的价值为前提的。综观徽州各种文献的记载，可以看出徽州宗族首先依然是要子弟走科举成名和光宗耀祖的道路，在大多数情况下，弃儒业贾只是迫不得已的选择。

不仅如此，业儒重于事贾也是明清许多徽商认同的职业价值观，他们往往不是将经商事贾而是将读书和功名视为最重要的职业和人生道路选择。即便是当时徽商撰写的商书，也多是教导子弟以读书为本。如，徽州著名商书《士商类要》便教导子弟说："明明检点，万般惟有读书高。"[③]许多人经商后，却"居商无商商之心"[④]。他们经商成功后，往往不遗余力地通过各种手段以实现自己功名仕宦的夙愿。其中一些商人通过不断努力，终于在儒业功名上取得成功。如，黟县人汪廷榜，少学贾，28岁置货汉口，"见帆樯丛集，蔽江面十数里，人语杂五方，汉水冲击，江波浩渺，纵观之心动，归而读书学文词"[⑤]。后中乾隆辛卯江南举人。清代歙县人江登云，在族人帮助下经营盐业，却不得意，曾对人说："丈夫志功名为国家作梁栋材，否亦宜效毫末用，宁郁郁侪偶中相征逐以终老耶！"后来，他入武庠，"丁卯领乡荐，连第进士，膺殿廷选，侍直禁卫，恭慎称职"[⑥]。这两位徽商都认为经商不是人生大道，江登云甚至视之为毫末之用，认为以功名作国家栋梁之材才是人生的归宿，表现出鲜明的重儒轻贾思想。

更普遍的现象是，许多徽商致富后全力扶持子弟或族人业儒求取功名。

---

① (明)汪道昆:《太函集》卷16《阜成篇》，第372页。

② (明)傅岩:《歙纪》卷5《纪政绩·修备赘言》，合肥:黄山书社，2007年，第50页。

③ 贾嘉麟等:《商家智谋全书》，郑州:中州古籍出版社，2002年，第64页。

④ 歙县《竦塘黄氏宗谱》卷5《明故金竺黄公崇德公行状》，转引自《明清徽商资料选编》，第74页。

⑤ 同治《黟县三志》卷15《艺文·人物类·汪先生事辑逸》。

⑥ 歙县《济阳江氏族谱》卷9《清覃恩累晋武功大夫袁临时将署南赣总兵官登云公原传》，转引自《明清徽商资料选编》，第384页。

鲍柏庭世居歙东新馆,“家初以贫,奉养未能隆,后以业浙鹾,家颇饶裕”,“其教子也以义方,延名师,购书籍不惜多金。尝曰:‘富而教不可缓也,徒积资财何益乎!’”①他的话充分表达了明清许多徽商和宗族的观念,即经商致富不是目的,致富后的首要任务是教育子弟读书求取功名。许多徽商把“富而教不可缓”的思想落实到实际生活中。明中叶的程封,弃学经商,终成富贾,晚年释贾归隐,“拓近地为菟裘,上奉母欢,下授诸子业。暇日,乃召宾客,称诗书。其人则陈达甫、江民莹、王仲房,其书则《楚辞》《史记》《战国策》《孙武子》,讫今遗风具在,不亦翩翩乎儒哉!长公尝奉诏助工,授鲁藩引礼,卒不拜,乃今仲伯受国子业,而冢孙亦学为儒”。他临终前还遗命三子:“吾故业中废,碌碌无所成名,生平慕王烈、陶潜为人,今已矣。尔问仁、问学,业已受经;即问策幼冲,他日必使之就学。凡吾所汲汲者,第欲尔曹明经修行,庶几古人,吾倍尔曹,尔曹当事自此始。毋从俗,毋用浮屠,毋废父命,吾瞑矣。”②程封成为富商后,却认为自己碌碌无所成名。晚年释贾归隐,授诸子业。临终前告诫三个儿子不要再经商,而要读书业儒。结果,子孙都学而为儒。明中叶的许孟洁,在淮泗通津的寿春正阳关经商20余年,“士大夫过者无不礼于其庐……公教子以义方,作‘云山书屋’命子孙业儒。……其生财以大道,虽富而自奉如寒士。又恶夫世之人多守财虏也,常语子曰:‘仆役役于利是用深愧。’”③贾业有成的许孟洁却鄙视贾业,命子孙业儒。明代歙商方迁曦,经商吴梁间,“所至交纳豪杰,为江湖望,家业益以丕振”。经商有成的他40岁时将商业交给富有经商才干的长子打理,自己回到家乡以纲纪宗族为己任。他反思家族发展史,“常念方氏入国朝以来,宦学继美无间,近世兹寖有愧,乃谋诸族,肇建书屋于金山隈,伸后嗣相聚相观以振儒业”④。在他心中,不能再让方家以贾为业而无宦学相继,遂建书屋以振家族儒业。还有些商人因早年被迫弃儒经商,贾业有成后便全力资助子弟业儒,以完成自己未竟的科举功

---

① 歙县《新馆鲍氏著存堂宗谱》卷2《家传·柏庭鲍公传》。

② (明)汪道昆:《太函集》卷61《明处士休宁程长公墓表》,第1268页。

③ 《许氏统宗世谱·处士孟洁公行状》,转引自《明清徽商资料选编》,第242～243页。

④ 《方氏会宗统谱》卷19《明故处士南滨方公行状》,转引自《明清徽商资料选编》,第439页。

名之志。如,康乾年间歙商吴之骏,孝友性成,屡施善行,“置义田数千亩,以济族之贫乏者。族子弟之秀者,或无力延师,谋设义塾以教,借未竟厥志”[①]。这种事例在明清徽商中不胜枚举。

还有一些富商大贾,利用金钱打通驰往仕宦的道路,或是向朝廷和官府捐献大量财富,以谋取官爵,这在清代徽州盐商中颇为多见。许承尧说:“歙之业鹾于淮南北者,多缙绅巨族。其以急公议叙入仕者固多,而读书登第,入词垣跻朊仕者,更未易仆数,且名贤才士往往出于其间,则固商而兼士矣。浙鹾更有商籍,岁科两试,每试徽商额取生员五十名,拔杭州府学二十名,仁钱两学各十五名。淮商近亦请立商籍。斯其人文之盛,非若列肆居奇肩担背负者能同日语也。自国初以来,徽商之名闻天下,非盗虚声,亦以其人具干才,饶利济,实多所建树耳。故每逢翠华巡幸,晋城秩邀荣,夫岂幸致哉。”[②]如,歙县人鲍光甸,“蜀原贡生。生而颖异,器识过人。弱冠通经史,以食指浩繁,不克竟举子业,遂务盐策淮扬。生平仁厚诚悫,古道自期。赒济急拯危,不鸣其德”。他急公好义,曾说:“我家世传忠厚,视力之能为者,必亟为之,不敢以薄德忝先绪也。”“翠华南幸,蒙恩加二级。叠邀貂皮、荷包、藏香之赐。癸巳,以输饷,议叙蒙恩加一级授中议大夫。”歙县大盐商江春,“少攻制举,为王已山太史弟子。乾隆辛酉乡闱,以兼经史呈荐,额溢弗捷。弃帖括,治禺策业。练达多能,熟悉盐法,司鹾政者咸引重,俾综商务。高宗六巡江南,两幸山左,祇候供张,胥由擘画。尝于金山奏对称旨,解赐御佩荷囊,晋秩内卿。……逢大典礼暨工赈输将重务,殚心筹策,靡不指顾集事,故独契宸衷也。……高宗谓尽心国事,特宣温旨,加授布政使衔,荐至一品”[③]。清代歙县大盐商郑鉴元,好书史,性节俭,屡有义行,总司鹾事十余年,“诰授通议大夫、候撰道。乾隆五十五年,入京祝万寿,加一级,召预千叟宴,赐御制诗及粟帛。又以输军

---

① 《丰南志》卷6《艺文志下·行状·皇清诰封中宪大夫、大理寺寺副加五级岁进士捐斋太老姻台吴公行状》。

② 许承尧:《歙事闲谭》卷18《歙风俗礼教考》,合肥,黄山书社,2001年,第603页。

③ 道光《徽州府志》卷12《人物志五·义行》。

饷一万两以上，议叙加五级，覃恩诰封中宪大夫，刑部山东司员外郎”①。

徽商在儒业科第和功名仕宦上的这些言行表明，他们在内心深处仍是崇儒尊士。且不说那些弃商从儒的商人和那些希望通过扶持子弟来完成未竟之志的商人，即便是明清时期最富有的大盐商，不仅千方百计地急公好义以求获得朝廷的赐爵授官，而且还为子弟的科第功名竭力争取机会。在他们心中，《士商类要》倡导的“明明检点，万般惟有读书高”的传统观念仍然根深蒂固。同时，徽商的自我要求和评价是其经商事贾是否符合儒家伦理道德，他们往往将自己塑造成“儒商”的形象。戴震说：“吾郡少平原旷野，依山为居，商贾东西行营于外，以就口食。然生民得山之气，质重矜气节，虽为贾者，咸近士风。”②徽州许多家族子弟，“虽营商业者，亦有儒风”③。如，婺源商人孙大峦，为人仗义疏财，“又好与文人学士游，多闻往古嘉言懿行，开拓心胸，故能扫尽市井中俗态，虽不服儒服、冠儒冠，翩翩有士君子之风焉”④。时人对徽商的评价也是看其贾行是否符合儒道，符合者，为之树碑立传；不符合者，则加以谴责。明清徽州家谱、方志和文人笔记等文献为徽商立传，绝大部分不是记载他们的商业经营如何成功，而是记载他们商业经营中的各种义行，以及经商致富后如何报效家庭、宗族、乡里和国家的种种义行。在明清徽州的各类徽商传记中，大体可以发现这样一种记述模式：因生计贫困弃儒业贾＋经商时以义制利、以义取利＋经商成功后以利化义、以利践义＋显亲扬名和振大家声。不难看出，在这种徽商传记的模式中，恪守和弘扬儒家的伦理道德成为一条主线和事功评价的标准。

此外，明清徽州虽然存在与传统儒贾观相左的“右贾左儒”观，甚至将商贾之业等于勋阀，可比素封，足以创业垂统，但是，统观明清徽州的整个历史时期，这种观念毕竟没有成为徽州儒贾观和士商观的主流。笔者认为，明清徽州四民观特别是儒贾观和士商观的转换与重建经历了一个发展过程。明

---

① (清)阮元：《揅经室二集》卷6《诰封刑部山东司员外郎郑君墓志铭》，北京：中华书局，1993年，第519页。

② (清)戴震：《戴震文集》卷12《戴节妇家传》，北京：中华书局，1980年，第205页。

③ 《婺源县志稿》，转引自《明清徽商资料选编》，第455页。

④ 婺源《湖溪孙氏宗谱》卷1《萃峰孙公传》，转引自《明清徽商资料选编》，第455页。

代中叶伴随着阳明心学传播所引发的思想解放及其对职业伦理所做的大量新阐释,使当时的思想界、知识界和宗族社会重在对传统的儒贾观和士商观进行不同程度的批判和解构。因此,明中叶的徽州社会在包括儒贾观在内的四民观及其职业价值认识上是最具思想解放性的。由此就不难理解,为何“右贾左儒”的言行主要记载于明中叶汪道昆的《太函集》中,而在其他时期的徽州文献中少有这种言论。然而,随着阳明心学在明后期的盛极而衰,特别是入清以后朱子学在徽州的复兴,徽州社会最终确立起以朱子伦理观为基础、吸收阳明心学思想的新的商人伦理价值观。

总之,我们既要看到明清徽州的新儒贾观和士商观充分肯定了商贾的职业价值,极大提升了商贾的社会地位,又要看到它们并未根本否定以儒为本、儒贵士尊的观念。那么,明清徽州为何会秉持以儒为本的儒贾观和士商观呢?笔者认为,根本原因有两点:一是明清大社会和徽州小社会的发展均未突破传统儒家伦理的统治;二是中国经济的主体仍是以农为本的自然经济,中国社会依然是以家族为细胞的宗族社会,这使得明清徽州提出的诸多新儒贾观和士商观不可能根本上突破儒家伦理大传统。质言之,明清徽州社会对传统儒贾观和士商观的转换和重建,是在儒家伦理框架中完成的;徽州诸多新儒贾观和士商观的核心价值取向仍是儒家的,它们只是丰富和发展了传统,而没有背离和抛弃传统。

原载《安徽大学学报》2013 年第 5 期

论赵汸及其《春秋》学

申屠炉明

《春秋》为儒家五经之一，历代学者的注疏解说多不胜数。在众多《春秋》学著作中，元末明初徽州学者赵汸的《春秋》学著作，有其独特的学术价值，历来为人称道，钱谦益曾誉为“本朝儒林第一”①，并非虚语。本文从赵汸的学术师承、著书宗旨、学术特色等方面分析探讨，阐发其在《春秋》学史上的地位和影响。

一

赵汸，字子常，徽州休宁人，在元末动乱中隐居著书，筑东山精舍，四方来学者甚众，学者称东山先生，事迹见《明史·儒林传》。史传简略，而其学生詹烜的《东山赵先生汸行状》较为详尽。据《行状》，赵汸先世本陇西人，唐末避兵迁居新安海宁之龙安里，从此定居下来②。祖象元，才识超异，元初授杭州仁和令，未到任便卒于扬州。父克明，孝友敦厚，乡里有“善人”之称。赵汸为幼子，生于元延祐六年(1319)，《行状》说：

> 自孩抱闻读书辄能成诵，及就外傅，读朱子《四书》疑难不一，师告以初学毋过求。意辄不释，夜归取《文公大全集》《语录》等书翻阅，五鼓始

① 朱彝尊：《经义考》卷198《春秋师说》下引钱谦益说“子常于《春秋》发明师说，本经会传，度越汉宋诸儒，当为本朝儒林第一”。按，钱氏语出《历朝诗集小传》甲集《东山赵先生汸》。

② 赵汸《东山寓舍安神主祝文》也提到：“我祖宗始居休宁龙川，历唐末五季入宋三百余年，以及本朝又几百年。传绪十有七世，至于某等。当其盛时，赀产擅一乡，家学以儒名。”《东山存稿》卷5，台湾商务印书馆影印文渊阁《四库全书》本，1986年。

休。由是有悟，遂励志圣贤之学，不事举子业。少长遍诣郡之师儒，遂有负笈四方之思。鬻恒产以为裹粮执贽之具，亲友或议其非，弗顾。[①]

至元三年(1337)，赵汸19岁，闻九江黄泽杜门著述，遂往拜师求学。时黄泽年近80，贫无立锥之地，而穷经之志不辍。其学以积思自悟为主，故其教人引而不发，使其自思。一再登门，乃得授六经疑义千余条以归。至正元年(1341)秋，第二次往九江从学，居二年，得口授六十四卦义与学《春秋》之要。并由此获教，知讲学而不切于己，治经而不究其事，算不上闻道。至正四年至临川虞集处拜师，在虞家从学一年。至正六年，再往九江，黄泽已经去世。归来筑东山精舍。虞集有《东山精舍记》，转述赵汸之言云：

汸蚤学于乡，所求朱程之绪余者，诵习经训，辨释其文义之外，无以致力焉。恐终身不足以知至，毕世不能以意诚，古昔圣贤师弟子之授受，如斯而已乎？切尝思之，以求涂辙之正，至于道南之叹而有感焉。……其所学者何学？所事者何事？而吾朱子所谓潜思力行，任重诣极者，亦将何所底乎？此精舍之作，所以愿尽心焉者也。[②]

自精舍成，四方学者尊之为东山先生。又，清初钱谦益《历朝诗集小传》称，元末动乱中，赵汸辅元帅汪同起兵保乡井，授江南行枢密院都事。赵汸从书斋里走出来是为了保卫家乡，并非为了做官，故辞而不受。为此结茅于星溪之古阆山。山在星溪上游，高寒深阻，人迹几绝，在这里潜心著述。至正二十二年春回东山，才知朱元璋开府金陵，徽州已附属六年。有司屡奉命征辟，皆以疾得辞。明太祖洪武元年(1368)十二月下诏修《元史》，次年八月书成，李善长《进元史表》中，赵氏即名列修史的十六儒士中。赵汸不愿出仕，回休宁后不到一月就去世了，年仅51岁。

从《行状》可知，赵汸的学术师承有二：一为九江的黄泽，所学主要是《易》与《春秋》，尤以《春秋》所得为多。黄泽，字楚望，为学以独立思考自悟为主。赵汸《黄楚望先生行状》中有详细描述：

先生于经学以积思自悟为主，以自然的当不可移易为则。故其悟

---

① 詹烜：《东山赵先生汸行状》，《东山存稿·附录》。

② 《全元文》(第27册)卷859，南京：凤凰出版社，2004年，第53页。

也，或得诸幽闲寂寞之余，或得诸颠沛流离之顷，或得诸疾病无聊之日，或得诸道途风雨之中，及其久也则豁然无不贯通。……于是，《易》《春秋》传注之失，《诗》《书》未决之疑，《周礼》非圣人书之谤，凡历代聚讼不决，数十年苦思而未通者，皆冰解冻释，怡然各就条理，盖由专精积久而后得之。……其说《易》有常变，而《春秋》则有经有权。《易》虽万变而必复于常，《春秋》虽用权而不远于经，各以二义贯一经之旨。①

黄泽认为《周易》《春秋》二经中有孔子的手笔，书中体现了圣人精神，“心术所存，必尽得其不传之旨，然后孔门之教乃备”。有感于当世学者多迷信前儒成说，缺乏独立思考的精神，每遇此类人，虽问弗答；即便解答也皆引而不发，留有余地令其自思，所以连及门之士也很少能领会他的思想。赵汸回忆当初拜师黄泽，向他请教治经的门径，黄泽只说了一句“在致思而已”。再请问如何致思？黄泽举了“《礼》，女有五不娶”例，其一为丧父长子，注曰“无所受命”，近代学者解说“丧父而无兄者也”，女之丧父无兄的情况很常见，何以见绝于人如此？明显这是违背常理的事，可见其非先王之意。他让赵汸姑以此问题思之二三年或七八年，“傥得其说则知先儒说经，其已通者未必皆当，其未通者未尝不可致思也”。汸退而思之，久之悟得这是《春秋》中宋桓夫人、许穆夫人之类的事，故《注》曰“无所受命”。以此质于先生，黄泽说：“子能如是求之甚善，然六经疑义若此者众矣，当务完养而慎思之，毋轻发也。”于是授以《春秋》之要：“楚杀其大夫得臣，此书法也，当求之于二百四十二年之内。夫人姜氏如齐师，此书法也，当求之于二百四十二年之外。”这个问题困扰赵汸一年多终不得其说，黄泽变换其语启发说：“夫人姜氏如齐师，此书法也，当求之于二百四十二年之内。楚杀其大夫得臣，此书法也，当求之于二百四十二年之外。”②赵汸由此始悟《春秋》笔削之权之旨，所谓二百四十二年之外者，自伯禽至鲁国亡之《春秋》，即《鲁春秋》，史官相承之法；二百四十二年之内者，隐公元年至获麟之《春秋》，即六经中的《春秋》。凡一事皆具此二义。

---

① 赵汸：《黄楚望先生行状》，《春秋师说》附录下，扬州：广陵书社影印《通志堂经解》本，2007 年。

② 赵汸：《黄楚望先生行状》，《春秋师说》附录下。

这也启发了他后来研究《春秋》的门径。

赵汸的另一老师为临川的虞集。虞集父名汲，与吴澄为友，故集以通家子从吴澄学。赵汸第二次往九江拜谒黄泽后，又往临川谒见虞集，获闻吴澄的理学。时江西宪私试请题，虞集即拟策问《江右先贤名节文章经学》《朱陆二氏立教所以异同》及《孟子策问》三题。这好比是入门程度考试，赵汸一一作文回答，虞集大为称善[①]。今赵氏《东山存稿》卷二有此三篇长文，并有虞集批语。这样便留在虞集家中学习，虞家有丰富的藏书供其研讨。转益多师使其学问又有了提高。

但学术上对赵汸影响最大的是黄泽，有一事可证。其与吴澄弟子袁明善（字诚夫，临川人）论学多所契合，金居敬说“至论《春秋》则确守师说不变，先生亦以所得未完，非口舌可辨，自是绝不与人谈”[②]。黄氏之学以《易》《春秋》最为人称道，赵汸继承并发扬光大，说《易》之书有《周易文铨》四卷行世，至于说《春秋》之书更是多达五种。可见赵汸平生为学工夫于《春秋》最深，所著说《春秋》之书亦最多。为何以《春秋》之学作为终身的学术事业？除了师教，还有身体的原因。赵汸与人信中也曾解释：

> 汸之生也，禀气甚薄，二十五六时风痰之症，积成痼疾，手足头目日渐长大而躯干与两臂独细弱如初，步履极艰，饮食甚少，如耄耋老衰者，其残废不堪人事之日久矣。迩岁以来，加以寒湿外感，身兼数症，药饵无功。医者厌于调治，友朋倦于馈给。……然汸所以得虚誉于时贤者，盖亦有说，早岁获见一二前辈，于经学稍知用心，既而以久病故仅守《春秋》一经，其他经皆不能复更。读史书仅考《左氏传》亦不能记诵，其他自《史记》而下，治乱成败之说，皆力不能及。盖以久病早衰不能勉强，非自弃也。[③]

这虽是回绝当局强其出仕的话，然也系实情。赵汸以一羸弱半残之躯，在学术上取得惊人的成就，固然是本人刻苦自励所致，也与所遇明师关联甚大。纪昀说得好：“有元一代，经术莫深于黄泽，文律莫精于虞集。汸经术出

---

① 《春秋师说》金居敬跋，赵汸：《春秋师说》附录下。

② 《春秋师说》金居敬跋，赵汸：《春秋师说》附录下。

③ 赵汸：《答蔡参政书》，《东山存稿》卷3。

于泽，文律得于集。其渊源所自，皆天下第一，故其议论有根底……在元季亦翘然独出。”①

二

赵汸《春秋》学的著作，其本人在致宋濂等友人书中谈及“《春秋》纂述大意”时列举四种。门人金居敬在《春秋师说》总跋中也说：“《春秋赵氏集传》十五卷、《属辞》十五卷、《左氏传补注》十卷、《师说》三卷，皆居敬所校定。”②黄虞稷《千顷堂书目》及《明史・艺文志》同。《属辞》《补注》《师说》，赵汸生前已刊行，《集传》则去世后才由学生补足定稿，有明嘉靖刊本。康熙年间刊刻的《通志堂经解》即收入此四种。朱彝尊《经义考》则著录五种，多《春秋金锁匙》一种。《四库全书》“春秋类”全部收录此五种。这样看来，赵汸的《春秋》学著作共有五种，殆无疑义，唯各家著录甲乙次序颇不同。窃以为金氏所列各书次序是按“校定”先后，非其著述先后次第而言。明确各书撰作次第，对于研究赵氏《春秋》学大有帮助，从中可窥其研究途径与方法。今以赵氏寄宋濂信中所述“春秋纂述大意”与金氏跋文互相考核而定其著作顺序。

第一种是《春秋师说》。赵汸早年首次负笈九江从黄泽学，金氏说“尽得其所举六经疑义千余条以归。所辑《春秋师说》盖始于此”。可见赵氏《春秋》学著作中《师说》是最早的一种。之所以题曰“师说”，表明其所出之由，以示不忘师教之意。四年以后，“复念黄先生高年，平生精力所到，一旦不传可惜也。复如九江，黄公乃授以学《春秋》之要”。这一次赵汸在九江居二年，所获更丰，除问《春秋》疑义外，还从受《易》，得口授六十四卦卦辞大义。五年后再往九江欲与老师商讨疑义，而黄泽已去世。赵汸在与友人宋濂等人信中谈到，“《易》学既难着手而《春秋》微言颇有可思者，乃摭取诸书中说《春秋》处，参以所闻，辑为《春秋师说》三卷”③。《通志堂经解》本卷首有《春秋师说题

---

① 《四库全书总目》卷168，北京：中华书局，1987年。按，文渊阁四库本《东山存稿》卷首《提要》无此语，当系后来纪昀润色删改时所加。

② 赵汸：《春秋师说》附录下。

③ 赵汸：《春秋纂述大意》（寄宋景濂王子充），《东山存稿》卷3。

辞》，为文渊阁四库本所无。《题辞》中说："乃即前诸书中取凡为《春秋》说者，参以平日耳闻，去其重复，类次为十有一篇，分为三卷，题曰《春秋师说》。"①文末落款为"至正戊子八月"，即为至正八年(1348)。这当是就刊刻年代而言，写作则还在此前。虽说以师说为主，其中也包含师徒两人研讨的成果。这是赵汸研究《春秋》过程中的起步阶段。

第二种是《春秋左氏传补注》。赵汸《春秋纂述大意》说："黄先生论《春秋》学以左丘明、杜元凯为主。"在老师黄泽的启发下，独立思考了十几年，悟得孟子论《春秋》之言，便考三传及诸家之书，而具知其得失异同之故，反复推明，又复数载，终于成一家之学。《春秋集传序》中明确指出后世学《春秋》，能知历史事件的本末，是依赖了《左传》，故取《左传》为之补注，"欲学者必以考事为先，其文与义则三传而后"。也就是说，欲求《春秋》大义，必先弄清历史事件。赵汸认为"学者必知策书之例，然后笔削之义可求。笔削之义既明，则凡以虚词说经者其刻深辩急之说皆不攻而自破"。历代研究《春秋》名家无虑数十家，求其论笔削有依据的唯宋代陈良傅的《春秋章指》一书，遂合杜预《左传注》考之，将陈氏《章指》附于《杜注》之下，取其长而舍其短。这就是撰作《春秋左氏传补注》的由来。通过这番工作，悉悟传注得失之由，而后笔削义例触类贯通，纵横错综，各有条理。这是赵氏《春秋》研究中的第二种著作，属于基础研究工作。

赵汸研究《春秋》的第三种著作是《春秋集传》，在上述两种著作的基础上所做的综合性研究。《春秋集传序》中说：

> 《春秋》，鲁史策书也。……吾鲁司寇也，一旦取太史氏所职而修之……凡史所书，有笔有削，史所不书，吾不加益也，故曰其文则史，史主实录而已。《春秋》志存拨乱，笔则笔，削则削，游夏不能赞一辞，非史氏所及也，故曰其义则丘窃取之矣。此制作之原也。……然自孟氏以来鲜有能推是说以论《春秋》者，盖其失由三传始。

《春秋》制作之原，自以孟子说得最清楚。惜孟子以后此义逐渐湮没。

---

① 赵汸：《春秋师说题辞》，《通志堂经解》影印本第11册，第189页。

《春秋》三传,《左传》以史释经,不知笔削之义;《公》《穀》阐释经义是其长,然不知《春秋》"其文则史"之义。宋代陈良傅以《公》《穀》为主,参以《左传》,其法较诸家为善。不足的是以左氏所录为鲁史旧文,而不知策书有体。殊不知左氏书首所载不书之例皆史法,非笔削之旨。《集传》要解决的问题是探索《春秋》制作的本意,以及孔子的经世之志。据门人倪尚谊《后序》,此书初稿撰作始于至正八年(1348),从时间上看正是刊定《师说》《补注》后从事的另一项著述。此书一再删削,迄至正十七年成编。初稿完成后,觉得不满意,有些问题如"日月之说"仍未讲通。此后从《礼记·经解》悟得研究《春秋》当用"属辞比事"法方行得通,于是有《春秋属辞》之作。拟《属辞》完成后,再作修改定稿。从至正二十二年开始重新修订《集传》,方改至昭公二十七年,以病搁笔。赵汸去世后由门人倪尚谊补足编定[①]。可见《集传》撰写在前,但定稿却在《属辞》后。

第四种《春秋属辞》。这是赵氏《春秋》学中最有代表性的著作,也是其学术思想成熟的标志。赵氏本人对此书的特色也有说明:

> 今汸所纂述却只是属辞比事法,其间异同详略,触类贯通,自成义例,与先儒所纂所释者殊不同。然后知以例说经,固不足以知圣人为一切之说,以自欺而谩无统纪者亦不足以言《春秋》也,是故但以《属辞》名书而序文具见微意,明不可与《释例》《纂例》等书同论也。[②]

信中表现出对《属辞》一书极为自信,提醒友人勿与晋代杜预《春秋释例》、唐代陆淳《春秋纂例》等量齐观。此书与《集传》关系密切,赵氏自云《属

① 倪尚谊《春秋集传后序》说:"尚谊受教门墙颇久,获窥先生著述精思妙契之勤,尝俾其校对编抄,间有千虑一得,先生不以其愚妄,或俯从是正者有之。窃惟先生于是经所谓一生精力尽于此者,诚足以破聚讼未决之疑,而发千载不传之秘,顾乃功亏一篑,《集传》未及成书,所幸初稿具全,其义例之精,有《属辞》可据。尚谊虽至愚极暗,然执经馆下,厥有自来,是以不避僭逾,始自昭公二十八年,讫于获麟,并《序》中条陈义例一节,辄加校定。其全书有讹误疏遗者,就用考正,庶几与《属辞》归一,而前后详略相因。固知画虎不成,难逃讥诮。然义例、文辞悉据先生成说,特施隐括而已,初未敢以臆见傅会其间也。谨遵治命,分为一十五卷。既脱稿,藏之东山精舍,以俟君子修饬焉。"赵汸:《春秋集传》,《通志堂经解》影印本第 11 册,第 85 页。

② 赵汸:《与朱枫林先生允升学正书》,《东山存稿》卷 3。

辞》是先考定史法，以明圣人笔削之权；《集传》是推原事情世变，以达圣人经世之用，二书各有所主，互相发明，而后经意乃备。

第五种《春秋金锁匙》一卷。赵氏在《春秋纂述大意》信上未提及，金居敬校定群书也无此书。但从内容看，显然是从《属辞》中摘取事迹相近者，以类相比，分为105条；条下各为解说，何为圣人特笔？何为《春秋》大例？性质类似《属辞》的简明本，为赵氏《春秋》学纲领性的著作。考文集有《与朱枫林先生允升学正书》一篇，内云："《春秋》疑义难决，有自来矣。所谓事大体重，人微言轻，一过目未极底蕴便欲决其是非，此黄先生所以宁终身不以示人也。若小子则不然……择其大有关系者得百十条设为问答，以附书后，则一得之愚可以自见，而经旨明矣，岂不快哉。"[①]朱升字允升，号枫林，年辈属"乡先生"，当年曾同往九江问学。前见赵汸《集传》序文，即云"春秋之说定于此矣"，后见《属辞》乃手抄一部，点抹甚精，脱误处亦时窜定，为赵汸讨论《春秋》的良师益友。此处所云书后所附百十条，疑即为《春秋金锁匙》。果如是，则原非单行之书，后人另拟书名抽出别行也未可知。事实究竟如何，只有存疑待考。

从以上著作撰作次第，可以看出赵氏研究《春秋》的途径是循序渐进式，先做基础工作，后上升到提炼总结工作，方法上值得后人借鉴。

三

《春秋属辞》是赵汸的代表作。宋濂《序》中称赞"发千古不传之秘"，谓赵汸以前的《春秋》学研究经历了"五变"：

> 其始变也，三家竞为专门，各守师说，故有"墨守""膏肓""废疾"之论。至其后也，或觉其胶固已深，而不能行远，乃仿《周官》调人之义，而和解之，是再变也。又其后也，有恶其是非淆乱，而不本诸经，择其可者存之，其不可者舍之，是三变也。又其后也，解者众多，实有溢于三家之外。有志之士，会粹成编，而《集传》《集义》之书愈盛焉，是四变也。又其

---

① 赵汸：《与朱枫林先生允升学正书》，《东山存稿》卷3。

后也,患恒说不足耸人视听,争以立异相雄,破碎书法,牵合条类,哗然自以为高。甚者分配《易》象,逐事而实之,是五变也。①

"五变"纷扰不定的原因,在于没有区分经文史法不同,这就造成了后世著作愈多而歧异愈大,《春秋》之旨愈晦的局面。赵汸的《属辞》著于五变之后,明确区分二者的分别,所以能够"直探圣人之心于千载之上",成就远迈前儒也就不奇怪了。赵汸与宋濂、王祎的信上也说:

此经唐宋说者虽多,大抵有二途:一曰褒贬,一曰实录。褒贬之法每相矛盾,其说自不能通。而实录只是史官之事,与孟子说《春秋》处不合,诸家各以其意立论,言人人殊,既失事情又昧书法,故黄先生一切断以虚辞。必经旨既明,义例既定,然后可择其存者存之。②

既然用"褒贬""实录"的途径皆不足以明《春秋》之旨,就须探索新的途径。赵汸为此"竭精毕虑,几废寝食,如是者二十年",终于从《礼记·经解》"属辞比事,《春秋》之教也"一语中,悟出《春秋》之法在于属辞比事。赵汸《春秋属辞》自序中说:

六经同出于圣人。《易》《诗》《书》《礼》《乐》之旨,近代说者皆得其宗。《春秋》独未定于一,何也?学者知不足以知圣人,而又不由《春秋》之教也。昔者圣人既作六经以成教于天下,而《春秋》教有其法,独与《五经》不同,所谓"属辞比事"是也。盖《诗》《书》《礼》《乐》者,帝王盛德成功已然之迹。《易》观阴阳消息,以见吉凶,圣人皆述而传之而已。《春秋》断截鲁史,有笔有削,以寓其拨乱之权,与"述而不作"者事异。自弟子高第者,如游、夏尚不能赞一辞,苟非圣人为法以教人,使考其异同之故以求之,则笔削之意何由可见乎?此"属辞比事"所以为《春秋》之教,不得与《五经》同也。③

在赵汸看来,儒家六经中,其他五经经过历代学者的研究,都有宗旨可寻,唯独《春秋》不同。究其原因,一是《春秋》乃是孔子在鲁旧史的基础上进

① 宋濂:《春秋属辞序》,《春秋属辞》卷首。
② 赵汸:《春秋纂述大意》(寄宋景濂王子充),《东山存稿》卷3。
③ 赵汸:《春秋属辞序》,《春秋属辞》卷首。

行了加工，有笔有削，其中寄托了孔子“拨乱反正”的意思，与其他各经“述而不作”的情况不同，即连门下弟子如子游、子夏尚不能赞一辞，何况别人呢？

另一原因是，《春秋》有三传，学者各尊一是，不能会通。《左传》去七十子之徒未远，虽博览遗文，略见本末，而于笔削之旨无所发明。这就是所谓“知不足以知圣人”，说到底还是不了解《春秋》的“属辞比事”之教。《公羊传》《穀梁传》解经，重点在探究《春秋》的书法问题，即在哪些事要“书”、哪些“不书”上做文章，以此显示讥刺、褒贬之例。为此，他批评说：

孔子作《春秋》以授史官及高第。在史官者，则丘明作《传》；在高第者，则一再传而为公羊高、穀梁赤；在史官者则得事之情实而义理间有讹，在高第者则不见事实而往往以意臆度，若其义理则间有可观，而事则多讹矣。[①]

又如三传多异同，则须详考事实，不为曲说所蔽。

《春秋》当详考事实，以求圣人笔削之旨。而三传去圣未久，已多异同。如鲁隐公不书即位，《左氏》《公羊》以为是摄，《穀梁》以为让桓不正。三者所见各不同。君氏卒，《左氏》以为隐公之母，二传以为天子之卿夫人。子氏薨，一以为惠公妾母，一以为桓母仲子，一以为是隐公之妻，遂使三世母妻不辨，汩乱人伦。说《春秋》之最谬，未有甚于人伦不辨者。……其间非无正说，但为曲说所蔽耳。[②]

唐代的啖助、赵匡已指出《左传》是据各国史策遗文编次而成，又广采当时文籍，并卜书、梦书，及杂占书、纵横家、小说、讽谏等，杂在其中，故叙事虽多，释意殊少。陆淳本二氏之说作《春秋纂例》，开“《春秋》三传束高阁，独抱遗经究始终”先河。宋代以来此风大盛，陈傅良《春秋后传》已知从《春秋》之教“属辞比事”入手，然皆泥于褒贬，不能推见始终，则圣人之志还是不甚了了。此外，程张邵朱四先生虽知圣人之志，也未从“属辞比事”入手。这就是其他各经的“微旨”之所以暗而复明，唯独《春秋》郁而不明的原因。所以说《春秋》之义不明，是由于学者“知不足以知圣人”，是不明《春秋》之教的缘故。

---

① 赵汸：《论三传得失》，《春秋师说》卷上。

② 赵汸：《论三传得失》，《春秋师说》卷上。

赵汸明确提出，欲通《春秋》，了解孔子的制作之意，必须通过“属辞比事”的方法才能找出《春秋》的义例，进而通晓《春秋》大义。赵汸又认为，《春秋》本来就是根据鲁史成书，所以必先考史法，而后圣人之法可求。三传中《左传》记载史事最为详明，故从《左传》中考鲁史遗法。《左传》不明经义，则从《公羊》《穀梁》二传中探求。因悟三传而后，诸家纷纭之失不越此二端。于是，离经辩类，析类为凡，发其隐蔽，辩而释之，作《春秋属辞》十五卷。复推孔子笔削之旨，发凡起例，将全书分为八篇。

该书八篇的命名也是有用意的。赵汸自己解释说，《春秋》原本于鲁国旧史，孔子虽作了笔削，而一国之纪纲本末大体仍具。这中间有笔而无削的地方，就是原来《鲁春秋》的旧样，故第一篇名之为《存策书之大体》。第二篇为《假笔削以行权》，意思是圣人拨乱以经世，而国书有定体，非假笔削无以寄文，故此命名。第三篇是《变文以示义》，是说事有非常，情有特异，虽笔削有不足以尽其义者，于是有变文、有特笔，而变文之别为类者，为辩名实、谨华夷。意即通过变文的形式揭示《春秋》的大义。第四篇《辩名实之际》，第五篇《谨华夷之辩》，第六篇《特笔以正名》，意义如篇名所示。经过这么分析，《春秋》“上下内外之殊分，轻重浅深之弗齐”，应该说是比较完备了。为了使六义无微不显，则以日月之法来区而别之，故第七篇命名为《因日月以明类》。第八篇《辞从主人》，是说辨正是非的依据，皆从史文出发，特笔也不过数简，所以说“辞从主人”[①]。另外，八篇的立论观点何者是本于前人师说，何者是自己创见，与友人书中也有说明：

> 第一篇与末篇即是黄先生之意，考之经传并不见笔削之迹。第二篇笔削之旨，乃本二传、陈氏，择其所当存而补所未备。第三篇至六篇，间有先儒之说而《后传》之指居多，或辨其所未然。第七篇发机于二《传》、何氏及西畴崔氏。然黄先生日月例亦只守孟氏之说，尝取林少颖谕日月二篇置《六经补注》中，亦不甚取《后传》，不全废褒贬。所取三传义例，今皆不能尽合。譬如适国都者，其道路行程轨辙一遵指授，至于宗庙之美、

① 赵汸：《春秋属辞序》，《春秋属辞》卷首。

百官之富，只合据今日所见言之，乃为弗畔尔。[①]

我们不妨先看第一篇《存策书之大体》，以见其继承师说的基础上而又有发挥创新。赵汸说，策书是国之正史。《左传》定公四年，祝佗谓鲁公分物有备物典策。韩宣子见《易象》与《鲁春秋》，感叹道："周礼尽在鲁矣。"班固《艺文志》因谓鲁周公之国礼文备物，史官有法。杜预也以备物典策为《春秋》之制，而孔颖达《左传正义》以为若今官程品式之类。总之，皆谓鲁之旧史中有周公遗法，自伯禽以来，无大丧乱，史官前后相蒙，非他国可及。然古者非大事不登于策，小事则简牍载之，所以说是国之正史。以《春秋》所记载的标准来说，西周未乱之时，登于策上的大事，不过是公即位、逆夫人、朝聘会同，崩、薨、卒、葬，祸福、告命、雩社、禘尝、搜狩、城筑之类的事，一国的纪纲本末都在其中，善恶亦存其中。策书大体不外乎如此而已。但东迁以后，情况发生了重大变化。周王室日益衰微，诸侯背叛，外夷纵横。诸侯国内，大夫专政、陪臣擅命，于是伐国灭国、围入迁取之祸交作，弑君、杀大夫这些以前没有的事常常发生。策书常法已不能适应新的变化，故孔子断自隐公，有笔有削，以寓其拨乱之志。孔子的《春秋》是当代史，首先要使其不失鲁国正史的旧规，这就是"存策书之大体"的意思。孔子所做的工作是有笔有削以行其权，有笔无削以存其实。但《左氏》不知有笔削之旨，《公羊》学者又以《春秋》为夫子博采众国之书所成的一代通史，于是褒贬之说盛行。又有人以为《春秋》有贬无褒，有人以为《春秋》所书者皆非常事，而常事往往不书。甚至有以"黜周王鲁""用夏变周"为非常异义。凡此种种，失在不知有存策书大体之义。为此，赵汸归纳了以下几种情况：

一为"嗣君逾年即位，书元年春王正月，公即位"。如桓公元年春，王正月，公即位；文公元年春，王正月，公即位；宣公元年春，王正月，公即位；成公元年春，王正月，公即位；襄公元年春，王正月，公即位；昭公元年春，王正月，公即位；哀公元年春，王正月，公即位。赵氏归纳总结"书元年春王正月，公即位"的情况共有七次。

---

① 赵汸：《春秋纂述大意》(寄宋景濂王子充)，《东山存稿》卷3。

这些嗣君继位后要举行告朔、到周天子处备案等，策书要写上“王正月”。赵氏说：

> 古者天子建诸侯皆得世其爵，践其位，臣妾其民人，皆有史官以记一国之政令，而奉天子之正朔，故诸侯薨，既殡，嗣子定位于柩前。逾年正月朔日，乃先谒庙，以明继祖，还就阼阶之位，见百官以正君臣。国史因书“元年春王正月，公即位”。

而近代以来学者对此问题的解释往往不同，有的认为《春秋》是以夏时冠周月。赵汸指出，一年有四时，始春终冬，以成一岁。三代虽正朔不同，而正月之必为岁首。岁首之为孟春，其序皆固定不可变易，也就是说改正朔而不改月。《春秋》书月又书时，为夫子特笔者，盖古书乃简牍记言之体，得以从略。《春秋》策书，国之正史，以事系日，以日系月，以月系时，以时系年，是三代正史的遗法。

二是“不行即位礼，不书”。如隐公元年春，王正月；庄公元年春，王正月；闵公元年春，王正月；僖公元年春，王正月。赵氏归纳《春秋》书元年春王正月、不书即位的情况有四次。至于其原因，赵氏解释说：

> 若《春秋》书隐、庄、闵、僖是也。隐摄君位，不行即位礼。庄、闵、僖以继弑君，不行即位礼。桓、宣亦继弑君，而行即位礼者，桓、宣躬负篡逆，欲自同于遭丧继位者以欺天下后世也。盖即位乃已见群臣，故有所隐避，则其礼可废，朝庙、告朔乃新君见祖祢，奉王教之始，礼不可废也。此在周人必有故事，鲁史修辞亦有成法，故杜氏、啖氏据《周书》与《春秋》经传定著其说如此。①

以上四公没有举行即位礼，是特殊原因造成的。未行即位礼，则《春秋》不写“即位”。虽未行即位礼，但朝庙、告朔一类礼仪还是少不了，所以要写上“王正月”。所谓特殊原因，就是“庄、闵、僖以继弑君，不行即位礼”。而《左传》的解释却说，隐公不书即位，称为摄；庄公不书即位，称是文姜出之故；闵公不书即位，是因为国内有乱；僖公不书即位，是说公外出的缘故。赵汸批评

① 赵汸：《春秋属辞》卷1。

《左传》这些解释是不举其大，反而举了一些细小的事来解说，以致经义不相通，遭到后世学者的攻击。宋代刘敞《春秋权衡》已指出其说之不可通，刘敞又批评杜预未晓《传》文，《传》曰不书即位者，固言仲尼不书也。若云隐、庄初不即位，《传》当但云"公不即位，摄也"，"公不即位，文姜出故也"，不当云不书即位，不称即位。且杜氏注定公元年无正月说，公未即位，则不得书正月。何以隐公等初年不即位，反书正月，自相矛盾如此？由此可知，赵汸基本上是同意杜预之不行即位礼，故策书不记载的说法，而有所变通。再如庄公"元年春，王正月"，赵汸认为不如《穀梁传》的解释有道理。《穀梁传》说"继弑君不称即位，正也。先君不以其道终，则子不忍即位也"。认为此说必有所传，惜学者不能体会。即位一事，书亦有罪，不书亦有罪，以致经义愈解释愈不通。

《春秋属辞》全书十五卷，"存策书之大体"却有七卷的篇幅，下又细分131目，由此可见此为其重点。正如宋濂《春秋属辞序》中所说："集杜、陈二氏之所长，而弃其短，有未及者辩而补之。何者为史策旧文，何者是圣人之笔削，悉有所附丽。"也就是说，赵汸的书是以晋代杜预的《春秋释例》、宋代陈傅良的《春秋后传》为本，在二家的基础上又有所补正。其旨在辨明哪些是史策旧文，哪些是经孔子笔削过的，体现了孔子的意图和思想。目的是以此纠正前人穿凿附会的毛病。赵氏文集中《答赵伯友书》说："属辞比事法，无一义出于杜撰。"《与梁按察书》也提到"其间所列笔削义例，稽经考传，悉有据依"①。可知《属辞》是其一生得意之作。

《春秋属辞》与其余四种构成了具有赵氏特色的《春秋》学完整体系，探索的范围也极广泛。如"史例"和"经义"问题，赵氏《春秋集传序》云：

> 左氏有见于史，其所发皆史例也，故常主史以释经，是不知笔削之有义也。《公羊》《穀梁》有见于经，其所传者，犹有经之佚义焉，故据经以生义，是不知其文之则史也。

赵汸分辨"史例"与"经义"，从此又分辨史学与经学的区别。这方面的见解虽多本于朱子，然强调经与史不可绝对割裂，要明经书大义，必先考校史

---

① 赵汸：《东山存稿》卷3。

实。唯其如此，方可通《春秋》。

> 《春秋》固是经，然本是记事，且先从史看。所以如此说者，欲人考索事情，推校书法。事情既得，书法既明，然后可以辨其何以谓之经，何以谓之史。经史之辩既决，则《春秋》始可通。而凡古今之曲说异端，不待致诘而无所遁其情矣。[①]

由此可见，他承认《春秋》是经，但实质是记事，故须从史的角度入手。三传中以《左传》为主，由《左传》考索事情，再参考《公》《穀》求书法。

又，关于《春秋》"例"的问题。一说主《春秋》有例，如杜预《春秋释例》便是。一说《春秋》随事笔削，绝无凡例。自宋代洪兴祖提出"《春秋》本无例，学者因行事之迹以为例，犹天本无度，历家即周天之数以为度"，学者多从之。至黄泽又提出新说，谓"鲁史《春秋》有例，夫子《春秋》无例，非无例也，以义为例，隐而不彰也"[②]。黄泽仅是发凡而已，实际探求大为不易。赵汸正是用"属辞比事"的方法，尝试探求《春秋》义例，最终完成了这项工作，正可谓后来居上、青出于蓝而胜于蓝。

综上所论，我们基本可以断言赵汸的《春秋》研究是经义辨析与史学考证并兼。他强调孔子因时代不同，故《春秋》中有笔有削，寓其拨乱之志。不同意后世所谓的"断乱朝报"，肯定了《春秋》的思想性。他批评《左传》不知有笔削之旨，《公羊传》则过多讲褒贬之说。这些见解都极有见地，非如流俗人云亦云。如詹烜《行状》所称："新安自朱子后，儒学之盛，四方称之，为东南邹鲁，然其末流或以辨析之义纂辑群言即为朱子之学。先生独超然有见于圣贤之授受，不徒在于推究文义之间，故其读书一切以实理求之，反而验之于己。非有以信其必然不已。"[③]我们同时又看到，赵汸过分注重《春秋》"存策书大体"之义，批评指摘《公羊》一派学者中讲"黜周王鲁者""用夏变周"为异论，殊不知这些命题正是"春秋公羊"学说中的核心问题，离开了这些问题也就不成为"春秋公羊"学说了。赵汸的《春秋》学对清代常州的庄存与影响极大。庄

---

① 赵汸：《论学春秋之要》，《春秋师说》卷下。

② 赵汸：《春秋师说》卷上。

③ 詹烜：《东山赵先生汸行状》，《东山存稿》附录。

存与的《春秋正辞》正是在赵汸《春秋属辞》的启发下写作的，其开篇《叙目》明确说："存与读赵先生汸《春秋属辞》而善之，辄不自量为隐括其条，正列其义，更名曰《正辞》。"[1]庄氏《春秋正辞》被视为清代复兴《公羊》学的第一部著作，而这一切不能不追溯到赵氏《春秋》学。

原载《安徽大学学报》2015 年第 1 期

① 庄存与:《春秋正辞》卷首。《春秋正辞》共分九篇:正奉天辞第一，正天子辞第二，正内辞第三，正二伯辞第四，正诸夏辞第五，正外辞第六，正禁暴辞第七，正诛乱辞第八，正传疑辞第九。《清经解》第 2 册卷 375，上海书店影印本，1988 年。

论施璜对清初徽州理学及书院文化的贡献与影响

张　绪

明清徽州书院文化繁盛，不仅是徽州儒学文化发达的一个重要象征，而且对于推动儒学文化在徽州的发展与传承也发挥了至关重要的作用。作为讲学之所，书院是学术思想发展与传承的一个重要载体，清初徽州学术文化的发展变化也在徽州书院文化上有所反映。在徽州理学知识分子的倡导下，当时的徽州书院开始了以朱子学为宗，复兴传统理学的努力。在这场运动中，出现了几位重要人物，施璜就是其中一位颇具影响力的朱子学倡导者。施璜笃信程朱之学，长期活跃于紫阳、还古两所书院，在清除心学影响、重振传统理学的过程中发挥了重要作用，并对紫阳、还古两所书院文化的发展产生了重要影响。

关于清初徽州传统理学复兴，李自华有专文论述，周晓光、李琳琦、冯剑辉、何巧云等学者的相关论著也有简略讨论①。关于清初徽州理学人物，程

---

① 李自华:《清初徽州学术界对理学传统的重建》,《兰州学刊》2006 年第 5 期;周晓光:《新安理学》,合肥:安徽人民出版社,2005 年;周晓光:《徽州传统学术文化地理研究》,合肥:安徽人民出版社,2006 年;李琳琦:《略论徽州书院与徽州学术思想之演变》,《学术界》1998 年第 6 期;冯剑辉:《宋代以来徽州文化象征的塑造——以程朱阙里的建构为中心》,《安徽史学》2012 年第 2 期;何巧云:《儒学的区域化发展——以徽州休宁儒学为中心》,安徽师范大学硕士学位论文,2007 年。

水龙、严佐之分别对汪佑、施璜等人的一些学术著述做了研究[①]。关于徽州书院的研究成果较多，涉及书院的性质、特点、数量、地区分布、建筑艺术、办学形式、经营管理、兴衰原因、作用与影响、与徽州学术的关系等方面[②]。总体来看，关于徽州书院及清初理学文化的研究已有一定的学术积淀，但关于清初徽州理学知识分子的研究成果还不多见，尚有较多讨论空间。因此，研究施璜与清初徽州理学及书院文化的关系仍有一定的学术价值。

一、程朱理学的忠实信徒

徽州素称“程朱阙里”，在明代中期以前，新安理学主要尊崇程朱之学。自明朝中后期开始，随着王阳明心学的兴起与传播，心学派在徽州地区得到了广泛认同，“文成之教盛行，讲会者大多不诣紫阳”[③]“当明季之末，还古主会所请者，无非姚江高弟，所讲者，无非阳明秘旨”[④]。心学的风靡与盛行在很大程度上阻碍了程朱理学在徽州的传播与发展，以致“闽洛绝响，遵者寥寥”，而“新建之说，沦人骨髓”[⑤]。对此，休宁学人汪佑曾感叹道：“自阳明树帜宇内，其徒驱煽薰炙，侈为心学，狭小宋儒。嗣后新安大会，多聘王氏高弟阐教，如心斋、绪山、龙溪、东廓、师泉、复所、近溪诸公，迭主齐盟。自此新安

① 程水龙：《徽州汪佑〈五子近思录〉源流考》，《安徽史学》2010 年第 3 期；《门户之见、文化宰制对理学传播的负面影响——考察〈四库全书〉不收录清前期〈近思录〉注本的原因》，《社会科学论坛》2014 年第 6 期。严佐之：《〈近思录〉后续著述及其思想学术史意义》，《文史哲》2014 年第 1 期。

② 庄华峰：《明清徽州书院考述》，《江淮论坛》1993 年第 3 期；刘秉铮：《论徽州的书院》，《江淮论坛》1993 年第 3 期；孙成岗：《论明清徽州的书院》，《史学集刊》2001 年第 2 期；陈瑞、方英：《十户之村不废诵读：徽州古书院》，沈阳：辽宁人民出版社，2002 年。李琳琦的系列论文：《略论徽州书院与徽州学术思想之演变》，《学术界》1998 年第 6 期；《徽州书院略论》，《华东师范大学学报》(教育科学版)1999 年第 2 期；《清代徽州书院的教学和经营管理特色》，《清史研究》1999 年第 3 期；《明清徽州书院的官学化与科举化》，《历史研究》2001 年第 6 期。

③ (清)施璜编，吴瞻泰、吴瞻淇补：《紫阳书院志》卷 12《列传七 · 衍绪诸儒 · 汪县尹》，清雍正三年(1725)年刻本。

④ (清)施璜辑，方允惇、施濳等订：《还古书院志》卷 12《会纪》，清道光二十三年(1843)刻本。

⑤ (清)施璜辑，方允惇、施濳等订：《还古书院志》卷 7《传 · 吴抑庵先生》。

多王氏之学，有非复朱子之旧者矣。”[1]明朝中后期心学在徽州的广泛传播，使得“徽州自南宋以来朱子学一统天下的局面被打破，新安理学学派中出现了二大‘别立宗旨’的阵营”[2]。原被新安理学奉为圭臬的程朱学说，影响力逐渐被削弱，心学则在当时的徽州学术阵营中占据了主导地位。

尽管心学派的流行对以程朱为宗的新安理学学派造成了很大冲击，但是徽州仍不乏坚守程朱之学、以传播程朱学说为己任的学人，如汪仁峰、程莪山、杨瑞呈、吴汝遴、汪学圣、胡渊、陈二典等。施璜也是其中一位具有代表性的学者。施璜，字虹玉，号诚斋，休宁人，生年不详，卒于康熙四十五年(1706)秋，是清初徽州一位著名的理学家。施璜一生始终将追求圣学之道、维护理学正统作为自己的学术志向，据史料记载，施璜“初为举业，诣府应试，入紫阳书院听讲，瞿然曰：‘学者当如是矣。’遂弃举业，发愤志于道”[3]，“日以存何念、接何人、行何事、读何书、吐何语五者自勘。教学者九容以养其外，九思以养其内，九德以要其成，学者称诚斋先生”[4]。他早年游学无锡，师事高世泰，后与吴曰慎等人主讲紫阳、还古两所书院，“学者宗之”。一生著述丰硕，学术成就斐然可观，撰有《思诚录》《诚斋问答》《性理发明》《〈易〉〈书〉〈诗〉〈四书〉绎注》《〈太极图〉绎注》《〈西铭〉绎注》《五经臆说》《学庸或问》《辨学汇言》《四礼要规》《新安塾讲录》《紫阳通志续录》《五子近思录发明》《小学发明》等。其中，《五子近思录发明》《小学发明》二书尤为海内争相传诵。

在学术思想上，施璜尊崇程朱理学，是一位忠实的朱子学信徒。对于程朱之学的尊崇之情，他屡有表露，如在其亲手制定的《塾讲规约》中就列有“定宗派”一条：“程朱宗派只有孔孟，后学宗派只有程朱，宗程朱即所以宗孔孟，宗孔孟即所以宗尧、舜、禹、汤、文、武、周公也。盖孔孟道统惟程朱接续不差，孔孟宗派惟程朱指示亲切，舍程朱而欲学孔孟，是犹舍阶级而欲登泰岱也，难

---

① (清)施璜编，吴瞻泰、吴瞻淇补：《紫阳书院志》卷16《会纪》。

② 周晓光：《明代中后期心学在徽州的传播和影响》，《安徽史学》2003年第5期。

③ (清)江藩：《国朝汉学师承记 附 国朝经师经义目录 国朝宋学渊源记》，钟哲整理，北京：中华书局，1983年，第171页。

④ (清)赵尔巽等：《清史稿》卷480《汤之锜传·附施璜传》，北京：中华书局，1977年，第13116页。

矣！向来学术之坏，其病在不宗程朱，或课虚谈寂，入于仙佛，或阳儒阴释，偏于陆王。今幸紫阳大会，六邑诸道长同心戮力，阐明程朱之学。又幸朝廷功令森严，天下翕然宗朱，则兹塾讲审宗定派，断当以程朱为学的，庶几大中至正，不至于差，亦不至于偏也。而朱夫子又集诸儒之大成，同人又幸生朱子桑梓之邦，则熟读朱子之书，熟讲朱子之学，自是同人本分内事。”①在施璜看来，唯有程朱之学才是孔孟道统的真正继承者，学习孔孟之道，唯有以程朱之学为宗方能不偏离正道、误入歧途。而作为生于朱子桑梓之邦的徽州人，更当以传播朱子之学为己任。

对于圣学正统的维护及异端学说的批判，在施璜的一些著述中也有体现。《五子近思录发明》对程朱之学尊崇备至，施璜在该书序中说：“虽然孔子之道自孟子后失传者一千四百余年，至周子、二程子、张子而始著，至朱子而始大著。”在《圣贤总论》中又说：“若颜、曾、思、孟以及周、程、张、朱五先生，皆躬行心得，无一毫夹杂，无一息间断，道无不全，德无不备，直接孔子真传，乃孔门之大宗子也。”在施璜的心目中，程朱之学才真正承续了孔孟圣学，是儒学的正统。在尊崇程朱之学的同时，施璜对异端学说的批判也是不遗余力，如在《辨[别]异端》中说：“正学既明，则异端不可以不辨。不辨则邪说横流，坏人心术，甚于洪水猛兽之灾；辨则可以熄邪说而正人心。士君子生于斯世，以扶正道为己任者，宜辨之，弗明弗措也。盖异端非圣人之道，而别为一端，其始不过毫厘之差，其终奚啻千里之谬。”②施璜编注《五子近思录发明》旨在帮助“穷乡晚进之士”理解圣学要义，弘昭圣人之道，促进了程朱之学的传播。对此，光绪十四年(1888)新繁沈锡周评价说，施璜编注此书“使先圣之理、朱子之意益申明于天下，其有功后学为不浅矣”③。

值得一提的是，施璜还著有《诚斋文集》④二卷，据《四库全书总目提要》，

---

① (清)施璜：《塾讲规约》，《丛书集成续编》第62册，台北：新文丰出版公司，第467页。

② (清)施璜：《五子近思录发明》，清光绪十四年(1888)湖南新繁沈氏家塾藏板。该书是施璜编注的一部重要学术著作，14卷，各卷内容依次为：道体、为学、致知、存养、克治、齐家、出处、治道、治法、临政处事、教人之道、警戒改过、辨别异端、总论圣贤。

③ (清)沈锡周：《五子近思录发明》跋。

④ 此书仅存书目，或即《诚斋问答》，存疑。

“是编乃所著杂文，皆讲学之语，排斥陆、王，不遗余力。”[①]由此也可得知，施璜的学术思想是尊崇程朱理学，而反对陆王心学的。

另外，从施璜的学术交往关系上，也能看出他对程朱理学的尊崇。据记载，“初，先生好学，明体达用，辄不自是，闻四方有名贤，徒步千里，考论同异。过梁溪，访高汇旃，主东林讲席；过语溪，诣吕晚村，诘对累日夜；应聘金陵，与孝感相国熊文端公论学，尤相契”[②]。高汇旃、吕晚村、熊赐履等人在学术思想上都以洛闽之学为宗，由于学术旨趣相投，施璜与他们之间的学术交往甚为密切。其中，对施璜学术思想有重要影响的，莫过于东林学派传人高世泰。高世泰，字汇旃，“无锡人，忠宪公攀龙从子也”“少侍忠宪讲席，笃守家学。晚年以东林先绪为己任”[③]。可见，高世泰的学术思想主要是承续家学，叔父高攀龙对其影响至深。其实，作为东林书院的重要人物，高攀龙与徽州地区的理学界也有互动，如在天启元年(1621)十月，休宁还古书院举行大会，曾延请高攀龙担任主教。高攀龙并未至会，但带来了一份教言，里面表达了自己对朱子之学的尊崇以及对陆王心学派的批判。他说：“才读程朱书，便见今儒破败百出，无怪极力毁二夫子，真不便于今人所为也。”“姚江因俗学流弊，看差了紫阳穷理，立论偏重，遂使学者谓读书是‘狥外’，少小精力，虚掷闲过。文士不穷探经史，布衣只道听途说，空疏杜撰，一无实学。经济不本于经术，实修不得其实据，良可痛也！”[④]在当时，徽州心学盛行，“新安大会自正德乙亥至天启辛酉，历百有七年，会讲大旨非良知莫宗，若主教诸贤，多姚江高座暨其流派”。在这种背景下，高攀龙的这份教言遭到了心学派的抵制，以致“《学会录》置高先生教言不载，另载主教周海门先生缀以答问”。对于《学会录》的作伪，后学汪佑尖锐地批评说：“从斯亦足明《学会录》任意推崇，装点成书，为学系中作伪。”[⑤]从这件事情可以看出，由于徽州心学盛行，尊崇程朱之学的

① 《四库全书总目提要》卷180《集部三十三·别集类存目七》，海口：海南出版社，1999年，第979页。

② (清)施璜编，吴瞻泰、吴瞻淇补：《紫阳书院志》卷12《列传七·衍绪诸儒·施处士》。

③ (清)李元度：《国朝先正事略》卷28《高汇旃先生事略》，易孟醇校点，长沙：岳麓书社，2008年，第903页。

④ (清)施璜辑，方允惇、施澴等订：《还古书院志》卷11《会纪·高先生教言附》。

⑤ (清)施璜辑，方允惇、施澴等订：《还古书院志》卷11《会纪》。

高攀龙拒绝了还古书院讲会之邀，并以《教言》的形式表达了自己的学术立场，这应该说是一种自然之举。不仅如此，延请高攀龙之举还对后来新安理学的发展产生了重要影响，“始开后来宗朱之渐”①，一场维护朱子之学的复兴运动由此展开。高攀龙去世后，高世泰继承家学，成为东林学派传人，仍致力于程朱理学的弘扬与传播。其间，施璜“因学圣以问业东林”，师事高世泰，成为其门生。两人在交往中还留下一段为士林称道的佳话。据称，施璜“在东林时，将归，与世泰约某年某月日，来赴讲会。及期，世泰设榻以待。或曰：‘千里之期，能必信乎？’曰：‘施生，笃行君子也，必如约。如失信，不至，吾不复相天下士矣。’言未终，而璜挈其子至矣。”②此事一方面说明施璜为人诚实，是一位言出必行的真诚君子；另一方面也反映出他与高世泰关系密切。从这一师承关系中，我们可以清晰地看出，施璜的学术思想是深受东林学派影响的。施璜去世后，大中丞张清恪还曾特意檄行无锡县，将其“与敬庵同祀东林书院”③。这也从一方面证明了他与东林学派的密切关系。

另一位东林派学人熊赐履也与施璜颇为熟识。熊赐履官至内阁大学士，为康熙朝重臣，著有《学统》《闲道录》《下学堂札记》等书。同施璜一样，熊赐履也与高世泰有师生之谊④，一生以“崇正黜邪”为己任，尊崇程朱理学，其学术思想与东林学派有着渊源关系。近人徐世昌在《清儒学案》中明确指出：“先生学派渊源东林，著述中屡申其说。”⑤因师出同门，学术旨趣相投，所以施璜与熊赐履的学术交往也很密切。如康熙二十四年十月，施璜为熊赐履所著《学统》一书撰写《后序》，大加称赞地说：“先生读书十万卷，上下数千载，其间列圣诸贤之宗派，与夫二氏百家之底蕴，莫不严辨而论定之，而悉本于天理之至公。大哉，是书！其即孔子作《春秋》以寓王法之意乎？是书出而数千年

① (清)施璜辑，方允惇、施澴等订：《还古书院志》卷11《会纪·新安大会》。

② (清)江藩：《国朝汉学师承记 附 国朝经师经义目录 国朝宋学渊源记》，第171～172页。

③ (清)施璜编，吴瞻泰、吴瞻淇补：《紫阳书院志》卷12《列传七·衍绪诸儒·施处士》。

④ (清)李元度《国朝先正事略》卷28《高汇旃先生事略》：“孝感熊文端出先生门下。”《清史稿》卷480《高愈传·附高世泰传》：“大学士熊赐履讲学出世泰门下。”

⑤ (清)徐世昌：《清儒学案》卷38《孝感学案·附录》，北京：中国书店，2013年，第659页。

人物之盛萃于斯,数千年儒先之论决于斯,使人一见而知正者当崇,邪者当戒,断不可容一毫含糊混淆于其间。真所谓考诸三王而不谬,建诸天地而不悖,质诸鬼神而无疑,百世以俟圣人而不惑者也。孟子曰'孔子成《春秋》而乱臣贼子惧',予亦曰熊子成《学统》而异端邪说息。将正学以明,大道以著,先生之功于是乎与天壤齐量矣。"[①]熊氏所撰《学统》一书旨在维护以程朱为宗的理学正统,这与施璜的学术信仰和学术追求不谋而合,因而施氏对此书给予了很高评价。康熙四十年九月,施璜在《寄熊敬修师相书》中再次表达了对熊赐履致力于弘扬理学正道的敬意,同时还希望他能为紫阳书院撰写碑文,"俾山中私淑弟子皆承教诲",而"朱子之学亦借以弘昭"[②]。由两人的交往也可看出,施璜是一位忠实的程朱理学信徒。

二、振兴讲坛,接引后学

清初统治者大力推行崇儒重道的文化政策,使得传统理学的复兴迎来了良好时机。徽州的理学知识分子在汪佑、吴曰慎、施璜等人的领导下,开始了重振朱子之学、恢复传统理学正统地位的努力。作为当时的一位领军人物,施璜对于清初徽州传统理学的复兴,可谓功不可没。为了重振朱子之学,施璜积极投身于书院的讲学活动,并长期担任书院司会之职,规范书院讲会活动、建立塾讲制度成为其维护朱子之学、恢复传统理学的重要方式。

施璜在徽州的讲学活动主要在紫阳、还古两所书院中进行。据称,"自梁溪归,紫阳、还古两处会讲,首推璜"[③],"岁会于紫阳、还古两书院,与师友请益,月无虚日"[④]。吴瞻淇在《寄张孝先侍郎书》中也说:"本朝以来,朱子之道大明,诸宿儒聚集其中,岁不辍讲,如吴敬庵曰慎、施诚斋璜,其较著者也。"[⑤]施璜主讲两所书院长达 20 年之久,执掌讲会事务 40 余年[⑥]。在这两所书院

① (清)熊赐履:《学统》,徐公喜、郭翠丽点校,南京:凤凰出版社,2011 年,第 653 页。

② (清)施璜编,吴瞻泰、吴瞻淇补:《紫阳书院志》卷 18《艺文》。

③ (清)江藩:《国朝汉学师承记 附 国朝经师经义目录 国朝宋学渊源记》,第 171 页。

④ (清)施璜辑,方允惇、施澴等订:《还古书院志》卷 7《传・施诚斋先生》。

⑤ 吴瞻淇:《寄张孝先侍郎书》,(清)施璜编,吴瞻泰、吴瞻淇补:《紫阳书院志》卷 18《艺文》。

⑥ 李自华:《清初徽州学术界对理学传统的重建》,《兰州学刊》2006 年第 5 期。

的发展过程中，施璜倾注了大量心血。如康熙三十一年，“会长吴曰慎、施璜、汪芹倡同志”修紫阳书院大堂[①]。康熙四十年，施璜又与吴东岩兄弟倡修紫阳，“其重葺紫阳，改凭虚阁为道原堂，撤像易主，定左右从祀，一切多与敬庵指画焉”[②]。康熙四十二年，与休宁同志大修还古归仁堂，筑石台，置龛座，安奉孔子、朱子神位[③]。还古书院位于徽州府休宁县万安山，明朝万历年间由知县祝世禄、邑人邵庶倡建。后经明末清初兵燹，书院遭到重创，残破不堪，“由德邻以至大门，门扇多失，即门垫高扉，亦为盗有”，“书院又几壁立”。在还古书院的重建过程中，施璜多亲力亲为，颇有创建之功。如康熙二十七年五月，还古书院归仁堂前廊左墙崩坏，施璜与杨侃如、陈子京等人倡率输资修葺。康熙三十八年六月十八日，大风雨，“还古书院归仁堂前廊三间尽倒，司会施虹玉命守人搬取旧料，置之堂左”。康熙四十二年，祝公祠各处朽坏，施璜又与吴咨亮、杨文在、赵赞侯等人承担了重建任务[④]。在施璜等人的积极努力下，紫阳、还古两所书院不仅得以重建，而且得到了很好的修缮与维护，这为清初程朱理学思想在徽州的恢复与发展创造了条件。

书院是徽州理学家们的讲学之所，也是他们借以宣扬自己学术思想的一个重要阵地。施璜等人利用在紫阳、还古两所书院担任司会之机，积极宣扬程朱理学学说。正如乾隆年间赵继序所言：“我朝汪星溪、吴敬庵、施诚斋诸前辈，每届春秋会讲紫阳、还古两院，表章朱学甚力。”[⑤]施璜在与同仁主持紫阳、还古两所书院讲学活动期间，十分强调程朱理学的主导地位，并以此规范和指导书院的日常建设与讲会活动。书院配祀的安排就明显表达出此种意图。在当时，出于对先贤圣人的崇敬，书院一般都立有崇祀之制，如《还古书院志》卷四《祀典》记载：“建院必先所尊，祀孔子，配朱子，尊道统也。朱子当日两至新安省墓，与诸及门会讲，主教天宁，低徊紫阳山麓，不忍去。是时，从

① (清)施璜编，吴瞻泰、吴瞻淇补：《紫阳书院志》卷2《建置》。

② (清)施璜编，吴瞻泰、吴瞻淇补：《紫阳书院志》卷12《列传七·衍绪诸儒·施处士》。

③ (清)施璜辑，方允惇、施澴等订：《还古书院志》卷7《传·施诚斋先生》。

④ (清)施璜辑，方允惇、施澴等订：《还古书院志》卷3《建置》。

⑤ (清)赵继序：《〈还古书院志〉藏板记》，(清)施璜辑，方允惇、施澴等订：《还古书院志》。

游者，休宁六人。其后，懋昭厥德，私淑弟子，历历可稽。今萃集前哲于还古坛□，若不雍雍肃肃，隆将祀享，何以著其诚敬之忱？况古人之祀，取诚敬，不取备物，抚今追昔，难忘旧德，则庙祀宜先矣。”[①]还古书院的《祀典》分别就祀位、祀期、祀品、祀器、祀仪、祀文等内容做了详细规定。在正式举行讲会活动之前，书院一般会遵循事先制定的《祀典》举行祭祀仪式。在紫阳、还古两所书院，祀典是书院文化的一项重要内容。在两所书院配祀对象的安排上，施璜强调“宗朱”这一宗旨。如他在《寄熊敬修师相书》中说：“朱子为孔子之后一人，即宋之孔子也。阁下尊崇而笃信之，故阐扬朱学之言，可以世为天下则，远有望而近不厌也。璜在万山中无所事，惟以著书明道自娱，间与二三同志讲习于紫阳、还古之间。今岁自夏至秋，与吴祭酒苑长君名瞻泰者，鸠工修建紫阳书院。院中旧有韦斋先生暨朱子皆塑像，今易以木主，并以朱子在徽门人与得朱子正传诸儒从祀书院。”施璜在《与吴东岩书》中又说：“紫阳大工，兴百余年未有之盛举。而撤塑像、易木主，奉朱子高弟之在新安者与前代诸儒先之笃信朱子者从祀，皆道统学脉大关系。……璜所呈者，细检《文献志》、《学系录》、《程朱阙里志》、郡志，必以笃信朱子之学、无夹杂、有纪实可考者，方敢入配祀之列。如莪山先生当王学盛行时，著《闲辟录》诸书，尤大有功于朱子。”[②]可见，紫阳书院的配祀对象不但有具体要求，即他们须是朱子在徽门人、得朱子正传、无夹杂者，而且选定时十分严格，入选者都是经过施璜精心考证，“有纪实可考者”方入配祀之列。在这背后，以朱子学为宗的意图可谓十分明显。还古书院的配位安排，也有类似的做法。据《还古书院志》卷六《传·归仁堂》记载：“继孔子者，唯我子朱子，尼山之后一圣人也。先师庙跻朱子于十哲之次，岂非以其所昌明者皆千古正学，所称述者皆千圣薪传，本身征民，垂之百世而无弊也与？我新安为朱子桑梓之乡，自虹井发祥以来，久称为‘东南邹鲁’，则是归仁堂奉朱子以配孔子，明尊朱，即所以尊孔，正道脉而定所宗，宁非典之所最巨者耶？”除了在归仁堂尊奉朱子以配孔子外，还古书院还设有德邻祠，“崇祀本邑先哲，自朱子而后，由宋而元而明，师友渊源，后

---

① (清)施璜辑，方允惇、施澴等订：《还古书院志》卷4《祀典》。

② (清)施璜编，吴瞻泰、吴瞻淇补：《紫阳书院志》卷18《艺文》。

先辉映，如霞蔚云蒸者共十有七人；国朝讲学诸会宗学正品真者又八人”。在德邻祠里所崇祀的25位先哲其实都是程朱理学的忠实信仰者，这在《德邻祠祀先哲诸先生文》中有清楚的交代：“吾郡自朱子讲学以来，向称‘东南邹鲁’，六邑皆有坛席，惟休之还古书院讲学不辍。追思朱子当日神交友处者，有我文简程先生、文肃吴先生；游于朱子之门者，有我格斋程先生、方壶汪先生、太初汪先生；自后笃信朱子、守正不差者，有我勿斋程先生、定宇陈先生、道川倪先生、枫林朱先生、东山赵先生、云溪范先生、石门朱先生、篁墩程先生、仁峰汪先生、莪山程先生、晞阳范先生、鹤屿汪先生，此皆好学躬修，立德、立功、立言可为世则、世法者也。兹当春、秋讲之期，恭行释菜之礼，谨奉少游吴先生、瑞呈杨先生、石樵汪先生、抑庵吴先生、星溪汪先生、直庵杨先生、括斋汪先生、诚斋施先生配，此皆学术醇正，践履笃实，一生精神专注还古，人皆推而尊之曰‘会宗’，而宜俎豆千秋者也。”[①]可以看出，无论是在紫阳书院还是在还古书院，其配祀对象的安排都设定了一个原则，即以学者的学术思想是否遵从程朱理学这一学脉正统来确定，由于陆王心学被徽州程朱理学派视为杂统，因此，心学派的学人也就不可能被列入紫阳、还古两书院的配祀之位了。关于这一点，施璜在写给熊赐履的书信里说得很清楚：“《学统》，闲道之书也。颜、曾、思、孟、周、程、朱八子既为正统，象山、姚江为杂统，则学宫配位宜升祔周、程、朱，与颜、曾、思、孟并列，而黜陆、王，则邪正是非明，而学术定矣。”[②]在施璜看来，学宫配位应崇祀正统，摈除杂统，这样才能辨正邪、明是非，确定学术正道。

此外，为清除心学派的影响，保证书院讲会活动以朱子之学为宗，施璜等还制定了一系列规约，对书院的讲会活动提出明确要求。如在康熙八年由施璜等人订立的《紫阳讲堂会约》中，就明确规定非程朱信徒不得入会。对于入会的资格与要求，《会约》规定首先要“崇正学”，即“务经明行修，宗尚周、程、张、朱之学，讲论悉符于践履，著述必本乎躬行，德孚闾閈、望重学林者，会长敦请贲院，阐印圣宗，以为后学标准。如侈谈二氏家言，为三教归一之说，及

---

① (清)施璜辑，方允惇、施澴等订：《还古书院志》卷7《传》、卷4《祀典》。

② (清)施璜编，吴瞻泰、吴瞻淇补：《紫阳书院志》卷12《列传七·衍绪诸儒·施处士》。

阳儒阴佛者,不得入会"[①]。同紫阳书院一样,还古书院的讲会活动也强调以朱子之学为法,以"宗朱"为圭臬。《还古书院志》记载称:"会必有规,所以明条约,一众志也。还古旧例唯存己巳十则,余皆无从稽考。国朝汪星溪、杨瑞呈诸先生扩清讲坛,洗除正嘉以来致良知之宗旨,以为新安学会肇自文公会讲天宁山房。今书院《会规》不遵紫阳,可乎?况会友辅仁、修业进德,不法朱子,其何以为法?故立还古会规、会仪,酙酌商订,一本《紫阳会规》遗意,使登还古之堂者知所持循。"[②]康熙十二年,施璜又制定《塾讲规约》九条。他说:"璜不敏,幸承师友不弃,侍讲于紫阳、还古诸书院者已二十年。凡朱子所以教人为学之方、进德之序,得闻于师友者,似略知其一二,但愧未能反躬实践耳。今居家塾授徒,又承乡邻诸君子不我鄙弃,联兹塾讲,研求圣贤之学,故不揣愚陋,以平日所闻于师友者,述为《讲约》九条,与塾讲诸同志共商。虽于圣贤之学无所发明,然能信此约而共勉焉,则亦庶乎进德修业之一助云。"《塾讲规约》九条分别是尚道德、定宗派、持敬、绎注、力行、习六艺、育英才、务谦虚、防间断。其中有两条至为重要,一是"尚道德",它对塾师的道德追求做了具体说明。施璜认为,讲会不应"专以诗文相砥砺,以科第相期待",而要有更高的学术志向与抱负,讲会者应"立志发愤,一意从事圣贤之学,以仁为己任,以明道相砥砺,以进德相期待","若能摆脱习俗,一意从事圣贤之学,则又未有道不能明,德不能立者也"。二是"定宗派",认为程朱理学是继承孔孟儒学道统的正宗之学,塾讲应审定宗派,"以程朱为学的",这样才能使学问"大中至正",不至于偏差[③]。不难看出,《塾讲规约》旨在宣扬朱子的教学之法、为人之方和进德之序,以促进朱子之学在徽州的广泛传播,恢复程朱学说在徽州理学界的主导地位。

施璜将毕生精力和热情都投入紫阳与还古两所书院的建设上,兢兢业业,任劳任怨。康熙四十五年,紫阳书院举行春会后不久,施璜病笃,在临终之时仍"以紫阳事交汪楚英、吴东岩漪堂,以还古事交杨文在、吴咨亮青羽、汪敬先"。随后,"援笔作二绝句,自题铭旌,正衣冠而逝"。施璜对徽州书院文

① (清)施璜编,吴瞻泰、吴瞻淇补:《紫阳书院志》卷15《会规·紫阳讲堂会约》。

② (清)施璜辑,方允惇、施澴等订:《还古书院志》卷10《会规》。

③ (清)施璜:《塾讲规约》,《丛书集成续编》第62册,第471页、466～467页。

化的贡献，正如其孙施澴所评价的那样："先子四五十年，精神皆在紫阳、还古间。虽弥留之际，措置得宜，真一息尚存，此志不忘道脉者也。"①

施璜一生致力于弘扬程朱理学，除积极推动紫阳、还古两所书院建设外，还不断接引后学。由于其学识渊广，所以从游之士甚多。如休宁鹏源人汪嵩，为该县庠生，"从施诚斋游，致力于主敬之学"②。在施璜的诸多门生中，有不少人来自婺源县。婺源孔村人潘继善，"师宿儒施虹玉，讲求为己之功，居敬以立本，读书穷理以致知，凡朱陆之异同，儒林道学之分合，辨论精详，于程朱真传独有心得"。施璜的这位门生对于圣贤之学颇有体悟，在学术上取得了不少成就，著有《圣学求仁辑要》《读经史笔记》《音律节略考》等书。其兄潘继武、潘闻武也都曾受业于施璜。该县儒生董大鹏曾经"受业于平盈方继赤"，后因"孔村潘继武、闻武、弟继善尝从宿儒施诚斋得圣学要旨，复从之游"。婺源云邱人滕尚信是一名庠生，"初惑仙释，既读诸儒讲义，大悔悟，乃尊信朱子之书，尤殚精《小学》《近思录》。闻施诚斋讲学紫阳，重趼就正，义利之几、朱陆之辨，析入毫芒。教人一遵鹿洞学规，循循善诱"。在他死后，施璜还特意为其撰写了墓志铭。该县儒生王士鉴"尤尊贤慕道，师事施诚斋、李御六，讲明性学；刻敬斋、心斋诸铭，以志不谖"。婺源玉墀人齐士亨，"少读《小学》，慨然有悟。师紫阳施诚斋，得闻《近思录》之旨"。婺源甲椿人李应乾是当地一名庠生，"淹贯经史，宗仰程朱。闻海阳施诚斋讲正学，往师事之，精析疑难"③。施璜的祖籍在婺源诗春，在其回婺省墓期间，曾"谒紫阳、云峰诸先贤祠。至清华，乡人士多从讲学，有《清华塾讲序》，相勖以朱子之学，盘桓月余而去"。施璜此次回婺之旅是其尊崇与捍卫朱子学说的一种体现，同时也让自己的学术思想得以传播，令当地儒生颇获教益。如婺源县庠生洪朝阳，"少工诗及举子业。休宁儒硕施璜来谒朱子阙里，讲明正学，朝阳执贽请业，施授以《圣学要规》《思诚录》，始悔其少作。益肆力儒先之书，以主敬为要，燕

---

① （清）施璜编，吴瞻泰、吴瞻淇补：《紫阳书院志》卷16《会纪》。

② 道光《休宁县志》卷15《人物·乡善》。

③ 以上引文分别见光绪《婺源县志》卷19《人物二·儒林》，民国《婺源县志》卷23《人物四·学林》、卷21《人物二·儒林》，光绪《婺源县志》卷24《人物六·学林》、卷37《人物十一·质行三》、卷19《人物二·儒林》。

居接下无惰容”[①]。

作为一名忠实的程朱理学信徒，施璜早年便放弃举业，有志于“圣学”，始终以传播和弘扬程朱理学为己任。为重振朱子之学，施璜积极投身于紫阳、还古两所书院的讲会活动，参与书院建设，在书院的配祀安排、讲会规约等方面都强调以朱子学为宗，以此来确立传统理学在书院中的主导地位。同时，他还注重人才培养，不断接引后学，推进了朱子之学在徽州的传播。经过施璜等人的努力，在清初，以程朱之学为宗旨的新安理学在徽州地区一度得到复兴，“使数十余年沉溺于姚江龙溪之区，一旦变而为正学昌明之地”[②]。从施璜的身上，我们可以看到清初徽州理学知识分子在清除心学影响、重振朱子之学这一过程中所付出的努力。

原载《安徽大学学报》2015 年第 1 期

① 光绪《婺源县志》卷 19《人物二・儒林》；民国《婺源县志》卷 23《人物四・学林》。

② （清）施璜辑，方允惇、施溃等订：《还古书院志》卷 13《讲义》。

论戴震礼学研究的特色与影响

徐道彬

清代初期，统治者大力推行崇儒重道的文化政策。随着社会的由乱而治，朝廷由崇尚程朱理学而逐渐转向经术之学。在民间社会层面，作为朱熹乡邦的徽州学者，江永、戴震、凌廷堪等也顺应时代学风，奉行顾炎武"理学即经学"的主张，"以经学济理学之穷"；厌倦主观的冥想，而倾向于客观的考实；强调"圣人之道在六经""六经者，道义之宗而神明之府也""贤人圣人之理义非它，存乎典章制度者是也"①。他们或弃"理"而言"礼"，或"以礼代理""以古礼正今俗"，表现出异常的批判理学倾向。譬如江永以训诂考证手段研究古礼，纠偏和补正朱熹《仪礼经传通解》而作《礼书纲目》，轻视空言论"理"，注重躬行履"礼"，在一定程度上引导学者绕过"理学"而求"礼学"，弃"理"言"礼"，减轻朱子理学和陆王心学流弊在徽州的消极影响。其后，戴震抨击程朱理学"以理杀人"，主张"理义非他，存乎典章制度"，认为理学研究必须根植于经学，"理义不存乎典章制度，势必流入异学曲说而不自知"。戴氏"理存于礼"和"理存于欲"的学术理念，开辟了清代礼学研究的新境界，成为反理学的急先锋，启导了清中期凌廷堪、阮元等人"以礼代理"思想的先路，在新理学的发展史上具有承上启下的重要意义。

---

① 戴震：《戴震全书》六《古经解钩沉序》和《题惠定宇先生授经图》，合肥：黄山书社，1995年，第377页、505页。关于清代前期朝廷思想文化政策的变化以及当时学风的嬗变，请参阅陈祖武《清初学术思辨录》（中国社会科学出版社，1992年）和龚书铎主编《清代理学史》（广东教育出版社，2007年）的相关章节。徽州地域学风及其特殊背景问题，可参阅拙作《徽州朴学成因的地域性解读——以戴震为中心的考察》，《安徽大学学报》2008年第3期；《戴震研究史料考辨四则》，《中国典籍与文化》2015年第1期。

一、时代学风嬗变与地域文化背景

徽州处于万山之中，“少平原旷野，依山为居，商贾东西行营于外，以就口食。然生民得山之气质，重矜气节，虽为贾者，咸近士风”[①]。儒家的礼仪教化加之山野气质，使徽州山民知礼法，重气节，自谓：“礼者，人之干，而学者所以学为人者也。人不学，则不知礼；不知礼，则虽学而非其正。”[②]“礼者，天地之序也。先王知理之不可易也，乃为设其器，制其物，为其数，立其文，以待其有事，而为其起居出入、吉凶哀乐之具。盖其本，在于养人之性；而其用，在于言动视听之间，家国天下，均莫能离也，夫岂可以斯须去哉。”[③]这种儒家言行和礼仪规范，使得“家在万山中，风土犹为近古。冠昏丧祭诸大典，往往革其旧俗，庶几于礼；祸福之说中人，淫祀禁焉。又知其本在学，时时纠族人讲明约束，以培其根而达其枝，骎骎乎盛矣”[④]。徽州人的“气节”和“士风”，“庶几于礼”，较之他乡尤为显著，故刘师培云：“惟徽、歙处万山之间，异于东南之泽国，故闻东林之绪论者，咸敦崇礼教。”[⑤]钱穆云：“盖徽、歙乃朱子故里，流风未歇，学者固多守朱子圭臬也。”[⑥]

作为比肩孔孟的一代儒宗，朱熹为中国传统礼学尤其是徽州宗族礼制的形成与发展做出了重要贡献，朱子《家礼》也一直作为社会日常生活的标准而得以实施。朱熹随父居闽，也曾两次回乡祭祀、修谱和讲学，著《仪礼经传通解》，纂辑《文公家礼》（今本有后人附益成分）和《婺源茶院朱氏世谱》，在其周围聚集了程洵、滕珙、程端蒙等众多徽州学者，形成了以“新安理学”为名的重要学派。徽州民众也以朱子思想为范，躬行实践，以名教相砥砺。徽州六县“人习诗书，家崇礼让”，一派“里仁为美”的风俗气象。但随着社会经济的发展和封建专制制度的没落，朱熹礼学的理学化趋势也日趋显著，其中“存天

---

① 戴震：《戴节妇家传》，《戴震全书》六，第440页。

② 李菁：《茗洲吴氏家典序》，吴翟：《茗洲吴氏家典》，合肥：黄山书社，2006年。

③ 吴嘉默：《茗洲吴氏家典序》，吴翟：《茗洲吴氏家典》。

④ 吴翟：《茗洲吴氏家典自序》，《茗洲吴氏家典》。

⑤ 刘师培：《南北学派不同论》，《刘申叔遗书》，1934年宁武南氏影印本。

⑥ 钱穆：《中国近三百年学术史》，北京：商务印书馆，1997年，第340页。

理，灭人欲”的负面影响越来越大，贞节牌坊背后的血泪和理学“以理杀人”的呐喊，使得朱熹在徽州本土民众的心目中也逐渐失去了圣贤的光环，遭遇到猛烈批判。譬如，清初姚际恒在《仪礼通论》中批判朱熹对于礼学的无知与荒谬，曰：“《仪礼经传通解》一书，经传颠倒……吾实不解作者意指，以为尊《仪礼》耶？全录注、疏，毫无发明，一抄书吏可为也。尊之之义安在？以裁割《礼记》、《周礼》、史传等书附益之为能耶？检摘事迹可相类者，合于一处，不别是非同异，一粗识文字童子亦可为也。又何以为能？其于无可合者，则分家、乡、学、邦国、王朝等名，凭臆变乱，牵强填塞，此全属纂辑类书伎俩。使经义破碎支离，何益于学？何益于治？观其《乞修三礼札子》，欲招集学徒，大官给养，广拨书吏，迂妄至此，更有足哂者也！此书近世传本甚少，近有人重刊，然世究鲜传习，亦可见人心同然，但未能深知其非耳。至若黄勉斋之续编，吴草庐之考注，悉遵其指，又无讥焉。”“今不举臣瓒与陆，而举朱者，以朱为近世所宗，且实有《仪礼经传》之书故也。”[①]姚际恒有意挑选朱子作为批判对象，认为他裁割礼书史传，以附益为能事，“毫无发明，一抄书吏”而已，甚至比之为“粗识文字童子”。如此揭露朱子礼学的迂妄和荒谬，对乡先贤的批判直率大胆，不留情面。这种做法虽未免有所偏激，但由此也可窥见清初徽州学者与一般民众对待“万世师表”的朱熹及其理欲学说的反感。

与姚际恒相比，稍后的江永对朱熹的批判稍微间接而委婉、含蓄而蕴藉。其《礼书纲目》《乡党图考》《近思录集注》等书就是对朱熹著述思想的纠谬与补正，意欲通过对古代礼制的考证，回归原典，绕过宋明理学的理欲之辩，而直接探讨古圣贤礼制的本始意蕴。认为圣贤之道在尧舜、周公、孔孟之原始儒学，绝不在后世杂糅释道的所谓道统和学统中，曰：“朱子说未备，乃采平岩及他氏说补之，间亦窃附鄙说，尽其余蕴。”[②]“读之既久，觉其中犹有搜罗不备、疏密不伦之遗憾。”[③]江氏针对朱熹“凭臆变乱，牵强填塞”，曲“礼”而言

---

① 姚际恒：《仪礼通论·论旨》，陈祖武点校，北京：中国社会科学出版社，1998年。

② 江永：《近思录集注自序》，《近思录集注》，四部备要本。关于江永思想研究，可参阅拙作《〈四书按稿〉非江永所作考》，《文献》2011年第1期。

③ 江永：《江慎修与汪绂书》一，余龙光：《双池先生（汪绂）年谱》，《乾嘉名儒年谱》，北京：北京图书馆出版社，2006年。

"理"的做法，不做正面攻击，而是反其道而行之，以文献考证手段对待之，名为"集注"，实为纠偏。如此做法正是遵循了朱熹"道问学"一路，而闭口不言"尊德性"，结果便是弃"理"而言"礼"，寓批判于"不言"之中。与此同时，江永又推动礼学下移，化"理"为"礼"，也在一定程度上减轻了理学在徽州的消极影响。他曾经修正朱子《家礼》，意欲恢复和保存古礼意蕴和仪式，云："吾意亦但欲存古，以资考核，非谓先王之礼尽可用于今也。""窃以为古礼虽不可尽行于今，今人亦当知其文，习其数。当世所行乡饮酒礼，饩羊仅存而坐席仪节皆非古。愚别有《演礼私议》，欲取《仪礼·士相见》《乡饮酒》及《戴记·投壶》篇，依古礼为仪注，选童子八岁以上、十五以下，假立宾主，教之威仪进退，以今服代古服，以蒲席拟古席，以壶代尊，以甆代俎豆，以瓦瓶代投壶，以刻木代雉贽，以茶代酒，以脯代牲。或就祠堂，或就家塾，令礼童熟娴于此，演而观之。一则使今人见先王之礼如此其彬彬郁郁；二则使童子习于礼，阴以化其骄逸之习，长其敬谨之心，亦可寓小学之教焉。投壶近于嬉戏而极典雅，童子为之，亦将有欣欣志古之心焉。"[①]江永以《仪礼》为本，"但欲存古"，对于朱子《家礼》的否定是含蓄和隐讳的，但还是遭到同乡理学家汪绂的强烈反对。

其后，戴震、凌廷堪也遵从江氏路径，从古代礼制的研究层面寻找"理存于礼"的突破口，并各有新的创获，这正是"皖派"推崇礼学、擅长礼学研究的原因所在。刘师培称：徽州学派咸精于礼学，"如江永《礼经纲目》《周礼疑义举要》《礼记训义择言》《释宫补》，戴震作《考工记图》，而金、胡、程、凌于礼经咸有著述，此徽州学者通'三礼'之证也"[②]。钱穆云："徽州之学成于江永、戴震，江之治学自《礼》入。""东原出而徽学遂大，一时学者多以治《礼》见称。"[③]可以说，徽州学者群体式的礼学研究，实为宋明理学的一大反动，其人数之多，影响之大，也非他处能及。无论章太炎的《清儒》还是梁启超的《近代学风之地理分布》，都对徽州学者专注于古奥艰深的典章礼制之事颇为疑惑，以至于有发起探讨的兴趣，并一致认为：江南为高原，其民勤苦善治生，故求学深邃，言直核而无蕴藉，盖地理感化使然。

---

① 江永：《江慎修与汪绂书》二，余龙光：《双池先生(汪绂)年谱》。

② 刘师培：《南北学派不同论》，《刘申叔遗书》。

③ 钱穆：《国学概论》，北京：商务印书馆，1997 年，第 273 页、275 页。

在朝廷大力倡导实学、崇尚经术之风，以及徽州学者普遍关注礼学、反对理学的背景下，姚际恒、吴翟、江永等山村耆宿为了“志古之心”，矻矻于古礼的修正。他们的做法和思想深刻地影响到乡邦弟子的生活理念和治学方向，也影响到清中叶以后学术思想的转型与建构。

二、礼学的研究与理学的批判

戴震常言：“为学须先读《礼》，读《礼》要知得圣人礼意。”[①]“明乎《礼》，可以通《诗》。”[②]所以，在戴震宏大的学术领域中，礼学研究占有极其重要的内容。据段玉裁《戴先生年谱》记载：《七经小记》是戴震一生追求的学术目标，“先生朝夕常言之，欲为此以治经也”。又分数大端，始于六书、九数，故有《训诂篇》《原象篇》《学礼篇》《水地篇》，而约归于《原善篇》，圣人之学如是而已[③]。综观戴震的解经考证著述，如《尚书义考》《毛郑诗考正》《深衣解》《考工记图》，无不涉及礼乐制度、名物典章问题。而《戴震文集》中卷二《明堂考》论古代宫室建制结构及其礼义，《三朝三门考》论天子诸侯处理政务典礼之所，《匠人沟洫之法考》论古代井田制度，《乐器考》言古礼乐名称及设置问题。其他如《记冕服》《记皮弁服》《记爵弁服》《记朝服》《记玄端》《记深衣》《记中衣裼衣襦褶之属》《记冕弁冠》《记冠衰》《记括发免髽》《记绖带》《记缫藉》《记捍决极》等，皆细绎古代礼服类别，探赜索隐，归纳义例。刘师培称此内容为“诠释礼制，以类相求，简约详明，远驾江氏《礼书纲目》上”[④]。此外，《文集》中还有《周礼太史正岁年解》二篇论《周礼》中历法正朔与礼制关系，而《大戴礼记目录后语》《春秋即位改元考》《辨证诗礼注□轨轵□四字》《辨尚书考工记锾锊二字》《记夏小正星象》《释车》《仪礼注疏校记》《与任孝廉幼植书》《与朱方伯书》等等，也都是有关礼学典制研究的论文，或“取六经礼制之纠纷者，事各为类”，或“折衷众说，萃为一编”，皆可从中窥见戴氏对古代政治制度、伦理规范及人生修养的探讨，及其“体国经野”“志存闻道”的心路历程。所以，《清史

① 段玉裁：《戴先生年谱》之“附言谈辑要”，《戴震全书》六，第714页。
② 戴震：《毛郑诗考正》，《戴震全书》一，合肥：黄山书社，1995年，第645页。
③ 段玉裁：《戴先生年谱》之“附著述辑要”，《戴震全书》六，第704页。
④ 刘师培：《戴震传》，《刘申叔遗书》之《左庵外集》卷18。

稿》归纳戴震的学术领域为三——小学、测算、典章制度，其实三者皆不出礼制研究的范围。若追溯其始，戴震从徽州乡野来到京师，能够以素衣秀才的身份在很短时间内声名鹊起，也正是由于他的礼学研究得到了当时一流学者的广泛关注与推崇。如纪昀一见《考工记图》，便随即为之刻印。“时大司寇秦文恭公方为少宗伯，编纂《五礼通考》之书，延先生邸舍，就与商榷，其所采摭先生各经之说甚多”，于是声重京师，名公卿争相交焉[1]。

戴震一生精力所萃，实在“三礼”，云：“士生千载后，求道于典章制度”[2]，如果“不知古者宫室、衣服等制，则迷于其方，莫辨其用”[3]。因此，他的学术切入点重在对上古社会典章礼制的研究，“稽之于典籍，证之以器数”，所以其研究成果也多为后来者所认同与传承。如论冕服云：“凡朝祭之服，上衣下裳幅正裁，故冕服曰端冕，朝服曰委端，裳前三幅后四幅，腰辟积无数，所谓帷裳者也。”论皮弁服云：“天子日视朝，皮弁服，诸侯以为视朔之服，凡诸侯相朝聘亦如之。”论爵弁服云：“爵弁服，礼又谓之玄服。”记深衣云：“深衣，连衣裳，杀幅而不积。”多为江藩、刘宝楠、孙诒让等引为证据[4]。戴氏考论礼制，兼证以文字声韵，言必有据而陈义简明，虽间有考订疏误、主观臆断者，但其探幽阐微，识断精审已令后人颔首，且取舍之间不乏经世致用之意。如《匠人沟洫之法考》云：“先王不使出赋税之民治洫与浍，而为法令民治洫浍者，当其赋税。故农政水利之大，皆君任之，非责之民。及其失也，竭民之力，毕以供上，于是洫浍不治，井田所由废也。中原膏土，雨为沮洳，水无所泄，旸为枯尘，水无所留，地不生毛，赋减民穷，上下交病矣。”[5]戴震用历史的眼光审视古代的经史礼制，以实事求是、经世致用的思想予以解读和阐释，持之有故，言之成理。诚如章太炎所云：“衽席之间，米盐之事，古先王以是相民，而后人视之猥鄙。其中坚之言尽是也。震所言多自下摩上，欲上帝守节而民无瘅……如震所

---

① 洪榜：《戴先生行状》，《戴震全书》七，合肥：黄山书社，1997年，第8页。

② 戴震：《古经解钩沉序》，《戴震全书》六，第377页。

③ 戴震：《与是仲明论学书》，《戴震全书》六，第371页。

④ 引文见《戴震文集·礼学十三记》，《戴震全书》六；参阅徐道彬《皖派学术与传承》（黄山书社，2012年）的相关章节。

⑤ 戴震：《匠人沟洫之法考》，《戴震全书》六，第255页。

言，施于有政，上不呰苛，下无怨□，衣食孳殖，可以致刑措。”[1]可见戴震礼学研究及其“理存于礼”的思想，既是他“以词通道”学术构想的最终目的，也是中国传统礼学思想与地域民风礼俗的充分展示。

“礼之所尊，尊其义也”(《礼记·郊特牲》)，故戴震与朱珪讨论丧服问题时，既尊崇古礼，又主以“礼时为大”，认为君子行礼不求变俗，而“归于得义”，不可与流俗相混用。云：“古礼之不行于今已久，虽然，士君子不可不讲也。况冠婚丧祭之大，岂可与流俗不用礼者同。”“后人于礼之名，无不从其重，未尝闻大夫及大夫之子，降旁期以下之为士者也，而于礼之实，几荡然不用。与其实去而名徒存，何如古人有正有降，一一各尽其实也。”“兹斟酌古今，名实两得，倘犹云失礼，则据《礼》证之固无失。倘云执《礼》太过，则必至是如于《礼》无讥。君子行礼，不求变俗，要归于无所苟而已矣。”并且指出正服与降服、大功与小功，《礼记》中有明文，而后人对此“无不从其重”，名与实不符。“以今准古，名为期，名为大功，古礼断然为大功及小功也。小功卒哭之后，即可以取妻，况越过大功除服之后乎？然必父亦在小功之末方可。若父在大功之末，则可以冠子、嫁子，不可以取妇。凡言末者，谓卒哭之后，非谓除服之后。然则既虞卒哭，服虽未除，可借吉，明矣。大功之末，不可以取妇；大功既除服，固可取妇，甚明。”[2]戴氏从冠、婚、丧、祭礼仪制度的源流，梳理古今礼俗的优劣与变迁，既有存古之功，也有适时之宜。此后朱彬《礼记训纂》、黄以周《礼书通故》对戴氏的说法都有一定程度的借鉴和吸收。

戴震学术不唯“道问学”，更在于“尊德性”，其礼学研究通过“以词通道”的实践来完成“理存于礼”的思想论证。如《考工记图》卷上“所以持衡者谓之□”下云：“大车鬲以驾牛，小车衡以驾马。辕端持鬲，其关键名□；□端持衡，其关键名□。□辕所以引车，必施□□然后行。信之在人，亦交接相持之关键，故以□□喻信。”[3]戴氏着力于从名物典制的考释中探求礼义人伦，“比类合义，灿然端委毕著矣。天人之道，经之大训萃焉”[4]，以此施于教化，自然有

---

① 章太炎：《释戴》，《章太炎全集》四，上海：上海人民出版社，1985年，第122～123页。
② 戴震：《答朱方伯书》，《戴震全书》六，第369～370页。
③ 戴震：《考工记图》，《戴震全书》五，合肥：黄山书社，1995年，第349页。
④ 戴震：《原善序》，《戴震全书》六，第7页。

益于世道人心。又如《毛诗补传》释《汉广》诗意云："礼不备不可求，犹舟楫不备不可济也。妇人谓嫁曰归，凡诗言'之子于归'，在女子则适人之正也。秣马也者，欲驾车往迎之辞也。亲迎，礼之正也。"[①]这是从文字训诂中细绎出"礼者，人道之极"（《史记·礼书》）与"隆礼由礼，谓之有方之士"（《礼记·经解》）的经世之意。其《法象论》言"生生者仁，条理者礼"，"礼得则亲疏上下之分尽"[②]；《中庸补注》言"礼，则各止其分是也。《易》曰'立人之道，曰仁与义'，此更益之以礼，即仁至义尽之谓"[③]。诸如此类，可见戴氏在典章制度的考证中无处不贯穿对圣贤礼义的探讨，表现出强烈的入世精神和人文关怀。他批判"宋儒讥训诂之学，轻语言文字，是欲渡江河而弃舟楫，欲登高而无阶梯也"[④]，"甚或以后世之规模臆测先王之度数，殊失其真"[⑤]。否定理学家浮谈无根、空言性理的做法，坚持"理义存乎典章制度"的观点。

《孟子字义疏证》是戴震"理存于礼"思想的充分展示，开篇释"理"，即对"虚理"与"实礼"进行了深入剖析，批判理学家"其所谓理，别为凑泊附着之一物，犹老庄释氏所谓真宰真空之凑泊附着于形体也"，指出真正的"理"，乃是"察之而几微必区以别之名，是故谓之分理、条理"。戴氏释"理"重在"条理"，释"礼"本于"伦理"，追溯"理"字本义而牵出"礼"字，云："何谓礼？条理之秩然有序，其著也"，故《疏证》尤其强调："礼者，天地之条理也；言乎条理之极，非知天不足以尽之。即仪文度数，亦圣人见于天地之条理，定之以为天下万世法。礼之设，所以治天下之情，或裁其过，或勉其不及，俾知天地之中而已矣。""礼学"与"理学"的区别在于"欲"的对待问题，体现在"禁""适"与"过"的态度，对于过度欲望，至于人情之漓，流于恶薄者，肆行无忌，是同人于禽兽。戴氏以为可以用礼治其俭陋，使化于文，将"礼""理""情"三者之间的密切关系辨析得清楚明白，即"理者，条理之秩然有序"，"礼者，天地之条理"，而"礼之设，所以治天下之情"，既是"三位一体"，而又以"礼"为本。在《疏证》与《原

① 戴震：《毛诗补传》，《戴震全书》一，第160页。
② 戴震：《法象论》，《戴震全书》六，第477页。
③ 戴震：《中庸补注》，《戴震全书》二，合肥：黄山书社，1995年，第70页。
④ 戴震：《与段玉裁书》第九札，《戴震全书》六，第540页。
⑤ 戴震：《仪礼释宫》提要，《四库全书总目》，北京：中华书局，1965年。

善》中，戴震多次释“礼”字，皆以“条理”二字作答，弄清“心之所同然者，始可谓之理”后，戴氏指出：古圣贤之道，在于“条理之秩然有序”和“情之不爽失”，“遂己之欲，亦思遂人之欲”既是“礼”的本来意义，也是“情”和“理”的自然要求，知“情”达“礼”便是得“理”。同时强调“理”在“礼”中，人们只有通过对“礼”的切实履行，达到“秩然有序”之“理”，进而实现“体民之情，遂民之欲”，才能合乎圣贤经典的原始意义，即“人伦日用，圣人以通天下之情，遂天下之欲，权之而分理不爽，是谓理”[①]。综观戴氏所论，一言以蔽之，一“礼”而已。

戴震常云：“总须体会孟子‘条理’二字，务要得其条理，由合而分，由分而合，则无不可为。”[②]此“条理”二字既是他治学的方法论，也是他反理学思想的有力工具。如果说《学礼篇》是戴氏的礼学考证结果，那么《原善》和《孟子字义疏证》就是他对“理”与“礼”在文献实证与义理解读基础之上的思想剖析与哲理升华，最终归纳出理学“以理杀人”的哲学命题。此后，阮元的“理必附乎礼以行，空言理则可彼可此之邪说起”[③]，以及凌廷堪的“以礼代理”说，虽然在力度上属于后出转弱，不及戴说鲜明有力，但在方向上则是一脉相承的。故胡适称：“他们努力的新方面更使我们明了戴学确然有建立新理学，恢复中国学者的哲学兴趣的大功。所以我们可以说：从戴震到阮元是清朝思想史上的一个新时期；这个时期，我们可以叫做‘新理学时期’。”[④]因为它“对于因袭的宋明理学作有力的革命”，“是新理学的建设”。侯外庐又以此认为戴震“复活了十七世纪清初大儒的人文主义的统绪，启导了十九世纪的一线曙光”[⑤]。由此可见，戴震由破析“理欲二分”入手，实证于“礼”，而归之于“情”，得出“理

---

① 此段引文皆见于《孟子字义疏证》和《原善》，为简明起见而略注。朱熹是理学的代表，但他不能对理学的变异和后儒的道貌岸然行为负责；戴震批判朱子，意欲从根本上撕去伪理学的护身符而已，而对朱子始终礼敬。参见徐道彬《早期的戴震不是程朱理学的干城》，《黄山高等专科学校学报》2000 年第 3 期；《戴震对朱熹始终如一的态度》，《河南师范大学学报》2006 年第 4 期；《戴震唯物思想的再认识》，《安徽大学学报》2007 年第 2 期。

② 段玉裁：《戴先生年谱》之“附言谈辑要”，《戴震全书》六，第 714 页。

③ 阮元：《书学蔀通辨后》，《研经室集》，北京：中华书局，1993 年，第 1062 页。

④ 胡适：《戴东原的哲学》，《胡适全集》第 6 册，合肥：安徽教育出版社，2003 年，第 458 页。鉴于学界对戴震“尊者以理责卑，长者以理责幼”等相关言辞的熟知，为避免重复，此处简略。

⑤ 侯外庐主编：《中国思想通史》第 5 卷，北京：人民出版社，1956 年，第 455 页。

存于礼”的结论，较之于江永置宋明理学于不顾，而暗中弃“理”言“礼”的做法，可谓有胆有识的革命者和建设者，戴震的礼学研究和理学批判确乎启导了19世纪新理学的一线曙光。

三、“理存于礼”思想的影响与发展

学术大师开辟的研究领域及其方法论的影响，往往造成一代学术风尚的转移。胡朴安说：“二百年来确有治学之方法，立有清一代考据学之基础，衣被学者，至今日犹有受之而未尽，则休宁戴东原先生其人也。”[①]戴震治学“先考字义，次通文理”，求一字而贯通群经，而尤以礼学研究为重。常言：为学须先读《礼》，“为古文，当读《檀弓》”；“郑康成之学尽在《三礼注》，当与《春秋三传》并重”[②]。所以，无论是在乡间切磋问学，还是在京师校订官书，戴震的礼学研究都对同仁与后学者起着引导作用。他早年在歙县“不疏园”中与江永、程瑶田、金榜、汪梧凤等讨论“三礼”，展露才华；中年在扬州卢见曾寓所与卢文弨校勘《大戴礼记》，显示深厚根基；以后在四库全书馆中辑佚、校勘《仪礼识误》《仪礼集释》《仪礼释宫》《大戴礼记》等，并为之撰写提要，为古代礼学典籍的保存与阐发做出了重大贡献（后来孔广森《大戴礼记补注》、凌廷堪《礼经释例》皆以戴校本为底本），也因此“鞠躬尽瘁，死于官事”。钱大昕述其事云：“馆中有奇文疑义，辄就咨访，先生为考究巅末，各得其意以去。先生亦思勤修其职，以称塞明诏。经进图籍，论次精审，晨夕披检，靡间寒暑，竟以积劳致疾。”[③]彭林《论清人〈仪礼〉校勘之特色》一文，评述戴震为四库馆校订《仪礼》之事，认为：“清人最先诘难贾说者为戴震，戴氏反对贾疏强分二十字为两段，‘经既见“为世父母、叔父母、姑、姊妹”十字，《传》不应重见此十字而绝不释其意，是二十一字通为郑注无疑’。戴氏所论，入情入理。今验之武威所出之汉简《服传》，亦无此二十字，其识见令人惊叹。”[④]

戴震的礼学成就不仅功在朝廷，而且对他周围学人的影响更为直接。程

---

① 胡朴安：《戴东原先生集序》，《戴东原先生全集》，《安徽丛书》第六期，1936年铅印本。

② 段玉裁：《戴先生年谱》之“附言谈辑要”，《戴震全书》六，第714页。

③ 钱大昕：《戴先生震传》，《嘉定钱大昕全集》九，南京：江苏古籍出版社，1997年。

④ 彭林主编：《经学研究论文选》，上海：上海书店，2002年，第233页。

瑶田《五友记》云:“己巳岁,余初识东原。当是时,东原方踬于小试,而学已粗成,出其所校《太傅礼》示余。《太傅礼》者,人多不治,故经传错互,字句讹脱,学者恒苦其难读,东原一一更正之。余读而惊焉,遂与东原定交。至是,稚川、松岑亦咸交于东原矣。”[①]程瑶田与戴震交往三十余年,所受启发也最深,其巨著《通艺录》为清代杰出的礼学著作,对礼乐典章制度,博综淹贯,究明通彻,内中《考工创物小记》《磬折古义》《仪礼丧服足征记》等多有“吾友戴东原云是也”之语。而其《论学小记》对礼义的阐发也是承接戴说,笃信“理存于礼”而“礼外无学”。程、戴二人不仅在释“理”问题上是一致的,而且对于“礼”的认识也如出一辙。瑶田云:“圣人之志于学者,志于学礼而已矣。志于学礼以求其能立而已矣。是故圣人自以为三十而立也,故曰立于礼也。如其不能圣人也,吾即学礼,犹或不免愆于仪而败于度也。而乃礼之不学焉,则欲求不蔽于斯道不能也,欲求弗叛于斯道不能也,故曰不学礼,无以立也。”[②]程氏认为,古昔圣人缘人情以制礼,礼仪三百,威仪三千,所以必待其人而后行者。其言“圣人缘人情以制礼”和“志于学礼”,皆本于戴氏“为学须先读《礼》”的思想。贵为乾隆壬辰科状元的金榜,早年在不疏园中即问学于江、戴,受戴震的鼓励和影响而专治“三礼”,自称:“岁丁亥,与戴东原同居京师。东原以《司马法》赋出,车、徒二法难通。余举《小司徒》正卒、羡卒释之,东原曰:此有益于为《周官》之学者。遂著录焉。”[③]金榜的代表作《礼笺》,大至天文、地理、田赋、学校、郊庙、明堂,小而车、旗、器服之细,贯彻群言,折中一是。并且在思想层面上也认为古人为“学”就是习“礼”,修齐治平即是一“礼”字[④]。此外,在江永和戴震治学风格引导下的一批徽州学者,如郑牧、汪梧凤、洪榜、洪梧、汪肇龙等在礼学研究方面都有一定的造诣,尤其是以胡培翚为代表的“绩溪三胡”及俞正燮《癸巳类稿》等,更是在清季将江永、戴震的礼学研究与思想发

① 程瑶田:《通艺录·修辞余钞·五友记》,《程瑶田全集》三,合肥:黄山书社,2008年。

② 程瑶田:《通艺录·论学小记·立礼篇》,《程瑶田全集》一。关于程瑶田思想研究,可参阅拙著《皖派学术与传承》上篇第六章。

③ 金榜:《周官军赋》前小序,《礼笺》,《清经解 清经解续编》,南京:凤凰出版社,2005年。金氏该书引戴震说颇多,如《凫氏为钟》《明堂》等篇,多称“戴说是”“足补郑注所未逮”之语。

④ 徐道彬:《徽州学者金榜三论》,《安徽史学》2014年第5期。

扬光大。他们“以礼为用”，由研治古礼而“立保甲以卫乡，建义仓以赡孤寡”，尊亲收族，恤党赒里，扶持弱者，着力于躬行践履和人性关怀。

戴震33岁时因避仇离家后，一直在扬州、京师等地游学，对当地学风影响深远。任大椿向其请教后所作《释缯》《弁服释例》《深衣释例》等，皆以戴氏《学礼篇》为楷模。往复问难中，戴氏又作《与任孝廉幼植书》，告诫“不可轻议古人”。对于古代丧服制度中“大功”“小功”之别，以及《仪礼》中“兄弟”“昆弟”之异，作了详备的解说，并加以鼓励。曰：“以幼植所深訾为刘歆傅会者二条，今姑据此疏通证明之，其精微非圣人不足与于此，余皆可类推。戴向病同学者多株守古人，今于幼植反是。凡学未至贯本末，彻精粗，徒以意衡量，就令载籍极博，所谓思而不学则殆也。”“好学深思如幼植，诚震所想见其人不可得者。况思之锐，辨议之坚而致，以此为文，直造古人不难。”[①]大椿得此精微之论，便奋力精进，著成不朽之作而传之后世。同时，其他学者继起，如“焦理堂作《论语通释》《格物说》《性善说》，攻乎异端，解以申戴氏仁恕之说。阮芸台作《论语论仁》《孟子论仁论》《论性命古训》《一贯解》，亦多本戴氏之说”。扬州学者不仅精深于古代典章礼制研究，而且能够辨析“礼”与“理”的源流关系，较之于苏州和徽州学者的“专精”，确乎具有“大”而“通”的特点。刘师培认为：徽州学派于礼学素有专攻，江永、戴震等于礼经咸有著述，影响波及后学。任大椿作《释缯》《弁服释例》，阮元作《车制考》，朱彬作《礼记训纂》，张惠言《仪礼图》颇精，乃徽州学派也。刘氏作为扬州学术的殿军，且对礼学有着精深的见解，坦言自己的学养根底来自于戴学启迪，并自称：“予束发受书，即服膺东原之学。”[②]

对于戴震礼学研究及其思想阐发，继承得最为完备而又有所推进者，当首推寓居扬州的徽州学者凌廷堪[③]。他既得徽学之“专精”，又兼扬州学术之“通达”。与程瑶田深交多年，因知戴学之“始末”而作《戴东原先生事略状》，

① 戴震：《与任孝廉幼植书》，《戴震全书》六，第369页、365页。段玉裁记此事云：“先生以此箴之。《礼经》所谓兄弟与昆弟，立文大不同，至先生而其义始著。”（《戴先生年谱》之“庚辰”条）

② 刘师培：《南北考证学不同论》，《刘申叔遗书》。

③ 徐道彬：《论凌廷堪与西学》，《安徽大学学报》2012年第3期。

自称“私淑”，专力于古礼制的整理与研究。有诗曰：“儒者不明礼，六籍皆茫然。于此苟有得，自可通其全。不明祭祀制，《洛诰》何以诠？不明宫室制，《顾命》何以传？不明《有司彻》，安知《楚茨》篇？不明《大射仪》，安能释《宾筵》？不明盥与荐，《易象》孰究研？不明朝与觐，《春秋》孰贯穿？如衣之有领，如官之有联。稽古冀有获，用志须精专。”[①]由此诗的用词与诗意来看，完全脱胎于戴震的《与是仲明论学书》一文，其间的传承关系不言而喻。凌氏的代表作《礼经释例》一书，从归纳《礼经》内部义例入手，并作《复礼》三篇，对“三礼”学的思想意蕴加以提升与总结，云：“夫人之所受于天者，性也。性之所固有者，善也。所以复其善者，学也。所以贯其学者，礼也。是故圣人之道，一礼而已矣。”[②]凌氏认为“礼之外，别无所谓学”，由礼意而推之于德性探讨，实为对戴氏礼学思想的继承与发扬。戴震认为：古贤圣之所谓道，人伦日用而已，于是而求其无失，则仁、义、礼之名因之而生。“六经、孔孟之言以及传记群籍，理字不多见。”[③]凌廷堪承续此说而加以阐发，云：“圣人之道，至平且易也。《论语》记孔子之言备矣，但恒言礼，未尝一言及理也。”“圣人不求诸理而求诸礼，盖求诸理必至于师心，求诸礼始可以复性也。”[④]凌氏论礼不仅考释文字，探索礼例，解读名物制度，更能以道德仁义为依归，明确提出“圣人言礼不言理”之旨。由凌氏的言辞与意图可知，这是对戴震所言“人伦日用行之无失，谓之礼”，而非“舍人伦日用，而别有所谓理”的进一步深化和高度概括。刘师培对此早已有所察觉，故特别指出：“凌次仲作《复礼说》三篇，谓理与礼同。洪伯初有《上朱学士书》，极论戴氏言义理有功于世道。若钱竹汀、孙渊如、孔巽轩、王德甫，其解释性理咸本于戴氏之说。”[⑤]刘氏精于礼学，深知古代本理以制礼，认为理之所包者悉于礼制，古代多言礼而罕言理，凌廷堪

① 凌廷堪：《校礼堂诗集》卷5，《续修四库全书》第1480册，上海：上海古籍出版社，2002年。关于清中期以后礼学思想的探讨，还可参见张寿安《以礼代理——凌廷堪与清中叶儒学思想的转变》（河北教育出版社，2000年）、陈居渊《论乾嘉汉学的更新运动》（《中国史研究》2002年第4期）等。

② 凌廷堪：《校礼堂文集》，北京：中华书局，1998年，第27～32页。

③ 戴震：《孟子字义疏证》，《戴震全书》六，第154页。

④ 凌廷堪：《校礼堂文集》，第27～32页。

⑤ 刘师培：《东原学案序》，《刘申叔遗书》之《左庵外集》卷17。

《复礼》三篇言之最明。凌廷堪《礼经释例》与《复礼》三篇是清代礼学研究突破性的成果，他虽无戴氏反理学的大胆与气度，但能把重“礼”学与反“理”学思想加以对立与统一，提出“舍礼无以言学”的理论，已经影响了周围学者把目光由“虚理”的空谈转向“实礼”的考证，将学术由内在的“理”“礼”之争，转向外在实用制度层面的关注，在一定意义上也为清季社会变革提供了思想准备。

清中叶后，因时势变迁，经世致用思想再度勃兴，而作为思想理据的经典研究，尤其是对“三礼”的阐释也方兴未艾。章太炎云：“弁冕之制，绅舄之度，今世为最微；而诸儒流沫讨论，以存其梗概，是亦当务之用也。任大椿著《弁服释例》，大椿之学出自戴氏；张惠言著《仪礼图》，惠言学出金榜，榜与震亦最相善。”[①]“吴越间学者有先师德清俞君，及定海黄以周元同，与先生（孙诒让——引者）三，皆治朴学，承休宁戴氏之术，为白衣宗。”[②]作为“三礼”研究的集大成之作，孙诒让的《周礼正义》详博渊奥，最合守约之法，而其中采用戴震之说近百处，如卷四十“王之吉服祀昊天上帝”下，孙疏：“戴震云：王大祭，服衮冕；中祭，服□冕。享先公亦大祭，而□冕何也？《士虞礼》记曰：‘尸服卒者之上服’。天子庙享，尸服有衮冕、□冕之殊，则天子不敢一服衮冕。案：戴说是也。”此引文采自戴氏《学礼篇》之《记冕服》。又如卷七十五“察其菑蚤不□则轮虽敝不匡”下引：“戴震云：‘人齿佹戾曰□，凡物剌起不平曰匡。’案：戴说是也。”卷八十五“自其庛缘其外以至于首”下云：“戴震所图，以弦其内为自耒首触庛耑为直线，亦最为得解。”此二证皆采自《考工记图》，其他如“戴说近是”、“今依戴震说”、“戴氏所辨甚析”等语不胜枚举，其援引戴说以资考论，足以证明戴说的成就与影响。及至近代，王国维、章太炎、刘师培等对礼学都有精深研究，而自言受益于戴氏甚夥。王国维云：“古者天子诸侯皆三朝三门。先郑司农以为天子五门，皋、库、雉、应、路，汉唐诸儒皆从其说。其实天子仅有皋、应、路三门，而无雉门、库门。戴东原正之，是也。”[③]王氏考查古制，稽

① 章太炎：《学隐》，《章太炎学术史论集》，北京：中国社会科学出版社，1997 年，第 348 页。

② 章太炎：《瑞安孙先生伤辞》，《章太炎全集》四，第 224 页。

③ 王国维：《王国维学术随笔》，北京：社会科学文献出版社，2002 年，第 4 页。

诸《周礼》郑玄注、《汉书·百官制》，详参阮元《明堂论》、焦循《群经宫室图》，又以北京朝门相参证，顺势而下，既证成戴说，也解决了历史上的难题。又如戴氏《明堂考》对于明堂结构的考证，王国维《明堂庙寝通考》、刘师培《明堂赋》也取正于戴氏。今之治礼学者有林尹的《周礼今注今译》、钱玄《三礼通论》《三礼词典》等，采用戴说之处甚多。可见戴震对上古社会礼仪制度的考释结论经得起历史和学术的检验，并在治学思想和方法上对后世有导夫先路的作用。

诚然，戴震的礼学研究绝非完美无瑕，谬误疏失也所在多有，学界理应多加探讨。要之，戴震的礼学研究和理学批判，一是为了归还儒家经典原本，二是修正宋明以来对儒家经典的曲解和误读，故而由追溯圣贤、考证古礼入手，突破程朱樊篱，颠覆“存理灭欲”学说，建立新的义理学思想体系。可以说，戴震的礼学研究并不仅仅止于礼制的辨析与考证，而重在由“道问学”而入“尊德性”，“以古礼正今俗”，最终完成“理存于礼”的思想论证。《孟子字义疏证》批判理学“以理杀人”正是建立在《学礼篇》基础之上反理学的思想总结，并由此启导凌廷堪的“以礼代理”学说，在清代经学思想史和哲学发展史上树立起重要的里程碑。

原载《安徽大学学报》2015 年第 1 期

论凌廷堪与西学

徐道彬

明清之际迄于乾嘉时期，朝廷倡导经世致用之学，为西学的融入准备了环境和条件，但也出现了复杂的局面。正如席泽宗所论，一时朝野"在是否接受西方科学的问题上有三种态度：一为全盘拒绝，以冷守中、魏文魁、杨光先为代表；二为全盘接收，以徐光启和李之藻为代表；三为批判接受，以王锡阐和梅文鼎为代表"[①]。在地域上，江南经济富庶，文化兴盛，西学东渐之风最先在此激荡[②]。一方面，黄宗羲、方以智、杨光先、梅文鼎等一批学者和官僚，对西方历法算术等自然科学极其敏感，他们由"天子失官，学在四夷"的古语，推导出"勾股之术乃周公、商高之遗，而后人失之，使西人得以窃其传"[③]。基

---

① 席泽宗：《科学史十论》，上海：复旦大学出版社，2003 年，第 113 页。"西学"一词内涵甚多，也随时代变迁而有所不同。梁启超云："西学名目实自耶稣教会入来所创始。其时所谓西学者，除测算天文、测绘地图外，最重要者便是制造大炮。"(《中国近三百年学术史》，北京：东方出版社，2004 年，第 28 页)"自明徐光启、李之藻等广译算学、天文、水利诸书，为欧籍入中国之始。前清学术颇蒙其影响，而范围亦限于天算。"(《清代学术概论》，上海：上海古籍出版社，1998 年，第 96～97 页)与对待科技实物相比较，天文、数学的对待较能体现朝廷与学者的政治思想观点。关于清代汉学与西学的关系问题，可参拙文《论戴震与西学》(《自然科学史研究》2010 年第 2 期)的相关论述。

② 以南京为中心的南直隶地区在明清时期不仅具有强大经济带动的文化繁荣，而且又是乡试所在地，易得风气之先。朱维铮认为，以江南为辐射中心的南国文化，在 18 世纪的主要形态是汉学。那么，汉学与西学同时在同一地域出现，应当存在某种实在的联系(《走出中世纪》，上海：上海人民出版社，1987 年，第 170～173 页)。梁启超、胡适等提出了清儒治学方法与西学的相通之处，但只是做了假设，而未具体求证。

③ 黄宗羲语，引自全祖望《梨洲先生神道碑文》，《全祖望集汇校集注》，上海：上海古籍出版社，2000 年，第 222 页。

于“王道正统”的文化本位思想，学者极力去考证这些学问的源流，感觉到“读其书，往往不类近儒，而与上古《素问》《周髀》《考工记》、漆园诸篇默相勘印”[①]。另一方面，西方传教士为了弥合中西文化的隔膜，寻找传教的通道，取得中土人士的支持，便将中国经典去附会天主教，“汤若望、南怀仁、安多、闵明我相继治理历法，问明算学，而度数之理渐加详备。然询其所自，皆云本中土所流传”[②]。康熙帝虽然在历法、机械等实用问题上实事求是，但其大一统的天朝心态则主导着“夷夏有别、尊卑有序”的“西学中源”思想。蒇事于康熙朝的《明史·历志》已表明：“西人浑盖通宪之器、寒热五带之说、地圆之理、正方之法，皆不能出《周髀》范围，亦可知其源流之所自矣。”而“洵乎大圣人之制作，万世无出其范围”的《御定历象考成》也明确指出：“论者谓今法古法不同，殊不知原自中国流传西土，西人守之不失，岁岁增修，以致精密。”[③]乾隆纂修《四库全书》时也同样标榜“存古法以溯其源，秉新制以究其变”[④]，都如实反映了官方在西学问题上的支配心理及其文化政策。由于康熙帝对历算学的兴趣和《律历渊源》的敕纂，中西历算学的比较研究成为清代考证学派着力探讨的一个重要领域。但是，其中有个重要的思想——“西学中源”说，也同时成为朝廷主宰西学研究的意志表达，为此一时期自然科学的研究定下了理论基调。此间的绝大多数学者都遵循朝廷的意旨，在“西学中源”的框架中，汲汲于实践的融合与思想的调和。唯有极少数学者如徽州的江永和凌廷堪对西学东渐的源流及其知识体系的是非与优劣，始终保持着实事求是、不偏不倚的学术精神和态度，对“西学中源”问题避而不谈，表现出“皖派”学者“不以人蔽己，不以己自蔽”的朴实风格与识断能力。

凌廷堪（1755～1809），字次仲，歙县人。自幼家贫而孤，但天赋异禀，过目成诵。稍长，客扬州，为华氏赘婿。因仰慕同乡先贤江永、戴震之学，于是

① 李之藻序利玛窦《天主实义》重刻本，徐宗泽《明清间耶稣会士译著提要》，北京：中华书局，2006年，第113页。

② 《御制数理精蕴（一）》上编卷一，《四库全书》子部，上海：上海古籍出版社影印文渊阁本。

③ 参见梅文鼎《历象考成论》（《宣城梅氏丛书辑要》卷62，乾隆承学堂刊本）和《四库全书总目》天文算法类一之《御定历象考成》（北京：中华书局，1965年）。

④ 《四库全书总目》天文算法类之总叙。

究心于经史、律吕，尤深于礼学。后成进士，以教授终身，朱珪称赞之曰：“君才富江、戴，远利就冷官。”[①]其弟子中以阮常生、胡培翚、张其锦等最为杰出。凌氏生于清中叶，对清初汤若望与杨光先的论争，以及“西学中源”说的历史背景和影响都较为熟悉；于杨光先、梅文鼎、梅瑴成、江永、戴震、阮元等人对待西学的态度立场及其前途命运，也是较为清楚的。那么，凌廷堪在此间的历算学研究与西学对待问题上，为何与孤立的江永持有相同的态度和观点？在对待前贤和时彦的成果批评上又体现了怎样的学术精神？这便是本文努力探讨的问题。

一、“谈天三友”的名与实

在清代学术史上，凌廷堪的成就是多方面的，钱大昕称之为“精深雅健，无体不工，儒林、文苑兼于一身”，尤以礼学和曲律著名，其《燕乐考原》和《礼经释例》一出，“学者得指南车矣”[②]。相比之下，他在历算学方面的研究，既无专著，成就也不逮其律、礼之学，故为后人所忽视。但是，只要谈到乾嘉时期历算学的杰出人物，后人都会言及“谈天三友”，凌廷堪便是其中之一。阮元《定香亭笔谈》有言：“焦里堂循，江都人，朴厚笃学，邃于经义，尤精于天文步算，与李尚之锐、凌次仲廷堪，为谈天三友。”[③]又言在编撰《畴人传》时，“博访通人，就正有道。嘉定钱少詹大昕、歙县凌教授廷堪、上元谈教谕泰、江都焦明经循，并为印正，乃得勒为定本”[④]。而凌廷堪的好友江藩和李斗都对凌氏“于九章八线，皆造其极而抉其奥”的精深造诣，佩服有加[⑤]。李斗称：“予于推算之学全无所知，获与仲子、里堂交，每闻其绪论。”而称赞凌氏“好天文

① 朱珪：《题校礼图用昌黎荐士诗韵为凌次仲进士作》，阮元《定香亭笔谈》卷4，丛书集成初编本。

② 《校礼堂文集》卷首《钱辛楣先生书》，凌廷堪《校礼堂文集》，北京：中华书局，1998年。

③ 《里堂算学记序》“小叙”，阮元《定香亭笔谈》卷4。焦循曾自谦让，而以歙县汪莱和凌次仲、吴县李锐为“论天三友”，故而说法有异。见李斗《扬州画舫录》卷4，北京：中华书局，1960年。

④ 阮元：《畴人传》凡例，丛书集成初编本。

⑤ 江藩：《国朝汉学师承记》卷7《凌廷堪》，北京：中华书局，1983年。

历算之学，与江都焦循并称”[①]。由此可见凌氏在当时历算学界的地位与影响。

凌廷堪生于徽商家庭，13 岁时因家贫而学贾，但乘隙发奋读书，于天文、地理、算学多有涉猎，其早年的诗文和书信对此有记述。其《纸浑仪铭序》云：“余学推步，苦于无师，且悬象之理至赜，非器不能明也。读书偶有所悟，辄取纸以意为之，陈诸几案。七政运行之故，亦可稍得其端倪。”[②]基于对历算学的酷爱，在既无“师”的理论指导，又无“器”的实物实验情况下，只能“取纸以意为之”。后来他游学京师，又蒙“大兴翁覃溪先生授以《戴氏遗书》，读而好之”[③]，并从座主王杰及友朋王更叔、江藩等纵论天文历法，“乃取《灵台仪象志》《协纪辨方书》及《明史》《五礼通考》互为比勘，昼则索之以图，夜则证之于天，阅日四旬，大纲粗得。于是不揣掩陋，谨以今测，别撰《悬象赋》一首，考躔次于新图，屏灾祥之旧说”[④]。

凌廷堪游走于众学者间，加之自己的勤奋努力，对于历算学的研究已有长足的进步，相关论文也有数篇，大多是对前人研究成果的评判、补充与订正。如《气盈朔虚辨》，对历来众说不一的岁实与合朔问题提出自己的见解：“岁实者，日躔黄道一周，历春夏秋冬四时代序而成岁，一岁共三百六十五日有奇。此一事也。合朔者，月离白道一周，历朔弦望晦，复追及日而成朔。十二合朔共三百五十四日有奇。此又一事也。故十二合朔与岁实一周而分四时者，各不相蒙。以恒气而论，必日躔自立春至立夏，历九十一日有奇，方谓之春。自夏至秋，自秋至冬，莫不皆然，非三合朔为一时也。古圣人因节气过宫，民不易晓，姑借合朔一周为一月，合朔十二周为一年，良以生明生魄，举头即见，取其便于授时，非谓合朔十二周为即岁实也。”凌氏以为岁实自岁实，合朔自合朔，在天各自运行，本非一轨。宋代沈括《梦溪笔谈》言之已明，并与近日西法之意也相近，而蔡沈《书集传》“仅袭术家之说，贸贸焉书诸简册，则气盈朔虚几为神奇不可测之事，学者何由而明闰月之所以然乎？”通过对中西历

---

① 李斗：《扬州画舫录》卷 5。

② 凌廷堪：《纸浑仪铭序》，《校礼堂文集》卷 13。

③ 凌廷堪：《戴东原先生事略状》，《校礼堂文集》卷 35。

④ 凌廷堪：《悬象赋并序》，《校礼堂文集》卷 1。

算的综合分析与比较,加之实际的考察与演算,凌氏指出:“知十二合朔岁实一周为两事,知干支六周非一岁之常数,则气盈朔虚自不烦言而解,而闰月之所以然,已思过半矣。”[①]凌氏在此问题上虽然折中前说,择善而从,但仍未脱离传统儒者的心态,将天文历法规律的认识与获得,归功于古圣贤,云:“圣人亦只就恒岁而分十二月焉,其四时不齐之故,则以闰月定之。何也?恒星之升降出没,人所易明者也;本天右徙,则难明矣。太阴之晦朔弦望,人所易见者也;节气过宫,则难见矣。圣人岂真有所不知!特取易明易见者而敬授人时耳。其所以然之故,则别立法以变通之。呜呼!此其所以为圣人欤?”[②]这也是传统学者或多或少都有的通病。

与岁实合朔问题一样,历来对天文学中的左旋右旋问题,也是聚讼不已。凌廷堪的《正蒙七政随天左旋辨》[③]一文,通过对天象的观察和历代史志的深入研讨,对张载、朱熹、蔡沈之说加以分析与批判,认为“其实不然”,提出:“日行天上,列宿为日所掩,不可得见,而月则其最著者也。月有交道之出入,有两交左旋之退度,有黄道内外之阴阳律。则月之行不但不循赤道,并不循黄道,而别有一道交于黄道矣。月既不循赤道而别有一道,使其果左旋,一日一周而不及天十三度有奇也,则一夜之中,月必循其本道,遍历半周天之列宿,而何以只此右旋十三度之宿为月所离也?夫右旋之度本由黄道,左旋之度则由赤道,斜直之势不同,经纬之行亦异。中宵静观,历历可案。”凌氏又钩稽宋明历志,引用梅文鼎之说,证明了造成岁差合朔之因及其历来混乱之故,总结出:“一岁寒暑发敛之故,其理本不难明。月五星与恒星其右旋也亦然。月五星之右旋,朔望合伏之故也;恒星之右旋,岁差之故也。”通过梳理前人之说,比较是非得失,凌廷堪更为注重的是对历来混乱之因的探究与剖析,认为刘向之说已“久绌于前代”;张载所论未免“卤莽”;清初毛大可“专攻宋儒,而左旋之误独从蔡氏”,难道“儒者动云穷理,穷理者固如是耶”?此段文字与其说是对历算问题的科学研讨,毋宁说是对宋儒“空谈心性”的批判,即使对圣贤朱熹、乡贤梅文鼎也绝不曲言回护,云:“若宣城梅氏之论左旋也,天之东升西

① 凌廷堪:《气盈朔虚辨》,《校礼堂文集》卷14。
② 凌廷堪:《中星闰月说》,《校礼堂文集》卷17。
③ 凌廷堪:《正蒙七政随天左旋辨》,《校礼堂文集》卷14。

没,自是赤道;七曜之东移于天,自是黄道。两道相差,南北四十七度。平面之行与斜面之转,终成疑义,安可以遽废右旋之实测而从左旋之虚理哉!固已洞见其非矣,而复云朱子之言不可易者,特屈于宋儒而回护之而已。夫不知者习于其非,知之者回护其非,是右旋之理不得明于天下,而经生家终无以知天道运行之故矣。"凌氏认为"右旋之理不得明于天下",一方面是因为学术发展所需要的检验历程,而根本原因则在于学者不能实事求是,故凌氏慨叹:"余自恨向者惑于是说,如堕雾圜中,久之始得其途,因知世之昧所从入,而毕生茫如者多矣。嗟乎!读书所以增长智慧也,孰知乃自塞其智慧哉!故书此以告同志,毋似余几堕雾圜中而不出也。"凌氏对于"格物致知"本质的阐释,以及对时代学风的纠正,比起他的科学研究来,更显得可贵与重要。

凌廷堪的《罗睺计都说》讨论月道的中交正交问题,他由考证入手,钩稽出《新唐书·艺文志》中有《都聿利斯经》二卷,并有注文"贞元中都利术士李弥乾传自西天竺,有璩公者译其文"。凌氏由此推论出:"彼时西法已入中国,但其书不传,未审与今法何如耳。今西法中交正交之名,与古法相反,盖月道交黄道,亦如黄道之交赤道也。"至于中交正交名称,虽然明见于《梦溪笔谈》,但追溯其始,对于秋分之中交与春分之正交,唐代的《五经正义》和《大衍术议》就已有记述,但对其中朔望、躔度、日月食的解释含混不一。凌氏指出:实际上,"所谓春夏秋冬者,皆指日所躔之处,非指日所躔之时也"。"此推步家便于运算,非两交在黄道上每日实有行分也。术者不察此理,动以为罗睺计都某日在某宫几度,为人决穷通得失,不亦谬乎?"[①]而后世学者的历算研究讲求微言大义,更囿于方术纬候之说而推脱不开,以至于迷惑不清。对此,凌廷堪从思想上分析原因,探究结果,即使是对于当时学界有所顾忌的程朱理学,他也直言不讳:"底事张子厚,冥心矜寸私。妄谓亦左旋,致启儒生疑。朱、蔡注《尚书》,从而为之辞。斜直本异势,后世胡能欺。"[②]

凌廷堪不仅在历算学的理论上能够剖析前人谬说,自出己见,而且在历法实践上也善于观察,勤于思考,甚至动手制作实验工具以为理论研究服务。

---

① 凌廷堪:《罗睺计都说》,《校礼堂文集》卷17。

② 凌廷堪:《后学古诗》之四,《校礼堂诗集》卷11,《凌廷堪全集》,合肥:黄山书社,2009年。

他曾亲手用纸做过方直仪、立三角仪和浑仪等模型，由此加强和提升了他的理论研究。《方直仪铭序》云："方直仪见梅氏《堑堵测量》，即所谓句股立方锥也。仪凡五面，以锐角为圆心。其斜平面有黄道弧诸线，又有相应之赤道弧诸线。其平面有赤道弧诸线，又有相应之黄道弧诸线。其立面有大距弧诸线，又有相对之黄赤距纬弧诸线。其斜立面有黄赤距纬弧诸线，又有相对之大距弧诸线。面各具四句股形，而比例皆等。其一面为方直形，则仪之底也。盖会通授时弧矢割圆法而入于西法者，前此所未有也。陈而观之，八线三角可以不烦言而解。乃依其式取坚楮制焉。"[①]凌廷堪所做的"立三角仪"，也是一种解决立体体积问题的直观器具，他继承了自刘辉至梅文鼎等人对立方体理论的设定与证明，又融合天文学中的分、至问题，本诸中体，借用西术，"依式取坚楮而制"，云："立三角仪者，方直仪之余度也。方直仪起二至，立三角仪起二分，通授时于西法矣。方直仪凡五面，立三角仪仅四面，为鳖臑形，亦以坚楮为之。斜面为黄道弧，平面为赤道弧，立面为距纬弧，外立面则黄赤二切线也。合二义成一象限，而正弧之理备焉。戴氏《勾股割圜记》名之曰次纬仪，盖欲易经弧为纬弧耳，非于梅氏之外别有新义也。"[②]所谓"鳖臑"，即"立三角"的异名，梅氏曾言量面必始于三角，而量体必始于鳖臑，凌氏细读梅氏书而更有所悟，"取纸而制"，不仅能够制作仪器以明数理，而且对各种变体和异名也知其原始本末。对于乡贤戴震"易经弧为纬弧"的替换概念之法，凌氏也丝毫不加袒护，认为"皆梅氏成法，但易以新名"，"别无新义"。也正是因为凌廷堪的这种不知避忌、实事求是的精神，加之通达今古，善于实验，所论往往深入精微，独具卓见，故而博得"谈天三友"之名，则其历算学的成就与影响，已不言而喻。

二、中西兼采的西学观

康熙朝时，"西学中源"说已是天文历法研究领域钦定的思想框架，汲汲于功名仕途的士子，对此无不极力宣扬，以逢迎帝意。譬如，徽州人杨光先本

---

① 凌廷堪：《方直仪铭序》，《校礼堂诗集》卷13。

② 凌廷堪：《立三角仪铭序》，《校礼堂诗集》卷13。

来不懂数理之学，却奏称“宁可使中夏无好历法，不可使中夏有西洋人”[①]，而能在与汤若望的冲突中夺得钦天监一职；宣城梅文鼎以其学识来证明“西学中源”说的真实性，而获得圣祖“绩学参微”的褒奖，以至于其孙梅瑴成承袭衣钵，轻取官禄；江永虽尽力“翼梅”，却因未能唱和“西学中源”而屡遭抨击；戴震以中学名词替换西学概念，而迅速获得学界的普遍认同。凌廷堪生当其后，熟知前人遭遇，云：“圣祖闵中国儒者皆不知算，至殚睿虑，亲为讲求，于是设蒙养斋，有《历象考成》《数理精蕴》之撰。梅文穆瑴成、何宗伯国宗，皆蒙养斋之选也。”[②]梅瑴成将“西学中源”思想寄寓在奉敕编撰的《历象考成》《数理精蕴》之中，以此作为士子学习算学的思想规范。凌氏既知时势，却仍坚持和强调“不知泰西书，中有至理在”。此种观点和表现，在他那个时代已经变得更为不易了。

凌廷堪的西学观除了上述文字有所述及外，其《后学古诗》十首几乎皆以历算之论入诗，体现了他对天文历法问题的认识过程和一些独特见解。如开篇二首其一云：“九章述勾股，测天乃其略。西法入中国，遂有弧三角。八线立标准，方圆更量度。边角互相求，分秒无少错。斜正兼次形，得数捷而约。日月所运行，太虚仰寥廓。假以算经纬，不啻掌中握。浑盖洎平仪，非此不能作。缀术佚已久，弧矢亦高阁。礼失求诸野，未可遽菲薄。汲汲勿庵叟，中西细商榷。黍尺堑堵篇，千古惠来学。”其二云：“虞喜论岁差，莫能言厥故。自晋迨前明，茫如坐云雾。或云日道缩，臆揣岂足据。近知缘恒星，每岁自东去。所以冬至宿，虞周不同处。历六七十年，向右移一度。昔贤未发覆，由兹豁然悟。妙哉欧罗巴，谈天凭实数。七政同一源，验候了不误。古疏今渐密，畴人慎推步。”[③]由诗观之，凌廷堪对“九章勾股”“岁差盈缩”等中国历代历算学问题的源流、特点及其争议的得与失，皆能条分缕析，洞彻幽微。同时，对“西法入中国”后所带来的诸如“遂有弧三角”“方圆更量度”“分秒无少错”“得数捷而约”等知识的进步，异常欣喜，称赞有加。不仅对远古的“虞喜论岁差”，而且对近时梅勿庵的“黍尺、堑堵”，都能指正是非，评议得失，以为“昔贤

① 杨光先：《不得已》，合肥：黄山书社，2000 年，第 79 页。
② 凌廷堪：《与阮伯元阁学论画舫录书》，《校礼堂文集》卷 23。
③ 凌廷堪：《后学古诗》之一、之二，《校礼堂诗集》卷 11。

未发覆”“古疏今渐密”，确乎理清了学术发展的事实与轨迹。其中“礼失求诸野，未可遽菲薄”和“妙哉欧罗巴，谈天凭实数”，可谓中肯而坦荡，公正而无偏。这在乾嘉时代的学术界，除了稍前的乡贤江永敢有如此说法外，凌氏确乎第二人也。

凌氏才高学博，擅长作赋吟诗以言志，称赞利玛窦所带来的西学，解决了“邓平所未发”和“唐都所难辨”的难题，云：“彼马迁之《天官》，与张衡之《灵宪》，掇秦火之余烬，混礼祥而惑眩。来利氏于欧罗，学因之而大变。发邓平所未发，辨唐都所难辨。譬礼失而求野，讵弃经而信传。昔披图而莫明，今寻文其如见。冀少裨于来学，敢追踪于往彦。”①诗言“来利氏于欧罗，学因之而大变”，充分表彰利玛窦之辈所带来的天算之学，已使往日“莫明”之图“今寻文其如见”，其赞誉西学之情，溢于言表，较之江永“不分中西”或“为西人所用”②的态度，凌氏有过之而无不及，其大胆程度非同一般。又如《后学古诗》之五以日月食现象为例，表彰西学“新说”“中有至理在”，称“日食为月掩，旧说世所解。月食因地影，新说人共骇。不知泰西书，中有至理在”。在“西学中源”说的极盛时期，凌廷堪表彰西学，无所顾忌，诚为可贵。他对梅文鼎的“黍尺堑堵篇，千古惠来学”的功绩敬佩之至，但于其“阴用西学而阳斥之”的做法，则颇有微词，认为“自当兼收并采，以辅吾之所未逮，不可阴用其学而阳斥之，则排其为异者，亦过矣”③。

梁启超云：“明清之交，学者对于自然界之考索，本已有动机。雍乾以降，古典学大兴，魁儒之聪明才力尽为所夺，甚可惜也。然皖南江、戴一派，好言名物，与自然科学差相接近。”④江永的《数学》《律吕新论》和戴震的《续天文略》《勾股割圜记》都给凌廷堪以思想启导与实践指南，故其所作《燕乐考原》发后人研究剧曲之兴味，《晋泰始笛律匡谬》于旧乐学之摧陷廓清，其功甚伟。

---

① 凌廷堪：《悬象赋并序》，《校礼堂文集》卷1。

② 梅瑴成称江永“泥于西说，固执而不能变”（《宣城梅氏丛书辑要》卷56所附梅瑴成识语）；钱大昕说“宣城能用西学，江氏则为西人所用而已”（《与戴东原书》，《嘉定钱大昕全集》九，南京：江苏古籍出版社，1997年）；阮元认为：慎修专力西学，推崇甚至，并护其所短，不足为定论也（《畴人传》卷42“江永”条）。

③ 凌廷堪：《读〈孟子〉》，《校礼堂文集》卷5。

④ 梁启超：《中国近三百年学术史》，第380页。

实际上，凌廷堪学术的三大支柱——礼学、历算学、乐律学的成就，都源于他的“谈天”之功，并且还能多方面地融合古今，贯通中西。如《射礼数获即古算位说》一文，凌氏就由古礼经及其郑注、孔疏入手，考证出“《乡射》《大射》数获之位，即古筹算之位也”。其论云：“数右获左获，虽有于地于手之异，而其先直列，次横列，又次复直列，则皆同也。《大射仪》数获亦然。其法，满十位则直横递列，恐其易淆也。盖古九数布筹列位之本法，凡算皆用之，不独射礼数获也。故《既夕礼》云：读书释算则坐。郑注：必释算者，荣其多。然则数多皆释算可知也。元郭若思《授时术草》乘除之位正如此，唯其位平列为小异耳。自珠算盛行，古算筹算位皆已不传，仅此见于礼经者，尚可推见圣人遗制。梅氏《古算器考》但引《周易》揲蓍以证古筹算，而不及此，盖未之深考也。”[①]凌廷堪如同其他徽州学者一样，治学多途，兼涉异域，于人文科学和自然科学无不博涉纵览。他不仅能够将古礼中的九数布列贯通于古算位问题，也能将音律问题贯穿于历算之中，这便是其《礼经释例》和《燕乐考原》“思通鬼神”（程瑶田语），成为清代学术领域集大成之作的关键所在。

至于历算学、乐律学与西学之间的关系，凌廷堪有精微之思和独到之见，云：“乐学之不明，由算数之说汩之也。”[②]“推步自西人之后，有实测可凭，譬之鸟道羊肠，绳行悬度，苟不惮辛苦，无不可至者。若乐律诸书，虽言之成理，乃深求其故，皆如海上三神山，但望见焉，风引之则又远矣。何者？一实有其境，一虚构其理也。他日吾书成，庶东海扬尘，徒步可到矣。”[③]凌氏认为，历来纷争不已却不明原委的乐律问题，乃缘于“算数之说汩乱不明”，但自西学入，“有实测可凭”，许多问题便可迎刃而解。所以他在《黄钟说》一文中极力阐述古乐律之学与西学之间的对等关系，云：“黄钟为万事根本，盖言律度量衡所从出也。”“夫黄钟生于一黍，数之所始也，非西人所谓点乎？黄钟之长九寸，由黍之所积也，非点之引而为线乎？黄钟之围九分，非线之引而为面乎？黄钟之实千二百黍，非面之积而为体乎？是故度之为分、为寸也，是西人由线而面之说也。量之为龠、为合也，是西人由面而体之说也。而律与衡，实兼

---

① 凌廷堪：《射礼数获即古算位说》，《校礼堂文集》卷17。

② 凌廷堪：《晋泰始笛律匡谬·序》，《凌廷堪全集》。

③ 凌廷堪：《与阮伯元侍郎论乐书》，《校礼堂文集》卷25。

点、线、面、体而一之。”又云:“三角不同于勾股者,其名耳;黄钟不同于点、线、面、体者,亦名耳。理未尝不同也。”通过对中学律度量衡与西学点线面体的对等比较,理清“实境”与“虚理”的辩证关系,自然就会“东海扬尘,徒步可到”。由此可见凌氏学识的渊博、思想的精审,及其对待中西观念的不偏不倚、中正平和,其中既有问题的考证,也有“人同此心,心同此理”的情理推测:“东海有圣人出焉,此心此理同也。西海有圣人出焉,此心此理同也。故谓西人之学为吾所未有,而彼独得之者,非也;为吾所先有,而彼窃得之者,亦非也。今夫理之在心也,非视听持行之在身乎?彼视听持行之在身,未必待吾圣人而后能之也;而谓此理之在心,必待吾圣人而后能之乎?必不然矣。彼有几何而能用之,吾有黄钟而不能用之,此学者之过也。于西人何尤?于西人又何羡乎?”[①]中西历算学的近似和相通,只能说明人类在探寻未知领域、面对同样的问题时,会有近似和相通的思考和总结。对于西学的态度,应当是既不“尤”,也不“羡”。凌氏的观点无疑是正确的。

那么,凌廷堪如此推重西学,是否会走向“专用西学”的极端呢?且看凌氏所言:“西人点、面、体之说,古圣人固已尝言之,后人特未之察耳。世之学者但知平弧三角为古圣人勾股之精,而以几何之点、面、体与九章本末不同,咸以为西人之新意,而不知亦中国所自有也。何以知之?于黄钟为万事根本知之。”又云:“学者知勾股而通之,不必歧三角于勾股之外;则知黄钟而通之,亦不必歧点线面体于黄钟之外。”[②]可见,凌氏作为传统儒者,对古圣先贤与中学的原始尊崇,丝毫不亚于同时其他学者,只因胸眼开阔,心底无私,故而能够“去中西之见,以平心观理”,秉承了梅文鼎早年所言“法有可采,何论中西;理所当明,何分新旧”的中正理念。其“黄钟为万事根本”和“不必歧三角于勾股之外”的这种根本于中学、利用于西学之说,已经较为明确地体现出清末才逐渐形成的所谓“中学为体,西学为用”的理论,这也为晚清学术思想的变革提供了一定的思想依据。

---

① 凌廷堪:《黄钟说》,《校礼堂文集》卷17。

② 凌廷堪:《黄钟说》,《校礼堂文集》卷17。

三、求是学风的传承与发扬

“实事求是”为清儒治学的最大特点,凌廷堪便是其中最突出的一位,他在总结戴震学术时阐释了“实事”与“虚理”说,有云:“昔河间献王实事求是。夫实事在前,吾所谓是者,人不能强辞而非之;吾所谓非者,人不能强辞而是之也,如六书九数典章制度之学是也。虚理在前,吾所谓是者,人既可别持一说以为非;吾所谓非者,人亦可别持一说以为是也,如义理之学是也。”[①]此论至今仍是学术史上定义“实事求是”一词的最精彩的引证。梁启超曾赞叹:“其言绝似实证哲学派之口吻,而戴震之精神见焉,清学派之精神见焉。惜乎此精神仅应用于考古,而未能应用于自然科学界,则时代为之也。”[②]梁氏此言前是而后非,是者在于凌廷堪确乎具有“戴震之精神”和独立自由的思想,非者在于凌氏已经将此种精神与方法“应用于自然科学界”了。

凌廷堪不仅在生活实践中悉心观察天象,“匍匐浑仪之侧”,在诗文里记下有关西学的点滴思想,而且在写给孙星衍、孙符如、阮元及焦循等友朋的书信里,讨论如何对待西学的价值与运用问题,也态度鲜明,直言不讳。譬如,他对好友孙星衍“辟西人推步为不可信”的做法就深为不满,往复辩论,力驳其“主中黜西”之说,表现出只论是非、不讲人情的求是风格,云:“至于所驳西法数条,既不敢违心相从,亦不敢强辞求胜。良以合志同方,寥寥无几,不忍以一事歧辙,自启争端。第学贵虚中,事必求是,请略言之可乎?窃谓主中黜西,前代如邢云路、魏文魁诸君皆然。杨光先浅妄,不足道也。盖西学渊微,不入其中则不知。故贵古贱今,不妨自成其学。然未有不信岁差者也。岁差自是古法,西法但以恒星东移推明其故耳。不可以汉儒所未言,遂并斥之也。再审来札所云‘天文与算法,截然两途’,则似足下尚取西人之算法者。夫西人算法与天文相为表里,是则俱是,非则俱非,非若中学有占验、推步之殊也。苟不信其地圆之说,则八线、弧三角亦无由施其用矣。西人言天皆得诸实测,犹之汉儒注经必本诸目验。若弃实测而举陈言以驳之,则去向壁虚造者几

---

① 凌廷堪:《戴东原先生事略状》,《校礼堂文集》卷35。

② 梁启超:《清代学术概论》,第38页。

希,何以关其口乎? 中西之书俱在,愿足下降心一寻绎之也。”[①]对于西人之说,凌廷堪认为应当兼收并采,不可阴用其学而阳斥之:“古之儒者通天地人,后之儒者惟凿空谈理而已。故骤闻西说,或以为创获而惊之,或以为异学而排之。愚以为皆非也。西人之说,征之《虞书》《周髀》而悉合,古圣人固已深知之,非吾所未有,由说之者不得其意耳,则惊其为创者,过也。西人之说既合于古圣人,自当兼收并采以辅吾之所未逮,不可阴用其学而阳斥之,则排其为异者,亦过也。”[②]凌廷堪既批判了全盘接受者的“以为创获而惊之”,也抨击了党同伐异者的“以为异学而排之”,承认“好古情深”,同时又要“学贵虚中,事必求是”。在“主中黜西”的大背景下,凌氏对西学的态度表明其既有勇气又有识见,即使在今天都不失为一种科学的思想理念。

凌廷堪一生清贫,无欲则刚,不会见风使舵,人云亦云。身为徽州人,对乡先贤的批判也丝毫不留情面。如称同邑杨光先为“明末以劾陈启新得名,于天学全无所解。康熙六年上书力辟西法,逐钦天监正汤若望而代之。又著《不得已》书,专攻西人之学,自命孟子,未几以闰月失推论死。此我朝中西争竞之大关键也”[③]。又如,对自己一贯崇敬的乡贤学术,也持论公正,不为拘虚之见。他批评宣城梅文鼎在处理算学问题上,为了强调“西学中源”说,而未能完全遵循实事求是原则,“往往论多于法”;因顾忌左右,而“参差重复”,不够通畅,云:“夫西人之学最难者为弧三角,而难中尤难者为斜弧三角。梅氏之书欲天下后世共明其理,故往往论多于法,而法取其备,又往往各书中参差互见,不嫌于复。”又云:“梅氏之书,详则详矣,而初学不无苦于望洋也。”指出“斜弧两边夹一角求对角之边”,在《弧三角举要》和《环中黍尺》中竟有八种解法,“算殊繁重”,“其实便于用者,只加减捷法而已”。“今休宁戴氏于加减捷法内,改用两矢之较,不用余弦,则尤捷而便也。”对于徽州两位学者江永和戴震,凌廷堪合而论之,于戴震有褒有贬,而称赞江永“以角易为边,边易为角,用加减捷法,一求而得”。“婺源江氏则并为一法,先用边角比例法求得一边或一角,再用《举要》中正弧三角黄赤二切线法求得两分边,合之则得余一

① 凌廷堪:《复孙渊如观察书》,《校礼堂文集》卷24。
② 凌廷堪:《读〈孟子〉》,《校礼堂文集》卷5。
③ 凌廷堪:《与阮伯元阁学论画舫录书》,《校礼堂文集》卷23。

角，较原法省，作垂弧而复简易。”凌氏在评论和总结三位乡贤的特点和优劣后，“从中悟得之”，或“用江氏法”，或“用戴氏法”，而将此问题又向前推阐与改进了一大步，自称：“会通之后，固较若列眉也。至其三率比例，精密巧妙，诚非邢台弧矢割圆所可及者。妄欲撮其旨要，勒为一书，名曰《弧三角指南》，俾初学易得门径。”[①]《弧三角指南》一书虽未见到，但从他对三位历算学大师的评判中，我们也可窥其大略。清代徽州学者几乎皆通晓自然科学，凌廷堪不仅能够继承前辈学术，兼涉多域，而且在治学精神上也能更好地传承与发扬之，这也是他之所以能在清中叶后引领风气的关键所在。

凌廷堪自称为戴震的“私淑弟子”，对戴氏学术思想及其精神继承得最为完备，他在西学问题上的观点和对戴震的批评，也充分体现了乃师所倡导的空无依傍、实事求是的治学风格。如《校礼堂文集》卷首之《拟璇玑玉衡赋》即首引戴震《尚书义考》对“璇玑玉衡”的考证，并由此推阐云：“自汉太初以来，推步家不知有黄极。虽授时之精于测验，于黄极亦茫如也。至西人始发明之，儒者惊为创获，不知其名已见于《舜典》，其解已具于《周髀》。后人囿于传注，未之详也。戴氏之言，信而有征。乃窃取其意，拟为璇玑玉衡之赋。”[②]中国的历算学中占验、推步历来与谶纬终始相伴，经生迂儒对此善于附会，而精通自然科学的学者对此都有所批判，如戴震云：“星野之说起于《周礼》九州之分星，至春秋时列国分星尤详，《汉书》乃以郡县隶之，然于古州国往往龃龉不合，盖秦汉间已失其传，非实有所见而分之者也。存古说以见梗概，而沿革不明，不可以道古，作志者或先及之，非其次矣。至若图绘星像，录《步天歌》，尤属固陋。”[③]重视实地考察，求证于可信文献，这是清代考据学家一致的治学要求。凌氏受其影响，昼索于图，夜证于天，“考躔次于新图，屏灾祥之旧说”，对其中“混禨祥而惑眩”的不科学成分加以剔除，使历学脱离占验迷信而能独立于实学基础之上，考订綦详，信而有征，多所创获，也是对戴氏考证学的最好继承。

---

① 凌廷堪：《答孙符如同年书》，《校礼堂文集》卷 24。

② 凌廷堪：《拟璇玑玉衡赋》，《校礼堂文集》卷 1。

③ 戴震：《汾州府志例言》，《戴震全集》六，合肥：黄山书社，1995 年。详参拙文《驳章学诚“戴震不知史学”论》，《安徽史学》2012 年第 2 期。

与此同时，凌廷堪也继承了戴震“不以人蔽己，不以己自蔽”的精神，对戴氏用中学名词置换西学概念，使人“以为其所固有”而迎合“西学中源”说的做法，大为不满，云：“戴氏《勾股割圜记》唯斜弧两边夹一角及三边求角，用矢较不用余弦，为补梅氏所未及。其余皆梅氏成法，亦即西洋成法，但易以新名耳。如上篇即《平三角举要》也，中篇即《堑堵测量》也，下篇即《环中黍尺》也。其所易新名，如角曰觚，边曰距，切曰矩，分弦曰内矩，分割曰经，引数同式形之比例曰同限互权，皆不足异。最异者，经纬倒置也。”又云：“戴氏误据之易经为纬，易纬为经，于西人本法初无所加，转足以疑误后学。又记中所立新名，惧读之者不解，乃托吴思孝注之，如矩分今曰正切云云。夫古有是名而云今曰某某可也，今戴氏所立之名皆后于西法，是西法古而戴氏今矣，而反以西法为今，何也？凡此，皆窃所未喻者。”①凌廷堪将“梅氏法”“西洋法”与戴氏法详加比勘，认为戴氏法虽然使人以为西学乃中学“固有”之事，但只是“易以新名”“非于梅氏之外别有新义”，从而“疑误后学”。甚至因此迁怒于戴震引以为豪的文字学与哲学研究，云：“吾郡戴氏，著书专斥洛、闽，而开卷仍先辨‘理’字，又借‘体’‘用’二字以论小学，犹若明若昧，陷于阱擭而不能出也。”②如此激烈而尖锐的言辞，所彰显出的精神，确如梁启超所言：“盖无论何人之言，决不肯漫然置信，必求其所以然之故，虽圣哲父师之言不信也。此种研究精神，实近世科学所赖以成立。”③这正是“皖派”求是精神与风格的真实再现。凌廷堪既得“皖派”学风的切实浸染，又在扬州与众多学者切磋，在学问上更为专精，思想上极为通达，具有独立的思想和自由的精神，在对待西学问题上可谓真正能够做到中西兼采、实事求是，在清代历算学史上也是继江永之后唯一敢于反对“西学中源”说的勇敢学者。

综上所述，清代乾嘉时期，在“西学中源”说的朝廷意志的框架里，以及学者们纷繁复杂的思想变动中，徽州学者表现出了“不以人蔽己，不以己自蔽”的学术精神与风格。本文以凌廷堪为例，通过分析他在中国历算学史上的名与实以及对待西学的态度，考察他的学术地位与影响，并由此进一步探讨清

---

① 凌廷堪：《与焦里堂论弧三角书》，《校礼堂文集》卷24。

② 凌廷堪：《好恶说下》，《校礼堂文集》卷16。

③ 梁启超：《清代学术概论》，第34页。

代汉学与西学的关系,以及传统学者在中西文化碰撞时期所展示出的学术思想与品格。这种探讨,在国家倡导文化传统与时代精神相结合的当代,对于积极借鉴先进文明,促进中西文化交流与学术繁荣,都具有重要的现实启示意义。

原载《安徽大学学报》2012 年第 3 期

20 世纪初以来的村落调查及其学术价值

——以社会学家吴景超的《皖歙岔口村风土志略》为例

王振忠

一、吴景超与《皖歙岔口村风土志略》

社会学家吴景超(1901—1968)系安徽歙县岔口村人,字北海。其家庭经营茶业,颇为富裕。父亲吴瀚云为晚清贡生,热心于公益事业,捐资兴学、筑路修桥等,一向不遗余力。吴景超于1914年就读于南京金陵中学,翌年考入北京清华留美预备学校,1923年夏赴美留学,先后在明尼苏达大学、芝加哥大学攻读社会学,获学士、硕士和博士学位[①]。1928年回国,任南京金陵大学社会学教授兼系主任。1931年出任清华大学社会学系教授,并开展城市经济调查。1934年,他与清华大学社会学系教授陈达一起前往河北定县,参观平民教育工作。1935年,吴景超在国民政府行政院任职。1947年返回清华

① 俊可:《著名社会学家吴景超》,歙县政协文史资料工作委员会编:《歙县文史资料》第2辑,1987年,第48页;参见歙县地方志编纂委员会编《歙县志(2005)》下册,合肥:黄山书社,2010年,第1247页。

大学社会学系任教，费孝通是他的弟子①。吴景超曾是《独立评论》的作者和编辑，深受胡适等人的推重。1952年以后，他长期执教于中国人民大学经济系。1957年被错划为右派，历经磨难后于1968年去世，直到1980年才获得平反。吴景超是中国20世纪上半叶研究都市社会学最主要的代表人物，曾与闻一多、罗隆基一同被誉为"清华三才子"②。

关于吴景超其人，1947年，域槐在《自由文丛》上发表《吴景超教授回到北平以后》一文，文中指出：

> 吴先生是清华园的名人，从进清华当学生起到一九二二年出国，在七年的学生生活中，他是清华园里一名出众的人物，是当年的活动分子，他曾长期主编《清华周刊》，又是成绩优良的学生，高高的身材，轮廓可分，谈话使人觉得松适，还颇带一些诙谐口吻。留美归来后便开始了教

---

① 吴景超曾发表书评，推介费孝通的《中国农民生活》(*Peasant Life in China, A Field Study of Country Life in the Yangtze Valley*, London: George Rontledge & Sons, 1939)、《禄村农田》(国立云南大学社会学系研究室油印本，1941年)二书。他评价"《禄村农田》是一本很有趣味的书，在我们学社会学的人看来，这本书的价值，在代表着中国的社会学，走上了一条新的途径"。而在评论《中国农民生活》一书时，他指出："费孝通先生所写的《中国农民生活》，是根据他两个月的实地工作所得到的材料写成的。……据我所知，在英文及中文出版的书籍中，描写一个区域里的农民生活，像本书这样深刻细密的，实在还没有第二本。……本书便是以人类学者所用的方法，研究出来的结果。过去的人类学者，常以初民社会为其对象，最近才有人以同样的方法，来研究文化已经发达的社会。……我们看了这本书之后，觉得中国各地，应当有许多学者，用同样的方法，把各地民众的真正生活，描写出来，让大家读了，对于我们自己的国家，有更深刻，更广泛的认识。中国实在太大了，我们每一个人所知道得清楚的地方，只是中国极小的一部分。其余的部分，我们只能够从地理的著作中，从游记中，或者从旅行中去认识他。但这种认识，是肤浅的，是粗枝大叶的，不一定与真相符合。我们需要像费先生所写的这一类的书，来补救这种缺点。"(《新经济》1939年第1卷第11期)

② 关于吴景超的个人阅历及其学术思想，此前的研究主要有：庞绍堂《吴景超先生的学术思想与学术风格》，《南京大学学报》2004年第5期；吕文浩《吴景超：被浪费的才情》，《中国青年报》2008年5月7日；许纪霖等《近代中国知识分子的公共交往(1895—1949)》第八章第四节，上海：上海人民出版社，2008年，第459～480页；阎明《中国社会学史：一门学科与一个时代》第六章第一节《吴景超的为人与治学》，北京：清华大学出版社，2010年，第146～170页；刘集林《批判与建设：陈序经与吴景超文化社会思想之比较》，载陆学艺、王处辉主编《中国社会思想及其现代性——中国社会思想史论集》，北京：知识产权出版社，2010年，第257～273页；马陵合《经济与社会之间：吴景超学术思想的过渡性特征》，载张宪文主编《民国研究》2012年春季号(总第21辑)，北京：社会科学文献出版社，2012年，第55～71页；邹千江《吴景超及其社会思想新探》，《江淮论坛》2014年第6期。

授生涯,这正是传统典型的清华教育出来的人物。他一直是生活在舒适和安乐的环境中,从事着一种所谓的神圣的教育工作,他是一位社会学的专家,热心于社会实际情况的调查和研究,然而由于生活意识的拘束,总不免带着一些传统文人和浓厚的经院习气,始终只是以观察人的身份去观察实际的问题。基于这种态度得来的结论,除了富于一点人类本性的同情和怜悯而外,是不易于对问题得到真切的发解的。

自然吴先生自己不会这样设想,而相反地正因为有他自己的结论,终于禁压不住自己胸怀的抱负远见,他不能再把自己局限在象牙之塔内,让自己生命之火在里面窒息,他要为他所从事研究的学问,寻求实践的机会,他要为他所研究的对象,找出路谋取改革,救助在穷苦中挣扎着的人民,他力主中国应该工业化以扩大生产的能力,从而吸收农田上剩余的劳力,普遍地提高生活程度,而更基本的他主张限制人口的政策,他觉得三民主义中提倡鼓励人口的增加,实在是一种盲目的见解。

这篇文章明显是站在批评国民政府的立场上看问题,对于吴景超此前弃儒为官不无微词,不过,对于其人的才情及学术贡献亦称赞有加。据说,梁实秋曾这样刻画他:"景超徽州歙县人,永远是一袭灰布长袍,道貌岸然,循规蹈矩,刻苦用功。好读《史记》,故大家戏呼之为太史公。为文有法度,处事公私分明。"①

1991年,天津人民出版社出版《唐人街:共生与同化》一书,这是吴景超博士学位论文的中译本。2008年,商务印书馆重印吴氏的文集《第四种国家的出路》(据该馆1937年版排印)。此外,吴景超现存的文字为学界所知者并不太多。不过,在20世纪三四十年代,吴景超却是一位极为活跃的人物。早在1919年,他就撰有《皖歙岔口村风土志略》②,该文对于当前的"徽学"研究,仍然具有重要的学术价值。

《皖歙岔口村风土志略》一文之形成,与吴景超早年的经历有关。当时,

① 吴清可:《回忆我们的父亲吴景超》,《第四种国家的出路:吴景超文集》,北京:商务印书馆,2008年,第209页。

② 《癸亥级刊》,1919年6月。

虽然在外求学，但每到假期，他总要抽空回到故乡[①]。吴景超曾对闻一多说过：“人生最完满最快乐的生活，只是诚心悦意地加入社会去活动，使我所居的社会，因为有我，可以向真美善的仙乡，再进一步。”从中可见，吴景超对于自己的研究和工作充满了激情。在《暑假期内我们对于家乡的贡献》一文中，吴景超主张回乡组织“少年学会”，其宗旨有三：一是研究学术，二是修养品行，三是改良社会。他主张在假期要外出旅行，“调查社会，为改良张本”。他还拟定了社会调查工作的纲目，内容包括：(一)教育情形；(二)交通情形；(三)慈善机关的情形；(四)生活状况。此外，如农业、工业、商业、物产、人口和风俗等，亦受到较多关注[②]。对照1919年《皖歙岔口村风土志略》的序言“是篇，首位置，次沿革，次物产，次宗法，次生活，次教育，次风俗，次胜景”，可见吴景超的这篇“风土志”与他较为长期的积累密切相关。对于岔口，他深情款款地写道：

> 昔仲尼去鲁，迟迟其行；汉高过沛，留连不舍。人无不爱其故乡，凡有血性者皆然也。岔口，余之生长地也，其地山清水秀，风俗淳朴，余自束发以至成童，皆度岁月于是。及长，离乡他适，然每逢佳日，心中辄怀故乡弗能忘。因就记忆所及，著为是篇。

可见，正是因为桑梓情深，再加上对于社会调查重要性的自我意识，吴景超撰著了《皖歙岔口村风土志略》。该文作于1919年，当时吴景超不过18岁。从文字上看，其人的传统学术功底颇深。此处试以他对村中八景的描述为例稍加说明：

> (一)梯云夜读：梯云草堂，今已焚毁，然荒烟蔓草间，犹令人想见当日情景，每当风和日暖、鸟语花香之际，携书至其地，据磐石读之，令人抑郁之思，不扫而自去。

---

① 1919年6月《癸亥级刊》上有吴景超所撰的《树阴农语》，其中提及：“吾家门外有广场一，老树数株立其中，为夏日避凉之佳所。去岁暑假归里，每夕必憩于其下，时则有老农名尚福者，为吾等说故事，其言颇多有味，记其数则于左，以备遗忘云。”此文述及当地捕虎、捕猴等方面的数则故事。此外，吴景超还写过一篇小说《死夫生妇》，也刊载于1919年6月《癸亥级刊》上。

② 《清华周刊》1921年增刊7。

(二)虎阜涛声:两水合津,潮流陡急,泉石相搏,无风而涛,砰訇激跃,荡耳震目。

(三)龙门积雪:龙门尖,村前秀峰也,每交冬令,山巅积雪,霁日照临,光眩人目。

(四)长潭观鱼:长潭水碧,清澈见底,其下碎石棋布,罗罗可数,游鱼扬鬐,浮沉往来甚适。

(五)云碓夜舂:晚间万籁俱寂,惟风送舂声,若断若续,令人尘虑俗想,荡涤殆尽。

(六)金滩碎月:滩浅水急,月光照其上,动摇不定,折光辉煌,若金蛇舞。

(七)飞桥卧波:村前有桥一,长数丈,连通南北,每当溪水涨溢,桥下水流澎湃汹涌,自远望之,有如彩虹饮水,至足观也。

(八)前溪柳色:春夏之交,前溪柳绿,千丝万缕,笼雾含烟,登高望之,一碧无际。

所谓"八景"或"十景"等,是传统文人赋予地表景观内涵最为常见的一种表述。安徽歙县岔口村大概是在清代出现了"八景"之说,列在首位的是"梯云夜读"。此处的"梯云"是指梯云草堂,为岔口村著名的私家藏书所之一,咸同年间毁于太平天国兵燹。之所以将"梯云草堂"冠于"八景"之首,显然是意在标榜岔口系"贾而好儒"的一个徽州古村落①。

二、从《皖歙岔口村风土志略》看传统徽州社会

歙县岔口村位于新安江上游,作为新安江支流的大源河与小源河在此汇聚,呈Y字形,岔口因此而得名。大源河自歙县周家村流出,而小源河则自井潭流出,两河在岔口村交汇后称为大洲源。在传统时代,岔口历来就是大洲源日用消费品和土特产品之重要集散地,是大洲源政治、经济和文化中心。

① 《歙县民间诉讼案卷集成》(抄本3册)中,有"岔口吴姓人氏,吴姓世代书香"的说法。另外,在《联句集记》(抄本)中,记录了岔口的两副对联。其一为:"飞阁临流楼台近映双溪水,鲜花竞艳梅萼先开十月天。"其二为:"霜叶风涛异曲远谐天籁响,山鸣谷应清歌隔断石泉声。"后者为"岔口做会联"。以上两种抄本均笔者收藏,前一书名系据内容暂拟。

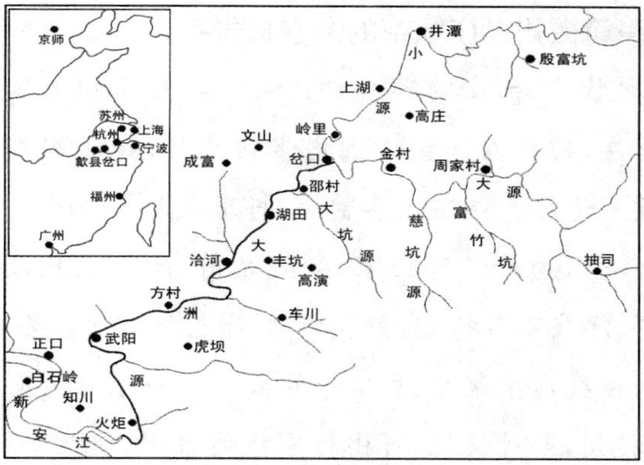

图 1　歙县岔口村及周遭形势图[①]

(一)以茶叶为主体的乡村经济

大洲源一带是徽州茶业较为兴盛的地区,此前发现的反映大洲源一带社会生活的民间日用类书中,就有《卖方茶寄家信俚言》,其中的首段写道:

> 开船到威坪(正口茶叶下船到威),船破茶叶湿(威坪村头滩上,船只譬如撞破了,茶叶又受潮了),廿七到杭州(廿七上午九点钟到杭,茶叶未起行了),三篓看不的(方茶开篓出样,打样时,连开七篓,开篓茶叶受潮,三篓茶受潮最重的)。[②]

威坪镇属于浙江淳安县,是徽商前往长江三角洲的必经之地。而歙县的正口则是新安江上游的重要码头,为进出大洲源、虎坝源的必经之地。此一俚言篇幅较长,内容颇为生动,上引的一段文字描述了晚清时期当地人由新安江外出,经歙县正口到浙江威坪再前往杭州贩卖方茶的过程。

歙县方茶早在唐代就已相当著名,在唐人杨晔的《膳夫经手录》中即有记

---

① 此图由复旦大学当代中国社会生活研究中心李甜博士协助绘制,特此致谢!

② 何莲塘的相关文书不止一种,系笔者在皖南从不同渠道收集而来。其中之一封面题作"何莲塘抄",为民国抄本,书中一份卖契有"自前清移居徽歙大洲 ΔΔΔ 地方"之句。另一为《类联集句》,封面除书名外,另有"何莲塘录"字样,其中包括"寿联""创造联""春联""道场联""学校联""闲挂联""演戏杂句""挽联杂句""黄鸟开会并做戏对联杂句"和"毕业联"。

载。及至晚清民国时期，在歙县南乡从事茶叶产销的村落相当不少。1919 年，吴景超曾撰写过一篇徽州洋庄绿茶的调查报告：

谈徽州之物产者，必言茶叶，徽茶之名，几于中外皆知矣。业此者共分二种，曰店庄，曰洋庄。销于国内者曰店庄，销于国外者曰洋庄。店庄国人多知，兹无论矣。洋庄绿茶制法，与店庄大异……

徽州之茶号，约计二百余家，欧战之前，尚不止此，欧战之后，银根吃紧，航路阻碍，洋庄不甚行销，故茶号亦因之而减少。茶号最多之处，在休宁则推屯溪，在歙则推深渡、岔口等处云。……可由新安

江运往杭州，茶叶抵杭，可由行家代运往沪，杭州江头有行数十家，皆代客运货者，如洪大房、曹泰来，其最著者也。运沪之途有二：一由沪杭火车，一由城河驳往拱宸桥，再改由轮船运沪。途虽二，而号家多愿由轮船。盖代客售茶之茶栈，皆在上海北市，轮船栈房亦在北市，其取货也便。沪杭火车栈房，则在南市。（近来沪杭、沪宁，已曾联轨，由杭运沪之茶叶，亦可在北市起卸，将来号家或因火车快利，改由火车运茶，亦不可知）①

吴景超出身于茶商家庭，对于徽州洋庄绿茶的了解相当细致。在上文中，他提及绿茶运销上海的交通路线，这一点，得到了一些契约文书的印证②。歙县茶号最多的地方，除了皖南茶务的中心屯溪及歙县深渡之外，便是自己的老家岔口。关于岔口村的茶叶贸易，吴景超指出：

茶之出类，颇为不少。村中有洋庄茶号六家，每年收集村中及他乡之茶叶，制为洋庄，运往沪上，销与外人。开设茶号，需资甚巨，而村人有充厚资本者，绝无仅有。曩时皆由沪上茶栈放水脚，或息借庄款，以应需用。年来金融紧迫，茶栈及钱庄多不愿放款，村中茶号以此停止或减少营业者，已非一睹矣。

由此可见，岔口虽然地处偏陬一隅，但与长江三角洲乃至整个国际经济联系在一起，这提供了一个独特的视角，借此我们可以较为细致地观察近代国际贸易冲击背景下皖南山乡的巨大变化。

---

① 吴景超：《徽州之洋庄绿茶》，《癸亥级刊》1919 年 6 月。

② 笔者手头有一份 1925 年“茶业公会”与“招商内河轮船公司总局”及“上海戴生昌轮船总局”订立的运茶合同，虽然年代稍晚，但所述与此可以比照而观。

关于岔口一带的洋庄贸易，晚清民国时期的民间文献中有一些相关的记载。例如，抄本《杂辑》[①]中有《岔口吴锡蕃先生伯仲》条，其中指出：

岔口开设吴心记之吴锡蕃，兄弟五人，北岸支，扦岔口数世矣。父蔚文在日，家道康，因做洋行中落，锡蕃经理店事、田园，勤劳罔懈，守之二十年，重做洋庄而中兴。二弟咏霓，邑廪生，改生意。三入泮，后即故。四清泉。五瀚卿，廪生。子侄辈右武等二十余人，一一受约束矣。些微习气，太和元气充溢庭宇。自奉甚约，款客适中，早作夜息，家道井然，论南乡家庭教育，当推第一焉。同时，伊之本家有荣寿字俊德者，屡入经司有叔之子也，以坐洋庄，骤发至二十万，在屯溪为徽商领袖云。

文中提及的吴荣寿，生于同治十二年(1873)，卒于1934年。其人自童年起即随父兄在屯溪经营茶叶，光绪二十七年(1901)子承父业，在屯溪开设怡春、永原、华胜等茶号，精制"屯绿"。他曾与同好倡导组织屯溪公济局，于宣统二年(1910)在屯溪阳湖创办徽州乙种农业学堂(亦名崇正学堂)，并先后担任徽州茶务总会会长、休宁商会会长等职，制定《徽州茶务章程》。因席丰履厚，被当时人称为"茶叶大王"(在上海滩，同行称之为"茶大虫")。正是因为这个原因，前述的传记中称他为屯溪的"徽商领袖"。1914年，著名教育家黄炎培前来屯溪，曾拜访吴荣寿，赴阳湖参观乙种农业学堂，调研茶业状况。当时，与吴荣寿合伙做茶叶生意的，还有岔口人吴汉尘、吴佩行等，他们的旧宅皆在屯溪阳湖一带，直到近年仍清晰可辨[②]。

另外，在晚清民国时期的诉讼案卷中，经常可见与岔口相关的茶叶贸易。例如，《歙县民间诉讼案卷集成》中，就有一份档案"为挟截凶抢侄遭殴伤叩验拘究事"，其中提及："身侄荣华、正达、正益，于昨初六日挑细茶六袋，重一百九十五斤往岔口行卖。"另一份诉讼案卷指出：

具书人庄坑汪金魁，诉为奸贾勾谋，鲸吞血本，财命两陷，恳公赐追

① 此抄本系歙县南乡磻溪方氏的家族文献，是有关晚清时期徽商与徽州社会的珍贵史料。私人收藏，已另文探讨。

② 安徽五福文化产业发展有限公司编：《徽商大典》，上海：上海书店出版社，2013年，第166页，"茶大虫"条；第230页，"茶商吴荣寿像"条；第614页，"吴汉尘"条；第615页，"吴佩行"条；第616页，"吴荣寿"条。

事。缘岔口吴长元仝弟祖元，开设吴怡泰洋庄茶号，曾托身代买茶叶，伊号亲自发出来袋皮、图章以为信记。身于左近各处代买春茶五十余担，茶银面经号内随时算讫，俟后又着身往六街各山□收买，计春茶廿九担，现今发到念四担，归伊号内收数。讵元之弟兄奸诈百出，顿起狼心，魆向各茶户勾通舞弊，明则谓茶色不佳，不肯收号算账，暗则相帮各茶户私运别号代为脱售。身与理言，反逞凶横，频遭殴辱，且将身应付之茶户并挑茶担力现洋六十三元，元竟瞒身私自收入吞没，似此勾谋渔利，弊窦现然无疑。但应茶户之现洋，实身填出血本，若不恳公追究，势必财命两陷，文明商界，理法何存？为此迫不得已，伏诉贵府茶商绅董老先生台鉴，准情酌理，俯赐品评，俾得血本归原，不至财命两陷，身当顶感靡涯，谨诉。

这是一桩有关洋庄茶号的纠纷。从当代的《安徽省歙县地名录》来看，名叫“庄坑”的地方计有两处，皆位于歙县南乡。由此可见，岔口的确是周遭较大范围内的一个茶叶贸易集散地。

在《皖歙岔口村风土志略》中，吴景超首先概述了岔口村的位置和沿革，指出：岔口位于歙县南乡，属于当时的南一区，“村之四周多山，西有坝岭，南有繁实凹岭，北有江村岭，前有龙门米，四山拱卫，如围屏然”。接着，吴景超记述了岔口村的“物产”，并对当地的生计做了重点描摹，他认为：“欲知一村人民生活之难易，必先考察其人民之职业，此不易之理也。”对于村人的生计，文中有着相当细致的调查。

如所周知，从总体上看，徽州是商贾之乡，岔口自不例外：“村人又有经商于外者，其地多在北京、上海、苏州、杭州及江西之景德镇，浙江之金华、兰溪、衢州、龙游，安徽之寿州、霍山等处，或为人作伙，或自设店业。其最远者则为日本，行业为茶、漆为多云。”关于这一点，也得到其他文献的印证。譬如，晚清民国时期《歙县深渡乾裕号信底录稿(1903—1913)》[①]中，收录了1903年至民国初年的信件抄底68封。信底作者为歙县岔口人，1902年曾在歙县深渡开设乾裕号南货店，后在浙江兰溪米店工作，该信底主要收录了他写给苏州

① 此抄本为安徽黄山学院孙承平先生收藏，将收入笔者主编的《徽州民间珍稀文献集成》，预定由复旦大学出版社出版。

吴秋舫、杭州裕德茶行方树棠、苏州乾丰祥南货号吴声之、屯溪豫丰祥茶号吴瑞常、苏州集成酱园方季高等亲戚朋友的信稿,从中可见岔口一带商人外出的情形及徽商之间的相互交流。

此外,留在本地的男子,从事的职业也相当多样,兹据《皖歙岔口村风土志略》的记载列表于下:

表1 岔口村的职业种类

职业	数量或比例	基本情况
茶业	洋庄茶号六家	每年收集村中及他乡之茶叶,制为洋庄,运往沪上,销与外人
农作	村民之从事于此者十居八九	村之附近,可营农事之地,因其高下,可判为三:山地种麦豆及茶,洼地种稻黍及芋,平地则植菜蔬。农人皆勤于耕种,故年收多丰
药店	年来村中药店之增,为他业所不及,现计已有七家	所售皆中国药及药丸,亦有兼售金鸡纳霜丸等西药者,唯售药水者则绝无。店中率住有中医,为人看病及开药方
杂货商	村中有杂货店十余家	所售多布匹、纸张及油、盐、糖、米等物,贸易尚佳,然每年获利最多不过数百元,以规模小也
肉店	售肉酒及面,业此者亦三四家	每年率有盈余,他村之人,亦可在店中打拼伙,唯须给费用
豆腐店	村中有六七家	店中兼售豆腐干、豆腐油等物,需求甚多
染坊	南一区只有染坊二家,其一即在吾村	以附近皆乡民,无衣绸缎者,故所染之物,多为线布及旧衣。近来染料虽昂,然营业兴盛如常,并不因之而减色也
鞋店	业此者,村中有一家	唯店主为外村人,所作之鞋皆极旧式,营业亦不盛
剃头店及铜匠		业此者亦外村人,所入皆足糊口
饭店	有一家,他乡人皆以此为寄宿地	屋中殊不洁,陈设亦极陋,然取值甚廉,只二十四文一日也
木工		有大木、小木两种,大木为人造屋及选料度材,小木能作桌椅及各种雕刻,工价甚廉,每日在一百文左右
石工		有开石厂、凿工及建筑者数种,然一人多兼两种,或三种俱能者,工价与木匠无有差异
砖匠		为人砌墙盖瓦及修理房屋,工价与木匠亦同

续表

职业	数量或比例	基本情况
竹匠	吾村擅此者颇多	南方多竹,器物之以竹编成者甚夥,故有竹匠一业,工价与木匠同
成衣匠	此业人数甚多	技术平常,工价极廉,每日只在八十文左右
纸扎匠		业此者能制菩萨之各种衣冠,及各种灯彩,以村人多信鬼神,故业此者门庭不致冷落
杀猪匠		即为人宰猪者也,每宰一猪,取值二百文
丝线担		丝线即妇女刺绣所用者,售者挑一担,摇鼓作声,闻者即出购
馄饨摊		馄饨价甚廉,一文可购其一。每届夏令,他乡之人来我村售茶者甚多,馄饨摊前,遂常有人满之患
面摊		售面及肉包、熟肉等物,外乡之人来村者,率取食于此
担夫		村中农人,多能肩重至远,故无事之时,为人挑担,亦颇获利。盖担夫工价之高,为他种劳工所不及也
打猎		附近山林多禽兽,村人每于暇日,持铳携犬,来往林中搜捕,以除害禾稼之兽
捕鱼		村前小河,有鱼鲜美可食,捕者或网或钓,日居河畔,得鱼则沽于市。唯村人每岁不放鱼秧,只知捉捕,以致鱼类日渐减少云
堪舆家		村人有究堪舆之学者,有习星相之术者,为人看地、批命账等事

上述记录对民国前期皖南山乡的一个村落,作了几近全景式的描摹。从总体上看,此一山村是传统徽州典型的农村社会,村中的居民绝大多数从事农作。关于这一点,吴景超写道:

> 岔口山多田少,务农者大半种山为业。山中所植者,曰小麦,秋末播种,夏初收割;曰黄豆,仲春播种,大暑收拔;曰粟米,曰芭芦,五月播种,孟冬收获。山中又多植茶柯,春茶立夏后收采,夏茶夏至后收采。田则无多,其中不过百亩而已,村人多以栽种蔬菜,如苋菜、青菜、白菜、冬瓜、西瓜、羊角、扁荚、韭菜、萝卜菜、马兰头、茄、芋、姜、葱,其最普通者也。猫能捕鼠,犬能守户,人家畜此者亦多。豕则家家皆有,以为婚嫁丧祭不

时之需。家畜之禽,则有鸡、鸭等物,以为食品。绿豆鸟、画眉、八哥、竹鸡,则养为玩物。

此处勾画了当地农村家庭日用食料、经济作物和家禽家畜等的一般状况,从诸多侧面反映了皖南地区普通民众的日常生活,这些日常生活状况具有一定的稳定性。其中提及岔口的六家洋庄茶号,“每年收集村中及他乡之茶叶,制为洋庄”,这一点,与上引晚清民国时期的档案文书可以相互印证。不过,及至20世纪前期,岔口村也逐渐受到与日俱增的外来影响。如药房所卖者,就有外来的金鸡纳霜丸等西药。此外,馄饨摊和面摊的设立,也反映了与茶叶贸易相关的外来流动人口之增加①。

另外,从表1可见,岔口的算命先生和看风水先生,均为村民所深信。对此,吴景超指出:

吾村儿女婚嫁之权,可谓尽操于算命先生之手。村俗,凡两宅通婚,以换年庚(即问名)为第一步手续,所谓年庚者,即一人之生辰八字也。年庚既换,乃请算命先生来,命其卜之,名曰对年庚。算命先生曰吉,则两家乃为正式之谈判;算命先生曰不吉,则互退年庚,彼此无商量之余地。坐是故,而吾乡女子乃无真正之八字者,盖男子之八字不吉,犹有希望得妻;女子之八字不吉,则终身无人过问也。八字既如此之重要,故村人之善排八字者,乃不一而足。私塾之教师,即最善排八字者也。村人凡遇婚嫁丧葬及建屋出行等事,必拣一好日子而后行。村人之能拣日子者颇多,凡遇小事,村人则就决于彼辈;惟遇大事,则必求教于拣日子先生。所谓拣日子先生者,以拣日子一事为营业者也,吾村无之,惟六十里之外一村,有此辈一人,其营业颇不恶也。此外则看风水一事,村人以为一家盛衰之所关,对之尤为注意,凡祖宗营葬之先,必请看地先生,卜一吉壤。吾村附近,有所谓蛇形、驴形者,皆堪舆家之所谓好地也。村人对于堪舆家,崇拜颇深,虽其言多不验,然村人并不以此而灭其信仰也,亦奇矣哉!

---

① 关于这一点,在歙南的一些乡村中均有类似的情形,如新安江沿岸的璜蔚,当年茶市兴盛时期村落中出现的相关设施(如妓院等),其遗迹迄今仍依稀可见(此据2009年笔者的实地走访调查)。

关于算命先生和看风水先生，早在17世纪初的万历《歙志》中就有记载，徽州当地有阴阳家(算命)和形家(看风水)两类[①]。该志特别提及的阴阳家笙桥谢氏，直到晚清民国时期仍极负盛名，这些人对于民众的日常生活影响极大。譬如，万历《歙志》指出："临河程珏妻石冈汪氏，年二十二，珏病瘵，吁天减算以益夫年，日者佥云其命不利于夫，乃慨然自决，曰：不能以算而寿夫，矧反以生而刑夫乎？则有一死，庶可以代夫耳。遂自经死。"[②]文中的"日者"，即指以占候卜筮为业之人，相当于前揭的"阴阳家"，这在晚清民国时期的歙县亦称为"批命先生"。关于这一点，徽州文书抄本《居乡里》中有："为人命里有穷通，端在时生格局中。限度运程分好歹，财官印绶不相同。四余七政兼诸曜，八卦三才并九宫。莫道世间无考驳，全归星士断精工。"根据当代的调查，在歙县的一些地方，算命所得结果如果不能满足相关人等的期待，人们通常会想出其他各种补救的办法，这显然反映了民间社会的智慧[③]。因此，吴景超笔下算命先生的角色，不清楚是岔口当地的情况的确如此，还是吴氏只看到了一种表面现象？如果是前者，那显然反映了歙县境内的地域差异。

除了固定居住者之外，村子里还时常出现一些流动的商贩。如其中提及的"丝线担"，迄今还流传着民歌《卖丝线》，其唱词开首为：

担子挑起来，挑一个荡荡园，挑到了大家门，叫一声卖丝线一呀嗨。

担子放下地，恭喜又恭喜，花鼓呀摇起来，大家来卖[买]线一呀嗨。[④]

这首民歌以岔口方言歌唱，讲述小贩与姑娘的爱情故事，双方打情骂俏。

---

① 万历《歙志》"艺能"七上—七下。关于万历《歙志》，参见拙文《万历〈歙志〉所见明代商人、商业与徽州社会》，《传统中国研究集刊》第5辑，上海：上海人民出版社，2008年。

② 万历《歙志》"杂记"四十下—四十一上。

③ 例如，在歙县里东乡，倘若男女八字相克，而女方仍有意联姻者，则多改年庚(如属虎的降岁，属羊的抬高年岁，谓之"羊抬虎落")。当时有俗谚云："十女九不真，改命作夫人。"关于这一点，详见柯灵权《歙县里东乡传统农村社会》，[法]劳格文(John Lagerwey)、王振忠主编"徽州传统社会丛书"，上海：复旦大学出版社，2014年，第285页。

④ 金涛主编：《徽州记忆》(五)"歙县"卷，黄山市文化新闻出版局监制，2009年，第90页。

不过,在歙县境内的其他地方,也都有以当地方言演唱的《卖丝线》,这当然反映了此类摊贩的流动性。

以上所述各业皆属于男子,有关妇女者则有六业:

(一)择茶。自四月至九月,为制茶之时,村中女子,入茶号择茶,每日可得工价自数十文以至一二百文不等,视择茶之多寡而差。

(二)养蚕。女子之为此者,其数不多,出丝亦甚少,只供自用而已。

(三)制扇。村中小女,能以麦杆编成各式之扇,名麦杆扇。此物为夏日人人所必备,需求甚多,村人既能自制,故外货不至侵入。

(四)做鞋。女子为人做鞋,每日可得工价约百文,作成之鞋,颇坚固耐用,故村人旅外者,多带土做鞋数双而行。

(五)锄草。农事忙碌之时,田多之家,多雇女子为除杂草,每日工价在六七十文左右。

(六)卖菜。田中所种之蔬菜,如有盈余,多以售之于市,销场颇佳。

综上所见,在《皖歙岔口村风土志略》中,吴景超在记述各类劳作时,都非常注意记录当时的工价,这是颇有价值的线索。以择茶为例,他在《徽州之洋庄绿茶》一文中也指出:"茶号收茶百余石,即可开工。工人有三种,多寡视号之大小而异。大号约有焙工二百人,拣工六百人,作工八十人。小号则焙工不过数十人,拣工不过百余人,作工不过十余人耳。……拣工皆本地女人,工价视拣茶之多寡而差,自数十文以至百数十文不等。"可见,无论是大号还是小号,拣工的数量总是最多的,而这些拣工都是由当地的女人充当。由于上揭的描述记录了各类劳作相关的明确工价,倘若我们结合文中的其他记载,便可作为比较的基础,从而对民众的生活水准有一个基本的估计。例如,《皖歙岔口村风土志略》中提及,当地猪肉价格一百数十文一斤,面、盐等物三四十文一斤,豆腐三四文即可购得一大方。相比之下,一般人只要勤于劳作,大概便可生活无忧。

此外,对于岔口村民众生计和社会关系的总体状况,吴景超指出:"吾村处丛山之中,民风朴野,故于政治、学术两界,露其头角者,实无一人。惟俗重劳而恶逸,民各能一技,且有田可资耕稼,失业之民,实不一觏。加以地当大小源之交,南一区之茶业,及他种贸易,皆以此为中心,故农商及劳动之业,有足述者。"可见，在上述各类生计中，茶业无疑是最为重要的。这一点，无论男女皆如此。另外，"村人相见，其称呼皆按班辈之高低，老者虽为劳工，细者遇之，亦敬礼有加，以故，外间屡见之尊富蔑贫、轻视劳工陋习，在吾村实罕见"。可见，迄民国初年，岔口村仍然保持着相当淳朴的民风。

(二)多族姓杂居村落的风俗

自明代以来，徽州就逐渐形成了宗族社会。岔口一带最早的居民为郑姓，明末，附近的凌姓以及昌溪吴姓相继迁入。及至清代，北岸吴姓开始迁入。到了民国时期，全村共有三百余户、一千余人，其中人口最多的就是吴姓。对于岔口一地的"宗法"，吴景超有专门的描述，他指出：当地有吴姓祠堂四所，即光裕堂、积善堂、彝叙堂和祥和堂。另外，还有属于凌姓的敬本堂。当地其他各姓(如王、郑等)，皆因人数过少而没有祠堂。各祠堂中，以吴景超所在的光裕堂人数最多，为其他祠堂所不及。由于吴姓的四个祠堂源出一支，关系甚密，而且他们又与凌姓互通婚姻而为亲戚，所以村中彼此和谐相处，数百年来都没有打过官司[①]。

关于祠堂的管理，吴景超指出：

> 每祠类皆置有田业，为祭祀之需，每年派二人轮当，并管理祠中一切事宜。一岁之中，如元日、清明以及各节，各房子孙多携酒菜及香纸入祠拜祭，诚敬之情殊足令人生慎终追远之思也。岁首及清明，又当共往祖坟扫祭。吾家祖坟，远者七八十里，近者亦二三里，岁首只至近处，清明则无论远近各墓皆当往祭也。岁首展墓所用之祭菜，除煖锅外，复有油果、春饼、茶盒、水酒等物。煖锅之数，有多至二十余者，排列一行，至足观也！祭时必放爆竹，焚纸箔。祭毕，各取煖锅于坟堂中，据地食之。于时则谈笑风生，庄谐杂作，其乐乃无比。清明至远处扫墓，亦多乐趣。吾

① 不过，《歙县民间诉讼案卷集成》中提及歙县三十都七图监生张作云，控告岔口吴飞清引诱服弟寡妻郑氏成婚一案。按：三十都七图所属的各村包括虎坝山、武阳、光村、洽河、大坑、岔口、坝岭和抽司等。另，抄本《酬世汇编》亦提及岔口与金村争夺慈坑柴山，相讼数年，及至1937年才再次达成协议。这段记载虽然要晚于《皖歙岔口村风土志略》的年代，但它与前一个案例一样，或许都说明岔口与周遭村落的纠纷实际上并不罕见。

家祖墓,有在歙之东乡者,有在绩溪县之宁[临?]溪者,非一日所能尽到,平常往返,恒以三日,大类学校之旅行也。清明所用之祭品,多以米果,为数甚多。祭毕,以此散之贫民,意颇善也。

宗族是徽州的一种社会组织,在徽州,宗族祠堂发挥着社会控制的重要功能,它通过举行祠堂祭祀仪式,执行祭祀制度,以增强宗族凝聚力,实现尊祖敬宗、合族收族、控制族人的目的[①]。上述这段记载涉及宗族管理的诸多侧面,对于祠产管理、祭祀及其相关食物,都有颇为细致的记录。对于宗族社会中的佃仆制度,吴景超亦有专门论述:"村中有伴傥数家,村人对之,多怀轻蔑之念,此则不平之举也。伴傥者,安徽细民之一种,其来由吾不得知。若辈之在吾村者,皆隶于各祠堂下,为各祠堂之人服役,大约男者多为吹手,女者则为喜娘,无执他业者。……伴傥在前清时已获国家同等之待遇。……然徽州各地,此习犹未尽除,吾村之伴傥,其托业于吹手、喜娘,服役各祠堂如故,此实吾村之玷,所当革除者也。"1727年,雍正皇帝发布开豁贱民谕旨,曾在徽州社会产生了极大的反响。此后,一些渐具实力的佃仆,纷纷通过各种手段寻找奥援,奋起反抗,以期尽快摆脱主家的控制,这在徽州的不少诉讼案卷中均有所反映[②]。不过,主佃关系是个极为复杂的问题,伴当的身份实际上与区域经济结构下的职业和生计密切相关,故而佃仆、伴当问题直到民国尚未最终解决。

对于家庭生活,吴景超特别推重徽州的分家制度:"村中绝少三四世同居,虽兄弟亦多分爨,如一人有二子,则其子长大时,为父母者即为之析产。析产之书,多请族人签押,妨[防]他日之争执也。考家族制度中,惟数世同居一习为最恶,盖人口众多,则逢财相竞,遇事互诿,俭者不复俭,而勤者不复勤,终至人逸家衰,趋于贫困。吾村虽行家族制度,然能择其善而祛其恶,此

① 参见陈瑞《明清徽州宗族与乡村社会控制》,合肥:安徽大学出版社,2013年。

② 参见王振忠《历史地名变迁的社会地理背景:以明清以来的皖南低山丘陵为中心》,载郑培凯、陈国成主编《史迹·文献·历史:中外文化与历史记忆》,桂林:广西师范大学出版社,2008年;《大小姓纷争与清代前期的徽州社会:以〈钦定三世世仆案卷〉抄本为中心》,载拙著《明清以来徽州村落社会史研究——以新发现的民间珍稀文献为中心》,上海:上海人民出版社,2011年。

村人所以多独立之精神，而少依赖之恶习也。”的确，分家制度促使徽州的个体能各自独立，发家致富。在笔者看来，此一制度与“打会”惯例，是徽商崛起的两个颇为重要的因素。而关于分家制度，唐力行曾揭示出徽州的“小家庭—大宗族”结构，根据他的研究，徽州宗族制度下的家庭结构以核心家庭为主、主干家庭为次，与此同时，徽州的宗族却呈现出扩大的趋势。商业的发展促进了家庭的裂变，家庭规模的缩小正是商品经济发展的必然结果。徽商资本一方面瓦解着大家庭结构，另一方面又加固并扩大了宗族血缘群体。家庭—宗族结构使得社会财产分为两个层次：家产和族产。家庭共有财产的无限分化，减缓了家庭成员之间的矛盾；而宗族共有财产的不断扩大，也纾缓了宗族成员贫富分化的矛盾。徽州的家庭—宗族结构使得徽州社会更富于弹性和流动性，有利于徽州社会的稳定及徽商的商业活动①。换言之，在大宗族的格局下，小家庭迸发出竞争的活力。

在论述了宗族和家庭的基本结构之后，吴景超认为：“风俗者，所以表现一地习尚之美恶，而政教所因也。”他将岔口的风俗分为婚嫁、丧葬、岁时和迷信四项加以论述。有关婚嫁，他指出：当地男子七八岁时，父母即择门第相当者，为之定婚。无论贫富，皆经过问名、贽定、行聘、请期、冠笄、迎娶等程序。迎娶的时间，大约富者在 20 岁以内，而贫者则在 20 岁外、30 岁不等。此外，他还具体描述了婚姻嫁娶的基本情况：

> 迎娶之前数日，男宅即派人至女家抬嫁资。嫁资者，妆奁也。嫁资既抬至，即有小儿女多人，取嫁资中重要物件，如枕头、钥匙等物藏之，俟新人至，乃令其出果子赎归，以为笑乐。……新人既出轿，乃与新郎先拜天地，后拜高堂，继交拜，于是婚礼乃成。旁观者至此乃喧呼送房。所谓送房者，送新郎、新人入洞房也。新人居前，新郎在后，复有高年者二人，持蜡烛居先引之，由堂前至房中，沿途皆置布袋，令新人、新郎行其上，名曰传袋。传袋与“传代”同音，取延宗续系之意。

此处较为细致地记录了婚礼的整个过程，包括男方的送房、传袋、吵新人、撒帐、吃交杯酒、拜灶师[司]、拜三朝等，以及女方家中的嫁妆、辞祖、分家

① 参见唐力行《徽州宗族社会》，合肥：安徽人民出版社，2005 年。

饭、哭嫁、接回门等。其中的一些记载，还反映出近代以来婚礼程序上的细微变化以及岔口村婚俗的独特之处。例如，文中提及的“哭嫁”，在歙南极为普遍：

嫁女一事，吾村与外间亦多不同。未嫁之前数日，女子须入祠辞祖，及期，男宅发轿来，待嫁之女子乃放声哭，其母亦随之而哭。及良辰既届，女乃拜别父母，且食饭数口，名曰分家饭。然后由其兄或亲人抱之入轿，斯时女必大哭。轿既出门，家人乃持灯笼送之，及门外而返。女宅随轿同至男家者，有一喜娘，此喜娘三日后必返，报告男宅一切情形，及新人是否愁家等事。近来村人颇知女子嫁时号哭之无礼，皆相戒弗为。然而积习相沿，不哭似不合乎俗，女子畏羞，无敢破此例者也。

关于这一点，迄今仍留下了不少“哭嫁词”，可以与之比照而观。而所谓的“吵新人”，俗称“不吵不发”：

是日，村中复有吵新人之俗。吵新人者，请新郎、新人同立堂前，而嘲弄之也。吵之之法不一，有所谓撒帐者，以果盒所盛之果掷新人也。为此必有二人，一唱一和，其词多卑鄙，不堪入耳。又有所谓吃交杯者，以酒置杯中，强新人饮，惟不许咽下，移时复令其吐出，令新郎咽之。此外，复有唱歌者，有说笑话者，有作奇形怪状者，皆以博得新人一笑为目的。以一外村之女子，而无辜受若干生人之戏弄，不敢抵抗，不敢回声，亦大可怜矣！

与上述习俗相关的撒帐歌，有的相当俚俗乃至猥亵，这些，在众多的徽州文书抄本中有诸多生动的例证①。此种“吵新人”的做法，甚至在明清的世情小说中也有记录，这对于理解旅外徽商的习俗亦颇有助益。

关于丧葬，《皖歙岔口村风土志略》指出：“丧葬诸节，颇为简单，然亦视贫富而别，贫者则丧事一两日即毕，富者有作祭等举，略旷时日。……俗礼，孝子于七七内，须衣麻衣，穿麻鞋，不进晕［荤］，不剪发。七七后，易麻衣为白衣，麻鞋为白鞋，三年始除服云。棺厝于野，非长久之计，为子孙者于数年之

① 如岔口一带的一首撒帐歌，与全国广为流传的《十八摸》颇为相似。见金涛主编《徽州记忆》（五）“歙县”卷，第89页。

内必为择地安葬，其礼颇隆。”歙县的丧葬习俗颇具特色，这在最近几年的民间调查中都有详细的记录。作为传统时代“徽礼”的重要组成部分，其中的一些甚至被视作“非物质文化遗产”而得到地方政府部门的保护①。

此外，有关民间信仰，吴景超概视之为“迷信”，他认为：“迷信者，不辨事理之是非真假而妄信之也。村人不解科学，怪诞不经之言自易入耳，故迷信之风较之通都大邑为尤甚。”根据吴景超的描述，岔口村人“多信菩萨，凡遇菩萨生日，携香烛往祭者不绝于道”。

当时，岔口村中居民不过数百家，却有三座菩萨庙。其一为上帝庙，供奉玄天上帝。其二为上庙，也叫忠烈古庙，其中供奉着汪公大帝、八老爷、九老爷、东平王、太子、社公、社母等菩萨，这是村中最为重要的庙宇。“庙中有卦牌一，上载卦辞数十首，有上、中、下之分，村民多于岁首入庙求卦，以卜前途之吉凶云。”还有一座叫下庙（也叫水口庙），其中供奉着十余尊菩萨，重要的如关公、东玄坛、北玄坛、观世音、华佗、闻太师。以其中的“玄坛”崇拜为例，抄本《酬世汇编》卷5《财神札付》中即有一祭文：

窃以教设为三，自古儒林为首重；民生有四，而今商界居尊。欲应物以无私，回溯高风于端木；觉生财兮有道，可致巨富于陶朱。小往大来，实为人愿；恒丰大有，殊赖神功。今照得大民国江南徽州府歙县孝女乡延宾里岔口新宁社管居住信士弟子凌寿泰暨阖家男妇大小人等，薰沐三鞠躬，谨奉三坛正法，选于△月△日△时，天点神光，迎神附体，谨具醮仪，虔修法事，敢投词于正一龙虎玄坛赵大元帅之尊神而言曰：伏以正直无私，特授财神之职；威仪可敬，感钦元帅之称。秉九府之权衡，恒丰金窟；招四方之宾客，广辟财源。值此口岸开通，方幸经营便利，伏冀神灵永感，俾品物兮咸亨；虔祈圣泽宏施，庶春台兮共乐。行商则风顺鸿毛，快利畅销，喜扬归兮满载；坐贾则宾来雁序，轮流不息，欣日进夫千金。货随运而随销，具见新奇日著；财屡生而屡聚，堪为富有家声。克供厥职，大显威灵。依札施行，须至札者。

---

① 胡亮、营娟：《徽州丧葬仪式音乐研究——以歙南岔口丧葬仪式音乐为例》，《黄山学院学报》2011年第2期。

右札给付财神座下准此并及左右招财童子、进宝仙官照验施行。

从这份“札付”来看,“玄坛”信仰与商业经营密切相关。可能也正是由于这个原因,经商风气炽盛的岔口,还将玄坛分为“东玄坛”和“北玄坛”。根据徽州的都图文书,岔口村属三十都七图的孝女乡。从上揭文书来看,岔口新宁社所属的凌寿泰,此次奉祀的是玄坛赵大元帅。而该份《财神札付》中有“口岸开通”的字样,似乎反映的是近代的史实。不过,文中又有“大民国江南徽州府歙县孝女乡延宾里岔口新宁社”字样,从这一行政沿革来看,民国时期已无“江南徽州府”的建置,而“大民国”显然也脱胎于“大清”乃至“大明”,因此,此一“札付”至少从清代中叶开始便长期沿用,可以与《皖歙岔口村风土志略》中的相关记载比照而观。

除此之外,吴景超还提及,在华佗菩萨神座之前,放置着一个签筒,筒内置有百余根竹签,上刻号数,村民一旦生病,其家属就会到华佗菩萨跟前,跪在地上焚香拜祷,然后取签筒簸之,至有签落地为止。“村民得签,验其号数,告之药店中人,即可得药。”根据吴景超的观察,“药店中有签簿,凡某签得何药,上皆载之”。他认为吃这些药没有什么疗效,但也没有害处。不过,村里人都非常相信华佗菩萨,认为那是相当灵验的仙方。除了这三座庙宇外,水口庙外还有一根如来佛柱,凡是离乡前往别处者,多立柱前顶礼膜拜,“谓如是则得佛佑,一路平安,不遭危险也”。如来佛柱目前在徽州乡间尚有一些遗存(特别是在婺源,保存者颇为不少,歙县里东乡一带亦有所见),据说走夜路迷失方向,可以抱住如来佛柱,这样就可以神清气定,看清道路。

与民间信仰相关的是岁时娱乐,具体表现为众多的迎神赛会。《皖歙岔口村风土志略》有专节描述当地的岁时节俗:“元旦日,男女老幼皆衣新衣,黎明即起,先拜天地祖宗,次拜灶师菩萨,村人相见,亦各拱手道喜。前清之季,族人犹有拜年之举,今已取消矣。是日所食各物,皆锡[赐]以佳名,如鸡子则曰元宝,面则曰长寿面,诸如此类,不胜枚举。初二后,各携酒菜展墓,名曰拜坟年。元宵前后数夜,有嬉马灯之举,店户各家皆放花筒爆竹以助兴。”此外,文中还对二月二日接土地,三月三日嬉龙舟,清明祭扫挂纸,立夏食面,五月五日端午,七月十五祭祖宗、焚烧金银纸袋、作斋醮之会、召僧道施食,中秋食月饼、设宴赏月,九月重阳食角黍,十二月初八腊八节、二十四日送灶,除夕前数日送年节，除夕索压岁钱、坐三十夜等，皆有细致的描述。这些岁时节俗，在近年来出版的歙县白杨源、许村、里东乡一带的调查报告[①]中也有不少描述，彼此可以相互印证。

关于"拜灶师菩萨"，从民间文献来看应作"拜灶司"。迄今，在岔口一带还留下《送灶司爷经》："灶司老爷吟吟灶司经，灶司老爷一家之主你为尊，冬收白米罢仓仓满，红光落地罢遮灰尘，厌鬼别进来我家门，阿弥陀佛！"[②]这是以岔口方言演唱的民歌，反映的便是"拜灶师菩萨"。再以元宵前后的"接菩萨""嬉马灯"为例，吴景超在《皖歙岔口村风土志略》中还有更为具体的描述："旧历新年，村人多闲暇，故娱乐之法亦最多。正月初十以前，村人多从事于拜坟年等事，无暇及此。初十以后，则接菩萨、嬉马灯、打锣鼓、唱曲等事，皆接踵而起。"关于"接菩萨"一事，岔口村多在正月十三清晨实行，所接的菩萨为东北玄坛，八、九老爷及太子菩萨等。通常情况下，每一个祠堂的人都必须接一两个菩萨，放在自己的祠堂里。接菩萨之时，用旌旗仪仗甚多，且放爆竹，有吹鼓手助兴，很是热闹。菩萨既接进祠堂，要宰杀一头猪进行祭祀。届时，村民皆需多备香烛祭菜前来祭拜。正月十三晚上还要"嬉马灯"，马灯是用纸扎成各种灯彩，让儿童手持着行走。此外，也有青年子弟装扮《三国》《列国》各剧中的人物，混杂在其中游行。又有人装扮盲者、跛者、骑者、乘者、乞食者、卖艺者等种种装束，"尽滑稽之能，极奇诡之态"。在歙县，"嬉"就是玩的意思，嬉马灯一共要嬉六天，到正月十八为止，其中又以元宵一晚为最盛。

此外，上述新年初十以后的"打锣鼓"，也就是集合若干人在一起练习各种乐器。晚间，村人多集中在祠堂里唱曲，所唱的则为徽调。在这几天，外村也有打锣鼓唱曲者到岔口各店家弹唱，店家则设茶及果子款待，临走时还要拿钱酬谢。这些人成群结队而来，数日内络绎不绝，每在一店弹唱，则其店之内外环绕聆听者众多，这也是新年的一桩乐事。

三月三日有龙舟之戏，龙舟是为了奉祀唐时张巡、许远和南霁云等人。

---

① 参见吴正芳《徽州传统村落社会——白杨源》、许骥《徽州传统村落社会——许村》、柯灵权《歙县里东乡传统农村社会》，[法]劳格文(John Lagerwey)、王振忠主编"徽州传统社会丛书"，上海：复旦大学出版社，2011年、2013年、2014年。

② 金涛主编：《徽州记忆》(五)"歙县"卷，第94页。

现存的《姚寿山读(豆腐会用)》[1]等钞本,就是有关歙南龙舟会的文书。仲冬有报赛之举,大概是因为当时冬收既成,人多愉悦,所以要及时行乐,开场演剧。演剧一事,每年都派数人办理,演剧之前数日,村人即于溪滩中扎一高台,又聘“班次”前来演戏。所谓班次,是指徽州以演剧为营业者,每班约数十人,其人来往无定所,“一日夜演唱,多则七八日,少亦四五日”。在这几日,除店家外,手工业者都休业,学校皆放学,大家集中在溪滩上看戏,远近乡民也联袂而至,这大概是一年里最热闹的日子。此外还有会场的布置,一般是十年一次。会场分为五隅,东隅以青色为标志,南隅以红色为标志,西隅以白色为标志,北隅以黑色为标志,中隅以黄色为标志。凡旗幡服色之类,皆以五色分之,相当壮观。会场中除戏台外,有祭场,有道场。其中,以演剧的戏台最为美观。此事从头到尾,要 10 天才结束。“村人每丁醵资一元,以成斯举,报赛则每人只醵资数十文而已。”在徽州,“五隅”的划分城乡皆有,可大可小,具有相当的灵活性。它既是一种地理划分,又是一个迎神赛会的组织机构,并由此衍化而为处理超越单个家族的公共事务之基层组织,“五隅”或“五方”反映了地方基层组织较为原始的形态[2]。

(三)日常生活的其他方面

大凡风土志,对于一地民众的衣食住行均有细致的描摹。《皖歙岔口村风土志略》一文就有对当地“衣食住”的概述,其中的饮食部分这样写道:“村中居民,无不有田,又皆蓄鸡豚,以供不时之用,故仰事俯畜,无虞不继。市上米价甚廉,一元可得二斗余。肉只有猪肉一种,价一百数十文一斤。牛肉、羊肉,非购自他乡,不可得也。油有豆油、菜油、猪油、麻油四种,菜油、猪油多出自本地,豆油、麻油则来自外邑。他如面、盐等物,约三四十文一斤。豆腐价最贱,三四文即可购一大方,质佳、滋养之妙品也。村人每日率食三餐,以饭为主,面及他物佐之。夏日有食四餐者,即下午加食点心一道是也。点心之种类甚多,最普通者,为肉包、馄饨、烧卖、水饺、煎饼、煎菜、芝麻糕、白米糖、

① 抄本计 3 册,是有关歙县九沙新安大社的相关文书,私人收藏,拟另文探讨。

② 参见王振忠《明清以来徽州的保安善会与“五隅”组织》,(台湾)《民俗曲艺》第 174 期,2011 年 12 月。

风车饼等物。要之，村人食物只求富厚，不求精美，此与杭、沪间人不同之点也。”这是对一般民众日常生活的描述，从中可见，市面上只有猪肉一种，牛肉难以见到，这可能与民间耕牛有限以及宗教信仰中对牛肉的禁忌有关。猪油可以自给，但在徽州，不少村落的猪油供给多来自外地。至于服饰部分，《皖歙岔口村风土志略》写道：

> 衣服多以布制，绝少用绸缎者，至于西装，则村人多未见之也。小儿夏日多赤足，不穿鞋袜，大人则多穿草鞋，或蒲鞋，以终日劳动，布鞋不适用也。大热之日，或袒其上体，或只穿坎肩，颇不雅观。天雨则戴箬笠，穿钉靴，或撑雨伞，踏木屐。冬日村民多戴瓜皮帽或毡帽，年老者间戴风帽，又有耳套者，以棉为之，旁缘以皮，严寒时儿童及老者多用之。此外复有一种御寒之物，名曰火笼，以竹编成，中盛炭屑，借以取暖，形与外邑之脚炉大同小异。女子多缠足，戴耳环，男子亦有戴耳环者，惟女子之耳环多饰以珠翠，累累如璎络，斯其别也。

上揭提及的服饰时尚，有不少已时过境迁。不过，“火笼”迄今在皖南农村冬季时还时常可见。另外，关于住宅，《皖歙岔口村风土志略》指出：“村中之房屋，较外间为宏壮，屋多为二层，墙以砖造，外披白垩，甚纯洁。屋中则栋梁柱壁，皆涂以漆。窗及格子门，则雕以山水花草及篆隶各字，甚美丽。而大门上之门檐，尤为他邑所罕睹，门檐为砖制，上雕云物花草鸟兽极工，多出自精巧砖匠之手也。村人于建屋之初，必先打地基甚深，下盛石子，上铺巨石，故能历久不圮，非若外间之以碎砖为墙，弯木作梁，一经风雨即有倒塌之虞也。”这是对徽派建筑的描摹，其中提及徽州老房子的粉墙，室内的梁柱、木雕以及门楣上的石雕等，均颇具特色。

此外，《皖歙岔口村风土志略》对当地的教育状况，亦有相当详细的描述。吴景超的记述上溯清初，下及民国。从中可见，当时由于茶业的兴盛，岔口教育的发展颇为兴盛：“自清初即崇礼教，重经学，雍、乾以降，有解元、举人数人，岁贡、廪生、生员十余人，武秀才亦有数人。科举废，学校兴，又设有师范传习所、国民学校，毕业其中者多设馆教授，称良师。”据《皇清诰授光禄大夫吏部右侍郎加二级谕赐祭葬显考子怀府君行状》记载：王茂荫“舞勺后，从双溪吴柳山游。先生为乾隆丁酉科江南解首，故名宿也，门下多积学之士”①。舞勺之年，也就是13至15岁间，换言之，王茂荫是在岔口接受早期教育的②。光绪三十二年(1906)，歙县岔口举人张云锦等人，依靠茶捐及私人捐助创办了双溪师范，不久改为大洲公学，这是清末师范教育早期历史上重要的一页③。由于有着颇为悠久的尊师重教传统，岔口人对于教育极为重视，当地的文风一向颇为炽盛。对此，吴景超分别叙述了岔口的私塾教育和小学。关于私塾教育，他指出：“私塾，村人称之曰蒙童馆，塾中之教师，曰蒙童馆先生。吾村有私塾三，其中教师，皆前清秀才，深于八股文者也，学生皆村中十五岁以上之小儿。一蒙童馆中，多者约二十余人，少者亦十数人。”接着对私塾的教材、行为规范、体罚措施、课程及教学安排等，作了详细的叙述。例如，关于私塾的教材，他指出，蒙童所读之书有深浅之分，浅者为《三字经》《千字文》《百家姓》，深者为《幼学琼林》《龙文鞭影》《论语》《孟子》等书。塾师对学生要求颇为严苛，故为后者所敬畏，“先生在，学生皆正目端坐，不敢作声”。而私塾教师之所以能够约束儿童，令其就范，主要的法宝就是戒方和烟筒两类工具。凡是“背书不熟，事师不恭，或互相争吵者”，教师就会以戒方或烟筒加以惩罚。“学生每日之课程至简单，早餐之前，入学诵旧书，名曰上早学。粥后，塾师即为学生上新书十数行，名曰上生书。生书须于午饭前背诵，不能者，每不许回家午餐也。饭后，学生皆习字，至三句钟，塾师乃教学生答对，答对毕，复温旧书，名曰念带书，须于晚饭前背诵”，这就是私塾课程的基本安排。对此，吴景超颇为不满，认为私塾的教育已远远落后于时代。

除了私塾，他还记录了当地的新式教育：

> 村中有一小学，名曰大洲两等学校，此为南一区惟一之小学，开办于民国元年，校址在村西忠烈古庙，内有讲堂二，食堂一，厨房一，职教员办事室一。开办之第一年，有学生五六十人，现只二三十人耳。校中有职

① 曹天生点校整理：《王茂荫集》，北京：中国档案出版社，2005年，第237页。

② 歙县民间流传着《王茂荫与鬼议钞》，说的就是王茂荫小时在岔口梯云书屋念书的故事。见金涛主编《徽州记忆》(四)“歙县”卷，第259页。

③ 参见方光禄、许向峰、章慧敏等《徽州近代师范教育史(1905—1949)》，芜湖：安徽师范大学出版社，2013年，第14页。

教员三,教授取启发主义,科目为国文、习字、算术、修身、历史、地理、理科、体操、音乐、图画等。校中经费不足,图画、标本、仪器,理科模型、器械等,皆未购置,以致儿童对于理科、地理等,皆不能十分领解,此其缺点也。授业时间,每日午前八点半起,至下午四点半止。校中无运动场,体操多至村外旷地上行之云。

作为新式教育的一种形式,小学与传统私塾的课程及教学安排完全不同。20世纪90年代,在皖南民间随处可见的旧书中,清末民国时期由商务印书馆印行的各类新式小学课本为数最多,这些课本显然都是当年旅外徽州人寄回家乡的新式教材。关于这些情形,我们在晚清民国时期的徽商书信中时常可见。当年,除了教材之外,还有不少其他书籍也随之传入徽州。吴景超指出,岔口村中有藏书所数处,如梯云草堂、双溪草堂、山对旧书斋、霞峰别墅、自得山庄、能静轩和龙门草堂等,都是私家所设的藏书室。其中的梯云草堂,于咸同年间毁于火灾,及至民国初年,则以山对旧书斋、自得山庄藏书最为丰富。上述的诸多藏书室,"其中有用之书,无不具备,近今如名家小说、欧美小说,亦多购有"。揆诸史实,徽州素有藏书的传统,迄今在当地的古玩店中,仍可见到不少昔日庋藏古籍的红木书箱。及至近代,藏书的范围已不再局限于传统的儒家经典,而是扩及晚近的小说等。文中提及的名家小说、欧美小说,显然都是由外出经商者购置寄回徽州的。这种情形,自然也从一个侧面反映了徽州社会的变迁。正是由于茶业的兴盛及茶商家庭对教育的重视,当地有不少人外出接受新式教育,成为知名的学者、文化人,吴景超本人便是一个典型的例子。

三、结　语

(一)吴景超曾主张模仿英国社会学家查尔斯·蒲司(Charles Booth)所开创的"社会调查"之研究方法,他认为,中国的社会调查应分为两个方面,一方面是农村调查,另一方面则是城市调查。其中,农村调查可以依靠学生,由于中国当时的学生大半来自农村,他们可以返回家乡调查自己的村庄①。事

---

① 阎明:《中国社会学史:一门学科与一个时代》,第147页。

实上，早在 1919 年，吴景超就在家乡岔口村做过类似的调查，以往学界尚未关注到他所撰写的《皖歙岔口村风土志略》一文[①]，以至于有人认为“尽管吴景超积极提倡社会调查，他自己却没能亲身参与”[②]。而从以上分析来看，《皖歙岔口村风土志略》对徽州村落的调查颇为全面，涉及传统村落社会的诸多侧面。

吴景超后来著有《社会组织》一文，强调在做家庭历史调查时，“写时要多叙述事实，少发挥议论”。关于家庭，他提出下列的调查提纲：家庭的背景，与大家庭及宗族的关系，家庭组织，家庭仪式，家庭经济，家庭教育，家庭冲突，将来的家庭等[③]。1928 年 8 月，吴景超以《唐人街——共生与同化》一文获芝加哥大学社会学博士学位，它是吴“对本土关怀、实用主义立场以及实证性研究态度的兼顾”[④]。在这篇论文中，吴景超使用了包括中国移民问题联合调查特别委员会报告在内的政府报告、国会会议记录、法庭报告、法律文书、报纸杂志和政府统计数据等资料，又做了大量的调查与访问，收集了生活史及个人传记。学界一般认为，这种偏重实际调查及经验性材料使用的方法，是吴景超承自芝加哥学派的研究心得[⑤]。不过，倘若我们对照《皖歙岔口村风土志略》一文，就不难看出，有过先前村落调查的经历，对于从事更复杂社会的研究显然极有裨益。

（二）如果我们进一步梳理 20 世纪初以来较长时段的社会调查史料，可以更为清晰地看出《皖歙岔口村风土志略》的学术价值。有关徽州经济、风俗的调查，比较系统的资料是清末刘汝骥编纂的《陶甓公牍》——光绪三十三年（1907），徽州知府刘汝骥委派当地士绅组成“统计学会”，将各类事项分民情、风俗和绅士办事习惯等类撰说，并经刘氏本人汇核编订。由于各县的调查出自众手，彼此的认真程度不同，故而史料的详略及其价值也颇有差异。不过，

---

① 《第四种国家的道路》书末附录有“吴景超先生主要著作”，其中并未列有该文。

② 阎明：《中国社会学史：一门学科与一个时代》，第 148 页。

③ 吴景超：《社会组织》，孙本文主编：《社会学大纲》第七种，《民国丛书》第四编第十卷；谷迎春、杨建华主编：《20 世纪中国社会科学·社会学卷》，广州：广东教育出版社，2006 年。

④ 吴景超：《唐人街——共生与同化》，筑生译，天津：天津人民出版社，1991 年。

⑤ 陈新华：《留学生与中国社会学》，天津：南开大学出版社，2009 年，第 209 页。

这是清末以前所有言及徽州一府六县民俗的文献中最为详尽的一种，具有重要的史料价值，对于研究徽州的民俗文化和社会变迁弥足珍贵[①]。民国初年，根据上海东亚同文书院各期日本学生的实地调查报告，汇集而成的《支那省别全志》第12卷《安徽省》[②]，共分安徽省总说、开市场及贸易、都会、交通及运输机关、邮便及电信、主要物产及商业惯习、工业及矿产、输移入品、商业机关和金融货币及度量衡十编，调查颇为细致，并附有一些相关的地图。该书原为日文，安徽省图书馆另藏有民国传抄本《安徽省志》[③]，即该书相关部分之中译本。1930年代，铁道部财务司调查科编有《京粤线安徽段经济调查总报告书》(为"铁道部经济丛书"之一)，该报告涉及旧徽州一府六县中的绩溪、歙县和休宁。稍后，建设委员会经济调查所曾在皖南各县调查，先后刊印了当涂、芜湖、宣城、广德、郎溪、歙县和休宁七县的调查报告。其中，对1934年歙县、休宁的详细调查，收入《中国经济志》第2册[④]。这些，都是较大县域范围内的调查报告。至于专门的个别村落之相关调查，也有少量的案例。例如，《绩溪庙子山王氏谱》的作者，就以皖南僻远山乡的一个村落为视点，勾勒出晚清民国时期民间社会的风俗画面[⑤]。此外，曹诚英撰有《安徽绩溪旺川农村概况》[⑥]。这些，都已为学界所认知。不过，吴景超的《皖歙岔口村风土志略》则是尚未得到学界关注的重要著作，理应引起我们的重视。

岔口是歙南的一个山僻小村，此一村落，即使是在晚近的民国《歙县志》中，也仅作为地名出现过数次，倘若没有吴景超留下的这一风土志略，我们对于当地情况可能几乎一无所知[⑦]。吴景超对故乡的调查，最终是以"风土志"

---

① 关于《陶甓公牍》，笔者最早作了颇为详尽的研究，发掘出该书的历史民俗研究价值。王振忠：《晚清徽州民众生活及社会变迁——〈陶甓公牍〉之民俗文化解读》，载《徽学》2000年卷，合肥：安徽大学出版社，2001年。

② [日]东亚同文会编纂、发行，大正八年(1919年)，台北：南天书局，1988年。

③ 关于该书，承安徽大学徽学研究中心张小坡副教授的提示，特此致谢！

④ "民国史料丛刊"第9种，1935年版；台北：传记文学社印行，1971年影印。

⑤ 参见拙文《一部徽州族谱的社会文化解读——〈绩溪庙子山王氏谱〉研究》，《社会科学战线》2001年第3期。

⑥ 《农学杂志》特刊第三种，1929年。

⑦ 关于岔口村的情况，只在一些民间文书中稍有反映，如《歙县民间诉讼案卷集成》曾提及："当今恶俗，惟赌为甚，惟岔口之赌风为太甚，若不禁赌，难免无事也。"

的形式来展现。“风土志”的写法由来已久，“《禹贡》为风土志所自始，至《职方》而加详”[①]。后来，“风土志”也成为方志中的一个组成部分。及至民国时期，“风土志”的撰写逐渐由传统方志学的描述转向具有一定近代社会调查意义的资料，其部分撰写者也由传统士绅转向受过新式教育的学生，这使得“风土志”的内涵更为丰富和细致。在这方面，吴景超的《皖歙岔口村风土志略》提供了一个典型的例证。

（三）20 世纪前期徽州村落调查资料，迄今仍具有重要的学术价值，对于当代村落文化的保护亦颇具借鉴意义。1949 年以后，徽州村落调查资料相对较少。管见所及，最为重要的成果当推 1950—1951 年的土改调查资料，此一成果目前见于华东军政委员会土地改革委员会所编《安徽省农村调查》[②]，其内容主要包括《皖南区农村土地情况》《徽州专区农村情况概述》《屯溪市隆新乡徐村调查》《歙县潜口区西山村牛租调查》《祁门县莲花塘村公堂、祠、会调查》《皖南山区林山概况》《休宁花桥村竹、木、茶山调查》《黟县际村区卢村竹山、柴山调查》《歙县长陔区南源村树木情况调查》和《徽州专区黄山风景区情况调查》等。此外，数年前由法国学者劳格文（John Lagerwey）教授主持的“徽州的宗教、社会与经济”[Religion, Society, and the Economy in Huizhou (Anhui)，2008—2011]项目，通过与徽州当地人的合作，以田野调查所获的口碑资料和地方文献，希望客观描述 1949 年以前徽州的传统经济、民俗与宗教。此一成果具体体现在由他与笔者合作主编的“徽州传统社会丛书”中，该丛书目前已出版《徽州传统村落社会——白杨源》《徽州传统村落社会——许村》《婺源的宗族、经济与民俗》《歙县里东乡传统农村社会》等卷。这些成果，不仅具有较为重要的学术价值，而且对于当前村落文化遗产的保护也有着一定的现实意义。

原载《安徽大学学报》2015 年第 3 期

---

① 光绪《严州府志》卷 3。
② “华东农村经济资料”第 4 分册，1952 年版。

胡适与西方近世思潮

欧阳哲生

近代中国文化发展的基本趋向是从传统向新文化转型。这里的新文化之所谓“新”，主要表现为吸收西方文化和传统文化的自我更新。其中吸收西方文化更为重要，更具拓展性意义，这是因为在西方文化处于强势的大背景之下，传统文化的“推陈出新”很大程度上也有赖于与西方文化的碰撞、交流和融汇。西方文化构成中国文化的“新”的元素，具有激活中国文化的作用，这是近代文化的一种特殊现象，也是中国走向世界之必然。

在近代中国输入西方文化的过程中，严复与胡适是前后两个最为关键的人物。严复译述多部西方名著，引进了西方的社会学、自然哲学、政治学、经济学、逻辑学等近代学科，为中国建构具有近代意义的学术门类奠定了基础。胡适是继严复之后的又一位大师级人物，他引进具有浓厚美国本土意味的个人主义、实验主义、自由主义，对进化论做出合乎“美国经验”的解释，是美国文化在中国的大力传播者。严复与西学接引的媒介是他的“英国经验”，胡适接触西学的传媒是他的“美国经验”。严复获取的是英国维多利亚时代的成功经验，这时英国已率先完成工业化，国力走向鼎盛，成为举世瞩目的日不落帝国。胡适在美国学习、生活、工作达 25 年之久，此时美国正经历由一个新大陆国家走向世界第一强国的过程，胡适目睹了美国在政治、经济、文化、军事诸方面的崛起和社会发展的循序渐进之历程，对美国模式的成功之处颇有领悟。因此，严、胡二人在传输他们的“英国经验”或“美国经验”时都表现了相当程度的自信。

不过，20 世纪中国之历史进程并不是循依英美式的改革道路或现代化模式，而是主要取法法国大革命和俄国十月革命的成功经验，故不管是严复还是胡适，虽然在学术上取得了相当程度的成功，但在政治上，他们所走的道路并未被视为正途，他们始终饱受争议，甚至受到非议。现在，当 20 世纪革命的帷幕已经降下，人们开始反思这一革命进程的诸种历史遗留问题时，对严复、胡适在这一过程中所表现的"偏执"也逐渐给予"同情的理解"。

在从传统向新文化的转型过程中，西学的地位是最难把握、最不易处理的"问题"。这里不仅存在获取途径的困难、语言交流的障碍，而且还有民族文化的隔阂、社会认知的成见。事实上，近代中国真正有资格谈论"西学"的学人为数极少。像梁漱溟这样没有去过西方也不懂西语，却放胆纵论《东西文化及其哲学》的人大有人在[①]。严复、胡适是在他们生活的年代最有资格谈论他们的西方经验的中国学人，这一资格的获取，不仅来自于他们的西方生活经验和西方文化修养，而且与他们对英美主流文化的认同有相当程度的关系。开放的社会环境为各种言论和选择提供了空间，但言论和主张是否具有真实价值，又值得人们嚼味和推敲。

西学是 19 世纪末 20 世纪初一代新文化人最重要的思想文化背景。甲午海战的巨大风浪和《辛丑条约》的奇耻大辱，把中国社会进一步推入半殖民地的苦难深渊，同时也把一部分失重心态的青年知识分子从科举体制内扫除出来，促使他们睁眼看西方，自觉地投入吸收、引进西学的新潮流，胡适即是被卷进这一浪潮中的一个分子。他从 1904 年投身上海新学堂，学习"即中即西"的新学开始，到 1910 年赴美留学达 7 年之久，深深浸染欧美近世思潮。从戊戌维新到抗日战争发生前的 30 多年间，文化交流方式主要以输入外来文化为主，西方思潮随之潮水般涌入中国，时人惊呼这一"欧化""西化"现象为"新潮"或"西潮"，这也是当时中国最优秀的知识分子选择出国留学的时代背景。追溯胡适向西方寻求真理的历程，理清他与西方近世思潮的关系，对我们进入胡适的思想世界至关重要。本文试图借助分析胡适与西方近世思

---

① 胡适对梁漱溟的批评，参见《读梁漱溟先生的〈东西文化及其哲学〉》，收入《胡适文集》第 2 册，北京：北京大学出版社，1998 年，第 182～199 页。胡适在私下对梁有更为严厉的批评："梁漱溟既不曾到过西洋，又连电影戏都不屑看，他那配谈东西文化！"参见耿云志编《胡适语萃》，北京：华夏出版社，1993 年，第 275 页。

潮接触过程中的个案“经验”，探讨近代中国新文化与西学之间的历史关系。

一、从接受进化论开始切入西方思想

19世纪后期，达尔文的进化论在欧美学界风行一时，给西方传统文化和宗教精神以极大的冲击，带来了一场思想、学术革命。赫胥黎是传播达尔文进化论的一个主要人物，他在诠释进化论思想中发挥了突出作用。从戊戌维新到“五四”时期，进化论是在中国广泛流行并最具影响力的西方思潮，也是西方近世思潮对中国最先发生极大影响力的一股思潮[①]。生活在这个年代的中国学人几乎多多少少都受到了进化论的影响和洗礼。

进化论对胡适的思想影响包括三个层次：一是“物竞天择，适者生存”的社会达尔文主义思想，二是循序渐进的思想，三是“存疑”的思想方法。如果说在前两个层次，胡适的思想还保留着严复影响的痕迹，第三个层次则是胡适在接受进化论影响时显示的创意。进化论构成胡适思想的底色。

1905年胡适第一次接触进化论即是经吴汝纶删节的严复译的《天演论》。该书出版后，不到几年便风行全国，“竟做了中学生的读物了”。在中国屡次战败后，在庚子辛丑大耻辱之后，它所宣传的“优胜劣败”的公式确实给人们心灵以强烈的震撼，它“像野火一样，燃烧着许多少年的心和血”。澄衷学堂的国文教师杨千里是胡适最为尊崇的老师，对胡适“影响最大”。杨先生在胡适的作文稿本上题签“言论自由”四个字，并要求以吴汝纶删节的严译《天演论》做课本[②]。胡适在《物竞天择，适者生存，试申其义》这篇命题作文里，首次试用进化论的观点分析了中国社会之危难命运。胡适写道：

> 国魂丧尽兵魂空，兵不能竞也；政治、学术西来是效，学不能竞也；国债累累，人为债主，而我为借债者，财不能竞也；矿产金藏，所在皆有，而不能自辟利源，必假手外人，艺不能竞也。以劣败之地位资格，处天演潮流之中，既不足以赤血黑铁与他族相角逐，又不能折冲樽俎战胜庙堂，如

① 有关进化论在中国的传播及其影响，参见王中江《进化主义在中国》，北京：首都师范大学出版社，2002年；王中江《进化主义在中国的兴起——一个新的全能式世界观》，北京：中国人民大学出版社，2010年。

② 参见胡适《四十自述》，收入《胡适文集》第1册，第70～71页。

是而欲他族不以不平等之国相待，不澌渍以底灭亡亦难矣。呜呼！吾国民其有闻而投袂奋兴者乎？

杨先生在其文后有批语道："富于思考力，善为演绎文，故能推阐无遗。"[①]从这篇文章可见，胡适最初接受进化论的影响主要是受到社会达尔文主义的冲击。

不过，留美时期的胡适由于受到"不争主义""世界主义"的思想影响，批评"弱肉强食"的帝国主义逻辑，这从他对尼采哲学的态度可见一斑。"五四"时期，鉴于革命思潮从进化论获取思想资源，铸造革命的逻辑，胡适似不太愿从这一层面发挥进化论的意义。

1919年，胡适在《新思潮的意义》一文中指出："文明不是笼统造成的，是一点一滴的造成的。进化不是一晚上笼统进化的，是一点一滴的进化的。现今的人爱谈'解放与改造'，须知解放不是笼统解放，改造也不是拢统改造。解放是这个那个制度的解放，这种那种思想的解放，这个那个人的解放，是一点一滴的解放。改造是这个那个制度的改造，这种那种思想的改造，这个那个人的改造，是一点一滴的改造。"[②]胡适强调"进化"的渐进性质，这是进化论对他的社会历史观的一个重要影响，这与进化论对严复的思想影响有类似之处，表现了中国自由主义从严复到胡适一脉相承的继承关系。

1922年，胡适写作《演化论与存疑主义》一文，其重点是放在进化论的方法论上。他说："达尔文与赫胥黎在哲学方法上最重要的贡献，在于他们的'存疑主义'(Agnosticism)。存疑主义这个名词，就是赫胥黎造出来的，直译为'不知主义'。孔丘说：'知之为知之，不知为不知，是知也。'这话确是'存疑主义'的一个好解说。但近代的科学家还要进一步，他们要问，'怎样的知，才可以算是无疑的知'？赫胥黎说，只有那证据充分的知识，方才可以信仰，凡没有充分证据的，只可存疑，不当信仰。这是存疑主义的主脑。"[③]胡适对进化论的取舍转向"存疑"的思想方法。

---

① 原载1924年6月16日上海澄衷学堂《智识》，转引自耿云志《胡适年谱》，成都：四川人民出版社，1989年，第12页。

② 《新思潮的意义》，收入《胡适文集》第2册，第558页。

③ 《演化论与存疑主义》，收入《胡适文集》第10册，第350页。

1930年,胡适在总结自己的思想,谈及进化论对自己的影响时说:“我的思想受两个人的影响最大:一个是赫胥黎,一个是杜威先生。赫胥黎教我怎样怀疑,教我不信任一切没有充分证据的东西。杜威先生教我怎样思想,教我处处顾到当前的问题,教我把一切学说理想都看作待证的假设,教我处处顾到思想的结果。这两个人使我明了科学方法的性质和功用。”[①]从胡适的这段自白可以看出,赫胥黎对他的重要影响即是“存疑主义”的思想方法。进化论对戊戌维新以来好几代知识分子产生了重要影响,像胡适这样从“存疑主义”的角度解释进化论却极为罕见,这表现了胡适思想的个性或胡适思想的选择性。

赫胥黎及其进化论对胡适影响极大,他将这一思想认识直接运用到自己的学术研究上。在史学方面,胡适提出:“宁疑古而失之,不可信而失之。”[②]这对顾颉刚等人倡导的古史辨讨论影响极大。在文学方面,胡适认为“文学者,随时代而变迁者也。一时代有一时代之文学”。“然以今世历史进化的眼光观之,则白话文学之为中国文学之正宗,又为将来文学必用之利器,可断言也。”[③]从而“供给了一种根据于历史事实的中国文学演变论,使人明了国语是古文的进化,使人明了白话文学在中国文学史上占什么地位”[④]。由于胡适等新文化人的有力推动,白话文终于取代文言文,在文学界取得了正宗的地位。胡适还把进化论的存疑主义思想推进到价值系统,进而提出所谓“科学的人生观”。他说:“赫胥黎教人记得一句‘拿证据来!’我现在教人记得一句‘为什么?’少年的朋友们,请仔细想一想:你进学校是为什么?你进一个政党是为什么?你努力做革命工作是为什么?革命是为了什么而革命?政府是为了什么而存在?请大家记得:人同畜生的分别,就在这个‘为什么’上。”[⑤]人类是一种意志化的动物,人因为有生活的目标而寻出有意义的生

---

① 《介绍我自己的思想——〈胡适文选〉自序》,收入《胡适文集》第5册,第507～508页。

② 胡适:《自述古史观书》,顾颉刚编著《古史辨》第1册上编,上海:上海古籍出版社,1982年,第23页。

③ 《文学改良刍议》,收入《胡适文集》第2册,第14页。

④ 《介绍我自己的思想——〈胡适文选〉自序》,收入《胡适文集》第5册,第515～516页。

⑤ 《介绍我自己的思想——〈胡适文选〉自序》,收入《胡适文集》第5册,第510页。

活，胡适对此能有深入浅出的论述，它是对带玄学意味的人生观的否定。

不过，胡适与赫胥黎的进化观毕竟存有一定差异。赫胥黎从“存疑主义”立场出发，逐渐陷入“不可知论”的境地，最终成为上帝的信徒。赫胥黎曾如是表态：“灵魂不朽之说，我并不否认，也不承认。我拿不出什么理由来信仰他，但是我也没有法子否认他。”胡适因自幼受范缜《神灭论》一书的影响，自始至终保持无神论者的立场。他否认神不灭论，否认上帝，否认寻求万事万物的神秘因素，超越传统的“三不朽”人生观，自创“社会不朽论”。1921 年 5 月 18 日，他的日记记载的一则故事，颇能反映他坚定的无神论立场与意志力：

> 上午，司徒尔先生（Dr Stuart）与刘廷芳牧师与霍进德先生（H. T. Hodgkin）来谈。霍君是一个“匮克”（Quacker），他的宗教信心很强，他以为一个人若不信上帝，若不信一个公道的天意，决不能有改良社会的热心与毅力。我说，我不信上帝，并且绝对否认他这句通则。大贤如 John Stuart Mill, T. H. Huxley, Charles Darwin，都不信上帝，但谁敢说他们没有热心与毅力吗？[①]

在接受实验主义思想影响后，胡适更是对实证主义的方法笃信不疑，坚决主张“凡是没有充分证据的，只可存疑，不当信仰”。胡适进化观中所包含的这种科学主义因素，与赫胥黎明显构成一定的差异。胡适一生与不同的宗教打过交道，从东方的佛教到西方的基督教，但他终究与宗教无缘，不信仰任何宗教。这究竟是其内在的科学精神使然，还是其本性与宗教绝缘，或是中国人文传统的影响，是一个值得探究的疑问。

二、推崇美国式的个人主义精神

易卜生主义是青年胡适在美国接触并受之影响颇深的西方思潮之一。胡适接触易卜生和其作品，可能最早不会迟于 1912 年春间。康奈尔大学“理学会”当时举行了两场“易卜生的伦理”讲座，讲演者 N. Schmidt 教授事先开

---

① 《胡适全集·日记（1919—1922）》第 29 册，合肥：安徽教育出版社，2004 年，第 256 页。

了一个供听讲者阅读的书目，其中就有《布兰德》《社会的栋梁》《国民公敌》《玩偶之家》《罗斯马庄》《海上夫人》《大匠》。据考，胡适《易卜生主义》一文所征引的文献与之颇为雷同。1914年8月9日，胡适在日记中写道："昨日读易卜生名剧《海妲传》(*Hedda Gabler*)，极喜之。此书非问题剧也，但写生耳。海妲为世界文学中第一女蜮，其可畏之手段，较之萧氏之麦克伯妃(Lady Macbeth)但有过之无不及也。"[①]这可能是在为写作《易卜生主义》一文做材料上的准备。胡适后来自述："《易卜生主义》一篇写的最早，最初的英文稿是民国三年在康奈尔大学哲学会宣读的，中文稿是民国七年写的。易卜生最可代表十九世纪欧洲的个人主义的精华，故我这篇文章只写得一种健全的个人主义的人生观。"[②]遗憾的是，我们至今未找到胡适所提到的这篇英文稿。有关这篇论文英文稿的写作过程，胡适在1921年5月19日日记中有简略回忆："他(指M. W. Sampson教授，引者按)的话，我深信不疑，因为我第一次做成一篇《易卜生主义》时，我拿去请教他，我并不是他的学生，而且我们已做了一年多的朋友，他竟全不客气，说我不应该强作'什么主义''什么主义'的分别；他替我改了好几处，直到后半篇，他才说一两句赞辞。这种态度，使我敬畏。我自从听他那番话以后，也立誓不徇情面，不说违心的应酬话。"[③]可见，他最初写作这篇文章，受到了美国M. W. Sampson教授的指导。在这一学习过程中，胡适对易卜生的作品及其思想精髓有了一定的把握[④]。

易卜生主义的主旨在于提倡一种所谓"健全的个人主义"。易卜生本人对个人主义曾有过一段精辟的论述："我所最期望于你的是一种真实纯粹的为我主义。要使你有时觉得天下只有关于你的事最要紧，其余的都算不得什么……你要想有益于社会，最好的法子莫如把你自己这块材料铸造成器……有时候我真觉得全世界都像海上撞沉了的船，最要紧的还是救出自己。"[⑤]易

---

① 《胡适全集·日记(1906—1914)》第27册，第440页。

② 《介绍我自己的思想——〈胡适文选〉自序》，收入《胡适文集》第5册，第510页。

③ 《胡适全集·日记(1919—1922)》第29册，第261页。

④ 有关胡适这一学习过程，参见江勇振《舍我其谁：胡适》第一部，北京：新星出版社，2011年，第627～631页。

⑤ 参见胡适《介绍我自己的思想——〈胡适文选〉自序》，收入《胡适文集》第5册，第511页。

卜生这一观念渗透于胡适的思想深处,使他形成了与传统价值观念完全有别的、以个人为本位的新人生观。

1918年6月15日出版的《新青年》四卷六号为胡适编辑,该号为“易卜生专号”,胡适刊出《易卜生主义》一文,他宣称:“把自己铸造成器,方才可以希望有益于社会。真实的为我,便是最有益的为人,把自己铸造成了自由独立的人格,你自然会不知足,不满意于现状,敢说老实话,敢攻击社会上的腐败情形,做一个‘贫贱不能移,富贵不能淫,威武不能屈’的斯铎曼先生。”[①]他对个人主义的辩护词是“争你们个人的自由,便是为国家争自由!争你们自己的人格,便是为国家争人格!自由平等的国家不是一群奴才建造得起来的”[②]。当时,新文化运动高举反孔教大旗,狂飙突进;《新青年》杂志刊登的激进言论,在社会上产生了巨大反响,广大青年受之启发,走上了与传统离异的道路。传统的家族观念要求“子从父,妻从夫,幼从老”,以家庭为本位,结果为了所谓家庭的整体利益,个人的意志牺牲了。易卜生那鲜明的个人主义思想所显现的魅力,强烈地打动了一代新青年,为“五四”时期一代新青年反叛传统提供了强有力的理论依据。

胡适倡导“健全的个人主义”,力主个性解放,这恰好适应了当时历史发展的需要。胡适谈及易卜生主义在“五四”时期的社会影响时说:“这篇文章在民国七八年间所以能有最大的兴奋作用和解放作用,也正是因为它所提倡的个人主义在当日确是最新鲜又最需要的一针注射。”[③]胡适宣传的易卜生主义之所以在“五四”时期产生广泛的社会影响,正是因其与当时的历史要求紧密相连。儒家伦理及其礼教积存数千年,像网罗一样牢笼人们的思想,要冲破它不得不花大气力。中国虽然经历了推翻清王朝的辛亥革命,建立了民国,但并没有真正确立民主政治制度,只是以新的军阀政权代替旧的君主专制。民国初年的黑暗局面日甚一日。至于在文化思想这一深层的社会结构里,传统的儒家伦理纲常并没有根本动摇,人们仍旧受制于旧伦理、旧道德、旧思想的束缚,将人们从旧伦理、旧道德中解放出来,理所当然成为迫切要求解决的问

---

① 《介绍我自己的思想——〈胡适文选〉自序》,收入《胡适文集》第5册,第511页。

② 《介绍我自己的思想——〈胡适文选〉自序》,收入《胡适文集》第5册,第511页。

③ 《介绍我自己的思想——〈胡适文选〉自序》,收入《胡适文集》第5册,第510页。

题。易卜生主义中内含的个性解放、人格独立，要求自由发展的权利，自然蕴含强烈的现代意义，它比传统的儒家伦理更适合人性。

"五四"以后，胡适继续坚持其个人主义立场，他甚至以此为标准划分20世纪初以来中国历史的分期，将其断分为两个历史阶段："(一)维多利亚思想时代，从梁任公到《新青年》，多是侧重个人的解放。(二)集体主义(Collections)时代，1923年以后，其沦为民族主义运动，共产革命运动，皆属于这个反个人主义的倾向。"[①]1930年代以后，随着民族矛盾的急剧上升，民族主义思潮很快成为思想界的主潮。胡适对此颇有感触，他感叹地说："这年头是'五四运动'最不时髦的年头。"1935年5月6日，胡适发表《个人自由与社会进步——再谈五四运动》一文，表示同意他的朋友张熙若的观点："五四运动的意义是思想解放，思想解放使得个人解放，个人解放产出的政治哲学是所谓个人主义的政治哲学。"他还认为："张先生所谓'个人主义'，其实就是'自由主义'(Liberalism)。我们在民国八九年之间，就感觉到当时的'新思潮'、'新文化'、'新生活'有仔细说明意义的必要。无疑的，民国六七年北京大学所提倡的新运动，无论形式上如何五花八门，意义上只是思想的解放与个人的解放。"针对30年代对个人主义的各种批评和指责，他辩护道："平心说来，这种批评是不公道的，是根据于一种误解的。他们说个人主义的人生观是资本主义社会的人生观。这是滥用名词的大笑话。难道在社会主义的国家里就可以不用充分发展个人的才能了吗？难道社会主义的国家里就用不着有独立自由思想的个人了吗？难道当时辛苦奋斗创立社会主义共产主义的志士仁人都是资本主义社会的奴才吗？""一个新社会、新国家，总是一些爱自由爱真理的人造成的，决不是一班奴才造成的。"[②]对"五四"精神的这种理解、对个人主义的强烈肯定，显然是胡适对自己当年宣传"健全的个人主义"的一种自我肯定。

第二次世界大战以后，胡适对个人主义的辩护与当时的意识形态之战联结在一起。1941年，胡适发表著名的英文演讲《意识形态的冲突》(*The*

① 《胡适全集·日记(1931—1937)》第32册，第244页。

② 《胡适文集》第11册，第584～587页。

Conflict of Ideologies，一译为《民主与极权的冲突》)，对民主与极权作了严格区别，即民主与极权的冲突主要来自于两个方面：一是"急进革命的方法，与渐进改善的方法之冲突"；二是"企图强迫划一，与重视自由发展的冲突"[1]。这篇文章已经包含胡适后期政治思想的所有线索，只是它的中译文直到1949年方出现在《自由中国》的创刊号上，才引起中文世界的人的注意。在文中，胡适追溯了民主主义生活方式的历史起源，将个人自由看成宗教改革的产物。"民主主义的生活方式，根本上是个人主义的。由历史观点看来，它肇始于'不从国教'，这初步的宗教个人主义，引起了最初的自由观点。保卫宗教自由的人们，宁愿牺牲自己的生命财产，而反抗压迫干涉的斗争，个人按照自己的意思敬奉上帝，乃是近代民主精神制度在历史上的发端。这个不从国教的精神，也和其他各种自由，有密切的关系，如思想、言论、出版、集会等自由。"[2]至于个人主义与民主的生活方式关系，胡适表示："为民主的生活方式和民主制度而辩护，须对于健全的个人主义的价值，具有清楚的了解"；"如果个人不能自由发展，便谈不到文明"[3]。这种将个人主义视为民主的生活方式、极权主义的对立面，是一种典型的美国式自由主义哲学。

1954年，胡适在解释资本主义文明时，再次指出："使人人自己能自食其力，'帝力何有于我哉！'这是资本主义的哲学，个人主义、自由主义的哲学。"[4]从这一言论看，胡适并不回避个人主义与资本主义的相关性联系，完全认同个人主义的生活方式，这反映了他对美国式价值观的偏爱。

个人主义作为一种近代的人生价值观，是个性解放潮流的哲学基础，它带有鲜明的现代性特征。那些眷恋传统或具有后现代意识的思想家对个人主义的流弊多有批评，在西方对个人主义的争议和辩驳始终不断，但个人主义作为一种颇为流行，甚至是主流的价值观又长存于世。严复作为中国自由主义的先驱人物，在一战时期即对个人主义开始有所反省，"五四"时期的文

① 《民主与极权的冲突》，胡颂平《胡适之先生年谱长编初稿》第5册，台北：联经出版公司，1985年第3版，第1739页。

② 参见胡颂平《胡适之先生年谱长编初稿》第5册，第1737～1738页。

③ 参见胡颂平《胡适之先生年谱长编初稿》第5册，第1739页。

④ 胡适：《从〈到奴役之路〉说起》，收入《胡适文集》第12册，第836页。

化保守主义者张君劢、梁漱溟等人对西方的个人主义价值取向颇不以为然，后来的马克思主义者更是视之为资本主义的人生哲学而加以否定。胡适一生对个人主义所张扬的个性解放和思想自由笃信不疑，这一方面表明了他的个人思想选择，另一方面也反映了他的思想限制。如果说在二战前胡适为个人主义的辩护是与五四传统、五四精神联结在一起的话，那么，二战后胡适对个人主义的维护很大程度上是与当时冷战时期的意识形态之战结合在一起的，从这个意义上说，胡适后期的这一主张确实带有相当强的政治意味和政治色彩。

三、终身服膺杜威的实验主义

杜威的实验主义，是一种美国本土哲学，也是对胡适影响最为深刻的西方哲学思潮。现代西方著名哲学家罗素曾说："杜威的兴趣不是数学的，而是生物学的兴趣，他把思维理解为一种进化过程。"[①]理解这一点，对我们探讨胡适为什么能将赫胥黎和杜威的思想集于一身会有一定助益。

胡适接触杜威哲学，可能是在他就读康奈尔大学的第三、四年(1913～1914年)。1915年夏，胡适离开康乃尔大学，一重要原因就是因为他厌恶了康奈尔大学塞基派的与黑格尔哲学有承继渊源关系的所谓"新唯心主义"。正是从塞基派对杜威哲学的猛烈批判中，胡适对杜威思想发生了探究的兴趣。胡适在自传中详细记录了这一思想转变过程："我转学哥大的原因之一便是因为康乃尔哲学系基本上被新唯心主义学派所占据了的缘故。所谓'新唯心主义'又叫做'客观唯心论'，是十九世纪末期英国思想家葛里茵等由黑格尔派哲学中流变出来的。康乃尔的塞基派的哲学动不动就批评'实验主义'，他们在讨论班上总要找出一位重要的对象来批评。杜威便是被他们经常提出的批判对象。……在聆听这些批杜的讨论和为着参加康大批杜的讨论而潜心阅读些杜派之书以后，我对杜威和杜派哲学渐渐的发生了兴趣，因而我尽可能多读实验主义的书籍。在1915年的暑假，我对实验主义作了一

① 罗素：《西方哲学史》下册，马元德译，北京：商务印书馆，1988年，第379页。

番有系统的阅读和研究之后,我决定转学哥大去向杜威学习哲学。"[①]杜威宣传的实验主义,其积极意义在于以思想为工具,去改造社会和教育。与欧洲传统的经院哲学或德国古典哲学相比较,杜威哲学思想是相对通俗的,其基本信条是"经验即生活,生活即是应付环境"。这对一个流落异域、生活窘迫的青年留学生来说,无疑具有极大的吸引力。在哥大攻读博士学位期间,胡适选修了杜威的两门课:"论理学之宗派"和"社会政治哲学"。谈及对所选这两门课的感受,胡适表示:"我非常喜欢'论理学之宗派'那一课。那门课也启发我去决定我的博士论文的题目:《中国古代哲学方法之进化史》。"[②]从此以后,实验主义便成了胡适的"哲学基础",成了他生活和思想的"一个向导",胡适与实验主义结下了不解之缘。

胡适最初接受杜威哲学影响的成果,集中表现在他 1919 年写作的长篇哲学论文——《实验主义》。这篇论文对美国实验主义哲学流派的主要代表皮尔士、詹姆士、杜威等人的思想作了系统论述和思想溯源,其中涉及杜威的思想则占了文章的大半篇幅。胡适从三个方面介绍了杜威的思想:(1)杜威哲学的根本观念,(2)杜威论思想,(3)杜威的教育哲学。胡适认为对"经验"一词的新阐释是杜威哲学的根本观念,亦是杜威哲学与一切传统哲学派别相区别的根本标志。杜威的这一根本观念可以概括为:(1)"经验就是生活,生活就是对付人类周围的环境";(2)"在这种应付环境的行为之中,思想的作用最为重要,一切有意识的行为都含有思想的作用,思想乃是应付环境的工具";(3)"真正的哲学必须抛弃从前种种玩意儿的'哲学家的问题',必须变成解决'人的问题'的方法"[③]。胡适完全认同这些杜威哲学的根本观念,这是他接受杜威思想的明证。

实验主义作为解决问题的一种具体方法,有人甚至称之为"工具主义"(Instrumentalism),胡适对此亦有所悟,这可能是实验主义影响他思想层面的

---

① 唐德刚译注:《胡适口述自传》第五章《哥伦比亚大学和杜威》,收入《胡适文集》第 1 册,第 263 页。

② 唐德刚译注:《胡适口述自传》第五章《哥伦比亚大学和杜威》,收入《胡适文集》第 1 册,第 263 页。

③ 《实验主义》,收入《胡适文集》第 2 册,第 231 页。

最重要的方面。胡适对此有所交代:"杜威对我其后一生的文化生命既然有决定性的影响,我也就难于作详细的叙述。他对我之所以具有那样的吸引力,可能也是因为他是那些实验主义大师之中,对宗教的看法是比较最理性化的了。杜威对威廉·詹姆士的批评甚为严厉。老实说我也不欢喜读詹氏的名著《信仰的意志》(*The Will to Believe*)。我本人就是缺少这种'信仰的意志'的众生之一;所以我对杜威的多谈科学少谈宗教的更接近'机(工)具主义'(Instrumentalism)的思想方式比较有兴趣。"[①]从胡适这段自我表白可以看出,他与杜威思想接近的一个重要原因是两人对宗教的态度比较一致或情趣相投,他们都是标榜科学而避谈宗教的学者。从这个角度出发,胡适对杜威哲学的这一取向做了解释:"一切的思想、知识、经验,都是生活的工具,生活的基础。每一个人所有过去的经验,和现在的经验,都是为帮助将来生活的工具。天地间一切真理、一切学术、一切教育,以及什么圣人和贤人的话,天经地义的金科玉律,都不过是工具。这都是帮助我们解决问题的,帮助我们提一个暗示、一个假设的工具,所以便有人说杜威是工具主义(Instrumentalism)的一派。"[②]胡适后来写作的《工具主义的政治哲学》(*The Political Philosophy of Instrumentalism*,1940)、《作为一种政治哲学的工具主义》(*Instrumentalism as a Political Concept*,1941)实际表现了他这方面的思想收获。

杜威哲学对胡适思想影响的另一个重要层面是思想方法。胡适自认:"'方法'实在主宰了我四十多年所有的著述。从基本上说,我这一点实在得益于杜威的影响。"[③]胡适在进哥大以前就已读过杜威的《思维术》(*How We Think*),并对之"发生兴趣,也受其影响"。杜威将实验主义解决问题的思想过程分为五个步骤:(1)疑难的境地是思想的起点;(2)指定疑难之点究竟在何处;(3)假定种种解决疑难的办法;(4)决定哪一种假设是比较适用的解决;

---

① 唐德刚译注:《胡适口述自传》第五章《哥伦比亚大学和杜威》,收入《胡适文集》第1册,第264页。

② 《杜威哲学》,《胡适文集》第12册,第369页。

③ 唐德刚译注:《胡适口述自传》第五章《哥伦比亚大学和杜威》,收入《胡适文集》第1册,第265页。

(5)证实这种解决的办法使人信用或者谬误[①]。胡适将这一思想方法运用于自己的学术研究,受益极大。胡适在总结自己的学术研究时说:“杜威对有系统思想的分析帮助了我对一般科学研究的基本步骤的了解。他也帮助了我对我国近千年来——尤其是近三百年来——古典学术和史学家治学的方法,诸如‘考据学’、‘考证学’等等。(这些传统的治学方法)我把它们英译为evidential investigation(有证据的探讨),也就是根据证据的探讨(无征不信)。在那个时候,很少人(甚至根本没有人)曾想到现代的科学法则和我国古代的考据学、考证学,在方法上有其相通之处。我是第一个说这句话的人,我之所以能说出这话来,实得之于杜威有关思想的理论。”[②]

注重所谓“生活教育”,是胡适传播杜威教育哲学中值得称道的一点。在杜威看来,“教育即是生活,并不是将来生活的预备”,因而他视“教育目的与教育的进行是一件事,不是两件事”。杜威教育宗旨的要义可以归纳为二:(1)“教育即是生活”;(2)“教育即是继续不断的重新组织经验,要使经验的意义格外增加,要使个人主持指挥后来经验的能力格外增加”[③]。胡适认同杜威思想的平民主义教育主张,强调“学校自身须是一种社会的生活,须有社会生活所应有的种种条件”,“学校里的学业须要和学校外的生活连贯一气”[④];提倡发展职业教育、技术教育,这对破除传统教育中那种“教育与社会脱节,生活与教育脱节”的现象,确有其积极意义。

将实验主义运用于研究社会问题,胡适强调从研究一个一个具体问题入手,不要空谈理论。胡适的这一思想在《多研究些问题,少谈些“主义”》一文中得到了充分的表现,他认为:“凡是有价值的思想,都是从这个那个具体的问题下手的。”[⑤]针对“五四”时期各种流行的主义、思潮,他表示了自己的不同意见:“第一,空谈好听的‘主义’,是极其容易的事,是阿猫阿狗都能做的

---

① 《实验主义》,收入《胡适文集》第2册,第233页。

② 唐德刚译注:《胡适口述自传》第五章《哥伦比亚大学和杜威》,收入《胡适文集》第1册,第268页。

③ 《实验主义》,收入《胡适文集》第2册,第241页。

④ 《实验主义》,收入《胡适文集》第2册,第248页。

⑤ 《问题与主义》,收入《胡适文集》第2册,第252页。

事,是鹦鹉和留声机器都能做的事。""第二,空谈外来进口的'主义',是没有什么用处的。一切主义都是某时某地的有心人,对于那时那地的社会需要的救济方法。""第三,偏向纸上的'主义',是很危险的。这种口头禅很容易被无耻政客用来做种种害人的事。"[①]他希望人们从具体的社会环境出发,多研究些现实社会问题。

实验主义在"五四"时期风靡一时,这与胡适的大力提倡及杜威本人的来华讲学是分不开的。杜威从 1919 年 5 月 1 日到沪,至 1921 年 7 月返美,在华停留两年多时间,除在北京作多场演讲外,还在各地巡回演讲,这在西方思想家是前所未有的[②]。加上胡适的翻译介绍,实验主义遂成为对当时中国知识界最有影响力的西方思潮。杜威离华时,胡适曾作预言:"在最近的将来几十年中,也未必有别个西洋学者在中国的影响可以比杜威先生还大的。"[③]历史的发展却出乎胡适的意料之外,"五四"运动以后,随着马克思主义的广泛传播,社会主义思潮在中国的影响力越来越大,1930 年代以后,实验主义的影响力逐渐式微。杜威的实验主义除了在中国教育界真正有所"试验"外,并没有产生胡适所期盼的社会影响和作用。

杜威哲学是近代美国资本主义文明发展的产物,胡适应新文化运动思想解放之需要,把实验主义拿过来为我所用,作为冲击传统文化秩序的一个有力武器,包含有不少合理因素。它表现在打破旧的宗教迷信上,胡适宣传的实验主义推崇"科学态度",讲究"实验是真理的唯一试金石"[④],不迷信宗教,主张"科学证据"。这样一来,不但同善社、悟善社等等变相的道教要受理性主义的评判和打击,就是基督教教义与信条也免不掉它的评判与打击。表现在社会历史观上,传统的历史观囿于"天不变,道亦不变"的老调,恪守儒家的"纲常伦理"。胡适宣传的实验主义,只承认真理的相对性,蔑视传统的权威,

---

① 《问题与主义》,收入《胡适文集》第 2 册,第 249～250 页。

② 有关杜威来华讲学的研究,参见元青《杜威与中国》,北京:人民出版社,2001 年;拙作《胡适与哥伦比亚大学》,收入《欧阳哲生讲胡适》,北京:北京大学出版社,2008 年,第 101～107 页。

③ 《杜威先生与中国》,收入《胡适文集》第 2 册,第 279 页。

④ 《杜威先生与中国》,收入《胡适文集》第 2 册,第 280 页。

不拘守陈腐的教条，破除固有的伦理秩序，这对于动摇儒学的统治地位，摧毁儒学意识形态，无疑具有极大的冲击作用。同时我们还应看到，中国与美国的历史传统和社会条件大相径庭，实验主义毕竟是典型的美国本土哲学，在中国特殊的历史条件下，它的应用和影响范围确实有限，有其难以克服的外在的、内在的限制。

胡适从留学美国时代开始接触杜威著作，获得新的思想生命，直到1950年代在台湾发表《杜威哲学》《杜威在中国》等演讲，终身奉行实验主义而不渝，表现了一以贯之、固守实验主义的态度，这在中国近代思想史上提供了一个典型的思想标本。然而正是如此，这对他的思想眼光和学术眼光多少又是一个限制。随着历史的演进，实验主义与其他众多在中国曾经流行过的西方哲学思潮一样，在完成了它的历史使命以后，也逐渐泡沫化。

四、胡适思想与西方近世文明之关联

1840年鸦片战争以降，西方殖民者运用军事战争、外交讹诈、经济掠夺、文化渗透等多种方式，冲击中国固有的社会结构，给清王朝以空前的挫辱和削弱。为挽救中国的社会危机，中国近代社会变革者根据自己对西方的认识，先后采取过几种不同的变革方案。一是曾国藩、李鸿章受西方技术方面的刺激，发动了以器用“自强”为主的洋务运动；二是康有为、梁启超和孙中山等受西方政治方面的影响，发动了具有政治革新意义的“维新变法”和民主革命；三是陈独秀、胡适等人受西方近世思想文化的影响，将改革锋芒直指传统文化，发动了具有思想变革意义的新文化运动。作为新文化运动的主要代表胡适，他的新文化观与其对近世西方文明的理解有着密切的关联。

第一，胡适是从整体上把握西方近世文明，认为西方近世文明是精神与物质的有机结合体。“没有一种文明是精神的，也没有一种文明是物质的”。中国不但在物质上应吸收西方近代文明，而且在精神上也要向西方学习。这一观点在《我们对于西洋近代文明的态度》中得到充分的诠释，这对自19世纪下半期以来在国人心中占主导地位的“中体西用”模式是一个有力的冲击和强烈的挑战。

第二，胡适认为西方近世文明的精髓是民主与科学，民主与科学是一种具有普适意义的价值观，这与陈独秀在《本志罪案之答辩书》中所表明的观点基本一致，也可以说是新文化运动健将们的共识。胡适晚年对"五四"时期所主张的民主、科学所应有的含义重新给予了解释，认定："民主是一种生活方式；是一种习惯性的行为。'科学'则是一种思想和知识的法则。科学和民主两者都牵涉到一种心理状态和一种行为的习惯，一种生活方式。"①

第三，胡适认为循序渐进是美国现代化道路的成功之处，所以他不遗余力地推销"美国经验"，这一观点虽与国、共两党有别，但从长远的观点看，对中国现代化运动仍具有重要的启示意义。从他 1927 年访美归来发表的《漫游的感想》，到 1941 年发表的《民主与极权的冲突》，胡适一再强调社会发展的渐进模式是现代化的正途，中国应采取这一方向，这表现了他对美国发展模式经验的吸收和偏爱。

第四，胡适喜欢把新文化运动定位为"中国之文艺复兴运动"，并认为中国的新文化运动与西方的文艺复兴运动"有很多的相同之处"②，有时甚至断定其间"实在没有什么不同之处"。胡适的这一看法说明他的新文化观确曾受到西方文艺复兴运动模式的影响。胡适最初提倡白话文，常将之与西方各国近代国语文学的产生相提并论。更为重要的是，胡适力图把文艺复兴运动模式贯彻到中国的新文化运动中，因而提出"研究问题，输入学理，整理国故，再造文明"③的方针，以指导中国新文化运动。

总之，进化论、易卜生主义、杜威的实验主义、欧洲文艺复兴的思维模式，实为胡适的社会历史观、人生价值观、哲学方法和新文化路线的理论基础。从这一基础出发，二十世纪二三十年代，胡适又先后提出了"国际的中国""全盘西化""充分的世界化""一心一意的现代化"或"全力现代化"等主张。其中的所谓"西化"实是现代化的代名词。在现代化一词没有流行开来之前，中文

---

① 唐德刚译注：《胡适口述自传》第九章《"五四运动"——一场不幸的政治干扰》，收入《胡适文集》第 1 册，第 356 页。

② 参见唐德刚译注《胡适口述自传》第八章《从文学革命到文艺复兴》，收入《胡适文集》第 1 册，第 340 页。

③ 胡适：《新思潮的意义》，收入《胡适文集》第 2 册，第 551 页。

的“欧化”“西化”其实表达的就是一种现代化的价值取向或对现代化的诉求。1940年代以后，胡适不再使用“西化”“全盘西化”这类颇易让人产生歧义的词汇。胡适的“西化”思想是建构在其西学的知识大厦之上的，没有充分的西学准备，没有开阔的世界视野，就不会有这样一种开放的心态和对外来文化包容的思想。

原载《安徽大学学报》2012年第2期

明清徽商典当资本的经营效益

王裕明

有关明清徽商典当资本的经营效益，历来所论甚少，仅见汪崇筼和郑小娟有所论述①。汪崇筼通过研究《崇祯二年休宁程虚宇立分书》，认为徽商典当资本利润率（原文用“资本增值”表示）在4.9%～9.67%之间，并且有规则地随计利年数的增加而增加，但当计利年数超过20年后，维持在9.5%或9.6%而不超过10%。郑小娟通过研究《乾隆十六年黄炽等立阄分合同》，认为徽商典当资本利润率（原文用“资本增值”表示）为10%。遗憾的是，汪氏由于计算方法的不当，从而导致根本性错误。郑氏则是将典铺借贷资本与徽州典商典当资本混为一谈，从而将典铺借贷利率视为徽商典当资本的利润率。两氏相关论述，显然无法说明明清徽商典当资本的经营效益。而对明清徽商典当资本经营效益的探讨，不仅关乎徽州典商的评价，而且关系到对明清典当业的认识，故而颇为必要。

明清时期，判断商业资本经营效益好坏的指标是利润和利润率，衡量商

---

① 汪崇筼：《徽州典当资本的增值：以程虚宇家庭为例》（《中国社会经济史研究》2004年第3期）、《清代徽州土地与商业投资回报率的比较》（《清史研究》2006年第2期）、《徽州典当业研究中三个可能的误区》（《安徽师范大学学报》2006年第2期）、《清代徽商布茶经营数据分析各一例》（《徽学丛刊》第6辑，2008年）；郑小娟：《〈乾隆十六年黄炽等立阄分合同〉所见徽商典当资本研究》（《福建师范大学学报》2007年第5期）。

业资本经营效益好坏的标准是年利润是否达银千两和利润率是否达10%[①]。若商业资本年利润达银千两和利润率超过10%,则表明其经营效益好;反之,则表明其经营效益差。若商业资本年利润达银千两或利润率达10%,则表明其经营效益一般。现据此指标和标准,就明代、清前期(顺康)、清中期(雍嘉)和清后期(道宣)4个时期徽商典当资本的经营效益作一论述。不当之处,敬请学界同仁不吝赐教。

一、明代徽商典当资本效益

万历年间休宁苏圻吴文奎和嘉万年间休宁钟泽程有敬两家商业资本的利润和利润率,可以反映明代徽商典当资本的经营效益。

(一)吴文奎资本效益

万历年间吴文奎资本效益可以从《万历收支银两册》中得出。《万历收支银两册》,1册,藏于中国国家图书馆,残本,封面题"□□网抄"。现书名为今人所拟。郭道扬《中国会计史稿》对该账簿有简介[②]。经考证,该账簿为休宁苏圻吴可献所抄,主要记载吴父吴文奎万历年间商业经营的收支情况。吴文奎的商业经营以典业为主,在湖北兴国州、蕲州和广济县武穴镇等处先后开设6座典铺(中有歇业者,平均年典铺4座)。该账簿记载万历十五年(1587年)十月至万历四十一年十月的账务,其中,万历二十年十月至万历二十一年十月、万历二十三年十月至万历二十六年十月等4个年度账务完全缺失,故而,《万历收支银两册》实际所载为22个年度的账务。

① 就利润而言,明清文献中以"累致千金"来形容利润丰厚。如明代祁门汪献祥,"长游四方,往来江淮间,累千金"(康熙《祁门县志》卷4《孝义》)。又嘉万年间歙县汪钵,"就近而贾海阳,聚致千金者三,称良贾矣"(汪道昆《太函集》卷40《共程传》)。就利润率而言,明清文献中以不及"什一之息"来形容经营效益不佳,而以超过"什一之息"来形容经营效益较好。以不及"什一之息"来形容经营效益不佳的如,明代徽商,"上贾栖淮海,治鱼盐,恪守程期,岁息不逮什一。顾薄收厚积,原大而饶"(《太函集》卷17《寿域篇为长者王封君寿》)。以超过"什一之息"来形容经营效益较好的如,成嘉年间歙县黄崇德经商山东,"法刁氏之任人,师周人之纤俭,效任氏之贵善,用国氏之富术,一岁中其息什一"(歙县《竦塘黄氏宗谱》卷5《明故金竺黄公崇德公行状》)。

② 郭道扬:《中国会计史稿》下册,北京:中国财政经济出版社,1988年,第97页。

1. 利润。《万历收支银两册》明确记录了各年度的利润数，现据账簿将吴文奎资本各年利润列表如下：

表 1 万历年间吴文奎各年度利润 （单位:银，两）

年度	十五年	十六年	十七年	十八年	十九年	二十一年	二十二年	二十六年
利润	1455.292	1160.751	1345.901	1450.279	1948.44	1971.07	1969.121	2174.974
年度	二十七年	二十八年	二十九年	三十年	三十一年	三十二年	三十三年	三十四年
利润	2421.768	1625.275	3850.912	2961.412	2208.132	2187.998	2788.417	2765.717
年度	三十五年	三十六年	三十七年	三十八年	三十九年	四十年	总计	年均
利润	1882.678	1759.358	2256.062	3174.249	3696.112	3077.425	38830.49	2278.7

从表 1 可以看出，第一，吴文奎资本各年利润数不等，最多的为银 3850 余两，最少的为 1160 余两，前者是后者的 3 倍多。第二，吴文奎资本各年利润较高，皆在 1000 两以上。其中，在银 1000～1999 两之间的达 10 年，在银 2000～2999 两之间的为 8 年，银 3000 两以上的有 4 年。22 年间总利润数为银 38830.49 两，平均年利润数为银 2278.7 两，单一典铺年利润约银 570 两。

2. 利润率。《万历收支银两册》明确记录了各年度的利润率，现据账簿将吴文奎资本各年度利润率列表如下：

表 2 万历年间吴文奎各年度利润率(％)

年度	十五年	十六年	十七年	十八年	十九年	二十一年	二十二年	二十六年
利润率	17.98	13.10	14.54	14.77	18.56	14.75	13.61	11.25
年度	二十七年	二十八年	二十九年	三十年	三十一年	三十二年	三十三年	三十四年
利润率	12.07	7.7	17.86	13.54	10.05	9.72	12.03	11.63
年度	三十五年	三十六年	三十七年	三十八年	三十九年	四十年	年均利润率	
利润率	7.86	7.02	8.96	12.55	14.15	11.35	12.05	

从表 2 可以看出，吴文奎资本各年度的利润率不平衡，差别较大，最高的万历十九年达 18.56％；最低的万历三十六年为 7.02％，两者相差超过 10 个百分点，前者为后者的 2 倍多。22 年间，吴文奎资本年平均利润率为 12.05％。

(二)程有敬资本效益

嘉万年间程有敬资本效益可以从《万历十六年程有敬分家书》得出。《万历十六年程有敬分家书》,1册,写本,藏于南京大学历史系。该分家书直接记载了嘉靖四十五年(1566年)至万历十五年程有敬商业资本的利润率。如"嘉靖四十五年起至万历五年十一月廿一日止,作十一年算,利一一九算",即从嘉靖四十五年起至万历五年的11年间,年利率为11.9%。又万历六年"觅利九厘五毛算",即该年的利率为9.5%。现将其各年利润率列表如下:

表3 嘉靖、万历年间程有敬各年度利润率(%)

年代	利润率	年均利润率	年代	利润率	年均利润率
嘉靖四十五年至万历五年	130.4	11.9	万历十年	10.95	10.95
万历六年	9.5	9.5	万历十一年	19	19
万历七年	2.8	2.8	万历十二至十五年	15.4	3.85
万历八至九年	17.2	8.6	嘉靖四十五年至万历十五年	205.25	9.77

从表3可以看出,程氏资本各年利润率并不一致,最高的为万历十一年的19%;最低的为万历十二年至十五年,只有3.85%,平均为9.77%。不过,据分家书所载,嘉万年间,程有敬不仅业典而且兼营盐业,除在青浦朱家角开设资本约银6000两典铺1座外,在扬州、安庆、大通等处尚有4000余两的盐业资本。这说明,分家书中所载利润率实为程氏全部商业资本的利润率,而非程氏典业资本利润率。其中,据分家书所载,万历七年的利润率并不包括典业资本利润率。经计算,程氏典当资本利润率约为13%。以此相推,程氏典铺年利润约银700两。

从吴、程两家典当资本看,明代徽商典当资本利润率超过12%。

二、清前期徽商典当资本效益

康熙程氏《应盘存收支总账》可以反映清前期徽商典当资本的经营效益。康熙程氏《应盘存收支总账》,1册,藏中国社会科学院历史研究所,日本学者臼井佐知子曾作过分析[①]。经考证，该账簿为休宁榆村程嘉树家庭所有，详细记录了康熙三十五年(1696 年)至四十四年程嘉树商业资本数量，以及康熙三十七至四十四年收益及其分配。其中包括程嘉树德记、恒升、恒大、恒盛和恒茂 5 座典铺历年的资本和利润。

1. 利润。康熙程氏《应盘存收支总账》历年盘存时对各典得利悉为记录(康熙三十五年、三十六年未记利润数)，现列表如下：

表 4　康熙年间程嘉树各典年度利润　　(单位：银，两)

典名	德记	恒升	恒大	恒盛	恒茂	合计
三十七年	957.208	1436.73	918.696	1269.291	821.729	5403.654
三十八年	971.18	1882.933	1292.013	1333.803	906.562	6386.491
三十九年	917.674	2150.601	1140.997	1345.724	1020.121	6575.117
四十年	1323.927	2380.494	1017.83	1448.947	1175.443	7346.641
四十一年	1268.806	2374.351	1167.463	1510.97	1033.526	7355.116
四十二年	944.151	2320.523	1119.776	1426.596	1076.271	6887.317
四十三年	1105.275	2568.158	1143.546	1495.655	980.401	7293.035
四十四年	3015.004	1183.626	963.574	1960.787	1151.539	8274.53
总计	10503.225	16296.774	8763.895	11791.773	8165.592	55521.259
平均	1312.903	2037.097	1095.487	1473.972	1020.699	6940.157

表 4 表明，程嘉树典当资本利润各年并不一致，多则银 8200 余两，少则银 5400 余两，前者是后者的 1.5 倍。8 年间共获利润银55521余两，年均利润为银 6940.157 两。同样，各年各典利润不等，利润最多的为康熙四十四年德记典，达银 3015 余两；最少的为康熙三十七年恒茂典，为银 821 余两，前者是后者的 3.7 倍，相差较大。就各典而言，8 年间获利最多的为恒升典，约银 16300 两；其次为恒盛典和德记典，均在银 10000 两以上，而恒大典和恒茂典较少，不及银 8800 两；年均每典利润为银 1388 余两。

2. 利润率。康熙程氏《应盘存收支总账》虽没有明确记录各典各年的利润率，却明确记录了各年各典铺本。其中，“康熙三十五年誊清各本”载，康熙

① [日]臼井佐知子：《徽州商人の研究》，[日]汲古书院，2005 年，第 221～308 页。

三十五年盘存时，德记典共有铺本 15065.277 两，恒升典共有铺本 24009.602 两，恒大典共有铺本 14754.376 两，恒盛典铺本共有 15874.183 两，恒茂典铺本共有 936.139 两。该年盘存时，5 典铺本共为 77639.577 两，平均每典铺本 15527.915 两。经计算，该年 5 典利润率分别为德记 6.863%、恒升 8.8%、恒大 9.06%、恒盛 9.156%、恒茂 8.68%，该年典当资本利润率为 8.512%。现将各年各典利润率列表如下(%)：

表 5　康熙年间程嘉树各典年度利润率(%)

典名	德记	恒升	恒大	恒盛	恒茂	平均
三十七年	6.839	7.05	6.40	9.266	9.314	7.774
三十八年	6.863	8.8	9.06	9.156	8.68	8.512
三十九年	6.64	10.42	7.24	9.15	9.315	8.553
四十年	8.658	11.810	6.938	9.894	11.025	9.665
四十一年	7.604	10.973	8.159	9.819	8.516	9.014
四十二年	5.507	10.662	7.660	9.772	9.401	8.6
四十三年	6.050	10.721	7.473	9.680	8.507	8.486
四十四年	15.739	4.29	6.32	12.30	10.17	9.764
平均	7.988	9.341	7.406	9.880	9.366	8.796

由表 5 可知，各年度典铺利润率不等，最高为康熙四十四年德记典的 15.739%，最低为康熙四十四年恒升典的 4.29%。40 个典铺一年度中，利润率超过 10%的典铺有 9 个，低于 8%的有 14 个，在 8%～10%之间的有 17 个。就各典铺利润率而言，最高的为恒盛典 9.880%，其次为恒茂典和恒升典约 9.35%，再次为德记典不及 8%，最低的为恒大典不及 7.5%。就各年利润率而言，最高的是康熙四十四年达9.764%，其次为康熙四十年和四十一年超过 9%，最低的为康熙三十七年不及 8%。8 年间所有典当资本平均利润率为 8.796%，不及 10%。

三、清中期徽商典当资本效益

通过分析乾隆年间时顺、张恒裕和吴丰 3 典的利润情况，可以了解清中期徽商典当资本的经营效益。

（一）时顺典资本效益

时顺典由歙县郑氏和吴氏合伙开设。乾隆元年（1736 年）《时顺典年总》和乾隆五年《时顺典年总》[①]两册账簿，分别记录了郑、吴两氏两年的资本数目和利润。其中，乾隆元年，郑氏共有资本银 2000 两，获利银 160.712 两；吴氏共有资本 11103.64 两，获利银 892.245 两；两氏共有资本 13103.64 两，获利银 1052.957 两，利润率为 8.0356%。乾隆五年，郑氏有资本银 1847.11 两，获利银 150.265 两；吴氏有资本银 11299.07 两，获利银 919.185 两；两氏共有资本银 13146.18 两，获利银 1069.45 两，利润率为 8.135%。两年中，郑氏共得利银近 311 两，吴氏共得利银近 1811 两，两氏共获利银约 2122 两。郑氏年均获利银约 155 两，吴氏获利银约 905 两，两氏共获利银约 1061 两，利润率为 8.0854%。

（二）张恒裕典资本效益

经考证，张恒裕典为祁门石坑张氏和茗洲吴氏合开。《乾隆四十二年张恒裕典总账》[②]明确记载了张、吴两宅的资本数和利润额。其中，张宅资本为银 14949.758 两，得利银 1793.971 两；吴氏资本为银 21891.6 两，得利银 2189.16 两。合计两宅共资本银 36841.358 两，获利银 3983.131 两，由此计算出该典资本利润率为 10.81%。

（三）吴丰典资本效益

吴丰典为休宁茗洲吴氏开设。《乾隆四十八年吴丰典总账》[③]为一残册，仅记录乾隆十一年至四十八年吴氏各存本者名字、存本数量及获利数，而吴氏存本并非该典全部资本，故而该典各年所获利润不够明确，但从各人各年存本和获利数可推知其利润率。如颍川各年存本、获利及支出如下：

---

① 乾隆元年《时顺典年总》、乾隆五年《时顺典年总》，各 1 册，藏中国社会科学院历史研究所。

② 《乾隆四十二年张恒裕典总账》，1 册，藏中国社会科学院经济研究所。

③ 《乾隆四十八年吴丰典总账》，1 册，藏中国社会科学院经济研究所。

四十年十二月,大总结存本二千四百四十七两九钱一分九厘。

四十一年,收上年存本该结存利二百四十四两七钱九分二厘,收本年十二月旧衣变卖价七十三两九钱七分三厘……除支净存银二千四百零三两四钱二分二厘。

四十二年,收上年结存本二千四百零三两四钱二分二厘,收加本年结利二百四十两零三钱四分二厘……除支净存二千六百二十六两零七分七厘。

四十三年,收上年结存本二千六百二十六两零七分七厘,收加本年结利二百六十二两六钱零八厘……除支净存二千八百四十九两三钱零八厘。

四十四年,收上年结存本二千八百七十九两三钱零八厘,收加本年结利二百八十七两九钱三分……除支净存三千一百六十五两零二分二厘。

四十五年,收上年结存本三千一百六十五两零二分二厘,收加年结利三百一十六两五钱零二厘……除支净存三千四百七十九两五钱七分九厘。

四十六年,收上年结存本三千四百七十九两五钱七分九厘,收加年结利三百四十七两九钱五分八厘……除支净存三千八百二十五两五钱零一厘。

四十七年,收上年结存本三千八百二十五两五钱零一厘,收加年结利三百八十二两五钱五分……除支净存四千二百零五两四钱零三厘。

四十八年,收上年结存本四千二百零五两四钱零三厘,收加年结利四百二十两零五钱四分。

乾隆四十年大总结存本银 2447.919 两,实际上就是乾隆四十一年年初存本银 2447.719 两,而四十一年年终结算时得利银 244.792 两,则其年利润率为 10%。现将颖川乾隆四十一至四十八年资本、获利及年利润率列表如下:

表 6　乾隆年间吴丰典颍川各年度利润和利润率　　(单位:银,两)

年份	四十一年	四十二年	四十三年	四十四年	四十五年	四十六年	四十七年	四十八年
年初存本	2447.919	2403.422	2626.077	2879.308	3165.022	3479.579	3825.501	4205.403
结利	244.792	240.342	262.608	287.93	316.502	347.958	382.55	420.54
利润率(%)	10	10	10	10	10	10	10	10

从表 6 可知,从乾隆四十一至四十八年,颍川资本年得利率皆为 10%。这表明,吴丰典利润是采取正余制分配的。正余制分配方式是将利润分成正利和余利两部分,表中的 10%表示年正利率为 10%,正利之外还有余利。这说明乾隆年间吴丰典的利润率在 10%以上。

四、清后期徽商典当资本效益

道光年间胡元熙和汪左淇两家典商的获利情况,可以反映清后期徽商典当资本的效益。

(一)胡元熙资本效益

《道光十年隆泰、益泰、恒裕、恒隆、恒丰、泰丰、敦和、泰源典盘总》[①]和《道光二十二年隆泰、恒裕、敦和、泰丰、长隆、长兴、恒隆七典盘总》[②]两册盘总详细记录了胡元熙各典资本数量、所获利润和利润率。如道光十年(1830年),隆泰典"旧存原本银三万四千七百十九两七钱四分八厘,觅利银一千七百零六两一钱二分一厘,扯合四厘九零二三"。其中,"旧存原本银",指该典该年资本;"觅利银",指该典该年所获利润;"扯合四厘九零二三",指该典该年资本利润率为 4.9023%。现将道光十年胡元熙各典资本、利润和利润率列为表 7:

① 《道光十年隆泰、益泰、恒裕、恒隆、恒丰、泰丰、敦和、泰源典盘总》,1 册,藏中国社会科学院经济研究所。

② 《道光二十二年隆泰、恒裕、敦和、泰丰、长隆、长兴、恒隆七典盘总》,1 册,藏中国社会科学院历史研究所。

表 7　道光十年胡元熙各典资本、利润和利润率　　(单位:银,两;%)

典名	隆泰	恒丰	益泰	泰丰	敦和	恒裕	恒隆	泰源	总计
资本	34719.748	30718.945	31520.761	15484.303	39700.478	38898.287	12721.403	10993.92	214757.845
利润	1706.121	1304.939	1631.974	833.146	3293.445	1971.97	471.981	530.741	11744.317
利润率	4.90	4.23	5.5	5.37	8.29	5.07	3.66	4.82	年均 5.47

再将道光二十二年胡元熙各典资本、利润和利润率列为表 8:

表 8　道光二十二年胡元熙各典资本、利润和利润率　　(单位:银,两;%)

典名	隆泰	恒裕	敦和	泰丰	长隆	长兴	恒隆	总计
资本	32386.968	34013.15	32106.725	13622.864	15993.262	18055.857	14165.758	160344.584
利润	2092.308	2182.754	2750.67	1013.502	954.577	1364.384	796.571	11154.766
利润率	6.46	6.42	8.57	7.44	5.99	7.56	5.62	年均 6.96

从表 7、表 8 可知,道光年间,胡元熙各典各年利润及利润率不等,利润最多的为道光二十二年敦和典银 2750.67 两,最少的为道光十年恒隆典银 471.981 两;利润率最高的为道光二十二年敦和典 8.57%,最少的为道光十年恒隆典 3.66%。两年中,胡元熙典当资本得利银 22899.083 两,平均年利润银 11449.541 两,平均利润率为 6.10%,不及 8%。

(二)汪左淇资本效益

道光年间,汪左淇在江浙地区开设德新、协和、怡和、敬义 4 典,其资本效益可以从《道光二十六年岁次丙午盘查二十五年总》[①]得到反映。据该账册所载,将道光二十五年汪左淇各典资本、利润和利润率列为表 9。

① 《道光二十六年岁次丙午盘查二十五年总》,1 册,藏安徽师范大学图书馆。

表 9　道光二十五年汪左淇各典资本、利润和利润率　　（单位:钱,文;%）

典名	德新	协和	怡和	敬义	总计
资本	60372456	58479062	36000000	38400000	193251518
利润	5024502	3857966	3429128	3352413	15665009
利润率	8.32	6.60	9.53	8.7	年均 8.11

从表 9 可知,道光二十五年,汪左淇 4 典共有资本足钱 193251518 文,获净利足钱 15665009 文,每典约获净利足钱 3916252 文,平均利润率约 8.11%,不及 10%。

五、结　语

明清时期,徽商典当资本的经营利润相当丰厚。上述 10 家徽州典商中,典当资本年利润超过银千两的有吴文奎、程嘉树、张恒裕典祁门张氏、张恒裕典茗洲吴氏、胡元熙、汪左淇 6 家,年利润低于银千两的有程有敬、歙县郑氏和吴氏 3 家,另吴丰典茗洲吴氏不明。同样,明清时期徽商典铺的经营利润也相当丰厚。上述 10 家 27 座典铺,年利润超过银千两的有程嘉树 5 典,时顺典,张恒裕典,胡元熙隆泰、益泰、恒裕、恒丰、敦和、长兴 6 典,汪左淇 4 典等共 17 典,年利润低于银千两的有吴文奎 4 典,程有敬 1 典,胡元熙恒隆、泰丰、泰源、长隆 4 典等共 9 典,另吴丰典不明。

明清时期徽商典当资本及徽商典铺资本利润率维持在 9%～10%之间。上述 10 家中,吴文奎、程有敬、张恒裕典祁门张氏、张恒裕典茗洲吴氏、吴丰典茗洲吴氏等 5 家超过 10%;程嘉树、时顺典歙县郑氏、时顺典歙县吴氏、胡元熙和汪左淇等 5 家均不超过 9%。27 座典铺中,吴文奎 4 典,程有敬 1 典,程嘉树恒升、恒盛和恒茂 3 典,张恒裕典,吴丰典,汪左淇怡和典等 11 典年利润率超过 9%,程嘉树德记和恒大 2 典、时顺典 1 典、胡元熙 10 典和汪左淇德新、协和、敬义 3 典等 16 典利润率均低于 9%。

上述 10 家中,吴文奎、张恒裕典祁门张氏、张恒裕典茗洲吴氏 3 家经营效益较好,时顺典歙县郑氏和吴氏两家经营效益较差,其余 5 家经营效益一般。上述27座典铺中，张恒裕典、吴丰典经营效益较好，胡元熙恒隆、泰丰、泰源、长隆4典经营效益较差，其余21典经营效益一般。

明清徽商典当资本利润率总体在9%～10%之间，应符合当时实际情况，既不应高估，更不应低估。如根据《崇祯二年程虚宇立分书》可知，万历二十四年以前，程虚宇资本年利润率近10%；万历二十四年正月至天启七年(1627年)十二月利润按照正余利制分配，其年正利率为10%，除正利外，余利或有或无，故程虚宇资本年利润率在10%上下。明清徽商典当资本9%～10%的年利润率，并不比其他行业高。如明清时期两淮盐商年利润率在10.9%～13.92%之间[①]，明代万历程氏染店年利润率约19%[②]，清代雍乾年间万隆、万全和日盛3家绸布号年利润率在10%～20%之间[③]，乾隆四十年至四十七年广丰布号年利润率为21.8%[④]，嘉庆年间海外贸易的年利润率达40%以上[⑤]。由此来看，认为明清典当业属于高利行业有悖事实。

同其他行业相比，明清典当业年利润率虽不高，但波动小，相对稳定，故而风险小，利润丰厚，经营效益并不比其他行业差。正因为如此，明清典当业吸引其他行业商人以及官僚、地主投资经营，由此促进了明清典当业的繁荣。

原载《安徽大学学报》2011年第6期

① 汪崇筼：《明清淮盐经营中的引窝、税费和利润》，《安徽史学》2003年第4期。
② 范金民：《明代徽商染店的一个实例》，《安徽史学》2001年第3期。
③ 刘秋根：《中国古代合伙制初探》，北京：人民出版社，2008年，第426页。
④ 汪崇筼：《清代徽商布茶经营数据分析各一例》，《徽学丛刊》第6辑，2008年。
⑤ 陈希育：《清代海外贸易的经营与利润》，《中国社会经济史研究》1992年第1期。

重商思潮激荡下的传统徽墨经营
——关于《有乾公号四轮承做合同新章》的解读

王振忠

一

詹有乾墨号为徽州婺源墨商所开设，是清代以来湖南省的徽墨名店。晚清重臣曾国藩在其早年的家书中，就曾专门提及自己使用的詹有乾徽墨。根据笔者考证，清乾隆三十七年(1772)以后，出自婺源岭脚的詹曰贵(有章)等人在湖南衡阳创设詹有乾墨号。及至乾隆四十一年，詹有乾墨号继设分号于湖南省城长沙的坡子街。到了光绪初年，詹有乾墨号又在广东、广西等地设立分号①。

岭脚地处浙岭南麓，其雅化地名为“环川”，为婺源东北乡之徽墨名村。该村除了是“詹有乾”的桑梓故里，传统时代还出过“詹彦文”“詹公五”“詹斗山”等徽墨名店②。此前，承江西省婺源县虹关村詹庆德老先生告知，该县岭脚村村民詹寿荣收藏有一份民国三年(1914)《有乾公号四轮承做合同新章》，内容极为丰富。2014年4月2日，笔者借赴安徽屯溪考察之机，专程乘车翻

---

① 王振忠：《晚清徽州墨商的经营文化——婺源商业秘籍〈墨业准绳〉抄本研究》，待刊。《墨业准绳》抄本1册，全书抄写于“宝翰堂”簿册上，封面除书名外，另有“同治元年詹逢光书/詹有乾墨号”字样。该书详细记录了詹有乾墨号的经营规范、制墨工艺等，为我们细致研究晚清徽州墨商提供了翔实而丰富的史料。

② 王振忠：《从谱牒史料谈徽州墨商的几个问题——以光绪戊戌环川〈(璁公房修)詹氏支谱〉为中心》，《安徽史学》2008年第1期。

越皖赣交界的浙岭前往婺东北之岭脚村，拍摄到百年前的此一珍贵合同(图1)[①]。

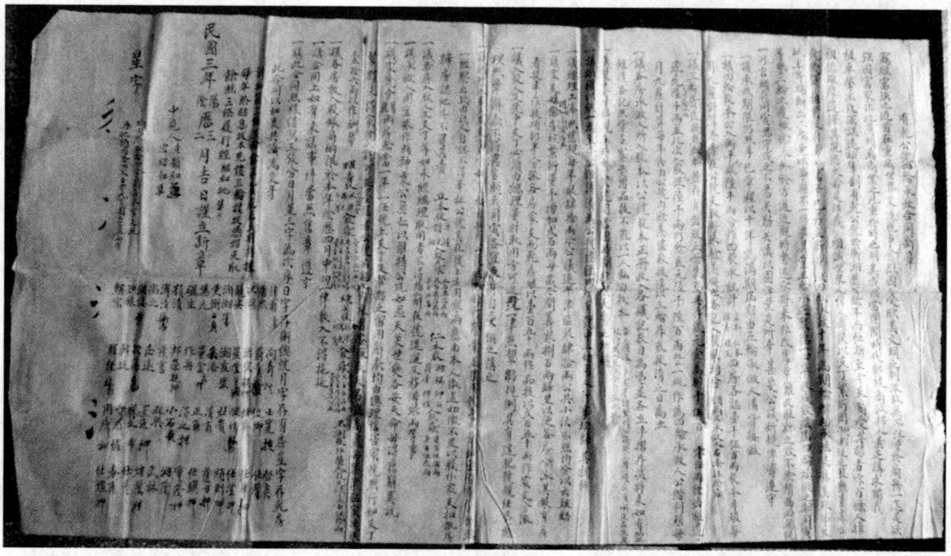

图1 《有乾公号四轮承做合同新章》书影

根据合同右部的说明，此合同新章订立于民国三年三月（阴历二月）吉日，中见人为“查韵和、宗绍和”。从姓氏上看，“查韵和”应系婺源凤山人（凤山与岭脚相距不远，均地处婺源东北乡，查氏与詹氏世为姻娅之戚），而“宗绍和”应是指同宗族人詹绍和[②]。明清以来，婺源墨商多制订严格的规章制度，这些商业条款，往往都要由同乡亲戚加以中证，以获得乡族的认可，这是墨业中的通常惯例。合同新章全文计十六款，其中的第十六款注明：

> 此合同照样缮写三张，分日、月、星三字为次序，日字存衡总号，月字存有房，星字存乾房。

也就是说，此一合同共计抄写三张，“日字”号合同保存于湖南衡阳的詹有乾墨号总店，“月字”号合同保存于婺源县岭脚村詹氏的有房支派，而“星

① 在此，应感谢詹庆德先生的热情帮助，也衷心感谢詹寿荣先生提供并慨允笔者拍摄此一珍稀文献。

② 从光绪戊戌春环川《（璁公房修）詹氏支谱》卷上《领谱数录》来看，尚福公房恒孝即詹绍和。

字”号合同则保存于乾房支派。目前所见的该份合同上标注为“星字”，亦即由婺源岭脚詹氏的乾房所收藏（据文书收藏者詹寿荣先生告知，他系乾房支下“晖吉堂”的成员）。

合同的字迹颇为工整，其后注明：“约内添加拾四字，圈去叁字，又批、再批约内添加二百零九字，圈去‘三’‘益’两字。”也就是说，誊写该份合同之后，契约上的有些地方又有所添加、修改及批注，故在合同上明确注明“添”“改”“批”的准确字数，以免天长日久因当年的涂改批注而引发后世的误解和争执。

该合同全文近两千字，前有一序，曰：

> 窃维富强之道，首在重商。世界交通，竞争愈烈，国人受欧美文明之刺激，故无不注重于商务一途，是欲强国富家，非此莫赖焉，商业之见重于时也明矣。我国当闭关时代，鄙视商政，邦人素乏请求，独我祖卓荦不凡，深谋远识，肇创有乾公号于衡、湘，历百余年而恒新，至今支裔受其赐者，亦百余人，非祖德雄厚，遗泽其能悠久若是耶？我祖诚世界之伟人哉！后以支丁繁衍，罔知创造之艰难，紊乱公号，几堕祖业，故前清光绪辛巳另立新章，以四股承做，十年为期，轮转相承，法良意美。殊事久玩生，弊端渐出，二轮竟以事权不一，将丧其业。三轮承乏，众德一心，卒收成效。兹届四轮接做之期，同寅等鉴二轮之覆辙，念来轸于方遒，近观时势，远察将来，非改旧章，难收维新之效；不除情面，必无统一可言。愿我同寅，思守成之不易，矢勤矢慎，以固伟业，是所幸甚！爰公议新规，俾资遵守。

上述文字用了不少新名词（如“富强”“重商”“文明”“维新”等），颇为与时俱进，洋溢着相当浓厚的重商色彩。其中提及，因近代社会之变迁，商业受到空前的重视。作者回溯历史，认为闭关时代重农抑商，商业未曾受到应有的重视。只有岭脚詹氏先人高瞻远瞩，在湖南衡阳创设有乾墨号，迄至民国三年历时已百余年，仍然有着相当的商业活力。当时，詹氏后人依倚此一家族商业的成员，亦有百余人之多。故此，作者追慕祖德宗功，自豪之感油然而生——他认为有乾墨号之创始人，不愧为世界级的伟人。

接着，作者谈到詹有乾墨号后来的发展。他说，由于后代家族繁衍，出现了一些颇为复杂的问题，所以在光绪辛巳（七年，1881 年）另行订立新章，以四股承做，规定十年为期，轮转相承。不过，虽然此一设想颇为完善，但前两轮运作的情况却并不理想。关于这一点，反映詹有乾墨号经营状况的珍稀文献《墨业准绳》抄本中，收录有光绪二十九年闰五月初五日由詹逢光撰写的《长沙店号长来信托屼樵做递长沙存案禀稿底》，其中提及：有乾墨号创设于湖南衡州城内，其后陆续在长沙坡子街以及广东、广西开设分店，“时因户口繁增，派分四房，共支丁二百余人，借此谋衣食者半，均向公号支扯”，这与前揭文书所指依靠有乾墨号为生者多达百余人的说法恰相吻合。光绪七年，有乾墨号盘结店内底货，当时的经营状况极差，几乎接近于闭歇，幸亏在外并无欠债。不料，家族内部因此彼此分歧，“同室操戈，几酿巨祸”。为此，詹逢光的祖父及诸叔辈共同设法，殚思竭虑地恢复詹有乾墨号的元气。当时约定，经营者十年一换，岭脚詹氏“统四房支下，以作四大股承贸，每股敷存本银壹千两”。也就是说，詹氏家族的四个房支，分别注入资本 1000 两，总计筹资 4000 两。从此以后，“各房支丁，不准私用公号图章印记抵借。……所有各支丁私营谋生理，私借银钱，概与公号无涉”。这一规章制度由家族出立契据，永远照章施行。从光绪七年到光绪十七年期满，族内各房公同“盘底料算，略有余息，并所存本银，照章拨出，仍遵旧制管理”。不过，第二轮的经营并不成功。光绪二十七年第二轮期满，詹有乾墨号亏空数多达 3200 余两。为此，詹逢光等人变卖了岭脚各房的祀产，“以公扶公，另举妥实接管”。

上揭《长沙店号长来信托屼樵做递长沙存案禀稿底》中的“屼樵”，亦即詹逢光，系晚清婺源县颇为著名的文人，他参与编纂《墨业准绳》，其中还收入了他于光绪二十九年制订的《新议章程》。可能正是因为此次新订的规章比较切合实用，故而第三轮的经营大获成功。而《有乾公号四轮承做合同新章》，则是为第四轮经营所订立的合同新章，其末注有“此合同以和衷共济为交牙”。“交牙”原是指如犬牙之相交，如南朝梁何逊之《七召·宫室》篇中即有“雕墙曲屈以交牙，网户周流以重积”句，但在此处则是指三份合同之勘合——从《有乾公号四轮承做合同新章》原件左部文字的末尾可见，分别有“和衷共济”四字左边的一小部分。换言之，这些文字相当于古代文书中的骑缝印信，倘若将三张合同的相关部分重叠在一起，则恰好合成完整的“和衷共济”四个大字。毋庸赘言，这样做的原因，当然是为了防止对合同的伪造或篡改。

詹有乾墨号之经营，自光绪七年制订新章后，当年至十七年是第一轮，自光绪十七年至二十七年为第二轮。不过，光绪二十七年七月二十七日（1901年9月9日），詹氏家族曾在《申报》上刊登过一则题作“詹有乾告白”的广告，其中提及：

> 我祖于衡州创立詹有乾墨店，分设长沙、广东、广西等省，迄今一百八十余年，人家数十户，支丁百余人，于光绪七年公议承做章程，十年一轮。今届第三轮九月初一日交接，凡有乾支丁有志接事者，早赴衡州议叙。如有往来汇票，归第二轮承做人理清，不关下首之事。此布。

此处的《詹有乾告白》，对经营人的选择、墨号债务之清偿等都做了具体规定。根据预定的设想，第三轮应在光绪二十七年九月初一日交接，但可能是因第二轮的墨号经营状况并不理想，内部问题亦极为复杂，故实际上当时能否顺利交接颇值得怀疑。从詹逢光制订《新议章程》时在光绪二十九年来看，笔者认为，第三轮的正式交接极有可能要晚至光绪三十年。这一点，也得到了新近所见第四轮合同新章的部分证实[①]。

二

民国三年订立的合同新章计有十六款。第一款重申了“承做期限”，“仍照辛巳章程，以十年为满期，届期由五轮承做人备赀接做”。辛巳章程，也就是光绪七年订立的规章制度。

十年轮做的规定，是为了顾及家族内部各个房支的利益均沾。不过，虽然承做者只有一房，但家族内的各房支皆有帮扶墨号经营的义务，并享有相应的权利。《有乾公号四轮承做合同新章》第十四款就规定，四大房注入本金，“各房敷入股银，商酌限于本年阴历四月中(勺)[旬]一律敷入，不得拖延”。这里规定了入股银两的交割期限。至于詹有乾墨号资金的筹措，《有乾

---

① 《有乾公号四轮承做合同新章》制订于民国三年（1914），从光绪三十年（1904）到民国三年，时间上恰好是10年。

公号四轮承做合同新章》第二款指出："四轮股本，公入衡平元银陆千两，分做四股承认，计立本、仁本、晖吉、棣玉四房，各认壹仟伍百两。股本月殖每月九厘计算，冬月在公号支取。将来余羡，按照各记入股银均分。有、乾两房承做人名，添注于后。"所谓"衡平"，是指以詹有乾墨号总店所在的衡阳当地之银两衡量标准加以核算。从詹有乾墨号资金的规模来看，光绪七年和二十九年时四大股各入本银是一千两，而此时则增至一千五百两，单单这一项的资本总额就从四千两增加到六千两。此处规定了股息的标准及支取时间（年终），并规定日后的盈余也按照股份进行分配。从这一点上看，詹有乾墨号此时的运营情况显然较好。对此，第三款称："三轮货底，按照血本盘存，有盘底正册为凭，共存底元壹万捌千伍百零伍两，除去祖遗底元陆千两（内除玖拾伍两），并此次入股元银陆千两，仍余底元陆千陆百两整，一概作为四轮承做人公借，利殖每月九厘计算，每年终由公号内余羡尽数拔还，以三轮存底拔清之日为止。"可见，较之第二轮"事权不一，将丧其业"、亏空多达 3200 余两的情况，三轮的经营可谓卓有成效，墨号所存资金有了较大的增长，詹有乾墨号运营之规模也有所扩大。

关于利润的分配，《有乾公号四轮承做合同新章》还有一些详细的规定。由于是家族经营的商业，故而所得利润有相当部分回馈桑梓。第八款规定："家支因加南宁店，又房族繁衍，量予增加二百两，每岁冬间筹银捌百两归里，以便各房分派，其银有房者提半作拔项，仍半分派各房家支，而乾房银以壹百五十两作品拔，以二百五十两作家支分派。"此处的"家支"分为两部分，其中"拔项"是指对原先入股本金及股息的归还，而"家支"则是给各房支的日常开销，属于墨号回馈桑梓故里的分红性质[1]。关于这一点，光绪二十九年詹逢光制订了《新议章程》，其中的第七条提到："仍照老章，每年家支、拔项共六百

---

① 关于"家支"，明人吕希绍《新刻徽郡补释士民便读通考》中就载有"同本合约格式"："立合约人，窃见财从伴生，事在人为。是以两同商议，合本求利，凭中见各出本银若干，同心揭胆，营谋生意。所得利钱，每年面算明白，量分家用，仍留资本，以为渊源不竭之济。至于私己用度，各人自备，不得支动店银，混乱账目。故特歃血定盟，务宜苦乐均受，不得匿私肥己。如犯此议者，神人共殛。今欲有凭，立此合约一样两纸，存后照用。"（引自谢国桢《明代社会经济史料选编》下册，福州：福建人民出版社，2004 年，第 352 页）

两。”可见，十年之后因经营状况较好，的确增加了二百两。八百两的家支，包括有房和乾房各四百两。其中，有房以二百两归还此前的入股本金及股息（拔项），另外二百两分派各房家支。而乾房则以一百五十两为拔项，另外二百五十两分派各房家支。两者之所以有所不同，其中的详细原因不得而知。不过，也许是因乾房之下虽然名义上是两房（晖吉、棣玉），实际上则有三房（晖吉、棣芳、玉润），房派人丁更多的缘故吧。

由于第三轮经营有方，故而余存下不少资金。《有乾公号四轮承做合同新章》的末了还提到：“计批第三条三轮余存货底，元立折为据，每年终结息拔本，先尽三轮提拔，凭折支取，余照三条履行，经绍和批。”此处的“绍和”，即作为合同中见人的詹绍和。这是针对上面提及之第三款做出的补充说明——关于入股本金的归还以及股息之结算，首先要照顾第三轮入股者的利益。

另外，《有乾公号四轮承做合同新章》的第四款还规定：“各房承做人所入股本，以公号股本正册收入各记数目为凭，并各立手折存据，将来如有盈余，随各记照赀多寡，凭折品拔，不能以一人私自拔本（各立折据一事，因手续繁琐，公议将立折一项取消，嗣后品拔、盈余，均照入股正册匀派，此批）。”此处拟定了依据各房所入之股本对利润加以分配的办法，并规定，入股的个人不得随意撤回股本，以保证墨号之正常运营。

关于制墨工艺，《有乾公号四轮承做合同新章》第五款也有规定：“制墨材料，现在时势变迁，固当因时制宜，随大势之所趋。”早在清同治、光绪年间，《墨业准绳》中就提及制墨工艺的改良。该书收录有“汉口文成改良制墨方法”和常德制墨配方，反映了詹有乾墨号对制墨改良方法的探索。书末还有“洋烟做墨”，说明詹有乾墨号也部分采用洋烟制墨。而《有乾公号四轮承做合同新章》的上述条款，应当便是对这些改良的进一步规定。

对于詹有乾墨号的管理，第九款进一步确立了总理负责制，规定：“入股人及号中支丁，必须由总理量材取用，方可进号，一律照帮伙规例。其有违犯号规，任凭总理照章辞歇，不得异言。愿我同寅，各宜束身自爱，慎之！慎之！”第十一款也指出：“各房入股人及支丁等，如未经总理取用者，不得借辞在号逗遛，及移借银两等事。”这些，都是对墨号用工及相关财务的严格规定。其中，后一条还涉及资金的调动。关于这一点，第十款有更为细致的规定：

“总理、入股人及支丁等，如有私自扯用公号银两，自行营业，并擅用号上图章秘密借债等弊端，一经察出，款由该人自认，不得牵扯公号。其在号上透用银两，应由本人缴还，如缴不足，以股份、家支扣抵，房归房认，他房不负其责。”此处规定，家族的房支需为其各自所属成员的经营行为做担保，倘若发生任何弊端，则由该房支负责赔偿，这就使得家族成员之行为受到各自房支的监督和约束。换言之，在这种背景下，入股墨号的银两实际上也就成了各房支的一种保证金。此外，《有乾公号四轮承做合同新章》第十三款指出：“家号分有、乾两房轮当，一年一任，号上支丁及帮伙之留用、辞歇，均由总理信咨家号照行，如支丁、帮伙未得家号之许可并墨信者，公号不能收用，只留客饭数天，另谋高处，每年津贴家号银壹拾六两，以作酬劳。”由于目前掌握的资料不足，我们对于“家号”“公号”彼此之间具体的相互关系不甚了了，不过，此处对于投奔墨号的族人之处理，做了相当明确的规定。第十二款还指出：“承做人固宜振作精神，秉公无私，以维持公号，如遇天灾世变，各安天命，毋得借辞异说。”关于“天灾世变”，《有乾公号四轮承做合同新章》的收藏者詹寿荣指出，1924年后本来也会轮到他所在的晖吉堂出手经理詹有乾墨号，结果却不巧碰上了日军侵华，墨号遭受严重打击而落空[①]，言谈之间不无伤感与惋惜。

三

《有乾公号四轮承做合同新章》末尾，除了两位中见人之外，还有56位詹姓族人之签字画押：

倬甫(押)　香泉　以湖　镜安　润湘(押)　秉衡(正身)　扬光
砺生　韵清　溥清(押)　尚之　湘楼(押)　知余　朝宗　问奇(押)
蔚青(押)　汇宗(亲押)　星堂(押)　湘友(押)　宏添　量含(子代押)
作舟　邦荣(亲押)　荫蕃　志远　次藩(押)　幹迁　释经(押)　士宽

① 詹永康所撰《衡阳詹有乾墨局》一文述及：1937年抗战爆发，江浙一带货源断绝。长沙“文夕”大火，两家支店付之一炬。1940年，日机轰炸衡阳，马嘶巷制墨工场又被炸毁。1944年衡阳沦陷，总店及工场财产损失殆尽，疏散在乡间的商品亦被日寇抢劫一空。此后，桂林、南邕两地相继失陷，支店财产亦毁于兵燹。（载民建湖南省委员会、湖南省工商业联合会文史工作委员会编《湖南工商史料汇编》第1辑，1986年）

(押) 俊卿 仕林 佩镡(押) 灶贵 清甫 正甫 得之(押) 小石(押) 起兴 景唐(押) 质文(押) 介眉(押) 用成(押) 启炎 仕馨 仕华(押) 仕登(押) 顺则(押) 荫甘(押) 仕骥(押) 宝荫(押) 湘荫 武林 煌荫(押) 仕彦 春甫 仕煊(押)

上述诸人,显然都与詹有乾墨号之运营有着直接的关系,这些人在岭脚詹氏编纂的各种族谱中基本上都可以查到。

关于岭脚詹氏的相关族谱,先后编修过多部。清光绪五年,由婺源庐源(亦即庐坑)绿树祠牵头,编纂有多达二十余卷的《詹氏宗谱》。光绪二十四年,又由岭脚绅商詹逢光领头,在旅湘墨商的资助下,礼公支下的希璁公房又单独编纂支谱,此即环川《(璁公房修)詹氏支谱》。在这些族谱中,我们不难找到上述诸多人物的简历。例如,签字画押名单中的第一位倬甫,即詹恒汉,"号卓人,籍名汉,国学生,光绪乙亥十月初七酉生"①。砺生即詹文锋,"号俊夫,籍名文彦,国学生,咸丰壬子三月初十寅生"②。湘楼即詹恒沅,"字芷香……籍名沅,国学生,同治乙丑八月三十酉生"③。汇宗即詹恒派,"号仰山,国学生,光绪乙亥六月初二寅生"④。秉衡即詹文钧⑤,环川《(璁公房修)詹氏支谱》卷二中有"秉衡翁小像",其下注曰:"力扶祖业,用继父志……慕范少伯移家,效亚饭干避地,不必读致富奇书,早已具陶朱公之智。"文中的"范少伯"即春秋时人范蠡,"移家"是指其泛舟江湖;而"亚饭干避地"则是用《论语·微子》篇的典故,即"亚饭干适楚",此一用典巧妙地隐指岭脚詹氏在湖南的墨业经营。可见,詹秉衡应是墨商世家出身。上述这些人,基本上都是稍有功名的人物,属于贾而好儒的徽商。

另外,在上揭合同的正式条款中,还零星罗列有其他的一些人名。其中,特别引人注目的是,除了四大股之外,岭脚詹氏家族中的许多人,还以个人的

---

① 光绪戊戌春环川《(璁公房修)詹氏支谱》卷下《守畿公下尚盛公世系》,第50页。

② 光绪戊戌春环川《(璁公房修)詹氏支谱》卷下《守畿公下尚泰公世系》,第53页下。

③ 光绪戊戌春环川《(璁公房修)詹氏支谱》卷下《守畿公下尚泰公世系》,第51页下。

④ 光绪戊戌春环川《(璁公房修)詹氏支谱》卷下《守畿公下尚泰公世系》,第52页上。

⑤ 文钧字秉衡,号信民,籍名文英,国学生,咸丰甲寅八月初七寅生。见光绪戊戌春环川《(璁公房修)詹氏支谱》卷下《守畿公下尚泰公世系》,第54页上。

名义入股(表 1)。

表 1 《有乾公号四轮承做合同新章》中的个人入股人

股别	人名	入股元银
立本股	詹溥清	375 两
	詹质文	375 两
	詹润湘	350 两
仁本股	詹湘楼、詹仰山	750 两
	詹蔚青、詹释经	750 两
晖吉股	三益堂	187 两
	詹佩镡	750 两 (内春甫弟附股元 90 两)
	詹扬光	375 两
	詹介眉	187 两
棣芳股	詹介眉	166 两
	詹佩镡	250 两
	詹扬光	166 两
	詹邦荣	168 两
玉润股	詹邦荣	750 两

一般来说,家族成员“附本”经营,不仅可以吸纳一些闲散资金,而且还可让族人分享家族商业的利润回报,从而增强家族内部的凝聚力。根据 2013 年婺源县詹氏协会修谱委员会岭脚村修谱小组编纂的《环川婺源詹氏宗谱(初稿)》[①]可知,立本股、仁本股属有房的立本堂、仁本堂,而乾房下则有晖吉堂、棣芳堂和玉润堂,相应的股份也就是晖吉股、棣芳股和玉润股。上述的有房和乾房之下计有五堂(房),不过,从《有乾公号四轮承做合同新章》之第二款来看,其中的棣芳、玉润二房,另作“棣玉房”,可见,在詹有乾墨号股份的构成上,棣芳房和玉润房合称为“棣玉房”。另外,晖吉股下还有“三益堂”参与入股,“三益堂”可能是晖吉堂下新兴的更小分支。

表 1“立本股”的第一位詹溥清为第四轮的总经理。《有乾公号四轮承做合同新章》第六款指出:“职权以统一为主,今公推溥清为公号总经理,所有号中一切用人行事,均归其调布。”根据光绪二十四年《(璁公房修)詹氏支谱》的

① 稿见岭脚村詹寿荣处。

记载，此人即尚泰公房恒泌，“国学生，咸丰癸丑寅生”[1]。当时规定，“总理工俸，照旧规每年银肆拾两，今公议逐年津贴银肆拾两，公共小伙亦照均分，以示鼓励”（第七款）。可见，当时因詹有乾的经营状况较好，总经理的待遇也有所改善，除了额定的总理工俸之外，还有另外的一些分红。

至于其他的一些人物，也可以稍微考见其身份。如立本股的詹润湘即詹恒淦，属二房尚泰公支下（39 世），《（璁公房修）詹氏支谱》卷下“守畿公下尚泰公世系”：“恒淦字润湘，世袭云骑尉，咸丰壬子十一月十一子生。”在《墨业准绳》一书中，他曾与詹扬光一起参与制订制墨规则。晖吉股的詹佩镡即詹益鉴，“同治戊辰二月二十二卯生，娶口氏，又娶汪氏”。

另外，“晖吉股”和“棣芳股”中均出现詹扬光的名字。詹扬光亦即詹文炳，属岭脚詹氏长房尚盛公支下（38 世）。《詹氏宗谱》卷 16《环川希璁公下尚盛公派世系》：“文炳，字扬光，籍名炳，议叙从九品，道光乙巳七月廿八戌生。”[2]徽州文书稿钞本《詹标亭书柬》[3]中，就收录有数封詹扬光与詹彦文墨庄执事人等的来往信函[4]，从中可见，詹扬光平常负责与詹彦文墨庄等的交涉，以及前往四川开设烟坊，拓展徽墨业务等，是詹有乾墨号中的一个重要执

① 光绪戊戌春环川《（璁公房修）詹氏支谱》卷下《守畿公下尚盛公世系》，第 40 页下。另据 2013 年婺源县詹氏协会修谱委员会岭脚村修谱小组编纂的《环川婺源詹氏宗谱（初稿）》，詹恒泌殁于 1946 年，葬衡阳。据称，此人“承祖业任詹有乾墨局总管，中兴创业，墨送巴拿马世界博览会[获]银盾奖，主持安徽会馆江南馆，曾接待铁路之父詹天佑”。所谓“墨局总管”，当即墨号经理一职。

② 光绪五年绿树祠《詹氏宗谱》卷 16《环川希璁公下尚盛公派世系》，第 16 页上。另亦见光绪戊戌春环川《（璁公房修）詹氏支谱》卷上《守畿公下尚盛公世系》，第 23 页上。

③ 1 册，王振忠收藏。关于此一文书，参见拙文《晚清婺源墨商与墨业研究》，载《复旦史学集刊》第一辑《古代中国：传统与变革》，上海：复旦大学出版社，2005 年，第 249～278 页。

④ 譬如，其中之一曰：“标亭兄长大人侍右：前奉一函，托将存钱照市扣银，除去仍欠纸文若干，计邀台阅。日前奉到廿日手示，计存钱一五七四，当是误写一字，亦未蒙扣文，弟未便拟，今决意月初由秉衡弟带银来缴不误，望代转致该行放心，不过延三五日期。手此敬奉，即请暑安！宝号列公均安。愚弟文炳、文英同拜托。六月廿七日。再启者，弟等现已邀股至川开烟坊，托辉庭到坊领事，拟初一启行，省中常船难通，欲求大力在湘代为一查。倘廿九由省往常之船，乞代搭定，大约两三人，并行李。或初一由省亦可。速祈一问，再请台安！扬光、辉庭同拜托。”这是由长沙詹有乾墨号寄往中湘（湘潭）十四总詹彦文墨庄的信函。其中提及的“秉衡弟”，也就是在《有乾公号四轮承做合同新章》末尾签字画押的詹文钧，也叫詹文英，与詹扬光系同辈族兄弟。此处是由他们二人具名，发信与詹标亭交涉相关事宜。

事。此外,《墨业准绳》一书所列修理墨模的价码之后,也注明"壬午正月初八日扬光、润湘同拟录","壬午"亦即光绪八年(1882)。这些,都说明詹扬光在有乾墨号中的角色颇为重要。而在上述的个人入股中,詹扬光计出资541两,属于个人出资较多的一位。

四

在传统时代,徽州商人无远弗届,他们在全国各地开行设铺,经营商业,在此过程中形成了诸多的商业文书。不过,一旦在异地的商务衰歇而返归故里,这些商业文书便多有散佚,远不及本土的土地契约容易保存。因此,在迄今所见的徽州文书中,土地契约汗牛充栋,而商业合同则保存较少。也正因为这一点,迄今尚存的反映商业活动的契约合同便显得弥足珍贵。《有乾公号四轮承做合同新章》因其原先即保留于婺源的家族房支而迄今保存完好,该文书是徽墨名店詹有乾商业经营方面的珍稀文献,类似于此近两千字的商业合同原件并不多见。从其内容上看,该合同反映了徽州家族组织与商业经营的密切关系,与此前发现的《墨业准绳》钞本可以比照而观,从而让我们得以从较长时段窥见徽墨经营的内部运作。特别是因其传承有序,脉络清晰,而且,与之相关的谱牒资料等亦较为完整、丰富,使得此一合同原件的学术价值愈益凸显。换言之,《有乾公号四轮承做合同新章》以其丰富的内涵,为我们具体展示了徽州家族的组织结构与商业经营之间的相互关系,对于深入探讨近代徽商具有重要的学术价值。

乡族血缘与商业运作相结合,对家族产业加以轮流管理,是传统时代颇为普遍的做法。《有乾公号四轮承做合同新章》对于詹有乾墨号经理人之推选、管理权限,入股资本的构成,墨号经营资本之筹措,商业利润的分配,墨号职工之聘请,债务清偿的办法,以及家族组织与商业经营的相互调适等方面,都做了颇为细致的规定。从中可见,家族的房支以固定的股份注入资本,而家族中的个人则依其财力,灵活地将个人资金以股份的形式附入墨号运营。这些,有不少是光绪七年詹有乾墨号新章制订以后新的做法。此后,相关的规章制度仍在不断完善,故而直到民国三年,目前所见的合同仍以"新章"名义出现。而从商业的发展轨迹来看,光绪七年以后,詹有乾墨号形成了颇为固定的家族商业之经营制度及管理模式，培育出风险共同承担、利益共同分享的商业精神。由于墨号内部的控制、监督以及其他约定俗成的行为规范，具有相当的可操作性，故而保证了墨业经营的可持续发展。通过长期的摸索与实践，光绪二十七年以后詹有乾墨号之经营状况大为好转，对于岭脚家族组织的利润回馈亦有所增加，这对于桑梓故里的发展显然有着重要的影响。其时，家族组织与商业发展呈现出同生共荣的景观。晚清民国时期岭脚村落社会的繁荣，也就与此息息相关。迄今，当我们从浙岭之巅俯瞰婺源东北乡，岭脚村落动人心魄的聚落景观，无疑便是昔日辉煌的一种折射。

此外，晚清时期，在救亡与启蒙思想的刺激下，重商主义思潮涌现，成为其时最为重要的经济思想之一。在此一思潮的影响下，如何振兴商务成了当务之急。重商思潮唤醒了近代商人的主体意识，激发了商人的历史使命感。在这里需要特别指出的是，《有乾公号四轮承做合同新章》序文提到"世界交通，竞争愈烈，国人受欧美文明之刺激，故无不注重于商务一途，是欲强国富家，非此莫赖焉，商业之见重于时也明矣"，文中极力赞扬"我祖卓荦不凡，深谋远识"，并自豪地评价"我祖诚世界之伟人"，这些，都反映出徽州墨商强烈的历史使命感以及对传统义利观的反思。此一序文，也成为晚清民初重商思潮的一个重要例证，反映了主流经济思想对民间社会的渗透，从而具有了商业史之外的思想史研究价值。

原载《安徽大学学报》2014 年第 4 期

清代徽州玉米经济新探

——以文书资料为中心

梁诸英

迄今为止，关于清代棚民在山区种植玉米的研究，涉及商品经济性质、地域分布、生态破坏作用以及地方社会的禁止性规定，也有研究探讨了玉米种植的传播过程[①]。不过，对山区外来棚民开垦作出禁止性规定并不等同于当地玉米种植被禁止。有鉴于此，对清代玉米经济的实态仍有进一步考察的必要。笔者在检阅徽州契约文书资料时，发现有许多文书真实地记录了清代徽州地区玉米垦殖的实际状况、对当地租佃形式的影响、收益分配以及对山林兴养的促进作用等方面的内容。这些，此前都很少为学界所关注。存世徽州契约文书具有数量多、时间跨度长、系统性强等特点，能据以更好地复原徽州民众的农业生产及生活实态，极具史料价值。本文以徽州契约文书为主要资料，对徽州玉米经济实态进行考察，期望通过徽州地区这一生动案例，考察清

---

① 关于清代棚民种植玉米的相关研究成果主要有：冯尔康《试论清中叶皖南富裕棚民的经营方式》，《南开大学学报》1978 年第 2 期；刘敏《论清代棚民的户籍问题》，《中国社会经济史研究》1983 年第 1 期；杨国桢《明清土地契约文书研究》，北京：人民出版社，1988 年，第 134～155 页；叶显恩《明清徽州农村社会与佃仆制》，合肥：安徽人民出版社，1983 年，第 84～85 页；刘秀生《清代闽浙赣皖的棚民经济》，《中国社会经济史研究》1988 年第 1 期；傅衣凌《明清社会经济史论文集》，北京：人民出版社，1989 年，第111～112 页；吕小鲜编《嘉庆朝安徽浙江棚民史实》，《历史档案》1993 年第 1 期；赵冈《清代的垦殖政策与棚民活动》，《中国历史地理论丛》1995 年第 3 期。玉米传播的相关研究成果主要有：陈树平《玉米和番薯在中国传播情况研究》，《中国社会科学》1980 年第 3 期；郭松义《玉米、番薯在中国传播中的一些问题》，《清史论丛》第 7 辑，1986 年；曹树基《玉米和番薯传入中国路线新探》，《中国社会经济史研究》1988 年第 4 期。

代一些禁止性规定在基层的实际执行情况，进一步认识玉米种植在清代的影响，并丰富徽学研究的内涵。

一、清代徽州玉米垦殖概况

清代徽州地区的玉米垦殖情况，在地方史料中常有概括性的记载。道光《徽州府志》记录了苞芦种植充斥山场的情况，指出“昔间有而今充斥者，惟苞芦”①；俞正燮也指出徽州“苞芦已植到山巅”②。实际上，徽州契约文书中也多有此类玉米垦殖的具体实例。

乾隆、嘉庆年间徽州地方社会对棚民种植玉米多有禁令，但在禁令实行的同时，也出现了徽州本地农民效仿棚民垦殖玉米的状况，这是一种伴随人口流动而导致的农业技术的传播。史载徽州府“乾隆年间，安庆人携苞芦入境，租山垦种，而土著愚民间亦效尤而自垦者”③。关于这一点，诸多契约也可佐证。徽州地区较早明确记载种植玉米的契约，据笔者检阅，是乾隆三十五(1770)年二月祁门县潘有义所立的承佃山约。此约规定所租山场用于锄种苞芦，并以苞芦交租：“立承佃人潘有义，今承到程 名下山壹号六保江祥坑小土名外大弯，其山悉照老佃约，是身承去锄种苞芦，递年交纳苞芦壹佰陆十斤正，约至十月内付还，如过期加价行罚。”④嘉庆年间，徽州也有垦殖玉米的契约，如嘉庆十八年(1813)三月张义所立承寄佃田坦约：“立承寄佃约人张义，今承到程开艮名下七保庙下车田墩土名界方位坦壹备，计租五十秤，凭中自愿是身承来耕种苞芦。”⑤此时期明文载明玉米种植的契约绝非个例，据笔

① 道光《徽州府志》卷5之2《食货志・物产》，南京：江苏古籍出版社，1998年。“苞芦”是徽州对玉米的称呼。

② 同治《黟县三志》卷16《艺文志・诗》，南京：江苏古籍出版社，1998年。

③ 嘉庆《绩溪县志》卷3《食货志・土田》，南京：江苏古籍出版社，1998年。

④ 刘伯山主编：《徽州文书》第1辑第7册，桂林：广西师范大学出版社，2005年，第154页。

⑤ 刘伯山主编：《徽州文书》第1辑第8册，桂林：广西师范大学出版社，2005年，第168页。

者对已出版徽州文书的检阅，还有11则之多[①]。

道光年间及其后玉米种植仍然存在，道光、咸丰及光绪时期均有多则承佃山场的契约载明种植玉米事项。据咸丰三年(1853)十月初四日祁门县吴德侯等所立文约，在吴德侯等合伙承佃的汪慎德堂澄公祀名下的山地，并不禁种玉米："倘有本山锄种苞芦，亦照六股均种，毋许倚强混种，所有山价酒水钱，亦照六股均出。"[②]这就说明，种植玉米在当时已是默认的群体性行为。除了可以将山场佃给多人合伙种植玉米外，还可以将某山场佃给个人种植玉米，如光绪十六年(1890)六月二十日祁门吴德伏所立承山约："立承约人吴德伏，今承到吴广宪族侄名下坐落本都六保土名榛树窟山壹号"，在此山四至之内"是身承去开挖兴种苞芦"[③]。《陶甓公牍》也记载了清末休宁县四都源、瑶碣源之棚民以烧炭或种植苞芦为生的状况，而其时绩溪县已出现把苞芦之粉"制成食品为正餐者"[④]。

由以上介绍可知，清乾隆以后各个时期均有关于玉米种植的契约。这说明虽然官方对棚民种植玉米多有禁令，但徽州民间对玉米的种植没有随之禁止，也不是偷偷摸摸地暗中进行，将玉米种植明确写进契约即是明证。赵冈认为，乾嘉道光年间政府禁止流民垦山种植玉米，"这些禁令虽非百分之百的生效，但在山区种植玉米的范围究竟大为减少"[⑤]。种植玉米范围大为减少的说法，若是针对棚民来论，是可信的；但若言山区玉米种植总体面积大为减少，则恐难以断定。

二、苞芦实物租：徽州民众对玉米的认可

清代徽州没有强行禁种玉米，这是清代徽州农业生产的真实形态。玉米

---

① 刘伯山主编：《徽州文书》第1辑第7册，第199页、214页、230页、276页、318页、329页、373页、389页；第1辑第8册，第15页；第1辑第10册，第175页。王钰欣、周绍泉主编：《徽州千年契约文书·清民国编》卷11，石家庄：花山文艺出版社，1993年，第33页。

② 刘伯山主编：《徽州文书》第2辑第2册，桂林：广西师范大学出版社，2006年，第74页。

③ 刘伯山主编：《徽州文书》第2辑第2册，第157页。

④ 刘汝骥：《陶甓公牍》卷12《法制》，《官箴书集成》第10册，合肥：黄山书社，1997年，第588页、第617页。

⑤ 赵冈：《清代的垦殖政策与棚民活动》，《中国历史地理论丛》1995年第3期。

种植对清代徽州的重要性有客观原因，即明清时期徽州地区粮食供应严重不足[①]，在此背景下玉米的功用更为突出："煮粥炊饭，磨粉作饼，无所不宜，救荒疗饥必需物也，亦可炒食。"[②]

随着玉米种植的发展，苞芦实物租这一新的实物租形式得以实现。苞芦实物租成为徽州地区稻、麦、豆等实物租之外一种主要的实物租形式，这是清代徽州租佃制度的一种新情况，学界此前极少注意。徽州契约文书对苞芦实物租有大量记载，下面择要介绍。

乾隆、嘉庆年间，有不少承种、租佃山地及山坦的契约载明，交租的实物种类是苞芦，说明了玉米在当地的认可度及重要性。据笔者检阅，乾嘉年间徽州地区载明苞芦实物租的契约有 20 则之多[③]。在承佃山场种植玉米的契约里，承佃人与山主绝大多数是异姓，我们推测，可能是伴随着清代人口流动的频繁，系外地人进入徽州垦种玉米的情况。也有少量契约载明了承种人是徽州附近府县的农民。比如乾隆四十二年三月徐成花所立承佃坦约即是此种情况。徐成花是皖南石埭县人，程加灿是徽州祁门人，徐成花承佃"程加灿兄名下七保富村杨家巷口坦壹块，又占家坞坦壹块"，"迭年交纳租苞芦子贰十五斤，身不得短少"。照此看来，石埭县人徐成花到祁门开垦山坦种植玉米，属跨境垦种，当属棚民性质。乾隆四十五年十二月，祁门程笄艮将田坦出佃给石埭县徐永成耕种收取苞芦实物租[④]，也是这种情况。

此时期苞芦实物租交纳还出现一个值得注意的情况，即明明是佃田契约，却规定需要交纳苞芦实物租。兹举一例：乾隆五十三年十二月，朱相元承佃到程加灿名下之田，"计原租四秤"，"迭年硬交苞芦租子叁拾斤整"[⑤]。我

① 吴媛媛：《明清徽州粮食问题研究》，《安徽大学学报》2009 年第 6 期；吴媛媛：《从粮食事件看晚清徽州绅商的社会作用》，《安徽史学》2004 年第 6 期；吴媛媛：《明清徽州的水旱灾害与粮食种植》，《古今农业》2007 年第 2 期；李琳琦：《明清徽州粮商述论》，《江淮论坛》1993 年第 4 期；柏家文、朱正业：《明清徽州社会救助体系浅论》，《江淮论坛》2012 年第 3 期。

② 嘉庆《黟县志》卷 3《地理・物产》，南京：江苏古籍出版社，1998 年。

③ 刘伯山主编：《徽州文书》第 1 辑第 7 册，第 156 页、198 页、210 页、230 页、305 页、316 页、318 页、434 页；第 1 辑第 8 册，第 26 页、29 页、39 页、42 页、83 页、87 页、93 页、149 页、168 页、183 页、213 页；第 1 辑第 10 册，第 175 页。

④ 刘伯山主编：《徽州文书》第 1 辑第 7 册，第 269 页、333 页。

⑤ 刘伯山主编：《徽州文书》第 1 辑第 7 册，第 400 页。

们知道,根据玉米的作物特性和徽州山多田少的状况,清代徽州玉米是种在山地的,一般不种在田里。这种情况说明承佃人朱相元还有其他山地可种植玉米,以交纳苞芦租,或直接在此田块种植玉米。无论哪种情况,均说明玉米种植在当时的徽州不属罕见。

此时期不仅苞芦实物租绝非个例,而且和麦租等主要实物租种类类似,如果欠下苞芦实物租,也需要来年加利付还。据嘉庆元年十月祝天南所立欠山租字契约,祝天南"欠到程名下本苞芦蒲伍佰斤整",要在来年秋收加利付还[①]。这也从侧面说明了苞芦实物租在当地被认可的情况。

道光、咸丰、光绪年间也均存在交纳苞芦实物租的诸多契约,这里不一一列举,仅举一则为例。道光二十四年(1844)祁门立承佃约人吴大柏,"今承到程彩记、端培、端埭等七保罗家岭下熟田七垭、熟坦壹备,土名大厂坞、小八坞等处熟田坦,是身承去入地耕种,无论丰歉,迭年硬交玉子贰佰壹拾斤,其玉子务要晒干挑送上门,毋得拖欠斤两。如违,听凭另召他人"[②]。此契约要求承佃人将苞芦租"挑送上门",并且"毋得拖欠斤两"。

从现有交纳苞芦实物租的文书看,一般都规定苞芦需要"挑送上门",并且"不得拖欠短少",如果违反则"听凭另佃他人"。这些文书中,有些载明所租地块种植的是苞芦,有些是说开种杂粮或花利。此"杂粮、花利"很可能包括玉米,或者就是种植玉米。很难想象契约里的佃民、承租人会购买玉米来交租。自乾隆至清末,徽州各时期均有交纳苞芦租的实例,甚至在个别租佃"田"的契约中也显示交纳租谷的种类是"苞芦"。这些苞芦实物租的大量实证说明了玉米种植在清代徽州地区的发展以及民众对玉米的认可。

在清代徽州,玉米已出现在民间借贷或抵押关系中。徽州借贷米、麦并加利付还的契约不少,但借贷玉米的契约很难见到。所幸此类借贷文书仍有存世者,也足见其珍贵。据乾隆四十一年十二月祁门王之禄所立借字:"立借字:王之禄,今借到陈良兄名下苞芦九拾斤正,其苞芦言定来年秋收加利付还,不得短少,付青[清]取字,其字执留,今恐无凭,立借约存照。"[③]在徽州人

① 刘伯山主编:《徽州文书》第1辑第8册,第26页。

② 刘伯山主编:《徽州文书》第1辑第8册,第438页。

③ 刘伯山主编:《徽州文书》第1辑第7册,第265页。

的买卖活动或集资活动中，还出现以玉米作价的情况。比如咸丰年间徽州水碓股份出卖时，即曾有以玉米作价而成交的情况，也可见玉米在徽州人日常生活中的重要性。咸丰八年十月吕邦闵所立卖碓契即是此类契约："立卖契人吕邦闵，今因欠少使用，自身情愿将传字号内土名外坑下石桥里水碓一只，十大股合身分法四股之一，并堨脑、水圳，尽行出卖与堂伯清海、邦院名下经管，三面言定时值价钱苞芦一斗二升正，其苞芦当日收足，其水碓听凭随契经管，无得阻执。"[①]将玉米作为借贷物及在市场交易中以玉米作价，也充分说明了玉米在清代徽州被广泛认可。

玉米在清代徽州社会中被认可，还可以从徽州地区与玉米有关的民俗及民间歌谣中得到反映。据珍稀史料《应酬便览》，清代徽州猴子尤其是猕猴对农作物玉米的破坏很严重，它们"逐队成群"来到玉米地"空劳大嚼"，"或残或拔"，使得"一山苗物尽空虚"，农民"半岁勤劳，不了郡凶残耗"。于是，有人作《祈神驱猴狲疏》，试图以祈神手段应对猴狲的破坏[②]。希冀借助神灵驱赶猴狲以保护玉米生产，足见徽州百姓对玉米生产的重视。流传久远的歌谣也体现了传统时期徽州人民对玉米的喜爱。休宁县的歌谣《山里好》指出："手捧苞芦馃，脚踏硬炭火，除开皇帝就是我"；绩溪县也有《手捏苞芦馃》歌谣："手捏苞芦馃，脚踏树桩火；无忧又无虑，皇帝不抵我"[③]。馃是一种油炸食品，符合徽州人饮食重油的特点，"苞芦馃"被当作美食，体现了徽州人对玉米的认可和喜爱。

三、清代徽州玉米垦殖的收益分配

关于徽州的租佃形式，叶显恩指出，"从涉猎到的材料看，当时徽州地区绝大部分取额租制，少量取分成制"[④]。徽州玉米种植中是否也存在这种定

---

① 刘伯山主编：《徽州文书》第3辑第4册，桂林：广西师范大学出版社，2009年，第218页。

② 王振忠：《清代徽州民间的灾害、信仰及相关习俗——以婺源县浙源乡孝悌里凰腾村文书〈应酬便览〉为中心》，《清史研究》2001年第2期。

③ 吴兆民：《从民间歌谣看徽州人的观念世界》，朱万曙、卞利主编：《戏曲·民俗·徽文化论集》，合肥：安徽大学出版社，2004年，第344页。

④ 叶显恩：《明清徽州农村社会与佃仆制》，第75页。

额租和分成租呢？据清代徽州地区的承山、佃山契约，答案是肯定的。

根据对相关契约的分析，分成租常常是山主、佃户之间二八分配的水准，如果违反约定则要受到“见壹罚拾”等类的经济处罚。在道光二十四年祁门吴士发等所立出佃山约中，吴士发等将山出佃给他人锄种苞芦，规定苞芦分配方式是“迭年秋收之日眼仝干分，言定贰八均分，佃得八，股得贰，无得私自采取，如违，见壹罚拾”[①]。晚清的承山契约对种植苞芦以及桐子也常常是二八分成。如光绪十六年祁门吴德伏所立承山约，吴德伏在所承之山四至之内“是身承去开挖兴种苞芦，主力贰八监分，务要眼仝登山采摘”[②]。也有少量契约是对半分配的情况，如嘉庆十八年三月张义承种程开良的山场种植苞芦，“迭年秋收之日接坦主到坦干分对半”，并规定“佃人兴种苞芦，不得怠懈抛荒”[③]。

除分成租外，徽州地区还有交纳一定数量苞芦的形式，即定额租，规定佃户要将苞芦挑送上门，不得短少。如果违反，要受到经济处罚或夺佃处罚。乾隆四十年十一月祁门赵双声等承佃程元祯等的山场锄种苞芦，“言定迭年交纳苞芦子一百六十斤正，其租言定迭年十月内挑送上门，不得拖欠，如违，罚苞芦伍十斤”。佃户违约除了受到“罚苞芦”的实物惩罚外，还有金钱处罚的手段。乾隆四十二年十一月，程天喜承到程元会、程加灿的山地种植苞芦，契约规定递年交纳玉米八十斤，不得短少，“如违，听山主另召。其租言定十月初十日上门交付，过期行罚。定后二各无悔，悔之者甘罚钱八百文公用”。第三种违约惩罚方式，是“另佃他人兴种”，这种夺佃的处罚方式在契约里也较常见。乾隆四十五年六月，祁门程延芳承佃程加灿山地锄种苞芦，交纳120斤的苞芦实物租，“如违拖欠，听自另佃他人兴种，无得言说”[④]。

据契约文书记载，承种山地进行玉米垦殖还有少量交纳货币租的，主要是外地棚民租佃山地种植苞芦的情况。如嘉庆五年九月初二日安庆潜山人许正明承租祁门县凌凤鸣名下的山地，“开挖锄种苞芦，三面言定，递年交纳

---

① 刘伯山主编:《徽州文书》第 2 辑第 2 册，第 66 页。

② 刘伯山主编:《徽州文书》第 2 辑第 2 册，第 157 页。

③ 刘伯山主编:《徽州文书》第 1 辑第 8 册，第 168 页。

④ 刘伯山主编:《徽州文书》第 1 辑第 7 册，第 230 页、276 页、318 页。

租银壹佰文,其银递年至冬至日交付,不致短少"[①]。这种交纳货币租的情况在清后期很少见,可能与嘉庆以后当地对外来棚民开垦的禁令有关。

在此背景下,一些山主靠出租山场获得大量玉米收益,这里举一个实例。程加灿是乾嘉年间当地的一个大地主,他除出租山场给人种植稻、麦外,还有部分山场租给他人种植玉米,收取玉米实物租。据对系列契约的统计,程加灿在乾嘉年间年获玉米收益达1500斤以上[②]。

四、玉米种植对山地林木的兴养有一定促进作用

清代玉米种植对生态环境的破坏,学界有深入论述,此种研究主要是针对棚民的无序开垦来论述的。学者指出,"棚民对徽州山区的无序开垦和恶性开采,对徽州山区脆弱的生态环境造成了严重的破坏"[③];在长期饱受生态环境恶化之苦的情况下,"徽州山区社会采取了驱禁棚民与封山育林,调整产业种植结构相结合的标本兼治的应对措施"[④]。清代棚民玉米种植活动对山地生态的破坏是客观存在的,但需要指出的是,徽州契约的内容还显示了玉米种植的另一方面,即通过玉米、桐子种植促进松杉等林木的种植,这也是清代徽州玉米种植得以发展的重要原因之一。此层原因,为学界所未注意。

山主为了使承租人对荒山进行开发以种植松杉,常常允诺或同意承租人种植玉米、桐子等以获得额外收益。这种将种植松杉与垦种玉米结合起来的模式在清代徽州契约文书中多有体现。大量玉米垦种方面的文书显示,承山人、租山人负有"补插苗木"等兴养山林的义务,并且不得抛荒丈土,如果违反则要受到罚款等经济处罚。以下择要予以介绍。

早在乾隆年间就有将锄种苞芦所获作为承山人、租山人补插苗木报酬的情况,合同还会规定承山人、租山人对于补插苗木、保养苗木所应承担的义

---

① 王钰欣、周绍泉主编:《徽州千年契约文书·清民国编》卷11,第331页。

② 据程加灿收取玉米实物租的18则契约统计,契约出自刘伯山主编《徽州文书》第1辑第7册、第8册。

③ 卞利:《明清徽州社会研究》,合肥:安徽大学出版社,2004年,第318页。

④ 陈瑞:《清代中期徽州山区生态环境恶化状况研究——以棚民营山活动为中心》,《安徽史学》2003年第6期。

务，即“通山养苗，不得懈怠”。兹举乾隆三十九年七月祁门程发秀等所立兴山合约为例：

> 立兴山合文人程发秀、汪嘉谟、程开警、叶之桂、汪时道、张成福，今有八保山场壹备，土名黄兵坑、合坞等处，眼仝业主，内取逞坞空山壹号，出佃与汪时道名下前去砍拨，锄种苞芦，补插苗木，议定就台演戏壹台，加禁合坞松杉，以供国课。如有地方梗顽之徒入山盗砍，准许原佃投鸣山主，演戏加禁。如不遵者，众山主务要均照山分出费，鸣官理治。如果知情不举、得钞卖放饮食，留情不报者，与盗伐之人同论。其合坞山场苗木成材议作三股均分，主得二股、利得一股，其利分务要凑便山主。如违，不与利分。①

嘉庆年间，也有不少享有垦种苞芦权利同时负有兴养林木职责的山林契约，种植苞芦的权限常常为五年。据嘉庆三年六月汪光生所立承兴山佃约，汪光生承佃到山主程发秀、程嘉灿等人的山场，“锄种花利、栽扦苗木”。锄种花利要交纳苞芦租，“其山锄种五年为止”，同时负有兴山义务：“其山栽扦苗木，毋得抛荒”，“日后苗木长大成材作贰八均分，主得八，力得贰”。有些契约还对兴养苗木作出更为具体的要求，比如“要丛密成林”“壹丈三栽”等。据嘉庆九年正月鲍胜保、张成初立承兴山佃约，鲍胜保、张成初承到山主程加灿等四人山场，“准种五年”，交纳苞芦实物租，同时也负有“栽坌苗木”的义务，“其苗木务要丛密成林，壹丈三栽，毋得抛荒丈土”，如果违反，则罚银二两②。

嘉庆以后，此类将垦种苞芦与兴养林木捆绑在一起的契约仍有不少，也是明确规定承山、佃山人可在该山四至之内种植苞芦及桐子作为收益，但同时负有扦插苗木、兴养山林的义务。如光绪十六年祁门吴德伏在所立承山约中，吴德伏承种了吴广宪族侄名下的一块山地，规定若“苗荒不齐”，则吴德伏要受到经济处罚③。

在栽植松杉之前种植玉米，是传统时期徽州山林开发的特点，一直到新中国成立初期都是如此。如休宁县花桥村：

---

① 刘伯山主编：《徽州文书》第1辑第7册，第214页。

② 刘伯山主编：《徽州文书》第1辑第8册，第39页、83页。

③ 刘伯山主编：《徽州文书》第2辑第2册，第78页。

> 地主经营林山的方法是这样的：凡林山在初期培植树苗时，必须经过开发荒山的过程，因此地主把占有的荒山首先租给农民开发种植苞谷，三年不收租（有的收租，但租额比田租为轻），但三年期满后要给地主培养好树苗，如杉、桐等，每亩山要栽三千棵左右。到期如数点缴给山主（地主）。这种方式看起来农民有三年苞谷收益，其实收益很小，而开发荒山、栽种树苗所耗的劳力很大，所以是极其严重的剥削，地主们不要花什么代价，而坐待收益。①

歙县长陔区南源村的情况类似："杉苗由栽种到长成为周围三尺粗的杉木要三十年，最肥沃的山也需二十年方能长成。杉木砍伐之后，放火烧山作肥料，第二年即开垦种苞芦，连种二三年后，土质渐瘦薄时，即栽植杉苗，过二三十年再行砍伐。"②

五、小　结

在清代徽州农村社会，虽然各种力量对棚民种植玉米制订了诸多禁止性规定，但棚民种植玉米并未绝迹。而且，棚民玉米种植对当地居民产生了一定的技术示范作用，即所谓的"土著愚民间亦效尤"。玉米种植对徽州民众生活产生了不可忽视的影响，除了能缓解徽州地区粮食紧张的状况外，还使得玉米实物租大量出现，这反映出徽州民众对玉米这一粮食种类的认可。从遗存的徽州地区契约还可以看出，清代徽州玉米垦殖收益的分配方式是多样化的，一些山主通过出租山场可获得大量玉米实物收益。清代徽州地区玉米种植的发展还与徽州区域性种植结构有关，即徽州地区荒山在栽植松杉前常种植玉米。山主允诺或同意承租人种植玉米以使承租人获得额外收益，同时也起到了促进徽州林木种植的作用。

原载《安徽大学学报》2014 年第 6 期

---

① 华东军政委员会土地改革委员会编：《安徽省农村调查》，内部资料，1952 年，第 208 页。

② 华东军政委员会土地改革委员会编：《安徽省农村调查》，第 219 页。

硬租与实租：晚清民国徽州地租研究

——以《金长千公会租簿》数据为中心

汪崇筼

一、前　言

从所见到的徽州土地文书来看，明清时期（并可含民国至新中国成立初期）徽州的土地租佃，一般是实行分成制与定额制相结合的制度。分成制指在收割时，主佃双方于现场对所获得的粮食进行分配。定额制指主佃双方事先约定一个交租数额，并由佃户在收割后将粮食送到地主家中。一般来说，地主对单独采用一种分配办法是不放心的，为了做到心里踏实，常常两种办法交错使用。

例如，一份承佃字据写道："立承种字人汪叶氏，今托中承到邱集文公祀会名下，土名马蹄堀，谷麦田壹坵，计租九砠零五斤，当日三面言定，两季坐田监分，收割先日关会，无得异说。"[①]这便是一份分成制的佃田约。其中的"收割先日关会"，是指佃户最迟必须在收割的前一天告知主方到场。

而在同一个时候，地主又与佃户签订另一份佃田约，称"立承种字人汪欧氏，今托中承到邱集文公祀会名下，土名马蹄堀，谷麦田壹坵，计租拾贰砠，当日三面言定，每年折定硬交折色干谷拾砠正，议定断不短少"[②]。这便是一份定额制的佃田约。

① 刘伯山：《徽州文书》第1辑卷1，桂林：广西师范大学出版社，2005年，第238页。

② 刘伯山：《徽州文书》第1辑卷1，第239页。

因为在上述定额制佃田约中，所写的定额租“拾砠正”，是一个无论年景好坏都必须完成的数据，所以可称之为“硬租额”。此外，该佃田约中所写的另一项指标“计租拾贰砠”，则是该田产的“原租额”。“硬租额”与“原租额”的比值，可称为“硬租率”，它关系到“硬租额”在“原租额”中所占的比例。

但“原租额”不是一个地主可以随意夸大的数据，它是表明所涉田产在历史上曾达到过的收租数额，关系到田产质量的好坏，所以不但要被写进定额制的佃田约中，而且要被写进田产的买卖文契中[①]。在徽州，90%以上的田地产买卖文契均为赤契[②]，它们必须在官府备案，因此难以造假。

主佃双方究竟是实行分成制，还是实行定额制(含最终确定的租额为多少)，都是由民间自行决定的事情，与国家的政治制度无关。从演变来看，分成制虽能让地主做到“心服口服”，却毕竟很麻烦(且在此条件下，地主须有人将现场分得的湿谷马上挑回家去)，因此随着抗自然灾害能力的提高，地主自然希望能采取定额制的方式。但定额制无论对主佃双方都有很大风险，而且对地主的风险更大一些。在定额制条件下，佃户是在收割后将晒干的租谷送到地主家中，佃户能不能完成他所承诺的“硬租额”，以及在佃户不能兑现“硬租额”时，地主又将如何处置，自然是学界所关心的问题。

在安徽大学徽学研究中心刘伯山主编的《徽州文书》第1辑卷4中，有《金长千公会租簿》1册[③]。该租簿出自《黟县八都四图金氏文书》，记载的是金氏宗族金长千公会自清代同治或光绪年间至民国年间的实际收租数据(有的记载甚至到1950年底的土改时为止)，因此很是难得。

租簿不但记载了每年的实际收租数据，有些情况下还记载了相应田产的原租额或硬租额，经过整理，可求得如下的数据：(1)硬租率，如上所述，它是契约所定硬租额与原租额之比，属契约性数据。(2)实租—原租率，它是实际

---

① 徽州田产买卖文契，一般要写明所涉田产的面积大小，以及原租额为多少，才能在此基础上确定田产的价格。这三项指标依次为“税亩”“租砠”和“价银”。

② 王钰欣、周绍泉主编的《徽州千年契约文书》(花山文艺出版社，1991年)的清代散件部分，有徽州本土田地产买卖文契100份，其中田产文契56份、地产文契44份。在56份田产文契中，赤契占94.64%；在44份地产文契中，赤契占93.18%。

③ 刘伯山：《徽州文书》第1辑卷4，第121～164页。

收租量与契约中的原租额之比。(3)实租—硬租率，它是实际收租量与契约中的硬租额之比。这些数据有助于我们更好地认识中国近代社会的租佃关系。下面便对《金长千公会租簿》中的一些数据进行整理与分析。

二、数据整理

《金长千公会租簿》立于清光绪二年(1876年)，但有部分内容还载有同治年间的数据。它具有下列特点：

(1)因金长千公会有好多处田产，其每一处田产都是要出租给佃户耕种的，所以租簿是对每一处田产的实际收租量进行逐年的登记。从分析来看，它不是一份誊清册，而是一份原始记录。因在漫长的岁月里，难免有更换佃户的情况，所以租簿也对此有相应的记载。只是租簿不因更换佃户而另立户头，而是仍以田产为户头继续记载下去。

(2)租簿是被对折存放的，因年代久远的关系，有些对折处的纸张已被损坏，文字也一同受损，所以有些年份的数据便难以整理。

该租簿实际收租量的单位，有两种情况要特别说明：(1)租簿在记载原租额、硬租额和实际收租量时，有时以斤为单位，有时则以“砠”为单位。经对租簿中一些数据的验算，得知该租簿是以20斤为1砠。因此，本文在整理数据时，都统一将砠换算为斤。(2)租簿在登记一些年份的实际收租量时，还以“勺”为单位，如“一勺”“三勺”等。“勺”是我国古代一个很小的容量单位，即“一石为十斗，一斗为十升，一升为十合，一合为十勺”[①]。如果真是这样，则表明地主在这些年份里几乎没有收到租谷。但笔者在该租簿的其他地方发现，“勺”与“砠”是通用的，即1勺等于1砠。本文为不使地主的实际收租量在整理中被减少，便将1勺定为20斤。

(一)数据整理之一

租簿的第1页载：“土名里塝，计田租叁砠，佃人灶好，言定硬交本色下午

① 吴承洛：《中国度量衡史》，北京：商务印书馆，1993年据该馆1937年版影印，第107页。

谷五十四斤，于同治十一年更换佛林承种，民国元年换茂准种。”①

租簿所登记的这一处田产，坐落在当地一个名叫里勘的地方，原来由灶好承种，自同治十一年（1872年）起改为佛林承种，到民国元年（1912年）又改为茂准承佃。租簿是从同治十一年起，登记每一年的实际收租量。但因租簿从民国元年开始，对所收租谷已折为货币“洋钱”计算，所以本文为了节省篇幅，便对这部分数据不作整理。

前面已经指出，该租簿是定1砠为20斤，所以“计田租叁砠”，便是表明这处田产的原租额为60斤，而其硬租额则为54斤。由此计算，便可求得其硬租率为90%。从记录来看，数十年间未因承佃人的更换而改变。因折叠处损坏，光绪七年、光绪三十二年的数据已无法整理。光绪二十六年则无收租记录。

下面便将所剩年份的数据整理于表1（其中A值表示“实租—原租率”，B值表示“实租—硬租率”）。

表1 《金长千公会租簿》实际收租数据整理之一（单位：斤）

年份	实际收租量	A值(%)	B值(%)	年份	实际收租量	A值(%)	B值(%)
同治十一年	48	80	88.9	光绪十八年	50	83.3	92.6
同治十二年	48	80	88.9	光绪十九年	50	83.3	92.6
同治十三年	48	80	88.9	光绪二十年	50	83.3	92.6
光绪元年	48	80	88.9	光绪二十一年	50	83.3	92.6
光绪二年	48	80	88.9	光绪二十二年	50	83.3	92.6
光绪三年	48	80	88.9	光绪二十三年	50	83.3	92.6
光绪四年	48	80	88.9	光绪二十四年	50	83.3	92.6
光绪五年	48	80	88.9	光绪二十五年	40	66.7	74.1
光绪六年	48	80	88.9	光绪二十六年	无记录	—	—
光绪八年	48	80	88.9	光绪二十七年	40	66.7	74.1
光绪九年	48	80	88.9	光绪二十八年	40	66.7	74.1

① 刘伯山：《徽州文书》第1辑卷4，第122页。

续表

年份	实际收租量	A值(%)	B值(%)	年份	实际收租量	A值(%)	B值(%)
光绪十年	48	80	88.9	光绪二十九年	40	66.7	74.1
光绪十一年	48	80	88.9	光绪三十年	40	66.7	74.1
光绪十二年	48	80	88.9	光绪三十一年	40	66.7	74.1
光绪十三年	48	80	88.9	光绪三十三年	40	66.7	74.1
光绪十四年	50	83.3	92.6	光绪三十四年	40	66.7	74.1
光绪十五年	50	83.3	92.6	宣统元年	40	66.7	74.1
光绪十六年	50	83.3	92.6	宣统二年	20	33.3	37.0
光绪十七年	50	83.3	92.6	宣统三年	18	30	33.3

由表1可知,这处田产的实际收租量,每年都没有达到契约所规定的硬租额,从光绪二十五年开始还有明显的下降。本文不计算宣统年间的3组数据,仅求同治与光绪年间(不含光绪二十六年),34组数据的平均实租—原租率为77.94%,平均实租—硬租率为86.61%。至于为何造成这种情况,史料没有记载。

(二)数据整理之二

租簿紧接着另起一个户头,并有如下记载:"土名茶树坑,不均年成丰旱,硬交谷贰砠;土名里塝,计田租四砠。成荣承种,今归(另一个人名,但字迹难认——笔者注)。"①

这是在同一个户头下,记载两块不同地点的田产,却由同一人承种的收租记录。承种者原先是成荣,后一人的名字则难以辨认。

在这两块不同地点的田产中,茶树坑一块是采取定额制收租,即规定硬租额为2砠(即40斤)。只因这组数据没有记载原租额,所以无法求得其硬租率和实租—原租率数据,但可依据实际收租量,求得其实租—硬租率数据。

另一块在里塝的田产,是采取分成制收租。因此,租簿虽然记载了原租额4砠(即80斤),却没有规定其硬租额。这样便可按照每年的实际收租量,

① 刘伯山:《徽州文书》第1辑卷4,第125页。

求取其实租—原租率数据。

按分成制收租,必须每年分谷、麦两季,分别收取租谷和租麦。当收得的租麦是干麦时,其情况还比较好办,因按该租簿在另一处提供的数据可知,当时是把麦、谷等值看待的(见本文“数据整理之三”)。这样,便可将实际得到的租麦与租谷数据相加,以求得其实租—原租率。本文在遇到这种情况时,便是按照这一思路整理数据。但如果地主分得的是生麦(即未晒干的湿麦),有时甚至是将租麦折为货币,则其情况比较复杂。在此情况下,本文便不再求取其实租—原租率,而是将情况如实地反映。

此外,在这一户头中有“勺”的记载,本文是按1勺等于20斤的思路进行整理。

因这一户头的情况比较复杂,租簿所记载的文字也比较凌乱,本文为节省篇幅,只整理光绪元年至光绪九年的数据(其中光绪四年的数据受损,无法整理),而对其他年份的数据,则因大同小异便不再整理。另为明晰起见,将茶树坑和里勘这两处田产,分别整理在表2-1和表2-2两张表格内(其中B值表示“实租—硬租率”,A值表示“实租—原租率”)。

表2-1 《金长千公会租簿》实际收租数据整理之二(茶树坑田产,单位:斤)

年份	实际收租量	B值(%)	年份	实际收租量	B值(%)
光绪元年	40	100	光绪六年	40	100
光绪二年	40	100	光绪七年	40	100
光绪三年	40	100	光绪八年	40	100
光绪五年	40	100	光绪九年	40	100

表2-2 《金长千公会租簿》实际收租数据整理之二(里勘田产,单位:斤)

年份	实际收租量	A值(%)	年份	实际收租量	A值(%)
光绪元年	49	61.3	光绪六年	谷40,钱108文	—
光绪二年	52	65	光绪七年	50	62.5
光绪三年	生麦15,谷不清	—	光绪八年	40,麦钱100文	—
光绪五年	谷34,钱230文	—	光绪九年	47	58.8

由表2-1可知,因茶树坑这处田产的硬租额定得比较合适,所以年年都能完成契约所规定的租额,其实租—硬租率均为100%。表2-2所示里勘一处田产,是采取分成制收租,表中4组数据的平均实租—原租率为61.9%。

(三)数据整理之三

租簿又载:“佃人大如,土名长坞,计田大小贰坵,计租四砠,于同治十一年佛林种,戊申年(即光绪三十四年)换炳阳种,民国贰年换(人名不清,难以辨认——笔者注)种。”①

坐落在长坞的这处田产,其原租额为4砠(即80斤),先后由大如、佛林、炳阳及另一位难以辨认名字的人承种。租簿从同治十一年起开始记载,这一年的实际收租量为谷40斤、麦12斤,合计52斤。因租簿又注明,“于(同治)十二年,言定硬交谷五十贰斤,麦不分”,表明同治十一年是按分成制收租的,但从同治十二年起改为定额制收租,其硬租额为谷52斤,即硬租率为65%。由此可知,当时是将谷、麦等值看待的。下面便将有关数据整理于表3(其中A值表示“实租—原租率”,B值表示“实租—硬租率”)。

表3 《金长千公会租簿》实际收租数据整理之三(单位:斤)

年份	实际收租量	A值(%)	B值(%)	年份	实际收租量	A值(%)	B值(%)
同治十一年	52	65	100	光绪十八年	50	62.5	96.2
同治十二年	52	65	100	光绪十九年	50	62.5	96.2
同治十三年	52	65	100	光绪二十年	50②	62.5	96.2
光绪元年	52	65	100	光绪二十一年	50	62.5	96.2
光绪二年	52	65	100	光绪二十二年	50	62.5	96.2
光绪三年	50	62.5	96.2	光绪二十三年	50	62.5	96.2
光绪四年	52	65	100	光绪二十四年	50	62.5	96.2
光绪五年	52	65	100	光绪二十五年	40	50	76.9
光绪六年	52	65	100	光绪二十六年	40	50	76.9
光绪七年	52	65	100	光绪二十七年	40	50	76.9
光绪八年	52	65	100	光绪二十八年	40	50	76.9
光绪九年	52	65	100	光绪二十九年	40	50	76.9

① 刘伯山:《徽州文书》第1辑卷4,2005年,第130页。

② 租簿在光绪二十年记载有两个“收谷五十斤”,不知是何原因。本文整理时,只取其中的一个。

续表

年份	实际收租量	A值(%)	B值(%)	年份	实际收租量	A值(%)	B值(%)
光绪十年	50	62.5	96.2	光绪三十年	40	50	76.9
光绪十一年	50	62.5	96.2	光绪三十一年	—	—	—
光绪十二年	52	65	100	光绪三十二年	40	50	76.9
光绪十三年	52	65	100	光绪三十三年	40	50	76.9
光绪十四年	50	62.5	96.2	光绪三十四年	40	50	76.9
光绪十五年	50	62.5	96.2	宣统元年	30	37.5	57.7
光绪十六年	50	62.5	96.2	宣统二年	20	25	38.5
光绪十七年	50	62.5	96.2	宣统三年	20	25	38.5

由比较可知,表3中的数据变化趋势,与表1相似,因此不必再作解释。现仍不计宣统年间的3组数据,而仅取同治与光绪年间36组数据的平均值(光绪三十一年数据受损,不统计),得平均实租—原租率为60.28%,平均实租—硬租率为92.75%。

(四)数据整理之四

租簿又载:"(光绪)二十五年收谷十一砠九斤,内欠谷五斤;二十六年收谷十砠半,欠二十四斤;二十七年收谷十砠十四斤,欠谷二十斤;二十八年收谷十一砠十四斤(这年不欠——笔者注)。"①

由上述文字可知,这是一份按定额制收租的记录,其硬租额为11砠14斤(但租簿没有记载这份田产的具体地点,以及其原租额为多少,因此无法计算其硬租率)。再由这些文字试算后得知,该租簿内的1砠即为20斤。因此,这是一份较重要的史料。

租簿又记载,因在光绪三十二年没有收到租谷,所以双方决定从光绪三十三年起改按分成制收租,并且是谷麦兼收。下面便将这份史料的数据整理于表4(其中民国二年至民国六年因数据不清楚,未整理;B值表示"实租—硬租率")。

---

① 刘伯山:《徽州文书》第1辑卷4,桂林:广西范大学出版社,2005年,第138页。

表 4 《金长千公会租簿》实际收租数据整理之四(单位:斤)

年份	实际收租量	B值(%)	年份	实际收租量	B值(%)
光绪二十五年	229	97.9	1918	60	25.6
光绪二十六年	210	89.7	1919	60	25.6
光绪二十七年	214	91.5	1920	60	25.6
光绪二十八年	234	100	1921	70	29.9
光绪二十九年	214	91.5	1922	78	33.3
光绪三十年	217	92.7	1923	70	29.9
光绪三十一年	200	85.5	1924	80	34.2
光绪三十二年	0	0	1925	100	42.7
光绪三十三年	84	35.9	1926	80	34.2
光绪三十四年	85	36.3	1927	71	30.3
宣统元年	90	38.5	1928	40	17.1
宣统二年	80	34.2	1929	60	25.6
宣统三年	60	25.6	1930	40	17.1
1912	68	29.1	—	—	—

这是一组特殊的收租记录。承佃人在光绪三十二年的实际交租量为零,地主既没有采取惩罚性措施,也没有将田产收回,而是双方商定从光绪三十三年起改用分成制收租,从而表明确有客观因素的存在。现在分析起来,可能与田产被毁或灌溉设施被毁有关。事实也表明,采用分成制后,地主的实际收租量仍然大减,其实租—硬租率也相应大减。本文依据上述 27 组数据,求得其平均实租—硬租率为 45.17%。

(五)数据整理之五

租簿又载:"土名保林口,田壹坵,计租壹砠,杨先明承种,交租谷拾斤。"①这是一份从民国三十三年至 1950 年的收租记录,只有 7 个年份,内容简单。其中"计租壹砠"是指原租额为 20 斤,"交租谷拾斤"则是表明双方确定的硬租额,由此也可求得其硬租率为 50%。现将有关数据整理于表 5(其中 A 值表示"实租—原租率",B 值表示"实租—硬租率")。

① 刘伯山:《徽州文书》第 1 辑卷 4,第 154 页。

表5 《金长千公会租簿》实际收租数据整理之五(单位:斤)

年份	实际收租量	A值(%)	B值(%)	年份	实际收租量	A值(%)	B值(%)
1944	10	50	100	1948	未收	0	0
1945	7	35	70	1949	未收	0	0
1946	5	25	50	1950	8	40	80
1947	无收	0	0	—	—	—	—

上述数据中,只有一年完成契约所规定的硬租额,其余则只完成50%～80%,甚至还有3年未收到租谷。因此,这7组数据的平均实租—原租率只有21.43%,其平均实租—硬租率则为42.86%。对此,租簿也记有相应的批注。如,民国三十五年的批注为:"本年于该田旱了";三十六年的批注为:"本年于该田无水,未插秧。"此外,租簿还批注:"此田于一九五〇年奉令土改,已由农(会)没收了,此批。"

(六)数据整理之六

租簿又载:"民国廿六年,观好妈承种下里墈田贰坵租,定交租谷壹勺。"[①]在这段文字的边上,还有一段小字批注,称"下裡困田现在只有壹坵,于一小坵倒坏不成田了,仍有壹坵,计租贰勺"。其中,"里"与"裡"是同一个字的简体与繁体,"墈"与"困"在当地土语中是音近的。因此,"下里墈"与"下裡困"指的是同一个地方,只是其中有一块田产已经坏了,只剩下另一块田产,计租2勺。又因观好妈承种时,约定的硬租额为1勺,所以其硬租率为50%。

现在要探讨上述文字中"勺"字的含义。经过推敲,至少在金长千公会的这本租簿里,"勺"与"砠"是同一个意思,即1勺等于20斤[②]。下面便将有关数据整理于表6(其中A值表示"实租—原租率",B值表示"实租—硬租率")。

---

① 刘伯山:《徽州文书》第1辑卷4,第158页。

② 关于"勺"与"砠"通用的问题,在这本租簿中还有好多处记载。如在《徽州文书》第1辑卷4的第125页、126页、128页、129页、135页、139页中,都有"勺"字出现。因篇幅关系,本文不再详细列举。

表 6 《金长千公会租簿》实际收租数据整理之六(单位:斤)

年份	实际收租量	A 值(%)	B 值(%)	年份	实际收租量	A 值(%)	B 值(%)
1937	20	50	100	1944	15	37.5	75
1938	18	45	90	1945	20	50	100
1939	20	50	100	1946	20	50	100
1940	20	50	100	1947	20	50	100
1941	20	50	100	1948	20	50	100
1942	20	50	100	1949	14	35	70
1943	20	50	100	—	—	—	—

租簿在记载每年的实际收租量时,也对一些年份作了批注。如民国二十八年批注:"此年本田立尔种";二十九年又批,改"由华林承种",但"交租谷照前",表明地主没有趁更换承佃人的机会增加硬租额。又如,民国三十三年只实收租谷 15 斤,批注称这是"于天干少的,以后照原交租"。再如,民国三十八年只实收租谷 14 斤,这是因为实行"三成减租"的结果。这一年徽州已经解放,并实行"三成减租"政策。租约的硬租额为 20 斤,若减去 30%(即 6 斤),则实收租谷 14 斤,没有错。

取表 6 中 13 组数据的平均值,得平均实租—原租率为 47.5%,平均实租—硬租率则为 95%。1950 年的数据情况比较复杂,本文不作讨论。

(七)数据整理之七

租簿又载:"立借字人社女,今借到长千公会名下大典钱四千文,将田壹处,并典首在内执押。土名茶树坑,计田壹坵,计租壹砠零五斤,言定递年硬交谷贰砠。于同治贰年被遭之后,照田管业,更换连成承种。于(同治)五年换(另外一人,名字难定——笔者注)承种,言定硬交谷叁拾斤。"[①]

一个名叫社女的人,因借钱将一处田产作为抵押,然后每年"硬交谷贰砠",作为对借钱利息的补偿。同治二年,徽州遭受太平天国战争的破坏,社女可能已经破产,于是该处田产便归金长千公会管理经营,并由一位名叫连成的人承佃。再到同治五年,又更换另一位名字难以辨认的人承佃,并约定

① 刘伯山:《徽州文书》第 1 辑卷 4,第 133 页。

硬租额为30斤。租簿从同治六年开始记载每年的实际收租量。从租簿记载来看,从光绪三年起改以货币的形式纳租。所以本文只将光绪三年以前的数据整理于表7(其中B值表示“实租—硬租率”)。

表7 《金长千公会租簿》实际收租数据整理之七(单位:斤)

年份	实际收租量	B值(%)	年份	实际收租量	B值(%)
同治六年	30	100	同治十一年	25	83.3
同治七年	30	100	同治十二年	25	83.3
同治八年	30	100	同治十三年	26	86.7
同治九年	28	93.3	光绪元年	25	83.3
同治十年	30	100	光绪二年	20	66.7

根据表7中的10组数据,可求得这份田产从同治六年到光绪二年的平均实租—硬租率为89.66%。

需要说明的是,在《金长千公会租簿》中还有一些收租记录,其中有的与本文以上所整理的数据大同小异,有的是记载不够完整(如没有原租额或硬租额数据,难以求取实租—原租率或实租—硬租率),有的则记载比较凌乱,所以本文不再对它们进行整理分析。此外,租簿还记载有一些借债人以货币或稻谷形式向金长千公会偿还利息的数据,因这些情况与田产租佃有所不同,所以本文也不予以整理分析。

三、分析与讨论

根据租簿中的记载,佃户只在少数年份能百分之百地完成租约所规定的硬租额,多数则不能完成。不能完成的,有三种情况:接近完成、相差较大以及实际收租量有下降趋势。租簿中还有因不能执行定额制而改为分成制收租的记载,且改为分成制后的实际收租量确实明显低于原定的硬租额。现将上文的几组数据再归纳于表8。

表8 表1-7数据归纳

数据整理		租佃方式	硬租率	平均实租—原租率	平均实租—硬租率
之一		定额制	90%	77.94%	86.61%
之二	茶树坑	定额制	不详	不详	100%
	里墈	分成制	无	61.9%	无

续表

数据整理	租佃方式	硬租率	平均实租—原租率	平均实租—硬租率
之三	定额制	65%	60.28%	92.75%
之四	先定额后分成	不详	不详	45.17%
之五	定额制	50%	21.43%	42.86%
之六	定额制	50%	47.5%	95%
之七	定额制	不详	不详	89.66%
最终平均值	—	63.75%	53.81%	78.86%

“实租—原租率”应是“硬租率”与“实租—硬租率”的乘积(见表8“之一”“之三”“之五”“之六”),如果数据很多,则在“最终平均值”一栏中也会出现这样的对应。只因本文处理的数据不多,所以这种对应效果不明显,也即有一定的偏差。笔者以往曾依据王钰欣、周绍泉主编的《徽州千年契约文书》中的清代散件部分,求得不同条件下的硬租率是在40%至80%之间变动,“若取其粗略的平均值,则在60%左右”①。本文求得的硬租率,在50%至90%之间,平均值为63.75%。两者比较接近。

为此,下面提出一些分析与讨论:

(一)原租额应是一个历史数据,表示历史上曾经达到过的收租数额。

(二)如果在实际租佃时,能取一个较低的硬租额(即硬租率也相应较低),则实际收租量会更接近于这一数额(也即实租—硬租率会很高)。“数据整理之三”的早期数据以及“数据整理之六”所反映的情况便是这样。

(三)如果田产的耕种条件确实不错,则即使其硬租率被定得很高,佃户还是能够较好地完成任务。如在“数据整理之一”中,虽然硬租率高达90%,但其初期的实租—硬租率仍可达到88.9%至92.6%。

(四)当实行定额制,佃户不能百分之百地完成硬租额时,地主之所以能够忍耐,是因为对地主而言,实行分成制也有很多的不便。尤其当因客观条件导致产量不高时,即使实行分成制,也很难提高其实际收租量,如“数据整理之四”便是一个很好的例子。

---

① 汪崇筼:《清代徽州土地与商业投资回报率的比较》,《清史研究》2006年第1期。

（五）徽州是个山区，一些山田（含灌溉设施）易被山洪冲毁。另外，如果佃户不舍得对所承佃的田产多施肥（这些佃户一般都还有自己的自耕田，其精力主要是放在自耕田上），则会使产量下降，地主的实际收租量也会下降。因此，地主如何调动佃户的积极性，使得佃户乐意治理被损坏的田产，并设法增加田产的肥力，也是一个值得关注的问题。

原载《安徽大学学报》2011年第4期

旧商人与新时代：赣州徽商汪德溥的生活变迁（1890—1955）

李　甜

徽商作为传统中国不容忽视的商业群体，在明清史研究中占有一席之地。随着近年来相关学术资料发掘与利用的深化，民国以后的徽商变迁也开始为学者所瞩目。张朝胜较早关注民国时期旅沪徽州茶商的活动，借此反思所谓徽商衰落的问题①。此后，不少论著进一步以民国徽州茶商为分析对象②。沈树永、唐力行、徐松如依托上海档案馆资料，对旅沪徽宁同乡会、旅沪徽州人作了研究③。王振忠利用收集到的学徒书信，揭示民国旅沪徽商的社会生活④。唐力行以抗战前夕杭州汪王庙为例，分析旅杭徽商与宗族组织

① 张朝胜：《民国时期的旅沪徽州茶商——兼谈徽商衰落问题》，《安徽史学》1996年第2期。

② 邹怡：《产业集聚与城市区位巩固：徽州茶务都会屯溪发展史（1577—1949）》，《"中央研究院"近代史研究所集刊》第66期，2009年；刘芳正：《民国时期上海徽州茶商与社会变迁》，上海师范大学硕士学位论文，2009年；周筱华、程秉国：《民国时期徽商与茶叶对外贸易》，《黄山学院学报》2009年第4期；蔡玲存：《徽商的近代发展与式微——以其在上海的活动为例》，华东师范大学硕士学位论文，2009年。

③ 沈树永：《徽宁同乡会研究》，上海师范大学硕士论文，2008年；唐力行：《徽州旅沪同乡会与社会变迁（1923—1953）》，《历史研究》2011年第3期；徐松如：《都市文化视野下的旅沪徽州人（1843—1953）》，上海师范大学博士学位论文，2012年。

④ 王振忠：《徽州商业文化的一个侧面——反映民国时期上海徽州学徒生活的十封书信》，《复旦学报》1999年第4期。

的互动[①]。此外,何建木、冯剑辉的研究结合了民国徽商文献和现代访谈资料[②]。关于1949年以后的现代徽州商人,相关研究屈指可数,除了唐力行和其弟子对徽州旅沪同乡会的研究有所涉及外,笔者曾以安徽大学徽学研究中心编《徽州文书》的"黟县十都丰登江氏文书"为中心,分析1955年旅外徽商江新昌的11封家信,其中涉及现代徽州商人生活变迁的细节[③]。

总体而言,学界对于现代徽州商人的研究才刚刚起步,这主要基于以下几点局限:一是由于文献发掘与使用的限制,目前对公藏档案的利用率较低;二是相关研究的地域分布不均衡,大多集中于上海、杭州等大城市的徽商;三是将1949年视为分水岭,较少关注徽商在此后的社会变迁历程;四是对徽州小商小贩之日常生活与商业经营的发掘还不够。由此,学界对现代徽州商人的背景、职业、生活及其特征,无论在整体还是细节上皆缺乏理解和把握。事实上,现代徽州商人与传统徽商一脉相承,理清他们是如何应对1949年之后的历史转折的,他们在经营、生活、交际、观念等方面发生了何种变化,对于理解当时的社会转型具有重要的参考价值。本文作为现代徽州商人研究的粗浅尝试,主要基于对一个建国初期徽州商人案例的发掘和分析[④]。

一、赣州徽商汪德溥的人生经历

从长江中下游至岭南,自鄱阳湖沿赣江南下翻越大庾岭,是一条传统的古商道。位于这一商道中间的赣州,作为江西南部的区域中心城市,沟通了岭南、闽南与长江中下游地区的商贸往来,并发展为徽州与广东茶叶贸易的必经之路。明清时期,徽商在赣州的商贸活动频繁,由徽商编写的商编路程

---

① 唐力行:《从杭州的徽商看商人组织向血缘化的回归——以抗战前夕杭州汪王庙为例论国家、民间社团、商人的互动与社会变迁》,《学术月刊》2004年第5期。

② 俞昌泰口述,何建木、张启祥整理:《一个徽商后代的回忆》,《史林》2006年口述史增刊;冯剑辉:《近代徽商研究》,合肥:合肥工业大学出版社,2009年。

③ 李甜:《1955年,旅外徽人的家信》,《徽州社会科学》2009年第3期。

④ 笔者供职的复旦大学社会发展与公共政策学院当代中国社会生活资料中心,陆续收集到一些现代徽州商人文献,本文的个案即取自中心收藏的《江西赣州新安茶社徽商文书(1952—1955)》(文献名称是笔者所拟)。笔者对文中所涉人物的姓名作了技术处理,引文内容未作任何改动。引文标注方式如下:□为辨识不清者,[]内系推测、修正或合并字,〔〕内系补缺字。

中收录了不少赣州地名[①]。除了茶叶贸易，赣州及周遭区域盛产优质木材，擅长经营大宗贸易的徽州商人在赣州木材贸易中也据有一席之地[②]。与其他地区类似，不少侨寓赣州的徽商，陆续完成了土著化进程[③]。值得一提的是，流行于赣南地区的采茶戏，其著名剧目《茶童哥》由赣南民间灯彩《九龙山摘茶》改编创作，讲述了赣州府茶商朝奉上山收购茶叶与采茶女纠缠的故事。剧中的"朝奉"作为反面角色受尽捉弄，表明了徽州茶商在赣南地域文化中的负面形象，同时也暗示徽商活动对于当地社会经济的重要性[④]。

汪德溥，号心泉，光绪十六年(1890)六月三十日生，原籍安徽歙县[⑤]。简历中没有介绍出生地，但结合他的个人经历，基本可断定生于赣州城内。汪德溥年少时在当地接受了私塾、学徒训练，青年时期出任地方公职，步入中年后拾起经商本业。新中国成立初期，他家人口众多，有妻子、五个儿子、三个儿媳、三个孙儿、四个孙女，长子在全南县大吉山钨矿工作，次子做小贩，三子和四子处于失业状态，五子远在东北鞍钢[⑥]。在1952年以前，他"对二媳妇经常发态度，稍微有不如意的地方就破口大骂"[⑦]，其时还维持较大的家庭规模。在1953年以后，发放救济时称"没有分家"多拿多要，缴纳消防和清洁费时则称已经分家，"儿子的事情我不管"[⑧]。由于维系庞大的家庭需要较多的财力，随着建国初期经商收入的减少，推测他在1952—1953年间完成了

① 王振忠：《清代徽州与广东的商路及商业——歙县茶商抄本〈万里云程〉研究》，《历史地理》第17辑，上海：上海人民出版社，2001年；王振忠：《瓷商之路：跋徽州商编路程〈水陆平安〉抄本》，《历史地理》第25辑，上海：上海人民出版社，2011年。

② 王振忠考察过徽州木商在赣州的活动，参见王振忠《太平天国前后徽商在江西的木业经营》，《历史地理》第28辑，上海：上海人民出版社，2013年。

③ 王振忠：《从祖籍地缘到新的社会圈——关于明清时期侨寓徽商土著化的三个问题》，陈少峰主编：《原学》第二辑，北京：中国广播电视出版社，1995年，第217～233页。

④ 中国戏曲志编辑委员会、《中国戏曲志·江西卷》编辑委员会：《中国戏曲志·江西卷》，北京：中国ISBN中心，1998年，第238～239页。有关徽州朝奉的研究参见王振忠《"徽州朝奉"的俗语学考证》，《中国社会经济史研究》1996年第4期。

⑤ 汪直庐：《无标题》，1955年8月24日。本文引用的不少资料无标题，文中一律以《无标题》表示。

⑥ 姚保文：《专题调查材料单》，1955年5月28日。

⑦ 龚志祥：《无标题》，1955年8月27日。

⑧ 姚保文：《同善社汪德溥的材料》，1955年11月25日。

分家。

由于汪德溥出身商人家庭，从事“剥削”行业，且人缘不佳，在1952—1955年的“三反”“五反”、肃反等社会运动中皆不能独善其身，充当着阶级斗争的对立面，从而留下大量的个人履历、自述、报告、检查、登记表等第一手文书资料。这些烙着浓郁时代印记的文字，大多出自管理部门或他人之手，其真实性由于各人的识字与表达能力、阶级立场等差异而无法完全确定，与汪德溥本人的立场和思想肯定也有所区别。不过，透过这些文本分析其背后的意涵，亦足以勾勒出汪德溥的部分特质。基于此，根据汪德溥从事的行业和工作性质，可以将其一生分为三个大致相等的阶段：[①]。

(1) 1890—1911年为学习期(0～21岁)。12岁以前，汪德溥完成了近5年的私塾教育，具备当学徒的基本要求。自12岁起，他开始了10年的学徒生涯，先后在赣州塘江米店和阳明路口大兴当学徒。结合他本人开过米号的经历，“大兴”或许是米店。

(2) 1911—1932年为公职期(21～42岁)。在朝代鼎革之际的1911年，汪德溥进入赣县警察局当学生，毕业后先后担任巡警、警长、巡官、检查员等职。1923年，转业到赣州东北路光华电灯公司担任经收员。当然，也有资料称他早在1920年就进入电灯公司。亦有人称，他在1926年任大庾小梅关税务所主任，然后出任光华电厂经收员。这段时期的履历较为矛盾，但他一直游走于各个公职机构，这为日后被人批判“官僚作风”埋下了伏笔。

(3) 1932—1955年为经商期(42～65岁)。这一时期的经历较为复杂，其中既有年龄、人际网络的因素，更与国家大环境息息相关。汪德溥在42岁丢掉公职，进入职业调整阶段，先做了一年的肥皂生意，随后在龙南、信丰两县禁烟局短暂工作过，1934年赴南昌哥哥那里要钱做生意，这是他一生离家最远的旅行。1935回到赣州后，汪德溥正式步入经商领域，逐渐成为一名标准的商人。他最早涉足的是清茶业，中间有一段时间在赣州、泰和两地做蚊香，后来与人合伙经营酒店。他在1946年开设新安茶社，生意规模开始膨胀

① 佚名:《应调查分子单行材料表》,1952年;姚保文:《同善社汪德溥的材料》,1955年11月25日。

起来。1947 年,儿子在茶社旁边开了香烟店。1948 年,他本人到东郊开设米号。大概是扩张过度、经营不善,且遭遇币制改革、通货膨胀,他的生意一蹶不振,从此再无法从事对资金要求较高的行业,只能重拾清茶、蚊香等旧业。此外,汪德溥自 1945 年开始做二房东,1948—1950 年间出任赣州新安小学事务员、董事长,1951—1952 年间在军烈属合作社当会计。

二、汪德溥的商业经营与主要收入来源

汪德溥作为徽商后裔,涉足过多个行业,家庭氛围和学徒经历使他展现出一定的经商能力。其商业经营活动及主要的收入来源,可归纳为以下几方面:

(一)与人合伙开设酒店、米号

1932 年,汪德溥首次进入经商行业。他从小商小贩做起,经过十多年的积累,开始与人合伙做一些规模稍大的买卖,涉及以下两个行业:

酒店业。汪德溥的履历显示,1945 年日寇入侵赣州前,他仍在泰和做蚊香。不过,做蚊香是季节性行业,他大概利用天凉的季节返回赣州,与沈发松、胡元福、凉发荣在西安路新街上口合伙开设酒店,酒店招牌“前是元隆,后是恒丰(新丰)”。曾经的合伙人凉发荣称,酒店的经营权由汪德溥父子、沈发松夫妇操纵,导致他被架空,“并且到店中连饭都得不到吃”,日寇撤退时放火将店烧毁,更是血本无归。据沈发松的妻子孙群英称,日本人投降后,汪德溥重起炉灶,和沈发松等五人合伙开裕隆酒店[①]。

米业。1948 年 7 月间,汪德溥与龙盛轮在赣州城东郊合伙开合丰米号,约定每股二十担稻谷。在实际运营时,连带影响汪德溥儿子与合伙人的生意。据涌金门外沈姓称,汪德溥三子在 1947 年 6 月与人合伙,利用新安茶社店面一半之地开香烟店。他常以米号的名义向店中借钱买谷,“但是那时币制贬值,每每总是店中吃亏”。香烟店开张时货值哈德门香烟 105 条、小大英

---

① 凉发荣:《收字第 1638 号》,无时间;孙群英:《收字第 2026 号》,1952 年 2 月 10 日。

香烟2条，次年倒店时只值哈德门香烟30条[①]。米号在营业半年后，汪德溥“说店亏本，仍需补出稻谷十余担”，将合伙人排挤出店。龙盛轮之母托人交涉，仅退给银洋八元[②]。

（二）独力经营清茶业

赣州人素有饮茶习惯，有“客来茶当酒”之说，茶楼十分盛行[③]。清茶业是汪德溥经营时间最长的行业，1935年首次进入该行业，1946年开设新安茶社后，营业规模逐渐稳定。1951年，为进入军烈属合作社，他将新安茶社转到妻子名下继续经营。

新安茶社下设香烟瓜子部，除了出售清茶，瓜子、香烟也是重要的收入来源。多元化的经营模式，使新安茶社获利不菲。然而，汪德溥在同行面前叫苦连天，也向政府抱怨生意不好，“每天只能卖77碗茶”。但邻居彭兰琴并不认可这一说法，经过一番调查，她详细记录了新安茶社四天的生意情况（表1），认为“实际每天卖一百七十八碗茶”[④]。这一说法还算保守，新安茶社的实际经营状况可能更好一些。仅就这四天的调查来看，周五、周六皆售出超过200碗的清茶，显然属于生意高峰期。

表1　新安茶社1954年10月的商品售卖数量

日期	实际售茶数(碗/壶)	实际售瓜子数(盘)	交代卖茶数(碗/壶)
16日(周六)	203		77(每天)
17日(周日)	195		
21日(周四)	169	22	
22日(周五)	210		

汪德溥为新安茶社倾注大量的心血，对该行业的经营可谓得心应手。除了提供香烟、瓜子等消闲物品，他还进一步拓展服务项目，利用说书、唱戏等

① 戴礼淦、邵炳辉：《收字第1696号》，1952年3月2日。

② 龙周氏：《收字第1639号》，无时间。

③ 江西省赣州地区地方志编纂委员会编：《赣州地区志》，北京：新华出版社，1994年，第2181页。

④ 彭兰琴：《检举汪德溥》，1955年8月24日；《无标题》，1955年11月11日。“一百七十八”可能为“一百七八十”的笔误。

娱乐活动吸引茶客。1954 年 10 月间，新安茶社请民间演员唱采茶戏①。在旧时，赣南采茶戏被禁止进入宗祠演唱，这与其包含一些过于俚俗的内容有关②。新政权重视对民间戏曲的改造，一些与新时代精神不符的曲目受到限制。政府人员出面干预，“要他不要唱下流戏”③，这也间接表明了新安茶社顾客们的品位。他们先采取较委婉的说法，私下到汪德溥家里说：“你是等[登]记清茶叶[业]，不能挂牌唱采茶。”但他并不领情，于是政府人员又两次直接去新安茶社，要求他发挥军属的带头作用，却遭到反驳：“我是自己劳动，你们能干涉我的自由？”④最终，在有关方面的压力下，他停止了这一营销手段，但鼓动演员去政府申诉：“你们自己去政府要求继续到我店来唱，维持生活。我自己不能到政府去要求，你们有是□□□，到政府去吵不要紧的，好讲话。”⑤此事终究不了了之。

采茶戏被禁演后，“好向[像]对叶[业]务受到了一点损失”，于是汪德溥又请了说书先生。不久，管理部门再度介入，“要他说的小说，多讲对国家有益的书刊，不要说那些武侠、反动出版的书刊”。随后说书先生辞职，他干脆自己开讲。邻居温世樑某晚到茶社厕所小便，正在讲书的汪德溥发觉有人进大门，“就把一本新出的解放历使[史]书，放在那本老书上面，待我走到他面前时，知道是本街的人，又把那本新书拿开，记速[继续]讲下面那本武侠书了”⑥。可见他打着学习新历史书的旗号，私下依然给茶客们讲述旧故事。

汪德溥承租的房间甚多，新安茶社不仅仅是茶馆，还兼住宿功能，汪直庐就直接称为“新安旅社”⑦。正因为如此，1949 年有三人从南昌来到赣州，入住汪德溥家，临走前还留下轮胎、汽油台灯、床、椅等物⑧。这些物品一度被

---

① 彭兰琴：《无标题》，1955 年 11 月 11 日；周宗赣、周俊相：《报告》，1955 年 11 月 13 日。

② 中国戏曲志编辑委员会、《中国戏曲志·江西卷》编辑委员会：《中国戏曲志·江西卷》，第 238 页。

③ 温世樑：《无标题》，1955 年 11 月 15 日。

④ 彭兰琴：《检举汪德溥》，1955 年 8 月 24 日；周宗赣、周俊相：《报告》，1955 年 11 月 13 日。

⑤ 彭兰琴：《无标题》，1955 年 11 月 11 日。

⑥ 温世樑：《无标题》，1955 年 11 月 15 日。

⑦ 汪直庐：《无标题》，1955 年 8 月 24 日。

⑧ 姚保文：《同善社汪德溥的材料》，1955 年 11 月 25 日。

认为是国民党第三编练司令部的官僚资产，其中有部分被他出售[①]。

（三）充当二房东

汪德溥在1945年包租北京路的一幢大房子，并陆续将部分房屋分租给房客，一直担任二房东至1952年。房屋产权属于地主史仁寿（又名史伯仁），实际的租赁情况比较复杂，调查显示："史伯仁的房子是由贺起嵩给他建筑的，订了若干年后再交回史伯仁。但贺起嵩与汪德溥是亲戚，汪德溥是向贺起嵩处租得的，与史伯仁没有什么手续。"[②]换言之，汪德溥的亲戚贺起嵩在其中起了关键作用。不过，他还是与房主建立起直接的联系。房主史仁寿于1952年2月23日向主管部门提供了一则证明，内容如下：

> 证明汪德溥租赁北平路□□号，自一九四九年三月一日起租，言明每月二机米四石正。至一九四九年年底，共付租米十三石正（并押租在内），计欠租米二十七石。
>
> 一九五〇年一月起，汪德溥说生意清淡，要减租米。自此后，每月实纳租米二石五斗。本年租米，陆续付清无欠（至一九五一年底无欠）。
>
> 一九五二年一、二两月租米，至今未付。计欠租米五石。此证。[③]

此处提示这份合同起于1949年3月，距离赣州解放不到五个月。房租的支付方式以机米即籼米计算，"二机米"的品质介于一机米（糙米）与精米之间，是市场上流通较广的稻米[④]。民国末年至新中国成立初期，币制极为紊乱，物价屡屡暴涨，不少地方实行薪米制，二机米成为一种支付工资、衡量物价的参考体系[⑤]。譬如赣州的中学教师周仲玙，1946年月工资是二担多二机上白米。物价沸腾影响到普通民众的观感，赣州中学生鲁鹂在1949年4月

---

① 佚名：《应调查分子单行材料表》，1952年。

② 姚保文：《专题调查材料单》，1955年5月28日。

③ 史仁寿：《收字第2465号》，1952年2月23日。北平路在建国后改名为北京路。

④ 胡先骕编著：《经济植物学》，上海：中华书局，1953年，第46～50页。

⑤ 《江西省工会志》编纂委员会编：《江西省志·江西省工会志》，北京：方志出版社，2003年，第277～283页。

22日的家信中写道:“也真奇怪赣州商人的可恶,将来总要遭雷公打死的。”[1]这些年份的民生市场遭到遏制,这大概是汪德溥所谓“生意清淡”的原因。

汪德溥选定了四间房屋居住,一间店面卖清茶,将其余十间房屋出租获利,至于每月获利多少则有争议。据邓心栋统计,每间月租为二斗米,店门口以每月六斗米的价格租给卖烧饼摊主熊鹤亭,总共收得二担六斗米,而汪德溥的租米才二担五斗。换而言之,经过一番转租,除了免费使用房屋、店面外,他还顺带“剥削”一斗米[2]。龚志祥推算他每月租米要收四石左右,扣除二石五斗房租,多出一石多米[3]。这种数字的差异,可能与不同时期的房客数量增减、房租价格变动有关。房客们的报告证明了房租的差异,反映出汪德溥对房屋出租市场变化的敏感性:

> 谌家婆:我住的房子是向新安汪老板转租的,每月租米二机米三斗正。先付后住,至今并不欠他的租米,最多延迟一二个星期。
>
> 董昌华:我住的房子是向汪老板转租的,每月租米二机米四斗两间,先付后住,至今并不欠他的,最多延迟一二三天就要骂我的。
>
> 熊鹤亭:我租他的房间,每月三机晚米二斗。在去年,因我生意不好,欠了他房租三个月,计米六斗,他就要我搬去。[4]

三位租客的房租各有不同,谌家婆每月交三斗米,董昌华和熊鹤亭为每间房租二斗,但熊鹤亭缴纳的是品质更高的三机米。汪德溥以其商人本性,喜欢在租金参考价上花心思:“收房租的时候,要居民按照奸商卖黑市的价目来收,居民要是依照粮食局的牌价来给他,他就不高兴。”[5]这实际上是当地商人操纵市场、增加盘剥的惯常手法,赣县鲁望岩一家1946—1949年的家信

---

① 鲁卫:《那些伤过痛过的往事:1946—1956中国最后一个秀才家庭的千封家书》,上海:上海三联书店,2011年,第12页、72页。

② 龚志祥:《无标题》,1955年8月27日;姚保文:《同善社汪德溥的材料》,1955年11月25日。

③ 龚志祥:《无标题》,1955年8月27日。

④ 谌家婆:《收字第2145号》,1952年2月24日;董昌华:《收字第2152号》,1952年2月24日;熊鹤亭:《收字第2145号》,无日期。

⑤ 邓心栋:《检举剥削者汪德普[溥]》,11月20日,无年份。

中屡屡提及此等商界积习[①]。

二房东的特殊地位，给汪德溥带来不少附属性收入。其一是出租摊位。烧饼摊主熊鹤亭原来在白玫瑰门口摆摊，后因整顿交通市容不准在骑楼下摆，就向他租在门内摆，每月租金六斗米，还需要额外拿三十万元（旧币，下同）作为附加补偿，于是熊鹤亭在1951年12月凑了二十万元送交[②]。二是别人寄存物品附带的馈赠品。算命先生贾醒世的桌子在夜间存放于他家，每月或隔两个月就要赠送鸡、鸭等物，否则就要发脾气。三是在克扣房客的日常开支方面下工夫，最典型的是多收电费。董昌华称："对我们的电灯度数，也是很苛刻的对我们的。我十五枝光的灯泡，就要一度电。戴如新家人家要去住院，只点了半个月（只有一盏），就要人家十度电。"[③]四是利用租客资金周转不便勒索钱财。熊鹤亭在1952年欠汪德溥五万元，拿一床蚊帐抵账，不久拿钱赎回则要六万元才行[④]。

根据房主史仁寿的证明可知，汪德溥在1950年要求减免了五斗米的房租。房客们受此启发，也要求他每月相应减五升米，遭到他的拒绝："你们愿住就住，不愿就滚蛋。"众房客在激愤之下，于1952年团结起来向法院诉告，才革除他的二房东资格，并压缩他承租的房屋数量，二房东的生意至此结束[⑤]。

（四）制作、贩卖蚊香

据汪德溥自供，1940年购买制作蚊香的工具，此后在赣州、泰和两地做蚊香。1952年被合作社开除，1953年重拾此业，当年做蚊香三个月，至八、九月间停止。1954年3月做蚊香，三四天后被工商局官员发现，责令其补办理

---

① 鲁卫：《那些伤过痛过的往事：1946—1956中国最后一个秀才家庭的千封家书》，第25页、50～51页、71～72页。

② 姚保文：《同善社汪德溥的材料》，1955年11月25日。

③ 董昌华：《收字第2152号》，1952年2月24日。

④ 姚保文：《同善社汪德溥的材料》，1955年11月25日。

⑤ 沈耀鸿：《报告》，1955年11月12日；邓心栋：《检举剥削者汪德普[溥]》，11月20日，无年份；龚志祥：《无标题》，1955年8月27日。

手续[①]。但管理机关的介入,似乎没有影响到他的生意。

赣州地形是南高北低、依山傍水,夏季气温高,“沟水不通又很臭”,为蚊虫、臭虫、老鼠提供了滋生环境,但使用“滴滴涕”灭虫的手段,对普通平民而言有些昂贵[②]。贾舍元交代购买蚊香的原因:“实因天热,蚊子太多之故。”龚志祥的妻子在汪德溥家买过八九次蚊香,包括白天到新安茶社里买过三四次,晚上在白玫瑰里厨房窗旁买过四五次,其中在汪德溥本人手上买过两次,其余是在他妻子手上买的。龚志祥作了表态:“今后我们买了一只滴滴涕筒子用,就再没有向他买了。”[③]

平民百姓的刚性需求,刺激了汪德溥的蚊香生意,于1953年购买“香粉七百多斤”,囤积大量制作蚊香的原料。他在1953—1955年零售的蚊香统计见表2[④]。

需要指出的是,由于蚊香属夏日必需品,一般人很难记清购买的数量,各人的记忆差异和坦白程度也存在差异,因而上述统计有重复、遗漏之处。关于蚊香的价格,龚志祥妻子的购买价格为“每千元六盘(旧币)”,折合价为0.0167元/盘;贾舍元1953年6月按0.015元/瓶的价格购买了50瓶;出售给牛桂林、吕忠祥等人的则为0.015元/支。零售交易的总额不到30元,但汪德溥自供称截至1954年已偷漏税款40元[⑤],可见上述统计仅为冰山一角。东北面馆为此与他交涉,要求开发票来拿钱,而汪德溥就赊购东北面馆的猪脚来抵账,并说:“我卖了这么多蚊香,都没有发票,还不是这样吗?”[⑥]他除了将蚊香零售给商店、本街居民,还大量批发给乡村小贩,并且都没有提供发票。

---

① 汪德溥:《调查材料》,1955年11月10日。

② 鲁卫:《那些伤过痛过的往事:1946—1956中国最后一个秀才家庭的千封家书》,第174页。

③ 贾舍元:《无标题》,12月11日,推测为1955年;龚志祥:《无标题》,1955年11月11日。

④ 汪德溥:《调查材料》,1955年11月10日;龚志祥:《无标题》,1955年11月11日;周宗赣、周俊相:《报告》,1955年11月13日;姚保文:《同善社汪德溥的材料》,1955年11月25日;贾舍元:《无标题》,12月11日,推测为1955年。资料中的蚊香交易价以旧币表示,表2均经过折算。

⑤ 汪德溥:《调查材料》,1955年11月10日。

⑥ 周宗赣、周俊相:《报告》,1955年11月13日。

表 2　汪德溥的蚊香零售记录

购买者	时间	数量	价钱(元)	住址	备注
贾舍元	1953—1954 年	270 支	2	公园市场 21 号	其中 1953 年 6 月购买 50 瓶。
龚志祥妻子	1954 年			北京路 14 号	龚志祥妻子自称购买“20 支至 30 支”。
东北面馆	1954 年 6—10 月	150 支	2.5		
	1955 年 6 月 7 日—22 日	53 支	1.07		
	1954 年(?)	100 支	1.5	东北路 12 号	可能与上面有重复。
吕忠祥	1954 年(?)	1000 支	15	西外	
沈顺利	1954 年(?)	110～120 支	2	西外	
牛桂林	1954 年(?)	200 支	3	建国路□号	

三、汪德溥的日常生活、人际网络与社会交往

(一) 日常生活

汪德溥的体貌特征是“近视眼、八字胡”，嗜好烟、酒。据称，他在赣州电灯公司工作时曾经吸过大烟，禁毒后戒掉。当然，亦有人看到他在 1945 年仍抽大烟，并参与赌博[①]。房客注意到，他每天早上吃鸡蛋和酒、香烟，每餐吃饭还有几样荤菜，“我们过年过节都没有他吃的[得]好”。算命先生贾醒世因桌子寄存在他家，需要经常给他送鸡、鸭[②]。

汪德溥的幼子在东北鞍钢工作，他让三子写信叫幼子到沈阳买鹿茸[③]。鹿茸是当时流行于赣州的一种珍稀补品，赣州周仲玙的家信提及：“中医要我吃鹿茸，茸价太贵，还不知有没有用，有人拿了一两鹿茸来，要二十五万元，我

---

① 佚名：《八种分子调查登记表》，1954 年 5 月；姚保文：《同善社汪德溥的材料》，1955 年 11 月 25 日；孙群英：《收字第 2026 号》，1952 年 2 月 10 日。

② 熊鹤亭：《收字第 2145 号》，无日期；董昌华：《收字第 2152 号》，1952 年 2 月 24 日。

③ 彭兰琴：《无标题》，1955 年 11 月 11 日。

不敢要。谁知第二天就被别人买去了，因为这是从北方带来的，这里没有零卖。”[①]可见汪德溥的生活质量非同一般。

值得一提的是汪德溥对猪肉供应的抱怨，他到市场买猪肉未果，回来后就发牢骚说：“人人都说解放了，我们生活得改善，连猪肉都买不到吃，这还算改善生活呀？”[②]实际上，建国初期赣州的猪肉供应长期紧张，可从鲁望岩家人书信中反映出来。周仲玙 1953 年 9 月 14 日的信中写道：“现在赣州最缺是猪，合作社虽然每天有一条猪买，但要在半夜去排队，等到天亮肉方来，还要等上几小时，才能买到，所以我们很久没有吃肉了。”鲁璠同年 9 月 8 日的家信也提到：“有的人从早上四点钟去买，都没有买到，油也涨了。”这种局面在秋冬之际才得到缓解，该年 11 月 26 日周仲玙信中提到“现在有猪肉了”。但到了 1954 年，猪肉供应紧张的状态再度重演，可见猪肉供应长期成为当地人关注的焦点[③]。

（二）人际网络

汪德溥一生主要有担任公职、经商等两大经历。以当时的情境来看，商人需要承受兵燹战乱、通货膨胀、合伙人内讧等各种不可预测的风险，经商是一种次优的职业选择。如果有可能的话，他还是希望担任公职，譬如在 1951 年将新安茶社转到妻子名下，以便进入军烈属合作社。在他出任公职的经历中，可以发现不少徽州同乡、亲戚的影子。

其一为大庾小梅关税务办事处。汪德溥离开电厂后，得到其亲戚大庾税务局长胡某的照顾，被委任为小梅关税务办事处主任，在那里发了一点财[④]。后来，胡局长因贪污过多伏法，他受此牵连而离岗。

其二为新安小学。在赣州经营的徽商醵金建设的新安书院，于乾隆五十

① 鲁卫：《那些伤过痛过的往事：1946—1956 中国最后一个秀才家庭的千封家书》，第 223 页。

② 龚志祥：《无标题》，1955 年 8 月 27 日；姚保文：《同善社汪德溥的材料》，1955 年 11 月 25 日。

③ 鲁卫：《那些伤过痛过的往事：1946—1956 中国最后一个秀才家庭的千封家书》，第 202 页、213 页、205 页、228～235 页。

④ 汪直庐：《收字第 1641 号》，1952 年 2 月 28 日。

一年(1786)迁建梁屋巷,嘉庆六年(1801)续建,占地面积约1500平方米。1945年抗战胜利后,旅居赣州的徽商利用新安书院及其公积金创办新安小学[①]。汪直庐曾听人谈起过汪德溥:“他是安徽人,与新安书院的人很熟悉。据说他在新安会馆当过首事,他在里面很可以说得话起。新安学校的情况与学校筹募款子,都要经过他们这一伙人开会讨论,汪德溥也是其中的一个。”[②]点明了他与新安会馆、新安小学的密切关系。

新安小学校长卜家楠是汪德溥的徽州同乡,两人关系极为密切,与爱善茶社经理戴世教一并列入汪德溥的“社会关系”[③]。汪德溥在1948年就任新安小学事务员兼董事长,负责收租和发放薪金。他时常采取一些手段克扣教职员的薪金:“来的是二机米,发出去就是一机米给教员。或专门给米与教员,而不付与现金。若付现金,就要比市价更低。”据称此举得到卜家楠的授意,克扣所得由二人共分,来往账目也无人监督查账[④]。卜家楠被抓后,他随即离职。

由此可见,汪德溥在梅关税务办事处、新安小学担任公职的经历,与徽州同乡、亲戚的提携密不可分。此外,他租赁房屋也得益于贺起嵩的帮助,其次媳贺润瑜应是贺起嵩的家人或族人,所以两人可能是姻亲[⑤]。正是基于汪德溥的人际网络,尽管其生活方式已经高度土著化,但他在赣州当地人心中往往被视为安徽人。

(三)社会交往

与同乡、亲戚不同,汪德溥在街坊邻居、同行与合伙人、街道干部心中的形象则是另外一番模样。房客和街坊眼中的汪德溥,可用“居民无不痛恨他”

---

① 本会文史办:《解放前赣州小学教育简述》,政协赣州市委员会文史资料研究委员会编:《赣州文史资料选辑》第二辑,内部资料,1986年,第110页;赣州市地名委员会办公室编:《江西省赣州市地名志》,内部资料,1988年,第300页;龚文瑞:《暖冬》,北京:作家出版社,2006年,第278页。

② 汪直庐:《无标题》,1955年8月24日。

③ 佚名:《应调查分子单行材料表》,1952年;吕荣华:《报告》,1952年8月18日。

④ 黎忠君:《收字第1973号》,1952年3月1日。

⑤ 姚保文:《专题调查材料单》,1955年5月28日。

这句话来概括[①]。如果房客不能按时支付房租,他就会发脾气,甚至牵连到无辜的小孩,“小孩走路也不能走快和走重,要是走快走重,他就骂”[②]。在针对汪德溥的个人意见中,“官僚作风”这个词被反复使用,街坊邻居的检举称:“汪德溥同志的官僚作风甚是严重”,“他的官僚作风很重,自傲自大,应当改造改造”[③]。这既契合“三反”“五反”运动中“反官僚主义”的关键字眼,又呼应了他在旧式公职任上沾染的习气。

汪德溥参加了赣州清茶业公会,同行对他的印象也不佳。清茶公会主委贾云辉检举称,他在“三反”运动中坦白不彻底,平日为人也甚是狡猾,并且担任清茶公会主委时“操纵公会一切,使各会员受到损失不少”,包括如下的手段:拉拢非会员孙石初到公会当委员,便于操纵公会;在购买公债时,别人购买数份,他只认购一份;评税时有意避税,1951 年月捐调整时,他的五斤米变为五千元,别人一斤半米却折成三千五百元;贪污寒衣费三万元,浪费四万三千元,在移交会务时,还有一部分没有发票。总而言之,他常常在同行面前叫苦,并拿军属名义做挡箭牌[④]。他在此前的商业合伙者心中的形象则更为不堪,凉发荣认为“汪德溥与其子甚是狡猾”,戴礼淦等也称“汪德溥的一家人,都是狡猾阴谋毒辣”[⑤]。这些土著商人在与他的合作中,或多或少受到了损失。

汪德溥与基层街道的关系也很紧张。一方面,“开会学习都不参加”,在开展“三反”“五反”运动时,他自认为“我的问题在肃反都交代了,以后我对税收和储税、消防、清洁,都提前完成了,遵守国家法令。现在这个运动,我也没有什么来交代了”[⑥]。另一方面,在粮食统购统销,缴纳卫生清洁费、税费等实际生活中,又与街道干部对抗。1953 年 11 月 19 日,政务院通过《关于实行

---

① 佚名:《八种分子调查登记表》,1954 年 5 月。

② 邓心栋:《检举剥削者汪德普[溥]》,11 月 20 日,无年份;龚志祥:《无标题》,1955 年 8 月 27 日。

③ 佚名:《收字第 2347 号》,无时间;邓心栋:《收字第 2342 号》,无时间。

④ 贾云辉:《收字第 2337 号》,1952 年 3 月 29 日;龚志祥:《无标题》,1955 年 8 月 27 日。

⑤ 凉发荣:《收字第 1638 号》,无时间;戴礼淦、邵炳辉:《收字第 1696 号》,1952 年 3 月 2 日。

⑥ 周宗赣、周俊相:《报告》,1955 年 11 月 13 日;石管松:《反映》,4 月 21 日,推测为 1952—1953 年。

粮食的计划收购和计划供应的命令》，开始实施粮食统购统销[①]。同月 26 日赣州周仲玙的信中提到："因为粮食涨各样都涨，好在最近实行粮食供应，以后可以取缔私商操纵。"[②]街道组长董采祥调查购粮情况，发现汪德溥家超标而作了核减，汪顿时大发牢骚："要减就一下减掉去，我宁愿饿死去。"[③]同年五六月间，董采祥前来收取清洁、消防费时，他宣称已与儿子分家，不愿分担费用，又以军属的名义要求免除[④]。事实上，这是赣州城内极平常的公共事业收费[⑤]。他在家做蚊香，工商局责令补办理手续，他反驳道："我是军属，你们把我怎样。我儿子在前线流血，我做这点子〔事〕，你们还要管我及干涉我。"[⑥]

总之，汪德溥"对群众基本上是不够联系"，只有与爱善茶社经理戴世教等少数人走得近，经常在一起喝酒。某老板因酒醉与汪德溥吵架，他怀恨准备上告，由该老板请菜馆公会主委等人出面喝酒讲情，花了三万多元才了结此事。调解人戴礼淦认为："他好像人家不请他吃酒，他就要告人家，请他吃了就算了。"[⑦]这也反映出汪德溥的部分性格特征。

四、结　论

就汪德溥的职业选择而言，首选是依靠同乡、亲戚等人际网络进入公职单位，他万不得已才会考虑经商，毕竟经商需要承担兵燹战乱、通货膨胀、合伙人内讧等各种不可预测的社会风险。从他中年以来的经商经历可以看出，以"行商"小生意起家，商业资本和经商能力积累到一定的程度，就向酒店、米

① 中央人民政府法制委员会编：《中央人民政府法令汇编（1953）》，北京：法律出版社，1982 年，第 177～179 页。

② 鲁卫：《那些伤过痛过的往事：1946－1956 中国最后一个秀才家庭的千封家书》，第 205 页。

③ 沈耀鸿：《报告》，1955 年 8 月 31 日。

④ 彭兰琴：《无标题》，1955 年 11 月 11 日；姚保文：《同善社汪德溥的材料》，1955 年 11 月 25 日。

⑤ 鲁卫：《那些伤过痛过的往事：1946－1956 中国最后一个秀才家庭的千封家书》，第 235 页。

⑥ 姚保文：《同善社汪德溥的材料》，1955 年 11 月 25 日。

⑦ 贾云辉：《介绍情况》，1955 年 11 月 18 日；戴礼淦：《收字第 1645 号》，无时间。

号等中等规模的"坐贾"发展,遇到挫折后又退为"行商"。如此循环往复,非常符合普通商贩的经营方式和商业轨迹。特别需要指出的是,汪德溥对于合伙人的选择颇有讲究,他的商业合作对象是土著商人并非徽州同乡,此举有助于分担赣州的地方性风险,这是他作为徽商后裔的有利条件,在某种程度上也说明传统商帮之畛域特性的弱化。

与汪德溥的人际网络相比,他的社会交往几乎完全失败。他以小商人的精明狡黠和敛财手段,得罪了街坊邻居、同行与合伙人、街道干部等周遭人群,与徽商之悭吝、好色和好讼的社会形象大体符合[①]。他作为出身底层的徽州商贩,经济上未必相当富有,政治上却容易受人打压。当地群众认为:新中国成立后,"他经过一系列的社会改造运动,不但不痛〔改〕前非,反而变本加厉,藐视政府法令。现国〔家〕正展开肃反运动,这样的坏人,不把他惩处教育,人民必遭其害。"而上级管理部门的意见却正好相反:"据政策界限够不上五种敌人,不须上报告。"[②]这也许是基于他年事已高,而且与他有关的事情多属经济纠纷。因此,他虽然变成群众的对立面,却没有完全成为政权的对立面。

1950年代初期的中国社会正处于转型与变革的关键节点,带着旧式商业思维的徽州商人汪德溥,在新时期遭遇到一生中前所未有的挑战,并被迅速淹没于时代变迁的潮流之中。透过他的个人履历、报告、检查等资料中散发出来的历史信息,对比他在商业经营、人际交往、日常生活、思想观念等方面的种种变化,可以管窥徽州商人一步一步走向消亡的具体过程。由此可以明确的是,随着近现代以来的社会变迁,传统商人也在缓慢转型,并没有完全退出历史舞台,直到新中国成立初期开展的一系列改革,才最终瓦解了包括徽商在内的传统商帮。

原载《安徽大学学报》2014年第6期

① 王振忠:《明清时期徽商社会形象的文化透视》,《复旦学报》1993年第6期。

② 沈耀鸿:《报告》,1955年11月12日;佚名:《五种敌人调查登记表》,1955年11月24日。

明代徽州文人结社综论

耿传友

结社风气的盛行，是明代引人瞩目的文学和文化现象。明代文人结社与地域人文密切相关，主要分布在经济繁荣、文化活跃的东南地区，往往具有鲜明的地域印记。徽州号称"东南邹鲁"，文风昌炽，但在元末明初，徽州文学不但不发达，而且明显滞后[①]。进入明代中叶以后，随着徽商的崛起，徽州文学逐渐活跃起来，文人结社蔚然成风，不但民间文人社团层出不穷，而且出现了像白榆社这样引领时代文学风尚、具有全国影响的文学社团，徽州也成为在文学上比较先进的地区之一。徽州文人结社的兴盛，是明代文人结社的一个缩影，具有一定的文学和文化意义，值得深入探讨。

一、明代徽州文人结社的历史进程

明代徽州文人结社具有明显的阶段性特征。吴子玉《汪禹乂诗集序》说：

> 余谓邑自正德前可谓质敝矣，大雅之窦未开。至嘉、隆之际，都市丘里，诗有诗社，字有书社，熙妙彬彬，华采烨如。岂文朴递行，周则有始哉？亦承敝而起之，由乎诸人有所为昌也。[②]

吴子玉所说的是休宁一邑的情况，整个徽州也大体如此。与全国文人结社的发展轨迹相似[③]，徽州文人结社的高潮出现在嘉靖、隆庆之际，在此之前

---

① 参阅韩结根《明代徽州文学研究・总论》，上海：复旦大学出版社，2006 年，第 3 页。

② 吴子玉：《汪禹乂诗集序》，《大鄣山人集》卷 5，《四库全书存目丛书》集部第 141 册。

③ 参阅何宗美《明末清初文人结社研究》第一章第一节，天津：南开大学出版社，2003 年，第 17～22 页。

的一百多年间，徽州“大雅之窦未开”，文人结社活动并不多。不过，从相关文献的记载中，我们能探寻到正德以前徽州文人结社的一些踪迹。程信《吴节妇传》云：

予叨侍纂修之末，求贞节著闻可采如吴节妇者，阖郡仅三人耳。既名登郡志，备史笔以昭圣化，何待区区之赘？然居北郭，相去不百步，与修诗社友，故传其目睹耳。①

程信字彦实，号晴洲，正统壬戌进士②。他称与吴节妇之子吴修为“诗社友”，可证二人曾经共结诗社。程敏政《程用光墓志铭》云：

欲举贤良，用光亦以亲力辞。久之亲终，遂无复用世之志。所居岐山下，林壑幽胜，筑藏修之所，曰岐阳书室。自号复春居士，结族之贤者为诗社以自适，于一切世故漠如也。③

据该墓志，程用光名允，休宁人。生宣德癸丑闰八月廿八日，卒弘治己酉十月八日。由此可知，程允与同族人结社当在成化年间。程敏政在弘治壬子也曾与冯兰（佩之）、黄伦（汝彝）等结社于休宁南山竹院，联句唱和④。

嘉靖、隆庆之际，为明代徽州文人结社的第一次高潮。据笔者所掌握的资料，文人结社多集中在休宁和歙县两地，这一时段的文人社团有：

1. 率滨吟社。首倡于程用贤，成立于嘉靖甲午（1534）。据《率滨吟社录》⑤，先后入社的有二十五人：程瞻、程玘实、程序、程永泽、程衢、程庶、程廷桡、程廷槚、程梧、程佩、程栶、程忠敬、程廷进、程应徵、程积周、程廷梓、程栋、程孟白、程汝祥、程忠润、程镇、程良、程时仗、程子彬、程孟秋。

2. 天都社。天都社由陈有守、王寅、郑玄抚发起的，嘉靖壬寅（1542）九月九日正式成立，践约者共十六人，除发起者三人外，其他十三人为：程诰、程应

① 程信：《吴节妇传》，程敏政《新安文献志》卷99，影印文渊阁四库全书本。

② 陈有守、李敏：《徽郡诗》卷首《诗人爵里》，《四库全书存目丛书·补编》第22册。

③ 程敏政：《篁墩集》卷45，影印文渊阁四库全书本。

④ 程敏政：《与佩之及黄司训汝彝联句》，《篁墩集》卷87。

⑤ 《率滨吟社录》，明刻本，国家图书馆藏。参阅朱万曙《明代徽州的民间诗人》，《中国文化研究》2004年秋之卷。本文述及的白岳社、中州渔社、七潭渔社、十逸社也都参阅了《明代徽州的民间诗人》一文。

轸、江瓘、江珍、佘震启、汪瑗、王尚德、方大治、方霓、方弘静、郑铣、郑懋坊、郑默[①]。

3. 汶江社。嘉靖时汪淮、方弘静、汪道昆、何少愚、王寅、郑鲁文等二十余人结社汶江之壖[②]。

4. 南山社。嘉靖时吴琼与江珍、方弘静、吴子玉等结社南山之下，“数盈廿余，斌斌大备于时矣”[③]。

5. 白岳社。嘉靖时程积周、程梧等除与族人结率滨吟社外，又与歙县的王寅、唐云湫、潘少逸、僧惠光及休宁名流陈有守、汪淮、李敏、吴锦等人结社白岳山中[④]。

6. 紫芝社。嘉靖时休宁程琼、范如珪、汪猷芳、汪迟芳所结诗社，程琼为祭酒[⑤]。

7. 中州渔社。嘉靖时程积周、吴成美、程师道、汪古矜等人所结诗社[⑥]。

8. 七潭渔社。嘉靖时程梧与族人及郡士夫所结诗社[⑦]。

9. 十逸社。嘉靖时程添庆与族人所结逸老社，“诗酒怡性，不减香山风致”[⑧]。

10. 丰干社。嘉靖、隆庆之际由汪道昆发起成立，参加者有汪道贯、汪道会、陈筌、方策、方简、方宇、方用彬、谢陛、程本中、吴守准、方于鲁、潘之恒等[⑨]。

万历间，为徽州文人结社的鼎盛期，其间虽有短暂的低潮，但从声势和影

---

① 陈有守：《天都社盟词》，潘之恒《黄海·纪游》卷5《天都社诗》，《四库全书存目丛书》史部第230册。

② 吴子玉：《汪禹乂诗集序》。

③ 吴子玉：《吴长公紫芝社诗序》，《大鄣山人集》卷5。参看汪道昆《太函集》卷62《明处士吴邦珍墓表》，《四库全书存目丛书》集部第118册。

④ 《率东程氏重修家谱》6《明故处士闲庵程公行状》，明程涌来修撰，国家图书馆藏；吴子玉：《汪禹乂诗集序》。

⑤ 吴子玉：《吴长公紫芝社诗序》。

⑥ 《率东程氏重修家谱》卷6《明故处士闲庵程公行状》。

⑦ 《率口程氏续编本宗谱》卷6《明故蒲溪处士程公行状》，明隆庆刻本，国家图书馆藏。

⑧ 《率东程氏重修家谱》卷6《桂麟程先生行实预状》。

⑨ 汪道昆：《丰干社记》，《太函集》卷72。

响方面看，此期的文人结社达到了顶点。这一时段的文人社团有：

1.白榆社。汪道昆与龙膺共同发起，万历十一年正式成立，成员有汪道昆、龙膺、郭第、汪道贯、汪道会、潘之恒、佘翔、丁应泰、陈汝璧、李维桢、朱多炡、沈明臣、章嘉祯、周天球、徐桂、屠隆、俞安期、吕胤昌、吴稼竳、胡应麟、张一桂等[①]。

2.肇林社。肇林社初创于隆庆四年夏，主持的僧人为同受天池衣钵的胤公和珂公。据汪道昆《肇林社记》，参加该社首次活动的僧人有十二人：胤公及徒弟文静、文彻、文言、文浚，珂公及徒弟正观、明宗、德钦，徽州本地的自如、德昂，来自唐昌的祖意；缙绅学士有十二人：方定之、詹东图、陈仲鱼、方献成、方君在、方羽仲、郑夷吾、程子虚、吴无怀、吴延秋、汪仲淹、汪仲嘉；山人二人：王仲房、吴仲足[②]。

3.颍上社。颍上社成立于万历初年，入社成员有六人：方君在、潘玄超、潘元仲、汪景纯、方子中和程用修[③]。

4.松萝社。万历后期休宁人所结诗社，诗社成员有邵鲁、金季黄、汪贞卿、汪虞卿、江公叔、丁羽南、张伯冠、金孟明、程权格、邵终儒、程巨源、汪汝任、汪大吕、邵公荣、汪敬仲、朱孝伯、金孝先、汪永叔、李仲升、查次栝、金楚卿、吴虞伯、吴武仲等[④]。

5.天都后社。万历庚戌，潘之恒与鲍元则、郑无著、丁自宣、丁虞采共同倡议复修天都社，推方弘静为耆旧典型。入社者还有鲍山甫、于中甫、黄贞父、洪平叔和吴无奇等[⑤]。

6.普门社。为黄山法海庵僧人法藏上人提议，潘之恒首倡。普门社的入社条件比较宽松，只要是向佛之人，又能够出资若干，即可以入社[⑥]。

7.慧林社。为休宁朱昆季与性仁上人等所结禅社[⑦]。

---

① 参看耿传友《汪道昆与明代隆庆、万历间的诗坛》，《中国文化研究》2006年冬之卷。

② 汪道昆：《肇林社记》，《太函集》卷75。

③ 汪道昆：《颍上社记》，《太函集》卷75。

④ 詹天凤：《和松萝社草》，清刻本，中国社会科学院文学所藏。

⑤ 潘之恒：《天都社记》，闵麟嗣《黄山志定本》卷3，《四库全书存目丛书》史部第235册。

⑥ 潘之恒：《普门社缘起》，闵麟嗣《黄山志定本》卷3。

⑦ 李维桢：《题慧林社卷》，《大泌山房集》卷130，《四库全书存目丛书》集部第153册。

天启、崇祯时期，为徽州文人结社的延续期。天启元年，江天一与汪觉先、汪济淳、汪沐日、吴斌结古在社。天启二年，江天一、汪沐日又与程荩臣、程朗生等结同言社。其后里社林立，江天一与吴東三、方式玉等再结“十三子社”。崇祯五年，江天一、洪常伯等结选社，后改名为行社，成员有洪德常、吴尊古、汪济淳、汪沐日、方式玉等[①]。

以上所述主要是明代徽州本地的文人结社，且主要为文献记载较为确凿者。此外，明代中后期徽州文人与外界交往颇为频繁，经常在郡外主持或参与结社活动。如王寅曾参加杭州西湖八社；汪道昆曾主持杭州西泠社、南屏社；佘大问与方元经、郑子阳等在开封结社；谢陛曾参加或主持吴上方，越孤山，宣城文春，真州横山，关中青门，金陵白门、青溪、长干、新林等诗社[②]；潘之恒曾参加杭州的南屏社、芝云社，南京秦淮社集等[③]；吴兆曾入曹学佺金陵诗社，屠隆乌石山大会；任山甫、吴子玉、邵正魁曾入南京青溪社[④]；程允晋、汪沐日、江天一、许楚等六十九位徽州人为复社成员[⑤]。此类结社甚多，拟另撰专文讨论。

二、明代徽州文人结社的类型和特点

根据性质不同，明代徽州文人结社大体有诗社、文社、禅社等类型，主要为诗社。不同类型的结社，其组织形式不同，活动特点也因之而异。

（一）诗社

明代徽州诗社，除汪道昆主持的白榆社外，大都具有鲜明的地域色彩，入社成员均来自徽州本郡，如天都社、汶江社、南山社、白岳社的成员来自于休

---

① 参看江天一《江止庵集》卷1《六水集序》，卷5《洪母许夫人五十寿序》、《祭洪常伯文》等，《四库未收书辑刊》第6辑第28册；陈传席《弘仁年谱》，《弘仁》附录，长春：吉林美术出版社，1996年。

② 李维桢：《谢少连家传》，《大泌山房集》卷70。

③ 参看张秋禅《潘之恒结社考论》，《黄山学院学报》2009年第2期。

④ 参看何宗美《明代南京文人社集与文学流变》，《明末清初文人结社研究续编》，北京：中华书局，2006年。

⑤ 蒋逸雪：《张溥年谱》附《复社姓氏考订》，济南：齐鲁书社，1982年。

宁、歙县两地；紫芝社、松萝社成员皆来自休宁一邑，其中紫芝社的几位成员相距在十里以内，率滨吟社参与者皆为率滨一带的程氏家族成员，是地地道道的民间诗社。入社成员的地域分布范围，直接影响社团的组织方式和活动特点，对此首先可以从诗社的社约入手加以分析。如《率滨吟社录》卷首收有吟社条约，共八款：

1.社中诸人同出一祖，而利名不以行者，以年有长少、学有先后、入社有早暮尔。今得若干人，后来有志者尚未艾，议许续入，盖与人为善、无己之心也。

2.会期以四仲月朔日卯刻毕集，吟社同试一题，比较进修之功，以尽切磋之益。或命题，或限韵，或联句，弗之拘。

3.作诗每月一首，务宜会日定课，如懈怠者及失旨者，罚呈纸五十张、坚笔四管、京墨二笏入社，以助誊录。

4.至期或有远游不及赴会者，即抄题附去，若次会未归，须先期完课寄纳，违者罚如前数。

5.同社诸人须德业相劝，过失相规，非徒虚声文字矣。设有操行不谨，为名教玷者，黜之。

6.社中之为前辈者，固当恒存引进之心；而继来者，尤当诚敬听受。凡遇疑难，各宜虚心钩索，不可自作聪明，偏执己见，致生猜疑。此求益之道，亦敦睦之意也。

7.每人敷纹银若干，轮流领放生息，以供誊录之费。务须冬存至公，以图久远。

8.会日取次一人为首，首家预备小酌，贵在丰约适中，陶写性情，不可过奢，沉酣喧哄，以致不臧之诮。

社约具体规定了入社原则、会期安排、写作要求、处罚措施、相处纪律、经费来源和使用、承办方式等，操作性很强。这份社约的制定，与当时徽州商业经济的发展有一定的关系，如第四款，就是针对诗社成员中有一部分人经常外出经商，至期可能无法赴会的实际情况制定的；第七款规定的“每人敷纹银若干，轮流领放生息”，使诗社的活动经费有了保证；第八款叠为主宾、轮流做东的安排，避免奢侈的要求，确立了诗社成员之间的平等关系，易于在诗社内部创造一种和谐氛围。据程曾《率滨程氏吟社条约序》,这份社约制定时,率滨吟社已立社三载,且“月朔必会,会必有诗”[①],社约的制定,使该社的活动步入了规范化阶段。在明代徽州文人结社中,率滨吟社持续的时间最长,这恐怕与诗社活动的规范化有一定的关系。

同族、同里的结社,活动比较容易开展,如上述率滨吟社开始时“月朔必会,会必有诗”,后来虽然改为“四仲月朔日卯刻毕集”,频率也是很高的。同郡之间的社集,则需要认真的准备或特殊的机缘,聚会的频率相应也小得多。如吴琼与江珍、方弘静等所结的南山社,“顾相去百里,率旷岁一会”[②]。陈有守《天都社盟词》对天都社结社的情形有具体描述,摘引于下:

> 嘉靖壬寅秋月,有守与王子亮卿,过郑子思祈高唐,西望兹山,悠然兴怀,倡兴雅社,折简同志,期以九日登高修好。于时践约者凡十有六人,为程子自邑,江子廷莹、民璞,佘子复初,汪子玉卿,王子子容,方子际明、子瞻、定之,郑子子金、文仲、思道,程子汝南,亮卿、思祈及有守从而莅焉。
>
> 是日天高日霁,风肃气澄。策杖攀跻,凌崖如跃。移时跨绝,至止天都。于是北望燕京,东指日观,西瞩昆仑,南分百越,空旷宇宙,瞬息古今,命酒赋诗,豪兴逸发。自邑起执酒酬曰:“天都之峰,钟毓吾人,今日佳游,结要永世。达甫其司盟词。”有守载申言曰:“维天都之崇高,萃灵秀于万古。挺贤豪以亿百,侈兹游其不数。矧风雅之间作,属伊谁而接武。幸并生于熙朝,复同怀于乡土。舒吟咏以飞迅,凌苍虚而阔步。矢夬持于周行,毋颠跻其莫睹。齐物我而一致,追高调于三五。岂松岳之降神,独生申而生甫。将皇猷以鸣盛,导来许于前路。冀斯盟之弗渝,庶申好于胤族。”[③]

天都社的这次社集非常成功,创作作品甚多,潘之恒编撰的《黄海》收有《天都社诗》,共九十四首。结合相关记载,天都社具有如下几个特点:其一,该社由陈有守(达甫)、王寅(亮卿)和郑玄抚(思祈)共同发起,“折简同志,期

---

① 《率滨吟社录》卷首。

② 吴子玉:《吴长公紫芝社诗序》。

③ 潘之恒:《黄海·纪游》卷5《天都社诗》。

以九日登高修好”，王寅为约长，雅集时陈有守司盟词，进行得井然有序。其二，社集时饮酒赋诗，题碑筑室，观赏云泉，登临绝顶，活动内容丰富，具有山川游乐与诗歌唱酬相结合的特点，徽州独特的自然景观为结社提供了江山之助。其三，诗社汇集了当时徽州文坛名流，如汪瑗所说：“地开千载胜，人尽一时贤。”[①]其四，参加者对此次结社充满很高的期待，陈有守在社集时写道：“天生我辈幸同调，追览八极生雄风。匡庐不羡白莲社，社中俗客希禅踪。河洛不羡香山社，社中酒客糟丘封。岂若我辈共环堵，天都雅社开千古。东南高风振后尘，奎壁联缠烛诗府。英名八表追陈王，文光万丈齐白甫。”[②]诗社的其他成员也大都在诗中表达了类似的自信和期待，具有强烈的传名意识。

此次社集后，天都社个别成员之间虽时有酬赠唱和，但正式的社集活动，没有再开展过。

直到六十九年后的万历庚戌(1610)，潘之恒等才重举天都社。但这次结社和嘉靖壬寅的天都社已有很大的不同，“是社以禅诵念佛，称净业为常规；以诗画作文，称慧业为游息”[③]，作诗成了“副业”，主要是禅社而非诗社。

明代徽州文人所结的诗社中，影响最大的当属白榆社。汪道昆《游黄山记》说：

> 所部倚办司理，比岁周行列郡中。会计吏入朝，司理兼摄郡县事。日多暇，则就余称诗，且进余二仲及潘生。会郭山人次甫见客，乃就东郭宰白榆社，属余长之。其地错部娄而属斗山，盖聚星之义也。[④]

司理即时任徽州通判的龙膺。由此可知，白榆社成立于“计吏入朝，司理兼摄郡县事”之时，由龙膺发起的，尊汪道昆为社长，最初入社的六人为汪道昆、龙膺、郭第、汪道贯、汪道会和潘之恒。龙膺还专门“构白榆社，据北斗城”[⑤]，使结社活动有了较为固定的场所。周弘禴《白榆社草序》说：

> 郭次父住焦山，而素习左司马汪伯玉先生，更与其二仲善也，故往来

---

① 潘之恒：《黄海·纪游》卷5《天都社诗》。

② 潘之恒：《黄海·纪游》卷5《天都社诗》。

③ 潘之恒：《天都社记》。

④ 汪道昆：《太函集》卷75。

⑤ 汪道昆：《送龙相君考绩序》，《太函集》卷7。

于新安，而酷爱斗山之胜。乃就大司马谋结社，社曰白榆，左司马实主兹社，而余楚人龙司理君善宰之，入社者则潘景升并仲淹、仲嘉也。无何，君善复走书招四方之能诗者，以共重白榆，嗣至则有仪部屠长卿、太史李本宁、司李徐茂吴、陈立甫、吕玉绳、明府佘宗汉、丁元甫、章元礼，朱王孙贞吉，俞山人公临焉。[1]

除了“走书招四方之能诗者”外，过境的名家也是白榆社网罗的对象，“诸宾客来自四方，择可者延之入”[2]，如周天球、吴稼竳、胡应麟、张一桂至徽州时，都被汪道昆延入白榆社。白榆社的活动，主要为分韵赋诗、征歌度曲和游宴赏景，汪道昆《太函集》有很多诗篇是白榆社社集时的唱酬之作，从中可以窥见当时的一些情景。

（二）文社

明代徽州文风昌盛，以科举功名为主要目的的文社很多，对此已有学者作过探讨[3]。但明代徽州有一些文社内部的文学活动比较频繁，亦可列入文学类的文人结社加以考察。汪道昆《丰干社记》云：

往余家食，窃称诗褉中。二仲雅从余游，独向往当世作者。则以吾兄嶰然蜕矣固当，褉中吾党，犹奉功令，守诸生，必得近地为幸，遂盟七君子，为会丰干。七君子则孝廉陈仲鱼、文学方献成、方羽仲、方君在、方元素、谢少廉、程子虚。会吴虎臣将游江淮，愿以布衣来会。盟既成，虎臣行，适余起家，褉中虚无人矣。诸君子讲业丰干之上，修故约如初。既余以归省入褉中，诸君子介二仲以诗为贽，余受而卒业，盖洋洋乐之。今博士以经术系诸生，不啻三木，童而屈首，既白纷如，即佔毕不遑，何知六义？诸君子孳孳本业，徒以其余力称诗。才人人殊，要皆不湿于法。他日释业，九歌二雅，亦其优为，无论闾巷妇子，不侫乡人也，不亦愉快

① 转引自黄仁生《日本现藏稀见元明文集考证与提要》，长沙：岳麓书社，2004年，第286页。

② 汪道昆：《送龙相君考绩序》。

③ 如葛庆华《徽州文会初探》，《江淮论坛》1997年第4期；卞利《明清时期徽州的会社初探》，《安徽大学学报》（哲学社会科学版）2001年第6期。

乎哉?

丰干社是汪道昆的两个弟弟为了提高制义水平以获取功名与“七君子”所结的带有讲学性质的文社,其大体有以下特点:其一,“孳孳本业,徒以其余力称诗”。丰干社的成员以“讲业”为主,以诗酒唱和为辅,劳逸结合,张弛有度,互相切磋,互相启发,以期实现既通经术,又善写诗。其二,丰干社“近地为幸”,其形成的基础是地缘关系,成员大都来自丰干周边,地域印记明显。谢陛《杂记》所载的一件事很好地诠释了这一点:

> 余昔与诸同调结社丰干,则岩镇有四人:方策献成、方简君在,俱在下街;而方宇羽仲、方用彬元素,俱在上街后路先生巷,一名井里,然不欲称也。一日,二仲、子虚同余集羽仲、元素所,则有元素从兄某善谑而憨,乃取李诗一句改后三字而曰“三山半落先生巷”,盖指二仲松明山、子虚托山、余黄山也。子虚响答曰“一洞中分后路街”。某亦冰矜不报。①

受汪道昆影响的另一个重要文社为颍上社。汪道昆《颍上社记》说:

> 六君子者社颍上,则抵太函氏,愿定久要之言。太函氏曰:嘻,吾观于社而知乐群矣。……丰干故有社,社者无虑十余曹。聚散无常,其盟寒矣,其社屋矣。颍上之社宜不其然,其取数也简,其取益也忠,得朋故也。

颍上社“取数也简,其取益也忠”,成员只有六人,或为同胞兄弟,或有姻戚之谊,联系极为方便。李维桢《颍上社草后语》云:

> 颍上社之为举子业也,不为举子业也,其所取材则老庄左马四家为多,要以谈理中于窾实,较世儒奚啻胜之。假令举子业皆若是,又何病焉?故法得理而胜,未闻理足而离法者也;执法而文尤不具,未闻废法而能文者也。四家之言具在理与法,皆沿六经,至谓六经无法,不亦悖哉!②

颍上社“为举子业也,不为举子业也”,所讨论和切磋的范围不限于制义,

---

① 谢陛:《歙志》卷30,明万历刻本。

② 李维桢:《大泌山房集》卷133。

成员之间也不再“称诗”，与丰干社有很大不同。

天启、崇祯时，歙县文社林立，江天一与乡人结古在社、同言社、选社、行社等文社。江天一《六水集序》云：

> 士则修其身，读书穷义，由家及国，考古今治乱兴亡得失之机，察天理人情经权常变之数，上思以安社稷，下思以抚人民，在一日则思尽一日之人，在天下则天下恃有其人，非仅如富贵无忘缓急相庇之志，又恐一人不足以济，故合同此志也而盟之。……嗟乎！吾父母兄弟之文彰彰如是，或渊古宏博，或正大光明，或敦厚醇谨，或孤清自好，文未有不如其人者，则吾桑梓之盟断无有蹈前弊者矣。无其弊而言之，窃相与劝勉焉耳。①

由此可知，明代后期社会风气发生了很大变化，文社弊端丛生。江天一等人所结文社，展现的已非诗酒风流，特别强调的是“读书穷义”以及社团成员之间的互相劝勉，具有强烈的政治和道德色彩。

（三）禅社

明代后期，徽州结社谈禅的现象时有发生。作为文人生活情趣的重要组成部分，结社谈禅对明代一些徽州人的思想和创作产生了很大影响。当时比较著名的有肇林社、普门社和天都后社。

肇林社初创于隆庆四年夏，汪道昆《肇林社记》云：

> 余始事佛，延胤公主肇林。胤公兄事珂公，同受天池衣钵。余因胤公绍介，逆珂公。其徒正观、明宗、德钦从珂公至，胤公亦召其徒文静、文彻、文言、文浚与俱来，至郡中则自如、德昂郊劳如礼。会祖意自唐昌至，凡十有二人，分帘而居，诸法众皆供役。余在告，屏摒中，珂公不得余俱，相期结夏以待。既就席，日讲《楞严经》，于是洪吉、明理以下百余曹以听法至，真海、觉忭以下十余曹以修供至，缙绅学士至者，则方定之、詹东图、陈仲鱼、方献成、方君在、方羽仲、郑夷吾、程子虚、吴无怀、吴延秋、吾

① 江天一：《江止庵集》卷1。

弟仲淹、仲嘉，山人王仲房、吴仲足。[①]

肇林社初次讲经时，参加者就达一百三十多人，其中缙绅学士就有十二人，其影响之大，可见一斑。肇林社的活动似乎时断时续，万历十二年，肇林作无遮大会，汪道昆主盟，“三冬咸宿招提，蜡日始罢”，“诲公与大比丘四十八人俱”[②]。

普门社的主旨是弘扬佛法，讲习佛经，为法藏开士提议，潘之恒倡导。其社约共五款：

1. 入社者各授此册，每日三时，诵普门品一遍，或三遍、七遍，并诵佛号一百八遍，无定数。

2. 五台旧例，入例奉行，不敢增损，但增到会例一款。愿附社中者，量出资若干，随一两至五两，皆得列名社中，如不愿者不强，亦不得列空名，以防滥进。

3. 用无门洞例，五流同源，令各从其类以相安，俾无讥议，实会而通之，初无分别心也，众宜凉之。

4. 普门社建立养老、延寿二堂，如五台山例，入社出资，书名五缘中，权付主天都社者料理，俟二堂已完，得人主持，即交与之。

5. 天都社即普门外护，除二堂人，不以烦累，惟从五缘至者，俱合作供[③]。

在潘之恒所制定的社约中，值得特别注意的是在五台旧例之外增加的“到会例一款”，其为普门社的持续运行提供了经济上的保障。

天都后社与普门社关系密切，潘之恒《天都社记》记述了结社缘起：

> 在昔嘉靖壬寅，王山人仲房主盟，而陈、郑、程、汪、江、方诸贤踵至，为一时盛事，其篇什具在，吾为梓传之。越六十九年，而复修盟，日皆重九，固非偶然者。先是，普门禅师自五台来，一见黄山而不忍去，将以是为菩提场，而鲍仪部山甫、于比部中甫，实倡之。其明年，同志二三，友人鲍元则、郑无著、丁自宜、虞采兄弟，过余有艺堂，遥定此社。……潘之恒曰：诗与禅之不能合也，禅不必通诗，诗不必悟禅，两者皆障。夫佛假偈

---

① 汪道昆：《太函集》卷75。

② 参看徐朔方《汪道昆年谱》，《徐朔方集》第4卷，杭州：浙江古籍出版社，1993年。

③ 潘之恒：《普门社缘起》。

颂申言，诗空色相，而后可超乘也。惠休、寒山，词林所宗；长庆、禅喜，桑门互证。今之入社者，黄仪部贞父、洪奉常平叔、吴学宪无奇，与鲍、于二公，皆慧业文人，潜心止观，禁酒无攒眉，而挥尘多逸韵。圆教方兴，光明弥布，斯社也，虽终古勿替可也。万历庚戌九日。

普门禅师万历乙未就已至黄山，天都后社至万历庚戌才正式成立，可知结社酝酿的时间比较长。天都后社的社约共有八款：

1. 是社以禅诵念佛，称净业为常规；以诗画作文，称慧业为游息。非是二者，不敢延入。

2. 主会各出银二十两入社，建屋买田。每年推一人在社，递主其事，请代乃得出山。

3. 与会僧俗，各出银五两至十两止。至社如归，即久住，不费资粮。社外事，不得与闻支销。

4. 游僧游客，如上二流者，至则受供。

5. 入社须主者会众延请，择其贤否，然后书名，毋得滥及。

6. 老僧、病僧、老病居士无依者，俱送普门院二堂收养，此社不侵其事，令遵普门例行。

7. 结社原为静修，若会中子弟讲业延师，似亦别选胜地，不得假此为馆。其端一开，久则社废，豫戒之。

8. 莲花庵地，鲍元则买建。西连云涛庵，东至祥符寺界，并云涛庵地；南至云门峰脚，丁自宜买建。俱入法海禅院，为下庵。其地鲍、丁二家喜施，永远归法海道场，不许居停自私，妄生分别。如僧俗人利己背公者，共摈之。

这份社约，对结社宗旨、主会方式、经费来源和使用、入社要求、注意事项、处罚措施等都作了具体规定。由于资料的限制，我们不知道天都后社社集时的创作情况，但其活动似乎一直持续到明清鼎革之际①。

① 参看闵麟嗣《黄山志定本》卷 2《人物志》“鲍正元”条。

三、明代徽州文人结社的价值和意义

明代徽州文人结社在文学和文化上的价值和意义，大体表现在以下三个方面：

首先，丰富了徽州文人的精神文化生活，增进了他们之间的交流。

就诗社而言，无论是像率滨吟社这样单纯做诗以陶写性情的诗社，还是像天都社这样兼山川游乐的诗社，或者是像十逸社这样"月轮一会，诗酒怡性"怡老诗社，成员雅集时，或命题，或限韵，或联句，相互切磋，促进了诗人与诗人之间的广泛交流。就文社而言，以文会友，以友辅仁，有利于活跃思想，开阔胸襟，汪道昆《颍上社记》对此有较为详细的阐述：

> 夫既聚之社矣，余安得而詟之。要其本之以经明行修，益之以博学好古，亦既不遗余力矣。……尽马之力而不以善息，必败。百发百中而不以善息，必弃前功。学亦宜然，可以触类。时而藏修，学也，盖良工也；时而游息，亦学也，则天工也。夫人之学，犹天之生，作而长，生也，以生生也；敛而藏，亦生也，以不生生也。生生者，其动直；不生生者，其静专。故卜氏之居肆，宁若颜氏之坐忘。与其为尸居，宁若县解。当世二三良史，类皆终岁优游，时至一鸣，褎然举首，此其收效较著者也。夫以经明业修，博学好古之士，徒搰搰然挟策而读，腐毫而思，失得格于其心，天机窒矣，此则老生曲士之为也。①

由此看来，像颍上社这样的徽州文社具有如下的意义：其一，虽说"业竽工竽，业瑟工瑟"，举子业是读书人最重要的事情，应当"经明行修"，但是，"尽马之力而不以善息，必败。百发百中而不以善息，必弃前功"，读书应该张弛有度，劳逸结合。几个情投意合的人在一起组成读书群体，"时而藏修，时而游息"，可以丰富准备应试者的精神生活，开阔他们的视野，有利于取得科举成功。其二，"徒搰搰然挟策而读，腐毫而思，失得格于其心"，可能会使人"天机窒矣"，结成文社后，成员之间同业相励，同美相成，有利于养成灵活的思维习惯。至于禅社在丰富精神文化生活、促进交流方面的意义，已有学者作过论

---

① 汪道昆：《太函集》卷 75。

述，此不再赘述[①]。

其次，推动了徽州民间文学活动的兴起，促进了文学创作的繁荣。

在明代徽州的文学性社团中，诗社占了多数。诗社既是诗歌繁荣的产物，又有力地推动了诗歌创作的繁荣。吴子玉《吴长公紫芝社诗序》云：

> 夫诗家之心，畅于有合，殢于无与，六情溢于中，百物荡于外，莫非缘合而动。……诗为乐心，乐由声合，非若经术尔雅之业可以孤学而独诣也。郡国之诗，盛于嘉、隆间，由长公相率为诗社，或腾英汉川，或掇秀星石，郡人目为衣裳之会，信矣。蜡屐山眺，帛舫水熙。喜以宣豫，悲以舒寂。雄以鼓懦，恬以寒违。泻奕劳结，觊动精采。芳芬气泽，衣披一时。郡国之所雍容一归于唐雅，实有赖于长公等之为诗社。以光熙其前绪乎，而非徒侈外好者之为会比也。[②]

由此可见，诗社在徽州诗歌发展中具有根基性的作用，它对徽州诗歌创作的价值至少体现在以下三个层面：首先，提供了诗歌创作的契机。诗家之心“莫非缘合而动”，而结社正好创造了特定的“缘”，为文人赓韵赋诗提供了绝妙的机会和良好的氛围。其次，建立了诗歌创作的阵地。无论是一时雅集的诗社，还是定期聚会的诗社，每次社集的主要活动都是写诗：“喜以宣豫，悲以舒寂。雄以鼓懦，恬以寒违。”同时，诗社成员之间酬答之风盛行，现存明代徽州的很多诗作都是诗社活动的产物。再次，提供了相互交流的平台。明代徽州的刻书业非常发达，文人社集所作诗歌，往往汇集为社刻，或称“社草”“社诗”“社稿”等，社中有会编，社中成员有时也各自为编，为诗社成员从事创作活动提供了一个很好的平台，成为相互间交流的重要媒介。如《率滨吟社草》《紫芝社诗》《白榆社草》《松萝社草》等均为诗社的创作汇编。总之，从徽州文人结社的活动中，我们能够了解到明代徽州文人的某种生存方式和文学创作生态，看到社会基层具体生动的文学景观。

再次，提高了徽州文人的知名度，促进了徽州地域文学与主流文学的融合。

---

① 可参阅何宗美《明末清初文人结社研究》；黄卓越《佛教与晚明文学思潮》，北京：东方出版社，1997年。

② 吴子玉：《吴长公紫芝社诗序》。

夏允彝《岳起堂稿序》云：

唐、宋之时，文章之贵贱操之在上，其权在贤公卿；其起也以多延奖，其合也或贽文以献，挟笔舌权而随其后，殆有如战国纵横士之为者。至国朝而操之在下，其权在能自立；其起也以同声相引重，其成也以悬书示人而人莫之能非。故前之贵于时也以骤，而今之贵于时也必久而后行。[①]

正如郭英德所分析的那样，既然操文章贵贱之权在下，文人贵于自立，而且要"贵于时也必久而后行"，那么文人士子就不得不结社会盟，"以同声相引重"，张大羽翼，激扬名望[②]。从明代徽州文学发展的实际看，稍微有些影响的文学家都曾主持或者参加过结社活动，如程敏政、王寅、汪道昆、潘之恒、江天一等。汪道昆最为典型，他早年以功业自期，不暇于文学，在《丰干社记》中他曾遗憾地说："不佞故不能诗，仅以经术进，五十将至，犹然无所成名，此好竽之属也。"[③]但到了晚年，汪道昆在文坛上的影响越来越大，甚至被视为可与当时的文坛领袖李攀龙、王世贞相鼎立的人物。毕懋康《太函副墨序》说："国朝文章家斌斌代起，若搴大将旗居然主坛坫者，则历下、弇山、太函其雄也。"[④]朱彝尊《静志居诗话》也指出："闻晚年林居，乞诗文者填户，编号松牌，以次给发，享名之盛，几过于元美。"[⑤]汪道昆之所以产生这样大的影响，与丰干社、白榆社成员的推重与宣传息息相关。屠隆《方建元传》对此有具体的描述：

时司马公执中原牛耳盟，海内修辞之士，蜂拥归命。其二弟仲淹、仲嘉，文采朗射，埙篪协律，而建元诸君并以雄俊佐之，雅道大畅。议者谓铁中何必减邺下，司马兄弟，如曹子桓东阿丽藻绝代，而建元诸君，如应

① 夏允彝：《岳起堂稿序》，陈子龙《陈忠裕公全集》卷首，清嘉庆刻本。

② 参阅郭英德《明代文人结社说略》，《北京师范大学学报》（哲学社会科学版）1992 年第 4 期。

③ 汪道昆：《太函集》卷 72。

④ 汪道昆：《太函副墨》卷首，明崇祯刻本。

⑤ 朱彝尊：《静志居诗话》卷 13，清嘉庆二十四年扶荔山房刻本，《续修四库全书》集部第 1698 册。

刘陈徐辈，各把一麾，同登坛坫，盛矣盛矣！[①]

徽州文人知名度的提高，反过来进一步扩大了明代徽州文人社团的影响，促进了徽州地域文学与主流文学的融合。从上文所描述的徽州文人社团发展的历程看，明代正德之前的徽州文人结社活动非常少，其与当时的主流文学几乎没有什么关联，影响极为有限。嘉靖、隆庆时的徽州文人结社活动活跃起来，影响有所扩大，与主流文学的联系也逐渐增强，如天都社的程诰和王寅早年都非常钦慕当时的文坛领袖李梦阳，程诰甚至“及门受业”[②]。郑玄抚《社集天都峰下》说：

> 我生之辰何落落，伤哉王风久不作。当时争说李何贤，而今亦已成寥廓。此道久衰难竞陈，邀朋乃作天都行。一时冠盖摇山岳，由来胜地产豪英。予愧当年薄劣者，相从共结芝兰社。上窥六府探幽玄，下超八代追风雅。狂来一倒白玉觥，飘然两翼凌风生。漫书数字大如斗，高挂霞州十二城。[③]

可见在嘉靖壬寅(1542)九月九日天都社社集时，以李梦阳代表的复古思潮已处于低潮，程诰、王寅、陈有守、郑玄抚等结社天都，有接续和发扬复古之意。换言之，天都社受李梦阳的影响很大，在李梦阳、何景明主导的文学复古运动“已成寥廓”之际，仍然坚持李、何的传统。因此，天都社实可看作以李梦阳为代表的复古思潮在徽州的余波回澜。但天都社的成员均为徽州本地人，其影响也基本限制在徽州本土。万历十一年汪道昆主导成立的白榆社，参与者的地域范围则宽广得多，不仅“诸宾客来自四方，择可者延之入”[④]，龙膺和汪道昆还主动邀请当时的文坛名流入社。白榆社与当时以文坛领袖王世贞为首的后七子阵营联系紧密，汪道昆本人自不必说，汪道贯和汪道会与王世贞也有私交，尤其是汪道贯，还曾得到王世贞亲自指点，先后加入白榆社的李维桢、屠隆、胡应麟等原本为后七子阵营中的人员，名登王世贞所列的“末五

---

① 方建元：《方建元集》卷首，《四库全书存目丛书》集部第146册。

② 王寅辑：《新都秀运集》卷1《程诰》。参阅韩结根《明代徽州文学研究》，第158页。

③ 潘之恒：《黄海·纪游》卷5《天都社诗》。

④ 汪道昆：《送龙相君考绩序》。

子"[1]。郑利华指出:"有理由认为,具有明显学古性质的白榆社的创建,在某种意义上当归为七子派复古风尚在徽州地区的传导影响所致,也是该地区基于自身相对开放的文化境域,感受与亲和在此际起着主导性影响的诸子复古活动的具体表现。"[2]白榆社的成立,有力地推动了徽州地域文学与主流文学的联系,周弘禴《白榆社草序》说:

> 夫诸君者博雅名儒,即专制一方,尚足以称雄。矧左提右挈,并力同声,则稷下之谈、邺中之会不足侈也。以故天下骚客词人,咸跂望白榆之社。往者徐茂吴与余言之栝州,而余亦脉脉焉心动矣。[3]

像周弘禴这样"脉脉焉心动"的文学之士一定不少,钱谦益《列朝诗集小传》指出:"海内之山人词客望走噉名者,不东之娄东,则西之祇中。"[4]"祇中"即为汪道昆在徽州的所居之地。徽州竟成为当时中国两个文学活动的中心之一,这在徽州的历史上是一个特异的存在,充分显现出徽州地域文学与主流文学的深度融合。

徽州能够从元末明初时文学上的落后地区,发展成为明万历时文学上的先进地区,文人社团无疑起了巨大的作用。这既显现了明代徽州文人结社的活力和价值,也揭示了徽州地域文学社团与主流文学的互动,也正是在与主流文学的互动中,徽州文学和文化的影响力得以逐渐扩大。

原载《安徽大学学报》2012 年第 3 期

---

① 参看耿传友《汪道昆与明代隆庆、万历间的诗坛》,《中国文化研究》2006 年冬之卷。

② 参看郑丽华《汪道昆与嘉、万时期文坛的复古运动——以汪道昆与七子派关系考察为中心》,《求是学刊》2008 年第 2 期。

③ 转引自黄仁生《日本现藏稀见元明文集考证与提要》,第 286 页。

④ 钱谦益《列朝诗集小传》下册,上海:上海古籍出版社,1983 年。

明清时期徽州文士的治生与经商

徐永斌

明清时期的文士十分重视治生，将治生提到前所未有的高度，认为治生对治学和社会发展起到了重要作用①。不同地区文士的治生手段和途径有一些不同的特点。徽州多山，地狭人稠，田瘠产薄，地理特点决定了当地人难以像其他地域那样依靠田地生存，因此徽州文士除了科举一途外，难以依靠业农而生存，他们的治生手段只好另辟蹊径，或依靠自身的特点如依靠授徒得到束脩，或到书院讲学谋取膏火银，或依靠自身的艺术才能获取润笔资，或游幕显宦府第，或佐人经商等等，有的甚至像其他徽州人一样直接投身经商的大潮中，或以多种治生手段交叠运用，寻求适合自己的最佳谋生方式。他们治生或经商的表现方式呈现出多样化的特点，致富后的行为多呈现出儒性化的特点。

一、以一技以自养

（一）设帐授徒，获得束脩

徽州人虽然多经商，但他们对后代的培养方面，仍十分注重文化教育，以便通过科举仕途出人头地，为其商业活动提供保障，即使不想通过科举仕途获取资本，但为了后代能获取以后经商所必备的文化知识，也常常为其后代聘请塾师或名儒教授文化。故而一些徽州文士专以设帐授徒为生，尤以明代

---

① 具体论述请参拙作《明清时期文人的治生观念》，《中国文化研究》2011 年第 4 期（冬之卷）。

为盛。当时的塾师主要出自歙县、婺源两地，或出于身体状况而以授徒为业，如明代歙县黄埠口人曹□因科举失意而染狂疾数载，“愈复治业，迭作迭愈，遂谢督学使者，弃去博士籍，家愈益贫，门下士愈益多。于是专一设帐因资生，生日益饶”[①]。或由于家贫不得不以授徒治生，如歙县丰南人李流芳，“家贫，资脩脯以养母”[②]。歙县人方良范，“授徒以给家食”，与兄弟及诸弟同居共爨，数世无异[③]。或因科举不成而以授徒为业，如婺源济溪人游芳，两次乡试不利，“隐居教授，以师道自任”[④]。或因父母早逝而无治生之人，不得不以授徒为治生手段，如婺源人余垠，“家遗薄田数亩，尽让诸昆弟而授徒以养亲”；叶孝友，“授徒得束脩，毕力为继母弟妹婚嫁，乡里称其不愧命名”，后贡入礼部，试第一，累迁金华教授[⑤]。或因家道中落而以授徒为生，如歙县人汪一龙，读书通大义，以赀捐官为郎，后因同僚窃走藩邸巨资而累及己身遂归，而家道中落，“设帷授徒，益博经史”[⑥]。有的文士甚至通过授徒成为一时之富室，如歙县岑山人范廷忠“终其身为瀹潭、北岸二乡师，凡邑南乡师规条模则，绳尺教庋，为四乡师嚆矢，化公之属也。凡出门下，皆为乡师范，范则皆可称颂，即今乡师皆其授受也”，所授生徒多达百人[⑦]。歙东长径里人胡沛然通过授徒，“起家千金”[⑧]。方承训及其族人的家中就有来自歙县和婺源的塾师，如歙县岩镇东溪人方洪曾任方承训的塾师，其“门下经生多至六七十人，所至设帐堂馆，莫能容二三里，馆皆充盈，授徒门庭若市”。晚年“贽礼繁多，起家至千金”[⑨]。婺源江德彰在方承训从兄方□家中做塾师长达二十余年[⑩]，

---

① (明)方承训：《方鄈邨复初集》卷29《曹居士状》，《四库全书存目丛书》集部第188册，济南：齐鲁书社，1997年，第159页。

② (清)吴吉祜：《丰南志》卷3《人物志·文苑》。

③ 民国《歙县志》卷8《人物志·孝友》。

④ 道光《徽州府志》卷11之三《人物志·儒林续编》。

⑤ 道光《徽州府志》卷12之四《人物志·孝友》。

⑥ 民国《歙县志》卷9《人物志·义行》。

⑦ 《方鄈邨复初集》卷27《明故处士范公墓志铭》，第142页。

⑧ 《方鄈邨复初集》卷33《传·胡茂才传》，第211页。

⑨ 《方鄈邨复初集》卷32《传·方师传》，第192页。

⑩ 《方鄈邨复初集》卷22《序·寿星源江处士六十序》，第101页。

程练曾在方承训及其族人家中做塾师前后长达四十余年之久[①]。

徽州形成了一些塾师世家，尤以歙县项氏和婺源游氏为著名。据方承训《方鄈邮复初集》，在歙县各族中，出自项氏一族的童子师最多，他们世以童子师为业，多不以科举为能事，仅在歙县南乡小溪一带的项氏一族中就多达十余人。为此，方承训感慨道："且士居乡授业，卒以贽礼起家肥盈，厚遗孙子。"[②]

徽州人李衷实，明诸生，家世业儒，明末清初著名理学家孙奇逢云其"生平不治生人产，以教授为业，家计用裕"。李衷实曾应明朝王姓都尉之聘，做其家塾师。由于他好扶贫济乏，倡导学风，"一时知名士如崔九围、李顺昌等皆师事之，后进之士执经问业者，履常满户外"。入清后，仕至四川顺庆府通判。同里人李童，在明亡后，弃巾偕妻子移居成安，"父子以教授生徒为业，越十五年，困顿而死"[③]。

入清后，一些徽州文士亦以授徒为治生手段，如婺源人张瑜芳，"授徒三十余年，束脩所入置田数十亩"[④]。他们出于不同原因而从事授徒，或因家贫而授徒，如道光时曾仕至内阁学士兼礼部侍郎的鲍桂星，歙县人，15 岁补县学生，"居贫，授徒为养"[⑤]。歙县人程乙生，善小楷，"食贫，舌耕葬祖"。黟县人杨升，廪生，"家贫授徒"[⑥]。或因父亲早逝，家境困窘而不得不从事授徒以治生，如婺源人朱楷，少敏力学，入商籍为杭诸生，"父早没，家贫授徒"[⑦]。黟县人许琳，附贡生。少时父死，弟年幼，"授徒乡里数十年，循循善诱，门下士掇芹以去者，不乏其人"[⑧]。歙县人江道坤，岁贡生，"幼失怙，家贫，成童即授

① 《方鄈邮复初集》卷 32《传・星源程居士传》，第 199 页。

② 《方鄈邮复初集》卷 23《别驾吴公墓碣》，第 108 页。

③ (清)孙奇逢:《夏峰先生集》卷 5《李完一传》、《李逸士传》，北京:中华书局，2004 年，第 179～181 页。

④ 道光《徽州府志》卷 12 之四《人物志・孝友》。

⑤ (清)缪荃孙纂录:《续碑传集》卷 18《道光朝翰詹・詹事鲍觉生先生墓志铭》，台北:文海出版社，1966 年。

⑥ 道光《徽州府志》卷 12 之五《人物志・义行》。

⑦ 道光《徽州府志》卷 12 之六《人物志・隐逸》。

⑧ 民国《黟县四志》卷 7《人物志・文苑・许琳》。

徒养母”[1]。或因科举无成而以授徒为业，如婺源人江永，科举无成，以授徒为业，边授徒边读书，乾隆年间，不应荐举，以此终老一生[2]。黟县贡生江汝和，“乡闱十荐不售，授徒于本村环溪书舍、屏山舒村及云岭书馆，从游者众”[3]。或因不乐仕进而以授徒为生的，如祁门人胡有庆，善属文，“绝意仕进，教授以终”[4]。祁门人周圭，廪生，绩学有文名，官府屡招，不应，“家贫，课徒自给，布衣蔬食，恬如也”。其教人以植品为先。咸丰时，诏举孝廉方正，不应[5]。

（二）到书院讲学以获取膏火银

明清时期，徽州境内书院甚多[6]，最著名的当属歙县的紫阳书院。一些徽州文士受聘于书院，从事讲学，如歙县人唐桂芳，曾仕于元朝，朱元璋定徽州后，唐桂芳应邀出任紫阳书院山长，“学者翕然宗之”[7]。其子唐文凤亦主教于紫阳书院。正德年间，程定出任紫阳书院山长。由于明代歙县讲学者和求学者多崇尚时文，讲学者多不至紫阳书院，明末及以后，这种情形才有所改观，一些文士绝意仕进，到书院担任教席，在此讲学者有江恒、汪德元、胡片、汪知默、吴汝遴、汪学圣、陈二典、汪佑、朱弘、汪浚、谢天达、吴苑、吴慎、施璜等。歙县人江恒，于崇祯十年（1637）弃诸生，来到紫阳书院讲学，“言简理析有矩度，为众所钦”。歙县人汪德元自清顺治十六年（1659）始，讲于紫阳书院，招聚生徒，“自是春秋萃集以为常，学者推尊典型必以为首，莅会之年已八

① 民国《歙县志》卷8《人物志·孝友》。

② （清）高时显、吴汝霖辑校：《国朝先正事略》卷34《经学·江慎修先生事略》，《四部备要》本。

③ 民国《黟县四志》卷7《人物志·文苑·江汝和》。

④ 道光《徽州府志》卷12之四《人物志·孝友》。

⑤ 同治《祁门县志》卷29《人物志·孝友·周圭》。

⑥ 关于徽州书院的论述较多，可参庄华峰《明清徽州书院考述》（《江淮论坛》1993年第3期）、刘秉铮《论徽州的书院》（《江淮论坛》1993年第3期）、李琳琦《徽州书院略论》（《华东师范大学学报》教育科学版1999年第2期）等。

⑦ （清）施璜编，吴瞻泰、吴瞻淇补：《紫阳书院志》卷9《列传·唐白云先生》，赵所生、薛正兴主编《中国历代书院志》第9册，南京：江苏教育出版社，1995年，第552页。

十有三，在院七年而卒”[①]。明末诸生胡片，绝意仕进，与同邑汪德元、汪知默、江恒等数人一起聚于紫阳书院讲学[②]。祁门人陈二典，明廪生，初教授于天都峰下，明亡后，不复应科举，究心理学，杜门著述，不通显贵，“会讲紫阳书院，同人推执牛耳。将卒时，豫书旌铭曰紫阳学者，后从祀紫阳书院程朱阙里及本邑朱子祠”[③]。清代，如黟县人戴承烈、程朝仪、黄敦礼、胡兆联等人也就职于书院。戴承烈，诸生，“授徒于邑之碧阳书院”。程朝仪，廪生，光绪时人。安贫乐道，不求闻达，留心著述，“主讲六安州赓飏书院，多所成就”。宣统元年，为存古学堂监督，清史有传。胡兆联，以附生贡成均，同治时人，“邑人推主桃源书院，好读易，讲学以考亭为宗”[④]。

（三）以卖书画、游幕、医卜、业农或其他杂业为生

明清时期，徽州版画、刻工技艺称誉一时，徽州人也十分喜好书画，并多购买名人字画。明人詹景凤《詹氏小辨》卷42云：

> 吾族世蓄古书画，往时吾新安所尚，画则宋马（远）、夏（圭）、孙、刘（松年）、郭熙、范宽，元颜秋月、赵子昂，国朝戴进、吴伟、吕纪、林良、边景昭、陶孟学、夏仲昭、汪肇、程达，每一轴价重至二十余金不吝也。而不言王叔明、倪元镇，间及沈启南，价亦不能满二三金。又尚册而不尚卷，尚成堂四轴，而不尚单轴。[⑤]

徽州文士也像其他地方的文士一样，利用自己的文化艺术技能，为人作文、作画等取得润笔资，养家糊口。如丰南人吴绮，侨居江都，贡生，后出守湖州，因失上官意，罢归。贫无田宅，衣食无着，便开始以卖文为生，“癸亥，游粤东制府，吴留村赠资购废园以居，凡索诗文者多以花木竹石为润笔，不数月成林，因名种字林”[⑥]。为人佣书，在当时是一些下层文士为了养家糊口不得已

---

① （清）施璜编，吴瞻泰、吴瞻淇补：《紫阳书院志》卷12《列传》，第560～561页。

② 范金民、谢正光：《明遗民录汇辑》，南京：南京大学出版社，1995年，第482页。

③ 同治《祁门县志》卷23《人物志·儒林·陈二典》。

④ 民国《黟县四志》卷6《人物志·儒行》。

⑤ 转引自高寿仙《徽州文化》，沈阳：辽宁教育出版社，1998年，第217页。

⑥ （清）吴吉祜：《丰南志》卷3《人物志·文苑》。

而使用的治生手段，如明代歙县人许嘉宾，“十岁能执笔佣书以佐父母饔飧”[①]。出售书画作品，也是一些身怀书画技能的文士常用的治生手段。如清代，嘉庆时曾任溧水县教谕的歙县人江玉，好文，工篆隶、花卉，后来家道日落，“尝以书画资赡其家，十数年如一日”[②]。绩溪县人张儒璇，监生，少力学，“以贫故传父写真遗业，一时推为神手”[③]。新安画家项承恩，久困诸生，遂弃去，隐居西湖岳坟侧，“携一奇丑奴供爨，开小肆，杂置书籍、画卷并盆花竹石，索价颇贵”[④]。

游幕，是一些徽州文士通常采用的一种治生手段。这些文士通常具有刑名、钱谷、兵法等知识，颇具干练之材，是官员争相招揽的对象。而文士通过游幕，一方面获得一定的报酬以养家糊口，另一方面也可借此踏上仕途。故而从事幕游的徽州文士亦为数不少，如清时溪南人吴玉搢，“精于小学，为公（王士贞）幕友，后入京师，秦尚书聘之，修《五礼通考》，著有《别雅》五卷，《金石存》若干卷”[⑤]。江湾人江缵绪，商籍，邑庠生，“乐善好施，入湖北盐道幕二十余年”[⑥]。清嘉庆时，休宁人许芝，习刑名兵法，“铁尚书保闻其贤，聘为幕僚，后松相国筠总制两江，罗为门下”[⑦]。有的文士不愿仕进，但因家贫而不得不以幕游治生，如清时婺源人王维垣，攻苦力学，擅诗工书，“而性孤高，不干仕进，遭闽变，家益贫，晚游幕以终”[⑧]。战乱时更是文士通过游幕一展身手的好时机，如清时歙县人江世璋，“咸丰八年，张文毅公辟入幕府”[⑨]。有的甚至通过游幕而获得入仕的机会，如清代黟县人舒之翘，邑庠生，在清同治年间通过游幕获得花翎二品衔道员，光绪时仕至东川府知府。又如黄廷珍，入

---

① 民国《歙县志》卷8《人物志·孝友》。

② 道光《徽州府志》卷12之四《人物志·孝友》。

③ 道光《徽州府志》卷12之五《人物志·义行》。

④ （清）姜绍书：《无声诗史》卷7《项承恩》，《四库全书存目丛书》集部第152册，济南：齐鲁书社，1997年，第784页。

⑤ （清）吴吉祜《丰南志》卷3《人物志·文苑》。

⑥ 《婺源县采辑·义行》，转引自张海鹏、王廷元主编《明清徽商资料选编》，合肥：黄山书社，1985年，第140页。

⑦ 道光《徽州府志》卷12之五《人物志·义行》。

⑧ 道光《徽州府志》卷12之六《人物志·隐逸》。

⑨ 民国《歙县志》卷10《人物志·士林》。

浙江商籍，庠生。好金石花卉，精岐黄，善吟咏，“尝入粤游幕，著有《汗漫吟草》”，后以功授靖安知县[①]。

行医问卜也是一些徽州文士重要的治生之路。明嘉靖、万历时，歙县人吴公辅，以诸生入太学，善相地，精方术，他以之传授后人，和家族其他人一起将之作为治生的途径[②]。一些明遗民在明朝灭亡后，隐于医卜，如祁门人章佐圣，一作章圣佐，籍泰州，诸生。“甲申之变，遂归里，卖卜于市，后稍稍授生徒。未几岩栖，不知所终”。歙县人程自玉“少为诸生，遭事变，隐于医，四十余年不践国门”。读书乐道，著慰头书以见志[③]。

一些徽州文士或不乐仕进，或在去官后归隐于农，如明代歙县人毕练，邑诸生，“家贫，下帷负郭，丹铅自喜，寻弃帖括，学卜筑六连湖上，课农垂钓，不复他事，唯取生平所读诗史，随摘二三奇怪事鳞次成帙，题曰《汇隽》”[④]。明末婺源人汪士廉，崇祯时岁贡，廷试恩赐七品服，后抱疾归里，“所居有园池数亩，灌园自给，学者称茹菜先生”[⑤]。

二、弃儒经商

明清时期徽州文士从事商业已成为一种风气，明人归有光曾云：“新安虽士大夫之家，皆以畜贾游于四方。”[⑥]徽州文士的经商方式主要有两大类：一是佐人经商，二是独自经商。

(一)佐人经商

一些徽州文士出于各种原因，难以或不愿独自经商，而凭借自己的经济头脑，替他人或亲人佐理商务，待时机成熟后，有的则转入独自经商。明代新安人程辅，为当地望族，录入翰籍，为一时之名儒，因雅慕史迁之游历，常往来

---

① 民国《黟县四志》卷6《人物志·宦业》。

② (明)李维祯：《大泌山房集》卷86《吴太学墓志铭》，《四库全书存目丛书》，济南：齐鲁书社，1997年，第519页。

③ 《明遗民录汇辑》，第709页、839页。

④ 民国《歙县志》卷10《人物志·士林》。

⑤ 道光《徽州府志》卷12之六《人物志·隐逸》。

⑥ (明)归有光：《震川文集》卷13《白庵程翁八十寿序》，《四部备要》本。

吴越之间,"遂混迹于煮海之际,因携家寓焉。……翁向以管子天下才自任,凡从事鹾业者无不推翁为领袖。一切会计持筹,莫不决策其胜"[①]。有的文士因早年父死,不得已佐人经商,如明代徽州休阳人汪应时,7岁时父亡,少时业儒,"寻弃,而佐其伯兄惟行贾,往来真州。先生有心计,多奇中,渐起富"[②]。黟县人汪承恩,号蒖阶,先世以业盐起家,后家道中落,"与伯兄支撑会计,不暇习举子业,然诗古文词未尝顷刻弃也"[③]。清时曾为候选主簿的婺源人胡廷俊,早年父死,"弃举业,佐兄经营"[④]。

有的文士因身体状况或家庭的影响,走向弃儒佐人经商之路。如明代徽州汪汝思,少时习儒,性不好章句,而喜谈诡博旁通,日算盈缩,夕占象纬,以至龟策、葬经等书,靡不毕览,因体弱弃儒,助族人"数年赢得过当"[⑤]。

有的文士因家贫或出于孝心不愿让父辈劳瘁而转入佐人经商。如清代歙县人叶天赐,嗜学工诗,擅书法,"家贫为人行贾,料事十不失一,晚业盐策于场",后来自己独立经营,成为扬州的一家富商[⑥]。鲍志道,7岁读书,后弃儒佐人经商,辗转四方,在有一定的资本后,不再佐人而独立门户,成为淮南巨商[⑦]。清代婺源人毕周万,读书粗知大义,因亲老家贫,二弟俱幼,"乃佣于木商家,练达勤谨,遂为人信任",直至其父母俱丧才返回故里[⑧]。

(二)独自经商

明清时期,特别是明中期以后,徽州文士除了佐人经商外,大多亲自加入经商的大潮中。这样的事例举不胜举,在很多有关徽人的家谱、地方志、文集及明清笔记小说中都有大量记载。

---

① 歙县《褒嘉里程氏世谱·寿子辅程翁五秩序》,转引自《明清徽商资料选编》,第142页。

② 《休宁西门汪氏宗谱·太学应时公传》,转引自《明清徽商资料选编》,第122页。

③ 民国《黟县四志》卷14《杂志·文录·汪蒖阶传》。

④ 道光《徽州府志》卷12之五《人物志·义行》。

⑤ (明)陈子龙:《安雅堂稿》卷14《行状·明故光禄寺署丞汪仲公行状》,沈阳:辽宁教育出版社,2003年,第268页。

⑥ 民国《歙县志》卷9《人物·义行》。

⑦ 歙县《棠樾鲍氏宣忠堂支谱》卷21《中宪大夫肯园鲍公行状》,嘉庆十年(1805)刊本。

⑧ 道光《徽州府志》卷12之五《人物志·义行》。

徽州文士出于不同的原因而经商，其中有相当一部分文士因家贫、家道中落而弃儒从商，这种情况所占的比例最大。如明嘉靖时的曹演，因家贫“舍儒而贾”，由于他善于在商业活动中“辄操心计”，由其先资本微薄的“下贾”，逐渐“骎骎乎五年而中，十年而上矣”[1]。清代婺源人潘逢滏，“幼业儒，因贫负贩，家稍裕，即以利茗济众，行人赖之”；程待诏，贡生，“家本寒素，商于吴楚，渐至饶裕”；俞风，监生，“幼习举业，因贫就商如皋，备奉甘旨，有余即以周济贫乏”；胡光裕，监生，“幼业儒，以家贫服贾，能养亲志”；汪拔元，监生，“家贫弃儒就贾，岁得圭撮必寄供甘旨，后渐裕”；毕周通，“少攻举业，以家贫弃而商”。歙县人汪嘉树，贡生，工举子业，“以亲老无昆弟，年十六服贾于浙之孝丰以养亲，产不及中人而乐善不倦”[2]。歙县人程文傅，虽出身于仕宦之家，但家道已中落，少时就已有经商养家之念，为母所阻，成人后虽经商四方，仍是贫困如故。婚后不久，重拾旧业，后因其母病不起，遂家居不出[3]。歙县人吴自亮，少业儒，后家道中落，因念“吾为子，父母甘旨不具，多读书何为?”遂弃而业贾[4]。清代黟县人汪学礼，国学生，“家故贫，商于浙之泗安，重厚朴诚，士商推重”[5]。绩溪人戴文达，监生，“家贫营商，后稍裕”[6]。

有的是遵从父母之命而弃儒从商的，如明代休宁人杨允正，因家道中落，在其父劝说下才走上弃儒经商这条道路：

> 当父在时，家稍稍落，父谓允正曰：“食指数百人，所入不能赡，余老不能治生，汝其勉之。”于是允正客游四方，为计然之术，积累至赢余，而先业复振。[7]

又如吴良儒早年丧父，家道中落，母劝其弃儒继承父业，他遂承母命弃儒经商。吴良儒中年致富后，仍好儒不辍，云：“吾少受命于亲，不自意儒名而贾

① (明)汪道昆:《太函集》卷33《赠奉政大夫户部贵州清吏司郎中曹公传》，明万历刻本。

② 道光《徽州府志》卷12之五《人物志·义行》。

③ (清)魏禧:《魏叔子文集》外篇卷18《墓表·歙县程君墓表》，北京：中华书局，2003年，第886页。

④ (清)魏禧:《魏叔子文集》外篇卷18《墓表·歙县吴君墓志铭》，第932～934页。

⑤ 民国《黟县四志》卷6《人物志·孝友·汪学礼》。

⑥ 道光《徽州府志》卷12之五《人物志·义行》。

⑦ 王树民编校:《戴名世集》卷7《杨允正传》，北京：中华书局，1986年，第206页。

业，幸而以贾底绩，吾其儒业而贾名。”①

有的是子承父业而弃儒经商，如明代新安海阳人朱模，发愤好学，后继承家族经商的传统弃儒从商，由于他与族人互相帮助、扶持，而且知人善任，获利较其他商人为厚：

> 是时公发愤下帷，思以儒自见，顾家仰贾而食，不得已弃之，攻计然之策。……公有心计而善任人，人争为之尽。占所进赀什佰他贾人，于是魁然称素封矣。②

清代婺源人胡廷璧，登仕郎。少业儒，父在广东经商，父死后，“弃儒就商，以耕读课诸弟”③。婺源人王启仁，“幼读书，长代父业商，操赢余以奉甘旨”④。黟县人李尚吉，少好学，“以鲜兄弟承父业，弃儒就贾”⑤。

有的文士因举业无成或负才不遇而改为经商。如明嘉靖、万历时，休宁人刘洲，因病弃儒习医，病愈后，曾学技击术三年，思以报效朝廷，上胡宗宪兵事七策，不遇，遂走向经商之路，获利后济贫扶弱，不以钱财为重⑥。清代歙县人冯正琦，“少习举子业，不遇，即就贾”⑦。歙县人叶正俨，习举子业不售，“家本有市廛在湖南，遂就贾”⑧。

因早年父死、父母年老体衰或因家中缺乏治生之人不得已而弃儒从商，也是一种普遍的情况。如清代休宁人杨津，国学生，父死后，“贾吴门，世父负客项二千余金，津积贮偿楚”⑨。婺源人胡世闱，贡生，出生刚 8 个月而父死，“家贫食力。比长，服贾以供孝养，家稍裕”⑩。晚清时，黟县人余光敫，3 岁时

---

① (明)汪道昆:《太函集》卷 54《明故处士溪阳吴长公墓志铭》，明万历刻本。

② (明)焦竑:《澹园集》卷 25《传·上元朱封公传》，北京:中华书局，1999 年，第 362～363 页。

③ 道光《徽州府志》卷 12 之五《人物志·义行》。

④ 道光《徽州府志》卷 12 之四《人物志·孝友》。

⑤ 民国《黟县四志》卷 14《杂志·文录·李希甫先生传》。

⑥ (明)焦竑:《澹园集》卷 25《传·刘处士传》，第 365 页。

⑦ 民国《歙县志》卷 9《人物志·义行》。

⑧ 民国《歙县志》卷 8《人物志·孝友》。

⑨ 道光《徽州府志》卷 12 之四《人物志·孝友》。

⑩ 道光《徽州府志》卷 12 之五《人物志·义行》。

父死，赖其祖母暨母亲抚养成立。成年后经商于上海、常熟一带[①]。清代婺源人王文熑，监生，少习举业，“以亲老就商吴楚，勤劳独任，财产无私”[②]。婺源人王悠炽，监生，性好读书，“以父体弱、兄患疾乃弃儒服贾”[③]。歙县人江有容，邑诸生，成年后随父经商异地，不忍父亲体弱劳苦，助父经营，“弥年不倦，归而应试”[④]。

有的是出于孝道，不愿让父母操心生计而弃儒从商。如清代绩溪人汪作霖，监生，少业儒，孝养尽职，“以亲老故，弃而就商”。婺源人詹德章，贡生，幼贫苦，采樵，父挈佣江右，汗积辛资，父因目疾归乡，而“章独奇赢者数十年，渐置田产”。婺源人汪毓，监生，少习儒，“念父且老，乃服贾以纾其劳”[⑤]。晚清时，黟县人汪源，少时家贫，其父为生计而授徒四方，常常将他带在身边，年长后他遂弃儒从商，为此四处奔波，家业渐裕：

> （父建唐）家贫授徒四方，每携君俱，年十五废读而贾。赭寇扰黟，君在江西之玉山，踉跄奔归，奉父母挈家走避，间关至玉山，而江西亦遭蹂躏矣。肆务殷繁，烽烟一月数徙，备历险艰，或竟日不食，或终夜不寝，生平精力瘁于是时，而业亦以是渐裕矣。迨大局底定，奉亲归里，买田筑室以垂久远之规，至今家门隆盛，犹食其旧德云。[⑥]

徽州文士经商足迹遍天下，涉及的商业领域非常广泛，主要集中在盐业、典业、茶业、木材业等几个行业，也有经营粮米、陶瓷、玉器、丝绸、钱庄等业的，史籍中记载颇多[⑦]，举不胜举，本文不予细述。

---

① 民国《黟县四志》卷14《杂志·文录·余光敫家传》。

② 道光《徽州府志》卷12之四《人物志·孝友》。

③ 道光《徽州府志》卷12之五《人物志·义行》。

④ 道光《徽州府志》卷12之四《人物志·孝友》。

⑤ 道光《徽州府志》卷12之五《人物志·义行》。

⑥ 民国《黟县四志》卷14《杂志·文录·汪赠君卓峰家传》。

⑦ 可参《明清徽商资料选编》，137页、第144页、160～168页、175～179页、184～193页、197页、209～211页。

三、多种治生手段交叠运用

徽州文士从事治生常常不限于一种方式，有时将多种治生手段交互使用，在不同时段使用不同的治生方式，或在同时段交互运用不同的治生手段，以寻求适合自己的最佳谋生方式。

一种情况是将两种不同的治生手段结合起来：或将杂作和授徒结合起来，如清时婺源人汪绂，诸生，虽出身于仕宦之家，但从其父辈时就已家道日落，其父贫而善游，淹滞江宁不归，汪绂因家贫“乃之江西景德镇画碗，佣其间。……后漂泊至闽中，为童子师。及授学浦城，从者日进”[①]。又如晚清时黟县人韩文耀，廪生，幼孤事母孝，“咸丰中遭寇，家贫力学不辍，尝磨豆为资生计，转磨时，口中背诵经史为忘劳之助。……后旋以经学教授里中，文名亦重一时”。其长子亦为廪生，继承父业，亦以经学教授，从游者多知名[②]。或将授徒与卖字卖画相结合，如清代祁门人康飞鸣，诸生，家贫力学，“事亲孝，以课徒供甘旨”。父母死后，“旋以弟客死关中，孑身走数千里，带弟榇，途穷卖字以给，卒得归”[③]。黟县人余嘉植，嗜学力行，严于义利之辨，“聚徒讲学，说经详晰，听者忘倦，以故生徒独盛。又工米家书，耄年犹竟日挥毫，以应士大夫之求”[④]。道光时黟县人许宝球，“工书，善制楹帖，求者无虚日，购书数千卷，囊无余储，泊如也”。屡试乡试不售，50岁后始绝意名场，“里居授徒，从游日众，必勖以先行后文章，意语殷肫，多所成就”[⑤]。或将到书院就职与游幕相结合，如清代休宁人黄世垲，优廪生，少邃于学，为文苦心孤诣，不喜涉猎，“主讲靖江书院四载，后入两湖制军福及总帅辉戎幕，参赞筹画日不暇给”[⑥]。黟县人李淦，附贡生，花翎候补道员，“幼家贫，训徒养亲。光绪六年，

---

① 参见《清史稿》卷480《儒林一·汪绂传》，北京：中华书局，1977年，第13152页。道光《徽州府志》卷11之三《人物志·儒林》亦有传。

② 民国《黟县四志》卷7《人物志·文苑·韩文耀》。

③ 同治《祁门县志》卷29《人物志·孝友·康飞鸣》。

④ 民国《黟县四志》卷6《人物志·儒行·余嘉植》。

⑤ 同治《黟县三志》卷15之四《艺文志·人物类·许瑞岩传》。

⑥ 道光《徽州府志》卷11之四《人物志·文苑》。

游幕福建，历充要差"[①]。或将授徒与游幕相结合，如晚清黟县人许宝光，字映璧，笃志好学，"壮岁开塾授徒，从者日众。嗣因家业衰微，无意进取，迨先后聘入长乐、归化两县幕，游昌江得交江公，襄办赈捐事务，以绩保五品衔"[②]。

有的文士将经商与耕读相结合，如晚清时黟县人叶寿萱，邑庠生，少业儒，"长承父命，服贾休宁万安，父殁居丧如礼，以诸兄弟外贸，复理儒业，入邑庠。后购地于南屏山之麓，耕且读，提倡实业，手植茶桑栗千余株。光绪乙巳，就学上海理化学堂，益究农业"[③]。或将经商与授徒相结合，如晚清时歙县人汪起铎，先世业盐，后来家道中落，"起铎初习贾，复改而读书"，年近30始补诸生，"旋遭洪杨之乱，转徙至扬州，授经自给，居郡城三十年，晚依其婿北湖阮氏以终"。他生性孤峭，唯日闭门吟咏[④]。或将行医与经商相结合，如晚清时黟县人余士溥，"少习举业，以洪杨之乱习商于休之和村盐栈"。他嗜学不辍，但家贫无钱购书，或假于亲友，或租于书肆，焚膏继晷，后精医术，虽能获厚利，但以勤俭、厚道为尚，不较医资，扶贫济弱，活人无算[⑤]。又如晚清时黟县人程宏弼，少业儒，生值太平天国与清军交战之时，黟城被兵尤重，遂遵父母之命习贾于浙江余杭，后到上海卖药：

> 性颖悟，年十三通五经，父母奇爱之。为赡养计，令习贾于浙之余杭。公虽日习生业，而于学仍勤勤不倦……嗣以余杭地小不足回旋，乃东之沪，与友人顾公松泉等创中西大药房。当时海禁初开，风气有塞，华人之服西药者鲜，公以上品之药售最廉之价，遇贫寒者不计资，以是销路日广，生业日隆，各地分号皆自公权舆，家计稍裕。[⑥]

另一种情况是将多种治生手段结合起来：或将游幕、授徒、谋职于书院三者相结合，如清代黟县人胡朝贺，举人，"参孙家鼐湖北督学幕，能得士。归里

---

① 民国《黟县四志》卷6《人物志·宦业·李淦》。

② 民国《黟县四志》卷14《杂志·文录·许映璧先生家传》。

③ 民国《黟县四志》卷7《人物志·尚义·叶寿萱》。

④ 民国《江都县续志》卷27《寓贤列传第九》。

⑤ 民国《黟县四志》卷14《杂志·文录·余博思先生传》。

⑥ 民国《黟县四志》卷14《杂志·文录·程尧丞先生家传》。

后，仍教授，门下多获隽乡闱者，旋主讲府紫阳书院，士论翕然。……居乡教授数十年，成就甚多，里党钦重”[①]。或将授徒、游幕、行医三者相结合，如清代黟县人叶梦衢，增贡生，“乡闱屡荐不售，初教授乡里，旋游幕于江西之南昌、新建、鄱阳、安仁等县，为人倜傥有干才……晚年兼精医术，著名于时”。后捐职光禄寺署正[②]。或将做县吏、授徒、幕宾和种植等治生手段结合起来，如明代婺源人何庞：

> 少贫困，常为县吏自给，已而舍去。或教授生徒，或入幕府掌书记，久之亦弃去。家居，精种植之术，稍稍至赢余。[③]

由上可以看出，徽州文士非常善于治生，治生的途径复杂多样，尤其是弃儒经商的现象十分普遍，是其他地区难以媲美的[④]，经商涉及的行业同其他徽州商人一样繁多。他们根据自身条件和外在环境的变化，除了从事单一的行业，还将多种治生手段结合起来，或同时段进行，或在不同时段中采用不同的治生手段，以达到适合自己的治生目的。

原载《安徽大学学报》2013 年第 5 期

---

① 民国《黟县四志》卷 7《人物志·文苑·胡朝贺》。

② 民国《黟县四志》卷 7《人物志·文苑·叶梦衢》。

③ 王树民编校：《戴名世集》卷 7《何家翁传》，第 204～205 页。

④ 其他地区的文人治生，可参阅拙作《明清时期苏州文人与教育市场》，《安徽史学》2007 年第 5 期；《明清时期长江下游地区文人与书画治生》，《苏州大学学报》2009 年第 3 期；《明清时期杭州的文人治生》，《安徽史学》2010 年第 3 期；《明清时期江南文人治生及其“变异”现象》，《江海学刊》2010 年第 4 期；《明清时期扬州与文人治生》，《安徽史学》2011 年第 6 期。

晚清徽州乡村塾学教育的实态
——以黟县宏村万氏塾学为中心

刘伯山

塾学教育是中国传统教育的基础。清代中国乡村的塾学教育直至19世纪末仍然恪守传统的模式，之后才开始了塾学的改良和新式教育的推行[①]。而关于清代塾学教育状况的研究，学术界尽管也有不少成果[②]，但一般都是宏观叙述或间接描述，所依据的材料主要是刊印的文献材料，实态把握不足。明清时期，徽州教育极其发达，塾学十分普及。关于徽州教育的研究，既有成果多为中观层面的研究[③]，也未能把握徽州教育的实态。安徽大学徽学研究中心“伯山书屋”藏有《黟县十都宏村万氏文书》386份[④]和万氏家藏刻本抄本书110册，其中直接涉及教育的有《清同治三年岁次甲子春月立〈门人姓名附

① 关于这方面的成果很多，如王笛《清末新政与近代学堂的兴起》，《近代史研究》1987年第3期；王先明、尤永斌《略论晚清乡村社会教化体系的历史变迁》，《史学月刊》1999年第3期；贾国静《私塾与学堂：清末民初教育的二元结构》，《四川师范大学学报（社会科学版）》2002年第1期；贺军妙《清末民初劝学所改良私塾活动述评》，《历史教学（高校版）》2007年第9期。

② 徐梓：《清代启蒙教材述要》，《文史知识》1999年第3期；薛梅、程为民：《清代私塾教育及其在〈红楼梦〉中的体现》，《华中农业大学学报（社会科学版）》2003年第2期；程利、徐晓霞：《清末山东私塾述论》，《商丘师范学院学报》2008年第11期。

③ 主要可参阅李琳琦《徽州教育》，安徽人民出版社，2005年；吴存心《源远流长的徽州教育》，《徽学通讯》第13～14期增刊；刘伯山《明清徽州的教育及其支持系统》，《徽学》第5卷，安徽大学出版社，2008年；周致元《塾学教材中的近代徽州社会变迁》，《合肥学院学报》（社会科学版）2010年第1期。

④ 收入刘伯山编纂《徽州文书》第2辑，桂林：广西师范大学出版社，2006年，第7卷第1～547页、第9卷第1～79页。

录典故〉》(以下简称《姓名》)[①]和《清末〈课程〉》(以下简称《课程》)[②]两册类抄本。在《清代徽州塾师的束脩》一文中,笔者曾就宏村万氏塾师的束脩收入情况进行了研究[③],本文试图再利用目前已发现的宏村万氏的材料,就开办于清同治、光绪年间的黟县宏村万氏塾学的教育情况作微观个案研究,以展示晚清徽州乡村塾学教育的实态。

一、宏村万氏塾学门人的入学年龄与在塾时间

黟县宏村的大姓是汪姓,始住宏村的时间在南宋绍兴年间,是宏村的主姓,其他各姓为迁居而来。宏村汪姓宗族十分重视教育,早在 17 世纪中叶就曾在宏村南湖北畔建有私塾六所,称作"倚湖六院"。清嘉庆十五年(1810年),众议合并倚湖六院,创办规模宏敞的学堂,遂在嘉庆十九年秋建成"南湖书院"。但汪氏所创办的教育机构是宗族姓的,教育的对象限于本族人。

万氏是徽州较小的一个名族,明程尚宽等编撰的《新安名族志》关于徽州万氏分布的记载,仅云世居黟县东街[④]。黟县宏村的万氏是外地迁居宏村的,迁自地不得而知,但从徽州万氏的整个分布情况看,当在黟县本邑。始迁者,据《寄公会祖宗簿》记载:"我万氏自五十六世祖佛童公迁居雷岗,乃宏村之始祖也。"[⑤]始迁时间,据文献、文书考证和田野调查,当在清康熙朝头 30年。万氏落户宏村后,宗族获得了极大发展。尽管它作为一个外来小族,在社区中的地位总有限制,但万氏宗族还是努力介入一些社会性的事业,兴办教育就是其中一项。

从目前掌握的资料看,宏村的万氏家族至迟在清同治早期就开设了塾学。从《姓名》的记载看,宏村万氏从清同治三年(1864 年)至同治八年,连续6 年办学,有门人 37 人。

---

① 《徽州文书》第 2 辑第 8 卷,第 29～92 页。

② 《徽州文书》第 2 辑第 8 卷,第 464～485 页。

③ 刘伯山:《清代徽州塾师的束脩——以〈徽州文书〉第二辑资料为中心》,《安徽大学学报》2008 年第 1 期。

④ 程尚宽等:《新安名族志》后集"万",明嘉靖刻本,日本东洋文库藏。笔者藏有复印件。

⑤ 《寄公会祖宗簿》,手抄本,系 2007 年由宏村万康年先生提供,笔者藏有复印件。

《姓名》关于门人情况的记载十分详细，主要分两块，其一，记载了所有门人的姓名，许多还记载了出生时间；其二，记载了各门人入、出塾的时间及交束脩情况。就此，我们可以讨论以下问题：

1. 宏村万氏塾学门人的入学年龄

《姓名》中记载的 37 个门人都有入塾和出塾的时间，或明确记载，或间接记载，其中 20 人还记载了出生时间。在这 20 人中，入塾年龄最大的是金长庚，16 岁，但他是“入塾读医书”；年龄最小的是万懋霖，6 岁，系万氏族人；其他 18 人的年龄分布：8 岁 4 人，9 岁 4 人，10 岁 7 人，13 岁 3 人（见表 1）。去掉一个最大的和一个最小的，宏村万氏塾学门人平均入塾年龄为 10 周岁左右。

2. 宏村万氏塾学门人的在塾时间

《姓名》记载了清同治三年至八年各门人入、出塾的时间和交束脩的次数、时间、金额。入、出塾时间记载，有的很明确，有的则比较笼统，如××冬、××春、××后等；但对交束脩次数和时间的记载则十分明确。兹就《姓名》中的记载，整理出表 1：

表 1　清同治三年至八年万氏塾学门人入出塾时间、入塾年龄、交束脩次数

姓名	出生时间	入塾时间	入塾年龄	出塾时间	交束脩次数
胡荣利	甲寅	甲子正月	10	丁卯三月	9
万淳钧	丙辰	甲子春节后	8	戊辰四月	13
汤加九	丙辰	甲子正月	8	乙丑年冬	6
汪启源	甲寅	甲子端午节前	10	乙丑端午后	4
潘张榜	辛亥	甲子端午节前	13	乙卯年底	10
万淳洪	丙辰	甲子端午节前	8	戊辰年底	15
程高发	乙卯	甲子二月	9	乙卯年底	12
叶灶仪	乙卯	甲子二月	9	戊辰春	12
胡福荣	甲寅	甲子正月	10	戊辰秋	11
胡福金	乙卯	甲子春	9	戊辰秋	11
汪庆龄	甲寅	甲子三月	10	甲子年冬	3
金成燧		丙寅十二月		己巳端午后	7
汪长发	甲寅	甲子六月	10	丁卯七月	11
万学坚	甲寅	甲子七月	10	丁卯七月	9

续表 1

姓名	出生时间	入塾时间	入塾年龄	出塾时间	交束脩次数
韩国桢	甲寅	甲子八月	10	乙丑年底	4
叶观吉	辛亥	甲子十月	13	乙丑年底	4
万学吉		丁卯正月		戊辰年底	6
吴炽昌	辛亥	甲子十月	13	甲子年底	1
程金寿		丙寅正月		丙寅年底	3
罗大喜		丁卯五月		己巳三月	5
汪延禧		四年二月		四年年底	3
汪延镳		五年二月		丁卯年底	6
蒋德田		乙丑二月		乙丑年底	1
韩秉忠	戊午	丙寅二月	8	丙寅年底	3
金长庚	辛亥	丁卯六月	16	戊辰年底	5
万士喜		乙丑正月		己巳端午后	13
王兆泰		乙丑正月		戊辰年底	12
王兆益		乙丑正月		戊辰年底	12
胡瑞麟		乙丑正月		戊辰春	9
胡振玉		乙丑正月		丁卯年底	9
万淳武		乙丑春		丁卯春	6
万学德		乙丑正月		丁卯年底	9
万纯韶		己巳正月		己巳端午后	1
朱兆高	丙辰	乙丑二月	9	己巳端午后	13
万懋霖	己未	乙丑十一月	6	己巳端午后	10
万学乾		丙寅正月		己巳端午后	10
丁迎禄		丙寅正月		戊辰年底	8

徽州乡村塾学的惯例是学生上学必须向老师交束脩，一年交三次，即端午节的午束、中秋节的秋束和年节的年束。与之相对应，学生上学的档期也就分为三期，是为“学期”，交了一次束脩就视为读书一学期，交束脩次数等于学期数。凡交足了三次束脩就是交足了一个完整学年的束脩，每三次束脩的

时间就为一个学年的时间[①]。这样,由表1我们直接得到表2。

在表2中,吴炽昌、蒋德田和万纯韶三人只交了一次束脩,实际在塾时间只有两三个月,故不具有统计意义。这样,宏村万氏塾学门人平均在塾的学期是:283学期÷34人≈8.32学期;平均在塾的时间是:283学期×1年/3学期÷34人≈2.77学年。即每个门人平均在塾读书近9个学期、近3个学年。

3. 宏村万氏塾学门人的姓氏分布

从表1或表2我们可以知道,宏村万氏塾学招收的门人,不是宗族性单姓的,而是社会性的,其姓氏分布见表3。

表2 清同治三年至八年万氏塾学门人在塾时间

姓名	学期	学年	姓名	学期	学年
胡荣利	9	3	罗大喜	5	1.6
万淳钧	13	4.3	汪延禧	3	1
汤加九	6	2	汪延镳	6	2
汪启源	4	1.3	蒋德田	1	0.3
潘张榜	10	3.3	韩秉忠	3	1
万淳洪	15	5	金长庚	5	1.6
程高发	12	4	万士喜	13	4.3
叶灶仪	12	4	王兆泰	12	4
胡福荣	11	3.6	王兆益	12	4
胡福金	11	3.6	胡瑞麟	9	3
汪庆龄	3	1	胡振玉	9	3
金成燧	7	2.3	万淳武	6	2
汪长发	11	3.6	万学德	9	3
万学坚	9	3	万纯韶	1	0.3
韩国桢	4	1.3	朱兆高	13	4.3
叶观吉	4	1.3	万懋霖	10	3.3
万学吉	6	2	万学乾	10	3.3
吴炽昌	1	0.3	丁迎禄	8	2.6
程金寿	3	1			

① 刘伯山:《清代徽州塾师的束脩——以〈徽州文书〉第二辑资料为中心》,《安徽大学学报》2008年第1期。

表3 清同治三年至八年万氏塾学门人姓氏分布

姓氏	万	汪	胡	程	叶	金	韩	王	汤	潘	吴	罗	蒋	朱	丁
人数	10	5	5	2	2	2	2	2	1	1	1	1	1	1	1

从表3可见，万氏塾学所收的门人共涉及15个姓氏，其中万姓最多，有10人；作为宏村大姓的汪姓也有5人；其他姓氏门人所来自的村庄，据田野调查，或为宏村本村，或为宏村周边的际村、叶村、西山等村。可见宏村万氏所办塾学的社会性。

二、宏村万氏塾学重治生的教育目的

读书仕进是传统教育的基本目的。徽州是“程朱阙里”，是传统儒家思想和文化的厚实沉淀区，读书以求仕进当然也是徽州人普遍的基本追求，各宗族尤重之。此类记载颇多。清咸丰年间，祁门十三都的康氏宗族认为本族明末以来“无博儒出，无塾学读书者”，且“子弟以习学业者寥落，多年门户亦难支持，甚致学持乏人”，原因是“塾学未立，财产未兴”。“是以秩丁嘀议，立一塾学，缣相黄卷之际，执经问难，何愁无志，所以行之者一也。事致以成，后必有望。”于是在同治元年三月十八日合族订立合文，预储资产兴办塾学，扶持教育，明确规定：

一议习读四书者，每名贴钱捌佰文，兼经学业者加四佰文。

一初入蒙者，每名贴钱壹佰文，递年加壹佰文，如能读四书兼经者照上贴给。此行不发。又照。

一应试生童，县考贴钱五佰文，每场加壹佰文；府考贴钱捌佰文，复试终场照样加倍；院考贴钱壹千文。入泮赏花红贰千四佰文。又照。

一入泮者贴灯油谷拾五秤，递年由首人经收发付。不得坐佃，如西游不给。又照。

一议乡试贴钱捌千文。

一议入经馆从师，立意习业，每名贴钱六千文。又照。[①]

将读书应试及第作为宗族追求的重点。

宏村万氏塾学也毫不例外地将培养科举及第人才作为教育的一个基本目的。在《课程》中，抄录了许多典文与诗文，前者如《朱柏庐先生治家格言》《朱文公劝学文》等，后者有《本源》《心志》《纲领》《立志》《读书》等，它们一般是要运用于教学的，或者是要影响教学的，抄录者选用它们，就是要既起到教的目的又起到育的目的，是教学与教化的并重。在这些杂抄中，抄录者选抄了许多激励学子及第上进的内容。如在励志诗中，就抄有《立志》："朝为田舍郎，暮登天子堂；将相本无种，男儿当自强。"《读书》："苦读诗书二十年，乌纱头上有青天；男人要登凌云阁，第一功名不要钱。"罗洪先诗："人生年少莫怆惶，好把文章耀目光；不怕青云千万丈，只消黄卷两三行；棘园门户无关锁，茅屋人家有栋梁；若向广寒宫里过，满身浑是桂花香。"[②]呼唤和鼓励学子苦读经书以争取功名。

但徽州又是一个山多地少、土瘠人稠的地方，治生问题在古代徽州是具有决定性影响的头等大事，也是每一个徽州人首先要面对和必须解决的问题，徽州人的价值观就受之影响而有所改变。在中国传统观念中，士农工商有高低贵贱之分。但明清时期的徽州人迫于生存的压力，就以治生为准衡，理性务实地看待"四民"问题，淡化了"四民"在政治和意识形态上的等级身份性，而赋予它在治生意义上的职业性[③]。于是士农工商皆是职业，它们是治生的手段而不单纯是人生追求的目标；四民之间的差异是有先后之分而无高下之别，它们只具有选择性而无决定性；"士"可以也当然是首先的选择，但不是唯一的选择；读书仕进是治生的最佳道路而不是唯一道路。这种价值观对徽州教育特别是乡村基础教育的影响，就是把教育目的定为"学以治生"。这

① 《祁门南乡十三都康氏宗族文书》之《清同治元年三月十八日石溪康永清祠秩下经手允例等立议束心预储塾学合文》，《徽州文书》第2辑第1卷，第370页。

② 《徽州文书》第2辑第8卷，第479页、480页、482页。

③ 可参见徐国利《阳明心学的世俗化伦理观与明清徽商伦理思想的转换与建构》，《安徽史学》2009年第4期；《朱子伦理思想与明清徽州商业伦理的转换与建构》，《安徽史学》2011年第5期；赵华富《明清时期徽州的儒贾观》，《安徽大学学报》2011年第6期。

一影响在宏村万氏塾学有具体体现。

从宏村万氏所遗存的文书看,其塾学教育的目的主要有二:

1. 培养能够谋取官职之人才

在《姓名》的第一面,抄录的就是天下各级官缺数及其养廉数、品级:

> 天下总督十一缺,养廉一万八千两,从一品;巡抚十五缺,养廉一万两,从二品;布政十九缺,养廉八千两,从二品;按察十八缺,养廉六千两,正三品;学院十七缺,养廉二千四百两,使官不限品级;知府百八十一缺,从四品;知县千三百缺,正七品;教授百八十七缺,正七品;教谕千一百缺,正八品;训导千五百二十一缺,从八品;修撰,从六品;编修,正七品;检讨,从七品。①

告诉学子当时的官缺,是激励和呼唤学子努力读书,通过科举及第以谋取之;而凸显这些官职的养廉银数额,则是要门人知道谋取到这些官职后在治生方面的重大意义。

2. 培养具备务业安生之能者

宏村万氏塾师受曾国藩的影响很大,在《课程》中就抄录了曾国藩家书中《立志箴》《居敬箴》《主静箴》《谨言箴》《有恒箴》五箴并序。其序写道:"少不自立,荏苒遂泪今兹。盖古人学成之年,而吾碌碌尚如斯也,不其戚矣。继是以往,人事日纷,德慧日损,下流之赴,抑又可知。夫疢疾所以益智,逸豫所以亡身,仆以中材而履安顺,将欲刻苦而自振拔,谅哉其难之欤。因作五箴,以自创云。"②教诲和要求门人要少而自立,不要碌碌无为;要通过刻苦努力以实现自己的振拔。其《立志箴》写道:"煌煌先哲,彼不犹人?藐焉小子,亦父母之身。聪明福禄,予我者厚哉。弃天而佚,是及凶灾。积悔累千,其终也已。往者不可追,请从今始。荷道以躬,舆之以言。一息尚活,永矢弗谖。"③这是教导学子立志。

《课程》中还抄有典文 19 篇,除了《朱柏庐先生治家格言》《朱文公劝学文》《百字铭》《敬惜字纸》等外,还有《蒋壁辉惜钱歌》《吕蒙正叹贫贱富贵世

① 《徽州文书》第 2 辑第 8 卷,第 30 页。

② 《徽州文书》第 2 辑第 8 卷,第 464 页。

③ 《徽州文书》第 2 辑第 8 卷,第 465 页。

情》《异地作商赋》等切近人情、世态、生计之文辞，由之也可窥见抄录者务实重治生的理念。

三、宏村万氏塾学务实的教育内容

中国传统蒙学教育的内容主要是两大块，其一是句读，其二是经解。前者教人识字、诵文，后者教人知字、写文。而理性、务实的徽州教育者在进行民众的一般教育时，总是要考虑到教育之为治生的目的，考虑到受教者中将会有一批人要经商，或务本，或从事其他行业，于是从现实出发，往往在所教的内容中加上一些更为务实的东西。宏村万氏塾学教育的内容对此就有所体现。

1. 从《姓名》抄录看，其识字知文更为深广

《姓名》第三部分抄录的内容是字类，所录的基本是一些难字或有典故的字，如：

> 嬖，嬖人有庄仓者，嬖人之子州吁戢而得宠，曰嬖。
>
> 镒，音逸，二十两也，郑康成曰三十两也。秦以一镒为一金，汉以一斤为一金。盖汉以前以镒名金，汉以后以斤名金也。镒者二十四两，斤者十六两也。
>
> 尺，十寸也。蔡邕独断夏十寸为尺，殷九寸为尺，周八寸为尺。[①]

第四部分为典故，有“塞翁失马”“竹林七贤”“河东狮吼”等。这些都是先生的教学备案，结果都是会运用到教学中的，目的是要让学生在识字知文阶段能学到更多的内容。

2. 从《课程》所设计的课程看，有许多务实的内容

曾国藩晚年将自己的住所题为“求阙斋”。《课程》中就抄录了曾国藩家书中的求阙斋课程：

> 读熟读书十叶：《易经》《诗经》《史记》《明史》《屈子》《庄子》《杜诗》《韩文》。看应看书十叶：不具载。
>
> 习字一百。数息百八。记过隙影，即日记。记茶余偶谈一则。——

① 《徽州文书》第2辑第8卷，第47页。

右，每日课。

逢三日写回信，逢八日作诗、古文一艺。——右，月课。[①]

抄录者如此抄录至少体现了对曾国藩课程设计的充分肯定和极大认同。同时，也与徽州社会的情况内在契合。求阙斋课程除了读书习字等常规教育内容外，还特别注重培养学生的两个素质与习惯：其一，在日课上，要求学生记日记和茶余偶谈，这一方面是要求学生活学活用所认的字、所学的词，锻炼学生记实、记事的功夫，另一方面是培养学生有事就记、有志就写、有感就发、有闻就录的习惯。这与徽州社会重理性、重契约和事无巨细地打理事务、家务、财务的传统与习俗内在契合，体现了一种务实的精神。这种教育方式在徽州是具有普遍性的。目前已发现的清代和民国徽州蒙童课本与作业中，有许多就是日记，且有先生的批改和评点；已发现的徽州文书中，更是有许多日志、日记、便记、流水、记事等。其二，在月课上，要求学生"逢三日写回信"，这更体现了徽州的特色。徽州社会至迟从明代中期以后，人们外出经商就形成了一种社会风气，以致形成"十七在天下"的局面，书信往来在古代徽州十分重要，也十分普遍，而从小就培养学生常写和善写书信是极为务实与有用的，由之体现了古代徽州乡村基础教育的特点。

3. 从万氏遗存书籍的分布看，其塾学教育还有体现徽州社会与文化特点的务实内容

万氏家族还遗存有刻抄本书约110册，其发行及所抄年代均在20世纪40年代之前。这些书最初在安徽大学徽学研究中心"伯山书屋"保存时是归户的，2002年上半年，由于管理人员不慎，将该户的书与其他刻本书混杂了，从此归户性丧失，并且再难复归。凭笔者的记忆与考订，大致有《论语（朱子集注）》（万五宝读本）、《礼记》、《孟子》、《孟子序说》（万五宝读本）、《诗经》、《诗经旁注》（万五宝读本）、《易经增订旁注》、《书经》、《书经旁注》、《通书备要》（咸丰二年抄本）、《文明尺牍教科书》（宣统二年石印本）、《唐著写信必读》、《中华民国应用商业写信必读》（民国石印本）、《命学大成》、《命学摘要》、《趋吉避凶》、《梅花神数》、《选择总要》、《算书（又名大九归读诀）》（宝记）、《二

① 《徽州文书》第2辑第8卷，第465页。

道同钞》(同治三年抄本)、《大清律例全纂集成》、《大清律例》(抄本)、《海陆军法规三十二种》(民国石印本)、《绘图百家姓读本》等。一个家族所藏图书情况,间接反映了这个家族成员的职业、兴趣与爱好。既然宏村万氏在清代后期从事了塾学教育,则这些家藏图书必然有一些是与教育关联的。从上述图书的类别看,除了传统的经学教育外,宏村万氏还重视日用类文、风水堪舆、算学尤其是珠算、医药、法律等,而这些都烙有徽州社会与文化的特点,与培养务实、能安身立命人才的教育目的内在关联,也具有一定的近代特征。

四、宏村万氏塾学受曾国藩影响的教育方法

这里说的教育方法也就是教育学生学习的方法。清中期之前徽州乡村塾学教育的具体方法由于缺乏研究,我们不得而知。清光绪以后,就黟县宏村万氏塾学情况看,其教育方法深受曾国藩的影响。曾国藩从道光二十年(1840年)二月初九至同治十年十一月十七日间,曾给自己的父母、兄弟、子女写了1250余封家书,内容十分丰富,主要涉及做人、做事、教育、治学之道等,尤其有非常具体的关于教育和学习方法的体要与规定。光绪五年(1879年),传忠书局就刻印了由李瀚章、李鸿章编校的《曾文正公家书》,流传很广。宏村的万氏塾师应该很早就读过曾国藩家书,并在《课程》中辑录了不少其中有关教育和学习方法方面的内容。

《课程》开篇抄录的就是曾国藩家书中的下述内容:

主敬:整齐严肃,无时不惧。无事时,心在腔子里;应事时,专一不杂。静坐:每日不拘何时静坐一会,体验静极生阳来复之仁心。正位凝命,如鼎之镇。早起:黎明即起,醒后勿粘恋。读书不二:一书未点完,断不看他书,东翻西阅都是徇外为人。读史:二十三史每日读十叶,虽有事不间断。写日记:须端楷,凡日间过恶,身过、心过、口过皆记出,终身不间断。日知其所亡:每日记茶余偶谈一则,分德行门、学问门、经济门、艺术门。月无忘其所能:每月作诗文数首,以验积理之多寡、养气之盛否。谨言:刻刻留心。养气:无不可对人言之事,气藏丹田。保身:谨遵大人手谕,节欲、节劳、节饮食。作字:早饭后作字,凡笔墨应酬当作自己功

课。夜不出门:旷功疲神,切戒、切戒。[1]

此内容尽管曾国藩说是"课程表"[2],但实际就是读书学习修养的方法,作为教育者来说也就是教育的方法,《课程》抄录者抄录了它,表示对它的认同,甚至是作为自己塾学的规约。结合徽州的情况来看,这样的教育方法,既体现了中国传统儒学教育和修养方法的一般,又体现了徽州基础教育方法和要求的特点。其中最富特色的是要求每个学生每天写日记和茶余偶谈、每月作诗文。如此教育方法在逻辑上还蕴涵有以下内容:写日记是重在培养和训练学生如何对内正确看待与记录自己,写茶余偶谈是重在培养和训练学生如何对外正确看待与记录世界,而作诗文则是要求学生时时总结、概括及反省自己的所学、所知、所得。学生的这些作业都是要交由先生批改的,而恰恰是先生的批改,除了有对错的事实判定外,也有好坏的价值判断,由之非常具体地将学习与做人、做事密切结合,将价值观念的培育内在融入学生的日常学习、生活之中,实现的是素质教育与德行培养的结合,极具操作性和实用有效性。

黟县在古徽州六邑中是最为僻小和闭塞之县,宏村距离黟县县城又显僻远,宏村的万氏塾学是徽州最平常不过的乡村小塾学,其塾师更是名不见经传,但宏村的万氏塾师却在自己的教育实践中近乎即时性地、自觉地接受运用了曾国藩的教育理念与方法,由之可见曾国藩教育思想的影响、万氏塾师对新思潮的敏感、曾国藩的教育方法与万氏塾师教育方法的契合。这些都体现出一种时代性。

中国的塾学教育有几千年的历史,至清后期达到最后的自我发展,随后就受到近代教育的冲击。徽州最早的新式学校是光绪二十六年歙县基督教堂在城内创办的崇一学堂,之后各地都办了新式学校。光绪三十三年,徽州各县基本成立了教育会、劝学所。但由于塾学教育在徽州的根基深厚,其在晚清的发展也趋于完善,并具有了一定的近代特征,因此,在整个徽州近代教育的转型期,传统教育与新式教育的冲突一直不断。笔者就藏有一册民国年

---

① 《徽州文书》第2辑第8卷,第464页。

② 曾国藩:《致诸弟·勉励自立课程》,《曾国藩家书·劝学篇》。

间的《呈文留稿》，反映的是20世纪30年代后期，歙县官川私立储英初级小学校“呈为故兴私塾障碍教育进行、恳请给谕责令取缔以维教育前途事”的案例①。个案研究晚清黟县宏村万氏塾学，典型了解和把握晚清徽州乡村塾学教育的实态，可以帮助我们认识与把握近代转型期之前中国传统教育的功能与作用。

原载《安徽大学学报》2013年第6期

① 参见刘伯山《徽州传统社会的近代化》，《学术界》2006年第6期。

1935 年保学在婺源的推行及共折射的社会变迁

——以《徽光》杂志的记述为中心

邹　怡

1934 年 10 月，中央苏区在第五次反“围剿”战争中失利，中共中央和红军总部被迫从瑞金出发，开始长征。11 月，由蒋介石得力干将熊式辉主持的江西省政府便颁布《江西省设立保学暂行办法》，要求依托保甲组织，按保设校，以一保一校为原则，就地筹款，采用政教合一的方式，实施儿童义务教育和成人补习教育。经过在丰城等县为期 3 个月的试点后，1935 年，保学向江西全省推广铺开[①]。

国民政府在结束对中央苏区的“围剿”后，以教育为“地方秩序”重建之首务，与蒋介石等对多次“围剿”惨败的认识有关。1932 年 6 月，蒋介石在庐山“剿共”会议上提出，“围剿”的失败在很大程度上缘于苏区民众在思想上接受了共产党的宣传，故“剿匪要用三分军事，七分政治”，重视对民众思想的整顿[②]。为此，从 1933 年开始，国民党着力在深受共产党影响的地区，尤其是赣、鄂、豫、皖、闽五省推行政教合一的特种教育，并令江西省率先施行。特种教育实施的具体表现就是中山民众学校的设立。江西省于 1935 年开始全面

① 程时煃：《十年来之江西教育》，《赣政十年：熊主席治赣十周年纪念特刊》，1941 年 12 月，第 3 页。

② 《蒋委员长在牯岭训话：这次剿匪要用七分政治三分军事，实行的方法是硬作快作及实作，最要注意的改变心理养成风气》，《教导周刊》第 3 卷第 18 期，1932 年，第 2 页。

推行的保学，可以说是随着“围剿”后保甲制度的落实，特种教育的进一步深入展开①。

关于保学，在部分有关民国时期保甲制度的研究中，曾被连带提及②。一些关于近代教育的通史性著作中，也涉及对保学的介绍③。但是，对保学的专门研究却少有见到。笔者管见所及，2001 年，刘燕云开始关注熊式辉督赣时期的江西保学，她从政策规定入手，梳理了 1932—1942 年江西保学的发展情形，文章着重点明保学推广的思想清剿性质，并指出，因民众反感思想政治教育，地方亦对筹集保学经费怀有抵触，故保学虽得大面积铺开，却有不少形同虚设，教育质量也不尽如人意。但文章亦承认，舆论上对保学的大力宣传，提升了民众的兴学观念，保学的普遍设立也推动了江西教育的发展④。肖如平完成于 2003 年的《民国时期保学在江西推行的历史考察》及随后的系列论文⑤，对保学政策的实施过程和社会影响进行了系统的阐述和分析。与刘燕云的研究有所不同，肖如平对保学的评价更倾向于积极，他认为，保学的推广令江西乡村教育由以私塾为主的“传统模式”转变为以小学教育为主的“现代模式”，保学整合了政府、士绅和民众三者间的联系，对乡村民风民俗的变革起到了重要作用。

刘燕云和肖如平对保学评价的差异，缘于学界对近代史认识的变化，他

---

① 关于江西中山民众学校的情况，可参阅肖如平、王彩玲《民国时期江西的特种教育》，《江西教育学院学报(社会科学)》2003 年第 1 期。肖文提到，“1934 年江西省共设有中山民校 245 所，分布在收复区 60 个县，随后几年略有减少”(第 44 页)。其实，中山民众学校的减少，是因为其已转化为保学的形式。

② 谢增寿：《国民党南京政府保甲制度述论》，《南充师范学院学报(哲学社会科学版)》1984 年第 4 期；毛园芳：《试析国民党南京政府保甲制度的反动作用》，《湖州师专学报》1990 年第 2 期；王云骏：《民国保甲制度兴起的历史考察》，《江汉学刊》1997 年第 2 期。

③ 李华兴：《民国教育史》，上海：上海教育出版社，1997 年；熊明安：《中华民国教育史》，重庆：重庆出版社，1990 年。

④ 刘燕云：《关于熊式辉督赣时期的江西保学》，《江西教育学院学报(社会科学)》2001 年第 5 期。

⑤ 肖如平：《民国时期保学在江西推行的历史考察》，硕士学位论文，南昌：江西师范大学，2003 年；李红梅、肖如平：《民国保学与江西乡村教育的近代化》，《江西教育学院学报(社会科学)》2011 年第 5 期；李红梅：《论民国时期保学在江西推行的原因》，《黑河学刊》2011 年第 12 期。李红梅的论文沿袭了肖如平硕士论文的观点。

们的观点分别隐含了近代史研究中先后流行的两个思路:对国民党政策的批判和对中国近代化过程的关注。刘和肖的研究,使用的主干史料基本同质,大体是国民政府和江西地方政府编辑出版的报告和杂志。不可否认,在这些文献的记述中,既有对新政实绩的推崇褒扬,也有对政策推行中繁难之处的分析思考,所以,均可为前述两个流行思路张本。但是,政策的落地、教育的推行,涉及实施和接受两方,双方的互动方才构成完整的历史,因此,在借助政府视角认识这段历史之外,有必要透过民众的立场对此再作一检视。在民众看来,保学的设立意味着什么?基于这样的认识,基层对保学推行中的当为与不当为,又有着怎样的判断?进一步,将政府主张与民间因应两相对照观之,近代中国的建设努力究竟存在着怎样的难局?这些问题,均需更多来自非官方背景的史料,方能得一立体的认知。笔者在阅读史料过程中,在一册题为《徽光》的民间团体刊物中读到时人关于保学推行的若干调查和讨论,恰为前述问题的探讨提供了一个合适的史料入口,本文的讨论即围绕《徽光》[①]而展开。

一、关于《徽光》与徽州六邑旅省同学会

《徽光》是徽州六邑旅省同学会的会刊,创刊于1934年春[②],虽距今并不久远,但存世极少。现知公藏机构中,仅安徽省图书馆收藏有一册,为1936年出版的第二期,得据以一窥鳞爪。

所谓"徽州六邑",即自唐代大历五年(770)置立的歙州(北宋宣和三年,1121年,改名徽州)开始,徽州长期辖有的六县:歙、休宁、绩溪、黟、祁门和婺源。长久稳定的行政区划,形塑了自成一体的徽州文化,造就了徽州六县民众强烈的自我认同感。明清两代,徽州人以大量旅外经商而蜚声海内。为谋求安全保障、事业发展,离乡流寓的徽州人常以乡谊为纽带结成同乡团体。自清末至民国时期,随着近代城市的发展,更多乡镇人口步入城市,同乡组织的传统由此得到赓续,并因更为多元的职业分途,组织的业缘色彩渐趋浓厚。

---

① 徽州六邑旅省同学会:《徽光》第2期,1936年,安徽省图书馆藏。

② "本刊是在民国二十三年的春天诞生的。"《编后记》,《徽光》第2期,第103页。

徽州六邑旅省同学会便是这一时代趋势的产物，它是在安徽省城安庆求学的徽州青年组织的一个同乡团体。

1933 年 5 月，由吴鸿章等发起组织，经紧密筹备，同年 6 月 4 日，徽州六邑旅省同学会在安庆圣保罗中学[①]大礼堂举行成立大会。同学会下设负责处理会务的干事会，内分文书、事务、监察、交际和编辑等股[②]。从《徽光》杂志所附同学会编辑股出版委员会会员一览表来看，该同学会成员主要包括在安庆就读于安徽大学、安庆初中和安庆高中的学子。因会员姓名后所注“长期通讯处”中的地址并不限于安庆，还包括绩溪、婺源和黟县等原籍住所，甚至还有芜湖，笔者推测同学会会员包括了业已毕业的学生。

同学会成立的时代，由国民党主导的国民政府已逐步击败北洋时代以来的各派军阀，开始将工作重心转移至完善加强国家政权建设，提升中国政治、经济、文化和外交等综合实力。此时，原本同呼革命的国民党、共产党和青年党，却因各自政治理念和具体政治利益的不同，自 1920 年代后半期开始，关系发生激变，互相将对方斥为“反革命”[③]。其中，共产党坚持武装斗争，并因国民党的挤压和对时局的判断，将自身群众基础转移至农村，尤其是皖、赣、闽、豫、鄂等省的边界地带。与此同时，进入 1930 年代后，世界性的大萧条开始影响中国，而中国因缺乏强有力的货币财政工具，白银被迫升值，国内通货紧缩，农产品价格大跌，城乡经济遭受沉重打击[④]。

“最近几年，故乡社会的急剧崩溃——整个中国的社会也是如此——老幼残弱流离失所，我们还可以‘埋首窗下’而忍心不问吗？‘学而优则仕’的幻梦在今日的青年是应该彻底觉悟了！”[⑤]求学省城的徽州学子面对时局，发出了这样的呼唤。热血青年们在成立大会上将同学会宗旨设定为“联络感情，切磋学问，改进桑梓教育”。至 1935 年秋第六届会员大会时，同学们又表示，

---

① 今安庆市第二中学。

② 《本会的过去现在与将来》，《徽光》第 2 期，第 97 页。

③ 参见王奇生《“革命”与“反革命”：一九二〇年代中国三大政党的党际互动》，《历史研究》2004 年第 5 期。

④ 参见[日]城山智子《大萧条时期的中国：市场、国家与世界经济(1929—1937)》，孟凡礼、尚国敏译，南京：江苏人民出版社，2010 年，第 91～95 页。

⑤ 《本会的过去现在与将来》，《徽光》第 2 期，第 94 页。

若纯以改进教育为目标,已经不能满足时代的需求,进一步将宗旨修正为“联络感情,砥砺学问,发展桑梓文化”。学子们最初认为,改善教育是将新知识传播至桑梓的有效途径,但他们很快又发现,教育的改善有赖于地方的社会基础,即地方文化的全局性改观。学子们提出“发展桑梓文化”,“所谓文化的意义,就是包括社会、政治、文物等全部的社会生活”①。

通过怎样的途径来发展呢?青年们认为,“虽然我们的知识能力很薄弱,但是比着故乡里一般终日劳动的民众,已经是应该站在智识的前线上了。……我们总应该利用我们的智识工具来指导他们,把他们没有地方告诉的隐痛向全社会来宣布,向保护他们的政府来陈述;同时我们还可以唤着‘人类互助’的口号来激动一般青年和智识阶级对于桑梓建设的注意和从事于实际的工作”②。同学会会刊《徽光》,就是作为这一桑梓改造途经的载体而存在的。《徽光》第二期的“发刊词”中点明了该刊承担的三个使命:“第一,就想把故乡实际状况,如教育,政治,经济,农村,商业,忠实地描写出来,使旅外同乡都知道一个大概。第二,就想把现代思潮,新的学说,以及各种新的学术传达给父老乡亲。第三,就想把我们的意见,我们研究所得的结果,一一报告给与全徽州的民众。”③所以,《徽光》杂志的内容,包含着很大一部分社会调查。从现存第二期的目录看,除发刊词、编后记与附录外,全册包括文章 15 篇、诗词 10 首。15 篇文章中,理论性的论说文有 4 篇:王炳森的《本然社会与社会理想》、际唐的《朱子的教育学说》、汝黛的《谈谈人生观》、荣译美国心理学家 William James 的《大学教育的社会价值》;小说 1 篇:江知凡译英国小说家 Charles Dickens 的《囚徒归来》;其余 10 篇均为社会调查,此处不避烦琐,胪列于下:啸菲才《徽州“中学教育”的两大问题》、汪登鳌《由普及教育谈到祁门不识字的民众们》、碧深《商讨婺源推行保学的实际问题》、隽如《婺源小学教育的近况及其危机》、吴志会《改进农村的我见》、程延津《徽州农村问题的研究》、适安《徽茶之研究》、心纯《婺源妇女生活的写实》、余心明《谈谈故乡》、碧《家乡》。社会调查中有近半是对地方教育问题的专门探讨,其实,4 篇论说

① 《本会的过去现在与将来》,《徽光》第 2 期,第 95 页。

② 《本会的过去现在与将来》,《徽光》第 2 期,第 95 页。

③ 杰谋:《发刊词》,《徽光》第 2 期,第 1～2 页。

文和1篇译文也均与教育有关，这一内容倾向正体现了青年们对改变桑梓基本路径的最初设想——教育。

徽州的婺源与江西省的保学推行发生关系，缘于一次行政区划的调整。1934年，出于“剿共”的需要，婺源划归江西。婺源民众为此曾掀起声势浩大的“回皖运动”[①]，徽州人亦仍视婺源为徽州不可分割的一部分。“整个徽州因为政治的关系而破碎了，但是整个徽州的精神还是存在的，还是团结一致的。……同学会不但无分离的现象，更能加紧组织，团结坚固起来；而本学会的会刊之问世，则属这种团结精神的表现。”[②]这期1936年出版的《徽光》中，有关婺源的内容明显多于其他五县，当与此原因有关。

二、1935年保学在婺源的推行

1935年，保学开始在江西省全面铺开，甫入江西的婺源亦在推广之列。《江西省设立保学暂行办法》是保学推行的指导性规定，《徽光》撰稿人碧深根据实际操作体验，将其内容概括为四个要点：“A.保学制度采政教合一原则，全县教育由行政人员管理。B.保学制以保甲为设施学校单位——每保必须设保学一所。C.除新设立的保学外，其他的教育（包括公私立小学及私塾等）完全停止。D.保学经费完全由地方自筹。”[③]这些要求固然经过了丰城等县的试点，但在婺源的推广中，还是出现了诸多水土不服的现象。

保学制要求依托保甲设立学校，每保务必设立一所。该规定的初衷是保证保学在乡村的均匀分布，并且，依托保甲，与政府力推的基层行政单位相同步，也便于政府管理及贯彻政治宣教。1935年上半年政令下达时，政府以整齐划一之气势，要求全县现有小学悉数停办，普设保学。经过半年的磨合运行，碧深认为，婺源境内的小学教育出现了五种类型。

第一种为“县立中心学校”，就是旧有的完全小学。当时，婺源全县在行

① 参见唐立宗《省区改划与省籍情结——1934至1945年婺源改隶事件的个案分析》，胡春惠、薛化元主编：《中国知识分子与近代社会变迁》，香港：珠海书院亚洲研究中心，台北：政治大学历史学系，2005年，第519～546页。

② 杰谋：《发刊词》，《徽光》第2期，第1页。

③ 碧深：《商讨婺源推行保学的实际问题》，《徽光》第2期，第37～38页。

政上共分五个区，每区设一中心学校。在保学制度推行后，县立中心学校内部实际分为两个部分：高级部和保学部。高级部，负责推进本区教育事业、便利保学毕业儿童升等，经费由县政府承担。保学部，其实为初等小学部分，经费由所在保自筹。

第二种为“私立中心学校”，此种学校的组织和功能与“县立中心学校”相同，差别之处在于高级部的经费亦由地方自筹。这一种学校，全县其实仅庆源一所。

第三种为“代用学校”，此种学校与“私立中心学校”相仿佛，不过经费上不如后者宽裕。

第四种为“联立保学”。这种学校设于规模较大，即包含不止一保的村庄中，经县政府核准，得联合两保以上、五保以下共同设立一保学。此种学校的教育内容基本上为初等小学水平。这一种学校的数量很多。

第五种为“保学和巡回班”。凡户满一保的村庄，设立保学一所。户不满一保的村庄，无法独力举办，得与邻村合办一保学。偏远的村庄还可采用巡回班的方式，即由保学每日或每周派人前往教导。这种学校的数量也不少。

细究之，这五种类型的学校其实可分为两个层次。第一层次为高级小学，存在于县立中心学校、私立中心学校和代用学校的高级部中，但该层次的学校数量极少。第二层次为初级小学，存在于前三种学校的保学部和后两种学校中。相较此前的地方教育，保学推广的实质性工作在于依托保甲，在村落的层次上推广初级小学。

经过半年多的办理，全县的保学“不下一百几十所”。但是，其中不乏空壳学校，“县府把某保保学校长的委任令填就发出后，便是创办了一个保学，那校长把县府每次发下的表格，很起劲的捏造填来，便可以象征他把保学办得成绩斐然了，事业究竟如何了，他却不管”[①]。另外，婺源地处山乡，村落分散，多村合为一保所设立的保学不少，这表面上照顾到了教育机会的均等，实际上却因为交通的限制，民众前往邻村学习极为不便。“六足岁到十二足岁的儿童，和终日勤劳的农夫农妇，在风霜雨雪，和黑夜更深的时候（保学教育

① 隽如：《婺源小学教育的近况及其危机》，《徽光》第2期，第50页。

的时间，儿童班以日间为原则，成人班以夜间为原则），跑几里路来接受教育，恐怕不是容易的事。”[①]

保学求学的不便，与保学推行过程中私塾的取缔密切相关。婺源的读书风气较为浓厚，“十家之村，不废诵读”，这一氛围的维持仰赖遍布各村的私塾。保学的推行，初衷是为了普及初等小学教育，但按保设立的保学，其适应散居村落的灵活度，实际不如私塾。撰稿人碧深甚至认为，私塾被强制取缔，以保学代替后，初等教育在婺源的供应量反倒是减少了[②]。

政府取缔私塾，有更新师资力量的考虑，因为保学的推行，连带着政治宣教的目的。所以，政府要求，“无论公私立的中心学校，和地方设立的保学，校长、教员、职员一律由县府委任”[③]。私塾教师虽怀有地方教育的热情，但其知识结构多基于旧学根底，通过县政府组织的区督办员考试和保学教师登记颇多困难，故对此强烈抵触而罢考。而政府指派的督办员和保学教师，缺乏乡民基础，得不到大家的信任[④]。为弥补保学教师的不足，政府在鄱阳专员公署设立了保学工作人员征训所，但富有学养的塾师拒绝受训，接受培训的多为失业的店伙和不得升学的小学毕业生，在经济低迷的情况下，他们将担任保学教员作为一个职业出路。“拿小学生来教小学生，小学教育怎不江河日下？”[⑤]撰稿人隽如对此不禁忧心忡忡。

保学推行中更多的难局源于经费的筹集。根据《江西省设立保学暂行办法》，保学经费由各保自筹，“尽先以各保原有学款公款公产拨充之，不足时按照保甲经费住户分等负担比例摊足”[⑥]。公产是民间为应付家族或村落公共开支而集体置办的盈利资产，其中，专用于子弟教育支出的谓之学款。但是，因此时国共两党力量在江西的拉锯对抗，公产多被移作地方自卫开支，难有

① 碧深：《商讨婺源推行保学的实际问题》，《徽光》第2期，第40页。

② 碧深：《商讨婺源推行保学的实际问题》，《徽光》第2期，第42页。

③ 隽如：《婺源小学教育的近况及其危机》，《徽光》第2期，第51页。

④ 碧深：《商讨婺源推行保学的实际问题》，《徽光》第2期，第39页。

⑤ 隽如：《婺源小学教育的近况及其危机》，《徽光》第2期，第51～52页。

⑥ 《江西省设立保学暂行办法》第十五条，《江西省政府公报》第236期，1935年，第3页上。

盈余用于保学[①]。公产、祠产,本质上还是民间财富的积累,与地方经济情势密切相关,而保学开始在江西各县铺开的 1935 年,是中国农村经济正经受世界经济大萧条影响的一年,经费筹措更形艰难。就婺源而言,除生存所需的一般粮食作物外,农家的日常开支多仰赖茶业。而当地茶叶生产多属零散粗放经营,在国际市场上遭受日本、印度和锡兰工业化茶业产品的冲击,加之地方局势动荡,商人裹足不前,更加剧了婺源茶业的不景气[②]。地方事业各种经费,为此更是无从获取。

基层公产不足以应付保学开支,“保学经费的来源,无疑的是要压在老百姓的户口捐来了”,“故往往教育经费愈增加,愈使贫民感受其疾苦,结果,不但人民不欢迎教育,甚至发生仇恨之心……盖教育之效,原期其能助人增加经济之能力,今其效未见,而负担已先在身,此仇恨之心所由生耳”[③]。

更令民众对保学经费摊派产生抗拒心理的是经费筹集过程中的贪腐。原本作为保学经费第一选择的公产,管理中不乏侵吞现象。“侵吞公产的份子,至少是在乡村里有点势力的人,他们把公产侵吞了去,当然是不愿意再拿出来的;他们看到没有人能够在最短期间把公产清理起来,便趁此帮助办教育的人把保学经费从别方面——摊派户口——确定了下去,将来或许不至于再清理到他们家里的公产上去。”而摊派在具体操作中更是成为“污吏剥削乡民的一种工具”,“负地方行政及保学长官的区长保长——区长是全区的教育长官,保长是保学经费委员会的当然主席——他们为便利从中取利计,当然是赞成摊派户口来得方便”。户口实数只有区署知道,每户应摊派到的经费由区署说了算,上下其手是极为便利的事。婺源某区在摊派自卫经费时,按户口实数计算每户每月应负担经费 6 分 5 厘,但在区内保长联席会议上,区长以便于征收为由,提出每月每户缴纳 1 角,此提议居然也获得了通过。集腋成裘,多征收的费用,据悉全区每年达 1000 多元。“这一千多元的额外征收,到底做了什么事,老百姓是不能问的。”[④]保学经费的摊派,在经手者看

① 碧深:《商讨婺源推行保学的实际问题》,《徽光》第 2 期,第 40 页。
② 适安:《徽茶之研究》,《徽光》第 2 期,第 64～65 页、69 页。
③ 碧深:《商讨婺源推行保学的实际问题》,《徽光》第 2 期,第 41 页。
④ 碧深:《商讨婺源推行保学的实际问题》,《徽光》第 2 期,第 41 页。

来，又是一个敛财的时机，自然难逃此套路。

以行政力量为后盾，私塾在婺源被保学所取代，但是囿于按保设立，在村落分布稀疏、交通不便的环境下，保学在空间分布上的灵活性便不如民间自发组织的私塾，一部分乡民只能跨村上学，反不便利。加之保学推行过程中，追求按保设校政策目标的短期达成，出现了一些并无实质教育力量的空壳保学，导致初等教育实际供应量的减少。保学推行中，对教师资格的行政认定，又遭到乡村旧有塾师的抵制，而新培训的师资得不到民众的信任，教育质量下滑。加上保学经费完全摊派至村民，更兼征收过程中基层官吏的贪腐，令民众对集资办学产生强烈的抵触情绪。所以，在《徽光》的撰稿人看来，婺源保学推行中发生的种种流弊缘于实施方法过于呆硬，“把固有的教育历史和背景完全推翻，而硬性的要把保学制从根本上立刻建筑起来”①。从《徽光》中的记述来看，民众对保学的抵触情绪并不来自政教合一。以《徽光》撰稿人为代表的知识阶层，固然意识到“县政府要不要有教育行政权，那是教育应不应该有独立精神的教育哲学问题”，但他们并不反对把政教联系在一起，“过去中国教育同政治脱离了关系，在教育设施上确发生了很多非教育本身所能解决的困难”，所以，教育的推广倚赖行政力量并不是一件坏事，问题的要害在于行政组织是否健全，地方行政力量是否具有发展教育的眼光和能力②。

三、保学问题折射的社会变迁

《徽光》撰稿人将婺源保学推进过程中的问题，归结为“把固有的教育历史和背景完全推翻，而硬性的要把保学制从根本上立刻建筑起来”。那么，“固有的教育历史和背景”是指什么呢？在《徽光》讨论婺源保学的文章中，主要指婺源旧有且受民众信赖的私塾教育。其实，若放大观察的视野，关注婺源保学推行的上下左右，将其置于近代历史的进程中加以考察，我们能看到更为丰富的社会背景，并透过保学问题捕捉到近代社会变迁的若干脉络。

保学，是政府利用保甲组织在基层推行的基础教育。在婺源推行保学的

---

① 碧深：《商讨婺源推行保学的实际问题》，《徽光》第2期，第38页。

② 碧深：《商讨婺源推行保学的实际问题》，《徽光》第2期，第44～45页。

30年前，即1905年，始于隋代、绵延1300多年的科举取士制度正式废除。“科举一日不废，即学校一日不能大兴，学校一日不能大兴，即士子永无实在之学问，则国家永远无救时之人才，中国永远不能进于富强，即永远不能争衡于各国。”[①]废除科举的直接原因，是清末中西竞争中，政府意识到人才的短缺。列强精湛的工业文明令清政府瞠目，而中国的科举取士只能筛选出应制之才。废科举、兴学堂，反映了近代中国在人力资源问题上一次根本性的思路转变：政府不再依靠考试被动选择人才，而将利用学堂主动培养人才。但是，在此之前，教育尤其是基础教育，并未被纳入政府基本职责范围[②]，中国教育史上的核心内容——科举——只是一种考试制度，而不是一种教育制度。民众的基础教育长期依靠民间自行组织的私塾，政府本身并无多少工作经验和财政基础。所以，在政府意识到人才培养的重要性，开始将民众教育揽入自身职责范围，并亟待成效尽快兑现时，只能寄希望于利用民间力量，采用官督绅办的路径。

就1934年以前婺源所属之安徽省而言，清末在省城设立的学务处，办事职员便是官绅并用，有“地方自治”之性质[③]。而清末的地方自治，其定位乃是对官治的一种补充，光绪三十四年（1908）十二月颁布的《城镇乡地方自治章程》总纲第一条便明言：“地方自治以专办地方公益事宜，辅佐官治为主，按照定章，由地方公选合格绅民，受地方官监督办理。”[④]当时，县级的教育行政机构名为劝学所，劝学员“由总董遴选本区绅衿呈请地方官札派……劝令各

① 陈恭禄：《中国近代史》（下卷），上海：商务印书馆，1935年，第584页，见《民国丛书》第2编第75册，上海：上海书店，1990年影印本。

② 以清代为例，除顺天府外，政府一般不提供办学经费。《礼部则例》要求州县设立社学和义学，但办学经费完全依靠州县官自己，往往是由仁厚的州县官自己捐款或向士绅募集资金来建立社学和义学。不过，绝大多数州县官并不热心，也不情愿捐资建学校。由于缺乏经费，维持学校十分困难。许多由先前的州县官捐资建起的学校很快便销声匿迹了。参见瞿同祖《清代地方政府》，范忠信、晏锋译，北京：法律出版社，2003年，第272页。

③ 谢国兴：《中国现代化的区域研究：安徽省（1860—1937）》，台北：“中央研究院”近代史研究所，1991年，第523页。

④ 《城镇乡地方自治章程》，《北洋法政学报》第91期，1909年，第1页。

村董事切实举办，此项学堂经费均责成村董就地筹款，官不经手”[①]。安徽省级的学务处，后改为学务公所，进入民国后渐次演变为教育司、教育科、教育厅。县级的劝学所，在1923年后改组为教育局，但改组进展并不顺利，教育方面的行政力量仍然有限[②]。《徽光》中的《谈谈故乡》一文，描述了1935年前后祁门的教育状况：“统计全县县立完全小学只有二所，公立完全小学也只有二所，私立完全小学三所，私立初级小学二十四所，中等学校更谈不到，所以失学的儿童很多。”[③]江西省的情况更不尽如人意，“江西之教育，在十年前之今日（引者按：指1931年前后），尚未发动至县以下，故只有‘省的教育’而无‘县以下的教育’，复以省教育基金，连年被移作他用者，达八十余万元，省教育机关经费，积欠不发至半年以上，因此‘省的教育’亦陷于不能维持之境”[④]。可见，当时政府虽有心发展教育，但限于能力，在基础教育方面，很大程度上仍依靠民间办学。此时，政府在塑造健全国民的大方针下，对学校中思想教育的管理也比较宽松。1920年代，徽州的省立第二师范学校甚至将佛学作为学生修身课的主要内容。省教育厅虽然认为此举“似与部令未合”，但最终也容许了二师校长坚持己见[⑤]。省立学校犹如此，私立学校可想而知。此外，值得注意的是，在地方力量响应政府号召兴办新学时，一些地方出现了师德败坏、教学质量低下、纯为敛钱的现象。1920年代，曾有论者批评徽州当地的办学者“是为饭碗而办的，是为分赃而办的，是为占一个位置而办

---

① 安徽通志馆编纂：《安徽通志教育考稿》卷5，1934年铅印本，《中国方志丛书》华中地方第629号第8册，台北：成文出版社有限公司，1985年影印本，第2714页。

② 谢国兴：《中国现代化的区域研究：安徽省（1860—1937）》，第527页。

③ 余心明：《谈谈故乡》，《徽光》第2期，第77页。此段记述中的“公立完全小学”，可能指区立完全小学。另有一份史料统计了1933年祁门县的小学数量，计有县立完全小学2所、区立完全小学1所、私立初级小学9所、私立完全小学4所，共计16所（安徽省统计年鉴委员会编：《安徽省统计年鉴》，1934年，第273页）。该统计资料中祁门的小学数量比《徽光》中的记述更少。

④ 程时煃：《十年来之江西教育》，《赣政十年：熊主席治赣十周年纪念特刊》，1941年12月，第1页。

⑤ 方光禄、许向峰、章慧敏等：《徽州近代师范教育史（1905—1949）》，芜湖：安徽师范大学出版社，2013年，第87页、101页。

的"[1]。教师队伍中,"居教职者,或为前清老学究,或为失业商人,更有学文不就习贾未成者,亦忝然而为人师"[2]。

清末将自治视为对官治的补充,学堂教育的推行亦旨在适应时代需求,培养多样的人才为政府服务[3]。而至民国时期,在孙中山的设想中,自治是达成民主的准备,孙中山理想中的自治甚至不是日本那种官治主导下的自治,而是欧美式自下而上的民权[4]。为实现此理想,必须先开民智,所以,民国时期的教育,尤其是1928年以后"训政"时期的教育,就政府用意而言,与清末大相径庭。为民权作准备的教育思想,也为当时的知识阶层所赞同。《徽光》中诸篇谈及教育的论说文,均表达出这样的意思。啸菲才《徽州"中学教育"的两大问题》认为,当时徽州的中学教育不重视体育和表达,所以难以培养出体格强健、能准确表达自己意思的社会公民。译文《大学教育的社会价值》指出,教育能给予民众判断好坏美丑的能力,选出能领导大众的好人。际唐《朱子的教育学说》则从乡贤传统中寻找根据,论证人可以通过教育得到改变。王炳森《本然社会与社会理想》援引克鲁泡特金等无政府主义者的理论,更是推崇社会本然具有的组织能力。

而乡间大众对教育的理解并没有达到这一程度。汪登鳌《由普及教育谈到祁门不识字的民众们》一文所谈到的情况便颇有代表性。作者在1935年暑假回祁门老家,劝村民送小孩入私塾读书,村民答道:"我父没有读书,我也

① 舍我:《歙县师范讲习所的"人"的问题》,《微音》月刊第26期,1926年1月,第17页上。

② 孙之杰:《黟县教育进行之计划》,《黟山青年》夏秋二季合刊,1923年9月。转引自张小坡《民国时期旅外徽州人所办刊物与改造徽州社会的舆论动员》,《安徽大学学报(哲学社会科学版)》2011年第4期,第153页。此期出现师德低下、贻误子弟的现象,与科举废除后,乡间读书人社会地位下降、经济上没有出路有关。关于这一点,可参见罗志田《科举制废除在乡村中的社会后果》,氏著《权势转移:近代中国的思想与社会(修订版)》,北京:北京师范大学出版社,2014年。

③ 参见周振鹤《官绅新一轮默契的成立——论清末的废科举兴学堂的社会文化背景》,《复旦学报(社会科学版)》1998年第4期。

④ 孙中山:《在上海与李宗黄的谈话(一九一八年七月)》,《孙中山全集》第4卷,北京:中华书局,1985年,第491页。另可参见李国忠《超越"日本化"——论孙中山对日本近代化的认识及中国近代化道路的构想》,李卓主编:《近代化过程中东亚三国的相互认识》,天津:天津人民出版社,2009年,第497页。

没有读过书，到了现在的今日我依然能够生活在世上；现在我的小孩子，用不着令他入学。”在一般大众看来，社会管理的责任由一小部分读书人承担即可，“有一个子弟入学校读书识字，一切责任都可委给他去做，别人就可以不必识字了”[①]。可见，大众对教育的理解仍然停留于科举时代：读书主要是为了成为管理者，也就是做官，若这条路堵上，读书便无多大意义，能简单识算、懂些人情道理便足够了，甚至认为不识字照样也能过活。所以，大众并未从自身权利出发，萌生迫切的教育需求。在国民政府的计划中，训政于1934年结束，但国民党第五次全国代表大会的决议中不得不坦言：“回顾过去成绩，全国一千九百余县中在此训政将告结束之际，欲求一一达到《建国大纲》之自治程度，能成为一完全自治县者，犹杳不可得，更遑言完成整个地方自治工作。”[②]《徽光》中显示的民众状态，也显然还未达到民权主义、全民政治的要求。

前人研究已经揭示，推行保学的直接原因是国民政府发现在民众宣教方面远逊于共产党领导的革命根据地，新近的研究更加证实了这一点[③]。受国民党挤压，在有限空间内生存的共产党，审时度势，放弃了共产国际指导的城市斗争路线，转向农村深入动员，根据地宣教工作的成功便与此革命路线互为表里。而国民政府在基层的行政力量依然孱弱，因此，保学只能更加依靠地方力量，匆忙推开。这样的做法，可以理解为前人研究中所说的政府、士绅和民众三方的一种整合，但也令前文所述部分民间办学者唯利是图的弊窦加剧放大。据《徽光》中的调查观之，基层的区长、保长利用政府对保学的支持，更加肆无忌惮地将其视为敛财的工具。此时的区长、保长虽为地方有力者，但与传统士绅有着不小的差别。对于这批人，撰稿人碧深分析道：“婺源因为兵匪的骚扰，地方上热心办事的士绅都逃住在城里或大镇市上去了，所以一

① 汪登鳌：《由普及教育谈到祁门不识字的民众们》，《徽光》第2期，第34页。

② 《五全大会通过〈切实推行地方自治以完成训政工作案〉决议》（1935年11月22日中国国民党第五次全国代表大会通过），中国第二历史档案馆编：《国民党政府政治制度档案史料选编》（上），合肥：安徽教育出版社，1994年，第610页。

③ 参见黄道炫《中央苏区的革命（1933—1934）》，北京：社会科学文献出版社，2011年，第90～145页。

般保长都由无知识的游民充任。(其原因是忠厚的农民,应付不了军队和土匪的骚扰。)他们担任保长的使命是帮助区公所和军队施行命令,——命令对不对,他们是不问;目的是借此可以得点生活费。——保长是不给薪的。农民的利益是他们不能代表的。"[①]对于民众来说,"乡绅"已不可依靠,自然便将改变这一局面的希望寄托于政府,所以,前揭《徽光》中的撰稿人并不反对保学教育政教合一,而是期望政府能甄选可靠的办事人员,在政策推进中更加照顾到当地的具体情况。

四、结　语

以上,笔者利用徽州六邑旅省同学会会刊《徽光》,对1935年保学在婺源县的推行进行了研究。这册出版于1936年的民间自办刊物,保留了当地人眼中保学推行的具体情形,为研究者留存了一个不同于政府报告和官办刊物的观察视角。据《徽光》记述,保学在婺源快速推广的过程中,出现了上学不便、师资短缺、经费摊派等问题。民众对保学推行最为反感之处是经费的摊派,以及经费筹集过程中经手者的侵吞。对于政教合一,民众并非如前人研究所示持反对态度,而是希望政府在推行工作中甄选可靠人员,尊重当地文教传统。

1935年保学在婺源的推行,只是历史中短暂的一瞬,但将其置于中国近代历史的进程中,保学推行中显露的问题也折射出中国近代社会变迁的若干脉络。自清末废科举,兴学堂,在中西竞争的刺激下,政府开始意识到主动培养各种人才的重要性。民国时期,国民政府更是将教育视为民权实现的前期基础工作。政府开始将学校教育纳入自身职责之内,但行政力量有限,尤其在基层初级教育领域,只得依靠地方力量缓慢推进,其间也出现了部分民间办学者唯利是图的现象。国共竞争中,共产党强大的宣教动员能力刺激国民党迅速在"收复区"用行政力量普及基础教育,保学便是此背景下的产物,可谓政府普及基础教育的仓促展开。因行政力量不足,故仍只能依靠地方力量。此前民间办学中的弊窦,这次因地方势力承担政府任务,趁势贪敛而放

① 碧深:《商讨婺源推行保学的实际问题》,《徽光》第2期,第44页。

大加剧，保学推行中民众最为抵触的经费问题，便是这一时代积弊的反映。民众期待着以政府力量来革除此弊端。类似的现象同样发生于教育领域之外，即近代史上著名的“土豪劣绅”问题，民众的期待也与保学个案中所见相近似[①]。中国现代史上持续的“国进民退”，或许正是源于这一现象表征的结构性动力。当然，这一点还需更多领域的史实来加以确证。

原载《安徽大学学报》2014 年第 4 期

① 参见魏光奇《清末民初地方自治下的“绅权”膨胀》《国民政府时期新地方精英阶层的形成》，收于氏著《清代民国县制和财政论集》，北京：社会科学文献出版社，2013 年。

民国时期旅外徽州人所办刊物与改造徽州社会的舆论动员

张小坡

明清时期的徽州，人口流动频繁，以徽商为主体的旅外徽州人与桑梓之地保持着一种良性互动的关系。1840年爆发的鸦片战争和随之而来的咸同兵燹对徽商活动的中心江南地区和徽州本土造成空前严重的破坏，徽商无复昔日盛况，徽州社会在多重打击下走向衰落，开始了艰难而缓慢的近代转型。旅外徽州人面对家乡故里的衰败，产生了强烈的焦虑感和使命感，为改变徽州闭塞落后的现状，他们奔走呼号，组建同乡团体，创办刊物，揭露徽州社会的各种负面问题，并提出大量的改良建议，掀起了建设新徽州的运动，在一定程度上影响了近代徽州社会的走向。

对于旅外徽州人与徽州社会的互动，海内外学者多从徽商开展社会公益事业的角度切入，认为既要重视“小徽州”，更要研究“大徽州”[①]。王振忠先生在考察民国旅外徽商同乡会组织及其创办的刊物时，专门分析了《徽侨月刊》登载的徽州社会问题[②]。这对笔者启发良多，本文即在分析旅外徽州人所办刊物的基础上，考察民国时期旅外徽州人为改造徽州社会所进行的舆论动员，以期透视旅外徽州人在近代徽州社会转型中所起的独特作用，从而弥补学界对近代徽州社会关注不足的缺憾。

---

① 相关研究综述参见张小坡《论晚清徽商对徽州社会救济事业的扶持——以光绪三十四年水灾赈捐为例》，《安徽大学学报》(哲学社会科学版)2009年第5期。

② 王振忠：《徽州旅浙硖石同乡会与〈徽侨月刊〉》，《福建论坛》(人文社会科学版)2001年第2期。

一、旅外徽州人关注徽州社会的媒介

1921年，旅居上海的黟县人胡渊如、余一辰、汪励吾等发起组织“黟县青年励志会”，次年创办《黟山青年》季刊，分春、夏、秋、冬四季出版。因来稿量增加，1926年改为月刊，这是笔者目前所见最早的旅外徽州人创办的刊物。此后数年间，旅外徽州人又先后创办了一些刊物，笔者搜集到的有十余种，大致情况是：《古黟新语》，月刊，黟麓学社1923年8月20日创办，社址在北京西城区李阁老胡同，1927年终刊；《微音月刊》，徽社1923年创办，社址在上海英租界北泥城桥新闸路鸿祥里第2136号，主编程本海，1927年3月终刊；《徽侨月刊》，徽州旅浙硖石同乡会1927年3月10日创办，社址在海宁县硖石镇童家园新安会馆；《乡潮》，不定期，黟县旅芜同乡会1929年4月15日在芜湖创办，主编汪晋侯；《黟声报》，月刊，黟社1929年8月1日创办，社址在上海贝勒路义和里16号；《徽州旅沪同学会会刊》，徽州旅沪同学会1929年7月在上海创办，胡适题写刊名；《双溪潮声》，黟县双溪旅沪同乡会1931年8月在上海创办，仅出版一期便停刊；《黟县同学会期刊》，黟县同学会1932年创办；《新安月刊》，镇江新安同乡会1933年4月创办，主编黄乐民、黄白民，社址在江苏镇江王家巷；《徽光》，月刊，徽州六邑旅省同学会1934年春在安庆创办；《沪黄报》，程律谐1935年6月在上海创办；《皖事汇报》，旬刊，1936年1月创刊，主编汪已文，社址在苏州南显子巷，次年终刊。

这些刊物大致可以分为两类，一类为同学会会刊，出版日期不固定，由于加入同学会的是各级在校学生，所以其编辑者、发行者及作者大多为青年学生。另一类是以徽商为主体的旅外同乡会创办的刊物，这类刊物数量多过同学会会刊。

徽州人为谋生计而“贸迁宇内”，创办刊物，有联络乡谊、保护同乡利益的目的，如《徽侨月刊》旨在“保护同乡利益，增进旅居幸福，提倡教育实业，维持同乡生活，宣扬社会公理，促进行政完善”[1]。身居异乡，旅外徽州人还希望

① 《徽侨月刊》第10期中缝，转引自王振忠《“徽侨”与长江中下游区域社会》，《徽州社会文化史探微——新发现的16—20世纪民间档案文书研究》，上海：上海社会科学院出版社，2002年，第462页。

通过刊物让同乡了解故乡的状况，满足同乡的思乡之情，《徽光》的办刊宗旨第一条便是“想把故乡实际状况，如教育、政治、经济、农村、商业，忠实地描写出来，使旅外同乡都知道一个大概”。又如《徽侨月刊》所说，“我们旅外同乡，为衣食所驱使，原有天南地北的，有这月刊，便可得知各地情形了，即故乡的景况，及物产出数之多寡，年岁丰歉，这背井的同乡，想必欲先睹为快吧？”①

然而，无论是求学的学子还是谋生的商人，旅外徽州人办刊的主旨都是希望发挥刊物舆论导向的作用，通过言论改变徽州闭塞的现状，为建设新徽州贡献力量。《黟山青年》的宗旨是“改善黟县社会”，“谋建设事业，造成新徽州”②，力图办成徽州舆论界的中心读物。《徽光》的宗旨除了向旅外同乡介绍故乡的情况，“第二就想把现代思潮、新的学说以及各种新的学术传达给故乡父老。第三就想把我们的意见，我们研究所得的结果，一一报告给全徽州的民众”。上海徽社创办的《微音月刊》较为详细地阐释了办刊宗旨：

> 1. 徽州的言论界，实在太觉寂寞了，在这样沉闷的状态下，本刊责难旁贷，敢以造成健全的舆论，引导徽州的民众入于光明之途为己责，务使本刊成为我全徽州的喉舌，为我全徽州唯一的民众发言机关。
>
> 2. 本社同人只知为社会服务，为公众牺牲，本刊就是秉着这个宗旨，以光明的心地，公正的态度，发为言论，合于正义者扶持之，失于谬误者纠正之，绝不受任何党派的束缚与利用。
>
> 3. 除研究学术之外，并一方注重同乡旅外事业之发展，一方谋内外之联络与团结，以集中注意力于一个共同的目标，而达到促进乡土方面之福利与改造新徽州之目的。③

镇江新安同乡会创办的《新安月刊》将办刊方向明确定位为：“对于家乡公安、教育、财政建设诸要政，以及徽属之重要消息，均有翔实之阐扬与记载，渐渐培养成徽州舆论界的中心读物。”④

---

① 《徽侨月刊》第 3 期，转引自王振忠《“徽侨”与长江中下游区域社会》，《徽州社会文化史探微——新发现的 16—20 世纪民间档案文书研究》，第 465 页。

② 《编余随笔》，《黟山青年》第 10 卷第 4 期，1931 年 4 月。

③ 《本刊特别启事》，《微音月刊》第 26 期，1926 年 1 月。

④ 《写在前面》，《新安月刊》第 2 卷第 9 期，1934 年 9 月 25 日。

上述两类刊物都将“改造徽州社会”作为共同的使命，它们对故乡保持高度关注，坚持徽州舆论喉舌的办刊导向，以建设新徽州作为刊物的使命。这从栏目设置上也能反映出来。《黟山青年》开设的栏目有评论、纪事、特载、讨论、社会新闻、杂感录、文艺、会务报告、来往信函等。《微音月刊》的常设栏目有言论、研究、通讯、纪事、特载、调查、文艺、杂感、社务报告等，每期侧重点虽有不同，但言论所占篇幅较多。《新安月刊》的内容主要分为新闻、论文、文艺三类，新闻类有“家乡情报”栏目，每期将一月来徽州六县发生的重要事件按日编录；论文类涉及的是与家乡民众生活息息相关的重要问题，对家乡发生的重大事件进行评论。这些刊物的论著或者论说的话题都与徽州有关，内容非常丰富。

一些刊物还适时地推出专刊，专门讨论徽州发生的重要社会问题，以引起人们的关注。《微音月刊》在第25期刊登特别启事，称拟于最近数期出版专号，以“作一种有系统的研究、有具体的计划，为达到新徽州之张本”。计划出版的专号包括：(1)徽州教育问题；(2)徽州市政问题；(3)徽州生计问题。稍后出版的“徽州教育问题号”，主要讨论徽属六县中小学师范教育中存在的种种困难与革新方法。《新安月刊》鉴于徽州天灾兵乱交迫，社会经济日趋衰败，在第2卷第11期推出“合作事业”专号，总结了合作运动的发展和理论，以及镇江新安合作社运作一周年的经验，其出发点在于“尤望吾故乡人士因此获得特殊注意与兴趣也”。《黟山青年》也相继推出“青年图书馆特刊”和“徽属匪灾特刊”，均是“分赠各界，不取分文”。主编汪励吾还专为“徽属匪灾特刊”撰写了发刊辞：“这是一幅民众惨劫图，看的人们要把他当着明日黄花，至少要感觉到土匪的凶暴，官兵的无能与荒谬，和政府对于民众生命财产的轻视，也要感觉到民众本身力量的懦弱，崇拜土豪为捍卫领袖的失计，和好礼怀柔古风的不可恃!”这些特刊出版后，读者反映热烈，纷纷来信赞扬。

旅外徽州人所办刊物大多是会刊，如果仅有本会会员关注、阅读，显然无法实现“促进乡土方面之福利与改造新徽州”的办刊目的。办刊人从组稿和发行两方面入手，努力扩大刊物在旅外徽州同乡中和徽州当地的影响，以吸引更多的徽州人关注徽州社会。

稿件组织方面，编辑者自己写稿外，还动员会员积极参与。《黟山青年》

呼吁:"本刊是我们黟山青年的园地,凡是黟山青年都应肩起共同垦植的责任,我希望青年同志们千万不要任我们自己的园地荒芜着。"①并强调来稿要思想清晰,文辞达意,不能仅仅停留在会员录的层面。《新安月刊》从第3卷第3期开始实行现金征稿办法,普通稿件每千字一元,"佳作巨著从优议酬"。一些利用假期返乡的学生也多把自己的所见所闻写成文字发表,1925年,陶行知联合上海徽社同人组织"徽州少年回乡运动",部分青年学生将本村的生活调查材料整理出来发表在《微音月刊》上②。刊物欢迎在家乡的同志将家乡发生的事情写成文字投寄过来,开辟读者通信箱是这些刊物保持与家乡联系的一种有效方式,"读者们关于公共利益和社会人群的文字投寄,愿代刊录,不但增设读者的兴趣,也许有真意义的发现"③。《新安月刊》的"乡讯"栏目和附刊"乡园"明确提出,对家乡各项状况及建设方案,欢迎"吾乡贤达时赐鸿文"④。从中不难看出,旅外徽州人所办刊物不是一种单向度的文化输入,而是与家乡社会处在互动的状态中。这种互动,能更好地发挥刊物在故乡的影响,也只有通过互动才能实现刊物的主旨。

刊物发行方面,办刊人积极开拓发行网络。《新安月刊》创立伊始,便注意构建销售点,在第1卷第2期发布公告,拟在家乡六县各重要乡镇及徽侨聚集之地招请刊物代售人一位或数位,规定每期销售10至30册者,照定价给予7折优惠,30至100册者6折,100册以上者对折。次年,即在徽商聚集较多的城市上海、南京、苏州、无锡、扬州、丹阳、安庆及徽州六县设立了代售处,刊物发行量不断增加,达到2000余份。《微音月刊》的代售处也广布上海、杭州、南京、北京、广州、武昌、芜湖及徽州六县,"凡代售五份以上者照定价九折,十份以上者八五折,二十份以上者八折,三十份以上者七折,五十份以上者六折"。也有一些刊物免费赠阅,同学会的成员还常常将会刊带回家乡散发。

---

① 《编后的几句话》,《黟山青年》第10卷第1、2期,1931年2月。
② 《微音月刊》第23、24期,1925年7月25日。
③ 《编者的话》,《黟山青年》第10卷第3期,1931年3月。
④ 《本刊启示》,《新安月刊》第1卷第6期,1933年8月25日。

二、旅外徽州人改造徽州社会的舆论动员

对徽州社会的各种报道构成旅外徽州人所办刊物的主要内容。但是,这些刊物并没有停留在仅仅报道徽州社会生活的层面,而是把更多精力放在了对徽州社会问题的批判上,刊登了大量的调查报告、言论建议,为改造徽州社会进行舆论动员,在徽州本土逐渐形成了革新社会面貌的舆论氛围,对徽州新思想文化的孕育与传播影响深远。可以说,旅外徽州人在用一种批判的态度表达对乡土的敬意。

旅外徽州人对徽州社会问题的关注涉及政治、经济、文化等诸多方面。如在地方治理上,注重维护地方社会秩序和监督地方长官。1930 年前后,绩溪县长几经更迭,其中一些县长被民众驱走,程永言、赵同芳都没有在任上善终,前者只任职 11 个月便被驱逐,后者也因嗜好烟赌,禁令松弛,而受到民众抵制。赵同芳离任后,张光煦被省政府任命为绩溪县长,地方人士对其寄予很大希望,绩溪旅休同学会会刊《前进》明确表示,"欢迎是为的要张县长来绩做一个好的行政官,如果不然,我们不妨翻了脸皮反对攻击,请走开"[①]。为解决日益严重的盗匪问题,旅京黟麓学社的学生提出驱逐客民。民国黟县在籍人口 5 万余人,客籍却达 2 万,深坑、月塘、旧庵、五里牌等村,已由荒墟变为桐城、潜山、太湖等地的移民迁入地,"田地山林,种植收产的权力大半操在客民的掌握"。对此,黟山青年励志会建议联合志坚耐劳的同志,筹募基金 2000 元,试办"黟山全境垦荒公司",并订立垦荒专条,以使"流氓客民无立锥,必然相率遁去,至此客籍渐少,游民日稀"[②]。胡诵清也提出组织全县农林公司,专营土地山场种植,凡是富室或中人的田产,都要委托公司去耕种,公司对于各主田亩,采用测量法,收获利益四六分成,凡是黟县籍的农民,不问男女、失业与否,一律进入公司工作。此举的最终目的亦是为了抵制客民[③]。旅外徽州人还提出发展农林经济、改良茶业、修筑道路改善交通等种

① 《迎张》,《前进》1930 年 12 月 15 日。

② 孙莲舫:《读救荒弭盗议有感》,《黟山青年》第 4 卷第 4 期,1926 年 1 月。

③ 胡诵清:《我邑年来生活日艰重以天灾匪患迭见应如何设法补救》,《黟山青年》第 9 卷第 5、6 期合刊,1930 年 6 月 3 日。

种办法，以复兴徽州农村经济。

不过，旅外徽州人所办刊物无论存在时间长短，都对徽州的教育与烟赌保持着持续的关注。在办刊人看来，教育和烟赌是徽州最为严重、需要迫切解决的社会问题。

教育之所以引起旅外徽州人的高度重视，是因为它被视为开启民智、培养人才的主要工具。在旅外徽州人看来，徽州的闭塞导因于风气未开，而风气未开又与教育不发达有关，“大概一个地方进步的迟速，总以教育为转移，教育能得发达，地方莫有不进步的”[①]。在休宁县万安镇任教的绩溪人胡寄萍曾谈及对家乡教育的看法，他认为绩溪县的教育多年来未见发达，而屡现颓丧者，其症结在于教育界本身。办学者把学校当作营利场所，只求学生增多，而不关心经费、校舍、教员等实际问题，导致学校数量虽多而质量太差。教师又不注意自身的言行，在社会上产生了不良影响，引起民众对学校的不满[②]。胡寄萍的总结具有一定的代表性，旅外徽州人对家乡教育的批评多数集中在办学者身上，认为“大凡办理一事，是好是坏，完全关乎办理那事之人”，而其时徽州的办学者“是为饭碗而办的，是为分赃而办的，是为占一个位置而办的”[③]，所以他们办学是为扩张权力，而非献身教育。教师队伍良莠不齐，“居教职者，或为前清老学究，或为失业商人，更有学文不就习贾未成者，亦忝然而为人师”[④]。他们主张“教师做错了事，无论如何，学生不便干涉”，放松了对自身的要求，“吃饭的时候也要赤膊，授课时躺躺藤椅，吸吸纸烟，兴到时还要唱支小曲”[⑤]，甚至参与赌博活动，忘记了应有的师道尊严。

近代徽州教育领域存在的普遍问题是乡村私塾林立，教学内容和方法陈旧落后。如绩溪县，“十五都除二三较大之村镇有完全小学之设立，余则皆半新半旧之改良蒙馆，甚或并蒙馆而无之”[⑥]。歙县有些塾师“自知难以久远存

① 汪邦钟：《歙县小学教育的黑暗》，《微音月刊》第25期，1925年8月13日。

② 《通讯：给曹若怯同志的一封信及曹若怯回复》，《绩溪评论》第1期，1929年12月1日。

③ 舍我：《歙县师范讲习所的“人”的问题》，《微音月刊》第26期。

④ 孙之杰：《黟县教育进行之计划》，《黟山青年》夏秋二季合刊，1923年9月。

⑤ 柯莘麓：《谈谈母校底近况并质问当局》，《微音月刊》第25期，1925年8月13日。

⑥ 周渭泉：《谈谈绩溪的教育》，《绩溪评论》第1期，1929年12月1日。

在，所以只好跑到城里来，向书店里买几幅挂图，办一盒粉笔，回去张挂起来；并在那‘天造地设’的黑色屏门上，写着几行雪白似的粉笔字，便当做黑板的用途；又在他公寓的门口，实贴着一条很长很阔的‘某某初级小学校’的招牌；这也要算是‘改造’、‘刷新’了”[①]。但是，他们上的科目仍然是三字经、百家姓、幼学、四书之类，每天“上午温书、背温书，上生书、背生书；下午写字、认字、默字、上生书、背生书。惩罚是打嘴巴、敲脑壳、打手心、打屁股、扯耳朵、下跪种种”[②]，与过去的私塾并无二致。

为改变徽州教育落后的现状，旅外徽州人提出了多种改良建议。针对办学者存在的问题，他们认为，办教育应以教育人为根本，要认真思考办教育的动机是什么，是否热心教育，“若以沽名钓誉和敛钱为唯一宗旨，那么，请诸君趁早偃旗息鼓，不要再闹！”办教育还要有真实的牺牲，能够牺牲精神，牺牲金钱，牺牲时间。同时，办教育要有教育人的能力，不能滥竽充数[③]。徽州旅浙硖石新安同乡会发布《电请安徽省政府整顿徽属之教育》，请准予饬令徽属六县县长从严肃清劣绅把持之小学，取缔不良塾师，普及党化教育[④]。旅外徽州人所提出的具体改良措施，可以看到主要集中在以下数端：

(1)办理师范教育，培养师资力量，以解决乡村小学师资缺乏的问题。这也是倡导教育普及者的核心议题，他们认为已创办的学校大多集中在城区，办在乡村的寥寥无几，乡村纵办了学校也不能持久，至多不过五年，甚至一两年就停办，这固然是乡村经济困窘、教育经费无法持续投入所致，但乡村师资缺乏也是无法忽视的问题。为此，他们提出要办理速成师范，培养能够担当乡村教育的人才，同时呼吁“办教育的人，应该分一部分向乡下跑，办办乡村教育，不要统统都向城里跑，因为乡村教育在这时是非常的重要，实在是教育根本的根本”[⑤]。他们充分认识到教师身教的重要作用，说“评判小学教师之

---

① 汪邦钟：《歙县小学教育的黑暗》，《微音月刊》第25期，1925年8月13日。

② 劭振人：《绩溪私塾问题》，《微音月刊》第25期，1925年8月13日。

③ 张国良：《告同乡的办教育者》，《微音月刊》第26期，1926年1月。

④ 《徽侨月报》第13期，转引自王振忠《“徽侨”与长江中下游区域社会》，《徽州社会文化史探微——新发现的16—20世纪民间档案文书研究》，第470页。

⑤ 周渭泉：《谈谈绩溪的教育》，《绩溪评论》第1期，1929年12月1日。

好坏的地方，不问是课室中，是假期里，小学教师的动作是给他们学习的机会，假使小学教师不能留意自己的动作，有出轨的行为，当然就不能感化学生，甚且学生要受其同化，所谓‘己正而后物正’，正确乎不谬”[①]，希望教师以身垂范。为培养乡村小学教师，陶行知在南京创办了“晓庄试验乡村师范学校”，他曾致函徽州六县县长及教育局(会)，要求各县选派二人至南京投考，以期学成之后，回到徽州从事乡村教育[②]。

(2)筹集教育经费，保证教育的正常发展。徽州各都各村皆有文会，其基本金多者数千元，少者亦有数百元，自科举停废后，这些有名无实的文会依然存在，每年的收入或移作他用，或归入私囊。旅外徽州人建议对文会资产进行整理，作为教育基本金。此外，提议扩充经费筹集渠道，如黟县碧阳书院的经费非常可观，每年除拨付碧阳高等小学常年经费外，还剩余四五百金，有人便提出把这笔经费全数补助师范传习所，以造就人才。

(3)设立教育行政机构，统筹管理地方教育。地方上最为重要的教育行政机构为劝学所、县视学，一县教育有无计划，能否进行，端赖劝学所所长是否得人，县视学员是否实心任事。旅外徽州人提出各县要由地方公同推举视学员、劝学所长，经省教育厅通令后，县公署详请委任，赋予其行政权威。

(4)整顿学校教育，改良或取缔私塾。1923年，黟县共办国民学校20余所，确有成绩者寥寥无几，大多数只具学校之名，而行私塾之实。因此，旅外徽州人建议对办理优良的学校进行重点扶植，增加补助，以示学校与私塾的优劣，提高民众对学校的信任度。孙之杰提出了改良私塾的具体计划:制定私塾调查表，按各学区进行详细调查，县视学员深入乡村考察私塾的教授、设备、管理等情况。设立塾师讲习会，以一月或两月为限，教授教育学识，同时进行定期演讲，于每星期或每两星期在各学区举行分区讲演会一次，讲授教育原理、教育法、三民主义教育等内容，凡学区内的塾师必须参加，无故缺席三次以上者，给予相应的处罚。组织塾师检定委员会，办理塾师的检查，凡成绩优良者，准照私立学校标准及立案手续，改为私立学校，酌予补助，未经呈

① 胡寄萍:《评论小学教师》，《绩溪评论》第1期，1929年12月1日。

② 陶行知:《中国乡村教育之根本改造及建设新徽州之使命》，《微音月刊》第31、32期合刊，1927年1月25日。

报备案及经备案而视察认为办理不合者，一律加以取缔。取缔方法分警告与停闭两种，凡有意规避及经指导后仍不改良者予以警告，其情节重大或警告后经过一定期间而未见改进者，勒令停闭。将私塾改办为初等小学者，学生直接转入学校，塾师也延揽入校，帮助管理，使其逐渐接受学校教育①。

改良徽州的社会风气与习俗也是旅外徽州人高度关注的问题。近代徽州有吸食鸦片、赌博、缠足三种陋俗，其中为害最烈、最难根治的社会痼疾当为吸毒与赌博。鸦片传入徽州后，迅速蔓延，城乡各处烟馆林立，“徽俗不论贫富，吃烟者十人而六七，面黧骨削，举目皆是”②。如婺源县，“鸦片流毒遍海内，婺人嗜之者亦多，自士夫以及负贩细民，靡然成癖。虽穷僻山居，无他市肆，而烟寮随在皆有”③。光绪末年，徽州知府刘汝骥曾奉朝廷旨意在徽州严令禁烟，要求“阖属士绅人等一体查照劝禁，其以烟馆为生涯者速速改图他业”④。歙县县令蔡世信奉命设立戒烟局，制定了“减价售药，限期戒烟”的政策，黟县县令胡汝霖甚至联合士绅创立了族祠戒烟社，以补官力之不足，但最终都没有收到实效。民国时期的徽州乡村还是禁者自禁，贩者自贩，吸食鸦片、红丸者为数甚多，“烟馆之盛，烟鬼之多，甲于全省，土豪劣绅多方包庇，中央禁令名存实亡，四乡烟土、红丸买卖等于公开”⑤。黟县“烟馆林立，盛于他县，城区乡村到处皆是，渔镇之烟馆土贩，更不待言，加以冒名军士运土求销，日有所闻”⑥。南屏、双溪、古筑、碧山、渔亭、宏村等处为红丸销路最广之区，全县每日消耗红丸烟土5000元以上⑦。绩溪县西乡七八两都的吸毒之风也非常兴盛，“土客盈村，啡贩（贩卖吗啡者）难举，该地人民入则一榻横陈，出则千金孤注，波澜所及，几无完人”⑧。

---

① 孙之杰：《黟县义务教育进行计划书》，《黟山青年》春夏两季合刊，1929年8月。

② 刘汝骥：《陶甓公牍》卷10《禀详·徽州府禀地方情形文》，《官箴书集成》第10册，合肥：黄山书社，1997年，第542页。

③ 光绪《婺源乡土志》第6章《婺源风俗》。

④ 刘汝骥：《陶甓公牍》卷1《示谕·严禁烟馆示》，《官箴书集成》第10册，第468页。

⑤ 《徽州治安问题》，《新安月刊》第1卷第6期。

⑥ 何世发：《为禁烟当局进一言》，《黟山青年》第10卷第5期，1931年5月。

⑦ 《一个惊人的报告》，《黟山青年》第10卷第8期，1935年8月。

⑧ 《春晓社之使命》，《春晓》第1卷第1期，1931年11月1日，绩溪县图书馆藏。

鸦片流毒无法禁绝，赌博的风气也呈愈演愈烈之势。徽州赌博的陋俗由来已久，早在明末即“赌风日炽，亡赖、恶棍串党置立骰等、马局，诱人子弟，倾家荡产，甚有沦为奸盗，而犯者比比”[①]。清末，在诸种犯罪中，赌博为最，各式赌窟在徽州遍地皆是，赌博的种类也甚多，有牌九、扑克、麻将、摇宝等名目，不论老少贫富贵贱皆愿意为之。据刘汝骥的调查，绩溪县“剧场会期，赌棚林立，棚或数十人或数百人，宝摊、骰牌，色色俱全。秋成后，无论大村、小村，不啻以赌场为其俱乐部，通宵达旦，习以为常。然开赌之先又必于佐贰、衙门说费，纳则略无顾忌，成年子弟因此倾家破产者有之”[②]。民国时期，情况依然如此，如绩溪县，“借演神戏聚赌抽头，最近如大石门之九月十二，石街头之九月二十四，楼基之十月初一，城区十月半之三元会……皆是聚赌卖烟的大好机会”[③]。

烟、赌相连，迭相为害，耗费了社会财富，败坏了社会风气。导致烟赌屡禁不止的主要原因在于地方行政的不作为，地方上的官员、胥吏、军警等公职人员在利益的驱动下与赌局、烟贩互相勾结，明禁暗放，终使烟赌之害在徽州难以根除。旅外徽州人为此非常痛心，不断在刊物上发表文章进行揭露，其中以对肩负地方治安责任的公安局批评为多：“地方当局、公安人员，只须按年按节，规矩不短少，禁赌捉赌无异于痴人说梦，即有告发，亦惟游行一周而已，因之赌风愈赌愈烈，至不可收拾乃止，年年为赌而倾家荡产者，莫不叠见曾闻，亦可哀已。”[④]公安局查禁烟赌之所以流于形式，是因为办公经费不固定，要通过抽取烟赌捐来维持正常的运转，公安局长之类的官员为谋取私利，包庇烟贩、窝藏烟土者也比比皆是，很多烟贩直接从负责禁烟的“监运专员”手里领取烟土，满街兜售，时人称是在“保险公司上过保险”，比什么都安稳[⑤]。《新安月刊》主编黄乐民痛斥道：“徽州的鸦片是已经有所谓‘监运专

① 傅岩：《歙纪》卷5《纪政类》，崇祯刻本，安徽省图书馆古籍部藏。

② 刘汝骥：《陶甓公牍》卷12《绩溪民情之习惯·己·从道德上观察民情：犯罪以何项人为最多》，《官箴书集成》第10册，第613页。

③ 《绩溪的新希望》，《绩溪评论》第1期，1929年12月1日。

④ 积和：《徽州烟赌之流毒》，《新安月刊》第1卷第7期，1933年9月25日。

⑤ 《烟土红丸贩之黑幕》，《黟山青年》第10卷第1、2期，1931年2月。

员'公然以运销鸦片为官，这可概见一般的情况。鸦片由官家监运推销，烟民也由官家抓捕罚禁，这是黑暗矛盾到什么程度！怎不造成社会种种纠纷、贫弱与罪恶。"他提出政府"禁"与社会"劝"相结合的禁烟办法，具体而言，政府要敢于破除情面，严厉处罚贩卖烟土者；公务人员要切实调查，对涉嫌人员依律严惩；为防止军警借口包庇，各乡区自办保卫团；确保公安分局经费能按时发放；社会各界也应当尽力宣传吸食鸦片红丸的危害，让吸食者意识到吸毒不但败坏了家财，更摧残了身体，无异于慢性自杀①。

面对家乡愈演愈烈的烟赌之害，旅外徽州人已经意识到仅仅依靠政府无法解决，因此早在《黟山青年》创办之初，就有人提议发动广大同乡，用自身行为去推动禁烟，如黟县人何世发建议推行劝告方法，大量印刷劝告的印刷品，分贴各村。该种方法得到同乡的赞同，胡笃初等人主动奔走张贴布告，产生了一定的影响②。同时，旅外徽州人逐渐意识到教育对禁烟的作用，他们出资设立阅报社、图书馆，组织通俗讲演团，开办游戏运动场，尝试通过社会教育启迪民众心智。黟山青年励志会从上海购置书籍，在黟县县城设立了青年图书馆，并在《黟山青年》上发表声明，号召广大青年到图书馆去看书："不要荒废宝贵的光阴，到青年图书馆看书去；不要赌博与吸烟，到青年图书馆看书去；不要作无益的应酬，到青年图书馆看书去；青年图书馆有报纸、有书籍、有杂志，看了能知时事，能增知识，能益身心；无论男女老幼，不费一分一文，均可去看。"③力图丰富徽州人的精神生活，帮助他们远离毒品。

有学者指出："研究报刊，既要探讨报业本身变迁的轨迹，也要分析其刊载的内容，通过报刊内容看社会舆论的重叠与交错，由此解读社会舆论的分歧及共性。"④结合对上述两个问题的考察，我们可以看出，教育和烟赌已经成为二十世纪二三十年代旅外徽州人的舆论焦点，这也从另一个侧面反映了

---

① 黄乐民：《鸦片流毒中徽州的烟禁问题》，《新安月刊》第1卷第8期，1933年10月25日。

② 《会务报告》，《黟山青年》1923年春季刊，1923年3月。

③ 《黟山青年励志会立青年图书馆启》，《黟山青年》第9卷第3期，1930年3月1日。

④ 王天根：《近代中国报刊与社会历史》，《安徽大学学报》（哲学社会科学版）2010年第1期。

教育和烟赌对徽州社会所产生的深刻影响。

三、余论：救国与救乡

从时间上来看，旅外徽州人创办的刊物大多集中在上世纪二三十年代，这也是中国社会发生重大变动的时代，日本帝国主义正在加快侵略中国的步伐，民族危机日益加深，救国的呼声普遍高涨。在旅外徽州人看来，救乡与救国是一致的，“民族意识的基础大部分建筑于乡土观念之上，故欲民族意识的发扬，必先培植爱乡观念，而爱乡观念的鹄的，在能促进地方之发荣与社会之改善”①。徽州民众除了遭受内乱外患的压迫，还受到地方上恶绅劣董的挟制，兵警的勒索，交通不便的痛苦，以及旧礼教的束缚，所以他们呼吁，作为徽州人，在担负救国工作之余，还要致力于救乡运动②。他们认为，救乡运动不是一种狭隘的乡土主义的运动，而是救国运动的必要步骤。当中国处在破碎、分裂、灾害频仍的时候，“实在不是空喊口号，徒唱高调的时候了”，“最好大家能都注意到各人自己关系密切、情势熟悉的家乡，集合各个地方的人才，从事关于各该地方的各种问题的研究，这是事半功倍的工作，就研究的结果，随时随地向政府与社会贡献，实较易于达到分途建设的目的”③。由此，《新安月刊》将办刊方向定位为“集中人才，充实力量，研究徽州，建设徽州”，以尽革新桑梓的义务，从而有裨于徽州，以至有益于国家。这也得到当时大多数徽州人的认同，由此我们就很容易理解旅外徽州人对徽州社会进行改良的迫切心情了。

回到旅外徽州人所办刊物本身，我们也要看到，在现实条件的制约下，旅外徽州人的改良建议有时不免流于形式，黟县人项仲薇曾以无奈的口气说：“我们一般投稿的作家，在《黟山青年》上贡献了不少的好政策，太息都没履行，社会、道路、家庭、实业、风俗、卫生等，无不依然如故。”④这在某种程度上折射出旅外徽州人所办刊物的尴尬处境：虽然这些刊物以改良家乡社会、建

① 本刊同人：《一个总答谢》，《新安月刊》1934年2月25日。

② 方业韶：《救乡运动的我见》，《微音月刊》第26期，1926年1月。

③ 黄乐民：《本刊今后的趋向》，《新安月刊》第1卷第7期，1933年9月25日。

④ 项仲薇：《黟俗犹然如故》，《黟山青年》第5卷第1期，1926年1月。

设新徽州为己任，但作为媒介，只能起舆论监督的作用，无法保证地方政府乐意接受监督，从善如流。

另一方面，这些刊物的作者群成分复杂，所投稿件内容有时真伪难辨，甚至存在抄袭和发泄个人私愤的情况。《古黟新语》曾收到读者来信，反映该刊发表的文章所用材料太少，拉杂而书，并且“骂人之字面甚多，个中有无情弊，阅者甚为怀疑”[①]。《黟山青年》经常刊发更正或辩论性质的文章，舒璟在第10卷第3期发表了《我黟小学生人数最近的统计》一文，其统计的碧阳、屏山、蔚文、敬业四所小学的学生人数存在失误，后予以更正。敬业小学校长吴乐仁也来信对其提出反驳，就该文所列“学生日渐减少、成绩毫无、狡计百出、拍电欢迎”等事进行辩论。编辑认为“二者各执一词，均含有攻击的意味，如是互相钩角，恐闹成教育界分裂不良的现象”，特于第10卷第4期征求第三方的公评。这就提醒我们，在利用旅外徽州人所办刊物上的资料时，必须小心求证。

原载《安徽大学学报》2011年第4期

① 汪之疆：《敢告一言》，《古黟新语》第11号，1925年9月1日。

明清徽州的自杀现象

郭学勤　周致元

自杀是一种特殊的社会现象，它是“由死者自己完成并知道会产生这种结果的某种积极或消极的行动直接或间接地引起的死亡”①。明清徽州文献中，自杀现象的记载较为普遍。“休宁风俗尚气轻生，小事小忿，俄顷之间，动即自杀”②，清朝康熙初期，休宁县令廖腾煃上任伊始，“察其土俗，访其弊政”，发现休宁县自溺、自缢者“或数日一至，或一日数至”，慨叹“大害莫过于自杀一事”③。歙县亦类似，“歙民尚气好胜，遇拂意事，短见轻生者间亦有之”④。至于绩溪，“女子之刎颈、饮毒、自缢、投河，每层见迭出”⑤。徽州府六县民风基本相似，从休宁、歙县和绩溪三县民众自杀非常普遍的情况应该可以推断出徽州一府均是如此。法国著名社会学家埃米尔·迪尔凯姆通过实证研究，在《自杀论》中认为自杀与心理状态和精神病等无重大关系，但和社会环境有着密切的关系。明清时期徽州社会存在的大量自杀现象应该是社会状貌和特征的必然产物，而对此现象，徽学界尚没有人给予关注，因而有必要进行探讨。

---

① [法]埃米尔·迪尔凯姆：《自杀论》，冯韵文译，北京：商务印书馆，2001年，第11页。

② (清)廖腾煃：《海阳纪略》卷下《详文·两江总制传安徽抚院江详文》，清康熙刻本。

③ (清)廖腾煃：《海阳纪略》卷上《告文·告城隍文》。

④ (清)刘汝骥：《陶甓公牍》卷12《法制·歙县民情之习惯》，载《官箴书集成》(第10册)，合肥：黄山书社，1997年。

⑤ (清)刘汝骥：《陶甓公牍》卷12《法制·绩溪民情之习惯》。

一、明清徽州自杀者的身份

明清徽州的自杀行为涉及社会各个阶层，不过，徽州籍官吏和烈女自杀已有学者进行过研究[①]，本文不再赘述，除了这两种人之外，自杀者的身份可以分为以下几个群体：

第一种是儒生。明清徽州地区“十户之村，不废诵读”，把读书科考作为第一等生业。与此同时，“臣事君以忠”的儒家伦理在儒生灵魂深处根深蒂固。歙县桂林耆儒洪宏祖，“为郡守陈彦回所重，事每谘之。建文末靖难兵起，宏祖白彦回勤王。成祖登极，彦回械入，宏祖左右与偕，及彦回毙，投水死”。明朝灭亡时，徽州的儒生们采取自杀的方式结束自己的生命，不与新的王朝合作，屡见于记载。歙县罗田人方国焕，“国变，绝粒累日，刺血题诗于壁，雉经而死”。祁门人马嘉是崇祯时举人，“十七年闻都城陷，整衣北面再拜，投缳死”[②]。

另有儒生因借贷不能及时偿还而自杀的事例，很是让人感慨：汪嘉骏是明代嘉靖年间南山文会的五位司事者之一，按照会规，五人可以分领文会余资，在第二年的三月初十把管理的资本交回文会，不得欠缺。汪嘉骏将循例分领的五金借给了在外地经商的儿子，并“嘱其以春仲寄归”。但是由于邮差在路上受阻，到了三月九日信仍未到，“文学踌躇四顾，无可如何”。汪嘉骏设想着“来日广众之中，何堪受人诮让”，于傍晚时分“遂走荫山，投澄潭而死”[③]。

第二种是商人妇。徽州男子往往婚娶后不久即外出经商，因此，商人妇也为徽商的财富积累付出了巨大牺牲。这种牺牲不仅体现在精神上的孤寂与悲伤，也体现在物质上缺乏支撑，有时甚至需要她们付出自己的生命。清

---

① 周致元：《儒家伦理与明代徽州籍进士》，《安徽大学学报》（哲学社会科学版）1999 年第 4 期；《明清徽州妇女节烈风气探讨》，载周绍泉、赵华富主编《’95 国际徽学学术讨论会论文集》，合肥：安徽大学出版社，1997 年，第 159～174 页。

② 道光《徽州府志》卷 12《人物志·忠义》。

③ （清）佘华瑞：《岩镇志草》贞集《逸事》，《中国地方志集成·乡镇志专辑》，南京：江苏古籍出版社，1992 年。

朝康熙年间，歙县胡百福娶妻余氏不久即远走他乡经商，“多年不归”，在这种情况下，余氏“盼夫情切”煎熬度日可以想见，“兼之贫难度日，于旧年腊月十三日夜，短见自缢”①。明代歙县吕德可妻黄氏自杀和丈夫的外出经商也有直接关联。“吕远贾，乡有富儿逾墙犯之”，在暴徒面前，黄氏的选择除了“奋詈声彻乡里”外，就是“忿而自经”②。

徽商的商业经营并不总是一帆风顺，殷实的资产时常是贪官污吏觊觎的对象，甚至可能导致家破人亡，此时徽商妇也就成了牺牲品。明朝天启年间，歙县西溪南大商人吴养春的仆人吴荣依附魏忠贤，“首发养春欺隐黄山旧案”，吴养春父子等八人被捕，后来除三人无罪释放外，“余俱毙狱”。在“资尽而命已尽，人亡而家愈破”的情况下，吴养春妻汪氏“捐生于投环”③。

徽商在经营过程中，遇到经济纠纷在所难免，而商人妇也不可避免地卷入纷争中，甚至可能以死相逼。清雍正三年(1725 年)，歙县李大生与王景思等合伙贩柴给倪子云、倪天叙兄弟，双方“交身议约”，倪氏兄弟先行付银 33 两多。双方哪曾料到，送柴前的 3 天，“洪水涨发，扫樵无存”，倪氏家人亦亲自目击此事，“多人且证”。李大生等被一场大水冲得“血本毫无”，准备退半价给倪氏兄弟。但是兄弟二人要求李大生等还足银两，在索要未果的情况下，十一月初三“计逼弟妇胡氏持刀带药”到李家碎毁家什，百般辱骂，“声言不找伊银，伊则刎刀吃药，做命图赖”④。胡氏最终是否自杀，我们不得而知，但胡氏已做好自杀准备，随时可能死于非命，这是可以确定的事实。

第三种是农民。徽州山多田少，农民的生产条件十分艰苦，“烘壅缉栉，视他郡农力过倍，而所入不当其半。又田皆仰高水，故丰年甚少，大都计一岁所入，不能支什之一”⑤。在明清时期，社会贫富分化日趋严重，农民在社会利益分配链中处于十分不利的地位，经济实力脆弱，他们动辄因细微经济利

① (清)吴宏：《纸上经纶》卷 1《招·官蠹镶诈等事》，载郭成伟、田涛点校整理《明清公牍秘本五种》，北京：中国政法大学出版社，1999 年。

② 道光《徽州府志》卷 13《人物志·列女》。

③ (清)佘华瑞：《岩镇志草》元集《建置·黄山大案奏疏》。

④ 王钰欣、周绍泉主编：《徽州千年契约文书·清民国编》卷 1《雍正三年李大生状纸》，石家庄：花山文艺出版社，1991 年，第 239 页。

⑤ (清)顾炎武：《天下郡国利病书》原编第 9 册《凤宁徽》第 75 页，《四部丛刊》本。

益而自杀。如明朝崇祯年间歙县的几例自杀:王应祥“因买毹与妻角口,致妻愤缢”;凌求老的弟弟凌四老与凌承佑“因争粿直些微,二母各出护其子,相诟,而求老之母老病,抱愤饮卤”;江八舫长年受雇于巴黑驾船,从严州到徽州运输货物,一次,把客商吴斗顺的麦子丢了一石五斗,围绕着这一石五斗的麦子,商人吴斗顺、船主巴黑和船夫江八舫三人各不相让,导致江八舫走投无路,“服毒往赖,返殁于舡”[①]。

明清徽州社会贫富分化严重,一些人穷困潦倒沦落为乞丐。明崇祯年间,乞丐汪长孙和余元相邻而居,“有病婢桂兰逃匿其家。元妻往报,兰主羞而不认,元遂寄同丐家”。轿夫余元、何贵“探知长孙妻妒,潜往舁之而去。据贵称,交钱八百文,元称长孙妻得一百五十文”,汪长孙“醉而与元詈,龚三劝斗,亦成詈”。长孙受到“内谪外诃”,最终“愤而服毒”[②]。

康熙四十四年(1705年),休宁贫民马麟借吴显章一斗麦子,未满一年还吴二斗。后来马麟抱布出售时被吴看到,吴却说马麟借的麦没还清,并强行夺布,还“扬言必再还米一斗,方可清完借项”。“马麟,窭人也,一闻此语,心既不甘,力又不逮,愤极计穷,遂于是夜潜至显章近村空野处,缘树而上系绳自缢”[③]。更有甚者,产生矛盾的双方都会自杀。如明崇祯年间,歙县汪金老、汪宗历两人儿子因一桃之争,双方的妻子互相谩骂,最终导致“一赴波,一雉经”[④]。

第四种是奴婢。明清徽州蓄养奴婢现象非常盛行,“休邑恶俗,民间畜养女婢,皆至四五十岁不准婚配,家家如是,视为故常”[⑤]。清康熙初期,休宁秀才戴以健继母对婢女严酷拷打,致该婢女“投水寻见”[⑥]。明崇祯年间,歙县程恩之仆程丑与刘正之婢天喜私奔,天喜主家寻觅,“浼邻孙之志同总甲王天德迹至小北门外方麻冬家,排闼而入”,程丑、天喜二人从后门逃走,“喧哄彰

① (明)傅岩:《歙纪》卷9《纪谳语》,明崇祯刻本。
② (明)傅岩:《歙纪》卷9《纪谳语》。
③ (清)吴宏:《纸上经纶》卷4《谳语·逼杀夫命事》。
④ (明)傅岩:《歙纪》卷9《纪谳语》。
⑤ (清)廖腾煃:《海阳纪略》卷下《详文·为条陈编审并各款通详两院文》。
⑥ (清)廖腾煃:《海阳纪略》卷上《告文·告城隍文》。

闻，丑惧罪且怨之志发其事，乃服毒登志门图赖以死。未几，天喜亦服毒来，同陨志家”。知县傅岩认为此事属于二人“图赖”，很显然是轻视了奴婢的人格，奴婢们虽然地位低下，但也可能为纯真的爱情而不惜效仿梁祝化蝶。当然，奴婢自杀图赖的现象也是存在的。明崇祯年间汪喜才偷吴阿凌瓜，吴阿凌把此事告诉汪喜才的主母，“主母切责之”。但是汪喜才却“怂恿其妻服毒，将尽，负至阿凌之门而死”[①]。因为偷瓜之类琐事而逼死人命，在当时的乡村中并不罕见。

综上所述，我们可以解读出这样一个史实：明清徽州自杀者的身份十分复杂，包括儒生、商人妇、农民、奴婢等各个阶层。

二、自杀原因

明清徽州民众自杀原因复杂多端，通过对这一问题的剖析，我们可以从一个侧面透视明清徽州社会生活实态。

首先是效忠。在社会动荡、王朝更迭的背景下，儒生仍然坚持自己的信仰，他们宁愿杀身成仁也不愿做新皇帝的臣民或接受新王朝的统治，与农民起义军更是势不两立。如洪宏祖、方国焕、马嘉全是如此。

不仅儒生们效忠君国，徽州的奴婢们也懂得效忠主人。明代休宁胡宥到贵州巡查，奴仆文学跟从。胡宥脾疾复发医治无效，“文学不忍见主人死，曰：‘死而可代也，吾六尺直鸿毛耳！即不获代，而主君卒不讳，孤魂在万里外，谁与从者？惟先死以俟耳。’遂自颈其喉咽，所不合者仅指许”[②]。

其次是维护尊严。上引汪嘉骏不堪于第二天在大庭广众之下受人责问而投水死；吕德可妻黄氏用自缢表达自己的贞节，二人都是为了维护尊严。在动荡的社会中，女性比男性更易受到伤害，她们往往会成为贼寇无赖觊觎的对象，为了维护尊严、保持名节而步入了自杀者行列。汪钦时妻吴氏和儿媳叶氏遭遇乱军，他们“虑为兵校所逼，吴慷慨伏刃死，叶赴井死”[③]。

其三是保全他人。在危难时刻，为了保护他人的安全而宁愿自杀的现象

---

① (明)傅岩：《歙纪》卷9《纪谳语》。

② (清)赵吉士：《寄园寄所寄》卷11《泛叶寄》，清康熙刻本。

③ 道光《徽州府志》卷13《人物志·列女》。

在徽州也很常见。明朝武宗时期，程然的父亲是言官，曾经弹劾太监刘瑾、马永成等。程父死后，刘瑾假托皇帝诏命将程家抄家并欲逮捕程然兄弟。程然被母亲藏到未婚妻黄家，然而，黄父害怕受到牵连就报告了官府。机智勇敢的黄烈女乘父亲外出之时，“疾至然所，告以故，启园门出之，并赠以金，然以是得脱。烈女遂自尽”。明崇祯年间，歙县黄以位妻吴氏与姑都被乱军掳掠，“氏踊跃赴火死，姑因得释”①。

其四是家庭矛盾。明清徽州民众自杀很多是由家庭矛盾而起。晚清时期，徽州知府刘汝骥曾组织人员对各县的自杀情况进行社会调查。婺源妇女偶尔有自杀的，“非妇人刚于男子也。其蹈此者或因有所忿，如夫妻反目、翁姑诟谇之类”②。祁门同样如此，“无知妇女或姑媳勃谿，或夫妻反目，一时忿不顾身，投环、赴水者有之，情急自尽，均非意存图赖”③。更有甚者，绩溪妇女“含忿自尽者，母党辄纠众理论，名曰‘吵死’。衣衾之丰，棺椁之美，较正命者有加”。这种恶习更助长了处在家庭矛盾中的妇女以自杀来挟制、报复婆家的风气，致使“翁姑少有勃谿，遽萌短见；夫妻偶然反目，遂至轻生”。有些妇女“本无死志”，却以死相逼，“弄假成真”。尽管绩溪出台了“自杀不许祔庙之例”的宗法族规，而“自杀之事仍不能禁绝”④。这种情况和两百多年前的记载基本吻合：“徽俗，妇死，其妇家之强有力者，公然率党及舆拥妇人而哘，抢斗蜂起。先掠奁而去，后始挟棺衾之厚，徐徐索命。”即使是“其志廉者”，也是“仅求答帛”⑤。夫妻之间矛盾导致妻子自杀的现象是很常见的，如上引王应祥妻因为买猪导致夫妻之间发生口角而自缢身亡。崇祯年间，歙县程文汤女嫁给黄四十，一月后黄家发生火灾，饲养的猪又长得很瘦，“夫妇怨贫，未免归咎妇之时命。妻以为生不如死。俗夏月然信石驱蚊，邻妇庆嫂适鬻之。买归自鸩”⑥。

---

① 道光《徽州府志》卷13《人物志·列女》。
② (清)刘汝骥：《陶甓公牍》卷12《法制·婺源民情之习惯》。
③ (清)刘汝骥：《陶甓公牍》卷12《法制·祁门民情之习惯》。
④ (清)刘汝骥：《陶甓公牍》卷12《法制·绩溪民情之习惯》。
⑤ (明)傅岩：《歙纪》卷9《纪谳语》。
⑥ (明)傅岩：《歙纪》卷9《纪谳语》。

除了夫妻之间的矛盾，姑媳不合也是引起自杀的家庭矛盾之一，可能导致儿媳自杀。更有甚者，儿媳娘家登门吵闹又可能会导致婆婆自杀的悲剧。崇祯年间，歙县余万才的儿子外出到山东，“遗媳在家，与姑不合而缢”[①]。清康熙年间，詹务本媳范氏自缢后，“老主母受范家的人辱骂，且在家吵闹，致老主母服卤”[②]。这样推测范氏自缢应该是姑媳之间的矛盾所致。姑媳矛盾很容易转化成夫妻反目，如清康熙年间，汪茂文老母阿胡在粟田里锄草，儿媳毕氏送午饭过迟使阿胡很生气，但是毕氏没有认错，反而把饭碗向阿胡扔去，“迨茂文归，阿胡忿极相告，茂文遂执锄柄痛责其妻”，毕氏于是“投塘殒命”[③]。

联结型大家庭中的小家庭之间也会有矛盾，如有人自杀就会影响其他小家庭的正常生活。清雍正年间，黟县胡可佳与弟胡宁同室居住，胡宁妻欧氏悍泼异常，“迩欺弟懦，日夕炒（吵）闹，弟稍加诫谕，动辄持刀做命，悬梁自缢”[④]。胡可佳担心将来会发生不测，所以将此事告到了官府。需要说明的是，这则史料出自诉讼状纸，原告胡可佳对于欧氏所作所为可能有诋毁的成分，但无论如何，这也应是家庭矛盾导致了欧氏的极端行为。

父女之间的矛盾也会导致自杀情况的出现。清康熙年间，杜贤家做午饭，次子想吃而长女生气不让他吃，“贤恶其过急而并叱之”。然而杜贤长女并没有听从父亲的训斥，反而和父亲对抗，“越两日而悍泼之性不解，至二十日自缢”[⑤]。徽州人所写自传体小说中也有父子矛盾导致自杀的情节：清光绪三十四年，詹明铎三弟因为买目鱼小事冤受其父的责骂后非常气愤，于是向顺爷和鸡茂哭诉，但是并未得到慰藉，反而听到了不入耳的话语，“愤气填

① （明）傅岩：《歙纪》卷9《纪谳语》。

② （清）吴宏：《纸上经纶》卷1《招·特参贪酷等事》。

③ （清）吴宏：《纸上经纶》卷1《招·殴妻至折二齿以上》。

④ 王钰欣、周绍泉主编：《徽州千年契约文书·清民国编》卷1《雍正四年黟县胡可佳状纸》，第243页。

⑤ （清）吴宏：《纸上经纶》卷4《谳语·逼死女命事》。

膺，无处发泄，遂盗鸦片烟服之”[①]。被人发现后抬进城内医院施救，可是血液已经凝固，抢救无效而死亡。

其五是恐惧。强烈的恐惧心理无法排遣时会导致自杀。徽州知府刘汝骥用“或因有所慑”[②]来总结徽州民众这一自杀原因。如休宁秀才戴以健继母酷拷婢女，婢女遂投水身亡。

明清徽州畜奴之风非常盛行，奴婢人身是不自由的，婚配要事先征得家主同意，否则要报官惩处。如程丑和天喜准备背主私奔，面临着法律的制裁。明清徽州在诉讼、审判中对罪犯肉体和精神的直接摧残相当严重。明朝万历年间，古之贤任徽州知府以来，“窃见在外有司不谙事例，动辄用枷。或三两人共一连枷，或将妇人与男子同枷，或用重大湿木至一百二十斤以上之枷，俱先打后枷；既辗转不便，痛楚不胜，未有不死者。既死，不与相埋，仍荷枷不解者有之。以此□决不待时者，其刑尤惨矣”[③]。所以在私情被发现后，丑、喜二人惧怕受刑受辱，服毒后到孙之志家死亡。

明朝崇祯年间，歙县孙社明等纠集一帮乌合之众，获悉回乡的商人程茂、程一赞“囊□颇厚”便执械强劫。只因为程一赞说出“认得”，“孙社明手戕事主，实为渠魁，严缉日久，约里呈其自尽。追讯其妻郑娇儿，称夫事发逃遁，忽于七月初三日晡服毒，归家卧地，喊痛，昏夜而绝”[④]。一个胆大妄为的强盗，在法律威慑面前而服毒自尽。

其六是悲痛过度。亲人的离世给活着的人带来的悲伤和痛苦是可想而知的，徽州方志中记载了大量父母去世，孝子孝女因过度悲痛而死甚至自杀的感人故事。官府把这些人的孝行写进《徽州府志》人物志“孝友”，这表明了官府对于这种行为进行表彰的鲜明态度。这种孝行更突出表现在子女同至

---

① (清)詹明铎著，王振忠、朱红整理校注：《我之小史》第12回《闻弟耗命驾来杭奉亲命买舟归里》，合肥：安徽教育出版社，2008年，第200页。另据此书后的附录《詹明铎先生生平大事年表》记载，光绪三十四年戊申七月二十日，詹明铎“三弟暗盗鸦片烟服之。詹明铎在连市，接信之后，赶到杭州，抚棺一恸”。

② (清)刘汝骥：《陶甓公牍》卷12《法制·婺源民情之习惯》。

③ (明)古之贤：《新安蠹状》下卷《行六县禁革重枷》，明万历刻本，藏安徽省博物馆保管部。

④ (明)傅岩：《歙纪》卷9《纪谳语》。

亲的"同态死亡"上,如乾隆五年(1740年),贺氏女母亲在火中丧生,"贺见母陷火且羞衣不及蔽,决志殉,乃啮援者指得脱而死"。邻居叶氏女与贺氏女"素相善","闻贺死来视,亦同死烈焰中"①。

其七是邻里矛盾。邻里之间产生矛盾是常见的,但是明清时期徽州家庭经常会因为墓地、田土、粮食、债务等纤小矛盾纠纷而导致自杀。清朝康熙初期,休宁知县廖腾煃发现辖内"每竞逞其剽悍之气,多不循于情理之辞,屋宇各有垣墙而恃强毁折,坟茔各有界限而恃强占侵,宗族闾里非朝索券则暮斫树,妇姑妯娌非詈圈鸡则骂栏猪,起争常在锥刀之末,酿祸辄成丘山之重"。因这些邻里矛盾导致大量的自杀诉讼,廖知县"通计下车,甫及四月,每续成案,不禁三叹,投缳、食卤者旬日屡闻,服毒、赴河者阅月数见"②。这和晚清徽州知府刘汝骥的记载十分相似:"歙民尚气好胜,遇拂意事,短见轻生者间亦有之。"③如上文乞丐汪长孙因病婢桂兰卖钱一事,受到余元、龚三的痛骂,愤而服毒。这是矛盾的当事人自杀,更有家庭其他成员加入自杀行列的,如凌四老母亲因儿子和别人的钱财之争而抱愤饮卤。祁门存在着类似现象,"年轻子弟诱入赌场因输空而轻生者有之",但是这是纠纷当事人"情急自尽,均非意存图赖"④。更有甚者,矛盾双方竟然为细小琐事均愤而自杀。如汪金老、汪宗历儿子间的一桃之争导致二人妻子均自杀。

其八是图赖。明清徽州广泛存在着这样一种特殊的自杀:纠纷当事人自杀后,家人或亲属利用死者以期从对方获取经济利益,甚至置对方于破产的境地,即"自杀图赖"。"徽俗轻生,尸亲因以为利,借命图赖,甚至聚集抢掳,无干亲族亦有依此居奇兴讼索诈者。"⑤对此,休宁知县廖腾煃"于未入境即知大害"⑥,这里的大害即指"自杀图赖",在休宁知县任上他特别关注这一现象,说"贵乡大害,首推图赖一事,一人自杀,祸延数家,或一日而数见,或一月

① 道光《徽州府志》卷13《人物志·列女》。
② (清)廖腾煃:《海阳纪略》卷下《告示·为民祷请示》。
③ (清)刘汝骥:《陶甓公牍》卷12《法制·歙县民情之习惯》。
④ (清)刘汝骥:《陶甓公牍》卷12《法制·祁门民情之习惯》。
⑤ (明)傅岩:《歙纪》卷5《纪政迹》。
⑥ (清)廖腾煃:《海阳纪略》卷下《告示·为民祷请示》。

而数闻”[①]。这一恶俗有其产生的很重要原因:“富者平日既不好行其德,群不逞之徒久成忌嫉,内蓄于心,及一旦有祸,莫不幸而乐之,挤而下石,无所不至。”而令人瞠目结舌的是:这种图赖“专以牵陷飞诬传致其素所恼恶为事”,结果是“富者破产,贫者杀身”[②]。如清康熙初期,张冬香与胡元老产生矛盾后,“张冬香扭断栅栏门锁嗔元老理论,反行凶殴”,然后又到元老厅上用头乱撞,“元老畏其老刁,将身闪开避之”,而张冬香竟还赶追,不慎跌倒脑后磕破,张非常恼怒,“即将久患痢疾病妻扶至元老楼上做命图赖”[③]。

自杀图赖这一恶俗“往往借一命以倾人家产”,结果甚至是“冤冤莫已,波涌风生”[④],“不过欲破其所相怨毒之家,甚至移甲就乙,牵连不止”[⑤]。如上文中汪喜才偷吴阿凌瓜,却怂恿其妻服毒,并背到阿凌家图赖。官司打到官府后,汪喜才觉得阿凌衰老无利可图,便把图赖对象从阿凌转向了吴明全兄弟及细老、大老。

其九是穷困。当被贫穷困扰而无法生存下去时也会让人感到生活无望,以自杀来作为解脱的方法。如余氏因丈夫胡百福出外经商多年,音信杳无,极端贫困使她自缢身亡。而一些节妇,特别是无子节妇,晚年由于缺乏生存的基本物质保障而难以度日,也可能出现自杀的情况。明代歙县方氏在丈夫亡故后,深居简出,“甘以纺绩自给,至暮年,患目几丧明,度无以自存,因阖户自经”[⑥]。

明清时期,徽州高利贷盛行,而且放贷者为富不仁,而徽州的农业生产条件非常恶劣,民众生活非常艰难,一旦高利贷缠身就可能出现自杀情况。上引穷民马麟就是因为高利贷的盘剥而命归黄泉。崇祯二年(1629 年),吴希禹妾自缢后,吴以田抵押,向放债为业的洪必大借贷 40 金作为诉讼费。“禹纳租两载余,后以贫不继”[⑦],他就这样背上了高利贷的重负。

---

① (清)廖腾煃:《海阳纪略》卷上《书·上汪涵斋府丞》。
② (清)廖腾煃:《海阳纪略》卷上《告文·告城隍文》。
③ (清)廖腾煃:《海阳纪略》卷下《审语》。
④ (清)廖腾煃:《海阳纪略》卷上《告文·告城隍文》。
⑤ (清)廖腾煃:《海阳纪略》卷下《详文·两江总制传安徽抚院江详文》。
⑥ 弘治《徽州府志》卷 10《人物·列女》。
⑦ (明)傅岩:《歙纪》卷 9《纪谳语》。

由于为死者讳的传统，史书对自杀现象记载尚显单薄，很难对明清徽州民众自杀原因进行量化分析。不过，三部徽州判牍汇编——《歙纪》《海阳纪略》和《纸上经纶》均有大量案件的审判记录，其中记载了20例平民自杀死亡案例。在这20例中，因家庭矛盾自杀的6例，邻里矛盾4例，贫困3例，经济纠纷1例，图赖和恐惧各3例。可以看出，自杀死亡原因以家庭矛盾和邻里矛盾最多，占总数的50%，而这些家庭矛盾和邻里矛盾产生的最主要原因是物质经济利益；贫困、经济纠纷和图赖次之，占总数的35%，三者均和物质经济利益有直接关联；恐惧占总数的15%，3个案例中有两个属于奴婢自杀，另一例是实施抢劫的罪犯逃跑后服毒身亡。在这20个案例中，与经济物质利益有直接关系的14个，占总数的70%。据此，我们得出一个结论：明清徽州民众自杀主要是经济因素导致的。

三、明清徽州民众自杀现象折射的社会特征

明清徽州民众自杀并不是单纯的个人心理问题，更不是医学上的病理现象，而是徽州民众群体性价值观念的反映，折射出徽州某些社会特征。

首先反映了徽州儒家伦理盛行。徽州是程朱阙里，厚重的儒家思想文化渗透进每一个徽州人的思想和灵魂。而且，明清时期徽州宗族的自治功能日益强化，“徽州宗族通过族规家法等制度设计，对其自身及成员处理与其他异姓宗族及成员、国家之间的关系制定了相应的规范措施，并通过对这些规范措施的积极实践，在一定程度上实现了对其自身及成员社会关系的控制”①。这使得这块“东南邹鲁”一直保持着为人称颂的良好社会风气，如官吏忠介、平民孝友、妇女贞节、商人重义、奴婢忠心等。一些儒生如同官吏一样，忠于君王和朝廷，在皇帝落难或是王朝灭亡时，不愿在新的王朝委曲求全，宁愿以自杀的方式结束自己宝贵的生命，这是忠君思想在现实中很突出的表现。孝子孝女孝媳在父母姑舅重病时刲股或割肝疗亲的感人事迹屡见不鲜，甚至在至亲亡故后因悲痛而走向自杀，如上文中的贺氏女自焚。明清时期徽州妇女

---

① 陈瑞：《明清时期徽州宗族社会关系控制初探》，《安徽史学》2007年第2期。

节烈风气鼎盛,“节妇烈女为徽最多”[①],节妇“或称未亡人而代养而抚孤,嫠居数十年终始完节”[②]。她们在非常时期通常用自杀来保持名节,如上文的吕德可妻、汪钦时妻吴氏以及吴氏的儿媳叶氏等。徽商执明清商界牛耳数百年,其成功的一个重要原因就是恪守“讲道义、重诚信”以及“诚信为本、以义取利”的经营理念。这些都是受到儒家伦理的深刻影响所致。

同时,明清徽州民众自杀现象也折射出许多严肃的社会问题,概言之有如下几点:

第一,社会贫富分化日益严重。随着社会经济的日益发展、人口的稳步增长和土地兼并的逐步加剧,明清时期徽州人地矛盾愈发尖锐,“生齿日繁,则生计日隘,细民勤其职业者,为力最劳,为享最薄”[③],贫富分化日益严重,“富者愈富,贫者愈贫”,甚至“富者百人而一,贫者十人而九。贫者既不能敌富,少者反可以制多。金令司天,钱神卓地。贪婪罔极,骨肉相残”[④],已非昔日之“世外桃源”。在贫困的生活环境中,细小的物质利益都会导致矛盾纠纷,特殊情形下就会引起自杀这种极端行为。部分弱势群体的宝贵生命也成为社会上利益纷争中借以维护尊严或敲诈他人的资本。以亲属(直系或旁系)相关联的“自杀图赖”现象,是社会最底层民众的被迫行为,这是为了争取生存权益不得已而为之,企图用死去的生命作为筹码来获取道义上的同情和在与势力相对强大的对手的较量中获胜,如张冬香妻、汪喜才妻如此,马麟更是如此。

第二,妇女处境艰辛。徽州妇女自杀比男子常见,前述《歙纪》《海阳纪略》和《纸上经纶》记载的20个自杀案例,自杀人数共23人,其中女性16人,是男性的2倍多。这和晚清时期徽州社会调查的结果正相吻合。婺源“民气宽柔,自杀者罕,然投水、服毒间见之于弱妇人”[⑤]。黟县“妇女短见以轻生者

① 康熙《徽州府志》卷2《舆地志下·风俗》。
② 同治《祁门县志》卷5《舆地志·风俗》。
③ 万历《休宁县志》卷1《舆地志·风俗》,明万历三十五年刻本。
④ 万历《歙志》卷5《风土》,明万历三十七年刻本。
⑤ (清)刘汝骥:《陶甓公牍》卷12《法制·婺源民情之习惯》。

时有所闻,若男子之自杀尚不多见”①。绩溪民众中“自杀之事男子罕闻”,但是在妇女中却非常普遍,甚至女子含忿自杀后,娘家人纠众理论的“吵死”恶习长期存在②。究其因,这种现象应当和妇女在徽州社会中的地位有重大关联。徽州社会经济主要是商业和山林经济,这两者主要是男子起作用,女子在经济领域中的作用相对较弱,直接导致妇女在家庭中依附男子,地位低下。徽州族规家训都规定:妇女必须“安详恭敬,奉舅姑以孝,事丈夫以礼”③,很显然,这些族规家训体现了妇女在家庭中从属于丈夫的地位。

“女子自结褵未久,良人远出,或终身不归”④,以致“健妇持家身作客,黑头直到白头回,儿孙长大不相识,反问老翁何处来”⑤。这是歙县风俗,也是徽州习俗。男子搏击商海的背后是妇女在家庭中的付出⑥,侍奉姑舅,抚养子女,参加采茶纺织等劳动,甚至付出自己的生命。

节妇是个很特殊的弱势群体,除极少数有可靠的经济来源外,“节孝而贫者尤多”⑦,特别是无子节妇在年老时的生存尤为艰难。徽州方志记载了大量徽州节妇生活的艰难状况:明代朱氏,丈夫客死岭南后,“家贫做苦力抚四孤”50年;徐氏“家贫无屋,就义宅以居,族人多存遗之,宁忍饥不肯妄受”;鲍氏“家贫,甚至借屋以居,值岁祲,掬涧水充饥”;王氏“姑疯疾在床,家贫甚,纺绩奉养”。有些节妇尽管勤劳节俭,但也会因意想不到的灾难失去谋生的手段,以至有饿死者,如节妇程氏“家贫,刺绣以供衣食”,后来更加困窘,“为族妇职庖厨师事数十年,族妇家罹难,程无所依,竟饿死”⑧。穷困至极难以度日时就会出现自杀的情况。

第三,奴婢地位低下。明清徽州畜奴之风非常盛行,奴婢的地位十分低

① (清)刘汝骥:《陶甓公牍》卷12《法制·黟县民情之习惯》。

② (清)刘汝骥:《陶甓公牍》卷12《法制·绩溪民情之习惯》。

③ (清)吴翟:雍正《(休宁)茗洲吴氏家典》卷1《家规》,清雍正刻本,藏安徽省图书馆古籍部。

④ 许承尧:《歙事闲谭》卷8《程且硕〈春帆纪程〉》,合肥:黄山书社,2001年,第258页。

⑤ 许承尧:《歙事闲谭》卷7《方西畴〈新安竹枝词〉》,第208页。

⑥ 可参阅赵崔莉、李卿《徽商妇的“琵琶行”——论明清徽商妇的品质特征及贡献》,《安徽史学》2002年第1期。

⑦ 道光《黟县志》卷16《人物志·列女传》。

⑧ 康熙《徽州府志》卷16《人物志·列女传》。

下,“其主仆名分尤极严肃而分别之”[①],“一投门下,终身听役”,所生子女也要“一任主为婚配”[②]。奴仆即使家资殷厚,“终不得列于大姓,或有冒与试者,攻之务去”[③]。这种情况甚至持续数十世不改,“而宵小不敢肆焉”[④]。无怪乎有人慨叹“徽俗,仆生不值半文”[⑤]。上文中程丑和天喜私奔未成,但是还要面临法律的制裁,他们不得已双双自杀,这充分说明了明清徽州奴婢们受压抑之深。而汪喜才妻的自杀,也反映了奴婢们在细小的经济利益面前,不得不把自己的生命看得轻如鸿毛的残酷社会现实。

原载《安徽大学学报》2013 年第 2 期

① 道光《徽州府志》卷 2《舆地志・风俗》。

② 康熙《黟县志》卷 4《尚祥卿〈箴佑论〉》。

③ 光绪《婺源县志》卷 3《疆域志・风俗》。关于徽州奴仆的婚姻,可参阅胡中生《明清徽州下层社会的非常态婚姻及其特点》(《安徽史学》2001 年第 3 期)、《明清徽州的人口买卖与婚配》(《安徽史学》2003 年第 2 期)。

④ (清)赵吉士:《寄园寄所寄》卷 11《泛叶寄》。

⑤ (明)傅岩:《歙纪》卷 9《纪谳语》。卞利《明代中后期至清前期徽州社会变迁中大众心态研究》(《安徽大学学报》2000 年第 6 期)论述了徽州虐待奴婢的“畸形心态”。

明清时期徽州水灾与徽州社会

梁诸英

学界对徽州灾害问题已有一些研究，主要是探讨徽州灾害及相关习俗，分析水旱灾害的发生频率、时空特点及地方社会对灾害的救助等①。与旱灾相比，水灾持续时间虽然一般不太长，但破坏性更大。而关于水灾对明清徽州社会的影响及成灾严重的原因，尚未见系统论述②。本文对这些问题作一探讨。

一、水灾对徽州社会的严重破坏

与明代前期相比，徽州地区在明后期至清代，水灾发生频率呈现趋高的特点。据统计，徽州地区明初至嘉靖前发生水灾17次，平均约9年一次；嘉靖至清代发生水灾78次，平均每5年一次③。可见，明后期至清代这一时段，水灾发生频率明显高于之前。从水灾严重程度来说，明清时期徽州比较严重

---

① 王振忠：《清代徽州民间的灾害、信仰及相关习俗——以婺源县浙源乡孝悌里凰腾村文书〈应酬便览〉为中心》，《清史研究》2001年第2期；周致元：《明代徽州官府与宗族的救荒功能》，《安徽大学学报》2006年第1期；吴媛媛、何建木：《晚清徽州社会救济体系初探——以光绪三十四年水灾为例》，《中国历史地理论丛》2007年第2期；吴媛媛：《明清徽州灾害初探》，《兰州学刊》2006年第7期；吴媛媛：《明清徽州水旱灾害研究》，《安徽史学》2008年第4期；孔潮丽：《1588—1589年瘟疫流行与徽州社会》，《安徽史学》2002年第4期；李自华：《清代婺源的水旱灾害与地方社会自救》，《农业考古》2003年第1期。

② 吴媛媛指出，"总体而言，在徽州地区旱灾对农业生产的影响要小于水灾"（《明清徽州的水旱灾害与粮食种植》，《古今农业》2007年第2期）。但她对水灾影响的论述失之简略。

③ 安徽省水利勘测设计院编：《安徽省水旱灾害史料整理分析（公元前190—1949年）》，1981年印，第47～58页。

的水灾[①]也均发生在明嘉靖以后，主要有：1456 年祁门大水，1487 年祁门大水，1527 年休宁大水，1582 年祁门大水，1648 年绩溪大水，1650 年绩溪大水，1651 年休宁蛟发，1696 年徽州六邑大水，1718 年歙县蛟发，1736 年徽州大水，1744 年歙县大水、绩溪蛟发，1766 年绩溪大水，1786 年绩溪蛟发，1788 年祁门大水、蛟发，1828 年徽州大水，1831 年祁门大水、蛟发，1855 年祁门蛟发，1862 年祁门蛟发，1868 年祁门蛟洪陡发，1885 年黟县山洪[②]。这种趋势与明后期以来徽州水旱灾害总体更严重的结论是一致的[③]。

明清时期，水灾对徽州社会破坏之严重性表现在对徽州农民生存的威胁以及对徽州地方各种设施的损毁等方面。

徽州水灾对农民的生存产生很大威胁，这与水灾类别有关。徽州地区水灾可分为久雨所致的滞涝灾害与暴雨所致的山洪暴发。若从对民畜的淹毙等破坏来看，则以山洪暴发危害甚大[④]。山洪来时能冲毁房屋，或溺毙人口，当地人对此颇为畏惧，以致将其神秘化，认为山洪是"蛟"这种动物兴风作浪所致。"蛟"是传说中的能致洪灾的一种龙，时人甚至总结了识别和讨伐"蛟"的方法[⑤]，这显示了当地人对预防山洪途径及经验的高度重视。徽州文献多有"蛟水齐发"的记载，足显水灾之严重。"多蛟齐发"，反映了地方多处同时水灾，破坏更为剧烈。兹举数则记载：万历三十五年（1607 年）歙县大水，"巨蛟纷出"[⑥]；顺治八年（1651 年）"休宁大水，商山出蛟 28 条，漂没庐舍"；康熙

① 史料对一些危害不大的水灾往往只简约地提到"水"，而对危害较大的水灾则对危害情况记载得较详细。

② 安徽省水利勘测设计院编：《安徽省水旱灾害史料整理分析（公元前 190—1949 年）》，第 47～58 页。

③ 据吴媛媛对明清徽州水旱灾害频率的研究，"明初至明中期，旱灾发生远多于水灾；明中后期从发生水旱灾害的绝对次数上来看，是明清以来灾害发生最频繁的时期"。参氏著《明清徽州水旱灾害研究》，《安徽史学》2008 年第 4 期。

④ 王振忠以《应酬便览》为中心，考察了洪水泛滥对婺源人员、房屋、牲畜和店业的破坏。参氏著《清代徽州民间的灾害、信仰及相关习俗——以婺源县浙源乡孝悌里凰腾村文书〈应酬便览〉为中心》，《清史研究》2001 年第 2 期。

⑤ 同治《祁门县志》中有《阳湖孙让伐蛟说》，同治《祁门县志》卷 36《祥异》，南京：江苏古籍出版社，1998 年。

⑥ （清）凌应秋辑：《沙溪集略》，《中国地方志集成》乡镇志专辑，南京：江苏古籍出版社，1992 年，第 643 页。

五十七年(1718年)歙县“万蛟齐出”;乾隆九年(1744年)绩溪“七月蛟水陡发”;乾隆十二年绩溪“蛟水陡发二次”;乾隆五十一年绩溪“大雨,蛟发数处”;乾隆五十三年祁门“东北诸乡蛟水齐发,城中洪水陡起,长三丈余”,“为从来未有之灾”。“多蛟齐发”常造成人民死亡,对民众生存威胁很大,康熙五十七年歙县“漂淹人畜以万计”;乾隆九年绩溪县“漂没人口”;乾隆十二年绩溪“漂没人口数百”;乾隆五十三年祁门“溺死六千余人”①。较严重的“蛟”灾有9次,均发生在明嘉靖至清代。

除了溺毙人口,水灾还对徽州地面各种设施,包括房屋、桥梁、街市、亭宇、堤坝和各种水利设施等造成损毁,这种损毁对徽州的人文景观及地理环境均有影响。

水灾对徽州百姓民房建筑损毁很严重。在祁门县,明代永乐七年(1409年),洪水进入县城,“凡漂官民房屋三百五十余间,卷籍、学粮俱以淹浸”②;景泰七年(1456年),大水“漂荡民居,渰死人畜”③;万历十年,大水“漂没民居”④;乾隆五十三年,大水损伤“民房三千一百余间”;咸丰五年(1855年),蛟水陡发“荡民居”。在绩溪,乾隆九年,蛟水陡发,漂没“田园、庐舍”。在休宁,顺治八年蛟发,“漂没庐舍”⑤;雍正十年(1732年)闰五月十三日,“骤雨彻夜,山水陡发,近溪民房被水冲坍数十余间”⑥。在歙县,万历三十五年,“淫雨不止,大水巨蛟纷出,冲没庐舍”;康熙三十一年,“溪西街上坝冲塌十余丈,漂去街口房屋十余间,民不能居里中”;康熙五十七年,淫雨不止,“水长数丈大,冲塌沿街溪民房无数”⑦。

---

① 安徽省水利勘测设计院编:《安徽省水旱灾害史料整理分析(公元前190—1949年)》,第51~54页。

② 祁门县地方志办公室整理:《祁阊志(外四部)》,2004年,第59页。

③ 安徽省水利勘测设计院编:《安徽省水旱灾害史料整理分析(公元前190—1949年)》,第47页。

④ 道光《徽州府志》卷16《祥异》,南京:江苏古籍出版社,1998年。

⑤ 安徽省水利勘测设计院编:《安徽省水旱灾害史料整理分析(公元前190—1949年)》,第54页、56页、53页、51页。

⑥ 安徽巡抚程元章奏(雍正十年七月初九日),中国第一历史档案馆编:《雍正朝汉文朱批奏折汇编》第22册,南京:江苏古籍出版社,1989年,第910页。

⑦ (清)凌应秋辑:《沙溪集略》,第643页。

水灾对徽州桥梁多有损毁。这方面记载很多。在黟县,嘉靖七年(1528年),大水导致"桥坏"[①];嘉庆十九年(1814年),九都的古槐桥被洪水冲圮[②]。在祁门县,成化二十三年(1487年),大水致"平政桥圮";道光十一年(1831年),大水致"仁济桥倒塌"[③];同治元年(1862年),西乡蛟致"山崩桥圮"[④]。在休宁县,嘉靖六年,大水使"桥梁多冲毁";康熙五十七年,山蛟"圮桥梁,溺人畜"[⑤]。在绩溪县,顺治五年,大水"冲圮桥梁数处"[⑥];康熙五十七年,山蛟并发"圮桥梁,溺人畜";乾隆五十一年,"平政桥冲断两硐"[⑦]。在歙县,康熙三十五年,大水冲坏孙公桥[⑧];康熙五十七年六月,水灾漂没桥梁无算[⑨]。

水灾也常常冲毁城墙、街市。万历十年,"祁门水抵县仪门,城坏数十丈"[⑩]。歙县的溪西街也在康熙三十一年被洪水冲蚀街口石坪,并且"因循不修,复遭大水,防溃难复,而溪西街之宇舍尽徙他所,不复有街市"[⑪]。

洪水还导致一些仓储设施被毁,对农民的正常生产有一定的影响。绩溪县原有四个社仓,承担着"每岁农民春贷秋偿"的任务,运作方式是"每出一石扣耗一升","乾隆九年、十二年北村仓遭蛟水冲没"[⑫]。明初,祁门县在县城南部设税务部门,"永乐己丑夏大水,局宇悉为所漂"[⑬]。祁门常平仓旧有仓

---

① 嘉庆《黟县志》卷1《沿革纪事表》,南京:江苏古籍出版社,1998年。

② 道光《黟县续志》卷11《桥梁亭宇》,南京:江苏古籍出版社,1998年。

③ 安徽省水利勘测设计院编:《安徽省水旱灾害史料整理分析(公元前190—1949年)》,第47页、56页。

④ 同治《祁门县志》卷36《祥异》。

⑤ 安徽省水利勘测设计院编:《安徽省水旱灾害史料整理分析(公元前190—1949年)》,第48页、72页。

⑥ 道光《徽州府志》卷16《祥异》。

⑦ 安徽省水利勘测设计院编:《安徽省水旱灾害史料整理分析(公元前190—1949年)》,第72页、54页。

⑧ (清)佘华瑞:《岩镇志草》,南京:江苏古籍出版社,1992年,第114页。

⑨ 安徽省水利勘测设计院编:《安徽省水旱灾害史料整理分析(公元前190—1949年)》,第53页。

⑩ 安徽省水利勘测设计院编:《安徽省水旱灾害史料整理分析(公元前190—1949年)》,第49页。

⑪ (清)凌应秋辑:《沙溪集略》,第606页。

⑫ 嘉庆《绩溪县志》卷3《积贮》,南京:江苏古籍出版社,1998年。

⑬ 祁门县地方志办公室整理:《祁阊志(外四部)》,第26页。

五十六间,“共贮谷二万八千石,以备凶荒,乾嘉以来屡被水患,漂坏殆尽”[①]。

亭宇被洪水冲毁也多有记载。在祁门县,明代成化年间,旌善、申明二亭地基“被洪水冲塌,随修随坏”[②]。在歙县,永思亭为洪象先所创建,“康熙丙子年复大水,亭又漂没”;镇泽亭是当地人潘膺祚所建,“于康熙丙子大水冲塌”;鞠水亭也在“康熙戊戌六月大水荡去”;抚案亭因“康熙戊戌六月廿六日溪水暴涨”而倾[③]。

水灾对地方水利设施的损毁不绝于书,包括梁坝、河塝、河堤、田堨等。在绩溪,“登源石坝”于乾隆十二年遭蛟水冲击[④]。在祁门,乾隆五十三年大水致“乡间梁坝皆坏”[⑤]。在歙县,卫龙堤于明后期被洪水冲荡[⑥];乾隆三十四年洪水,致“桥屋前河塝倒塌十数丈”[⑦]。田堨被损坏也常见诸史志记载,如万历十年祁门大水,漂没田堨“不可胜数”[⑧];歙县著名的吕堨也曾被蛟水损坏,“溃决湮淤,难资灌溉”[⑨]。

二、明清徽州水灾的自然及社会因素

徽州水灾致灾程度的严重与徽州的自然特点、经济开发、水利设施管理等因素有关。

首先,徽州洪灾破坏严重与其自然特点密不可分。

徽州地处山区,有坡陡流急、河流易盈易涸、塘堰易于冲击和淤塞的区域特点。地方志引述宋袁甫《便民五事状》说:“本州僻处万山之间,最畏水旱,晴稍久则农田已忧枯槁,雨稍多则山水便见横流。里谚云:三日天晴来报旱,

---

① 李家骧编:《祁门县乡土地理志稿本》,第10页左。

② 《万历祁门〈布政公謄契簿〉之八》,王钰欣、周绍泉主编:《徽州千年契约文书·宋元明编》卷7,石家庄:花山文艺出版社,1991年,第200页。

③ (清)佘华瑞:《岩镇志草》,第112页、111页。

④ 道光《徽州府志》卷4《水利》。

⑤ 同治《祁门县志》卷36《祥异》1998年。

⑥ (民国)吴吉祜:《丰南志》,第261页。

⑦ (清)凌应秋辑:《沙溪集略》,第643页。

⑧ 道光《徽州府志》卷16《祥异》。

⑨ 《清嘉庆五年二月十六家坊首等公具重修吕场南渠公启》,周向华编:《安徽师范大学馆藏徽州文书》,合肥:安徽人民出版社,2009年,第191页。

一声雷发便撑船。言其易盈易涸之甚也。"[①]祁门县地方志也指出，该县处万山中，"赖山谷涧水涓涓细流滋润山田，大雨水涨汇于溪壑，由高注下势如建瓴，不能停滀"[②]。歙县志书在论及水利设施时指出，"吾郡依山为治，山溪湍环，泄多潴鲜，加夏秋霖涨，挟蛟为灾，冲堤坏堰久须修复，势固然也"[③]。这种自然特点导致久雨必然成灾。

其次，徽州山地无序开发影响河流的泄洪能力。

明清时期徽州的田地垦殖活动活跃，田地面积扩大，这从官方册载田额的增加上得到验证。据弘治《徽州府志》卷2《田地》及道光《徽州府志》卷5《食货志·赋役》，明初、明弘治间、清前期，徽州府的田额分别为1214608亩、1476815亩、1590967.6亩，是有明显增加的。而这些开发有些是以破坏生态平衡为代价的。首先，一些湖泊被围垦为田地，影响了蓄水能力，加重了洪灾成灾程度。比如歙县的高湖，"在旦公坟前，昔为湖，今亦为田"[④]。其次，大量山地被开垦，山地植被遭到破坏，泥沙俱下，河道淤塞。徽州契约对此多有记载，比如在祁门县，汪兆恭、凌明笔等在共立禁约里指出，韩溪地带山地无序开垦导致"河道阻塞，鱼遭陷害，山无柴薪，不时火灭"的问题，当地为此规定了禁令："禁山场家外人等毋许掘种苞芦"[⑤]。

山地无序开垦及泥沙俱下导致徽州地区湖塘渠堨淤塞，灌溉效益也大打折扣。早在明代后期，歙县的良堨、胡七、小满等塘堨"以储蓄泄，日久淤塞"[⑥]。《岩镇志草》也指出，清前期的永丰堨，"今堨淤难浚"[⑦]。歙县的詹塘在十六都詹塘村，"原溉田五百亩，后淤塞"，至乾隆年间因为淤塞的原因，仅仅"溉田三十余亩"[⑧]。鲍南堨"初灌田三千七百余亩，叠废叠兴"，至乾隆间

---

① 光绪《祁门县志补》卷1《水利·塘》，南京：江苏古籍出版社，1998年。

② 同治《祁门县志》卷12《水利志·溪河》。

③ 道光《歙县志》卷2《水利》，南京：江苏古籍出版社，1998年。

④ （民国）吴吉祜：《丰南志》卷2《舆地志》，南京：江苏古籍出版社，1990年，第269页。

⑤ 《嘉庆二十二年祁门凌氏立〈合同文约謄契簿〉》之一八六、一八七，王钰欣、周绍泉主编：《徽州千年契约文书·清民国编》卷11，石家庄：花山文艺出版社，1991年，第378页、379页。

⑥ （明）傅岩：《歙纪》，合肥：黄山书社，2007年，第56页。

⑦ （清）佘华瑞：《岩镇志草》，第107页。

⑧ （民国）吴吉祜：歙县《丰南志》卷2《舆地志》，第268页。

经修治后仅能灌溉1871亩。张潭堨是宋代开浚的，“蔓延十余里，灌田三千余亩，后以修理废弛，仅存田一千八百亩”[①]。休宁县也存在“村有云塘淤浅”[②]的情况。

山地无序开垦及泥沙俱下还成为河流中沙洲形成的重要原因。《宣统元年休宁县告示》指出，休宁县十六都“土名大清溪”的地方，有黄口沙洲，是清前期水土流失壅塞河流所形成，“水逢沙涨，积有余亩”[③]。

给徽州生态环境带来严重破坏的，是棚民的大规模垦山活动。清代中期，“棚民营山活动给山区的生态环境造成严重破坏和冲击，并曾一度引发徽州历史上罕见的生态环境危机”[④]。道光《徽州府志》指出，徽州地区“棚民开种山场由来已久，大约始于前明，沿于国初，盛于乾隆”[⑤]。嘉庆《绩溪县志》指出，“乾隆年间，安庆人携苞芦入境，租山垦种，而土著愚民间亦效尤而自垦者。其种法必焚山掘根，务尽地力，使寸草不生而后已。”[⑥]乾隆年间的有关文书也指出了棚民垦山所造成的多方面的生态破坏，据乾隆四十六年七月祁门县的告示，祁门县三四都生员汪懋珍等四姓“原有本都八保土名盘坑、美坑、田坑、晏坑等处山场”，“接连以来招异租佃，效尤不息”，这些外来流民垦殖造成了严重的生态影响，即“一经招异锄挖，不惟卸沙塞田，坑租无产，抑且恐藏奸仇，酿祸滋事，难防不测”[⑦]。乾嘉年间，黟县人孙学治所作竹枝词描述了玉米（当地也叫苞芦）种植的消极影响：“腊腊苞芦满旧蹊，半锄沙砾半锄泥。沙来河面年年长，泥去山头日日低。”自注曰：“棚民租山种苞芦，休宁、祁门皆受其害，黟近亦渐有之。”[⑧]

嘉庆以后，棚民垦山对生态的破坏仍然很严重，致“沙土不能停留，每一

---

① 道光《徽州府志》卷4《水利》，南京：江苏古籍出版社，1998年。

② 光绪《重修安徽通志》卷250《义行四》，清光绪七年刻本。

③ 王钰欣、周绍泉主编：《徽州千年契约文书·清民国编》卷3，第445页。

④ 陈瑞：《清代中期徽州山区生态环境恶化状况研究——以棚民营山活动为中心》，《安徽史学》2003年第6期。

⑤ 道光《徽州府志》卷4《水利》。

⑥ 嘉庆《绩溪县志》卷3《食货志·土田》。

⑦ 王钰欣、周绍泉主编：《徽州千年契约文书·清民国编》卷2，第22页。

⑧ 欧阳发、洪钢编：《安徽竹枝词》，合肥：黄山书社，1993年，第74页。

大雨，沙泥即随雨陡泻，溪涧渠堨渐次淤塞”[①]。发展至道光年间，徽州玉米种植已不是零星点缀，“昔间有而今充斥者，惟包芦”[②]。道光《徽州府志》指出：“自皖民开种苞芦以来，沙土倾泻，溪堨填塞，河流绝水利之源，为害甚大，六邑均之”[③]；苞芦“自皖民漫山种之，为河道之害不可救止”[④]。黟县县北有东沙渠，因泥沙堆积，“水渠高几于城等，山势逼近，沙随水下，时加疏治，水过辄仍淤”。胡廷瑞治理黟县水患，除了清理淤泥外，还采取禁止招徕棚民的举措[⑤]。同治《祁门县志》记载棚民垦山：“其种法必焚山掘根，务尽地力，使寸草不生而后已”，结果是“雨集则沙石并陨，雨止则水源立竭。不可复耕者所在皆有，渐至壅塞大溪”，“原田多被涨没”，“河道日高，水在砂下”[⑥]。光绪《重修安徽通志》也指出：“近因棚民居山垦种，雨涨土溃，壅入溪壑，河身渐高”[⑦]。

山地无序开发导致水土流失、溪流淤塞，严重影响了河流的泄洪能力，无疑会使得水灾更容易发生，并且使得成灾程度更严重。上述史实表明，棚民开垦在清代中期（乾隆至道光年间）较为严重。而乾隆至道光年间，徽州水灾比此前更为频繁，这也大致说明棚民开垦与水灾发生的频率正相关[⑧]。

再次，徽州水灾的严重程度与水利设施的完善度相关。史料显示，若水利设施有较好的维护、修筑，则更易抵御水灾侵袭，人们所受损失较小，反之则破坏很严重。

徽州山洪能否成灾与水利设施的完善程度有关系。比如在歙县，溪旁修筑堤岸对溪流附近居民抵御水灾来说颇为重要。歙县《丰南志》云，“沿溪一带屡为山洪倾溃，嘉靖丁亥泛滥尤甚”，此后当地人民“伐石筑堤岸，而民居以

① 《道宪杨懋恬查禁棚民案稿》（约嘉庆十二年），道光《徽州府志》卷4《营建志·水利》。

② 道光《徽州府志》卷5《物产》。

③ 道光《徽州府志》卷4《营建志·水利》。

④ 道光《徽州府志》卷5《物产》。

⑤ 同治《黟县三志》卷15《艺文志·人物类》，南京：江苏古籍出版社，1998年。

⑥ 同治《祁门县志》卷12《水利志》。

⑦ 光绪《重修安徽通志》卷65《水利》。

⑧ 据安徽省水利勘测设计院编《安徽省水旱灾害史料整理分析（公元前190—1949年）》统计，在明代至雍正年间水灾发生55次，水灾发生平均间隔时间为6.7年；在乾隆至道光年间水灾发生25次，水灾发生平均间隔时间为4.6年。

安”；在丰南地带的茶园之西也是“一遇山洪，田土崩析不已”，经过众议，“募资再筑上流之堤，水势既杀，民赖以安”[①]。绩溪县东门石坝“旧为溪水冲突”，在明代，府县发帑予以修筑，“延袤一百八十三丈，高一丈六尺，水患遂息”[②]。黟县五都钟山金村前临叫做“武水”的大溪，“每年四五月间洪涛激发，冲塌石磅，村中田地多漂没，历供虚粮。光绪三十年溪流向村愈激，渐逼民居”。光绪三十二年(1906年)，金铭勋等发起修浚倡议，“族人踊跃助之，就昔之溪位筑石坝、开深沟，导水复故道，工程逾两年之久，费用近三千之多，颇称坚固，金村水患自此得免”[③]。这些事例表明，对河流堤岸的修筑能减轻灾情。

相反，若水利设施修筑不及时，洪灾来时则破坏性更大。如在歙县昉溪地带，“仙姑桥下连年洪水，已经冲坍溪旁数丈”，由于资金难以筹措，在乾隆以前被冲毁后没有修缮，这样一来，乾隆年间又遭到洪水冲击，成灾更为严重：“以故今岁复遭洪水。如蚕之食，如蔓之延，又坍塌溪旁数十丈，已至大路，势必连及屋舍。凡沿溪一带，自仙姑桥起迄新桥口止，一日发水一日横冲，无所底定”[④]。

三、水灾所致“砂积田亩”及社会应对

由于水灾频发，徽州有大量田地被冲圮、损坏或淹没。水灾严重的时候，毁田达数百上千亩。徽州富国堤溉田千亩，在万历年间因水患“堤决百余丈，田淤三百余亩”[⑤]。顺治五年，绩溪大水，冲圮田千余亩；顺治七年，绩溪大水，“淹没田地千余亩”。乾隆五十三年，祁门大水，“伤田四千四百亩”[⑥]。

与圩区和平原地带不同的是，山洪暴发所带来的泥沙俱下使得受冲击田亩被砂石覆盖，严重影响农业生产和农民生计。这种情况频频见诸文献记

① (民国)吴吉祜：《丰南志》卷2《舆地志》，第267页。

② 道光《徽州府志》卷4《水利》。

③ 民国《黟县四志》卷11《塘堨》，南京：江苏古籍出版社，1998年。

④ (清)凌应秋：《昉溪议》，《沙溪集略》，第730页。

⑤ 道光《徽州府志》卷4《水利》。

⑥ 安徽省水利勘测设计院编：《安徽省水旱灾害史料整理分析(公元前190—1949年)》，第51页、53页、第54页。

载。比如,万历三十年,婺源“大水,高数丈,山飞为田,田变为阜”①。嘉庆年间,棚民开垦使得泥沙俱下,“每一大雨沙泥即随雨陡泻”,导致“今沿山田亩俱被壅涨更数十年”②。同治年间,祁门县“棚民为害,开垦四山,雨集砂卸,山下陇亩半为石田”③。

契约文书也反映了洪水灾害导致的田亩砂积现象。如清嘉庆十九年,祁门县邱光逢“因正用无措,自情愿托中将新买受民水田壹号,坐落八都三保土名银林坑,计田大小拾坵,计原租柒秤,因乾隆五十三年洪水冲损砂积,田三坵仍存成熟,田七坵并作原租七秤正……凭中自愿出卖与重阳会内人名下,前去入田收租管业”④。

清咸丰五年九月二十三日,祁门县发布告示,明确将砂积田亩与棚民垦山造成生态破坏联系在一起:“为严饬稽查事,照得祁邑各乡向有棚民居住,但僻处深山,恐有窝藏匪情事,因此历奉编严禁添设。兹有等不法之徒将山租与外来游民,搭棚栖居,任意开垦,栽种苞芦,该棚民等良莠不齐,其中难保无匪徒溷迹,甚至山土被其锄松,因而沙泥下卸,以致田亩压积,国课虚悬,种种均为民害”⑤。

徽州山多田少,所以官方将“砂积田亩”提到“国课”和“为民害”的高度。挑去田上所积砂石,恢复农田,也就成为官方、民间必须做的事情。而挑砂的责任、费用的筹措是必须面对的问题,从徽州契约文书来看,一般有三种解决方案。

第一种方案是由田主出资并减租、由佃户挑砂。早在万历年间,休宁县即出现了此种解决方法。

立佃约人金三,原佃到城居苏名下土名社屋前田共大小六坵,内一坵原租谷三砠,今被沙涨,浼中程七、金广领去担砂文银四钱五分,田让

① 道光《徽州府志》卷16《祥异》。

② 《道宪杨懋恬查禁棚民案稿》(约嘉庆十二年),道光《徽州府志》卷4《营建志·水利》。

③ 同治《祁门县志》卷12《水利志》。

④ 《清嘉庆十九年十二月邱光逢立卖田租契》,刘伯山编纂:《徽州文书》第1辑第6册,桂林:广西师范大学出版社,2005年,第98页。

⑤ 刘伯山编纂:《徽州文书》第2辑第2册,第78页。

租一砠，每年议上籼谷二砠。日后再有砂涨，尽是本身之当，担砂不干田主之事。……万历三年四月廿五日立佃约人金三，中间人，程七，代笔人，金广。①

第二种方案是田主仅出资但不减租，由佃户修治田亩。

立承挑沙做□人程天贵，今承到石溪源吴振保租主名下本都六保土名石岭下，计田二坵，一亩六分皮膏全业，向系身佃。今经洪水汆积，是身承去挑沙做□成田，言定饭食工钱十三千贰佰文，其钱按工支取，其□包定五年之内不得损坏，倘五年之内损坏，是身自食自做。……光绪八年七月十九日。②

第三种方案是田主不出资，仅减免租税，由佃户挑砂。

立承佃约人金松贵，今承到程杰公祀经手仝业人端培兄弟端论、弟侄端瀚兄弟名下六保土名□塘口田，于道光十一年间洪水砂积，是身承去，挑沙上土成田。当日面言定七年内田不言租，以为工食之资。自丁未起至壬子年，过癸丑年，接田主登田对半监分，迭年始依原约，不得违误。……又批：石曹坞口荒田二块，亦在约内去砂上土成田。始依原约，年满对半监分……道光廿六年八月廿六日。③

如果不及时挑去砂石，砂积田块便会成为荒田。这对耕地本就不足的徽州来说，甚为可惜，所以官方也支持复垦砂积田块。比如祁门县明天启元年(1621年)的文书所示："直隶徽州府祁门县……查得东都土名梅木源口有闲旷官地贰分肆厘柒毫伍丝，随据东都二啚儒学生员李廷芳呈，本都五保鳞册收字玖百陆拾壹号，土名梅木源口申明亭官地贰分肆厘柒毫伍丝，一向荒闲，堆积沙砾，呈乞公估时值，准输价银给赐贴文开荒承业等情。据此拟合就行，为此除外合行给帖，即将前项土名梅木源口申明亭官地贰分肆厘柒毫伍丝经

① 《万历休宁苏氏抄契簿之一三二》，王钰欣、周绍泉主编：《徽州千年契约文书·宋元明编》卷6，第238页。

② 《清光绪八年七月程天贵等立承挑沙做□约》，刘伯山编纂：《徽州文书》第2辑第2册，第146页。

③ 《清道光二十六年八月金松贵立承佃田约》，刘伯山编纂：《徽州文书》第1辑第8册，第441页。

公估时值价银伍分整,即令承业。”[①]明崇祯年间,歙县知县傅岩也曾对冲毁农田的开垦提供政策支持:“本县地土硗瘠,蓄植树艺,民力颇勤。间有水冲淹没或遗弃荒芜之地,听民开垦。”[②]

由于水灾多发,砂积田亩在徽州是常见现象。在田地买卖中,双方当事人为避免日后产生纠纷,会在契约中明确规定“水氽沙积”的处理责任。清乾隆三十三年三月祁门程元俊等所立卖山契便是如此:“立卖契人:程捷祀秩下元俊、元侃、嘉会等,今因钱粮无措,自情愿将承租买受本都七保山场一备,坐落土名汪舟坑、蛇形并生坟坞、郑家坞等处……山场,凭中尽数立契出卖与本都啚僧首芝名下为业……再批:日后本家检出老契不得行用,倘有水氽沙积,不管买人之事。”[③]在卖山契中,对可能出现的“水氽沙积”情况作出预先责任规定,或多或少显示了此种田块有遭遇“水氽沙积”的可能,也表明这种契约规定是为了避免日后的纠纷。

四、余　论

明清时期,水灾对徽州农民生活、农村社会、农业生产均有深刻的影响。考察徽州水灾的影响,可以深化对徽州地方社会某些问题的认识。比如,徽商及徽州地方精英热衷于公益事业,对包括“山桥水堰之属”的各项公益建设往往“输金千万而不惜”,甚至赤贫之士也往往“蓄积十数年,一旦倾橐为之”[④]。这种现象固然与徽州的文化传统、宗族意识等因素有关,与徽州地区水灾频发的区域特点也有密切关系。徽州乡绅和徽商对地方水利设施和桥梁修筑、维护工程的捐助甚多[⑤],就显然与水利设施和桥梁常被洪水毁坏的

① 《明天启元年十一月十二日祁门县会议辽饷等事帖》,周向华编:《安徽师范大学馆藏徽州文书》,第 114 页。

② (明)傅岩:《歙纪》,第 55 页。

③ 《清乾隆三十三年三月程捷祀秩下元俊等立卖山契抄白》,刘伯山编纂:《徽州文书》第 1 辑第 7 册,第 135 页。

④ 同治《黟县三志》卷 3《地理·风俗》。

⑤ 梁诸英:《明清时期徽州地区灌溉水利的发展》,《南京农业大学学报(社会科学版)》2006 年第 1 期;《明清徽州绅商投资家乡农业水利状况及原因》,《池州学院学报》2011 年第 4 期。

自然特点直接相关。若能从地理、生态等因素进一步考察,将能更好地认识徽州地方社会热衷于公益捐助问题的区域特点。

原载《安徽大学学报》2013 年第 2 期

明代徽州“义男”新探
——以嘉靖祁门主仆互控案为中心

冯剑辉

明代徽州的“义男”是一个极为复杂的社会群体。彭超最早注意到徽州的义男问题，他列举多份安徽省博物馆所藏明代徽州义男买卖文书，认为义男就是变相的奴仆[①]。叶显恩赞成彭超的观点，认为义男即奴仆[②]。此后有学者注意到，在义男这一共同名称之下，实际上包括了几类不同的社会群体。蒿峰引用万历年间《大明律》中的《新题例》，认为明代义男中，除了奴仆之外还有雇工。许文继运用徽州契约和黄册资料，指出义男具有双重性，兼有养子与奴仆的双重身份。汪庆元通过分析徽州黄册底籍上登记的义男资料，认为其地位有义子、雇工、奴仆之别。栾成显关注与义男有关的徽州宗族异姓承继问题，认为明清时期徽州的异姓承继相当普遍，政府的相关法规也在调整，宋代以后的宗族既有发展的趋势，也有从内部开始瓦解的趋势[③]。

虽然明代徽州义男的研究已经取得一定的进展，但是仍然遗留了许多尚未解决的问题，如区分不同的义男群体固然重要，但却忽略了这种区分实际上并非界限分明、一成不变的；作为佃仆的义男，其社会与法律地位论述仍有

---

① 彭超：《谈“义男”——安徽省博物馆藏明清徽州地区契约介绍之一》，《安徽文博》1980 年试刊号。

② 叶显恩：《明清徽州农村社会与佃仆制》，合肥：安徽人民出版社，1983 年，第 241 页。

③ 蒿峰：《明代的义男买卖与雇工人》，《山东大学学报》1988 年第 4 期；许文继：《“义男”小论》，《中国社会经济史研究》2002 年第 4 期；汪庆元：《明代徽州“义男”考论》，《中国社会经济史研究》2004 年第 1 期；栾成显：《明清徽州宗族的异姓承继》，《历史研究》2005 年第 3 期。

模糊不清之处；在史料的发掘和运用上也有需要加强之处。

叶显恩《明清徽州农村社会与佃仆制》曾简略提及安徽省图书馆所藏的明代徽州府祁门县《田邻报数结状》，将其作为说明徽州佃仆来源和身份地位的史料之一[①]。《田邻报数结状》中的事例具有典型意义，因而受到学界瞩目。但一些学者在引用这份材料时，并未睹其全貌，多为转引叶书中的有关内容[②]。其实，这件材料是嘉靖年间祁门县十一都二图主仆互控案中的一件司法文书。鉴于其对研究徽州义男的重要性，本文在简略论述徽州两类不同义男的基础上，以这一司法案件为中心，重点考察义男中的佃仆，并对徽州佃仆制长期延续问题作进一步的探讨。

一、明代徽州“义男”中的两类不同群体

明万历十六年(1588)正月修订的《大明律》，对“义男”法律地位有如下规定：“其财买义男，如恩养年久，配有室家者，照例同子孙论。如恩养未久，不曾配合者，士庶之家，依雇工人论，缙绅之家，比照奴婢论。”[③]即义男有异姓继承人、雇工和奴婢三种不同法律地位。不过，笔者管见所及，尚未发现明代徽州名为义男而实为雇工的相关史料，但义男作为异姓继承人和奴仆的史料则不少见。

（一）作为异姓继承人的“义男”

前引汪庆元、栾成显论文中，均引用了安徽省博物馆所藏万历年间徽州府休宁县二十七都五图黄册底籍，说明义男作为异姓继承人，可以继承义父的财产，在当时已经是一种常见的现象，尤其以自耕农家庭为多。义男所继

---

① 叶显恩：《明清徽州农村社会与佃仆制》，第 241 页、272 页。

② 据笔者检索，李龙潜、许文继、高寿仙、中岛乐章都曾以《田邻报数结状》作为论述明代徽州佃仆制的史料之一，不过，全都是从叶显恩先生书中转引的。参见李龙潜《明清经济史》，广州：广东高等教育出版社，1988 年，第 47 页；许文继《“义男”小论》，《中国社会经济史研究》2002 年第 4 期；高寿仙《明代农业经济与农村社会》，合肥：黄山书社，2006 年，第 147 页；[日]中岛乐章《明代乡村纠纷与秩序——以徽州文书为中心》，郭万平、高飞译，南京：江苏人民出版社，2010 年，第 220 页。

③ 《大明律》，怀效锋点校，北京：法律出版社，1999 年，第 420 页。

承的义父财产得以载入国家黄册底籍，也表明他们作为异姓继承人的法律地位，得到了国家法律的承认。

笔者认为，在探讨作为异姓继承人的义男时，应该看到，尽管从唐代至明初的国家法律基本上不承认异姓继承，通常只允许收养三岁以下异姓幼儿，对违法者还规定了相当多的处罚措施，但在实际生活中，异姓继承早已屡见不鲜，徽州的一些强宗大族就是由异姓继承而来的。婺源明经胡氏，其始祖昌翼公自称为李唐皇室后裔，因遭朱温之难，认胡三公为义父，“因冒其姓，名昌翼，寻以明经举进士，隐居考川”①。休宁黄村黄氏，其始祖可愿公本属泰塘程氏，“南宋宁宗嘉定庚午春，迁黄川……继黄氏万公后”②。休宁瓯山金氏，其祖先出自率口程氏，“元至元中，始祖眉公自率口入赘瓯山，子以甥代舅，补军戍伍，遂承其姓，是为金氏始祖”③。这几例异姓继承分别发生在唐末五代、南宋中期和元代晚期，其后裔都是载入《新安名族志》的名族，足见徽州异姓继承由来已久，且不乏由此成为强宗大族的。

在明代徽州，义男成为异姓继承人已经相当常见。隆庆年间，休宁人金瑶称，当时族中成员“无子者往往以立嗣为讳……一有所讳，则取异姓赘婿、乞养随母、收遗弃、买带娠”④。宗族精英修谱时，对此颇为苦恼，其态度亦各不相同。有的秉持宗法观念，不予承认，不准入谱：“异姓来继者，书‘具本宗谱’而止”⑤；“异姓来继者，不准入谱”⑥。有的虽对异姓继承持否定态度，但仍然允许入谱：“若异姓来继者，则曰入绍，示不当入也”⑦；“以异姓之子为后，则书曰‘纳某氏某为后’，讥其乱宗也”⑧。但也有某些宗族相对宽容，如休宁隆阜戴氏，“异姓之子则名上必加戴字，以见来袭我也，不明著其原姓者，

---

① 胡陆秀：《考川明经胡氏宗谱》卷首序，清道光九年(1829)木活字本，黄山学院图书馆藏。

② 黄以辉：《黄川黄氏族谱》序，明成化二十二年(1486)稿本，上海图书馆藏。

③ 金锦荣：《瓯山金氏眉公支谱》序，清道光十二年(1832)刻本，黄山学院图书馆藏。

④ 《珰溪金氏族谱》卷18，明隆庆二年(1568)，国家图书馆藏。

⑤ 程敏政：《新安程氏统宗谱世谱》凡例，明成化十八年(1482)刻本，上海图书馆藏。

⑥ 汪奎：《重修汪氏家乘》凡例，明正德三年(1508)刻本，国家图书馆藏。

⑦ 《休宁曹氏统宗谱》卷5，明万历四十年(1612)刻本，国家图书馆藏。

⑧ 毕济川：《新安毕氏会通谱》凡例，明正德四年(1509)刻本，黄山学院图书馆藏。

为人亲讳也”[①]，不但允许入谱，而且不著其原来之姓，对异姓继承人的感情有所照顾。

以往学术界在论述明清徽州宗族时，比较多地强调其宗法观念浓厚的一面。清初休宁人赵吉士称：“新安各姓，聚族而居，绝无一杂姓搀入者。……父老尝谓新安有数种风俗胜于他邑：千年之冢，不动一抔；千丁之族，未尝散处；千载之谱系，丝毫不紊；主仆之严，数十世不改，而宵小不敢肆焉。”[②]这段话常为学界引用。从今天遗留的众多徽州义男成为异姓继承人的史料来看，赵吉士所称“绝无一杂姓搀入”，颇有夸大之处，并不完全符合明清徽州社会的实际情况，这是使用这条材料时应当注意的。

（二）作为奴仆的“义男”

明代徽州义男中的另一类群体是奴仆，这在安徽省博物馆所藏明代多件义男买卖文书中体现得非常清楚：万历七年四月，程普庵将自己讨养的义男可旺转卖与同都三图程姓；万历八年八月，汪滔将义男天保转卖与十九都三图程姓；万历十七年七月，郑黑儿因“今妻又死，又过荒年，日食难度”，将自己出卖给同都三图程姓名下为义男；万历三十八年六月，叶进德将原先卖与程姓为义男的长子应祥赎回，但以后每年仍需为程姓服役五个工[③]。

明代徽州的此类义男买卖，在当时已经有了通用的契约格式。吕希绍所编《新刻徽郡补释士民便读通考》中，载有一份名为“婚书”实为出卖义男的契约格式：

> 立婚书某，今因日食难度，自愿将男女名某，年命某生，凭媒与某名下为义男女，得受财礼纹银若干。自后听从使唤，永不归宗。如内外人等，生端引诱，凭从证理。敢立婚书，并男女手印，付本主存照。[④]

① 戴尧天：《休宁戴氏族谱》凡例，明崇祯五年（1632）刻本，国家图书馆藏。

② 赵吉士：《寄园寄所寄》卷11，《四库全书存目丛书》子部第155册，济南：齐鲁书社，1995年，第447页。

③ 安徽省博物馆：《明清徽州社会经济资料丛编》第1集，北京：中国社会科学出版社，1988年，第551～554页。

④ 谢国桢：《明代社会经济史料选编》下册，福州：福建人民出版社，1981年，第85页。

分析上述两类义男群体可以看出，作为异姓继承人的义男与作为奴仆的义男显有不同，前者具有独立的人格和完整的人身自由，而后者则没有，可以像商品一样进行买卖、转手和赎回，二者差异明显。

同时，还应该注意的是，两类不同的义男群体之间的界限并非绝对，在一定条件下是可以转换的。晚明小说《醒世恒言》记载了一个故事：徽州府婺源县太白村大户赵完收有义男赵一郎，赵完设计打死仇家，赵一郎在场知情。赵完许诺："待事平了，把家私分一股与你受用。"赵一郎则称："小人靠阿爹洪福过日的，怎敢泄漏？"[①]从故事的描述来看，赵一郎其实是赵完的奴仆，但是在他答应保密之后，则有可能"家私分一股"，成为异姓继承人。只不过赵完后来反悔，两人反目，其事未能成真。在《警世通言》记载的另一个故事中，苏州府昆山县令史金满收有义男秀童，因为怀疑秀童参与偷盗，将他严刑拷问，打成重伤。后来查明罪犯另有其人，金满为弥补亏欠，"改秀童名金秀，用己之姓，视如亲子。……后来金满无子，家业就是金秀承顶"[②]。这个故事中的秀童原本只是金满的奴仆，后来却真的成了异姓继承人。"三言"中的很多故事都是晚明社会生活的真实反映，从中可以看出，作为奴仆的义男在某些特殊情况下确实可以成为异姓继承人[③]。此点是以往研究中未曾注意到的，也说明明代徽州义男的研究仍有值得深入探讨之处。

二、嘉靖祁门主仆互控案展示的明代徽州"义男"社会地位与主仆关系

（一）《田邻报数结状》的由来：嘉靖祁门主仆互控案

关于《田邻报数结状》的由来，据该件内容可知，嘉靖八年（1529）八月，祁

---

① 冯梦龙：《醒世恒言》卷34《一文钱小隙造奇冤》，沈阳：辽宁古籍出版社，1995年，第484页。

② 冯梦龙：《警世通言》卷15《金令史美婢酬秀童》，沈阳：辽宁古籍出版社，1995年，第135页。

③ 关于"三言"小说与晚明社会的研究成果极多，与本文论述主题相关的研究，可参见南炳文《从"三言"看明代奴仆》，《历史研究》1985年第6期；陈静宇《明代社会文化的演化对通俗小说的影响》，《学术界》2012年第2期。

门县十一都二图李三学，与其祖父李友道收养的义男黄汪祖的孙子黄珽，互相控告。官司打到了徽州府，徽州府依李三学控诉，以“乞正风俗逆仆灭主魇魅伤人以安民患事”立案审理。在案件审理期间，发现黄珽曾隐瞒田亩、偷漏粮税，徽州府遂行文祁门县，对此进行清查。在十一都排年里长、甲首吴梁和方本仁等主持下，由田邻程希、江新隆、李护等人会同原被告双方，查清了黄珽名下的田亩，据此立供状上报徽州府。该状首行题有“田邻报数结状”，整理者即据此定名，实际上该件是李三学、黄珽主仆互控案司法文书中的一件。该件现藏安徽省图书馆古籍部，编号为2:4571，手抄本；开本高约28厘米，宽约18厘米；版框高约22厘米，宽约15厘米；每半页9行，每行30～31字，共12页。字迹为端正的楷书，除个别字略有残损外，基本完好。

该件的内容可分为三部分：第一部分，是程希等田邻给徽州府的供状，称已经查清了黄珽名下隐瞒的田亩，占半页；第二部分，是互控案中官府审问黄珽、李三学等涉案人员的口供，以及官府依案情拟定的处理意见，共3页半；第三部分，是清查中查明的黄珽田亩状况，每一号田地为一条，详细列出土名、面积和佃人，共计田地125号，折合田共221亩2分，共8页。

在三部分内容中，第二部分最为重要，也是今人了解明代徽州义男社会地位和主仆关系的宝贵资料。

（二）嘉靖祁门主仆互控案的起因、经过与结局

1. 案件的起因

黄珽在口供中对案件起因做了明确的交代：

黄珽，年五十九岁，直隶徽州府祁门县十一都二图，民籍。状招：永乐年间，珽故祖黄汪祖投拜在官李三学故祖李友道为义男，于地名祊坑黄土岭造屋批田，给与居住。黄汪祖生黄得保，传生珽及在官兄黄细、弟琏，传生男侄黄梁、黄宇、黄檐、黄枋、黄清等，俱各同居生理，陆续置有田地山土，分析共二户，共田计二百二十余亩，年时收取花利。除旧置买田四十八亩一分，收入户办纳粮差外，册后置田七十二亩一分。珽等又将茶坞岭等处荒山一百余亩开垦成田，不合不行开报升科，办纳粮税。先年祖父存日，思念义父李友道抚养恩义，递年到李友道家拜年，立有神

牌，春秋祭祀。传至李三学，伊故父李沐家道消乏，将珽居地取伊分下契卖珽业。珽见李三学艰难，又不合将友道神牌弃毁不祀，亦不到伊家辞岁拜年。嘉靖八年正月内，珽到不在官李棉家拜年，回至中途，撞遇李三学，将珽叱骂。珽因怀恨在心，就又不合添捏李三学截打混失银两虚情投里。李三学不甘，亦将前情具词告县，准送卢主簿问理。

从黄珽的口供看，李、黄两家的主仆关系起于明初永乐年间(1403—1424)，在案发前一百余年。李三学的祖父李友道收黄珽的祖父黄汪祖为义男，批出田地供黄氏造屋居住，李黄两家的主仆名分由此确立。关于李友道其人，遍查各种徽州府志、祁门县志，均未发现有关他的记载，其人应非缙绅，而是一般的庶民地主。黄家则世代供奉李友道牌位进行祭祀，每年要到李家拜年。但是，经历了百余年的时间后，李黄两家发展状况大相径庭，黄家人丁兴旺，勤于经营，到嘉靖初年已经有田地220余亩，家境已属小康，而李家则家道中落。李黄两家力量对比的这种变化，对双方的关系产生了重大影响。到李三学父亲手上，由于“家道消乏”，于是将祖上批给黄家的土地立契出卖，这个事件成为双方冲突的导火线。黄家毁弃牌位，也不再到李家拜年。嘉靖八年正月，黄珽路遇李三学，遭到叱骂，黄珽于是以李三学“截打混失银两”，向里长投状控诉，李三学也向祁门县具词控告，李黄主仆互控案正式爆发。

黄珽的这段口供中，有两个地方需要加以说明：

第一，口供中称黄家田地有“旧置”“册后置”及由荒山开垦成田三类，这个说法与明代的黄册制度有关。明代实行黄册制度，用以登记人口和财产。黄册每十年攒造一次，从永乐十年(壬辰，1412)起，均在壬年攒造。攒造时需对上次造册之后的人口与财产变动状况进行登记，这十年中已经进行买卖的田地登记后方可缴纳契税，并过户推收。此处所称的“旧置”，即嘉靖八年之前的上一个造册壬年，也就是嘉靖元年(壬午，1522)造册时，已经登记在册的田地；所谓“册后置”，即嘉靖元年造册之后新置的田地[1]。至于黄珽所称开垦荒山所成的一百余亩田地，其具体开垦时间不知在何时，不过他没有按照规定申报，逃漏粮税，是违法的。从口供中列举的数字来看，黄家在嘉靖元年以后的7年中新购进田地72

① 关于明代的黄册制度，可参见栾成显《明代黄册研究(修订本)》，北京：中国社会科学出版社，2007年。

亩1分，比原来登记在册的总和还多得多，垦荒所成的百余亩应该也有相当一部分是这时期开垦的。足见黄家在嘉靖初年发展势头迅猛，他们逐渐不把李家放在眼里，也是其来有自的。

第二，关于口供中所称的“在官”与“不在官”的含义。有学者认为“在官”是指“跻入官绅的行列”[①]，但从口供内容来看，“在官”的李三学、黄细、黄琏等人，是指这些人已经被官府传唤到案，而不是指他们曾经做过官，不能解释为已经具备了官绅身份；所谓“不在官”的李棉，是指官府认为他与本案无关，不曾进行传唤。此类称呼，是明代诉讼文书中的一种格式，并无其他含义。

2. 案件的经过与结局

据黄珽、李三学等人口供交代，案发之后，黄珽对李家怀恨在心，于是花钱挽托王昶进行魇镇，“用桃楗书符，并写李三学等名目在上祝咒，要使李三学在官不能言办”。然而王昶行事不密，被地方甲首许犬、许俄看见，收缴了桃楗。黄珽惧怕事情败露，行贿许犬，结果被许犬将赃银连同桃楗一并向官府呈报。李三学在知情后，到徽州府控告，但控状中凭空将盛永住牵连在内，称其出面央托王昶。盛永住在自辩时，则诬指邻近大户许张佑才是主谋。王昶也到徽州府进行诉辩。黄珽则诬称李三学曾对其进行毒打虐待。

由于涉案人员越来越多，案情日趋复杂，徽州知府南寿将所有涉案人员都提到徽州府进行审理。黄珽曾隐瞒田亩、偷逃粮税之事亦被检举，遭到官府清查。审理中查明，黄汪祖确系李友道义男。黄珽也承认曾经挽托王昶进行魇镇，并曾行贿许犬，表示愿意重立李友道牌位，进行奉祀。而王昶则在案件审理过程中逃脱，不知下落。徽州府依此拟定案件处理意见，除王昶另行处理外，其余人员处罚如下：

> 黄珽除有事以财行求并不应轻罪不坐外，合依犯罪脱逃、施造符书咒诅欲令人疾苦者，减谋杀人罪二等，于本罪上加二等律，杖一百、流三千里；黄清、盛永住、李三学，俱合依不应得为而为之，黄清、盛永住事理重者律，加杖八十，李三学笞四十。俱有《大诰》，减等，黄珽杖一百、徒三年，黄清、盛永住各杖七十，李三学笞三十。俱民人，黄珽、黄清、盛永住审俱有力，各照例纳米赎罪；李三学依重事告实、轻事招虚，依律免科。……黄珽赎罪米三十五

① 叶显恩：《明清徽州农村社会与佃仆制》，第272页。

石，黄清、盛永住各赎罪米七石，俱照近行事例，每米一石折稻一石五斗，俱照本府永丰仓上纳备赈。……黄珽开垦田亩并册后新买田亩，俱候造册时，各照数收册，办纳粮差。原立李友道神牌，照旧拜年奉祀。

这个处理结果维持了李黄两家的主仆名分，同时对黄珽、黄清、盛永住、李三学等分别做出处罚。李三学依“重事告实、轻事招虚”律，最后免于处罚，其余各人被判定纳米赎罪。黄家开垦的田亩及新买田亩在下次造册时，如数登记，办纳粮差。

这个处理结果中，对所谓的“《大诰》减等”，需略作说明。《大诰》是明太祖为严惩吏民违法而制定的一部特别刑事法典，对犯罪者实行从严、从重处理，在洪武十八年(1385)十月颁布天下。为了保证吏民遵循大诰，“令一切官吏诸色人等，户有一本，若犯笞、杖、徒、流罪名，每减一等。无者，每加一等”[①]。明代中期以后，《大诰》规定的各类严刑峻法逐渐弃置不用，真正藏有《大诰》之家为数甚少，但“《大诰》减等”已经成了明代司法实践中的一种常态，“罪人率援《大诰》以减等，亦不复论其有无矣”[②]。本案中的涉案人员，家中未必真藏有《大诰》，但徽州知府仍例行性地运用了“《大诰》减等”，即是此种司法实践的体现[③]。

(三)从互控案看明代徽州“义男”的社会地位及主仆关系

从李黄互控案史实来看，义男黄汪祖其实是李友道之仆，这是毫无疑问的。但是，黄汪祖与本文前举的众多在主家服役、从事家务的奴仆，又有不一样的地方：各类口供中都没有黄汪祖或其后人需在李家从事家务的内容，黄汪祖及其后人也没有像某些家内奴仆一样改随主姓。尤其值得注意的是，李友道曾经“造屋批田”给黄汪祖居住，这种做法，与通常意义上的徽州佃仆“种主田、住主屋、葬主山”是一致的，因此，义男黄汪祖的地位，其实是李家的佃

① 李东阳：《明会典》卷132，《景印文渊阁四库全书》第618册，台北：台湾商务印务馆，1983年，第344页。

② 张廷玉：《明史》卷93《刑法志一》，北京：中华书局，2000年，第1526页。

③ 关于明代《大诰》及其涉及的司法实践问题，可参见杨一凡《明大诰研究》，北京：社会科学文献出版社，2009年。

仆。这种情形，在以往明代徽州义男史料中并不多见。

另外值得注意的是，以往的研究表明，明代徽州佃仆除了要向主家交纳地租之外，常常需要为主家提供很多杂役服务。邻近徽州的泾县查氏，在万历年间规定，佃仆要承担多项杂役，包括正月初一到主家拜年，主家婚丧嫁娶之时要出力抬轿扛棺、随行帮忙，甚至要求“路遇主人，不拘长幼，并不举手止口问某官那往，站立路旁，待主人过后方行”①，对各类生活细节都做了非常苛刻的规定。与李黄互控案同时代的祁门善和程氏，也规定佃仆“凡有婚娶丧葬大事，令赴役一日”②。但是，在李黄两家的主仆关系中，只规定黄家要供奉牌位、元旦拜年，此外并未见到有其他要求；同时黄家也已单独立户，并非附于李家名下，可见黄家已不再为李家提供各类杂役服务。究竟是永乐年间曾有过各种杂役，到嘉靖年间由于种种原因消失了，还是李家一开始就不曾要求过此类杂役？囿于资料得不出明确结论。但是，嘉靖年间的判决表明，黄珽这样的义男之后，虽然仍旧背负主仆名分，却不再为主家提供杂役服务了。这说明主家与佃仆的关系绝非一成不变，而是动态变化的。

主仆关系的这种动态性，还表现在随着主仆双方经济地位的变化，主仆关系也会面临考验。本案中，黄珽毁牌位、不拜年，一个重要的原因是李家“家道消乏”，因而在利益受损之时敢于进行挑战，甚至央求术士进行魇镇，足以说明双方矛盾的尖锐和斗争的激烈。赵吉士所称“主仆之严，数十世不改，而宵小不敢肆焉”，显然也有夸大之处。

三、余论：徽州佃仆制长期延续的原因

嘉靖年间祁门主仆互控案涉及的李黄两家，其主仆关系自明初确立以来，长达百余年。它虽然只是主仆冲突中的个案，但从此一个案出发，结合其他各类史料，仍可对徽州佃仆制③长期延续的原因作一探讨。

首先，应该看到，传统社会中大量贫困、破产农民的存在，是徽州以至整

---

① 《泾川查氏族谱》卷末，明万历二十六年(1598)刻本，国家图书馆藏。

② 周绍泉、赵亚光：《窦山公家议校注》，合肥：黄山书社，1993 年，第 95 页。

③ 自 1960 年代以来，学界已有大量关于徽州佃仆制的研究文献，邹怡做过比较全面的总结。邹怡：《徽州佃仆制研究综述》，《安徽史学》2006 年第 1 期。

个中国奴仆制度长期存在的深层次的经济基础。中国传统农村中，小农对各类天灾人祸缺乏抵御能力，在两极分化的过程中，多数人是趋向贫困。前述安徽省博物馆所藏各类义男买卖契约中，多有“缺少用度”“日食难度”一类的字眼，说明农民被迫当义男为仆，贫困是主要原因。黄汪祖在永乐初年投到李家门下为义男，也不排除有经济困难的原因。在成为义男之后，获得主家拨给的田地、房屋，比较流浪乞讨，生活多少有些保障[①]。仆家对主家的这种经济上的依赖性，在双方经济地位没有发生根本性变化的情况下，是很难去除的。换言之，奴仆制度的存在是有深厚的经济基础的。徽州的各类佃仆，较之家内役使的奴婢而言，所受的人身束缚相对较轻，其处境还不是最坏的[②]。

其次，包括徽州佃仆制在内的中国奴仆制度，是封建专制制度的有机组成部分，受到国家权力的维护。明朝对奴仆制度的态度具有两面性，一方面，奴仆数量过多，必然会影响国家徭役和赋税的来源，因此明初统治者曾经对奴仆制度进行过限制。洪武五年颁布的《大明律》中禁止庶民存养奴仆，“庶民之家存养奴婢者，杖一百，即放从良”[③]。洪武二十四年，对贵族、缙绅蓄奴进行限制，“役使奴婢，公侯之家不过二十人，一品不过十二人，二品不过十人，三品不过八人”[④]。另一方面，明朝皇室、贵族、勋戚以至各类达官贵人，其骄奢淫逸的生活是以役使大量奴仆为基础的，因此，明政府依然承认奴仆制度的合法性，禁止奴仆背主，“若婢背家长在逃者，杖八十(奴逃者罪亦同)，因而改嫁者杖一百，给还家长”[⑤]，而且还从法律上确认了对奴婢的歧视：“凡奴婢殴良人者，加凡人一等……良人殴伤他人奴婢者，减凡人一等”[⑥]。从明初的实际状况看，不但各类限制贵族、缙绅蓄奴的措施多未能有效执行，即使

---

① 刘和惠：《明代徽州佃仆制考察》，《安徽史学》1984 年第 1 期；《明代徽州佃仆制补论》，《安徽史学》1985 年第 6 期。

② 居蜜：《明清时期徽州的宗法制度与土地占有制——兼评叶显恩〈明清徽州农村社会与佃仆制〉》，《江淮论坛》1984 年第 6 期、1985 年第 1 期。

③ 《大明律》，怀效锋点校，第 47 页。

④ 李东阳：《明会典》卷 56，《景印文渊阁四库全书》第 617 册，第 602 页。

⑤ 《大明律》，怀效锋点校，第 65 页。

⑥ 李东阳：《明会典》卷 131，《景印文渊阁四库全书》第 618 册，第 329 页。

是一般的庶民地主，只要改头换面，将奴仆改称为“义男”“义女”，将卖身契改为“婚书”，即可规避国家法律，照旧役使奴仆。到了明代中期以后，明初的各类限制几乎荡然无存，庶民役使奴仆也公开化了。在李黄互控案中，李家以“逆仆灭主”进行控告，被官府接受立案，判决结果是继续维护主仆关系，这就说明官府也是将黄珽这个义男的孙子视为李家之仆。佃仆的后人还是佃仆，这充分体现了国家权力对徽州佃仆制的维护。

再次，徽州佃仆制能够长期延续，还与徽州宗族势力的强大密不可分。佃仆制能够形成，主仆双方经济地位不对等是基础。但是，这种经济地位的差异，随着时间的推移是有可能发生改变的，正如李黄互控案中显示的那样，在经过百余年的漫长时间后，主家衰落了而仆家壮大了，主家继续维护主仆名分就会感到力不从心。为了避免出现“宵小放肆”“逆仆灭主”现象，不少徽州主家通过宗族势力来加强对佃仆的控制，将佃仆以及划给其使用的田地，在遗产继承时不做分割，而是作为一个整体由主家的所有后代继承，以此将佃仆变为整个宗族族众都可役使的“众仆”，防止因某一宗族后裔衰微而无法维持主仆名分。前举泾县查氏、祁门善和程氏都是显例，各类佃仆均作为整个宗族的役使对象传承下去，而不具体分割到某一宗族成员的名下，还制定了非常多的规章制度，并载入家谱之中，以确保能够世代役使。徽州宗族势力强大，它对佃仆制的强力维护，是这一制度能够在徽州长存的重要原因。只不过具体到本文考察的李黄互控案中，李家要么没有采取这种措施，要么并非强宗大族，找不到足够的同宗力量予以协助，因而只能通过官府来维护主仆名分了。

（安徽省博物馆汪庆元研究员、复旦大学历史地理研究中心邹怡博士为本文写作提供了重要资料，谨致谢忱）

原载《安徽大学学报》2014 年第 6 期

明清时期徽州境内的保甲制度推行与保甲组织编制

陈　瑞

正式创立于北宋王安石变法时期的保甲制度，是由封建官府自上而下推行的一种按照户籍编制来统治人民的基层行政组织制度和社会管理控制制度。这一制度在明清时期全国诸多地方得到大力推行，徽州地区也不例外，然而学界对于明清时期徽州境内保甲制度的推行与保甲组织的编制关注不多[①]，本文拟对此作一讨论，以求教于方家。

一、明清时期徽州境内保甲制度的推行

（一）明代徽州境内保甲制度的推行

早在成化年间，休宁县知县欧阳旦就在休宁推行过保甲制度，并将保甲

① 拙文《明清时期徽州的宗族与保甲推行》（《中国农史》2012年第1期）考察了明清徽州宗族与保甲推行的关系，但限于考察视角和文章篇幅，对徽州境内保甲制度的推行与保甲组织的编制未作过多讨论。此外，[韩]洪性鸠《清代徽州的保甲与里甲及宗族》（《中国史学》第13号“明清史专号”，2003年）及《清代徽州的宗族和保甲制的展开》（韩国《中国史研究》第27卷，2003年），廖华生《清代蚺城的约保》（《安徽史学》2006年第5期），栾成显《〈康熙休宁县保甲烟户册〉研究》（《西南师范大学学报》2006年第6期），孙华莹、刘道胜《明清徽州保甲探微》（安徽省徽学学会二届二次理事会暨学术研讨会论文，2007年），刘道胜《明清徽州的都保与保甲》（《历史地理》第23辑，2008年）等，也对这一主题有所涉及，但均未作深论。

的推行与乡约结合起来[①]。到了正德年间，休宁境内又有推行保甲法的活动，其时江西饶州人王浩八等在万年县姚源洞一带起义后，逼近徽州，休宁范显礼"力率乡人立保伍法，昼夜侦巡"[②]。不过，这两例保甲推行活动当时尚属零星行为，在徽州并不普遍。

明代徽州境内保甲大规模、制度化的推行，大体上与全国许多地方同步，这是一种由官方积极倡导、率先垂范、自上而下的实践过程。总体上看，嘉靖年间是徽州保甲推行的兴起期，万历以降则是徽州保甲的普遍推行期，即所谓"保甲之法，明季视为泛常"[③]，这与当时徽州境内一些地方民风健悍、社会秩序动荡、治安形势严峻有关。在保甲推行过程中，地方官员的积极倡导与率先垂范是主要动力。

嘉靖年间徽州境内保甲制度的推行，由知府何东序率先倡导，并陆续在各县推行："嘉靖间，奉知府何东序议行保甲，以备防守。令民每十甲作为一约，于内公选殷实公正、平日为乡党所推服者二人为约正、副，率领众人。每约置有柄大牌，阴书百家姓名，送县标押。仍照牌填写一张，送官类总备查。每十家置锣二面、铳二把，闲暇操演。一遇警报，约正、副持牌号召，鸣锣大呼，并力追捕。其约正、副量给冠带衣巾并印信帖文，少假事权，以示宠异。"这一时期，徽州境内保甲制度推行的主要目的是"以备防守"，即主要出于治安方面的考虑，它的一个重要特点是与乡约的实践紧密结合，即重视"立乡约导之使入于善，编保甲闲之使不为恶"[④]，将乡约重教化与保甲重治安的不同功能有机结合起来。这一做法也为此后徽州境内许多地方推行保甲时所继承。按照知府何东序的设计，乡约组织的首领约正、副也是保甲组织的实际

---

① （明）汪循：《仁峰集》卷9《西山金氏族谱序》："新安世家，金氏其一也。予昔游庠，今都宪欧阳公宰邑，举乡约保伍法，辟乡之有贤行、为众服者为之长，金某府节推公之子亿公在辟中，先子承德君亦与焉。"卷19《述先君承德郎事实》："提学副使安福欧阳公昔宰休宁，举乡约保甲之法，闻其（按，指汪风英）贤，辟为约长。"《四库全书存目丛书》集部第47册，济南：齐鲁书社，1997年。可参阅王裕明《〈仁峰集〉与明中叶徽州社会》，《安徽大学学报》2005年第5期。

② 万历《休宁范氏族谱》之八《谱传·中支汊口族》，明万历二十八年刻本，安徽省图书馆藏。

③ 康熙《绩溪县志续编》卷2《政治志·保甲》。

④ 万历《绩溪县志》卷6《政治志·保甲》。

首领，他们拥有“率领众人”、追捕盗贼等实际“事权”。

在何东序率先倡导之后，万历初年，徽州知府古之贤颁行《保甲条约》，倡行保甲。万历二年(1574)，奉兵道冯明文：每里之中选取有身家德行之人二名，充为捕诘官。仍于地方选出子弟兵二十名，逢五逢十练习技艺一次，余日各安生理。一遇有警，鸣锣为号，子弟兵、保甲人等各赴捕盗官处齐集应援①。兵道冯某关于每里之中设置捕诘官的要求，是进一步完善保甲制度的重要举措。

嘉靖以后，徽州各县保甲制度推行的诱因和具体做法，既有相似之处，又有自身特点。

在休宁境内，万历年间，知县李乔岱根据“休居万山中，民性健悍，且西南接江浙境，无赖子出没靡常，盗贼多有”的状况，“议劝谕扞卫法，合乡约、保甲并行之。设立合一条规，首申以六谕，附以律章，约以十三条，终以劝罚”，并“刊布全书，风示境内”，“远近民踊跃趋之”②，收到了一定的实际效果。

遵循地方官的倡导与设计，将乡约与保甲相结合，也是明代休宁县境内许多宗族中的流行做法。如休宁范氏认为：“上司设立保甲，只为地方，而百姓却乃欺瞒官府，虚应故事，以致防盗无术，束手待寇，小则窃，大则强。及至告官，得不偿失，即能获盗，牵累无时，抛废本业，是百姓之自为计疏也。”该族的认识和具体做法是：“吾族虽散居，然多者千烟，少者百室，又少者数十户，兼有乡邻同井，相友相助，须依奉上司条约，严谨施行。平居互讥出入，有事递为应援，或合或分，随便邀截。若约中有义男不遵防范、踪迹可疑者，即时察之。若果有实迹可据，即鸣诸宗祠，会呈送官。若其人自知所犯难掩、畏罪自尽者，本主备具实情一纸投祠、约，各房长证明，即为画知存照。倘有内外棍徒诈索，即以此照经官究治。”③休宁范氏是在乡约的大框架内推行保甲，保甲与乡约结合较为严密。

在绩溪境内，万历年间，随着商业经营活动的活跃，特别是典当业的发展，导致“赃有所投，盗窃辄发”。地方官为维护社会治安，严行保甲制：“知县

① 万历《绩溪县志》卷6《政治志・保甲》。

② 万历《休宁县志》卷2《建置志・约保》。

③ 万历《休宁范氏族谱》之六《谱祠・宗规・统宗祠规・守望当严》。

陈嘉策肃禁令，严捕缉，殄灭黔，配不贷，遂屏迹焉。”[①]知县陈嘉策推行保甲的实践，一度收到了盗窃“屏迹”的积极效果。

在祁门境内，万历年间，“民以细故构衅，(知县陈翀奎)令约保劝化，不为之理”。崇祯年间，“时邑盗炽，昼攫金，(知县)令各里保俾自相擒捕，至讯之，罪当者折其足，毙之狱，无烦文移，四境帖然”[②]。一份天启六年的文书揭示了该县民间保甲推行的实态：

> 立限约仆人陈社魁同侄陈周发，今因身不合，于天启五年二月，将祖母棺木一具，私厝洪主祖坟边旁，二载不报，意图侵葬。因事发觉，已另(立)还服罪文约，求主山地安葬祖母。今因目下日期未卜，托中愿立限约，请主眼同保甲长等，将棺木封号暂厝主山，即择吉日请主到山验葬，不得私行搬移。如擅移不报，即系侵葬是的，听主递官理治无词。今恐无凭，立此限约为照。[③]

于此可见，天启年间，祁门境内保甲制度得到了有效推行，当地的保甲长成为基层社会中普通百姓依赖的重要对象。

在婺源境内，隆庆五年(1571)，知县吴琯“设保甲，置乡约，遍访善恶，得其实，躬巡村落中，弗率者系于约所，同众面诘，置之法，不少贷，四境肃然”[④]。

在黟县境内，万历年间，知县甘士价“严保甲以束民心”[⑤]。知县王家光，“至七都霞川汪氏，见其居犹先朝旧创，□质不镂，排保甲遍迹山岩”[⑥]。所谓“排保甲”，表明在霞川汪氏宗族聚居地保甲得到了推行。

在歙县境内，崇祯年间，知县傅岩鉴于“流寇之乱起于西北，蔓扰中原”[⑦]等日趋严峻的社会形势，致力于推行保甲，认为“即无流贼亦当严保甲、练乡

---

① 万历《绩溪县志》卷6《政治志·保甲》。

② 康熙《祁门县志》卷2《名宦》。

③ 《祁门县仆人陈社魁等立限约》，安徽省博物馆编《明清徽州社会经济资料丛编》第1集，北京：中国社会科学出版社，1988年，第460～461页。

④ 康熙《婺源县志》卷6《官师志·名宦》。

⑤ 顺治《黟县志》卷4《职官志·名宦》。

⑥ 顺治《黟县志》卷1《地理志·风俗》。

⑦ (明)傅岩：《歙纪》卷8《纪条示·团练乡勇》，明崇祯刻本，安徽省图书馆藏。

勇，大则防意外之变，小则驱除流棍，防守盗贼”。他的具体做法是将保甲的推行与乡约甚至里甲相结合，认为“国家设立乡约保甲，此乃圣祖寓兵于农妙用”，而明太祖圣谕六言中的“各安生理”与修武备、严保甲是相通的：“修武备即是各安生理。士农工商道不相通，惟武事四民俱不相碍。今与百姓约：一乡之中，照保甲各出一后生，每清晨齐执器械，或于空地，或于大路傍立定，保甲长击鼓三通，呐喊三声，即各归本业。日以为常，则耳闻金鼓，目见旗枪，不以为怪。行之既久，俱有精力，图事速成，真生理一助也。只要勤谨为主，捉空乘暇，演习讲论，初不教你遗却正务，岂不是各安生理？”[①]他要求“保长会同乡约里排，将保内各户壮丁堪充乡兵者开报，各自认备器械，酌量住址远近，就便团聚操练。……其有膂力过人、习熟武艺、通晓火器者，约里保长具揭开报，以凭录用”[②]。他还主张“翻刻《乡约全书》，附以《修备赘言》，遍给各乡，于保甲、乡兵讲武之法兼行”[③]。由上可看出，傅岩将举行保甲作为乡约约定的重要内容，乡约的主要任务之一是推行保甲，维持治安；主张在乡约的框架内推行保甲，将保甲与乡约紧密结合起来。

此外，为防备农民起义，傅岩还将保甲的推行与团练相结合：“为今日计，惟乡自为守，人自为力，舍练乡勇，无他策矣。已经申严保甲，出示去后，四乡远未见举行。除置簿遍告乡绅，听自令丁壮预备外，合再遍示在城在乡各保内精壮人丁，自相劝勉，推举大村镇一二百人，小村镇数十人，或附近联络共百余人，多寡各听其便，十人中举一人为什长，百人立一人为团长，长百夫即武科举庠士、异途有识略者皆可自任。或极大镇有数百，则立一乡总，或借重本乡缙绅，自允约束者听之巡司，信地则责之巡司，各令自认器械，农隙之日，随便习学武艺，团聚操练。有事传呼共应，人人皆兵，无事则有备安居，家家乐业。”[④]团练乡勇、习学武艺成为保甲的重要内容。为确保“地方宁谧”，保甲长的主要任务是：“遇盗鸣锣，传知救捕。平日逐户挨查赌博非为，呈首究

① (明)傅岩：《歙纪》卷5《纪政迹·修备赘言》。
② (明)傅岩：《歙纪》卷8《纪条示·严保甲·选练乡兵》。
③ (明)傅岩：《歙纪》卷5《纪政迹·事迹》。
④ (明)傅岩：《歙纪》卷8《纪条示·团练乡勇》。

治。其无籍流棍、技术、流娼、游食僧道,严行驱逐。”[①]

(二)清代徽州境内保甲制度的推行

清朝建立后,徽州地方官为稳定社会秩序,继续推行保甲制度,而且一直延续到清末。

在绩溪境内,顺治十年(1653),“知县朱国杰编立门牌,佥点保正、甲长,严敕举行,嗣后因之”[②]。雍正年间,“知县李世敦、王锡蕃奉例令各甲设立烟户牌,夜则悬灯击柝,更换巡警,要道增立栅栏,严行启闭”,这一做法至乾隆年间仍被遵循[③]。

在休宁境内,清初大力推行保甲制度:“国朝尤严保甲之令。康熙九年颁圣谕十六条……廖令复实心举行,劝善化暴,奸宄潜踪”;“今严行保甲之法,与乡约正副共相核举,正合今十六条规式。鼎革之初所以弭盗而安民,承平之后所以安民而弭盗”[④]。“弭盗”与“安民”是推行保甲的最重要的目的。到了咸丰年间,在太平天国起义影响之下,休宁社会出现剧烈动荡,一些宗族乡绅为保卫桑梓而推行保甲。如该县月潭朱氏33世士瀛公,“为保卫桑梓计,编查保甲,督练乡兵,一方赖以暂安”[⑤]。

在黟县境内,乾隆三十一年(1766)春,“知县孙维龙奉抚藩二宪檄,躬履四乡清查保甲”。该县保甲在户口统计和人户管理与控制方面发挥了一定的作用:“编审之制,前世所以定役,而本朝特重民数,是以生聚广而赋不加增。至保甲之法,则并户口生计、人类莠民,无不可周知而熟悉。”[⑥]

在婺源境内,乾隆县志指出:“与兵防相表里以为功者,其在严保甲、联灶丁乎!保甲之法不足以制贼也,而足以戢贼之萌蘖、斩贼之根株。”“今严饬保甲,按户编籍,出必稽户丁所自往,入必稽行旅所自来,则游惰警而内贼无自

---

① (明)傅岩:《歙纪》卷5《纪政迹·事迹》。

② 康熙《绩溪县志续编》卷2《政治志·保甲》。

③ 乾隆《绩溪县志》卷4《武备志·捕察·保甲附》。

④ 康熙《休宁县志》卷2。

⑤ 民国《新安月潭朱氏族谱》卷14《提举公派存玺公下安仁公支》,民国二十年木活字本,安徽省图书馆藏。

⑥ 乾隆《黟县志》卷1《户口》。

生，盘诘严而外贼无所匿，线索除虽大盗不敢轻入。”在遇到紧急情况时，应做到“一乡有警，各乡之保甲救之”[①]。到清末光绪年间，婺源知县方某曾主张“团练与保甲相辅而行”[②]。

在祁门境内，咸丰年间，为了抵御太平军，知县唐治“劝助军饷，编查保甲，举行团练”[③]。

二、明清时期徽州境内保甲组织的编制

（一）明代徽州境内保甲组织的编制

嘉靖年间，徽州知府何东序倡行保甲，主张将保甲组织的编制与乡约组织结合起来[④]。绩溪县在推行保甲时，遵循知府何东序的要求，“令民每十甲作为一约”[⑤]，将当地保甲组织的编制与乡约紧密结合。到了崇祯年间，歙县知县傅岩以10户为1甲，10甲为1保[⑥]。遗留下来的一份万历年间歙县保甲人户牌，也揭示了晚明徽州境内保甲编制的一些侧面：

歙县 乡地名 系二十五都一图第 保

保长 程隆源

保副

一户 张付年 岁身 系 都 图 生

弟 子 侄

妇女 口 雇工 人

万历三十三年叁月二十二日

---

① 乾隆《婺源县志》卷13《兵防志·防守·旧兵防论》。

② 《光绪二十五年婺源县令办团练保甲照会》，王钰欣、周绍泉主编《徽州千年契约文书》（清民国编）卷3，石家庄：花山文艺出版社，1991年，第350页。

③ （民国）胡光钊：《祁门县志艺文考》，民国三十三年排印本，安徽省图书馆藏。

④ 嘉靖《徽州府志》卷3《风俗》云：“约会依原保甲，城市取坊里相近者为一约，乡村或一图或一族为一约，其村小人少附大村，族小人少附大族，合为一约。”表明乡约会的编排是以保甲为基础的。这种做法在明后期徽州境内似较为普遍。

⑤ 万历《绩溪县志》卷6《政治志·保甲》。

⑥ （明）傅岩：《歙纪》卷5《纪政迹》。

县[①]

由上可见，清代徽州保甲人户牌中的一些基本要素，在晚明已经部分出现。

（二）清代徽州境内保甲组织的编制

1. 编制原则及具体做法

出于稳定社会秩序、巩固统治的需要，清代官府十分重视保甲组织的编制。有清一代，特别是到了中后期，“凡编保甲，户给以门牌，书其家长之名与其丁男之数，而岁更之。十家为牌，牌有头；十牌为甲，甲有长；十甲为保，保有正，稽其犯令作匿前慝者而报焉。城、市、乡、屯、灶、厂、寺、观、店、埠、棚、寮、边徼，皆编之。凡海船，亦令编甲焉”[②]。随着社会变迁的加剧，清代保甲编制愈益严密。对此，徽州地方社会也予以积极响应，如清初歙县境内，“每十家为一甲，十甲为保”[③]，延续了明末知县傅岩的做法。康熙五十二年(1713)，祁门县的做法是：“城市乡村、各都图保甲、烟灶丁口、寺庙僧道编造册内，毋许隐匿。十家编一甲，立一甲长，十甲编一保，立一保长。”[④]光绪五年(1879)，祁门县举办保甲，“按十户立一牌长，十牌立一甲长，十甲立一经董”[⑤]。光绪十年，休宁县举办保甲，“按十户立一牌长，十牌立一甲长，责成逐户挨查”[⑥]。光绪十六年，绩溪县举办保甲，“按十户立一牌长，十牌立一甲长，十甲立一经董，责成挨户编填连管”[⑦]。

---

① 《明万历三十三年歙县潘氏保甲人户牌》，王钰欣、周绍泉主编《徽州千年契约文书》(宋元明编)卷3，第338页。

② 光绪《大清会典》卷17《户部》。按，此处引用时，删去原书注释。

③ 顺治《歙志》卷6《兵防志》。

④ 《康熙五十二年祁门县编十家保甲牌》，王钰欣、周绍泉主编《徽州千年契约文书》(清民国编)卷1，第166页。

⑤ 《光绪五年祁门县十家门牌》，王钰欣、周绍泉主编《徽州千年契约文书》(清民国编)卷3，第111页。

⑥ 《光绪十年休宁县十家牌》，王钰欣、周绍泉主编《徽州千年契约文书》(清民国编)卷3，第165页。

⑦ 《光绪十六年绩溪县十家牌》，王钰欣、周绍泉主编《徽州千年契约文书》(清民国编)卷3，第181页。

光绪年间，官府针对哥老会等民间秘密会社组织的反政府行为，希望各地通过保甲组织的严密编制，加强对地方社会的实际控制。光绪二年，歙县知县陈某认真贯彻上峰的有关指示，在境内严格编排保甲①：

钦加同知衔、特授江南徽州府歙县正堂加十级纪录十次陈，谕二十七都二图绅董文会知悉……查近来邪术剪人发辫，昨奉府宪并经本县访查，实有其事。当经照抄府宪告示，遍贴晓谕，一面饬差查拿在案。其禁绝之法，莫善于举行保甲，实为第一要务。除本县亲赴各乡严密查缉，并再出示晓谕外，合亟手谕谆饬谕到该绅董文会，立即查照向办保甲章程，各归各甲，按户编查，城乡、市镇、寺庙、客寓、烟馆等处一体挨编造册，送县填给门牌实贴，以清本源。其剪辫会匪，据现犯供出，多系两湖川陕散勇，假扮算命测字相面，唱莲花落，一切江湖技艺，并卖药、卖车子京货等项为名，遍处游历。该绅董文会务宜认真密察，遇有行踪诡秘、面生可疑之人，及粘单有名者，立即督同捕保盘获送官，定当从优奖赏。倘漫不经心，致官获匪犯，供出曾在某都图逗留扰害，知情容隐，即照例将邻佑甲长人等一体究治。……切切特谕。

计粘会匪党羽姓名单一纸

（以下44人名单略）

这份资料表明，即使晚清时期，徽州境内保甲组织的编制仍然是非常细致周密的。歙县二十七都二图的保甲是遵照知县李某的上述要求编制的。该图根据人口规模，按照10户1甲原则，共编排了29甲，图内的各商号、客栈、饭铺、烟馆、庙庵等公共场所或机构，以及各宗族的祠堂、各宗族所辖的支派及支户等，都被严格编制在保甲体系之中②：

第壹甲：程金宅贸易；双忠庙；莲合庵；刘招喜；路德顺；王金财；盛得发；程连荣；吴启进；王素庵

第贰甲：王灶金；项大章；王启才；程广兴；项恒春；汪玉树堂；汪长顺；

① 《歙县二十七都二图遵谕编联保甲底簿》，光绪二年六月编，抄本，1册，安徽省图书馆藏。

② 《歙县二十七都二图遵谕编联保甲底簿》，光绪二年六月编，抄本，1册，安徽省图书馆藏。因篇幅限制，文中仅录数甲组成以示大概。

江有林烟馆;熊福寿;汪金俊同居汪炳妹嫂

第叁甲:王节爱堂;凌复兴;韩庚和;江宝德堂;夏在西;汪斗南饭铺;敦仁堂;钱列成;苏鼎和;程珍胜

……

第拾陆甲:包起魁;方春森;丁慎玉;潘万年;洪康安;项来发;舒正炎;饶福顺;老张;空相庵

……

第贰拾九甲:谢德兴;朱天福;王和尚;唐五;朱德;孙荣;孙发;程培仁;王启

此外,一个非常值得注意的现象是,由于清代徽州境内宗族组织发达,当地的保甲编制与宗族结合十分紧密,在一些大族聚居的地方,各姓宗族甚至拥有自己较为固定的保甲编制单位。如,康熙年间,休宁胡得寿在禀状中声称:"身系贫民,佣工为生。……不思汪姓有汪保,李姓有李保。身与余氏俱系汪姓世仆,又皆属汪保甲丁。"休宁渠口村汪氏监生汪增燮在禀状中则声称:"生等本图有汪、朱、李三保,各管附近村落,分疆定界。"这是保甲组织编制与宗族组织严密结合的明证。各姓宗族的族人及其佃仆隶属于该宗族所在的保甲系列:"各图乡保俱系大户充当,凡寄居商贾农工及小姓地仆人等同在一处者,例归保内管辖,以专责成";"每年编立烟户,一切小姓地仆隶籍保内汪姓之后"①。清代徽州境内保甲组织编制与宗族组织的严密结合,既表明官方的保甲推行充分利用了当地的宗族资源,又表明当地宗族特别是大族有效利用了保甲组织编制为己谋利②。

2.保甲门牌册籍

与保甲组织编制的实践紧密相关,徽州地方官府和各地保甲组织还编造了各种保甲门牌册籍,从中也可窥见清代徽州保甲编制以及官府对地方社会进行控制的一些具体细节。

(1)保甲门牌

保甲门牌,由官府发给每户,登录每户户长的姓名、籍贯、年龄、生理以及

① 《清乾隆休宁县状词和批示汇抄》,抄本,1册,安徽省图书馆藏。

② 参见拙文《明清时期徽州的宗族与保甲推行》,《中国农史》2012年第1期。

亲属、附住、雇工等各类丁口的详细情况,总的要求是户内“男妇大小丁口”俱要登录,不得遗漏一人。此牌要悬挂门首,以便每日稽查[1]。

保甲门牌在徽州多有发现,如光绪十六年三月休宁县颁给胡天祥的门牌:

钦加同知衔特授休宁县正堂水,为给发门牌事。案奉臬宪张札饬,以各属详报盗劫之案,层见叠出,亟应厘定章程,清查保甲,以靖盗源而卫民生。兹特由司拟定保甲章程,业经详送抚宪批示,核准通行,饬即遵照发来章程,督率绅董实力举办,切勿视为具文,特札等因到县。奉此,除登填户册外,合行给发门牌。为此,牌仰该户收执。嗣后该户遇有迁移生故、婚嫁增减以及出外雇工贸易等事,即告知董保,在于户册内添删更正,并将门牌一律改正。其迁移出境者,即将门牌缴销。外来之户,随时编入牌甲,请发门牌,如法悬挂。倘各户有门牌遗失者,准其声(申)请补给,毋得违误。其各凛遵。切切。须牌。

南乡二十五都四图瑶溪村　第一甲第十一牌

董　甲长　牌长杜谦　距城三十里

一户胡天祥功名　年二十六岁　　县人系　　业开店在家

房屋系　业房主　　处人

祖父　祖母　庶祖母　氏年　　岁

父　　母余氏　庶母年六十三岁

妻戴氏　妾　年二十一岁

子　　年　　岁媳　　氏年　　岁

孙　　年　　岁孙媳　　氏年　　岁

胞兄　胞弟　　年　　岁胞侄　　年　　岁

胞伯　胞叔　　年　　岁寄居族戚友　　年　　岁　　处人

计本户男妇三名口　　男仆使女　名口　　雇伙妇　名口

共计男女大小　名口

光绪十六年三月　　　　日给

---

① 参见栾成显《〈康熙休宁县保甲烟户册〉研究》,《西南师范大学学报》2006 年第 6 期。

县[①]

这个门牌登录的范围为1户，所登记的房主及家庭成员的情况十分详细，除了自身及妻妾外，上到祖、父辈，下到子、孙辈，旁及兄弟，连寄居的族戚友、雇工、仆人皆毫无遗漏，家户的实情一览无余，从中也可见官府对民间社会控制的严密程度。

(2)十家门牌

十家门牌，又称十家总牌，内填本牌十户户长姓名、年岁、生理及该户男妇丁口名数等。此牌发给甲长(牌头)悬挂，用以轮流稽查[②]。

这类门牌，徽州文书中记载较多[③]，如康熙五十二年(1713)祁门县颁给的十家门牌：

祁门县正堂陈，为清查保甲，设立门牌，以除匪类，以靖地方事。案奉各宪饬令各府州县严编保甲缘由到县，奉此合饬城市乡村、各都图保甲、烟灶丁口、寺庙僧道编造册内，毋许隐匿。十家编一甲，立一甲长，十甲编一保，立一保长，均要殷实老成，毋许奸棍孤独邀充。给以印信门牌，书填姓名、丁口、生理，邀相稽查，夜则巡更，子夜有事，互相救应，不许容留匪类。如违治罪，各宜凛遵。须至牌者。

计开

祁门县 十一 都 三 图 二 保 三 甲保长徐佛老 甲长朱本清

汪公会八甲支用单在内

一户 朱本清 年四十五岁 县人 务农 生理男 妇女共 一 口仆 岁同居

一户 朱廷珍 年五十岁 县人 木匠 生理男 妇女共 一 口仆 岁同居芝能

① 转引自严桂夫、王国健《徽州文书档案》，合肥：安徽人民出版社，2005年，第369～370页。

② 参见栾成显《〈康熙休宁县保甲烟户册〉研究》，《西南师范大学学报》2006年第6期。

③ 王钰欣、周绍泉《徽州千年契约文书》录有康熙五十二年(清民国编卷1，第166页)、乾隆十年(清民国编卷1，第303页)、乾隆二十一年(清民国编卷1，第327页)、道光二十九年(清民国编卷2，第469页)、光绪五年(清民国编卷3，第111页)、光绪十年(清民国编卷3，第165页)、光绪十六年(清民国编卷3，第181页)等十家门牌。

一户 朱锦元 年二十岁 县人 务农生理男 妇女共 一 口仆 岁同居芝英

一户 朱芝俊 年四十五岁 县人 裁缝 生理男 三 妇女共 一 口仆 岁同居胡元彪

一户 胡其景 年三十六岁 县人 □口生理男 二 妇女共 一 口仆 岁同居胡有林

一户 江锡福 年三十二岁 县人 务农 生理男 一 妇女共 一 口仆 岁同居江梅生

……

康熙 五拾贰 年 月 日给①

(3)保甲册

保甲册,又称保甲烟户册,以所造各户保甲门牌为据,照所编保甲挨次填写。其所载人户,不仅包括一般庶民百姓,而且乡绅举贡生员、庵观寺院乃至畸零人户等尽在其中;其每户所载,一如保甲门牌,户无遗漏,丁口尽载。清代徽州境内保甲册的典型例子,如康熙四十年休宁县编造的保甲人户烟册:

江南徽州府休宁县正堂加三级金,为申严保甲,以靖地方事。照得保甲之法屡奉宪饬,本县莅任伊始,拟合清查编册。为此,册仰保甲长,即将保内居民,毋论绅衿士庶,农工商贾民人,填注住何地方,系何生理,男丁妇女各几名口,乡约保甲姓名,逐一清编,毋许遗漏一户一丁,如违取究未便。须至册者。

计开

休宁县 伍 都 肆 图 龙源 地方

乡 约 张维纲

保 长 曹 敦

甲 长 邵 芳

栅 栏 副

更 楼 座

① 《康熙五十二年祁门县编十家保甲牌》,王钰欣、周绍泉主编《徽州千年契约文书》(清民国编)卷1,第166页。

右册仰保长曹 敦 准此

康熙肆拾年　　月 十三日 册

县(押)[①]

由上可见,保甲册登录的范围更为广泛,其主要目的是维护辖地之内的社会治安,是对一个保乃至多个保内的人户情况的记录。

(4)循环册

循环册,在保甲编查的基础上设立,分循、环二册,州县官府和保甲首领各存一本。内填注村庄、户口、生故、迁移、改习行业、外出、流寓等情况,"季底将循册缴送印官,查对环册,改注发交乡保,于下季之底,将环册缴送查对,一循一环,按季更换"[②]。光绪五年祁门县编造的金璧坳户口环册[③],是清代徽州境内循环册的典型例子。该保甲循环册的编制,要求在"十户立一牌长,十牌立一甲长,十甲立一经董"的原则之下挨户编填。编填的内容主要包括"保内丁口、籍贯、执业"等情况。循、环二册,"其册一本存署,一本存经董处,于地保春秋点卯之便,当堂呈换,循去环来,每年皆依此例"。"如有迁徙、生故、婚嫁、增减等项,由本户随时报明牌长,即于门牌本户之旁添注涂改,并由牌长转报甲长,甲长转报经董,于册内某户之旁添注涂改,毋得舛错遗漏。"金璧坳村(包括上朱村、下朱村)在经董李柏如等负责下,编了 4 牌,共 36 户,其中 3 牌并没有完全达到每牌 10 户的原则要求。可见在实际编制过程中遵循了官方倡导的"若村庄人少,户不及数,即就其少数编之"[④]、"村落虽小,即数家亦可编为一甲"[⑤]、"畸零散处,通融编列"[⑥]的灵活性原则。

从《光绪五年祁门县金璧坳户口环册》登记的内容看,它与清光绪五年祁

---

① 《休宁县编造保甲人户烟册》,上海图书馆藏。

② 《清高宗实录》卷 549,乾隆二十二年戊子条。

③ 《光绪五年祁门县金璧坳户口环册》,王钰欣、周绍泉主编《徽州千年契约文书》(清民国编)卷 3,第 99～109 页。

④ 《清朝文献通考》卷 22《职役考二》。

⑤ 《清世宗实录》卷 43,雍正四年四月甲申条。

⑥ 《清朝文献通考》卷 19《户口考一》。

门县颁给的十家门牌[①]基本一致,包括户名、年龄、籍贯、执业、男丁、女口、伙计、奴仆、雇工等,由于循环册具有“循去环来”的动态特点,使得官府对于保内或宗族村庄的实际人口,有一个较为客观、动态的掌握。特别是对于安庆府潜山县等地来徽州从事垦山务农等活动的外来人口有较多记载,这些人基本上都是文献中所说的“棚民”,通过保甲编制,有利于官府对这些棚民进行管理和控制。

(5)棚民册与另户册

除了上述门牌册籍外,清代徽州境内地方官府还为棚民、犯法之人等一些特殊人群编制特定的册籍,以加强对他们的管理和控制。如针对棚民,编制有“棚民册”[②],针对犯科犯法之人,编制有“另户册”等。

在清光绪五年编制的祁门县西乡二十二都一、二图的保甲循环册中,就收录有针对棚民编制的“棚民册”。在“棚民册”中,列有柯知县关于编查棚民的告示以及各户棚民的实际情况[③]:

> 祁门县正堂柯,为遵章编查棚民户口事。照得现办保甲,查境内向有客籍民人搭棚栖止,兴种苞芦,自应遵章编入附近村庄之末,另给门牌,仍归原处地保及附近村镇之经董甲长管束。该棚民居处地方,如无十户棚民,即二三户至八九户棚民,亦即编为一牌,立一牌长,领总门牌一张,挨户轮流张挂门首,出具互结,互相稽查。倘一家为匪不法及窝藏盗贼,牌内各家公同出首,毋得容隐干咎。牌甲长、地保人等知而不首,致干同罪。如有迁徙、生故、婚嫁、增减,在于门牌本户旁随时添改,并告

---

① 《光绪五年祁门县十家门牌》,王钰欣、周绍泉主编《徽州千年契约文书》(清民国编)卷3,第111页。

② 道光年间,徽州境内棚民编制保甲的原则是:“其棚民较多之处,即按十户另设牌甲稽查。倘系零星两三户杂在土著之内,即归入附近保甲内,照旧办理。”(陶澍:《查办皖省棚民编设保甲附片》、《会同皖抚查禁棚民开垦折子》,《陶澍集》上册《奏疏·保甲》,长沙:岳麓书社,1998年,第424页、426～427页)陶澍《编查皖省棚民保甲折子》(《陶澍集》上册,第425页)还记录了当时徽州境内棚民保甲编制的具体情形。王振忠收藏的一份清嘉庆二十一年婺源县保甲门牌中,则有关于棚民登记的格式化的样本,见王振忠《一个徽州山村社会的生活世界——新近发现的“歙县里东山罗氏文书”研究》,《中国社会历史评论》第2卷,天津:天津古籍出版社,2000年。

③ 载光绪五年《祁门县户口环册》,由陈琪先生提供,特此致谢。

知牌长，牌长转告甲长，甲长转报经董，于册内一体改注，以凭抽查。倘有隐漏，察出干咎。该棚民如止一户居住，亦即领一户门牌，自行出具不敢为匪不法及窝藏盗贼，愿甘治罪切结，并央附近棚民出具保结。如有迁徙、生故、婚嫁、增减，亦即报明甲长、经董添改牌册，以备查察。须至册者。

计　开　　　　　此册即汇订该棚民附近地方所编户口册后

西乡二十二都　图离 鸿 村镇　五　里距城 壹百十 里小地名 黄石坑大元、黄泥坞郎

经董 王观光　甲长 王大成　牌长　　地保 王以正　保人 王玉山、王文英

一户 杨孔元 现年 四十一 岁系 本 省 本州 潜山县原籍于道光十六年迁居来祁以务农为业

祖父	父	妻汪氏	子 金茂	女 二	孙男		
祖母	母	妾	侄	媳	孙女		
胞伯	兄	弟	戚	雇工一	男 共	三	名
胞叔	嫂	弟妇	友	伙计	女 共	三	口

一户姚观四 现年 五十一 岁系 本 省 本 州 怀 县原籍于 同治六 年迁居来祁以 务农 为业

祖父	父	妻储氏	子加旺	女 一	孙男		
祖母	母	妾	侄	媳	孙女		
胞伯	兄	弟	戚	雇工	男 共	三	名
胞叔	嫂	弟妇	友	伙计	女 共	四	口

（以下从略）

针对犯科犯法之人编制的“另户册”，在光绪五年《祁门县户口环册》中也有记载：

祁门县正堂柯，为遵章编查另户事。兹将牌甲内一家为九家所不联者，开明曾犯何款，编作另户，另给门牌，交地保就近管束。俟其改过自新，方准取结入甲。如并无过犯，各该户不得故意留难抑勒。须至另册者。

此册即汇订该户所居地方编查户口册后

（以下从略）

在“另户册”中，列有柯知县关于遵章编查“另户”的告示，以及对作奸犯科犯法之“另户”情况进行登记的格式化的文本样式。

通过上述各类门牌册籍的介绍，我们可以窥见清代徽州境内保甲编制以及官府对地方社会控制的严密程度。

三、结　论

明清时期，出于稳定乡村社会秩序的需要，徽州境内地方官、乡绅等各类人群十分重视通过保甲制度的推行与保甲组织的编制，加强对地方社会的管理和控制。在保甲制推行过程中，地方官员的积极倡导与率先垂范是主要动力，当地的宗族和乡绅等则予以密切配合。

明清徽州保甲推行的一个重要特点是，注意与当地的乡约、里甲、团练、宗族等组织的实践紧密结合，特别是重视将乡约重教化与保甲重治安的不同功能进行有机结合。

与保甲制推行相一致，徽州地方官十分重视保甲组织的编制。在保甲编制过程中，既注意遵守朝廷设定的十进制原则，又注意执行官方倡导的灵活性原则。随着社会变迁的加剧，保甲编制愈益严密，即使在晚清时期，徽州境内保甲组织的编制仍然十分细致周密。值得注意的是，由于明清徽州境内宗族组织发达，当地的保甲编制与宗族结合十分紧密，在一些大族聚居地，各大族甚至拥有属于自己较为固定的保甲编制单位。在保甲组织编制实践中，徽州地方官府和各地保甲组织编造了各种门牌册籍，虽然这些门牌册籍的登载范围和内容稍有差别，但皆生动地反映了明清徽州地方官府对民间社会控制的严密程度。

原载《安徽大学学报》2012 年第 3 期

明清时期徽州民间水利组织与地域社会

——以歙县西乡昌堨、吕堨为例

吴媛媛

1990年代中期以来，明清水利社会史研究在国内蓬勃兴起，成为区域社会史研究的重要领域之一，石峰从文献评述、张爱华和张俊峰从理论演进的角度进行过学术述评[①]。确实，在传统中国，农业水利是超村庄的地方社会构成的主要渠道。从水利角度研究中国社会，最早可追溯至民国，1935年冀朝鼎就在其英文版的《中国的基本经济区与水利事业的发展》中从水利区的角度提出"基本经济区"这一中层概念，来解释中国社会历史的变迁规律[②]。此后，1980年代，以弗里德曼和弟子巴博德为代表的人类学家们对华南地区农业灌溉与宗族的关联进行了探讨[③]，稍后的美国学者杜赞奇融合国家政权与地方社会的"文化网络"对华北的水利组织及其祭祀体系展开考察和说明[④]。在地域方面，北方地区吸引了行龙、赵世瑜、杨念群、韩茂莉等众多大家的关注，学者们研究的区域包括关中、山西、河北、河南，尤以对山陕地区的"泉域社会"研究为多。相较而言，南方湖湘"库域社会"、浙江"江河水利"的

① 石峰：《"水利"的社会文化关联——学术史检阅》，《贵州大学学报》2005年第3期；张爱华：《"进村找庙"之外：水利社会史研究的勃兴》，《史林》2008年第5期；张俊峰：《明清中国水利社会史研究的理论视野》，《史学理论研究》2012年第2期。

② 冀朝鼎：《中国的基本经济区与水利事业的发展》，朱诗鳌译，北京：中国社会科学出版社，1981年。

③ [英]莫里斯·弗里德曼：《中国东南的宗族组织》，刘晓春译，上海：上海人民出版社，2000年。

④ [美]杜赞奇：《文化、权力与国家》，王福明译，南京：江苏人民出版社，2001年。

研究在总体数量上显得相对薄弱。在研究角度方面，有基于扎实的田野调查形成的资料集，也有基于历史时期水案和民间争水故事来探讨水权分配、祭祀体系的作用、水利共同体的结构变迁等。

总体而观，在蔚为大观的明清水利社会史研究中，南方山地丘陵地区的个案研究凤毛麟角。皖南徽州作为传统中国最有特色的地域社会之一，也是水旱灾害频发的地区①，对其水利组织与地域社会的研究必能为南方水利社会史的研究提供一个典型案例。有鉴于此，本文以安徽省图书馆古籍部所藏水利文书《昌堨源流志》和《吕堨南北两渠图》②为基本资料，从社会史的角度对徽州歙县西乡的水利组织在明清两代的变迁作一勾勒，以探寻在这样一个万山环绕的宗族社会里，其农田水利组织与地域社会的关系。不当之处，敬请方家指正。

徽州地处丘陵地带，地势起伏，地形破碎，溪涧源短流急，骤涨骤落，水土流失严重，引水难度大③。当地人因地制宜地创设了多种水利设施，或引水，或蓄水，或自流，或提水灌溉，其中“堨”是当地最常见的引溪河水灌溉农田的水利设施。堨的建造方法与灌溉原理是：“堨水取之于大溪，溪低而田高，筑坝丈许，断木为架，名曰木苍，内塞石块，外覆沙草，横绝中流，尽弥罅漏。必至一二日始水蓄而入甽，入甽而灌田矣。”④也就是在溪流中横向用树木和石块建起堤坝，堵塞水流，抬高水位，使之经一二日蓄水后，漫入人工开挖的小

① 可参吴媛媛《明清徽州水旱灾害研究》，《安徽史学》2008年第4期。

② 《昌堨源流志》为正方形黄毛边纸手抄本，共11页，约3500字，文字后附手绘昌堨田地形势图10页。包含开凿人、堨水灌溉田土经理人、开凿时间、灌溉面积、堨税分担、水利纠纷和祭祀等内容。此份文书虽为清同治八年以后所辑，但所录内容有南宋开凿情况和元初、明初的记或榜文，一定程度上反映了昌堨所在的歙西三都乡村水利关系的长期演变。《吕堨南北两渠图》，刻本，全文3万余字。辑录上自南朝梁，下迄清咸丰年间关于吕堨的诗、记、碑、士绅上禀、官府告示、条例24篇，图3幅，内容涉及吕堨开凿、历代重浚、用水规则及纠纷解决，官府与士绅的水利行为等方面。时间跨度长，尤以清代的记载最为翔实。

③ 徽州水利的相关研究有梁诸英《明清时期徽州地区灌溉水利的发展》，《南京农业大学学报》(社会科学版)2006年第1期。关于南方的农田水利，可以参阅张建民《试论中国传统社会晚期的农田水利——以长江流域为中心》，《中国农史》1994年第2期；张芳《中国传统灌溉工程及技术的传承和发展》，《中国农史》2004年第1期。

④ (清)凌应秋辑：《沙溪集略》卷2《水利·堨论》。

沟渠，将水引入溪边高田中灌溉。堨水灌溉系统具有节省人力、不受水源远近限制的优点。在当地，引堨水浇灌的田地称为“堨田”。昌堨与吕堨位置相近，均在歙县西部的西溪南（今黄山市徽州区西溪南镇）。歙县西乡位于休（宁）屯（溪）盆地，是徽州农业生产条件最为优越的地区之一，乾隆《歙县志·风土》称“惟西土壤沃野，家号富饶，习尚亦视诸乡为较侈”。该区南部为丘陵，北部地势稍高，徽州重要的大河之一丰乐河自北而南流经此处，昌堨、吕堨皆拦丰乐河而筑。可以说，昌堨、吕堨的水利机构与组织是徽州地区较为发达、完善，且具典型性的个案，并反映了水利组织在元、明、清以来时间序列上的变化。

一、昌堨与吕堨的修筑及管理

1. 昌堨与吕堨的修筑

昌堨开凿于南宋宁宗年间。当时朝廷颁谕，“民间某水为害，则制造堤坊圩岸；某水顺流，则开通沟渠灌溉，筑水积蓄，开坝塘池，以防旱涝”。于是，莘墟人吴大用（字德庸）与儿子吴永年“割己田捐重赀”，“雇请石匠吴元四公夫妇一家子侄凿开石渠四十七丈”，建成昌堨。传至元初至元年间，近百年的时间里，“堨地渠塘税粮俱是吴、余二姓输纳，并充堨首”。明代依前朝旧制。及至清同治年间，仍由吴大用后裔经管、修浚[①]。

《昌堨源流旧记》中记到：“本里孝悌乡莘墟、荆林、胡村、钱村、金村、吴家庄、江祈寺、上项、江祈、铺后、深林、潘邨、江村、富山，忠鹄乡琶墩、笙桥、琶村、舒村、陈村、谷山等处居民田土，每遇亢旱之期，缺水灌溉，民常患之。”这也是昌堨最初设定想要灌溉的区域。从行政区划上区分，这些村庄分属歙西十七、十五和二十都，但对比歙县志中的“都鄙”条，灌溉区域并未包含这三都所属的全部村庄，与行政区域并不完全吻合。从三都地势位置比较来看，十七都地势最高，多旱地与塘田，居于昌堨堨头，昌堨的堨基山林也位于此都；十五都位置居中，村庄稠密，田地众多；二十都位于堨尾，地势最为低平。三都的北部地势皆高，多高基塘田。昌堨于十七都七保金竺岩前立坝，水道自

---

① 《昌堨源流旧记》、《刊图细集昌堨源流后记》、《昌堨源流志》，第 3 页、5 页。

西向东沿灌十七都、十五都，至二十都富山渠尾畈，经涉田土 12 里，灌田 3700 余亩[①]。

吕堨是歙西民间规模最大、灌溉面积最广的堨坝。吕堨的开凿时间，文书中追溯到梁大通元年(527 年)，由官员吕文达和妻兄郑孟洪开浚。吕文达原为西晋时期声势显赫的南阳官宦之家，后代齐武帝之子新安王萧昭文到新安治事。及至齐明帝(494～498 年)得位，吕家失势，吕文达遂居留徽州，并娶当地大姓郑思公女儿仲娘为继室，“依岳氏居”。郑氏祖于东晋永昌元年(322 年)到徽州，吕文达落户徽州时，郑氏已在当地繁衍了 170 余年。吕文达所居之处有吕湖，“潴水以浇湖下之田，岁得有秋”。后来吕湖堙塞，浇灌无资，“民有叹石田者”。为获得收成，梁大通元年，吕文达与妻兄郑孟洪开堨 10 余里，“渠约高五丈有奇，横阔二十余丈，南渠地势差高，灌田一万余亩；北渠地势差低，田则倍之经始”，合而“溉田三万七千余亩”[②]。吕堨自开浚后，灌溉面积屡有盈缩。及至乾隆大修之后，仅有 5000 余亩，其中北渠灌田 3187 亩，南渠灌田 1600 余亩，又有支渠黄堨分水灌田百余亩[③]。

吕堨灌溉面积的大量缩减，应与山水泛涨，沙壅流浅，堨口淤塞，反复重浚，并被迫下移有直接关系。唐宋以降，开浚者不一其人，首事者不一其姓。尤其到了明初，“蛟水骤发，沙壅渠平，开浚始难”。成化时新凿黄堨，堨口移到下游上溪头，嘉靖、万历朝更下移于溪南长虹桥侧(即新桥)。明代各次修浚，“功虽易而水仅及半焉，在堨之田半为污莱”。清代吕堨迭废迭兴，康熙末、乾隆初、嘉庆和咸丰有四次大修，堨口主要在“去横溪之上数里”的上溪头附近。堨坝出水坝口的选择很重要，坝口的高低关系到堨水流量的大小、各村用水量的分配、工程的难易度，堨口的调整与堨众利益的调整相联系。总体而言，吕堨口是自上向下不断下移。“虽沿溪尚有旧址可寻，而究难复其故”的原因，最主要的在于上游水流湍急，堨口易塞难通，下游开口工程较易、花费较小。不过受地势高低、水流速度的影响，堨口位置有一定下限，和工程难易等因素相结合，稳定在上溪头的时间最久。

---

① 《吕堨源流旧记》,《吕堨源流志》,第 2～3 页。

② 《吕堨记》、《吕堨纪实序》,《吕堨南北两渠图》,第 6 页、18 页。

③ 《吕堨碑记》,《吕堨南北两渠图》,第 16 页。

2. 管理组织的构成：堨首、堨甲、董事

已有研究认为，水利“共同体”以共同获得和维护某种性质的“水利”为前提，是以共同利益连接起来的一个区域性的整体，或者是有整体意义的区域[①]。昌堨与吕堨的资料显示，与传统社会的其他地区一样，徽州地区围绕某个水利设施而拥有共同利益的村庄，也往往自发形成一个松散的组织机构，并通过从堨众中推举出来的堨首和堨甲来保障组织的运转。

材料中所见堨甲的选举规则与职责范围经历了一个从简单到翔实的过程。

南宋孝宗乾道元年，徽州知府吕广问就江河流域的农田水利问题上奏，其中一条为“诸塘堨合轮知首之人充，虽田少不该，亦均给水利，不得阻障”[②]。意思是管理塘堨的“知首”，若“田少”则没有资格担任，但不论田产多寡，均享有使用堨水之权。显示徽州地区早期堨甲多由水利共同体内各户推举家业殷实有威望者担任。

昌堨的资料显示，在元明时期徽州堨务不十分复杂的中小型水利组织中，堨内种田之家构成堨众，堨首与堨甲往往职务合一，堨首由堨众轮值，主要职责是催叫用工。昌堨自宋吴大用开渠至至元二十四年(1287 年)吴氏五世孙吴仁撰写《昌堨源流旧记》的百余年间，“其堨地渠塘税粮俱是吴、余二姓输纳，并充堨首”，堨首“每年依时唤集堨内种田之家疏渠、筑坝、浇灌田禾”。吴、余二姓负责的灌溉村落正是其宗族聚居的村落，富山余氏属堨尾的二十都，“富山、江村、项家边、潘村、深林、江祈村、铺后、江祈寺、上项三村、竹业、吴家庄，至枧塘闸止，渠南田土及金竺坑渠水灌田俱系富山余门拘唤用工修筑”，堨甲三名[③]。莘墟钱村吴氏主要居于堨身中段的十五都，负责两处：“枧塘闸下渠、北渠田土，金村、钱村、沙园、里村至沙磴坑止”，定堨甲一名；“沙磴坑庄、上黄荆林、琶村墩、笙桥、琶村”，定堨甲二名。而近十七都位于堨水上

① 钱杭：《共同体理论视野下的湘湖水利集团——兼论“库域型”水利社会》，《中国社会科学》2008 年第 2 期。

② (清)徐松辑：《宋会要・食货八・水利下》，《续修四库全书》第 782 册史部政书类，第 76 页 b～77 页 a。

③ 《昌堨源流旧记》，《昌堨源流志》，第 2 页。

游的“舒村、陈村、郑村、谢家庄、谷山种田之家，俱系沿渠车水灌禾”，原定堨甲一名。

吕堨在乾隆、嘉庆和咸丰大修时，均留下细致的章程条例，各章程在内容上前后相继，按时间顺序进行纵向的比较分析后，清晰地显示清代徽州的水利组织较前代管理更规范。

其一，堨首、堨甲的分工、职责更为细致具体，并明确规定其正当收入来源。吕堨北渠按浇灌区域分为四塓，乾隆《吕堨条例》规定每塓各设堨首与堨甲执行堨务，管理堨众。堨首按年排值以司其事，职责包括放水日期的议定、公示放水规矩、监督按期放水、查看水路通塞、组织支甽开浚，其烛火饭食按每亩纹银二分向堨内业主收取。堨甲负责具体工作，“昼夜巡看水路，挨期开闭水堀”，一般择老成熟识水路者充当，其烛火工食按每亩派纹银一分，由堨内佃种之人计田给付。

其二，在章程中增加了堨首、堨甲违背职责的处罚条款。咸丰吕堨《公议章程》规定，堨首要清查堨内田亩，堨甲不得卖水渔利。强调堨首、堨甲原为巡视河坝塓口水道而设，并非定役世业，倘有徇情作弊、任意疏懒者，随即改换另选。

除了管理的规范，清代徽州的水利组织较之前代在结构上也更为完善，这主要体现“董事”的设置上。首先看董事的来源。咸丰条例中记载，吕堨董事会由 16 人组成。在现代公司管理中，董事一般由股东大会选举产生，代表股东对公司事务进行管理。徽州水利组织中的“董事”在性质上与之有相似之处，吕堨董事会中两人病故后，“凡业主中有愿出为董事者，随时可入公所合办”。可见，凡是灌溉区的业主，均有资格出任董事。但事实上，出任董事者往往是具有地方声望的有功名者，如吕堨北渠董事为“监生郑时辅、职员汪家礼、生员江尔准、生员鲍瑞麟、生员鲍浚、童生鲍瑞鸣、童生汪宗颖、职员汪允恒、监生郑隆江等”[①]。其次，董事的职责。与堨首负责放水、查看水路相区分，董事主要参与堨坝工程的督办、水利章程的公议、水利设施的日常维

① 《具禀歙县二十一都四、五鄙吕堨北渠董事监生郑时辅等禀为叩恩赏示》，《吕堨南北两渠图》，第 39 页。

护,包括与官府的沟通、堨内业主费用的收取与管理等,收支各账每年完工后“除抄呈宪电外,仍贴公处,以便众览”,必要时还需布措筹垫工程经费。再次,董事的待遇。董事没有薪资,“惟办事日给少许饭食钱”,“轿金”即车马费不再另付。且为节约开支,咸丰时在外办事的董事每日伙钱由120文降至60文。不仅如此,业主的利益被放在了董事之前,如“秋所收之谷归还前垫尚属不敷,除董事所垫未归外,其各业主垫项一概归清”。

由堨众中产生的董事、堨首、堨甲各司其职,维持着徽州水利组织的正常运转。

3. 管理经费来源及筹措方式

水利组织除了日常维护水利设施的花费,堨渠淤塞或山洪冲决后的大修更是所需不菲。从资料看,经费来源一是堨基产业。如吴大用在初开昌堨之时,就置有堨基山地一片,“计该二十七亩九分一厘七毫,于上养树木柴篠,每年于其山上搬土斫柴作堨”[①]。二是堨众按户摊派出资,这是最为常见也是最为持久的一种方法。早期多以实物为算,主要是按亩出谷物,如昌堨车水高地,“与堨相近,议免用工,每亩田出小麦拾斤买办楗草作堨……计麦支用”。乾隆、嘉庆时按亩派银,及至咸丰年间,“田成地者多……且历年俱受干涸”,“田少则摊费多,干涸则租息亏折,征银难以齐全”,故而又改为业主按亩输谷。事实上,咸丰征收堨费方式的改变与时局不无关系。咸丰年间太平军与清军在徽州扎营对峙多年,当地深受战乱之苦,民生凋敝,徽州士绅亦多卷入其中。如吕堨报功祠中供奉的咸丰倡修吕堨的监生郑时辅,“以粤匪犯境,防剿忧劳,疾终任所”。

经费的征收方式,从文书来看,不管是日常堨费还是大修年份的经费,从乾隆到嘉庆再到咸丰,先由士绅大族及业主、董事垫付,秋后再向未交人户追讨成为主要方式。

按原则,维修工费垫付人应为所有业主,但实际堨务管理中根据情况并不强求。咸丰年间郑时辅主管北渠事务,北渠“虽有田将参千亩,无如业主繁多,且田数多寡不一,更有祠祀社众各田,无从垫资,可垫者不上乙千余亩”,

① 《刊图细集昌堨源流后记》,《昌堨源流志》,第5页。

于是规定“其至少之户以及不足之家皆不强其垫费”，其大修之资，“今冬每田一亩垫洋银贰钱，来春每亩垫洋银贰钱，余皆董事之人布措筹垫”。

追讨工费是吕堨管理者们面临的难题。嘉庆九年（1804年）《吕堨善后章程》是乾隆条例的再次确认与补充[①]，着重点仍是岁修之费的征收与管理。乾隆大修时工费由士绅垫付，如前所述，后期的工费追讨颇为困难，章程提出参照鲍南堨成例，按亩出谷分摊，其应出谷数因放水田和车水田而异，每岁盈余“储存公处”，以为石堨闸坍卸损坏的修砌之费，“倘遇大工，不足所用，另议公办”。这体现了吕堨管理者将管理日常化的决心。而事实上，规则的制定并不代表问题的解决，嘉庆四年修浚仍大多由董事筹垫，4年之后吕堨修浚完工，朱誉、鲍景璿、郑抡元三人仍在为田主拖欠工费叩请地方官府帮助追款[②]。

咸丰元年（1851年）大修时，七月十三日秋收前夕，郑时辅及各业主垫洋四百余元。咸丰《公议章程》规定，“每年秋季由该堨首催农人送交公处，给以收票，以凭在该业主租内抵算，逐年收谷，逐年修浚，一俟工竣，即行议减”。董事们希望在秋收时由堨首催堨农送到公所，以公所统一记账、发给收据、消抵租谷的方式，保证吕堨大修工费的征收。但追讨效果也不佳。七月二十九日，歙县知县下发告示，严令“业户、农佃赴公所交收清算……俾得速归垫款”[③]。但从《后续章程》中知道，咸丰元年秋收时，“所收之谷归还前垫尚属不敷，除董事所垫未归外，其各业主垫项一概归清”。此后，从咸丰二年直至咸丰七年郑时辅退任，每年秋收将至，必有歙县官府告示重申业户农佃“遵照章程，每亩交谷一斗五升，送交公所”。

4. 管理组织的日常事务与管理

昌堨与吕堨的日常渠务管理主要有两大部分：水利维修与春祈秋报。

体现在水利章程中的维修管理具有如下特点：

---

① 《府经厅潘详定公议吕堨善后章程》（嘉庆九年六月），《吕堨南北两渠图》，第30页。

② 《生员朱誉、鲍景璿、郑抡元等禀为恭谢宪恩叩饬善后农田利赖永沐供仁事》（嘉庆八年十二月初三日），《吕堨南北两渠图》，第28页。

③ 《署江南徽州府正堂加十级纪录十次周为晓谕事》（咸丰元年七月二十九日），《吕堨南北两渠图》，第38页。

第一，注重开浚挑修工程的可操作性。如咸丰《公议章程》[①]中有许多可称为“细节”的详细规定。章程制定时，“已是四月，农事已兴，故先急紧要处挑挖、开通”，“堨口五处及分各日眼水口四十余处，当视其壅塞倾倒者赶紧挑挖修砌”，“各堨支甽为田畴引水要道，须急开通”。

第二，注重渠身的日常维护及秋后后续工程计划。咸丰《公议章程》要求洪水退后即当“挑挖污泥”，使其不致壅塞。待秋后水浅，“各业主将堨内各处工程逐细公估明确，禀呈宪电核夺”。《公议章程》公布后，工程进展迅速，至七月，“除重大石工再筹外，所有渠甽悉已疏通，堨水流畅，为多年所未有，盈盈浇灌，未动桔槔而年成丰稔”。及至初冬十月，郑时辅等董事、堨首又公议冬令工程，并制定了《增议章程》[②]。

第三，堨务管理不断细化。咸丰春季《公议章程》仅规定公所收支各账每年完工后“除抄呈宪电外，仍贴公处，以便众览”，冬季《增议章程》便完善为“各账归襄办诸人公同登记，以五日之收支书牌悬挂公处，轮流挨换，年终完工后缮呈宪电”。

每年春祈秋报的祭祀是水利组织的一项重要活动。祭法曰：法施于民，则祀之；能御大灾、捍大患，则祀之。不管昌堨还是吕堨，每年都会举行春祈秋报的祭祀活动，祭祀堨内各社土谷之神、堨坝渠闸土神。值得注意的是，两堨的开凿者都享有后代祭祀，原开昌堨石渠的石匠吴元四与肇开吕堨的吕文达俨然成为堨坝的保护神。

昌堨的春祈于每年三月举行，秋报于七月举行。届期要买办全猪、果子等物，诚心恳祷，置酒散祚。“永祈堨坝坚固，水利通济，田禾丰稔，官赋足共，民食充裕，永保无疆”[③]。

直接体现吕堨灌溉区祭祀崇拜的是吕堨报功祠，祠内中座供奉吕堨创开者、历代于吕堨维修有功之官宦；西过座配供的是明清以来首倡、捐助吕堨，

① 《监生郑时辅等禀为公议章程，禀恳宪裁赏示晓谕事》（咸丰元年四月十八日），《吕堨南北两渠图》，第32～35页。

② 《具禀歙县二十一都四、五图吕堨北渠董事监生郑时辅等禀为叩赏示俾早观成事》（咸丰元年十月十一日），《吕堨南北两渠图》，第39～41页。

③ 《昌堨源自十七都》，《昌堨源流志》，第4页。

打理祀事的士绅、富民，作各种纪、疏以记吕堨的文人。而其中屡为后人祭祀、提及的是肇开吕堨的吕文达。

吕文达与妻兄肇开吕堨，“民食公德，择地立亭，刻像其中”，以郑姓思公、孟公配享，岁时奉祀。郑姓“借堨以传不朽”，并拥有水利灌溉的特权，南北二渠任从浇灌，而修堤作坝则不必参与，亦不必缴纳岁修费用。

每岁秋成之后，“堨首以香仪迎公暨夫人神像至生家祭享，饮福受胙，崇德报功”[①]。在长期供奉中，吕文达逐渐被神化，被赋予诸多灵异之事，如郑姓子孙郑任曾记载：“予尝涉履河渠间，渠势较河流差高，水之入汩汩焉，逆而行之。乡民之伺水也，夜视田间灯光隐隐，若有导之流者。”当地人“凡有疾病以祷公，无弗谬也”。吕文达俨然是吕堨地方的保护神，其祠庙“历代相承修葺者五矣”[②]。

二、民间水权分配与水利纠纷

水利设施效益的发挥涉及方方面面，由于相关方面的利益都和同一水体联系着，互相间往往存在各种各样的矛盾。从明初迄清末，昌堨、吕堨册内田亩争水（同一堨水上下游的分水争讼、车水田与放水田的矛盾），册外之田与册内正田争水的冲突，上游高基塘田的泥沙壅塞下游河道从而影响下游用水的矛盾，为逃避修浚负担隐匿灌溉面积而引发修浚负担分配的矛盾，水碓业等用水与农业用水的纠纷，丰乐河上不同堨坝之间的分水比例之争等等一直存在，而堨甲卖水渔利、徇情作弊之情亦从未断绝。

1. 水权分配与用水额度的纠纷

在靠天吃饭的传统农业社会，水权的分配是水利组织各成员的核心利益所在，包括分水口大小、浇灌时间、轮输天数、水碓的开放等。在徽州，“此堨之水不能灌彼堨之田，以其高低异形，流派异用，而税额有输将者，疏浚有管摄者也”[③]，而在天旱需水之时，处于堨尾的畈田之家与堨渠中上游的高基塘田之家难免有争水纠纷。

---

① 《康熙十八年五月初十日徽州府告示》，《吕堨南北两渠图》，第 19 页。

② 《吕堨报功祠碑文》，《吕堨南北两渠图》，第 15 页。

③ （清）凌应秋辑：《沙溪集略》卷 2《水利・隆堨记》。

先看昌堨文书中记载的纠纷。按照习俗，因地势与渠道走向之异，昌堨“沿渠南边田俱系堨水灌溉”，“自十七都谷山至二十都潘村沿渠北边田地俱系高基塘田”，“止容一第车车水，二第高基塘田不系堨水原报定额”。文书中抄录有洪武二十七年“徽州府歙县为农务水利事”的榜文[①]，就是关于十五都吴姓与二十都余姓联名上告堨水上游的十七都高基塘田之家，“倚近地势，竞放多车，抢堨水灌塘田”，致使二十都渠尾畈末之田禾旱伤。按徽州的水利惯例，判“(二第车至)高基塘田之家趁时开掘池塘，浚深贮水灌禾作种，低基堨田开通渠道，取水灌禾，塘堨两得便利”。同时，经官府作出的决定，奉徽州府贴文，并奉“工部水字一百一十九号勘合批差”，行文下发，由昌堨里老张贴于十五都、十七都、二十三都地方，同时“随发榜文一道，即于昌堨所辖地方常川张挂，毋许强徒横车昌堨水利，如有违者，许地方里老、堨首人指名呈禀，以凭惩治，决不宽恕”。

再看吕堨的例子。乾隆《吕堨条例》内容翔实，体现了盛世水利管理的成熟，其间制订的诸多规制成为“旧制”为后世所遵从。乾隆《吕堨条例》中不乏水权分配与争端裁决的规定。首先包括吕堨南、北渠之间的分水，规定按照渠水的浇灌比例，堨口分水石坝等工程用工比例皆为北渠二股、南渠一股。放水日期仍遵乾隆二十年(1755 年)徽州知府何达善所定成例。

其次，南北渠下各塓村庄间的分水。以北渠为例，将《吕堨条例》中所列各塓下各村灌田亩数和时辰整理成表 1：

表 1　吕堨北渠各村分水表

分段	总溉田	放水田	车水田	轮输
头塓衡坪	621 亩 7 分	552 亩 4 分	69 亩 3 分	八日一轮
第二大吕塓	810 亩 2 分	740 亩 7 分	69 亩 5 分	十日一轮
第三宴塓	854 亩	770 亩 4 分	83 亩 6 分	南甽七日一轮，北甽十日一轮
第四小里塓	446 亩 4 分	415 亩 9 分	30 亩 5 分	六日一轮
第五庄塓	455 亩 1 分	421 亩 7 分	33 为 4 分	八日一轮

① 《徽州府歙县为农务水利事》(洪武二十七年)，《昌堨源流志》，第 4 页。

车水田一般地势较高，从表中放水田与车水田的亩数来看，北渠的田地普遍地势不高，灌溉较易。轮输天数与溉田亩数并没有必然的正比关系，可见是各方综合博弈后的结果。而这一结果直至清末仍被遵从。

实际堨务管理中也存在堨首与堨众的矛盾。规则的制定与下发并不等于其能被完整地执行，在缺乏监督、依赖个人自律的传统民间社会，存在个别堨首滥用特权而又疏于职守的现象。乾隆二十四年徽州府知府何达善下发的告示就指出，一方面"强梁阻霸，奸黠堨首卖水渔利，苦乐所以不均也"；另一方面，堨众应"遵照旧制，按例引水"[①]。

2. 灌溉用水与其他用水的纠纷

这类纠纷有时又被归结为农业用水与其他商业用水行为的矛盾。在昌堨与吕堨的案例中，都体现为在渠身处安装水碓，致使水碓与农田灌溉争水。

水碓主要用于粮食加工，在传统社会通常只是农家经济中的附属。徽州的水碓加工规模不大，大多沿河修建。昌堨二十四都五保程县尉家，于昌堨内的黄荆林置立庄所，又在笙桥破缺下和莘墟沙磴坑下各建造水碓一所，决泄水利，致使二十都堨末田禾旱伤。这一事件曾在元至顺三年（1332年）由余姓赴宣尉司处陈诉，以"折毁水碓，并将程家以违论罪论"而结案。

对于水碓与农田灌溉争水，乾隆《吕堨条例》规定，水碓一般在夏至后封闭，但倘若春夏之交需水莳种，则"筑坝开浚，封闭水碓，不必定在夏至"。水碓主往往是当地的大姓，但农事重于水碓的规定暗示了在水资源有限的情况下，徽州民间大姓在用水中受到制约。

对因不满分水规则引发的争端，规定由堨首共同商定解决。例如，官井以下即衡坪头塓处放水堀，位置非常重要，其分寸大小关系北渠其余各塓的水量，于是规定"遵旧制为一尺八寸"。一旦发生因增减而起的争端，由四塓堨首共同查核验实，"公同呈究"。

3. 水利组织与外部的纠纷

材料中体现的水利组织作为整体与外部发生的纠纷，主要有两类：

---

① 《府正堂何谕堨田各村文会绅士》（乾隆二十四年四月初十日），《吕堨南北两渠图》，第21页。

一是其他地区对水利设施的损坏。昌堨资料中一则洪武二十七年(1394年)榜文记载:"因二十都渠尾畈末田禾浇溉不敷,于十五都莘墟三坪渠闸低基畈内开塘一口,助济二十都渠尾畈末田禾",十五都、十七都高基塘田,土名东坑、毛石坑、新塘坑,"每年洪水生发,沙泥冲涨,堨渠深为远害"①。如前所述,昌堨十五都居于渠身中段,二十都地势低平,处于渠尾,为了补充堨水不足,于十五都"低基畈内"开水塘一口,蓄水灌溉。但一遇雨天,十五、十七都北部山地的东坑、毛石坑和新塘坑沙泥俱下,淤积田塘,引发矛盾。

二是与其他水利组织的争水纠纷。丰乐河是徽州的主要河流之一,沿河村庄皆引河水灌溉。嘉庆九年《吕堨善后章程》重申与上游雷堨的分水协议:"吕堨南北两渠共灌田五千余亩,堨口上游即雷堨河路,仅隔一里,应照向例,旱时雷堨于大河拦筑横坝留放三尺流通,俾下游泽渠水有来源,不得通河拦筑,皆有田禾,共推仁爱,毋使下堨断流,水无涓滴",并恳请官府批准"勒碑以垂久远"。

三、徽州宗族、官府与水利组织的关系

吕堨大修过程中的波折,文书记载较为详细,此处以吕堨为例,探讨徽州宗族、官府在水利组织演变过程中的作用。

1. 徽州宗族在水利维护管理中的博弈

清代吕堨的大修有四次,均是在官督民办下开展的,下面以家族为对象按时间顺序作一梳理:

(1)康熙末年郑氏独修。康熙五十九年(1720年)夏旱,连旬不雨,百姓告灾。六月,在知县蒋振先的倡议下,郑氏子孙以内阁中书郑永为首,会同"各堨头事诸君子暨予族人","择吉祭告,运石鸠工,日数百人,畚挶从事,浚瀹旬余而水通流"。经此次整修,直至乾隆九年间,"田无旱潦之虞,家有仓箱之庆",颇有成效②。

(2)乾隆初年郑、潘两姓共修。乾隆九年,吕堨"复为蛟水所害",而"人心

① 《徽州府歙县为农务水利事》(洪武二十七年),《昌堨源流志》,第4页。

② 《重开吕堨造祠碑记》(雍正二年),《吕堨南北两渠图》,第14页。

不一,莫敢为倡”。及乾隆十六年大旱,徽州知府何达善“集诸父老堨首共议修筑”,按渠水之流经,北渠事宜交由堨田郑孝谦,南渠事宜嘱岩镇潘贡士,“相度工程,计田匀费”。修整后,北渠灌田 3187 亩,南渠灌田 1600 余亩,又有支渠黄堨分水灌田百有余亩①。

(3)嘉庆初年鲍、郑、朱三姓重开北渠。嘉庆四年,生员鲍景璿、郑抡元、朱誉负责承办,每年“冬令水涸之际”兴工②,前后 4 年,但始终“未修理妥善”。根据各户灌溉田地的性质,确定每亩摊分的钱银数量:“放水田每亩出银七钱,车水田每亩出银五钱五分,干料田俟水到日议补。”

(4)咸丰初年郑姓统理下的众姓共修。道光三十年(1850 年),“秋不雨,渠甽断流,数千亩田禾黍将槁,远近十里男号女泣,纷纷聚诉业主,而堨首等皆避匿不面”,堨首与业主、佃农的矛盾激化。以监生郑时辅为首的郑家 4 个有功名者“急邀同志捐赀往浚”,先救了一时之急。然而“渠虽稍通而水流不畅”,于是咸丰元年正月,郑时辅上言徽州府,乞“迅饬吕堨北渠堨首,会同各业主即速妥议章程,趁早开浚,并鸠工修砌”③。可是修渠事关各方利益与义务,关系难以协调,至三月份仍不能开工。及至四月十八日,才最终由徽州府强制任命郑时辅为统理,并汪、鲍、江、郑四姓共 16 名业主襄办。此次重修,定有《公议章程》与《增议章程》,是清代历次重修中最彻底、效果最显著的一次。

在这样一个由独姓修浚向众姓分摊的演化过程中,一幅地方大族的利益博弈长卷在我们眼前徐徐展开,而郑姓无疑是其中的主角。郑姓的祖上即是开凿吕堨的吕文达之妻族,当年吕文达与妻兄郑孟洪肇开吕堨,后人在论及吕、郑二人于吕堨之功时,有这样一段话:“吕堨之浚也,亦原其外舅郑思启之思。……惜乎堨以吕名,人皆知为内史,而绝忘其所自来也。然内史立名于

① 《吕堨碑记》(乾隆二十一年),《吕堨南北两渠图》,第 16 页。

② 《特授江南徽州府正堂加七级随带加一级纪录十次峻为遵谕禀覆等事》(嘉庆四年九月初八日),《吕堨南北两渠图》,第 28 页。

③ 《监生郑时辅、监生郑隆钜、廪生郑宗诰、监生郑隆江禀为堨渠久淤、田畴易干、民食无资,叩饬筹办事》(咸丰元年正月二十八日),《吕堨南北两渠图》,第 31 页。

前，而守之勿替者，仍郑氏之裔，则又思之流惠孔长矣”[①]。郑氏传至清代，仍为当地大族。郑氏通过两种方式维持其地位：其一，通过祭祀强化郑姓的首开之功。每岁秋成，“堨首以香仪迎（吕）公暨夫人（郑氏）神像至生家祭享，饮福受胙，崇德报功”[②]。其二，通过参与堨务管理不断巩固现实中的用水特权。例如，在官方认可的水利条例和官府发布的告示里，郑氏因祖上首开堨渠而拥有“在堨之田任凭浇灌，修筑工费概不派及”的特权不断被重申。

不过，从以上清代吕堨重浚的历程中，可以看到郑姓不断面临着其他大姓的挑战，不断在各种场合重申特权正是因为其特权受到质疑。官府告示中关于“内史吕公暨夫人郑氏神像，以及郑氏祖先思公、孟公神位，附近居民不得亵渎污秽”的规定，正说明了乡民对年代久远模糊记忆的不敬。而在现实中，咸丰大修郑时辅虽不断强调“郑姓在堨之田历来不派修筑之费”，但仍不得不“自愿照众输谷”。可见，在水利组织的发展中，权力下移与分散化已是一个不争的事实。

应该说，咸丰年间吕堨北渠卓有成效的运作，除了长期管理的经验积累，与郑时辅个人的威望与品格也有着密切的关系。郑氏是歙县的知名乡绅，徽州知府曾两次上门拜访。郑氏对吕堨北渠的经营带动了邻近地区水利设施的复兴。当时吕堨南渠堨首程长春叩请徽州府宪，援照工程成式、经费旧章，“疏通（南渠）以资蓄泄”[③]。郑遂协同岩镇徐林芬等“尽力经营，吕堨始复其初”。之后，吕堨上游之昌堨，“渠田亦废，群农起羡，吁饬兼办”。

2. 地方官府与水利组织的关系

官府在吕堨运行中的作用主要体现在三个方面：

(1)督促收取修堨工费。先是通过堨首向业户收取。乾隆二十一年二月，徽州府令各塓堨首收取、追缴各业户应出工费，交往工所，并授权将“未缴银两各户开册送查，以凭带追”[④]。虽然言明“倘月内收银不齐，定带堨首，究

① 《摘录邑志·载拾遗集》，《吕堨南北两渠图》，第 6 页。

② 《康熙十八年五月初十日徽州府告示》，《吕堨南北两渠图》，第 19 页。

③ 《特授江南徽州府正堂加十级纪录十次达为叩赏示俾早观成事》（咸丰元年十月十六日），《吕堨南北两渠图》，第 41 页。

④ 《府正堂何为饬催事》（乾隆二十一年二月十六日），《吕堨南北两渠图》，第 26 页。

处不贷”，却并未直接导致费用的顺利收取。半年后的八月，徽州府不得不“仰役前去四塻、五塻，协同该保遵照单开，即将各业户应欠修堨费逐工催交工所”，即由府役协同地保，逐户催交[①]。

(2)共同制订用水规则，以政令的形式下发各佃种农户，并对违规者实施惩处。这是维持吕堨秩序运转的重要保证，重视程度甚至超过对工费的追缴。乾隆二十二年二月的告示中言，放水日期乃“本府与任事诸君几经核阅筹谋审度而定”，“倘有放水搀越，车水过时不止者，一经堨首禀报，除差押罚工开挖畚挑外，仍枷号示惩，断不宽贷”[②]。此话并非危言耸听，六月份便有了惩治宋升实、毕奎两人之例[③]。

(3)协调不同水利灌溉系统之间的关系。以雷堨与吕堨之关系为例。雷堨与吕堨同筑于丰乐河上，居于吕堨上游一里处。上、下游争水的解决往往兼顾官方、地方传统等各方面因素，故而官府在告示中谆谆告诫：雷堨堨首、农人应于来堨大河所拦之坝中流，留放三尺不筑，俾吕堨下游水有来源；而吕堨堨首、农人亦当恪守旧章，不得妄希多开尺寸，致滋争端[④]。

四、结　语

“堨”是南方丘陵地区常见的水利设施，长达十余里的堨水沟渠在村庄田间环绕，将处于不同行政区划的村庄按地形串联起来。

为保持灌溉收益，灌溉区内的业主在大户倡导下自发形成相对松散的水利组织，这种水利组织与行政区划不完全吻合，与宗族聚居有一定的契合。堨水浇灌区的田地业主均享有灌溉的权利，水权的界限由具有一定公众约束力的水利章程予以确定。徽州夏季多山洪，渠身极易淤塞，秋季多旱，争水严重，水利管理因此变得具体且重要。由水利日常管理所需而产生的常设机构

① 《府正堂何为饬催事》(乾隆二十一年八月初七日)，《吕堨南北两渠图》，第26页。

② 《府正堂何谕吕堨佃种农民知悉》(乾隆二十二年二月初五日)，《吕堨南北两渠图》，第27页。

③ 《府正堂何谕吕堨各堨首、堨甲、捕保等知悉》(乾隆二十二年四月十九日)，《吕堨南北两渠图》，第27页。

④ 《府正堂何为饬遵事》(乾隆二十二年六月初一日)，《吕堨南北两渠图》，第27页。

在一定程度上是既得利益集团的代表，由负责管理的堨首、董事和负责具体事务的堨甲组成。清代前期，堨首、堨甲是享有分水特权的大业主，咸丰以后，管理层特权趋于弱化，水利管理向日常化、专门化发展。徽州传统社会水利组织的功能，已经初具现代水利行政部门功能的雏形，如水利政策章程的制订与监督实施、统一管理、水资源保护、水政监察与行政执法、水土保持、防汛抗旱等。在徽州，小型水利的兴修，官府并不出面，主要通过民间召集，其岁修之费主要来源于堨基产业和业主分摊。“春祈秋报”是徽州水利组织的常规活动，具有首开之功的当地大姓子孙往往通过对开渠祖先的祭祀强化水利共同体的历史记忆，又通过参与堨渠的实际管理事务不断巩固家族的用水特权。当官府与士绅再三强调祠庙的重要性，并力图通过反复修庙的行动强化、贯彻其权威与秩序时，面临的却是民间社会轻视的怠慢态度。与修祠祭祀相比，水利设施的兴修与维护是水利组织更重要的职能，得到堨田业主及佃户的广泛重视。然而在长期的使用过程中，首开堨渠的家族对水利工程的独占往往逐渐演变为与邻近的大姓分享，修浚经费的承担亦在权利义务相统一的社会规则下转为众姓按溉田面积分摊。

堨水依地势由高处流往低处，沿水路上下存在各种用水矛盾，也存在不同灌溉系统之间的分水冲突。由于当地雨量丰富，水利纠纷的表现形式相对温和。水利共同体中现实矛盾的处理和解决依赖于强有力的官方权威、有公信威望的地方士绅的共同协调与努力，制订详细而相对公平的条例是这种努力的表现形式之一。水利条例以水利实践中的惯例为基础，用条约的形式固定下来，并往往经过官方的审批，以加强其稳定性、威慑力和权威性。虽然还没有上升到水法的高度，但能够大体协调各方利益，提高水资源综合利用的效益，也是当地水利事业发展的重要标志。

水利组织以民间化的形式产生和存在，随官府控制力的变化而在官方与民间力量之间有着此消彼长的动态过程。随社会之治乱变化，水利管理亦有个大致相应的兴废变迁。士绅阶层对水资源进行直接管理——从堰渠开凿、筹集资金、工程组织、规章制定到水利事务管理与监督，只是在诸如颁定规章、协调不同水利组织的矛盾、惩治违规者等必要场合，才借助于官方权威。而官方对控制水利的士绅阶层保持着一种形式上的领导权，更多的是一种督促、倡导的作用。在咸丰这样的动荡年代中，由于大业主郑时辅的领导，吕堨的维护管理较之嘉庆年间反倒更有成果，使得我们有理由推论：由于徽州相对闭塞的地理环境，个别士绅作为基层社会的实际操控者，对水利组织的影响往往大于社会大环境的影响。

原载《安徽大学学报》2013 年第 2 期

清代图甲与保甲关系新论

——基于徽州赋役合同文书的考察

黄忠鑫

一、学术史述评

关于清中叶及其以后图甲(里甲)的走向,学界一直有不同的看法。主流观点认为里甲制被保甲制取代是历史发展大势,只是在交替的轨迹上学者们存在一些不同的意见。如,唐文基认为明后期是保甲和里甲双轨并存时期,彻底取消里甲是在清代乾嘉时期[①]。赵秀玲则认为明清两代都经历了里甲到保甲的演进过程[②]。孙海泉勾勒了清代里甲制向保甲制演变的过程,指出其标志是保甲开始行使钱粮催科、编查人户等职责[③]。

尽管保甲取代里甲的观点为多数人所接受,但是一直存在不同的意见。萧公权将里甲、保甲、社仓和乡约并列为清代乡村控制的主要因素,认为它们各具功能[④]。刘志伟则认为按里编甲的做法不但没有停止,而且由于一条鞭法的推行,更加偏重以土地作为纳税对象,加上当时均粮均役运动的需要,这

① 唐文基:《明代赋役制度史》,北京:中国社会科学出版社,1991 年,第 345 页。

② 赵秀玲:《中国乡里制度》,北京:社会科学文献出版社,1998 年,第 40～50 页。不过,余清良对赵的观点提出了批评,认为明代乡里制度的实际操作和演变还需要具体深入的论证,不能只停留在制度的表象上。余清良:《中国乡里制度研究的路径——读〈中国乡里制度〉》,《史学月刊》2002 年第 8 期。

③ 孙海泉:《论清代从里甲到保甲的演变》,《中国史研究》1994 年第 2 期。

④ Kung－Chuan Hsiao, *Rural China*: *Imperial Control in the Nineteenth Century*, Washington: University of Washington Press, 1960.

一做法更为普遍。“事实上，在包括广东在内的许多地方，里甲制（清代文献多称为图甲制）不但保留下来，而且还是一种比保甲制更为重要的地方制度。”[①]相比而言，刘志伟的说法是基于一个具体区域的论证，而不是从全国角度泛泛而谈。这一说法也得到一些区域研究者的证实。如隗瀛涛从清代巴县档案中发现，尽管建立了保甲制度，但是里甲制度并没有被废除，只是其功能集中在征收赋税方面。巴县档案中在涉及事件发生地和百姓住处时仍称里甲，可见里甲作为行政区划是比较稳定持久的[②]。

杨国安的观点较为调和，其论断是基于两湖地区的地方特点得出的。他以为明中后期的保甲制主要是作为一种治安手段在局部地区推行，直至清初方可称为“双轨并行”。从里甲到保甲的转换，过程是逐步而缓慢的，而且其内涵也相当丰富。他还进一步指出，“在历史传承极为浓厚的传统乡村，或在里甲体系之内编排保甲，或在保甲组织内融入里甲是地方较常见的做法”[③]。这是具有相当启发意义的观点，说明里甲和保甲的关系可以从区域差异的角度进行考察。类似地，杜正贞认为，山西泽州的保甲也是在里甲的框架或者在里甲的名义下执行的[④]。常建华梳理清初各类文献后发现，“甲长虽然肩负着督察邻右的保甲职责，但是其来源也有可能是建立在原有的里甲之上的，是里甲的甲长发挥保甲甲长的作用”。由此，他认为这一现象体现了里甲制向保甲制转变[⑤]。

在边陲台湾，其基层组织中的里、保并行的情况，则具有南北差异。南部“里”的编制，始于郑氏统治时代，清代继续沿袭。清中叶以后逐步开发的中北部地带，由于当时保甲制的施行，使得“保”成为当地的基层组织[⑥]。这一

---

① 刘志伟：《在国家与社会之间——明清广东地区里甲赋役制度与地方社会》，北京：中国人民大学出版社，2010年，第186页、190页。

② 隗瀛涛主编：《近代重庆城市史》，成都：四川大学出版社，1991年，第567页。

③ 杨国安：《明清两湖地区基层组织与乡村社会研究》，武汉：武汉大学出版社，2004年，第53～55页、67页。

④ 杜正贞：《村社传统与明清绅士——山西泽州乡土社会的制度变迁》，上海：上海辞书出版社，2007年，第249页。

⑤ 常建华：《清顺康时期保甲制的推行》，《明清论丛》第12辑，北京：紫禁城出版社，2012年，第324页。

⑥ 戴炎辉：《清代台湾之乡治》，台北：联经出版事业公司，1979年，第5～6页。

发现也为基层组织和区划的地区差异性提供了鲜活案例。

在徽州研究领域，不少学者亦持有里甲必然为保甲取代的看法。周绍泉以都图文书《休宁县都图里役备览》为例，认为此类文书在当时还是有用的，里甲编审仍在进行。同时他还认为明初以来一直存在的里长、排年，至迟到清中叶尚未消亡[①]。但这一论点并没有深入展开。栾成显基本沿用了这些论点[②]。权仁溶从徽州里甲编制增减的侧面进行观察，认为明清之际通过增减里的方式，缓解里甲内部变化的压力。他由此认为直至清前期徽州的里甲制仍旧存在[③]。正因为深受里甲必然为保甲取代论点的影响，上述学者都没有对里甲究竟何时、如何为保甲取代展开具体讨论。

刘道胜发现徽州基层保甲的管理范围在很多情况下与特定聚居宗族相重叠的情况。同时，他还发现徽州保甲设置往往于一图之中，由大姓各自设立一保，其仆人或细民小姓则归辖大姓保甲之下[④]。洪性鸠虽然承认保甲是在里甲、宗族基础上设置的，但又认为随着徽州既具有顺庄法意义，又以保甲为基础的滚单催征的施行，保甲取代了里甲[⑤]。显然，他们都发现了清代保甲的设置基础，却受制于主流观点而没有继续深入挖掘。

还有一些学者提出了不同的看法。汪庆元依据鱼鳞图册、保甲烟户册等第一手资料，强调了里甲与保甲内涵的差异。“里甲主于役，是把农民编制起来承担赋役，并限制其流动；而保甲不论原管都图册籍，是在承认社会人员流动前提下的治安组织。清代由保甲编户取代里甲编审，只是户籍制度的转变，都图的地籍管理仍然存在。”这便是接受了里甲、保甲并存观点而提出的新看法。另外，他也发现了清初徽州保长由里长佥派的现象，论证了“图”直

① 周绍泉：《徽州文书所见明末清初的粮长、里长和老人》，《中国史研究》1998 年第 1 期。

② 栾成显：《明代黄册研究》，北京：中国社会科学出版社，2007 年，第 245 页。

③ [韩]权仁溶：《明代徽州里的编制与增减》，《上海师范大学学报》2005 年第 4 期；《清初徽州的里编制和增图》，《上海师范大学学报》2007 年第 3 期。

④ 刘道胜：《明清时期徽州的都保与保甲——以文书资料为中心》，《历史地理》第 23 辑，上海：上海人民出版社，2008 年。

⑤ [韩]洪性鸠：《清代徽州的保甲与里甲及宗族》，[日]中国史学会编：《中国史学》第 13 卷，京都：朋友书店，2003 年。

至清末仍是赋税催征单位的事实[①]。陈瑞的研究又将该认识推进了一步。他通过对休宁县二十八都多份赋役合同的解读，认为徽州宗族社区中保甲之役的承充是在里甲制的框架内进行运转的[②]。这一看法，与前述杨国安、杜正贞等人的意见一致。可见，保甲与里甲间的关系颇为复杂，不能简单地用替代论进行概括。

前人的讨论，主要从功能与形制两个维度展开。基于区域史的研究，能够将里甲、保甲关系梳理得更为细致，也更有说服力。乾隆时期，户口编审统一归于保甲，事实上取消了里甲编审人口的功能。但在实际上，这是里甲与保甲互补功能的内在因素，且户口编审与赋税征收未必同属于一个系统，在户籍登记上存在烟户和花户的差别[③]。更何况，基层组织在形制上因地而异。因此，笔者认为简单地提出里甲向保甲转化的结论，过于草率。

徽州相当数量的民间文书，尤其是赋役合同的留存，能够为这一话题的深入探索提供支撑。徽州赋役合同的数量至少有二百份以上，其中，一部分实物以散件形式混入大量契约文书之中，又有相当一部分存在于谱牒、誊契簿、讼诉案卷等簿册文书中。从赋役制度与基层组织角度看，赋役合同可以分为土地清丈、里役承充、户名更替、保甲乡约等几类。这类文书的主要价值体现在：它们包含的赋役信息较为丰富，体现了民间社会应对赋役制度的种种策略，以及民间社会内部的复杂关系，尤其能够反映宗族、村落中的各种社会关系。笔者初步归纳，保甲合同等民间文书语境中的保甲与里甲关系，至少包括职役佥点、组织形式与实际功能三个方面。

二、职役：保长的佥点

保长作为基层赋役体系的一种职役，主要是由图甲佥点。不少保甲合同就记载了订立缘由，从中可以看出保甲制在施行之初的实态。如雍正五年(1727)的一份合同明确无误地指出当时保长就是在图甲基础上添加的一个

① 汪庆元：《清初徽州的"均图"鱼鳞册研究》，《清史研究》2009年第2期。

② 陈瑞：《明清时期徽州的宗族与保甲推行》，《中国农史》2012年第1期。

③ 单丽、曹树基：《从石仓土地执照看花户内涵的衍变与本质》，《社会科学》2010年第8期。

职役，与相关合同结合，可为我们认识保长佥点方式提供重要的线索。

立议合同汪兴、吴宗睦、戴宗远、金华宗、王宗章、朱淳义、叶涌等，缘因雍正五年奉旨，各都图添设保正，续奉县主票唤本里众报，是以合里公议，分作四阄，对神拈定，轮流承充，不得推诿。所有工食银十二两，每年在于本里二十九甲户内公派，议为承充之人料理公务等用。其承充之人一应公务，尽在承值，不得误事。所有分阄条款另列于后。今恐无凭，立此合同一样四张，每阄各执一张存照。

一阄丁未年四月起，金华宗、王宗章、朱淳义、叶涌。

二阄戊申年四月起，吴宗睦。

三阄己酉年四月起，戴宗远。

四阄庚戌年四月起，汪兴。

一议，承充之人在于各阄自行议举。

一议，唤认使费银三两，四阄每阄派银七钱五分，在于四阄名目付出与承充之人应用。倘下年另唤报，亦照此例公派。

一议，倘有飞差，照都内概例，四阄公议。

其十甲倪尚义住居三十都地方，路途遥远，难以照管，不在议内。倘有累及，四阄理论。

公议在官名目系"王仁德"，轮流顶名充当，倘遇换报，听从本阄名姓具报。(下略)[①]

合同开头明确指出，保正一职，是在各都图甲基础上添设，由各图呈报。这是官方规定的一般程序。其规定可以追溯至明代，如，"地方设立保长，司一图公务，其责甚重"[②]。这里，保长的管辖范围就是一图，换句话说，保长就是基于图甲框架而设立的。然而，实际情形则较为复杂。

其一，该合同内容虽为图内民众决定保正承当人选和分工，但保长人选的佥点却往往被图差所垄断。由于保长职役负担沉重，图差任意佥点忠厚懦

---

① 周向华编：《安徽师范大学馆藏徽州文书》，合肥：安徽人民出版社，2009 年，第 166 页。

② 《新安歙西沙溪汪氏族谱》卷 12《崇祯三年众议保长逐门轮流承管》，道光五年(1825)刻本，南京图书馆藏。

弱之家充任,“懦弱之辈不谙事理,何能充当,多有误公”①。这就导致相当一部分保甲合同的订立,要求摆脱图差任意佥点的束缚,由图众或族众自行约定人选,抑或组成共同协作组织,如以下所引光绪五年(1879)祁门县三四都的合同:

立议三四都四保越国汪公圣会合文经手人等,议论该阖地保甲,向奉(迁)[佥]点。不料,近年本图差役,此虎狼心之辈,近年调换各处安厚农民,不存良心,贪金爱利,恐有误了公事,地方所害,以致阖地心伤。各姓自愿出身,啇议助出资本,建立越国汪公圣会以好(引者注:此处疑为衍文)。近年向奉(迁)[佥]点,四保会内懦弱之人当年保甲,会内派人充当,公议贴补保甲以办工食之资。簿据再明,以免日后所遭图差之害,点换农民,贪利肥己。倘有官差公务正事,我等会内之人公同出身料理,不得累及充当之人,保甲亦不得推挨一处。自今立合文之后,遵文为据,会内之人无得生端,反悔异说。如有等情,听凭鸣公理论。恐后无凭,立此四保越国汪公圣会合文一样十七纸,各收一纸,永远遵守存照。

再批:日后会[内]丰肥,人心不一,自愿出会,先前助出资本不得退回,又照。

又批:合同一样十七纸,匣存一纸,挨次轮流,各收一纸,又照。(下略)②

当地六姓以越国汪公圣会的名义进行互助。尽管图差佥点不能取消,但无论点到何人,会内皆派人充当,便能在相当程度上减少受侵害的程度。不过,更早的合同显示,当地是由乡约佥点保长。

立议全心充当保长李子学、汪君旺、黄仲和,今因乡约谢朋万举报身等三人充当该地三四都一图小洲地方保长。因身等三人俱系务农生理,

① 《歙县九姓轮充保长文约》,安徽省博物馆编:《明清徽州社会经济史资料丛编》第一辑,北京:中国社会科学出版社,1988年,第574页。该文书又以“清代道光二十九年七月祁门谢德和等共议保长轮流充当合文”为名,藏于中国社会科学院历史所。就地域坐落而言,合同出现的“三四都”名称,当为祁门县所独有,而不是歙县。

② 刘伯山主编:《徽州文书》第四辑第三册《祁门三四都汪家坦黄氏文书》,桂林:广西师范大学出版社,2011年,第49页。

恐有不暇误公，是以立此全心合墨，倘官内有事票唤，不拘唤何一名，总是三人相帮管办，凡地方内编查烟火巡查等事，亦议三人附近照理管办，不得推卸。凡有需用杂费，亦是三人均派，毋得异论。今欲有凭，立此仝心充当议墨存照。

乾隆四十一年十一月初九日（下略）[①]

无论是图差、乡约佥点，还是由图众、族众共同推举或轮充，保长这一职役的设置往往以图甲为基础。

其二，由于图甲已经超出一定的地域，图内各户未必居住在邻近地区，如前引雍正合同中附带说明的十甲倪尚义户，“住居三十都地方，路途遥远，难以照管，不在议内”，即该户被排除在这个“保甲共同体”之外，而以地域相邻的图众联合应付保正职役。因此，该合同虽由民间订立，实际上确立了保甲编排的地域和社会范围。这样的情形主要存在于异姓所订立的合同之中，但同时又强调“本图地方保甲长”的轮充标准是“置有产业及图内居住”[②]。这既是保甲制“以近附近”原则的体现，也是保甲在推行时兼顾图甲地缘性的表现。即，保甲原则上的管辖范围是一“图”，而“图”内已迁居他地的人员则不纳入保甲体系。虽然保甲的管辖范围与图甲有所差别，但又源于图甲。

其三，在前引雍正合同中，该保甲作为一个共同体，由七个族姓、二十九个甲户联合组成，只以“王仁德”一名向官府备案，内部则分为四阄，轮流承顶该名，承当保正相关任务。无独有偶，顺治十年（1653），祁门县三四都汪家坦地方设立保甲长，“其甲长的名，系‘王茂安’名目，递年即应此名为卒，周而复始，以遵永行，不致误公，以闹地方”[③]。康熙四十六年（1707），休宁县二十七都五图亦是如此，“本图乡约公报总名‘王道明’，轮流随保充任”，乡约与保甲总名合二为一[④]。这一现象，如同图甲中的拟制户名，仅仅是为应对某项职

① 刘伯山主编：《徽州文书》第四辑第一册《祁门三四都汪家坦黄氏文书》，第 379 页。常建华同样发现，晚明山西保甲是在乡约的名义之下执行的，使得里甲、乡约兼顾治安职责，当地保甲并不显著。参见氏著《明清山西碑刻里的乡约》，《中国史研究》2010 年第 3 期。

② 刘道胜：《明清徽州宗族文书研究》，合肥：安徽人民出版社，2008 年，第 234 页。

③ 刘伯山主编：《徽州文书》第四辑第一册《祁门三四都汪家坦黄氏文书》，第 118 页。

④ 《休宁藤溪王氏文约契誊录簿·本图保长议墨附约议》，南京大学历史系资料室藏。转引自陈瑞《明清时期徽州的宗族与保甲推行》，《中国农史》2012 年第 1 期。

役而专门设立。民间针对某些临时性的差役,亦会设立类似的姓名,呈报官府。如休宁七都张氏的一份顺治四年"当图正墨"提及,为了应对土地清丈任务,张氏族人推举张时旸等四人具体负责,"立墨串名'义朋',具认承役在官"[①]。无论是图正还是保正、甲长,其呈报官府名目通常是拟制姓名,而背后则是复杂的社会群体。我们固然看到保甲册、烟户册所登记的实在姓名,但作为一种职役,保长姓名的呈报却仍旧按照先前图甲的形式。

综上,保长的佥点、管辖范围和报名,都存在沿用、依托图甲运作模式的情况。不仅如此,保甲的形制也存在不少依托图甲的现象。

三、形制:保甲推行依托图甲结构

(一)形制的合一

保甲往往依托图甲内部结构进行编制,即图甲之甲,也是保甲之甲。如《雍正六年休宁李陈茂户丁李四宝等立里保应役合同》[②],以宗族为单位,陈、李两姓共同承管里长、保长职役。合同记录了两姓分管里役、保役的月份,也有分管甲分,"陈姓管二甲、三甲、四甲、六甲、九甲","李姓管一甲、五甲、八甲、十甲"。从甲的构成来看,仍具有图甲结构特征,即一图(里)十甲。且这些甲并没有明确标明是图甲之甲还是保甲之甲,或可认为是图甲与保甲组织合一的产物。从当地相关合同的订立来看,这一情况一直延续到清末。

此类情形可以追溯至明中后期。如婺源十都四图,为万历十九年(1591)新增图甲(即所谓的"升图")。"既升四图,即立四图乡约。因烟村涣散,分立两乡约,一清源,一晓起,各五排为一约,以人烟均,统属易也。一甲洪芳生、二甲洪胡、三甲洪遇春、六甲曹启先、九甲吴汪詹,五排联合为清源约。四甲孙国用、五甲孙义兴、七甲江永兴、八甲叶洪鼎、十甲胡先,五排联属为晓起约。历今百有余岁,世守无异。"[③]此处的"排"是里甲排年的衍变,是图甲体

---

① 《槐溪张氏茂荆堂田契册》,1册,清抄本,上海图书馆藏。

② 原件藏南京大学历史系资料室,前引陈瑞《明清时期徽州的宗族与保甲推行》一文录有合同全文,并对该户相关合同进行了归户考证。

③ 《入清源约出晓起约叙记》,1册,清康熙抄本,安徽师范大学图书馆藏。

制下一图十甲(排)结构的基本单位。虽然这是乡约依托图甲编制的案例,却足以证明在基层社会推行保甲和乡约之时,并没有完全摆脱里甲(图甲)体制的影响。

歙县张氏的几份合同也能充分反映图甲和保甲在形制上的合一。乾隆五十七年(1792)张氏与程氏共同订立了一份保甲合同:

立合仝十排人张、程等,向来本图九甲保长系张方馨承当,因人力寡弱,难以支撑,曾于上年浼十排人等,愿将伊甲膳年保长便换族叔祖张兆圣等承管,□祖茔处,永远存照。今保长轮值四图张雍和等,窃以保长事,自古迄今,□系张姓、程姓承管,当□□无敢擅入,自恐十排人众,人心不齐,为此会仝公议,自当恪守前规,无违古制,倘有异姓私谋,致存擅入之心,各排之人得其迹者,即行传单通知,以便协力仝心,呈公理论,无得推诿。自议之后,如有反悔不遵者,言定罚白米二十担,以存公用,无得异说。今欲有凭,立此合仝一样十纸,每排一纸,永远存照。

清乾隆五十七年十一月 日立合仝十排人 一甲张元明(押)、二甲张承善(押)、三甲张敦伦(押)、四甲张雍和(押)、五甲张程朋(押)、六甲张元德(押)、七甲张允忠(押)、八甲张祖应(押)、九甲张仲友(押)、十甲程明高(押),册立[里]程觐斑(押),凭中张且初(押)、张日明(押)、张引中(押),代笔张书田(押)①

合同中,强调保长职役为程、张两姓所垄断,异姓不得担任。可见,保甲职役并非只是苦差,也是地方社会的身份象征,包含有相当的权益。这一点和图甲里长户名之于地方社会的意义完全一致。

合同虽然声称订立者身份为"十排",即保甲体制下的"排",但是署名则为图甲体制中的"十甲"。与该地的图甲合同比较可以发现,每甲之后的姓名即为户名。再以张元明户内部关于共同贴费的合同进行观察。

立议约合同人张元明等,今有承祖排年一役,向系七房轮流承值充当无异,近因各家输纳延迟,以致拖累经管排年之人,比较受奔驰之苦,

① 《清代乾隆五十七年十一月歙县张元明等更换保长合同》,中国社会科学院历史所藏。为节省篇幅,署名格式略有调整,以下所引合同皆同。

粮差费酒席之需，为此侯同各家公议，承祖所有各处租利，付次年充当排年之人收取，以作支应粮差催征算总之费，众人毋得私收，入己私用。其钱粮各家务宜急公上纳，四月如出圈户，其使用照粮派出，已纳者不管。八月出批，其粮差使用亦照未完钱粮数目派出，已完纳者不管。如钱粮至十月不完清者，系欠粮之人支应比较，不得累及充当排年之人。其里长、保长会粮、贺礼、使费，俱照排年轮流充当承值，毋得推诿。倘有飞来大差，会众公议，不在此议之内。此系会众自愿公议，务宜遵依，设有反悔推托者，其罚白米十石入众公用，仍依议约合同行事。恐后无凭，立此议约合同，永远为照。

又议：其钱粮营米八月不完者，听凭管年之人秉公毋悔，再批。

雍正十八年八月 日立议约合同张元明、张亮先、张公盛、张永茂、张有恒、张惟吉、张继科、张继禅，代书张圣言。四房收执①

署名中，张元明之后列有七个张氏姓名，则代表张氏七房，轮流承当总户头“张元明”的种种任务。另外，合同还提及里长、保长费用亦是七房轮流负担。可见，“张元明”既是图甲户头，又是保甲户头。从整个图的范围来看，其余九个户头亦属于同样的情形。乾隆三十六年和嘉庆十六年(1811)，十甲排年两次订立了关于南米(即南方各省漕粮)催征的合同。这一任务为里长轮流完成。其十甲署名与前述保甲合同几乎完全相同②。可见，至少在歙县这一“图”中，图甲与保甲合为一体。在不同的语境之下，或使用“排”，或使用“甲”。这或可认为是地方社会对于保甲制的认知。由此推知，保甲的实际编制状态，即为在图甲制基础上添加的一个新职役。

(二)乾隆五年后的变化

作为两种不同的职役，图甲和保甲的结构差别日趋显现，甲以下的单位差别更为明显。一般而言，图甲之下为数量不等的户丁(子户)、寄户，而在康

---

① 《清代雍正十年八月歙县张元明等议约支应粮差催征算总之费合同》，中国社会科学院历史所藏。

② 《清代乾隆三十六年二月歙县张元明等承充里长督催合同》以及《清代嘉庆十六年三月歙县张元明等遵合同》，中国社会科学院历史所藏。

熙四十七年以后，确立了保甲“保长—甲长—牌头”的结构[1]，“牌”成为保甲的基础组织形态。乾隆五年正式废除里甲编审之后，“牌”在保甲文献中更多地出现，这是否意味着保甲取代里甲（图甲）呢？祁门十三都康氏就有一份增牌的保甲合同，可以解答这一疑问。

> 立合同文约石溪康大周同弟、侄、庄仆人等，为奉县主吴老爷尊奉各宪，票唤加增保甲事。原本都只有保长一名，现年举报甲户，本都只有八排，本族一排。今本族加增三排，共有四排，各排人名均以眼同拈阄某月为定，轮流挨次经管。凡遇排内有事，共排之人管理，毋得退缩，不得拖累别排之人。仍有数十余灶无名承充甲长，凡遇排内有事，其费用与共屋共排一体出办。又奉县主佥点保长一名，族内康大梁，今官中票唤各事，俱系大梁承充经（官）[管]，是以族内眼同公议，日后递年编点，其保长换别名，官中票唤各事，亦要承充经理，再恐有命盗之案及无头公事，今众议其费用俱系照灶出办朋贴，不得独累有名出身之人。倘族内有事票唤保甲长，是某股之事，亦系本股自承在官保长的名，早为调理，不得混扯别股；或本户公事，另议一人出身，择能言者入官答应。自立合同文约之后，各宜凛遵奉行，如违，执约鸣官理治，仍遵此文为准。今欲有凭，立此合同文约一样二纸，各收一纸存照。
>
> 乾隆六年八月初四日 立合同文约康大周（押），同弟康大梁（押），同侄康士俊（押）、康杨（押）、康肇佐（押）、康世英（押）、康惟栢（押）[2]

这份合同恰好是乾隆五年之后订立的，所反映的保甲编制与组织方式，与图甲几乎完全相同。合同中声称的“有名”与“无名”，当为康氏宗族及其与佃仆的差别。呈报官府的保甲长名为康氏，而由于佃仆依附其中，则为“无名”。而图甲结构中，也是地方大姓垄断图甲户名，小姓人等或为附户，或朋充里长户，其户名为各姓组合。前述的保长姓名呈报，也是如此。稍有不同

---

① 巫仁恕梳理了清代保甲从“总甲—甲长”到“保长—甲长—牌头”衍变的轮廓。参见氏著《官与民之间——清代的基层社会与国家控制》，黄宽重主编：《中国史新论》（基层社会分册），台北：联经出版事业公司，2009年，第432～433页。

② 刘伯山主编：《徽州文书》第二辑第一册《祁门十三都康氏宗族文书》，桂林：广西师范大学出版社，2006年，第364页。

的是，官府票唤康氏担任保长，是以实在人名进行登记。

与前文讨论的保长拟制户名相同，尽管康大梁被官府佥点为保长，但这并不是一个人的负担，而是全族按照股份（即费用“照灶出办朋贴”）承充。这既是保长户名趋于拟制化、固定化的端倪，又是一个大型宗族内部的举措。而晚清祁门县三四都六保订立的保甲合同，则是谢永和堂、谢崇德堂、方聚义堂、方桂茂堂、黄明德堂、陈敦义堂、江敦仁堂、胡义和堂和叶敦本堂等九个宗族“挨换轮流充当”[①]。这两种情形，与图甲制度下总户之下的子户（户丁）或甲户、附户按股轮充里役的方式极其类似。可见，图甲和保甲的运作都主要长期依赖于宗族组织。以宗族为纽带，图甲和保甲的形制差别和运作在清中后期仍没有出现实质性的差异。

综上，仅从结构构成与运作这一角度观察，我们可以认为保甲制度的推行与变化，不过是都图里甲体系为主体的基层社会管理体制之进一步的功能细化分工，其基本构成并没有太多创新之处，而是继续沿用或模仿图甲结构。

四、功能：图（里）、保并存与相互渗透

保甲制度推行之后，长期存在图（里）、保并存的格局，它们之间功能或有重合、互相渗透的情况，却没有发生更替。

（一）功能的互相渗透

一般认为，里甲（图甲）主要承当赋役钱粮征收，而保甲则重在治安。但是，图甲制越来越难以对人口进行统计和控制，保甲的烟户登记则可以做到这一点。这往往被认为是保甲取代里甲的最重要标志。马丁·海德拉就认为，由于“地方的里甲登记长期以来未经修正，不能真正体现一个地方的居民或他们户的结构的实际情况。因此，在某种意义上，地方保甲制的发展是对

① 前引《清代道光二十九年七月祁门谢德和等共议保长轮流充当合文》，中国社会科学院历史所藏。合同自称为“九姓人等”，但其署名所示为九个宗族、七个姓氏。收录在《明清徽州社会经济史资料丛编》第一辑的《歙县九姓轮充保长文约》则将署名略去，使得读者不能认识到实际订立合同的是宗族，而不是个人。

里甲制度的地域和人口统计的修正”[1]。这是基于户口登记功能而提出的，若从基层赋役体制角度观察，情况可能有所不同。

清代徽州民间“里保两役”的说法颇为常见。所谓“忆里保两役，祖宗所遗，户户所不能免者”[2]表明，图甲和保甲在徽州民间社会属于两种并列的职役。在一些赋役合同中就有包揽人同时承包这两个职役的记载。如，乾隆四十二年，程楚珍包揽程棣华堂十年一次的“一甲册籍经管”，除了完纳钱粮和编造册籍之外，还需要承管“该轮里保二役”[3]。

或许正是因为个人或团体(如宗族)同时承当两份职役，使得图甲和保甲功能出现互相渗透、重合的情况。例如，早在明万历八年，洪、李两姓订立的里甲合同条款中，除了催征钱粮等基本职能外，还有“缉捕盗贼”等治安功能[4]。但是，这样的条款在里甲图甲合同中似乎并不常见。至于乾隆朝以后，“催粮”作为保甲的一项新增任务，屡屡出现在徽州文献之中。如休宁古林黄氏十六条祠规中的“饬保甲”：

> 荆公新法之设，概不能无弊，识者讥之。惟保甲、雇役二条，自元明以至于本朝，相沿勿替，盖以弭贼盗，缉奸宄，责甚重也。近更加以催粮，尤非轻任。[5]

无论如何，这些都是图甲、保甲功能互相渗透和添加功能的表现，而不能证明两者发生了更替。

(二)功能的区分

在不少地区，钱粮催征方面仍由图甲里长负责，而治安等方面则由保甲承当。图甲与保甲功能确有相互渗透的实例，却也有将这两者进行有效区分

---

① [美]马丁·海德拉：《剑桥中国明代史》(下卷)第九章《明代中国农村的社会经济发展》，北京：中国社会科学出版社，2006年，第468页。

② 《新安休宁青山张氏世谱》下卷《文翰·永济里保急公会序》，康熙二十三年(1684)刻本，上海图书馆藏。

③ 王钰欣、周绍泉主编：《徽州千年契约文书·清民国编》卷2，石家庄：花山文艺出版社，1991年，第4页。

④ 王钰欣、周绍泉主编：《徽州千年契约文书·宋元明编》卷3，第62页。

⑤ 《休宁古林黄氏重修族谱》卷首下《宗祠》，清刻本，上海图书馆藏。

的例子。《新安婺源上溪源程氏乡局记》的一份合同可谓极佳的注脚：

立合同乡约程远、保长程钟秀等，向奉上司明文，以近附近，编立乡约、保甲。本村里甲丁粮有远辖别约地方者，有与二图同里甲者，本村各遵上司行乡约，点保甲，设团长、灶丁，及中平镇一应差役，官有确据保甲之籍册，私有历立充约之合同，论约不论图，历世无异。今因中平派造营房，二图里长借端妄扯程公立、程永芳越纳津贴。窃思上纳钱粮，自应照图催征；约、保差派，自应照约供应。各自完公，何得混扯？且造营房，亦只是以附近地方，故九都亦不派到，况国志、公立等历来轮充乡约，若任妄扯，照图本乡丁粮减去一半，丁粮辖在别都、别约者，岂肯远贴？本约三图乡内单寡，乡约、团长、灶丁何人承充？衣甲、器械、工食等费何处措办？难容借偶然之营房，翻历来之定例。端不可开，局不可破，为此约内共立合同，全约保局，倘致兴讼，照依丁粮敷斗，毋得推诿执拗，以坏乡局。今恐无凭，立此合同六张，各执一张存照。

约程汝振、程尔炽、程汝同

约程文耀、程志昌、程煌

约程时泰、程万兴

约程公立、程志椿、程集义

约程宜一、程永芳、程中兴

约程廷、程鸣阳、程文保

康熙十四年闰五月十八日立①

在这份合同中，17 个立约人姓名可与都图文书抄本《婺源都图九口十三田》“十都”下二图三甲程公立、四甲程显(宜)一、六甲程永芳，三图一甲程煌春、二甲程汝同、三甲程汝振、四甲程文曜(耀)、五甲程廷、六甲程志昌、七甲程尔炽、八甲程时泰、九甲程万兴、十甲程鸣阳大体对应②。其中，程志椿、程中兴、程文保未能与都图文书的户名记录对应，程集义户则见于九都九图四

---

① 《新安婺源上溪源程氏乡局记·与下村争曹村上屋充当差派合同》，清抄本，安徽省图书馆藏。转引自王振忠《明清以来徽州村落社会史研究》，上海：上海人民出版社，2011 年，第 36 页。转引时，标点略有修正。

② 《婺源都图九口十三田》，1 册，清抄本，复旦大学王振忠先生惠赐复印件。

甲。笔者认为,这4个姓名皆列于牵涉纠纷的二图总户名之后,或为这些总户之下的子户,又或为所谓的"丁粮辖在别都、别约者"。无论如何,与前文引用的多种合同类似,该合同应是以图甲户名签约,每一户名都代表了一个利益群体。根据合同内容,二图三甲程公立、六甲程永芳与三图各户皆居住在上溪源,后因中平镇需要建造营房,二图里长企图将程公立与程永芳两户扯入其中,甚至将九都的图甲户也一并混入,遭到上溪源程氏宗族的强烈反对,故而立下这份合同。

可见,这是一份聚族而居的村落宗族订立的合同。17个立约的图甲户名分为6组,或对应了宗族内部不同的房派。至于合同开头所谓的立约人"乡约程远、保长程钟秀",应该是隶属于这些图甲户名之下的实在人名。之所以出现立约人的差异,是由于这一事件牵涉到整个宗族的利益,而图甲、保甲和乡约与宗族无法完整对应,故而在保甲、乡约方面出现的纷争,应以保长、约长牵头立约。不应纳入保甲、乡约的部分宗族群体,又是以图甲划分的,故而具有决定意义的结尾立约人,是以宗族内部的各个房派进行签署。它们以图甲户名出现,表明了不同利益单位的差别。

早在明代后期,保甲就与里甲、乡约相提并论。如选择乡兵之时,保长需要"会同乡约、里排,将保内各户壮丁堪充乡兵者开报"[①]。而在上述合同中,"官有确据保甲之籍册,私有历立充约之合同,论约不论图,历世无异","各自完公,何得混扯"明确说明,在徽州府婺源县的乡民观念中,保甲、乡约分别属于官、私两个系统,民间立下合同应付相应差役。保甲、乡约皆按照地域邻近原则("以近附近")编排,而图甲编排并非如此,从而出现"本村里甲丁粮有远辖别约地方者,有与二图同里甲者"的状况。特定任务的征派,根据当地"论约不论图"原则,即依据一定地域空间而不是图甲编排。同时,"上纳钱粮,自应照图催征;约、保差派,自应照约供应"则说明此时图甲制只是纯粹的纳税组织,保甲、乡约承当起治安及特定劳役等职能,基层组织出现了功能分工。民间社会对此分辨清晰。

---

① (明)傅岩:《歙纪》卷8《纪条示·严保甲》,陈春秀校点,合肥:黄山书社,2007年,第87页。

可见,从组织编排到功能分异,保甲与图甲各自为政,不可混淆。当然,此处的"混扯"与前文所称的职能混杂并不矛盾,而是依靠相关规则的约定。在"里保两役"的承包中,同一人或同一群体承担了基层组织的多种功能,造成职能重叠;"混扯"破坏了特定差役"论约不论图"的地方规则,从而需要明确和强调不同组织的职能。

五、结　论

一直到20世纪三四十年代,徽州地区保甲制才完全取代图甲制。以祁门三四都留存的民间文书为例,在1930年,"三四都一图十甲王大用户"仍旧出现在上下限执照的记录中①。到了1946年,当地的买卖契约上才以"环谷乡上谢保某甲"作为产业、税粮的推收单位②。显然,民国后期的保甲制度才完全具备县以下行政组织与区划的功能。就明清时代的徽州而言,与其说是里甲(图甲)为保甲所取代,倒不如说是两种职役的并存和功能混杂,甚至是保甲长期模仿图甲的运作方式。

从更长的时段来看,职役间的功能混杂并不始于明清时代。如元代"都"一级主首的职能应在于辅佐里正和"禁察非违",与里正统辖"乡"级事务、社长专门负责劝课农桑相区别。而实际上,主首还负有多种乡村社会管理事务。同时,元代典章法令的记录中,既禁止主首插手地方治安以外事务,又禁止官员将其他社会事务强加在这些专门职役人员身上③。这两类禁令很明确地反映出地方职役混杂的主要原因来自于主首和官员的私人意愿,也适用于明清时代。

不过,这种混杂情况属于较为极端的情形,是由于基层社会制度重合到难以被官府控制的程度。而本文所揭示的则是保甲与图甲并行、重合的一般情况。就官府而言,保甲是以里甲(图甲)为框架进行设置的新职役。职役分

① 刘伯山主编:《徽州文书》第四辑第三册《祁门三四都老屋杨王氏文书》,第443页。

② 刘伯山主编:《徽州文书》第四辑第三册《祁门三四都汪家坦黄氏文书》,第214～216页。

③ 刁培俊、苏显华:《元代主首的乡村管理职能及其演变》,《文史》2012年第1辑,第153～168页。

工的细化，能够在一定程度上有效辅助县级行政的运行。就基层社会而言，增加新的职役意味着负担的加重，从而催生了大量赋役合同的订立，以共同轮流承当或推举一名代理人承管的方式进行应对。这就使得不同职役往往由一人或一个群体承当，保甲和里甲之间的界限从而也变得模糊。只有在发生上述“混扯”之类纠纷之后，才予以辨明。

图甲、保甲之间存在功能重叠的状况，还可解释为地方官的不作为：“就应官府的差役而言，或许里甲与保甲组织本就无甚差别，因为他们所应的差早已包罗万象，里甲与保甲规条分别设定的催督粮务与缉盗安良只是他们众多差役的一环。地方官只要能得到他们所需索的服务，至于提供服务的叫什么并不重要。”[①]在民间文书的情境中，还可以认为保甲是在图甲基础上添设的新职役，使得图甲与保甲在组织结构上具有极高的雷同性。地方社会也往往将里保两役交由同一人或同一群体承当、包揽，以节省开支，减轻负担。这些现象，都无法得出保甲取代图甲的结论，而是反映了民间社会为应对各种基本职役形成的具有足够弹性的调适机制。

原载《安徽大学学报》2014 年第 4 期

---

① 刘铮云：《乡地保甲与州县科派——清代基层社会治理》，黄宽重主编：《中国史新论》（基层社会分册），第 390 页。清代平湖知县王凤生的《保甲事宜》称：“里、甲长名目已古，本系尊称，第近人每谓地保为保长，遂以此名为卑贱。今本县酌改‘长’字为‘耆’字。”（徐栋辑、张霞云点校：《保甲书》卷 2《成规上》，芜湖：安徽师范大学出版社，2012 年，第 26 页）改变名称只是将职役名目进行包装，并未改变实质。该县保甲在地方上的实际领导人是里耆和甲耆，也是打着里甲之名、行保甲之实的典型代表。

晚清祁门县保甲设置与村落社会

——以《光绪祁门县保甲册》为中心

刘道胜　凌桂萍

有清一代，保甲制度不断推行，保甲组织在地方社会管理中发挥着重要作用。在保甲组织的编制实践中，相应产生了不同类型的保甲文书，主要有承保役契约、保甲户牌、十家门牌、保甲册等。承保役文书属于私约文书，多涉民间应承保役的实际运作；而保甲户牌、十家门牌、保甲册系官府给发，属于官文书。户牌是十家门牌编造的依据，十家门牌的汇编又构成保甲册籍，三者均详细登录每户、每牌、每甲（保）的户籍姓名、年龄、生理以及男女丁口等信息，彼此之间密切关联。清代保甲的严密编制，有效地行使了对基层社会的控制和管理。据笔者所知，在各种类型的保甲文书中，保甲册鲜有遗存①。安徽师范大学图书馆藏清代保甲册，详细登录了祁门县十五都一图一至六甲的人户信息。该册籍为我们提供了一个晚清时期保甲文书的难得样本，且对于微观解读晚清村落社会诸多实态弥足珍贵。本文以该册籍为中心，并征诸其他文献资料，对相关问题做一考述。

---

① 上海图书馆藏有《康熙休宁县保甲烟户册》1册，但仅存3个甲25户的登录资料，第一、二甲保存完整，第三甲仅存5户。参见栾成显《康熙休宁县保甲烟户册研究》，《西南师范大学学报》2006年第6期。清代保甲册名称不一，有保甲户口册、保甲烟户册、保甲循环册等之谓，本文通称“保甲册”。另，近年关于徽州保甲册的研究，可参阅陈瑞《明清徽州宗族与乡村社会控制》，合肥：安徽大学出版社，2013年。

一、文书介绍

《保甲册》1册，纵29.5厘米，横21.5厘米，竹纸，刻板竖格填写，封面以及第一甲第一牌的内容缺失，第三甲第七牌以及第四甲第一、二牌内容残损。册籍每牌前刻填有“十五都一图”以及地名“奇岭”字样。据同治《祁门县志》，“奇岭”属祁门县十五都主要村落之一[①]。册籍末所附“孤村独户”中，印制有《祁门县正堂柯为清查孤村独户册籍事》帖文，所谓“正堂柯”即光绪年间任祁门县令的柯家缪[②]。综合来看，该册籍系光绪间所编祁门县十五都奇岭村的保甲文书，本文称之为《光绪祁门县保甲册》(以下简称《保甲册》)。

《保甲册》每叶(正反两面)印有同一版式的格式文字，反映一牌十户的户籍信息，各户的具体内容系墨迹填写。兹择录其中一叶文字如下：

【正面】

十五都 一图第 一甲第 三 牌小地名 奇岭

经董郑均甲长郑瞻云 牌长郑兴和地保郑一本

一户郑兴和 现年四十二岁 系 省 州(县)人 以贸易为业 男五丁女二口伙计 人 奴仆男(女) 人 雇工 人

一户郑采寿 现年五十五岁 系 省 州(县)人 以驾舟为业 男二丁 女二口伙计 人 奴仆男(女) 人 雇工 人

一户郑安保 现年五十一岁 系 省 州(县)人 以驾舟为业 男一丁 女二口伙计 人 奴仆男(女) 人 雇工 人

一户郑等兴 现年六十一岁系 省 州(县)人 以手艺为业 男一丁 女三口伙计 人 奴仆男(女) 人 雇工 人

【背面】

一户郑喜女 现年四十一岁 系 省 州(县)人 以贸易为业 男五丁 女三口伙计 人 奴仆男(女) 人 雇工 人

一户郑兴子 现年四十二岁 系 省 州(县)人 以务农为业 男一丁 女

---

① 同治《祁门县志》卷3《舆地志·疆域·都图》。

② 祁门县地方志编纂委员会办公室:《祁门县志》卷19《政权·历任职官》，合肥:安徽人民出版社，1990年，第473页。

三口伙计　人　奴仆男(女)　人　雇工　人

一户郑集和 现年四十三岁 系　省　州(县)人 以驾舟为业 男二丁 女二口伙计　人　奴仆男(女)　人　雇工　人

一户监生郑昌俊 现年四十一岁 系　省　州(县)人 以贸易为业 男三丁 女一口伙计　人　奴仆男(女)　人　雇工　人

一户郑瞻云 现年三十七岁 系　省　州(县)人 以训蒙为业 男六丁 女三口伙计　人　奴仆男(女)　人　雇工　人

一户郑接寿 现年五十九岁 系　省　州(县)人 以驾舟为业 男三丁 女一口伙计　人　奴仆男(女)　人　雇工　人[1]

十五都位于祁门县南部，在清代，下辖三个图，所属的主要村落有奇岭、庐溪、查湾、白桃、罗源、礼屋、曲坞、倒湖等[2]。其中，奇岭村隶属十五都一图，居民主要为郑氏。据民国《祁门县志·氏族考》，奇岭郑氏系晋末永嘉年间北方南迁的郑庠之后，"数传至讳筹者，生子六：造、遇、适、运、迪、选。选迁祁西二十一都闪里、营前，为一世祖。选生湾，湾生传，官唐司徒。十六世震一居周凉；震二居奇岭口"[3]。从记载中前后世系看，奇岭郑氏始迁祖系十六世郑震二，迁居奇岭的时间约在两宋间。据嘉靖年间程尚宽等修纂的《新安名族志》，明代中期徽州郑氏聚居地共 10 个，其中祁门县有"奇岭"和"湘源"两地，且"湘源"郑氏"系出奇岭"，宋明时期奇岭郑氏科宦辈出[4]。

综合以上考察，郑氏大抵于两宋间始迁奇岭，至明代中期，奇岭郑氏因势力强，影响大，俨然成为徽州郑氏一重要分支，而被载入《新安名族志》。且郑氏聚居奇岭的状况相沿而下。

本文所涉的《保甲册》完整而翔实地登录了清光绪间祁门县奇岭村关于保甲编制、族际关系、人口家庭、户籍职业等诸多个案资料，不仅可印证相关文献的记载，而且其所登录的内容更是一般文献记载中难以见到的，为地方社会乃至村落社会史研究提供了宝贵素材。

---

① 引文中，楷体表示原格式印刷文字，黑体表示墨迹填写内容。

② 同治《祁门县志》卷 3《舆地志·疆域·都图》。

③ 胡光钊修纂：民国《祁门县志·氏族考》，1 册，安徽师范大学图书馆藏。

④ (明)程尚宽等：《新安名族志》后卷《郑·祁门奇岭》。

二、保甲编制

《保甲册》记载了祁门县十五都一图一至六甲的人户信息，凡61牌、564户①。从记载看，清末祁门县保甲编制的具体做法主要有以下三点：

第一，依据户籍属性，分类编制。《保甲册》所涉不同属性的户籍有：主户、世仆庄户、寄户、客户、孤村独户、另户。其具体编制情况如表1。

表1　户籍属性与保甲编户

甲序	主户	户数	世仆庄户	户数	寄户	户数	客户/孤村独户/另户
第1甲	第1～10牌	100	—	—	—	—	—
第2甲	第1～10牌	92	—	—	—	—	—
第3甲	第1～7牌	70	第8牌	10	—	—	第9牌，计10户
第4甲	第1～11牌	110	—	—	—	—	—
第5甲	第1～4牌	40	第9～10牌	17	第5～8牌	33	—
第6甲	—	—	第2～11牌	77	第1牌	5	—
总计	42牌	412户	13牌	104户	5牌	38户	1牌，10户

表1中的“主户”全部姓郑，明显系世居奇岭村的大族郑氏户籍，共42牌、412户。“世仆庄户”均明确标注有“仆户、世服郑役”兼及“务农、守墓、守仓、守祠”等字样，乃隶属郑氏的庄仆人户，计13牌、104户，涉及余、姚、郑、黄、蒋、汪、吴、李、徐、张、程、胡、王、孙、逯、江等姓，尤以余、姚、郑、黄等姓居多，居住于祠庄、巴公滩、汪氏墓庄、蓝溪、小岭、龙井、郑克常庄、岭背源、郑安信庄、姚家、郑英才庄、黄家、郑知足庄、榉树坑、茅屋里、郑氏庄、夆头源、查家坞、郑良域庄等地，这些小地名当属以奇岭村为中心的周遭仆姓散居地之称。“寄户”计5牌、38户，亦系杂姓，以郑、陈、洪、叶等姓为主，应系移徙当地的小姓，主要居住在“西尢”以及“蓝溪·小岭”两地。

特别要强调的是“客户、孤村独户、另户”，共计10户，被集中编制为第3甲第9牌。其中，“客户”共5户，从事桶匠、砖匠等职业，显然是因从业需要

① 《保甲册》中共有4个牌内容残损或缺佚，笔者参酌其上下牌所记户数，残损以及缺佚之牌均按每牌10户计，凡61牌、564户（详表1）。

而暂居奇岭附近的临时户籍;“孤村独户”共4户,关于其编制,《保甲册》中载有当时祁门县令柯家缪为此颁发的专门帖文:

祁门县正堂柯为清查孤村独户册籍事。查有庵观、庙院、砖窑、灰窑、炭棚、木棚以及孤村独户,不与民居毗连,相离村镇窎远,不能编入十家总牌,自应由地保查明报明经董,另给门牌,取具不敢为匪不法,及窝藏盗贼愿甘治罪切结,并令央人出具保结,以备查察。须至册者。

可见,孤村独户多系入徙祁门的外籍人口,他们“不与民居毗连,相离村镇窎远”,在保甲编制中予以区别对待,不但“另给门牌”,而且需要“出具保结”。如《保甲册》所载的袁积善,系安徽怀宁县人,以主持闻梅庵、务农为业,被编为“孤村独户”,并由当地人郑志样、郑志炉予以担保。

至于“另户”,虽册中载有“另户1户”的字样,然具体户籍内容缺失,难究其详。考诸相关记载,“另户”主要指游惰、惯盗、匪犯等素行不法之人户①。由于“各居民不屑为伍,即行摘出,别立一册”,这种册籍被称作“另户册”“弃民簿”等,有别于保甲所编制的良民“烟户册”②。在清代,“另户”多由各地地保收管,“凡差使往来,罚充供役,该地但有失事即于此辈根求”。地保并定期“将该户等有无改悔情事,赍册送县,以凭稽察示惩”。“如实系改悔”,经保结方准入甲为良③。

对于以上不同户籍,依据其族群等属性而分类编制甲、牌。人户居多的大族郑氏则独立成甲,如第一至第五甲均以郑姓为主体而设置,拥有百余户的世仆庄户拥有一个独立的第六甲。人户较少者则独立成牌,如寄户,共38户,被编为5个牌;客户、孤村独户和另户,计10户,被集中编为1个牌。

第二,以图统甲,以甲辖牌,以聚居村落为中心,灵活编制图、甲、牌。首

---

① 关于另户,参见拙作《清代基层社会的地保》,《中国农史》2009年第2期。

② 据清代叶世倬云,“另户”源于明代王阳明所倡导的“弃旧图新簿”。(清)叶世倬:《为编审保甲示》,(清)徐栋辑、张霞云校点:《保甲书》卷2《成规上》,芜湖:安徽师范大学出版社,2012年,第20页。

③ (清)王凤生:《保甲事宜》《弭盗条约》,(清)徐栋辑、张霞云校点:《保甲书》卷2《成规上》《成规下》,第25页、59页。

先，在清代，于图甲制下，一图所辖的甲数一般为10个，祁门县图甲设置亦当如此。如道光二十年(1840)，祁门县令方殿谟"谕城乡凡五百二十甲，期以五稔，每甲必出一人应童子试"①。可见，道光间祁门县共设有520甲。而清代祁门县共有图52个②，显然，每图所辖的甲数即为10个。作为相对完整的《保甲册》，并未呈现一图十甲的编制标准，所载的只是祁门县十五都第一图前6个甲的户籍信息。究其原因，笔者认为，与人为选择保存有关。具体说来，以奇岭村为中心，兼及周围散居村落，其人口达数千之众，涉及范围亦相对较广，而所涉户籍主要为聚居奇岭的郑氏大族，以及与郑氏密切关联的众多仆户、寄户、客户、孤村独户以及另户。《保甲册》集中体现的正是郑氏大族为中心的村族共同体的户籍，各户籍之间具有相关性，册籍当经人为取舍，而以6个甲这一相对完整而独立的文本形态保存至今。十五都一图第七至十甲的编制反映的当是另一个相对独立的村落共同体，然因资料缺佚，具体情形不得而知，尚俟进一步考证。其次，关于甲的编制，每甲所辖的牌数虽多为10个，然颇有差异，第一、二、五甲均下分10个牌，而第三甲为9个牌，第四、六甲均为11个牌。从记载中的村落与设甲关系看，举凡一甲未按10个牌标准编制者，均与确保特定村落能完整地隶属一甲，不致使"畸零人户"跨甲编制有关，这种灵活设置亦体现出以人户的自然分布为基础的编甲原则。至于每牌所拥有的户数，以10户为多见，在61牌中每牌10户者凡47牌。另外，有14个牌的户数不足10户，这14牌中少者仅3户。从记载不难看出，不足10户的牌均拥有一个独立的小地名，更加明显呈现出以特定的散居地为限，为确保人户聚落的完整性而灵活编牌的原则。总之，以聚居村落为中心，兼及族际关系和散居人户的自然聚落，是灵活编制图、甲、牌的重要依据。

第三，遴选专人，自我管理。在以图统甲、以甲辖牌的编制框架下，每图设图董、地保，每甲、牌设甲长、牌长。

① 《鼎元文会同志录》，清刊本，上海图书馆藏。

② 同治《祁门县志》卷3《舆地志·疆域·都图》。

表 2　各甲甲长情况

甲序	甲长	身份	职业	甲长户籍所在的甲、牌
第 1 甲	郑瞻云	生员	训蒙	第 1 甲第 2 牌
第 2 甲	郑钊	生员	训蒙	第 2 甲第 4 牌
第 3 甲	郑抡元	生员	职业不明	第 3 甲第 7 牌
第 4 甲	郑培滋	生员	训蒙	第 4 甲第 7 牌
第 5 甲	郑煌	生员	训蒙	第 5 甲第 4 牌
第 6 甲	郑国桢	监生	贸易	第 1 甲第 8 牌

从《保甲册》看，地保郑一本户籍是否隶属该图，因册籍残损，不得而知，然图董、甲长、牌长均从本图产生。材料记载十五都一图图董郑钧为廪生，以举业为生，其户籍隶属第二甲第三牌。关于甲长情况，详见表 2。

第一至五甲因系大族郑氏为主体，甲长人选均出自本甲，甲长身份均为生员，主要从事训蒙等职业。特别要强调的是，世仆庄户、寄户、客户等所编的甲，甲长的选择存在两种情形：一是独立设甲者，甲长由大族人户充任，系跨甲带管，如第六甲虽均系世仆庄户和客户，而甲长郑国桢户籍却隶属于第一甲。一是径编这些户籍于大族之甲，于甲下设置若干牌借以带管，如郑氏所在的第三甲中第一至七牌为郑姓，而第八牌则带管世仆庄户，第九牌带管客户、孤村独户和另户；第五甲中第五至八牌为带管的寄户，第九至十牌亦带管仆户。这种以大族带管仆姓和细民的现象绝非偶然，究其原因，在聚族而居的徽州，庄仆制度由来已久，顽固存在。明清时期，徽州仆姓以及外来移民多受大族控制，不但经济上和人身上与大姓有严格的隶属关系，而且在基层组织的设置和管理上，一般亦被带管于大族之下。具体到清代徽州保甲设置而言，往往由大姓各自设立一图（保），隶属大姓的仆户以及寄户和客籍小姓则归辖于大姓图（保）甲之下。如乾隆间，休宁十二都三图的渠口汪氏，保内仆姓要求另设保甲，以脱离汪氏控制。为此，大族汪氏禀告官府予以反对，声称“设立保役原为联络约束，乡村相近，烟户相接，得以稽查奸匪，供办公事。各图乡保俱系大户充当，凡寄居商贾农工以及小姓地仆人等，同在一处者，例归保内管辖,以专责成"[1]。可见,仆户和小姓几乎无权参与地方事务,甚至被剥夺了缴纳皇粮国税和参加科举的权利,所谓"地产丁粮,必寄居主户完纳。子孙读书,不许与考应试"[2]。

牌长情况整理为表3。

表3 各牌牌长情况

甲—牌	牌长及身份、职业	甲—牌	牌长及身份、职业
1—1	缺佚	4—3	郑树五,监生,以贸易为业
1—2	郑正一,监生,以贸易为业	4—4	郑神祥,以手艺为业
1—3	郑兴和,以贸易为业	4—5	郑济民,从九,以手艺为业
1—4	郑登明,从九,以贸易为业	4—6	郑正起,以手艺为业
1—5	郑宗良,以医术为业	4—7	郑之茂,监生,以贸易为业
1—6	郑水吉,以扇业为业	4—8	郑金泰,以手艺为业
1—7	郑坤厚,以扇业为业	4—9	郑春茂,以手艺为业
1—8	郑显铎,监生,以店业为业	4—10	郑全源,从九,以手艺为业
1—9	郑鸿业,生员,以训蒙为业	4—11	郑起森,监生,以训蒙为业
1—10	郑显升,监生,以贸易为业	5—1	郑允昌,监生,以贸易为业
2—1	郑云镳,武生,以店业为生	5—2	郑绍津,以手艺为业
2—2	郑绳武,从九,以店业为生	5—3	郑起敬,以贸易为业
2—3	郑圻,从九,以贸易为业	5—4	郑小庚,以务农为业
2—4	郑云程,生员,以训蒙为业	5—5	郑社福,73岁,未注职业
2—5	郑彪,武生,以贸易为业	5—6	陈柱林,以务农为业
2—6	郑水和,以贸易为业	5—7	叶丙南,以务农为业
2—7	郑进枝,以江右生理为业	5—8	洪时习,以务农为业
2—8	郑国泰,武生,以贸易为业	5—9	孙志凤,庄仆,世服郑役,务农
2—9	郑顺意,以驾舟为业	5—10	蒋先志,庄仆,世守郑墓,务农
2—10	郑士才,74岁,未注职业	6—1	胡光生,以手艺为业
3—1	郑炽昌,监生,以医术为业	6—2	郑连顺,庄仆,世守郑墓,务农

① 载《清乾隆休宁县状词和批示汇抄》,抄本,安徽省图书馆藏。
② 《乾隆三十年汪胡互控案》,安徽省图书馆藏。

续表 3

甲一牌	牌长及身份、职业	甲一牌	牌长及身份、职业
3—2	郑显钱,生员,以训蒙为业	6—3	郑夏九,庄仆,世守郑墓,务农
3—3	郑实业,监生,以贸易为业	6—4	姚成林,庄仆,世服郑役,守墓
3—4	郑仙意,以手艺为业	6—5	姚接富,庄仆,世服郑役,务农
3—5	郑殿全,生员,以训蒙为业	6—6	黄记盛,庄仆,世守郑墓,训蒙
3—6	郑永昌,贡生,以店业为业	6—7	黄天起,庄仆,世守郑墓,训蒙
3—7	郑廷柱,监生,职业不明	6—8	余神意,庄仆,世服郑役,务农
3—8	程国义,庄仆,世服郑役,务农	6—9	余神丁,庄仆,世服郑役,务农
3—9	沈朝赞,江西人,以砖匠为业	6—10	徐光松,庄仆,世服郑役,务农
4—1	缺佚	6—11	余起富,庄仆,世服郑役,务农
4—2	缺佚		

无论主户还是仆户、寄户、客户等,其牌长一律从各牌人户中产生,且均登记为每牌的第一户;牌长职业多种多样,以从事贸易、手工业者居多。

综上,晚清祁门县推行保甲,采取的是以图甲制取代保甲制的形式,即一都之下分若干图,一图之设涵盖特定的村落共同体,进而以图统甲,以甲辖牌。保甲册登录的对象系全体人户。一图之中区分不同属性的户籍,相对独立地设置甲、牌,并体现以自然聚落为基础灵活编制的原则,以及以聚居大族为主体,由大族带管仆户、寄户、客户、孤村独户以及另户等。在保甲管理上,于一图之中选择总揽全图事务的图董,并设置地保驻乡管理。而甲长、牌长一般从本甲、本牌人户中择选,带管之甲的甲长则由大族之人跨甲担任。图董、甲长、牌长多遴选从事举业、训蒙、贸易等贤能之人充任,从而通过严密编制户籍,充分发挥"以乡人治乡事",加强对基层社会的管理和控制。

三、《保甲册》反映的人口、家庭及职业信息

除去前述缺佚、残损的内容和客户、孤村独户、另户,《保甲册》可确切统计的户籍为 513 户,其中,大族郑氏共 371 户,约占总户数的 72%,而世仆庄户共 104 户,约占 20%,郑氏人户与其仆户的比例为 3.6∶1。这从一个侧面反映出晚清时期宗族社会及其相关的庄仆制度在徽州仍然顽固存在。笔者

进一步对《保甲册》记录的人口情况作精确统计①,结果见表4。

表4　主户、寄户、仆户的人口情况

户籍性质	甲序	牌数	户数	人口总数	男性	女性	户均人口	5人/户	6～9人/户	10人/户
主户	第1甲	9	90	408	215	193	4.53	66	23	1
	第2甲	10	92	421	228	193	4.58	68	20	4
	第3甲	6	59	232	120	112	3.93	49	9	1
	第4甲	9	90	418	220	198	4.64	63	25	2
	第5甲	4	40	203	93	110	5.08	26	12	2
	小计	38	371	1682	876	806	4.53	272	89	10
寄户	第5甲	4	33	135	80	55	4.09	26	7	—
	第6甲	1	5	17	9	8	3.4	5	—	—
	小计	5	38	152	89	63	4	31	7	—
世仆庄户	第3甲	1	10	61	33	28	6.1	4	5	1
	第5甲	2	17	83	42	41	4.88	11	6	—
	第6甲	10	77	351	186	165	4.56	57	14	6
	小计	13	104	495	261	234	4.78	72	25	7
总计		56	513	2329	1226	1103	4.54	375	121	17

《保甲册》可确切统计的513户,总人口计2329人。其中男性人口1226人,女性人口1103人,男女比例约为1.1∶1。具体到不同属性的户籍而言,大族郑氏以及世仆庄户的男女比例均约为1.1∶1,而寄户的男女比例却达到1.4∶1,男性显著多于女性,性别之比颇为失调。且寄户的户均人口数为4,又明显低于大族郑氏的4.54和仆户的4.78。寄户的性别结构和户均人数,与结构相对稳定的土著大族以及世仆庄户之间存在的反差,从一个角度可以理解为,这种人户具有鲜明的"亦寄亦居"之特征,尚未稳定并完全融入当地社会。究其原因,笔者认为,寄户应多属入徙棚民以及外来移民形成的人户。如众所知,尤其在清代,大量棚民拥入徽州山区。据道光《徽州府志》,嘉庆

① 不包括残损和缺佚内容的估计数字,以及客户、孤村独户和另户。

间，徽州棚民凡1563棚(座)，丁口达8681人。其中，祁门县数量居最，计579棚(座)、2365人[①]。而祁门县奇岭村僻处深山，适宜于棚民入徙垦殖。那么，晚清时期存在于奇岭村周边的杂姓“寄户”，论其来源，当与入徙棚民中逐渐寄居当地，而又尚未土著化的人户不无关系。

从家庭人口分析，5人及5人以下的家庭共375户，占73%；6～9人的家庭有121户，约占24%；10人及10人以上的家庭仅17户，占3%。可见，家庭规模总体上是以小家庭为主。

《保甲册》还一一登录了每户的职业，系统呈现了晚清一个乡村社会存在的主要行业和民众的执业情况(表5)。

表5　主户、寄户、仆户的执业情况

户籍性质	甲序	牌数	户数	务农	驾舟	手艺	贸易	训蒙	医术	举业/业儒	未注职业
主户	第1甲	9	90	13	18	26	24	4	1	—	4
	第2甲	10	92	5	32	19	23	6	2	1	4
	第3甲	6	59	4	6	22	17	3	1	—	6
	第4甲	9	90	—	25	34	17	2	—	1	11
	第5甲	4	40	2	1	23	9	1	1	—	3
	小计	38	371	24	82	124	90	16	5	2	28
寄户	第5甲	4	33	19	1	1	5	—	—	—	5
	第6甲	1	5	—	3	1	1	—	—	—	—
	小计	5	38	19	4	2	6	—	—	—	5
世仆庄户	第3甲	1	10	7	—	—	—	—	—	—	—
	第5甲	2	17	11	3	2	—	—	—	—	1
	第6甲	10	77	56	5	8	—	2	—	—	1
	小计	13	104	74	8	10	—	2	—	—	2
总计		56	513	117	94	136	96	18	5	2	35

说明：(1)未注职业原因：年老、肄业、年幼。(2)另有10户的职业情况未列入表中：寄户中，第5甲守祠为业2户；仆户中，第3甲守祠2户、守仓1户，第6甲守仓1户、守墓4户。守

① 道光《徽州府志》卷4之二《营建志·水利》附《道宪杨懋恬查禁棚民案稿》。

祠、守仓、守墓是指专门以此为业。(3)104 户世仆庄户中,注明“世服郑役”或“世守郑墓”的计 97 户;“世守汪墓”7 户。

从表 5 可见,在晚清祁门县以奇岭村为中心的村落社会中,存在的主要行业有务农、驾舟、手艺、贸易、训蒙、医术、业儒和举业等,总体上不出传统“四民之业”的范畴。在可统计的 513 户中,以从事手艺、农业、贸易、驾舟为主,分别为 136 户、117 户、96 户、94 户。在 371 户的大族郑氏中,首先,以手艺为业者 124 户,占大族户籍的三分之一,其中,有 13 户注明“以扇业为生”,反映了在人多地少的奇岭村“小民多执技艺”①,生理的主要行业之一为传统手工制作,并形成诸如扇业等特色行业。其次,郑氏务农者仅 24 户,这与祁门县地处深山,不宜耕作,不易垦殖有关。据同治《祁门县志》载:“农者十之三,厥田高亢,依山而垦,数级不盈一亩。快牛利剡不得用。”②而以力农务本为主业者多为寄户、仆户,共计 93 户,占全部务农人户的近 80%。再者,从事贸易者则主要为大族郑氏人户,计 90 户,占全部贸易人户的 94%,主要经商地为毗邻的“江右”。另外,因奇岭村位于祁门县南部,地邻阊江,而阊江系徽州的交通要道,使得“驾舟”成为当地又一重要职业,驾舟者计 94 户,以大族郑氏为主(共 82 户),这恰恰印证了祁门县方志文献中诸如“南人善操舟”③的相关记载。

职业为训蒙、医术、举业或业儒者,分别有 18 户、5 户、2 户,从事者几乎全系大族郑氏人户。从事训蒙者均为生员出身,其中,世仆庄户中有两户“以训蒙为业”,分别为第六甲第六牌和第七牌户籍,标注有“庄仆黄记盛,以世守郑墓、训蒙为业”“庄仆黄天起,以世守郑墓、训蒙为业”。作为仆户能通过接受教育而从事“训蒙”职业,可以窥见晚清徽州主仆关系的新趋向。“以医术为业”者 5 户,平均约 102 户中存在 1 个“医术”户。从事业儒或举业者仅 2 户,其中 1 户即第二甲第三牌充任图董的郑钧。另外,尚有 4 户标注有“武生”字样,均从事贸易或店业,其中有 3 人充任牌长(见表 3)。

值得一提的是,《保甲册》中不少人户标注有“监生”“从九”字样。清代

① (清)顾炎武:《天下郡国利病书·凤宁徽》,《续修四库全书》第 596 册,第 130 页。

② 同治《祁门县志》卷 5《舆地志·风俗》。

③ 同治《祁门县志》卷 5《舆地志·风俗》。

“监生”的身份和角色较为明确，而“从九”之称则颇为稀见。所谓“从九”即“从九品”之简称，《皇朝文献通考》载：

(乾隆)四十九年，吏部疏言：从九品款项繁多，以吏目为最优。捐纳从九品人员，不得选用吏目，独供事议叙从九品得以兼用，未为平允。请更定照捐纳从九品之例，不得选用。从之。①

清人包世臣说：

然常例报捐之人未必尽系俊民。至于捐职，文自从九以至道、府，武自千把以至参、游，少者仅数十金，多者一二千金。朝珠蟒服，遽同真官。炫耀闾同，人不见德。②

可见，在清代，“从九品”之秩不入官品之流，大多授以吏目(捐纳从九者则“不得选用”)。同于“监生”的是，民间举凡殷实之家，均可通过捐纳获取，二者名目滥杂。光绪《香山县志》载：“何毅武，字纯修，小榄人，由监生捐从九品。”③从“由监生捐从九品”看，“从九”的捐纳之费当高于“监生”。《保甲册》中明确标注“监生”者计31户，“从九”者8户，二者合计39户，其中35户主要从事贸易等职业。据此可以推断，这些“监生”和“从九”大多亦系捐纳而得。实际上，在遗存的徽州民间文书中，相关捐纳“执照”文书亦屡屡可征，如下例：

监　照

国子监为请旨给发监照事。准户部知照，黄发燮系安徽徽州府祁门县人，捐年六岁，身中、面白、无须，由俊秀在捐铜局捐输，准作监生。相应给予监照，以杜假冒等弊。须至监照者。

三代：曾祖浩科、祖可灌、父起诚

右照给黄发燮收执

同治十年三月　日给④

① 《皇朝文献通考》卷54《选举考·吏道》，文渊阁四库全书本。

② (清)包世臣：《小倦游阁集》卷9《正集九》，清小倦游阁抄本。

③ (清)陈澧：光绪《香山县志》卷15《列传》，清光绪刻本。

④ 安徽师范大学图书馆藏。

类似的晚清"监照"在徽州文书中较为常见[①]。《保甲册》的相关记载具体而微地呈现出僻处深山的祁门县奇岭村,"捐监"现象较为多见,也反映了晚清时期地方社会"捐纳"现象之一斑。

四、结　语

当前,中国区域社会史研究方兴未艾,成果纷呈。在区域研究中,随着新材料尤其是民间文书资料的发掘和利用,具体而微地探究村落社会史既是可能的,也是必要的,并已引起相关学者的关注[②]。本文所涉的《保甲册》,相对完整地呈现了一个村落共同体的保甲编制实态,通过对册籍的初步解读,可以得出以下认识:

第一,《保甲册》所涉及的是祁门县南部一个僻处深山的村落共同体,在晚清村落社会中,民众执业仍不出传统士农工商的范畴。以训蒙、医术、业儒或举业为生者计 25 户,他们作为"党庠之人",在基层乡治中发挥着重要作用。因"厥田高亢",难以力作,务农之家不到全部人户的四分之一。大多数民户主要从事"贸易、手工、驾舟"等工商行业,其中,有近百户人家从事商业贸易,说明晚清时期徽州仍然有大量经商者。

第二,在奇岭村落共同体中,大族郑氏聚族而居,他们虽垄断当地的山林资源,然务农者寥寥,多从事贸易、手工、驾舟以及业儒、训蒙、医术等,而承担农林生产者主要为仆姓和寄户。直至晚清,当地主仆人户之比达 3.6∶1,大族与仆姓之间的隶属关系仍根深蒂固。《保甲册》中所登录寄户,当系入徙棚民以及外来移民,土著与寄居之间的主从关系亦历历可观。仆姓、寄户等散居不一,而在保甲设置和管理上,受到大族郑氏的控制和带管。

第三,在传统徽州社会,殷实之家往往乐于捐输。他们或"捐资亢宗,以光竹帛",于家谱、方志"义行"中换来几行奢侈性的记载;或"倍捐会资",借以跻身"斯文之会"[③]。凡此种种,于徽州地方文献中屡屡可征。然而,值得关

---

① 参见王钰欣、周绍泉主编《徽州千年契约文书·清民国编》卷 3,石家庄:花山文艺出版社,1991 年,第 29 页、96 页、115 页。

② 参见王振忠《明清以来徽州村落社会史研究》,上海:上海人民出版社,2011 年。

③ 民国《黟县四志》卷 3《风俗》。

注的是，在清末僻远的奇岭村，从事商业贸易者凡96户，其中，通过捐纳以获取“监生”“从九”身份者达39户之多。不少捐纳者与从事举业、训蒙的“党庠之人”一道，在保甲制下充任甲长、牌长。显然，至少在清末，徽州基层社会殷实之家捐纳之风盛行，捐纳者通过此途赢得更多参与社会事务的机会。

第四，编制保甲是清代管控地方社会之重要手段。清初以10户为牌、10牌立甲、10甲成保为原则推行和编制保甲，然从《保甲册》所载看，在晚清徽州祁门县，是以特定村落共同体为对象设置相对独立的“图”，这种“图”是具有“结构性集团”性质和村落联合体性质的实体；一图之下，按自然乡村聚落灵活编制甲、牌。这种以“图甲”代“保甲”的现象，在清代南方不少区域颇为普遍[①]。这一方面是清初以来自上而下力行保甲的产物，另一方面，又是里甲向保甲嬗递过程中，因赋役征纳和基层乡治的需要而“民为自谋”的结果，从而于保甲编制实践中，在国家体制推行与地方社会实际运作之间，出现了折中的做法：官方要求以保甲行乡治，而民间因乡治行图甲。在图甲制下，图董、甲长、牌长多由从事举业、训蒙、贸易者充任，体现出殷实之家以及智识之士，不论是承揽还是荐举，均积极参与地方社会管理。至清末，“地方公共事务的意识正在向地区自治的形式发展”[②]。《保甲册》具体而微地呈现了晚清时期基层图甲组织设置和管理的实态。

原载《安徽大学学报》2014年第4期

① ［日］森田明：《清代水利与区域社会》，雷国山译，济南：山东画报出版社，2008年，第289～351页。

② ［日］森田明：《清代水利与区域社会》，雷国山译，第29页。

神明之下的结合：论清代民间的神会
——以徽州"神会"文书为线索

童　旭

一、引　言

清末法律改革，"会"作为传统习惯未被纳入《大清民律草案》。江庸在1922年对民国《民法草案》提出意见时，已对此有所批评①。虽说法律史学界对这一问题有所关注，却往往将"会"的概念缩小，重点放在"钱会"上②。另一方面，也有研究注意到中国古代"会"的互助性，却用一种形式的"会"统摄各种"会""社"组织③。本文以徽州契约文书为核心材料，着重研究清代"神会"的有关问题，包括其成立、经营管理、内外关系等，探讨神会的规则体系。

明清时期，人们常以祭祀公共神祇为目的组成一种神会，通过神会的运

---

① "前案多继承外国法，于本国固有法源，未甚措意，如民法债权编于通行之'会'，物权编于'老佃'、'典'、'先买'，商法于'铺底'等全无规定，而此等法典之得失，于社会经济消长盈虚，影响极巨，未可置之不顾。"江庸：《五十年来中国之法制》，《最近之五十年》，1923年申报馆刊行。

② 可参阅梁治平《清代习惯法：社会与国家》，北京：中国政法大学出版社，1996年，第110～119页；郑永福《近代中国民事习惯中的合会与互助会》，《郑州大学学报》2006年第6期。这些论著中多重点研究"钱会"。

③ 如李力仅用清代山阴县的一份土谷神会会股卖契、一份文武帝会会股卖契，论证清代乡村社会中的"会"是一种"伙"的关系，并认为清代江浙一带盛行的"堂""会""祀"组织，皆与之类似。同时认为："清代乡村社会中的伙基本上不涉及对外的经营问题，因而没有对外承担连带责任的习惯。"李力：《清代民间契约中关于"伙"的观念和习惯》，《法学家》2003年第6期。

行来完成对于神明的共同祭祀[①]。它的祭祀形式常表现为迎神赛会。关于迎神赛会，史学界研究颇多，主要在迎神赛会形式与民间信仰两方面[②]。有的研究以“迎神赛会”来解释“神会”，如陈宝良认为，“庙会大多在当地的各色神庙中举行，以神庙中的神灵偶像为祭祀中心，故又称‘神会’”。并以《耳食录》“邑中八九月之间，四邻赛神演剧，农商士女及游方乞食之徒咸集焉，谓之神会”为证。陈氏附按语说明，“所谓‘神会’，当为‘迎神赛会’的简称”[③]。这种界定是从迎神赛会活动的动态性描述而来。笔者通过梳理神会运行的有关文书资料，认为“神会”与“迎神赛会”有别。如下文的“太子神会”“关帝会”等，它们基本是会员通过合同约定设立，是一种组织。而“迎神赛会”则是一种活动仪式，常是将神像抬出神庙游行，并举行祭会，以求消灾赐福，强调的是聚集性和动态性。可以说，“神会”是一种以祭祀公共神祇为主要目的的组织共同体。这种组织共同体类似于一种拟制主体，能够参与相关民事活动，如放贷生息、买卖田地等，强调的是主体性和静态性。迎神赛会得以实现，离不开神会的运营。

以往对“会”的研究多集中在江南地区。刘淼关于徽州祁门“会”与“会祭”的研究，考察了祁门善和里程氏 33 个会组织，概述会的名称、祭祀对象、祭品单等，并将会分为祭祀祖先类、民间信仰类、公益类、祭拜佛道与族人互

---

① 神会的起源较为难考，明清的迎神赛会与上古“社祭”有一定关联。有关研究可参阅魏建震《先秦社祀研究》，北京：人民出版社，2008 年；马新《论两汉乡村社会中的里社》，《文史哲》1998 年第 5 期；汪桂海《汉简所见社与社祭》，《中国历史文物》2005 年第 2 期；孟宪实《敦煌民间结社研究》，北京：北京大学出版社，2009 年；赵世瑜《狂欢与日常——明清以来的庙会与民间社会》，北京：生活・读书・新知三联书店，2002 年；陈宝良《中国的社与会》，北京：中国人民大学出版社，2011 年。

② 郑力民：《徽州社屋的诸侧面——以歙南孝女会田野个案为例》，《江淮论坛》1995 年第 4 期、第 5 期；王振忠：《晚清徽州民众生活及社会变迁——〈陶甓公牍〉之民俗文化解读》，《徽学》2000 年卷，合肥：安徽大学出版社，2001 年；唐力行、王健：《多元与差异：苏州与徽州民间信仰比较》，《社会科学》2005 年第 3 期；陶明选：《明清以来徽州的演戏娱神与信仰活动》，《安徽史学》2009 年第 6 期；王昌宜：《明清徽州的汪氏宗族与汪王信仰》，《宗教学研究》2012 年第 2 期。

③ 陈宝良：《中国的社与会》，第 423 页脚注 1。

助类等。遗憾的是梳理简要,未深入分析,特别是没有涉及神明类会组织[①]。夏爱军有关“祝圣会”账簿的研究,着重论述“祝圣会”的活动、部分年份的会资收入情况,迎神赛会的过程以及“祝圣会”的功能[②]。胡中生则对宗族内的文会、祀会以及部分经济性的会组织(主要是钱会)进行考察,联系宗族建设,指出会与宗族有互补和合作关系,会产在特殊情况下可转化为祠产,而祠产完成任务后,部分产业转化为会产[③]。这一视角让我们注意到会与宗族之间的关系,但关于不同会的内外组织关系还有待深入讨论。章毅对浙南“定光会”的研究,描述了“定光会”的会首及其组织、经济活动、借贷关系和会众的利益,从利率的角度分析组织对于会内人与会外人的区别,并认为会社组织的经济互助需与信仰配合才能实现[④]。黄志繁以清至民国婺源县的钱会与神会为中心,论证“会”其实是一种和土地等不动产类似的、可以被任意处分的“物权”,而作为一种经济组织,“会”又具备了“法人”的某些特征[⑤]。黄氏意识到传统“会”与现代法律之间的关联,但未区分钱会与神会之间内外部关系的差别,并且未将内部关系与“物权”“法人”等现代法学概念作比较研究。诚然,上述研究都很有价值,但多是单个样本的研究,抑或论及各种会组织,未就神会进行区别研究,难以反映清代神会的组织运营。另一方面,神会的经济功能、市场参与等值得关注的问题也没有展开。

2005年以来,安徽大学徽学研究中心陆续出版四辑《徽州文书》,其中的许多文书包括契约、合同、账簿、税票等涉及神会。合同反映了神会的成立与管理,契约反映了神会的交易,账簿反映了神会的财产流动,税票则反映了神

---

① 刘淼:《清代徽州的“会”与“会祭”——以祁门善和里程氏为中心》,《江淮论坛》1995年第4期。

② 夏爱军:《明清时期民间迎神赛会个案研究——〈祝圣会会簿〉及其反映的祝圣会》,《安徽史学》2004年第6期;夏爱军、许彩丽:《明清时期徽州地区迎神赛会组织的组织结构及其资产运作分析——以休宁祝圣会及〈祝圣会会簿〉为中心》,《黄山学院学报》2008年第6期。

③ 胡中生:《徽州的族会与宗族建设》,《徽学》第5卷,合肥:安徽大学出版社,2008年。

④ 章毅:《祀神与借贷:清代浙南定光会研究——以石仓〈定光古佛寿诞会簿〉为中心》,《史林》2011年第6期。

⑤ 黄志繁:《“会”与近代小农资产运作——以徽州文书为中心》,《江西社会科学》2013年第5期。

会与官方发生的关系,可以说民间文书是研究神会最直接有效的线索。

需要说明的是,神会组织在清代的很多地方都存在[①],只是遗存的徽州民间神会文书比较完整、全面,本文才以徽州神会文书为核心材料研究清代神会。我们关注的重点是制度及与社会的关系,考察的是古代中国社会民众的结社观念与团体/共同体财产观念,与区域史的理论关注和研究范式有别。

二、神会合同与神会的成立

神会组织的成立,始于神会合同。神会合同,是乡族人等以祭祀公共神祇为主要目的,共同合议约定出资敬神、经管会产、厘定会规的合同文书。《道光八年(1828)八月太子神会合议》[②],是一件典型的以祭祀本地神祇为目的的神会合同:

> 立合议本境太子神会,今邀八股,每股科出干扇谷贰十斤,共计壹百陆拾觔。归付值年人生放起息,挨年本利交清。日后可置产业,不以丁多丁少,照丁拗众,不得违拗。倘有不愿来者,将谷本退还无辞。亦不准会内人借,倘有本会私借者,甘罚七十钱伍两正。日后各股分居,照原一股面议。每年两次敬神散席,只无异言。立此议单八纸,各执一纸,永远大发存照。
>
> 道光八年八月十五日立合议人　高寿女(花押)(按:以下人名及半书略)

合同中,成立太子神会的目的是每年两次"敬神散席"。同时,共同集资的会产可"付值年人生放起息"、"日后可置产业",对于违反"私借"规定的会员"罚七十钱伍两正"。

从内容或格式看,神会合同大致有以下特征:

---

① 如贵州清水江地区就有神会存在,可参阅朱晴晴《清代清水江下游的"会"与地方社会结构》,《开放时代》2011年第7期。

② 《道光八年八月太子神会合议》,华中科技大学俞江教授藏(以下简称"俞藏")。俞江采集到清代至民国时期徽州散件文书和归户文书5000余件,从2009年起,甄选出1160件散件合同文书加以整理点校。其中,分家合同(含阄书与分单)600件,承嗣、共业、分业、会书、换产、合股商业、佃仆、邻界、调处、诉讼、禁约、公约、承充、生图等合同共560件。

首先,合同的题头,多以"立议某某神会"开头,附以神祇名称,指明本会是为敬何神而立。其次,内容一般分为三部分:一是言明众会友出资方式,如"本里邀同公议雷祖神会,每名输出干谷贰砠,干小麦叁砠"①;二是经管方式,如"其会二人合管,十个月为满,将账算清,以交下首,轮流交管"②;三是写明违反合同之罚则,如"若经首者交众不清,照依本利倍偿无异。其有出会者,罚银一两"③。复次,合同的尾部套语,往往是"立此合同,一样(几)纸,各执一纸"等语。最后,立约人的签名形式,神会合同与其他合同差别不大,也是签名加"押"或者"花押"。但仔细辨别,会发现神会合同的立约人异姓多,一份神会合同可能涉及几个姓氏。当然,这些要件不需全部出现在同一份神会合同里。简言之,神会合同的前提应是合同,加上成立或者经管某种神会的内容后,便是神会合同。

(一)神会合同的类型

将现有徽州文书出版物④和俞藏徽州文书中的神会合同加以整理、辨析,会发现神会合同仍可细分。

1. 设立神会合同

设立神会合同,即人们以祭祀公共神祇如"太子神""关公""社神"等为主要目的,共同合议约定出资敬神,并且制定经管会产规条的合同文书。合同的用意是表明这一组织的成立,大家要共同遵守约定,履行合同所规定的义务,享有其带来的权利。前文的"太子神会合议"即是设立神会合同,首先约定"每股科出干扇谷贰十斤",进而"付值年人生放起息"、"日后可置产业",再是会友享有的利益"每年两次敬神散席"。

---

① 《清嘉庆二十三年十月汪大旺等立议墨合同》,刘伯山主编:《徽州文书》第1辑第2册,桂林:广西师范大学出版社,2005年,第226页。

② 《清嘉庆十一年十月郝、方、余三姓人等立议合同》,刘伯山主编:《徽州文书》第3辑第3册,桂林:广西师范大学出版社,2009年,第135页。

③ 《清乾隆三十八年二月吴、江、夏姓人等立议墨据》,刘伯山主编:《徽州文书》第3辑第4册,第33页。

④ 可参见刘伯山主编《徽州文书》1～4辑,王钰欣、周绍泉主编《徽州千年契约文书·清民国编》。

2. 经管神会合同

设立神会合同中一般都包含经管神会的规定，但神会运行过程中可能会遇到这样那样的问题，需要补立合同以完善经管制度。如俞藏《乾隆四十二年(1777)八月徐声远神会合同》："嗣因人心不古，将前会本银挪借侵吞，以致岁时祀费无出……由恐日久法弛，仍蹈前辙，兹特身等对神公议规条，以图永远。"因神会运行时存在违规现象，导致神会会资虚空，于是重新约定调整会规。再如俞藏《光绪六年(1880)正月八亩坦、汪角坞人等经管神会合同》，该合同是八亩坦与汪角坞人等所立，合同言明"将大圣堂神庙移至上大圣堂"、会产田地的四至、会产"兴养柴薪荫木"的归属、会产的出租以及收益的归属、"李王尊神"的迎接做会等。这种类型的神会合同，是在原有设立合同的基础上，为了完善神会经管而补充约定的合同文书。

概言之，神会合同是人们围绕神会组织进行活动的共同约定。合同将会员之间的共同需求联系起来，有设立组织规范的合意，也有变更组织规范的合意。

(二)神会的设立约定

神会设立之始，立会人通过合同的形式约定神会的基本"章程"。笔者查找到16份神会合同[①]，这些合同是为太子神、关圣帝君、雷祖、仙圣姑、社公神、汪公、李王等神明而立，其中有些约定是类同的。

1. 出资

约定出资与出资方式是神会合同的基本规则。如上文"太子神会合议"中约定"今邀八股，每股科出干扇谷贰十斤"，这是实物出资。也有货币出资的形式，如"踊跃认名，各出财，计钱七百五十文"[②]。还有实物资本和货币资

---

① 其中清代14份，民国2份。民国时期，中国基层社会的生活规则并未发生太大变化，故将其收入。

② 《民国二年十一月得士川有名人等立议合约》，刘伯山主编：《徽州文书》第4辑第10册，桂林：广西师范大学出版社，2011年，第150页。

本混合的形式,如"合出钱、谷编立,首人经营生放"[①]。

2. 放贷

集资完成后,便是"生放起息",也即放贷,是将会资出借与他人,经过一段时间使用,他人归还本金加利息的形式。"生放起息"这种职责一般由首会人(会首)行使。首会人定期轮换,称"轮值"[②]。放贷生息的方式,可说是神会运营的基本形式。神会通过资本运作,渐渐积累资本,为购地买田作准备,所谓"日渐生息,续置恒产"[③]。

为保证会资良性经营,在设立或者经管神会时,都会对会资贷借方式进行约定。常有的规定:

(1)在会之人,不得私借会银。神会的会友是出资人,出资人自己从神会中借贷,是经常现象。但神会一般强调不得"私借"。意思是,借贷需要"公事公办"。如果出现"私借",对于经管神会的会首来说,碍于出资人的原因,本息可能不能及时甚至无法收回,神会资本就会短损,最后组织运行难以维持。

(2)会外之人移借,需要抵押。如俞藏《乾隆四十二年(1777)八月徐声远神会合同》规定:"倘会外之人移借,务须要立券,将田业抵押方可。"神会的会资是为敬神而集,敬神之余为保证会资永续,需要让资本流动生息,亦要防止本息无法收回,所以在借贷时要求抵押。

3. 迎神做会

迎神做会,是神会组织建立及运行的一项必要义务。通过迎神做会,会友可以表达对神明的敬意,得到神明的庇佑。迎神做会的方式因会而异,但基本有以下几个方面:请神(即迎神仪式)、巡游、演戏、会宴、送神(详下文)。

4. 退会

此规定并不是每个神会合同都会约定。每个神会在成立时,都不希望会

---

① 《清乾隆四十年八月士诚等立合同文约》,刘伯山主编:《徽州文书》第1辑第10册,第455页。

② 参见《嘉庆祁门佛会账簿》,王钰欣、周绍泉主编:《徽州千年契约文书·清民国编》第11卷,石家庄:花山文艺出版社,1993年,第3～190页。

③ 《民国二年十一月得士川有名人等立议合约》,刘伯山主编:《徽州文书》第4辑第10册,第150页。

友出会、退会。因此，部分神会为避免退会现象发生，有的约定“自愿出会，先前助出资本，不得退回”[①]，也有规定“其有出会者，罚银一两，再将会本一并入众”[②]。当然，也有退本无利的，“倘有退悔，公众退还银伍钱，有本无利”[③]。这些约定旨在保障神会会资的稳定。

三、神会的经营与日常管理

神会作为一种类主体组织，在赋予会首经管会的职能后，参与到经济生活中。为使神会能够长期运行，减少每年会友的出资，由会首代为经营会资。要了解神会组织如何在经济生活中运行，需以神会参与经济生活的交易规则和神会日常管理为着眼点。

（一）神会的会产经营

1. 买卖

买卖会产是神会的一种经营方式，神会通过这种方式来扩大规模，或者解决运营中的困难。如嘉庆八年(1803)的杜卖田租契，“立杜卖契人邱永礼祀秩下玉镇同侄建华、建水等，今因无银正用，自情愿托中将承祖买受民水田一号……出卖与里门关帝会内名下前去入田收租管业”[④]。该杜卖契表明邱玉镇等人将祖买“田骨”卖与里门关帝会。这是神会在购置产业，是买入。神会也有卖出产业的情况，如嘉庆八年关王会，“立杜断卖契五股关王会，今因不便，自情愿将会内豆坦一处土名清湖山顶系经理露字号，计豆租拾伍斤正，计山税三分正……立契出卖与撒日亮名下为业”[⑤]。此是关王会将豆坦租卖

① 《清光绪五年四月黄育万、王玉成、胡正财、韩天福等立议三四都四保越国汪公圣会合文》，刘伯山主编：《徽州文书》第4辑第3册，第49页。

② 《清乾隆三十八年二月吴、江、夏姓等立议墨据》，刘伯山主编：《徽州文书》第3辑第4册，第33页。

③ 《清嘉庆十一年十月郝、方、佘三姓人等立议合同》，刘伯山主编：《徽州文书》第3辑第3册，第135页。

④ 《清嘉庆八年三月邱玉镇等立杜卖田租契》，刘伯山主编：《徽州文书》第1辑第6册，第80页。

⑤ 《清嘉庆八年二月五股关王会立杜断卖豆坦契》，刘伯山主编：《徽州文书》第1辑第3册，第7页。

出。从现有的卖契看,神会买入产业的情况较多,卖出产业的情况较少。

2. 租佃

神会也会将自己的产业租佃出去,以收取租金来扩充自己的收益。如嘉庆十年(1805),徐国玉"今承到程关帝会程元祝、加灿、加璜等梓木源山一号",这份承佃山约是承佃人租到程姓关帝会的山业,自己种植,且租金一次性交付,租期12年①。在神会拥有固定产业后,通常是采取出租的形式经营。祁门佛会账簿中的"租谷"②,也是该会主要的收入来源。

3. 典

典是清代产业交易中的一种常见形式,有学者认为,"在清代,典在本质上是一种过程性的卖"③。神会组织在经济生活中,也会采取出典或受典的形式经营会产。嘉庆十三年(1808)的一份程姓关帝会退田契抄白可说明此种交易形式:"立退契人程关帝会加灿、起霁、元祝、加财、加佶……是以倬堂弟元僖托中向会内将原价取赎,其价比即付讫。"④这份退契表明,先年元倬将田业出典与程姓关帝会名下,后其堂弟元僖用原价取赎,将产业权利赎回。神会将产业出典与他人的情况较少,但这种方式存在,如乾隆三十二年(1767)"九莲山弘仁会"立典约,"今因不便,原典田一处……凭中出典与金名下为业"⑤。

会以聚集和增加资本为首要目的,举行敬神做会是消耗会产的主要方式,一般情况都是尽力保有资产。出典与卖产业是减少会产的行为,所以没有特殊情况,不会采取出典或卖产业的经营方式。

4. 借贷

如前所述,神会一般都用会资"放贷生息"。如光绪十一年(1885)吴大镛

---

① 《清嘉庆十年七月徐国玉立承佃山约》,刘伯山主编:《徽州文书》第1辑第8册,第103页。

② 参见《嘉庆祁门佛会账簿》,王钰欣、周绍泉主编:《徽州千年契约文书·清民国编》第11卷,第3~190页。

③ 李力:《清代民间土地契约对于典的表达及其意义》,《金陵法律评论》2006年春季卷。

④ 《清嘉庆十三年十月程关帝会加灿等立退田契抄白》,刘伯山主编:《徽州文书》第1辑第8册,第127页。

⑤ 《清乾隆三十二年二月九莲山弘仁会立典田约》,刘伯山主编:《徽州文书》第1辑第4册,第20页。

立借字，“借到忠义会名下大钱叁千〇五十文正”[①]。这份借字约定了年利率“弍分”，未提抵押。有的借约会提及抵押，如道光十八年(1838)金德楹等立借字，“今借到关帝会内大钱弍千文，言定周年壹分三厘行息”，“再批，背后山坦约壹纸执押，如利短少短欠，听凭管业”[②]。也有执行抵押的情况，如光绪十年，朋从关帝会会友文保借会洋，将两处茶萪地作为抵押，一段时间后未按照规定支付利息，于是众会友将抵押的茶萪地租与他人耕种，收取租息[③]。

买卖、租佃、典、借贷是神会主要的几种经营方式。其中借贷会资是神会最基本的经营方式。通过放贷生息，神会总资本扩大，聚集到一定程度，才会进行田产等购置。当然，在日常生活中，也有他人向神会借钱用田产等做抵押，或者将田产出典与神会从而获得现金等方式。这两种形式也可使神会拥有田产的使用权、收益权。神会在拥有田产等固定资产后，便出租产业以获取收益。

(二)神会的日常管理

为了保证神会正常运行，神会通常要举行相关活动并制定各种管理规定。

1. 处罚有违会规的行为

为确保神会持续，需对违反合同的行为进行处罚，以儆效尤。如《清后期关圣帝君神会会规序》：“前因坛下禄来接理会首，霞坑潘△△坐落土名田庄水田壹坵，凭中书契当神会内，未延一旬，变易会首禄来为已业，明假神会户名，硬取半年利息，暗自藏身，未付众账，利己废公，不思慢神之罪……姑念会户相联，罚出银香烛炮。”[④]这是一份神会会规的序言，可惜的是只有序言部分，后面的会规没有保存下来。从序言可知，神会对于“以私废公”的行为进

① 《清光绪十一年十一月吴大镛立借字》，刘伯山主编：《徽州文书》第2辑第2册，桂林：广西师范大学出版社，2006年，第151页。

② 《清道光十八年八月金德楹等立借字》，刘伯山主编：《徽州文书》第2辑第9册，第108页。

③ 《清光绪十年又五月朋从关帝众会友文保等立着字》，刘伯山主编：《徽州文书》第1辑第10册，第321页。

④ 《清后期关圣帝君神会会规序》，刘伯山主编：《徽州文书》第4辑第9册，第424页。

行了处罚,同时对会规做出调整,以免类似事情再次发生。

2. 调整经营规范

神会遇到经营漏洞时,会召集会户重议会规。如俞藏《乾隆四十二年(1777)八月徐声远神会合同》,合同言明关帝会发生了"挪借侵吞"的状况,导致敬神做会之时,祀费无出。为此,重新公议会规,要求会内之人不得私借,会外之人借贷需提供抵押。并对会资的运作加强管理,强调"公放公收"。另外还约定,如果出现违反规定之情,将罚去会股,并加罚银壹两。

神会在调整经营中,也会针对具体事件进行约定。如俞藏《道光九年(1829)三月关帝君会经管合同》,此份合同调整的是关帝会的租业,其小买田一业本是租与会内人等耕种,但会内人士顺承种时常欠租,兆法承种又顶与会外之人,导致关帝会产业废弛,收益减少。于是公议合同,希望会内人能够继续管业承种,负起经营责任。

3. 维护神庙

神庙是供奉神明和日常祭祀的场所。有些神会有庙宇以及配套的庙产,神会为让神庙香火不熄,会将庙产出租,令承租之人负责供奉香灯及庙宇的日常照看等。如《同治元年(1862)吴梁发立承住庙约》,吴梁发承住中秋会之土主庙,并耕种属于庙产的坦园。他的义务是,节届神期以及每日需要烹茶、打扫、供奉香灯[①]。这种照管并非没有收益,其收益便是庙屋的居住权和附近庙产的耕种所获。

4. 杂务处理

神会也有一些杂务,如装塑神像、迎神赛会的请工等。神像会褪色失去光泽,为让神像重新焕发光彩,需将神像重新装塑。如《嘉庆十六年(1811)姚廷拔装塑神像文约》,"立承约人旌邑姚廷拔,今承到祁北善和上界社会首人张士坚、叶于兰、汪兴茂等众社会名下社令尊神四尊,金身二尊,装彩式尊,是身承去装塑"[②]。这是一份承揽约,承揽的是祁门一社会的神像装塑工作。

---

① 《清同治元年四月吴梁发立承住庙约》,刘伯山主编:《徽州文书》第1辑第9册,第67页。

② 《嘉庆十六年祁门姚廷拔装塑神像文约》,王钰欣、周绍泉主编:《徽州千年契约文书·清民国编》第2卷,第195页。

除有现金工钱外，还有实物工钱“鸡两只”。装塑神像，是神会中的杂务，但又必不可少。逢迎神做会时，杂务更多，就需要请工，并支付人工费。休宁“敬圣会”收支账簿中记载：“辇八名，四十，乞；轿四名，四十，（批）改加六十，乞；伞八名，二十八，（批）三十，乞；抬阁十六名，三十五，（批）改加四十，乞；旂八名，二十，（批）三十，乞；遮阳，二名，二十，（批）三十，乞。”[①]

5. 举办迎神赛会

迎神赛会是神会成立的目的，人们认为采取此种形式酬神，能得到神明的庇佑。其程序一般如下：

一是请神，也即迎神仪式。先是轮值会首准备好告文或祝文，通知其他会首户和村民参加。各会首户齐集并点名，然后前往神明所在庙宇迎接神明，实是迎接神像。如休宁县十三都三图的村民组织“祝圣会”，祭祀越国汪公、九相公、胡元帅等神灵，《祝圣会会簿》中便有对于召集会友、点名、迎神的记载[②]。

二是巡游。迎神仪式结束后，人们抬着神像游行，称作“出游”或“出巡”。嘉靖《徽州府志》卷 2《风俗》记载了巡游盛况：“歙休之民，舆汪越公之像而游。云以诞日为上寿，设俳优、狄鞮、胡舞、假面之戏，飞纤重髾，偏诸革鞜，仪卫前导，旗旌成行，震于乡井，以为奇隽。”

三是演戏。举行迎神赛会活动期间，经常伴有“演戏”。歙县《丰南志》载：“五月十三日关帝圣诞，致祭演戏，戏已停多年。六月初旬，仲昇公祠前演戏酬神，传之已久。”[③]演戏的目的是“酬神”。

四是会宴。在请神、游神、演戏酬神之后，便是会友间的“会宴”。“会宴”是分享神的赐福。所食之物，是敬神撤下来的供仪，神明享用后，再由会众享用。当然，人数众多时，也会另外备置菜肴。分享神胙只是一种象征形式，重

---

① 《民国休宁敬圣会收支总登账》，王钰欣、周绍泉主编：《徽州千年契约文书·清民国编》第 18 卷，第 411 页。

② 夏爱军：《明清时期民间迎神赛会个案研究——〈祝圣会会簿〉及其反映的祝圣会》，《安徽史学》2004 年第 6 期。

③ 吴吉祜：《丰南志》卷 1《舆地志·风土》，《中国地方志集成·乡镇志专辑》第 17 册，上海：上海书店，1992 年，第 256 页。

点是在活动中得到神明的赐福。

五是送神。有迎神便有送神,送神即是送神归位,有的则是“送神上殿”。如休宁“祝圣会”,轮值会首要主持仪式将神像送回玉山殿上①。

迎神是会众邀请神降临自己的生活领域。游神则通过一定的路线安排,请神明视察自己的生活领域,通过舞蹈、音乐、服饰扮演等艺术形式彰显神明的威严和力量,同时使用一定的仪式表达人与神的沟通,期盼神明能够保佑自己。演戏酬神是希望神明能够看到人们生活世界的景象,并借用神话故事、圣贤事迹来教化民众。会宴是分享神明的恩赐。送神则是神与人沟通的结束,人与神回归各自的世界。

6. 接受日常酬神捐献

接受捐献也是神会的一项日常管理活动,相比其他的管理活动,它会产生一定的收入。这种收入不是来自于普通的人与人的交易,而是来自“人与神”的交易。如《祝圣会簿》载:“汪懋懿请龙烛壹对,诞男酬神(康熙十三年收)”;康熙十八年(1679)正月,“又收汪懋穀酬圣银弍钱,又收汪佑生酬圣弍钱,又收吴昌振酬圣银弍钱”②。这些收入,是会众在日常生活中有吉祥之事或遇见困难,需要酬神,而捐献给神会的一种会产。从性质而言,不是神会经营所得。

综上,神会的维持需要以下两个因素:一是经营会产,包括买卖、租佃、典、借贷等。二是日常管理,有处罚、调整经营规范、维护神庙、杂务处理、举办迎神赛会、接受捐献等。

四、营利与非营利:神会的组织类型转变

神会的建立原本不是为了营利,缘何转变为营利性组织?可推测的是,神会创立之始,可能只是集资举行迎神赛会。唐代《敦煌郡等某乙社条壹道》规定:“春秋二社。每件局席,人各油麦粟,主人逐次流行。”《拾伍人结社社

① 夏爱军:《明清时期民间迎神赛会个案研究——〈祝圣会会簿〉及其反映的祝圣会》,《安徽史学》2004 年第 6 期。

② 转引自陶明选《明清以来徽州民间信仰研究》,复旦大学博士学位论文,2007 年,第 74 页。

条》规定:“春秋二社旧规,逐根原亦须饮宴,所要食味多少,计饭料各自税之。”[①]这里说的是唐代社祭活动后的会宴,大家共同出食物。可知,唐时的会还未出现经营会资的情况。清代的神会在迎神赛会后也有会宴,但是敬神所需以及会宴食物多是购买得来,如休宁敬圣会的账簿记载:“支钱三十五文,竹柴;支钱八百四十,鸡两只……支钱五百八十文,米一斗。”[②]休宁祝圣会资产的来源包括现金和田产两部分:现金的归入方式可谓多种多样,有田租、利息、罚款、请龙烛酬圣等;田产则主要是买入[③]。祝圣会是很成熟的神会,当时盈利已经非常可观。

由非营利性组织转变为营利组织,其组织类型也随之发生变化。神会在集资举行迎神赛会阶段是一个“消费型”组织,而进入放贷生息、购置田产阶段,则转变为“消费型+生产型”组织。在“消费型”组织阶段,存量资本不稳定,且无时间性流动,经济规模不会增长,神会的稳定性较弱;进入“消费型+生产型”阶段,存量资本会增长,经济规模也相应扩大。一定时间后,神会总资产会增长,从而使得神会的稳定性增强。

一般的神会都既有收入也有支出。支出主要是迎神做会的开支。如果开支大于收入,神会的运作仍然需要会户集资。如休宁的“敬圣会”账簿记录宣统元年(1909)的账目,首先列明收小茂钱、和兴钱等,未说明是何种收入,据后面宣统三年的记录,“小茂山身钱一百〇五,和兴屋租钱八百一十,兆茂洋利钱二百八十”[④],应是指会的租金、利息等。

再看宣统元年的清算记录:“共支出钱拾七千八百廿文;共收回下会钱七百〇五文;两共除收,净支钱拾七千一百十五文;一、二、三、四、五会共收钱拾七千一百十五文。两比清讫,仍每会派钱叁千四百廿三文。又支钱二百五

---

① 转引自孟宪实《敦煌民间结社研究》,第98~99页。

② 此会是为敬关公、汪公等神明而立,账目记录从光绪年间开始,续至民国。本处使用的资料是宣统元年的账目。参见《民国休宁敬圣会收支总登账》,王钰欣、周绍泉主编:《徽州千年契约文书·清民国编》第18卷,第421页。

③ 夏爱军、许彩丽:《明清时期徽州地区迎神赛会组织的组织结构及其资产运作分析——以休宁祝圣会及〈祝圣会会簿〉为中心》,《黄山学院学报》2008年第6期。

④ 《民国休宁敬圣会收支总登账》,王钰欣、周绍泉主编:《徽州千年契约文书·清民国编》第18卷,第418页、435页。

十,付还回下街马;又每会派钱五十文。”[①]这里能够明显看出,会的经营收入并未使用,敬神做会的支出主要是由五会人等共同集资,仅补充了下会部分收益。由此可知,部分神会在设立之初,所集会资并不直接使用到迎神赛会活动中,集资是为放贷生息,待会资增长到一定规模后,开始进行购置田产等经营行为。有了田产等固定资产后,神会资产便开始使用到迎神赛会等活动中。如祁门佛会账簿记载:“雍正九年(1731)四月初八日揭算,收八年分租谷,共收早晚租谷壹佰五十二秤六斤半。”中间记录了做会、晒谷、首人酬劳、租借谷等支出。年终的核算是:“仍剩谷弍秤十六斤。”[②]祁门佛会设立于康熙二十八年(1689),到雍正九年,约40年的时间,通过长时间的经营,有了田产等固定资产,收益颇丰,不再需要会户出资办会。

当然,会的经营是一种市场活动,每个会都有自己的经营方式,不同方式也就决定了会的发展与衰败。

五、神会的内部关系与外部关系

神会是由若干会户组合而成,那么,神会在经济生活中就需要面对两种关系,一种是神会的内部关系,也就是会户之间、会户与神会的关系;一种是神会的外部关系,即神会与其他交易主体之间的关系。

从神会的设立合同看,会户的出资多数情况下相等,收益则是按股均分。“股”又称“会股”,会股在清代与其他财产权利并无区别,交易人关注的是会股收益,它亦是一种“业”。这点可见于“会股”的交易文书,如道光年间的一份出顶关帝会股约:“立出顶约人邱光仁……自情愿托中将承祖关帝会一股,凭中立约出顶与同会人建普、建水、光岩、光镛、光赐、宗有六人名下前去收租,办理敬神做会管业,三面议定,时值价九九大钱弍千肆百文正,其价并约

① 《民国休宁敬圣会收支总登账》,王钰欣、周绍泉主编:《徽州千年契约文书·清民国编》第18卷,第426页。

② 《嘉庆祁门佛会账簿》,王钰欣、周绍泉主编:《徽州千年契约文书·清民国编》第11卷,第14～16页。

当即两明。”[1]就神会合同与神会的交易契约可以说，神会的会户是“股份”出资，按股获得收益，“股份”还可以单独交易。

为更加清楚地了解神会的交易行为，笔者将有关神会及会股的交易文书加以整理[2]，以“会户共同行事”、“经首人代为行事”为区别项，关注文书的内容、签名及花押等，逐一分析，以便理解会户或者神会对所订契约、合同的效力认识问题：何种情况下需要会户共同行事？何种情况下由经首人代为处理即可？

嘉庆八年(1803)的五股关王会杜断卖契，是将会内一处豆坦卖与撒日亮名下为业。我们看它的签名花押，会发现“五股关王会”后，同有四人“兆朋、兆敬、日同、长照”，看得出这一出卖行为得到了会内有份额人的一致同意。类似的有嘉庆十三年的程姓关帝会退田契，开头便是“立退契人程关帝会加灿、起霁、元祝、加财、加信”，签名花押处是“加灿、起霁、元祝兄弟、加财、加信”，里面“元祝兄弟”共一股。还有光绪十年(1884)朋从关帝会着字，“立着字朋从关帝众会友等”，签名花押处也是多人。这些都表明，神会在交易的过程中，有时需要会户一起行事才具有效力。

也有经首人(经手人)代为行事的情况。如道光二年(1822)的一份推单，签名花押处为“立此推单经首人郑惟新、王享三、王民万、王胜先、王长生”，这里应是将所有的经首人一同列上。同是道光年间的一份卖契，吴阿汪氏富香卖田租，“是身立契出卖与观音会经手人吴士积、吴士盛、吴德侯三人名下为

---

① 《清道光二十二年五月邱光仁立出顶关帝会股份约》，刘伯山主编：《徽州文书》第1辑第6册，第145页。

② 以10份为例，分别是《清嘉庆元年二月老社会经手人方家升等立召山场田地批》(《徽州文书》第3辑第4册，第95页)；《清嘉庆八年二月五股关王会立杜断卖豆坦契》(《徽州文书》第1辑第3册，第7页)；《清嘉庆十三年十月程关帝会加灿等立退田契抄白》(《徽州文书》第1辑第8册，第127页)；《嘉庆十六年祁门姚廷拔装塑神像文约》(《徽州千年契约文书·清民国编》第2卷，第195页)；《清嘉庆二十五年九月十都四图郑姓土地会人等立交业批》(《徽州文书》第3辑第1册，第119页)；《清道光二年十一月经首人郑惟新等立推单》(《徽州文书》第1辑第6册，第115页)；《清道光二十三年正月吴阿汪氏富香等立卖田租契》《清光绪十一年十一月吴大镛立借字》(《徽州文书》第2辑第2册，第63页、151页)；《清同治元年四月吴梁发立承住庙约》(《徽州文书》第1辑第9册，第67页)；《清光绪十年又五月朋从关帝众会友文保等立着字》(《徽州文书》第1辑第10册，第321页)。

业”。虽是将产业卖给观音会,但为突出经首人(经手人)的经管权能,明确卖契的效力,而将经首人都列名。还有一种最常见的经首人代为行事的情况要提及,即神会出借会资,会户在立神会合同时,常在合同中约定“经首人生放起息”或“归付值年人生放起息”,这种出借会资的行为,一般由经首人完成。如光绪十一年(1885)吴大镛借字,契约中只有出借会资的神会名、借额、利息率、借款人等信息,并不出现其他会户的名字。

进一步,我们发现神会在实施会产出卖、出典等损益性行为时,通常是有份额的会户一起行事;在实施放贷、购置产业等收益性行为时,基本由经首人(经手人)来完成。这也符合常理,若是为共同的利益增加,则视为共同同意,也是神会设立的目的之一;若可能减损共同的利益,则需要共同承担责任,以免有人事后反悔。

对于会户与神会的财产关系,可从《畏斋日记》中的一段记录来认识:“三十,天雨。原新关帝会存银二两八分,常,今怀仁叔借去五钱六分,写西充坞田租一秤九斤押,契冠六收;冠六借去六钱,写禾良坑田租一秤半押,契身收;身借九钱,写东边段田租二秤零五斤押,契怀仁收(四十二年正月十四,三人俱还银讫)。”[①]怀仁叔、冠六、詹元相都曾向新关帝会借钱,他们都用田租作为抵押。从借据互相存放他人处可推知,三人皆是新关帝会的会户。也就是神会的会户向神会本身借钱。然而,他们并未因自己是神会的会户,认为自己有神会的“股份”而不用抵押,反倒是用田租抵押,且将借据分开收领。可见,在三人心目中,神会是“公业”,会产属于大家共有。

外部关系上,涉及其他交易主体如何看待神会的问题。在与神会的交易中,可以看到他们视神会为一个整体组织。如前引邱玉镇等杜卖田租契,土名、四至、租等列明,“出卖与里门关帝会内名下前去入田收租管业”。意思清楚,是将自己的产业卖给“里门关帝会”。类似的还有嘉庆二十四年(1819)韩德蔚的当豆坦契,“今将土名上坞计实豆租壹砠七斤,凭中当到关圣夫子本会内”,并言明“每年照契交租”,“如租不交,听凭公议会内管业”[②]。这里,神会

① (清)詹元相:《畏斋日记》,《清史资料》第4辑,北京:中华书局,1983年,第241页。

② 《清嘉庆二十四年四月韩德蔚立当豆坦契二》,刘伯山主编:《徽州文书》第2辑第9册,第101页。

相对于交易人而言，是一个整体，同其他主体一样，能与他们进行产业交易。但交易人并不完全认为神会就是一个实体，而是把它看作人的组合整体。如嘉庆十年徐国玉承佃山约，“今承到程关帝会程元祝、加灿、加璜等梓木源山一号”[①]，指明程关帝会有程元祝、加灿、加璜等，程关帝会的产业属于他们共同的名下。还有“道光二年(1822)经首人郑惟新等立推单”，亦是列明所有经首人，从而代表会内会户的一致同意。

至此，我们可以总结神会的内外部关系：内部关系上，会户是按股出资，按股获得收益，会股可以单独交易。外部关系上，交易相对方视神会为人的组合整体。

但是，仍有疑问不能回避，即神会在经营的过程中，“会”组织逐渐壮大，也有其他的资本来源，全部会户共同行事是否可能？如休宁的祝圣会，该会由明末至民国，存续几百年，设立人已经支脉繁盛，随着“房”的繁衍、分家等情况，“会股”的权利享有人可能增加。若还是会户共同行事，基本上不可能。如此，便会产生轮值经管问题，神会的经营人与权利的享有人可能“脱离”。这时，神会的资本总量增长，其财产聚合性显现，神会的独立性增强。

然而，类似休宁祝圣会这种大型神会并不多见。此外，分家时家长也注意到将各种神会分开处理，如同治五年(1866)项廷熊的阄书，大房、二房、三房所分的神会名称都有差别[②]。这在一定程度上说明，神会的“会股”不是每房必须享有，可以分配到不同的房份，这种“会股”如同一般的家庭财产，在性质上并没有差别。这样，也就决定了神会的不同发展路径。一般情况下，会户人数不多时，交易相对方视神会为一个人的组合整体；待神会发展成大型组织，交易相对方则更看重神会的财产聚合性特征。

---

① 《清嘉庆十年七月徐国玉立承佃山约》，刘伯山主编：《徽州文书》第1辑第8册，第103页。

② 如，“大房阄得：汪公会，壹股，四脚之一；太和会，十八阄壹股，四脚之一”。“二房阄得：太和会，十五阄半股，又半股；大圣会，壹股；海都会，壹股；华陀会，壹股；张仙会，半股，该会内本银钱二两五钱，小的叔还一两二钱五分，三人均还一两二钱五分。”“三房阄得：大佛会，一阄壹股；太和会，九阄壹股；社会，壹股，三脚之一；关帝会，壹股。”分家文书中，神会“会股”作为一种家产在兄弟间分析。参见《同治五年二月项廷熊阄书》，俞藏。

六、结　语

神会是人们以祭祀公共神祇为主要目的组成的一种组织共同体。人们通过神会的运行,来完成对于神明的共同祭祀。它的迎神赛会与经济功能是双向性的。迎神赛会能够祈福禳灾,神会组织亦能够在实际生活中采取借贷、散胙等形式提供经济支持。这种精神上与物质上的双向功能,让人们产生信仰与现实上的二元满足。此外,神会一般有经营会产与日常管理两个主要职能,在经营会产方面,有买卖、租佃、典、出借会资等交易方式;在日常管理方面,有处罚违规、调整经营规范、神庙维护、杂务处理、举办迎神赛会、接受捐献等职能。我们可以从这些规则或行为上认识神会,并可对神会的内外关系做进一步分析。内部关系上,会户是按股出资,按股获得收益,会股可单独交易;外部关系上,相对方视神会为一个整体。

若我们将神会与现代民法上的"合伙"比较,会发现有很多的相似之处。一般而言,合伙是指由二人以上根据共同协议而组成的营利性非法人组织。广义上的合伙还包括营利性合伙、非营利性合伙及临时性合伙等。神会也是会户通过合同设立,有营利性与非营利性的特点。

合伙由合伙合同和合伙组织两个不可分割的部分构成,前者是对合伙人有约束力的内部关系的体现,后者是全体合伙人作为整体与第三人发生法律关系的外部形式。神会合同对于会户亦有约束力,在神会的某些交易过程中,需要全体会户共同行事,其他交易主体则视神会为一个整体。

一般来说,合伙人就出资及积累所得之财产,对外认作共同共有,对内则是按份共有,并且对外合伙人以合伙名义承担连带无限责任。若合伙组织对第三人违约,全体合伙人都应该承担无限责任。这里,我们很难知道神会的会户对外是否承担连带无限责任,但从会户数少的神会的部分交易行为与交易契约看,是需要共同行事的,即要求全体会户共同承担交易责任。因此,我们可以说,神会这种传统的组织形式有现代"合伙"的影子。若神会向大型组织发展,会户和资本量增加,财产的聚合性特征显现,它的独立性则增强。

原载《安徽大学学报》2015 年第 5 期

晚清杭州徽商所建新安惟善堂研究

王日根　徐　萍

一、明清徽商的慈善活动

明清时期，徽商在商业上获得巨大成功的同时，也积极参与诸如灾荒救济等公益慈善事业。徽商足迹几遍宇内，徽商个人及徽商群体不仅关心桑梓宗族的慈善救济，往往广施博济，积极参与经商地或侨寓地的社会公益活动。如徽商舒大信“经商江右，置义冢四处。……又于江右施棺木，设渡船，掩胔助赈，类多义举”；方安栋“贸易湖北，乐善好施，尝修道路，置义渡……子世燧继父志，力行善事。乾隆丙午，蕲水县饥，燧捐赀赈济，活人甚众，邑令给以‘义恤乡邻’匾额”；俞焕“客金陵最久，乾隆丙子荐饥，施槥置义冢，癸未捐修成工，费皆不赀”①。徽商在经商、侨寓之地通过修桥造路、施棺助葬、救荒赈济等善举，博得善名，有利于树立良好的社会形象和道德准则，无形中拓展了商业发展空间。

同时，徽商本身是个血缘、地缘色彩十分浓厚的地域商帮，向来重视乡党、宗族的关系，遍布各地的徽商往往在脉脉乡情的联结下，更加注重旅外徽籍同乡的救助。歙县许承尧道：“吾徽人笃于乡谊，又重经商，商人足迹所至，会馆义庄遍各行省。”②旅外徽商在帮助同乡宗党时往往不遗余力，相助相恤。婺源商人朱文炽，“在粤日久，而同乡族殁者，多不能归葬，爰邀同志捐资

---

① 嘉庆《黟县志》卷7《人物·尚义》；道光《休宁县志》卷15《人物·乡善》；光绪《婺源县志》卷32《人物·义行》。

② 许承尧：《歙事闲谭》卷11《北京歙县义庄》，合肥：黄山书社，2001年，第357页。

集会,立归原堂,限五年舁柩给赀,自是无枯骸弃外者”。鲍廷玙,“徽人之客湖北者,殁不能归丧,日久多暴露。嘉庆十六年,廷玙倡率同人立归梓局,路费葬资皆给取,其死者亲族或无男子,或虽有而幼稚者,则募人归其梓,且以葬资畀其家。无主者买地为义冢瘗之,并广为劝输以垂永久”。余席珍,“邑庠生……承先人遗业服贾景德,其市廛为五方杂处,客死者多。徽商会馆向设义渡、义棺、义冢,赀竭难敷,珍集六邑绅士捐置田产,为长久计。并倡义瘗会,每岁雇工培土,泽及枯骸”[①]。旅外徽商在救助乡党的同时,往往将妥善处理客死者的身后事作为主要事务,积极助葬、运棺,使死者得以入土为安或叶落归根,以慰孤魂。

然而,以助葬和运棺事宜为主的善后慈善向来耗时耗力,所费不赀,单凭少数人的力量难以为继。明清时期,各主要商帮在经商地所建会馆,成为各地域商帮在经营地联络、团结乡人的基本设施,故几乎都无一例外地具有相应的慈善设施。这些慈善设施常以善后慈善为主体,不少商帮在会馆建立之前就有义园、义冢等善后设施。徽商在明清商界驰骋纵横,所到之处会馆、公所遍立,相应的慈善设施也极为讲究。这些设施在救助同乡以慰乡情,团结徽商以强实力以及树立道德准则以明风气上发挥着十分重要的作用。

江南地区是徽商最为活跃和势力最为强大的地区,徽商在这里最基本的慈善设施就是诸如丙舍和义冢之类的善后设施。“如在苏州,先后有积功堂、积德堂、诚善局;在上海有徽宁思恭堂,婺源茶商星江公所敦梓堂;杭州有新安惟善堂;在一般府城嘉兴有翳荫堂、存仁堂、广仁堂;在县城常熟称存仁堂、广仁堂,娄县称崇义堂……徽商以仁义为号召,以功德为手段,试图达到敬梓归邦固帮的目的。”[②]徽商在各地建立善后组织的初衷,是出于桑梓之情上的道德伦理的自觉要求。如北京歙县会馆本身为官员性质的会馆,其后附建有义庄,经费和管理多由徽州在京茶商负责。义庄建立后“凡邑人物故于京无

① 光绪《婺源县志》卷33《人物・义行》;民国《歙县志》卷9《人物・义行》;光绪《婺源县志》卷35《人物・义行》。

② 范金民:《清代徽州商帮在江南的慈善设施》,载范金民主编《江南社会经济研究・明清卷》,北京:中国农业出版社,2005年,第1115~1116页。

力归榇者,咸与葬焉。死者得即土之安,生者免此类之戚,亦泽及枯骨之义也”[①]。吴江盛泽镇的徽宁会馆,亦是先由买地创建积功堂殡舍肇始,扩建为徽宁两郡的会馆。会馆碑记载:“以皖人有迁居隶籍于吴,及侨居而遂家焉者,俾其子弟有所矜式,故谨祀焉。又以俦侣众多,或不幸溘逝,设积功堂,置殡舍,权依旅梓,俟其家携带以归。其年久无所归者,徽郡六邑,宁国旌邑,各置地为义冢,分为两所。每岁季冬埋葬,具有程式。于是徽宁之旅居于镇者,无不敦睦桑梓,声应气求,盹盹然忠厚恻怛之意,出于肺腑,诚善之善者也。”[②]上海作为近代的新兴城市,吸引了大量徽商聚集于此贸易,其筹建的徽宁思恭堂以停厝安葬为主,其经营管理的范式成为众多徽商善后组织效仿的典范。思恭堂缘起碑载:“宣歙多山,荦确而少田,商贾于外者什七八。童而出,或白首而不得返,或中岁萎折,殓无资,殡无所,或无以归葬,暴露于野。盖仁人君子所为伤心,而况同乡井乎!……乾隆中,好义者置屋大南门外,备暂殡……嘉庆间,诸司事捐资,又广劝乐善者,以次斥大之……增冢地以广埋葬,储费以施归柩。道光中……乃倡建西堂,请免地征。诸茶商助施衣衾,复捐厘置产以裕经费,于是堂之制益扩充矣。”[③]

徽州人向来重视宗族关系,把对同宗、同族的救助视为己任。而旅外经商的徽商群体更是将这种救助扩及同乡、同籍的范围,尤为注重善后的丧葬,契合传统文化中“生有所养,死有所归”、“事死如生,事亡如存”的伦理道德规范要求。徽人外出经商,一旦客故他乡,往往不得及时治葬,暂停厝所,待家人领回安葬。明清之际,江浙地区地狭人多,地价昂贵,即使小康之家亦不得安葬。徽人经商江浙或侨寓江浙者甚多,一旦客死他乡,希冀魂归故里成为共识。且徽人尤重归土安葬,在明清的六邑方志中关于孝子千里寻父,费巨资运棺回籍安葬之事,屡见不鲜。江浙虽与徽地毗连,水陆可达,但运棺回籍

① (明)徐世宁、杨熷续录,(清)徐光文、徐上墉重录:《重续歙县会馆录》之《续录·义庄前集》,“中国社会经济史资料丛编之一”,香港:大东图书公司,1977年,第69页。

② 《明清苏州工商业碑刻集》第19目第239条之《徽宁会馆碑记》,南京:江苏人民出版社,1981年,第357页。

③ 《上海碑刻资料选辑》之107条《上海徽宁思恭堂缘起碑》,上海:上海人民出版社,1980年,第232页。

仍颇为费时、费力、费资，一般的小商之家根本无力承担。旅外徽商群体通过建立诸如义庄、丙舍、善堂类的善后慈善设施，既及时掩埋枯骸以安孤魂，又给生者无形慰藉，免除其身后暴露之忧，从而达到敬梓固帮的作用。

二、杭州新安惟善堂的基本状况

杭州是明清时期著名的工商业城市，又是徽商进出江南（南京除外）的总枢纽，在整个清代特别是清末，是徽商下江南的必经之地。该地聚集了大量徽商，因而徽州商帮慈善设施的设立显得必不可少。而新安惟善堂正是集停厝、施棺、运棺、助葬、代葬等一系列善后举措为一体的慈善组织，作为整个江南运棺网的中枢，江南各地徽棺由水路汇集于此，暂厝后再发往徽州六邑。

（一）新安惟善堂的成立

明清时期，徽人外出经商者众多。面对“新安人为商旅于吾浙之杭嘉湖诸郡邑及江南之松常诸郡邑者甚众，不幸因病物故，欲归榇于故里，途必经于杭州”之情形，嘉庆初年，歙县徽商余锦州在杭州钱塘南栅外一图海月桥内塘地方，捐造厝所数间，专门安置新安旅榇，但地隘房少，不足以容纳更多旅榇。嘉庆二十四年(1819)，余锦州又募得桃花山麓石井前张氏地若干，得以增建房间数楹。余锦州卒后，其子铉顺和侄余晃继续经理厝所，并续购何姓地若干，继续扩建。道光十七年(1837)，司事胡骏誉、金高德等发起募捐，募得阙姓地2亩，建筑厅堂及厝所20余间。次年，各县口岸分设暂柩所，名为“登善集”，专为载送新安六邑棺榇，同时制定章程、规条。至此，善堂规模始备，走上规模运营的轨道。当年即雇备船只，将历年积存的旅榇分数起运回徽州各县口岸，清理厝所，催葬、代葬本地居民棺柩60余具，并规定以后每年至少运棺60具。新安惟善堂自此“一切善后事宜既详且备，故历年吾徽旅榇得所凭依，赤贫者装船送回，无嗣者置地安葬，洵可谓敦桑梓者欤”[①]。

咸丰十年(1860)，太平军攻入杭州，“竟将堂宇市房纵焚殆尽，所有租金

---

① 《新安惟善堂征信全录后刊·序》，光绪七年刊本。

存款皆化为一空"[①]。同治初年,徽商汪鉴人等见战后杭州的徽人棺木暴露荒郊,合谋重兴惟善堂以行义举,获得杭州盐、茶二业商人捐助的堆金支持,外加各地商人量力散捐,先后在旧址重建厅房以及内外厝所,恢复运棺回籍。后资金渐裕,得以建筑新安别墅、翻建厝所及建亭施茶。光绪初年程野庭主事,此时堂费收入主要来自徽商盐、茶、木、典等四业为主的每年捐助,收入稳定,经费较为充足,在正常运棺施葬的同时,着手大兴土木,修建六吉堂及朱子大厅等。可见,新安惟善堂从由个人的捐资筹建开始,发展成以杭州徽商为主的各业商捐经营;从最初的停厝之所发展成一个集停厝、施棺、运棺、助葬、代葬等为一体的综合性善后组织。同时,它也成为杭州徽商联络乡谊,展开内部善后自助的场所。

(二)善堂的组织管理

善堂制定了章程 18 条、规条 27 条及登善集条规 10 条,详细规定了善堂日常管理运作的巨细,组织管理渐渐步入正轨,运行良好。

1. 人事管理

堂中设有司总若干和司事数十人不等,大多为在杭有一定资财的徽商。征信录载,"本堂司事就商业者居多"[②]。在惟善堂建立之初,负责的司事诸如李燮堂、吴威堂等曾捐助过经费,余晃等捐助房屋、地基、市产,成为善堂建立之初的经费依靠。董事或司事由众人集议推荐产生,实行轮值制度。如光绪十八年(1892)继程野庭担任惟善堂董事的张文瑞,"适程君蔚才五月交卸惟善堂事务,举荐纷繁,议论不一,在浙官商于二十五日叙会堂旁文武帝殿神前,将所荐人名书毛拈鬮折视,举予司理。予于五月二十六日接办堂务,老成咸集"[③]。堂中司事要恪守章程办理堂中事务,不得徇情更改,"若有关经费及有碍大局者,总需公同议筹妥善,不可就一二人之偏见妄自乖违,致分畛域。尤不可临时木讷,事后纷纭,总宜择善从长,咸归实济。或有未尽之端,

---

① 《新安惟善堂征信全录后刊·序》,光绪七年刊本。

② 《新安惟善堂征信全录前刊·章程》,光绪七年刊本。

③ 《新安惟善堂征信全录》,光绪二十九年刊本。

即宜与同人商酌妥善”[1]。强调堂中主事司事需听取众人意见，择善而从，果断精干。堂中事务繁杂，各司事间各有分工。如善堂设有坐帐司事一名，专门管理堂中账簿、查验报材、来单填付、联票检点出入等事务。道光年间，善堂规定时任司事的金高德、李燮堂、程嘉绶、余晃、吴家骏等专门负责善堂的载送、编册、雇船事宜，陈光德主要负责置地埋葬一事，其余事项各自协同照料，还有部分司事积极赴江南各地募捐。可见善堂在司事的选拔任用上公开民主，对各司事要求严格，分工明确，使得善堂正常运营，不致紊乱。

2. 财务管理

善堂得以建立并长期运营，充足的经费保障是基础，故而经费管理显得尤为重要。惟善堂自身有一套完备的财务管理制度。

堂中经费主要来源于个人捐和商捐，也包括部分房产田地，呈逐年递增之势，数额不小。为了管理资财，堂中实行公匣制度，即堂中置办公匣一具，专门存放银洋、账簿、契据等重要物件。堂中司事一人管匣，一人管钥匙，各司事按年轮流管理，互相稽查，以杜徇私挪吞之弊。每年腊月初十，众司事邀集同人结账、誊清账目并轮流管账。若有司事侵吞徇私，公同议罚，辞出不用。接受捐款时，须出收据，收到若干，填注明白，以便稽查。收集各散愿的司事按月收取，随收随交值季的司总收贮，不得挪挂分文。如捐者未付捐款，必须交代清楚以防侵匿。同时规定某些款项务必专款专用，如常州新安会馆捐款 500 千文，娄鹤畾个人捐款 1000 千文，专备载送经费，选择商人营运生息，息款收到后，存于值年司事处，专款专用。最后规定“每年捐款若干，支用若干，另外设立四柱细账，刊刻分送，有余不足，人人共知。十年总录一次，刊附征信录”[2]。

3. 善后举措

杭州新安惟善堂是只为徽籍人士服务的善后设施，主要是资助贫困无依的徽商。最初只是单纯的停厝、暂厝之所，后随资金的充裕和规模的扩大，其功能拓展。道光时期拟定的善堂章程和规条详细规定了善堂在停厝、施棺、

---

① 《新安惟善堂征信全录前刊·规条》，光绪七年刊本。

② 《新安惟善堂征信全录前刊·规条》，光绪七年刊本。

运棺、助葬、代葬及分设义所等方面的具体细则，形成一套完备的善后流程规范。

新安惟善堂原则上规定："首重送回原籍得安故土，次则觅地埋葬。"①道光十八年，惟善堂司事上杭嘉湖道宪文中载：

> 建造厝所二十余间，堂基一所，专为暂厝六县旅榇，以妥幽魂而免暴露。再查钱江一带为上江总汇之区，凡在杭嘉湖及江苏松常等诸郡邑积有旅榇，必需附载到杭，然后扶归故土。有后有力者暂停旬日，即行带徽，力乏者难免积累之虞。……谨仿京都慈航善举之式，凡旅榇到所，查明姓氏、里居及报人姓名，登记年月日，柩上标明，予限一年，听其后嗣随时领回，载归故土以全孝思。其或有子贫乏孩稚无力经营者，山川遥隔，情实可怜，堂中询明属实，倾助由杭抵徽船只水脚之费，载装回籍，不致羁延。若各山村窎远者，并于各邑口岸添建义所。极贫者酌助抬葬之资，分别发送。倘本支乏人，仅有同乡亲戚并无坟茔，无力营葬者，即在杭郡另置隙地，代备灰工，妥为埋掩，仍复勒石标名。②

因杭州地理位置特殊，杭嘉湖及苏松常等郡邑徽人旅榇往往途经逗留，部分因经费不赀暂时停厝于此，继而转运回籍。对此，善堂有详细的接棺、运棺程序规定。堂中仿照京都慈航善举设立三联票，并设报所供单。如果有旅榇到所，欲暂时停厝，由举报人先向在堂的司事报明，领取板票，详细报明来历、姓名、籍贯、住址、有无子侄、职业，以便日后稽考核实。凭借填报单到堂中，堂中人查明照单，编号，填注清楚，裁去联票一联给举报人作为凭证，以便领取棺材时对照给发，以免他人讹诈。寄柩进所时，厝所填单实贴，再用漆笔填明原号，以便将来对号领柩。

义所只可暂时停厝，以免生堆积之患，故但凡棺榇入厝后，立即发信与亡者家属催领。若无回信再发信催促，等待半年，若最终仍无回音，由堂中经手的司事查问举报人事情原委。若实因亡者家庭经济困难，堂中可安排船只载送回籍并负担所有路费等费用。倘若一年后仍无回信，由堂中安排埋葬在杭

---

① 《新安惟善堂征信全录前刊・规条》，光绪七年刊本。

② 《新安惟善堂征信全录前刊》，光绪七年刊本。

州的公地,若日后要迁回,必须自出经费。若亡者无子孙兄弟或家境贫寒,限于6个月内将实情写信告知善堂,可由戚党人等代办,堂中捐助一半或全部路费,以便装载回籍。若代办人经济窘迫无力承担,可裁去中票,知照登善集司事根据路程远近助给抬工费和葬钱若干。再若亡者之家无地可葬,可报明善集,由其安排公地埋葬。若亡者本家及亲戚皆贫苦无力、无地可葬,由举报人在报明时说明清楚登记在册,善堂每年春秋二季代为埋葬于杭州,勒石标明,以便将来认领迁葬。不愿埋葬杭地愿归故土者,可安葬于六邑登善集公地。善堂和义所对旅榇不同程度的捐助,主要是依据亡者家庭经济情况而定,章程中规定各司事和司集务必严加察核。同时,对于假冒极贫的家属,冒领营葬费用的,司事应禀告官方,严加惩治。善堂还规定,每年春秋两季至少运棺60具,同时还对善堂和善集的运输工具、费用、抬工定价、义地选择、安葬方法、祭祀焚纸等都详细规定。如此使得江南地区的徽人旅榇得以载送回籍,就地安葬者得入土为安。杭州惟善堂在江南运棺网络中充当着十分重要的角色。

(三)惟善堂的经费收支状况

新安惟善堂从建立到战后重建并不断扩建,经费问题始终伴随善堂的发展运营,决定着其经营状况的好坏。

1. 经费来源

善堂在战前和战后经费来源变化较大。自道光十八年惟善堂正式建立到咸丰十年(1838—1860),其经费主要来自个人捐输,未形成系统稳定的商业捐,经费并不十分充足,从六邑分设义所和登善集的资费困难上可见。根据光绪七年惟善堂的征信录前刊账目,这段时间共募得1735笔捐赠,共得钱6982千文、银100两、银元3199元,共折合制钱11439千文[①],另外有14人捐赠了土地、房产、建筑材料。从捐款人员成分看,官员或有功名者5人,捐款1537千文,占全部捐款的13.4%;其余为商人个人或团体的捐款,其中杭州

---

① “以每银一两换制钱1900文,每银元一元折合银两0.72两计算”。唐力行:《清代徽州商帮在江南的慈善设施》,载《江南社会经济研究·明清卷》,第1124页页下注2。

本地的捐款占 68%，徽州六邑有休东诵芬书屋和 8 个个人捐款，款额占 21%，其他地域的捐款占总额的 11%，涉及的地域有扬州、常州、嘉兴、海盐、泰州、南通、海门、苏州枫桥、德清、南翔、海宁等。由上可见，此阶段惟善堂的资金来源于杭州本地、徽商家乡和江南各市镇。其中官员个人捐款额虽大，但是广大徽商仍是善堂经费的主要承担者，虽以杭州地区活跃的徽人、徽商捐款为主，周边地区甚至苏北、皖中地区的新安众友也踊跃捐资。惟善堂处于江南运棺网的中枢，通过这种庞大周密的运棺网络，徽商不仅互通声气，共同处理同乡公益事业，甚至彼此交流商业信息，以杭州为中枢的江南运棺网也是徽商的商业网。

太平天国战争之后，惟善堂在原来的基址上重建，恢复并扩大善后功能，经费来源有新变化。此时期可分为两个阶段，其一为同治四年至光绪四年(1865—1878)，其二为光绪五年到光绪二十七年(1879—1901)。战后杭州商业凋敝，原先踊跃捐输者没落，“殷实者少，托钵无门，疲敝者多，捐资无术”。徽商汪鉴人等邀集众徽商筹议，“惟有盐茶二项皆聚绍属过镇劝助堆金，聊为籍手之资，权济燃眉之急，并劝各处商业随缘乐助，量力输将，由此积少成多”[①]。同治四年至光绪四年的 14 年间共募得款额折合制钱 26474 千文[②]，其中有 573 人向善堂捐款，共得银 183 两、洋 2961 元和钱 1208 千文，共折合制钱 5054 千文，占总额的 19%。人数从初期最多的 388 人到光绪四年的 3 人，款额由光绪元年的最多到光绪四年的仅 17 元，仅占当年款额的千分之九，所占比例微乎其微。而各种商业捐折合制钱 21420 千文，占总额的 81%，其中茶业捐为 7273 千文，占总额的27.3%，木业捐为 3177 千文占 12%，其他业捐占 42%。该时期惟善堂的经费由个人捐转向个人捐和商业愿捐结合的形式，其中盐、茶、木、典等四业为主的商业愿捐渐成经费的主要来源；个人捐

---

① 《新安惟善堂征信全录后刊·序》，光绪七年刊本。

② 据林满红对清代银钱比价的研究，1865—1878 年间，银钱之间的比价最低的为 1865 年的 1∶1250，最高的为 1872 年的1∶1880文。为了方便对惟善堂这 14 年间收入的核算，银钱的比价取 12 年的平均值，1 两约等于 1600 文，按 1 两白银与洋银 0.72 比例换算，1 洋元约等于制钱 1200 文。详见林满红《嘉道钱贱现象产生原因“钱多钱劣”论之商榷》，载张彬村、刘石吉主编《中国海洋发展史论文集》第五辑，台北：中研院人文社会科学研究所，1984 年，第 361 页。

输款额变化幅度大,总体上呈递减之势,在经费总额中所占比例越来越小。

自光绪五年开始,惟善堂的经费采用茶、木、盐、典四个主要行业商业抽收堆金、其他行业量力助捐的形式。其中规定,洋茶每箱抽捐6文,盐每引抽捐2文,木业由木业公所规定每百洋抽1钱5分交进惟善堂。除此三大行业外,杭州徽商的茶行、茶漆业、面业、绸业、茶食业、杂货业、肉业、衣庄业等每年也有一定的愿捐。个人捐款上,光绪五年、六年无个人捐输记录。光绪二十九年善堂的征信录账目载有光绪二十三年和二十七年的募捐经费乐输芳名,从中可见此时个人捐输无多,多以代表性的1元为主,总体收入在几百元内。这说明惟善堂的经费已经有了稳定的堆金捐输为保障,临时性的个人募捐不是必需的。

从表1、表2可见,自光绪十八年至二十七年的10年,善堂的经费基本上呈逐年递增趋势,数额庞大。其中房租一项收入款额最大,所占比例最高(16.4%)。茶业和木业堆金呈逐年递增态势。茶业堆金所占比例仅次于房租收入,且光绪二十四年因婺源分局的茶业亦抽收堆金交进善堂,使得茶业的堆金总额比以往翻番,所占比例也超过房租收入,位列第一。木业堆金比例次于茶业,占总额的9%左右,反映了杭州徽商木业营业额的逐年递增,木业经营状况良好,故从中抽收的堆金才能正常增加。盐业堆金变化较大,总体上所占比例比前期有所下降。典业、茶漆业堆金变化不大,较为稳定。衣庄业自光绪二十二年始纳堆金,成为善堂经费新的来源之一。

表1　光绪十八至二十七年(1892—1901)惟善堂各业商捐情况①(单位:千文)

行业/年份	盐业	茶业	木业	典业	茶行	茶漆	杂业	房租	衣庄	共计
1892	198	434	271	127	80	39	63	683		2717
1893	377	357	323	136	16	53	71	735		3854
1894	225	204	280	116	193	51	120	694		4607

① 光绪十八年至二十七年,盐业每引捐2文,历年收账以钱、银分别记录。通过对1892年至1901年这10年间盐捐账目钱银的换算,银与钱的比价在900与1200间波动,10年间平均比价为1∶1000,也符合林满红关于清代银钱比价的研究。为了方便核算惟善堂的账目,表中银钱换算比价为1∶1000。

续表(单位:千文)

年份\行业	盐业	茶业	木业	典业	茶行	茶漆	杂业	房租	衣庄	共计
1895	463	894	289	176	120	56	67	748		5030
1896	387	581	405	156	107	51	61	838		4538
1897	340	571	461	171	51	51	69	765	145	5330
1898	417	973	373	206	105	55	70	984	217	4176
1899	185	1019	484	166	94	50	49	751	225	4504
1900	310	1221	620	184	46	151	64	717	184	5300
1901	431	1194	714	174	151	44	36	835	184	7426
共计	3333	7520	4220	1612	963	601	670	7768	955	47482

资料来源:《新安惟善堂征信全录》,光绪二十九年刊本。表2同。

表2 光绪十八至二十七年(1892—1901)各业商捐比重(%)

年份\行业	盐业	茶业	木业	典业	茶行	茶漆	杂业	房租	衣庄
1892	7	16	10	4.7	3	1.5	2.3	25	
1893	9.7	9.2	8.3	3.5	0.4	1.3	1.8	19.1	
1894	4.9	4.4	6	2.5	4.1	1.1	2.6	15	
1895	9.2	17.8	5.7	3.5	2.4	1.1	1.3	14.9	
1896	8.5	12.8	9	3.4	2.4	1.1	1.3	18.5	
1897	6.4	10.7	8.6	3.2	1	1	1.3	14.4	2.7
1898	10	23.3	9	5	2.5	1.3	1.7	23.5	5
1899	4	22.6	10.7	3.7	2.1	1.1	1.1	16.7	5
1900	5.8	23	11.7	3.5	0.9	2.8	1.2	13.5	3.5
1901	5.8	16.1	9.6	2.3	2	0.6	0.5	11.2	2.5
总量	7	15.8	8.9	3.4	2	1.3	1.4	16.4	2

新安惟善堂的经费来源从最初的个人捐助为主,过渡为商业捐输和个人捐助相结合的方式,并最终形成以茶、木、盐、典为首的商业堆金及房租收入为本的稳固的经费制度,保障了善堂经费的充足和各项活动的开展。不管是个人捐输还是商业堆金捐输,经费始终来自于徽商或其经营的行业,徽商商业经营状况的好坏直接关系着善堂的运营正常与否。

特别是茶业一项的堆金所占比重最大。当时徽茶主要是出口贸易,一般由杭州转向宁波或上海出口,1896年杭州开埠后也有不少徽茶直接由杭州出口。1896—1901年杭州海关货物出口中,茶业出口量呈逐年递增趋势,占总出口额的比例平均高达40%以上。其中徽州绿茶占茶业出口总量的85%以上,占杭州海关货物出口总额的34%以上。徽商经营茶业的商业活动对晚清杭州的出口贸易影响极大,增加了近代杭州开埠后的出口贸易量,活跃了杭州城市经济,一定程度上促进了城市的近代化进程。

再如木业。徽商木业在杭州的经营历史悠久,在徽商传统盐业和典业衰落后仍保持经营的活力,持续了相当长的时间,活跃了近代杭州的木材市场。

捐款者和捐输堆金的行业不局限于杭州本地的徽商,其地域范围覆盖江南主要城镇及徽州本土,故惟善堂在运棺中统一接纳上游而来的杭嘉湖与苏松常各邑的徽籍旅榇,其资金来源及服务对象局限于徽人群体,具有排外性和鲜明的地域特色。

2. 经费开支

惟善堂的经费自战后渐显充裕,基本上呈逐年增加之势,到光绪后期平均每年经费收入在4500千文左右,最多时达7400千文,通常收大于支,经费年有余剩。惟善堂在建立初期因经费不足,在六邑口岸分设义所和登善集也只得一二处,未能全面发挥和完善其功能。经费逐渐充裕后,善堂在履行基本善后举措的同时,开始着手整修扩建善堂。查同治四年到光绪二十七年惟善堂征信录中的支出账目,几乎每年都有土木建筑上面的开支,且数额不小。内外大堂、施茶亭、文武二帝殿宇、新安别墅和六吉堂等,善堂殿宇的各种重建、新建和装修花费甚巨,特别是六吉堂的兴建,从光绪二十年开始耗时7年,前后陆续花费超万元。尽管如此,善堂的经费很少有入不敷出的情况,说明善堂是在经费预算充足的情况下展开各种兴建活动的。比较而言,善堂在施棺、购木、置买义地、安葬等善后事务上费用比例较低,但各种善后举措施行到位,每年运棺、义葬并无怠懈。此外,善堂十分注重资金的运用,扩大慈善公产,使之有所增值。一是将部分资金用来生息,以作长久的经费来源;二是积极添置房产田地,几乎每年都有添置公产的记录,单光绪十八年到光绪二十七年这10年时间善堂在杭州钱邑共置产九处,因此公产租息收入也是递年不断增加,后期成为善堂最主要的经费收入之一。交际应酬方面的支出微乎其微,一切支出都是围绕善堂日常运营合理展开。

总体而言,善堂资金充盈,历年用于运棺回籍、觅地埋葬上的费用不多,甚至可以说所占比例很小。而用于建造厅宇方面的开销所费不赀，诸如朱子大厅、文武二帝殿和六吉堂等，而这些建筑更多的是起着文化建构的作用，代表着徽州本土的文化伦理，凝聚人心，教化群体。从这个层面上说，新安惟善堂建立良好的善后制度，不单是从事善后施助的具体行动，更多是树立良好的道德准则，营造良好的社会风气。

三、新安惟善堂与地方社会

惟善堂作为杭州地方的商人善后组织，施善行义的行为得到官府的肯定和褒奖，但其又不同于杭州众多的慈善公益组织，它救助施济的对象只限于徽州六邑的徽人，而且一般是贫困无依的徽商，虽不像徽商木业公所那样与地方民众有复杂的利益纠纷，但是惟善堂作为徽籍商人自助的善后组织与地方社会仍存在诸多矛盾纠葛，也要处理各种问题。在此方面，惟善堂也是积极向官方寻求帮助以解困扰。

（一）积极寻求官方认可与保护

新安惟善堂在建立之初便屡次向地方官府请命，初衷是防止地方刁恶势力的侵扰，使作为外籍商人自筹的同乡互助善后设施亦能获得当地官方的认可，赋予其合法性，得到官方权威的保护。

1. 努力获得官方认可

清代中后期，杭州地区的善会、善堂组织数量可观。据夫马进的研究，可将杭州的慈善组织分为三种：一是由杭州善举联合体统辖管理下的官方色彩明显的大型善会、善堂；一是以杭州一般居民为对象的小规模善会、善堂；再者就是各种以同乡组织为基础的为同乡人服务的善会、善堂[①]。前两者都主要以杭州本地人为领导者，是为本地居民服务的组织，经费主要来源于官方，受官方管制，俨然是国家事业的延伸，其合法性及权威性不容置疑。而新安惟善堂作为徽籍商人自发在杭州组建的善后设施，其经营管理和经费皆由徽商自行掌管，是一个完全自发组建的地域商人善后互助组织，所以善堂想要

① ［日］夫马进：《中国善会善堂史研究》，北京：商务印书馆，2005年，第479页。

获得基本的保护和长久的发展，就要获得当地政府的认可和支持。

首先，新安惟善堂在堂中章程和规条的制定刊布上，往往主动将所拟内容先行呈送官方鉴定，请求府县察核定夺，才最终采用。如道光十八年，惟善堂出于“第思有基勿坏，不得不慎之于始，是以拟定章程，敬求察核施行，以全善举，永垂不朽”之由，“谨拟惟善堂章程恭呈宪鉴是否有当，伏候批示遵行”。细查章程和规条内容，其中对于路费工价及应对当地民众强占厝所等都有详细规定。而杭州官方也积极回应，称赞善堂章程、规条“曲体人情，悉臻妥善”，“周至无遗”，准许施行。杭州府正批示曰“惟善堂各条章程甚为妥善，洵属好义可嘉”，并给出建议，告诫惟善堂“惟捐资发商生息，必择其殷实可靠者，方免日久侵挪，以全善终而垂久远”①，督促善堂司事要善始善终，协力共襄善举。实际上，新安惟善堂作为外籍商人的互助善后组织，堂中章程和规条的制定本属堂中私事，但是善堂董事积极将其呈送官方审核鉴定，获得官方允可，实际上是要求官方对其章程、规条赋予合法性的认可，给以法令的保护，一旦有人威胁善堂运营或破坏章程、规条，可以从法令上及时获得政府的支持和保护。当地官府也乐见其成，赋予惟善堂合法性，形式上监管善堂，善堂便能自行经营善举，无形中减轻了地方政府救济的负担，也有利于社会秩序的稳定。

其次，惟善堂请求官方对于捐助者和善堂有功主事者予以褒奖。善堂章程规定，“一千两以上者，报县请奖，三百千以上者，禀府申详”②。在实际运行中，标准又大为放宽，捐款者在一百两以上及五百两以下者亦“量加鼓舞”，给以奖励，官府应允。如道光十八年，杭州府和杭嘉湖道分别颁给惟善堂及六邑义所众司事和善捐者匾额以示褒奖。诸如“成式可循、谊笃桑梓、敦善无倦、从善如登”等褒语，给众司事和善捐者莫大荣誉和精神鼓舞，官方的支持与导向使得众商捐助更为踊跃，善堂司事兢兢业业，恪尽职守。

2. 积极寻求官方法令的保护

面对矛盾和纠纷，惟善堂利用群体的力量向官方请求法令保护，以维护

---

① 《新安惟善堂征信全录前刊》，光绪七年刊本。

② 《新安惟善堂征信全录前刊》，光绪七年刊本。

自身的利益。

首先,防止地方地匪、无赖无端寻衅,阻挠善事。如道光十八年五月,惟善堂开工兴建大厅与厝所,怕当地刁恶势力阻扰,董事众人联名上书寻求官方立法的保护:“现当开工之际,地邻山僻,仍恐地匪无知窃取物料,土工匠作分坊把持,阻挠善举,种种窒碍,有妨善政,应请宪台大人钧批,行知仁钱二县出示晓谕,严行禁止,实为公便不朽。”杭州府批复“札饬仁钱二县一体严禁,可也”。仁钱二县据此会同出示晓谕:“自示之后,如有匪徒在新建惟善堂所乘间窃取物料及匠工把持阻挠情事,许即指名禀县,以凭严拿究治,决不姑宽,均各凛遵勿违。”①

同治七年、八年,惟善堂兴建施茶亭和厅房时也及时向官方请命立法,寻求保护,以免地方势力的滋扰,获得官府支持。

其次,防止抬工、脚夫等分段把持、勒索抬价,增加善堂负担。善堂多次重申常定抬工费或水脚费,官府勒石明示众人知晓:“不准额外刁难勒措,一经堂董具禀,定即提案,从严究办,决不宽贷,各宜凛遵勿违。”②咸丰二年,湖州府德清县监生江秋水在塘栖镇建立怀仁堂义所作为惟善堂分所,“因地滨临大河,船只来往,每有地匪把持,哄抬勒索,埠规稍不遂意,抛掷砖石,损坏墙垣,借端滋扰,有妨善举”。针对此种恶况,新安惟善堂诸司事禀告杭嘉湖道官员,要求官方介入,严惩滋扰之徒。官府积极回应,严令地保及当地居民不得妨碍义所善事,对不法棍徒严行究治,妥善解除义所困局。

最后,禁止当地民众私自停厝于善堂,以防厝所挤压,影响正常运营。善堂董事曾向官府反映新安惟善堂“专为新安六县旅榇暂停而设,现已定有章程。……乃有近地居民强将棺木存放以图就便,并省租钱,甚至廿余年因循不葬”③,所以善堂诸董事禀告县令,得政府严令催葬。当时有 60 多具棺木抬葬于外,还有 40 余具无人领葬由掩埋局代为埋葬在公地。同时,惟善堂为了防止地方势力侵占善堂的土地公产,每每购置土地或得人捐地助产,务必向

① 《新安惟善堂征信全录前刊》,光绪七年刊本。

② 《新安惟善堂征信全录后刊》,光绪七年刊本。

③ 《新安惟善堂征信全录前刊·十月十二日清理厝所催葬各柩禀钱塘县李文》,光绪七年刊本。

官方立案，完报各种地契、税粮，以确保土地的合法性和所属权。

综观征信录中记录的善堂董事与各级政府间的文献对话，惟善堂的主要目的，一是积极获得当地政府的认可，主动将自身一举一动备案官方，以获得其认可为行事前提；二是及时寻求官方的保护，依靠政府权威防止地方刁恶势力滋扰，在与地方势力的矛盾纠纷中占据上风，维护自身利益。这不仅有利于善堂的经营发展，顺利从事善后事宜，也打击了地方刁恶势力，有利于地方社会秩序的稳定。

（二）惟善堂与杭州地方的慈善事业

清代杭州地区各种各样的善会、善堂不断建立，特别是太平天国战争后，战祸造成生灵涂炭，浮尸遍野，政府督促、鼓励各种义葬，江南地区更是形成了义葬的高潮，许多诸如新安惟善堂类的善堂积极重建。官方屡次以法令的形式督劝地方积极埋葬，同治六年御史刘秉厚上奏指出："被扰地方尸骸未经掩埋，及向来浮厝棺木，并著该地方官广为晓谕，速行埋葬，免致暴露。各该地方官皆当实力奉行，用广皇仁而资感召"[①]，并规范相关事宜，要求各善堂做好收埋工作，规定抬夫工钱，严禁把持勒索行径。新安惟善堂无论是建立之初还是战后重建都积极谋求官府的认可与保护，无形中配合着官方的要求，表现出极大的依赖性和谦卑。但从实际来看，这种依赖也只限于法令制度上的合法性赋予和保护，善堂在日常的运营管理上自成体系，特别是对善堂类慈善组织最为重要的资金来源方面，没有官方的拨款，都是由徽州商人自愿捐助累积支撑。

而根据夫马进的研究，在清代后期杭州地区诸如普济堂、同善堂和育婴会等主要的慈善组织基本上是由一个统一的组织机构进行管理，他称之为"杭州慈善联合体"，由杭州本地的绅士进行管理，这些善堂绅士大多具有一定的功名和官职。杭州慈善联合体与地方政府的联系密切，不仅表现在联合体管理下各善堂的资金主要依赖业捐，而且善举组织经常会受到来自官方的强力指导和监督，杭州慈善联合体的收支状况在几乎所有的方面都必须向地

① 《清实录·穆宗实录》卷202，同治六年五月甲寅。

方官汇报并接受审核。这最终导致,一旦善堂资金出现不足,在向官方求助不得的情况下,善堂总董只能自掏腰包,而且经费不足是常态,所以杭州这些善堂所开展的慈善事业带有明显的徭役性质,最主要的是资金不足造成的困境[①]。当时杭州城内诸如山东、安徽和湖南等会馆及同乡会类的慈善组织并未包括在杭州慈善联合体下,与之不存在任何关系,新安惟善堂就是其中之一。新安惟善堂是为徽籍贫苦人士暂时安置亲族友人灵柩,等待归葬故里的设施,是专门为同乡人设置的善堂,也只对同乡人提供善后服务,其资金来自于民间的自愿捐助,完全独立于杭州慈善联合体,所以官方的直接介入很少。在某种程度上,反而使得善堂能够最大限度地自由灵活运营,同时官方也乐见徽籍人士能自行妥善处理助葬等事,以稳定社会秩序,所以对其主张予以肯定,对其要求予以应答,给予法令制度的保障和精神层面的嘉奖。

新安惟善堂之所以能服务徽州六邑,维持善堂的正常运营,最主要的是基于经费来源的稳定充足,得益于善堂绅董和司事的用心经营和善堂章程、规条的完善得当及官方的从旁协助。从更深的层面分析,杭州各种商捐能募集成功完全是奠基于清后期徽商在杭地取得成功的基础之上,正是徽人商业的兴盛才能保证善堂这个同乡互助组织得以经历时间和战火的考验,良好持续发展下去。徽商个人和各业的积极捐助是基于地缘和血缘纽带的伦理道德情愫,正如倡起者所言,出发点和目的是敦谊乡梓,基本没有功利性。惟善堂的各种活动对于旅外经商和谋生的徽人来说,免了身后之忧,能团结乡谊,也为江浙经商的徽人提供了心灵上的归宿和慰藉。惟善堂虽对政府有依赖,但更多体现的是独立运营、以众帮众的自救自助面。新安惟善堂通过建立良好的善后设施,树立起良好的道德准则,营造了良好的社会风气。

原载《安徽大学学报》2012 年第 6 期

---

① [日]夫马进:《中国善会善堂史研究》,第 507 页。

民国时期旅沪徽州人团体"徽社"研究

蒋含平　张　芳

明清以来,徽州一直是高移民输出地区,所谓"十三在邑,十七在天下"[①]。民国时期的上海作为一座新兴移民城市,是旅外徽州人的大本营。当时的上海,"域内人口八成以上来自全国各地,包括江苏、浙江、安徽、福建、广东、湖南、山东等 18 个省区"[②]。来自全国各地的移民在这里结成会馆、同乡会等各种同乡团体。据统计,从清末至新中国建立前夕,上海有资料可考的同乡会共计 117 所,实际数量还不止这些。分省统计,安徽同乡会的数量位列第四,居江苏、浙江、广东之后[③]。通过组建同乡团体,旅居上海的徽州人加强了彼此间的联系,也逐渐适应了新的都市生活。同时,徽人的桑梓情怀又令他们不忘家乡,始终充满了改造家乡的愿望并不断付诸行动。

据现有资料,旅外徽人组织一般由徽州商人和徽州学子两类人群组成。本文所研究的"徽社"就是徽州学子组织。对于民国时期旅外徽人组织的研究,学术界关注不多,目前散见有一些学术论文,多为徽州商人团体研究,作

① 王世贞:《弇州山人四部稿》卷 61《赠程君五十叙》。

② 熊月之:《上海城市社会生活史丛书》总序,宋钻友《同乡组织与上海都市生活的适应》,上海:上海辞书出版社,2009 年,第1页。

③ 郭绪印:《老上海的同乡团体》,上海:文汇出版社,2003 年,第 91～106 页、47～51 页。

为旅外徽州学子团体,徽社在学术界更鲜有关注[①]。本文主要以徽社机关刊物《微音》为中心,对徽社及其活动做一个初步研究。

一、作为徽州学子同乡组织的“徽社”

最早的旅外安徽人团体是由商人组织的。据现有史料,早在明朝永乐年间,安徽芜湖人就在北京设立了芜湖会馆,这也是中国最早的同乡会馆[②]。此后,旅外徽商会馆不断出现。如旅沪徽商于清乾隆年间成立的徽宁会馆,以及咸丰同治年间由婺源茶商在上海成立的星江公所(敦梓堂)等。

到了民国时期,旅外徽人的同乡组织进一步发展,除聚集地上海有徽宁旅沪同乡会、黟山青年励志会、徽社、黟社、歙县旅沪同乡会等同乡团体或学社外[③],旅外徽人的足迹遍布北京、南京、苏州、镇江等地,他们在这些地方也成立了各类同乡组织。如镇江的新安同乡会、海宁的徽州旅浙硖石同乡会等[④]。徽州学子团体也开始出现,如1920年北京的黟县籍学子组成的“黟麓学社”等。上海的徽社便是这样一个徽州学子组织。

早期的会馆以互助、公益为主。据《上海徽宁思恭堂缘起碑》记载:“宣歙多山,荦确而少田,商贾于外者什七八。童而出,或白首而不得返,或中岁萎折,殓无资,殡无所,或无以归葬,暴露于野。盖仁人君子所为伤心,而况同乡井者乎!”[⑤]可知徽宁会馆的建立动机是为解决同乡的殡葬事宜。近代以后

---

① 汪俊赓《上世纪初的“徽社”与〈微音〉月刊》(《徽州社会科学》2007年第3期)是目前唯一一篇专门研究“徽社”和《微音》月刊的文章,主要介绍《微音》的内容和特色。其他关于旅外徽人团体研究的文章有王振忠《徽州旅浙硖石同乡会与〈徽侨月刊〉》(《福建论坛》人文社会科学版2001年第2期)、张小坡《民国时期旅外徽州人所办刊物与改造徽州社会的舆论动员》(《安徽大学学报》2011年第4期)、刘小燕《移民报刊视域下的〈黟山青年〉研究》(安徽大学硕士学位论文,2011年)。

② 房兆灿:《城市·移民·社会:青岛近代同乡组织研究》,硕士学位论文,青岛:中国海洋大学,2009年,第2页。

③ 参考郭绪印《老上海的同乡团体》、安徽省地方志编纂委员会编《安徽省志·新闻志》(北京:方志出版社,1999年)以及唐力行《徽州旅沪同乡会与社会变迁(1923—1953)》(《历史研究》2011年第3期)。

④ 安徽省地方志编纂委员会编:《安徽省志·新闻志》,第48～69页。

⑤ 《上海碑刻资料选辑》,上海:上海人民出版社,1980年,第232页。

的同乡组织，除了延续传统会馆的救助功能以外，更成为新式与旧式商人、士绅与新知识阶层、男性与女性、资方与劳工等各种不同人群广泛参与下建立起来的地缘性自治组织，在对外来人口管理、弱势人群的社会救助、调解民事纠纷以及参与市政管理等多方面均发挥了重要作用[①]。其中徽州学子团体，则更多地在旅外学子的身份认同与交往、对家乡徽州的文化启蒙与文化传播方面发挥着积极作用，这些在徽社中可见一斑。

（一）“徽社”的创建与发展

1923 年在上海成立的徽社，是民国时期旅居上海的徽州籍青年学子的同乡组织，持续活动 4 年左右，在民国时期旅外徽人组织中有一定的代表性。

徽社的前身是“绩溪学社”（以下简称“学社”）。据《绩溪县志》记载：“民国 9 年，胡适、汪孟邹倡议，汪原放、唐子宗、程本海、邵雪如（或作‘奴’，笔者注）主持，城乡知识分子组成绩溪学社，以‘研究学术，介绍新思想，建设新绩溪’为宗旨，办社刊发行省内外。程本海主编《微音》杂志。”[②]初期的主要社员包括周德（之）、唐维城、周家玮、程本海、程庸熙、程中一、许家振、胡剑、章笑如、章若含、章若和等十余人[③]。在“学社”宣言中，他们声称：“我们都是在外面求学的绩溪青年，很觉得我们绩溪处在万山之中，是蔽塞地方，要靠乡土的人去改革，非特没有成效，反而弄得一塌糊涂；就是改革的思想，他们也未见得有呢。此刻，能有一线可望的曙光，除非这少数学子互相团结起来不可！

① 参见唐力行《徽州旅沪同乡会与社会变迁（1923—1953）》，《历史研究》2011 年第 3 期；邱国盛《从国家让渡到民间介入——同乡组织与近代上海外来人口管理》，《华东师范大学学报》（哲社版）2005 年第 3 期；谢忠强《试论社会转型与社会整合中同乡组织的民间介入——以清末民初上海地区为中心的考察》，《漳州师范学院学报》2007 年第 3 期；艾萍《现代化进程中的上海近代社团组织》，《探索与争鸣》2006 年第 3 期。

② 绩溪县地方志编纂委员会编：《绩溪县志》，合肥：黄山书社，1998 年，第 569 页。关于绩溪学社成立的时间，县志的记载可能不准确。徐子超在《程本海年谱》（《徽学通讯》1990 年第 1 期）中有另一种表述：“（1923 年 26 岁）联络绩溪在沪各大学求学的青年周德（之）、周家玮、唐子宗、邵雪奴、程中一等，组织‘绩溪学社’，以‘研究学术，介绍新思潮、建设新绩溪’为宗旨。”另笔者根据《微音》现存资料推断，“绩溪学社”成立时间应为 1923 年，具体可见《微音》月刊第 14 期所载程本海《一年来本社之回顾与前瞻》、邵雪奴《今后的〈微音〉》。

③ 《绩溪学社简章》，《微音》旬刊第 2 期，1923 年 5 月 21 日，第 4 版。

倘若这少数学子还不互相团结，做改造社会的先驱，恐怕难免愈趋退化，日返原人时代了。因此，我们深觉有创立这个学社的必要，他底目的从狭义一方面说起来，实不过着手改造区区一个乡土；但从广义一方面看起来，确是联合各处同志共同改造全社会的张本呢！！"[①]可见，"改造乡土"是"学社"成立的主要目的。初创时期的主要事业包括"（一）读书合作社（二）发行书报社（三）调查社会实况（四）演讲会（五）同乐会"[②]。

由于早期"学社"的社员仅十余人，进行各项事务都十分艰难，"学社"不久决定拓展社员规模并重新改组。据徐子超《程本海年谱》载："同年（1923年），又与绩溪胡梦华（1903—1983）、歙县许士骐等人，联合上海的上海大学、中国公学、震旦大学，南京的东南大学、金陵大学，天津的南开大学，北京的北京大学、燕京大学、清华大学诸校中的徽州籍青年学生及上海各界的徽州籍青年知识分子，组织'徽社'并出版《微音》月刊。"次年元旦，"学社"正式更名为"徽社"。

这个改动不仅仅是名称上的，同时也表现了组织成员更高的视野和期盼。主要发起人之一程本海有这样的表述："今年的元旦，本社在南京开重要会议，议决三大要点：（一）原定'绩溪学社'名称范围太狭，器量太小，而且容易使人误会；故议决改为'徽社'二字。在狭义方面言之，共谋徽州六县的幸福；广义言之，共谋安徽全省的福利；再广而言之，共谋国家的福利。"[③]另一位发起人邵雪奴也表示："在以前的宣言上，我们团体的最高目标，是在改造乡土。现在，我们'绩溪学社'改为'徽社'，那么我们所悬目标的范围，当然要由绩溪推广而至于其他六县。但我们最终的目的，实在并不限于此区区六县。"[④]可见他们由改造乡土进而改造社会的宏大理想。

虽然只是同乡团体，但徽社内部的组织管理却颇为规范。绩溪学社时期，社内设有编辑、发行、庶务、会计、同乐会等科。更名"徽社"后，顺应规模

---

① 《绩溪学社宣言》，《微音》旬刊第2期，1923年5月21日，第4版。

② 《绩溪学社简章》，《微音》旬刊第2期，1923年5月21日，第4版。

③ 程本海：《一年来本社之回顾与前瞻》，《微音》月刊第14期，1924年7月1日，第3页。

④ 邵雪奴：《今后的〈微音〉》，《微音》月刊第14期，1924年7月1日，第1页。

的扩大与发展，管理机构也不断调整，建立了总务、编辑、发行、会计、介绍、教育、调查、庶务、娱乐各科。负责各类社务的干事员，均以选举的方式产生，徽社也因此形成了每年春、秋季都要开选举大会的惯例。徽社还将每届大会的情形和选举产生的新干事名单刊登在最近一期的《微音》月刊上进行公告。当时上海的《申报》就曾对此进行过报道[①]。

随着规模的日益扩大，徽社也不断向外发展。后期除上海总部外，还在杭州、南京、北京、汉口等地设有分社。各地的社员之间，分社与总社之间，都保持着密切往来，这使得徽社这一同乡组织在空间上已打破地域限制，“形散而神不散”地结合成一个共同体。至1927年终止活动前，徽社成员已经发展至数百人，“论精神则已巩固团结，由数人而至数十人，数百人，惨淡经营，得有今日者，实群策群力之效耳”[②]。对比《微音》前后期的社员通讯录可以发现，徽社后来又新增加了汪原放、柯湘帆、柯莘麓、方业韶、汪静之、邵亦群、许悦音、黄叔鸾、张国良、鲍剑奴、罗纯夫等，他们中很多后来都成为当地的名人。

徽社的创办与成长还得到了当时皖籍文化名人胡适、陶行知的支持。胡适、陶行知同为徽州人，与徽社中一些成员保持有良好的私谊。如社员汪静之是胡适的学生，无论在学习和生活上，胡适都曾给予悉心帮助，二人有着深厚的师生情谊[③]。社员汪原放亦与胡适私交甚好，从胡适的来往书信中便能感知二人的密切关系。而《微音》的主编程本海是陶行知的得意门生，陶行知曾有言：“他与我本是好朋友，我到上海，时常与他会面。”[④]程后来更是追随陶行知的脚步，参与创办南京晓庄师范学校，并终其一生在教育事业上。因为这样的联系，胡、陶二人不但担任了徽社的顾问，还亲身参与相关活动。

---

① 《徽社昨开大会记》，《申报》1925年9月21日，第15版。

② 《征求社员缘起》，《微音》月刊第31、32合期，1927年1月22日，第8页。据徐子超《程本海年谱》记载，《微音》月刊“出至第35期停刊”。笔者手头现有《微音》最后一期为1927年1月22日的31、32合期，因此可做如上推断。

③ 汪静之：《我和胡适之先生的师生情谊》，李又宁主编《回忆胡适之先生文集·第一集》，纽约天外出版社，1997年。

④ 徐子超：《程本海年谱》。

(二)机关刊物《微音》的创刊与演变

民国时期的旅外徽人组织多创办有团体机关刊物,除了供联络乡谊、传达消息之外,还寄托关怀故里、启蒙家乡的桑梓情怀。在北京,有黟籍学子组织“黟麓学社”创办的《古黟新语》(1921 年),以继承“五四”精神为宗旨,传输“爱国、民主、科学”进步思想,讨论问题多“以关切桑邦者为限”[①]。在江浙一带,有徽州旅浙硖石同乡会所办的《徽侨月刊》(1927 年),以形成健全的舆论,引导徽州人“走入光明大道,达到新徽州”为目的[②]。上海作为旅外徽人的聚居中心,更是涌现了一批徽人刊物,如黟山青年励志会创办的以“改善黟县社会”,“谋建设事业,造成新徽州”为宗旨的《黟山青年》(1922 年)等。与这些团体一样,徽社也创办了自己的机关刊物《微音》。

《微音》是一份言论为主、兼顾文学的综合性刊物,“宗旨在主持正义,以切实的批评社会,唤醒民众,促进民治的中国,对于阻止社会进化的陈腐的思想,不遗余力的加以攻击!”[③]初创时是旬刊,采用对开报纸式样,每期四版。内容多以讨论学理和介绍西方思想或西学知识为主,伴有少量评论,时常刊登社员自己创作的诗歌。编辑部设在上海吴淞中国公学内,并在上海、杭州、芜湖、绩溪等地设有分销处。由于早期成员不多,出版旬刊的工作十分艰难,“当时发起的同志不满十人,且都是青年,或为校中功课所缠,或为职务所限,那有余暇办报?所以当《微音》旬刊每次出版时,我们三四个负责的至少有两三夜的工作,每次总要至深夜二三时才得安眠,这样的工作,直到第十三期停刊才止”[④]。旬刊出至十三期时,终因人手不足、经费拮据而告停刊。

为不使努力中道废止,1924 年,随着“学社”更名“徽社”,《微音》也以月刊的样式重新问世:“今年的元旦,本社在南京开重要会议,议决三大要点:

---

① 安徽省地方志编纂委员会编:《安徽省志·新闻志》,第 15 页。

② 王振忠:《徽州旅浙硖石同乡会与〈徽侨月刊〉》,《福建论坛》(人文社会科学版)2001 年第 2 期。

③ 《我们的广告》,《微音》月刊第 20 期,1925 年 2 月。

④ 程本海:《一年来本社之回顾与前瞻》,《微音》月刊第 14 期,1924 年 7 月 1 日,第 2～3 页。

(一)原定‘绩溪学社’名称范围太狭,器量太小,而且容易使人误会;故议决改为‘徽社’二字。……(二)同人等都有职务在身,并无充分余暇,因此议决改旬刊为月刊,注重内容,作公正的批评及介绍切实可行之学说;并增加文艺以养成文学志趣。”①

改版后的《微音》首先改变了刊期,由原来的旬刊改为月刊;同时增加了内容,新辟了社评、言论、研究、调查、文艺、小朋友、杂感、社务报告等多个专栏,言论和文艺篇幅明显增多;刊物的式样也彻底改变,由原来的报纸形式改为大 32 开的杂志形式,且每期的刊名均由不同名人(多是皖籍名人如胡适、陶行知等)题写,封面字体颜色各期不同,字样亦时常变换。总体看,改版后的月刊无论在版式、内容还是篇幅上,都大大超越了原先的旬刊,渐受同乡欢迎,“《微音》自出版以来,颇得各地同乡欢迎,尤以本期(第廿六期)内容精彩异常,印刷精美,极得各方赞许,声誉为之大振”②。月刊出至第 35 期,于 1927 年终刊。

二、“徽社”的主要功能——异乡徽人的认同与交往

现有研究表明,民国时期在沪的同乡组织,与清末相比在功能和内涵上有了不少变化,由最初的互济性、公益性,向身份认同、社会交往等方面转变。作为旅外徽人组织,徽社承载了异乡徽州学子的身份认同与社会交往的重要功能。

(一)“徽社”群体的身份认同

1. 地缘认同:都市外乡人

家乡在传统中国是个人身份的关键组成部分。有研究表明,乡土观念是支持同乡组织的一种最为重要的精神力量③。对于从乡村走向都市的移民而言,同乡认同既表达了与故土的精神联系,又隐含了共同面对都市生活的

---

① 程本海:《一年来本社之回顾与前瞻》,《微音》月刊第 14 期,1924 年 7 月 1 日,第 3 页。

② 《新年同乐会》,《微音》月刊第 27 期“社务报告”,1926 年,第 44 页。

③ 参见窦季良《同乡组织之研究》,重庆:正中书局,1943 年,第 1～5 页。

现实与情感需要。

徽州人离开家乡，从传统的“熟人社会”来到一个彼此陌生的都市，上海的车水马龙和喧嚣繁华，令自幼生在山水田园小镇的“徽州人”感到极为陌生。他们在痛苦的适应过程中表达着种种不适：“上海这地方，完全是个商场；市井喧闹、人烟稠密。因工厂众多，所以空气也变成混浊有煤灰的了。一天所见的只是工人商店，以及车来车往的富商大贾。真个是红尘千丈，看不见半点天然景色。”①“许多没有到过上海的同乡，把上海看作遍地黄金大发财源的地方……等到了上海，不是投亲不遇，就是亲友无能为力。”“上海生活程度日高一日，一切费用，比家乡高出数倍，就算是在上海得着一个位置，然而除了膳宿用费以外，所余无几了。”②生活的艰辛令旅居上海的徽社学子体会到，这座城市的繁华并不属于自己。

不见了熟悉的山水田园和风土人情，在新的都市里又找不到安放自己身心的恰当位置，寻求在异乡的身份归属与认同，就显得尤为迫切。徽社之成立，其核心意义也在于此。

然而同乡组织似乎并不能让他们把漂泊的心安放在这个都市，他们在融入城市和回归家乡之间徘徊，而在家乡与城市的徘徊之间，他们似乎更多地倾向与家乡的情感联系。例如，他们不定期派社员返乡且密切关注家乡的教育、交通等事业，却甚少关心旅居地上海发生的大小事态，他们创办《微音》同样是为了联络乡谊和改造家乡。无论通过何种方式，身居异地的徽社群体总在找寻着与家乡的联系，即使他们在上海有丰富的社交活动，但这些活动仍主要在“同乡”间进行。或者我们可以说，虽长期侨居于斯邦，徽社群体却始终以“都市外乡人”的姿态徘徊在上海这座城市的“边缘”。

2. 学缘认同：新式学子

社会转型时期，各类事物都处于新旧交替的过渡阶段，传统乡村的旧式私塾还未匿迹，各类新式学堂就已纷纷设立。徽社的很多成员，都是先在家乡念过私塾或接受初等教育，后来到上海（或其他城市）进入新式高等学府接

---

① 程庸熙：《一封寄给想来上海求学的青年的信》，《微音》月刊第14期，1924年7月1日，第20页。

② 罗纯夫：《敬告想来沪的同乡》，《微音》月刊第16期，1924年9月，第34页。

受教育。从一份"社员通讯录"我们大致可以了解他们所在学校的情况:"王恒纪/上海吴淞中国公学,石原镐/上海南站大同大学,江广智/杭州四条巷中医专门学校……汪湘芩/上海南站大同大学,汪家驹/上海吴淞中国公学,汪育松(菊农)/芜湖二街徽州公学……邵雪奴/上海卢家湾震旦大学……胡乐丰/上海南站大同大学,胡裕杰/上海日晖桥南洋中学,胡家俭/南京东南大学,胡广平/同前,胡冠英/天津南开大学,唐维城(子宗)/上海江湾复旦大学……"[①]同时,在治学方向上,商学、医学、美术、外语等极具现代意义的学科跃然呈现,如周德之"民国14年(1925)毕业于上海中国公学商业系"[②],柯莘麓"1922年入上海亚东医科大学"[③],胡梦华"1920年考入南京高等师范英文科"[④],许士骐毕业于上海美术专科学校[⑤]……在接受了"孔孟""程朱"之儒家经典熏陶之后,再到上海这样的现代都市接受新式教育,这种中西交融的教育共性,使得这些学子有着亲近的学缘关系。

相仿的年纪、相似的求学经历、相同的生活环境,让这批新式学子集结在了徽社周围,他们互相鼓励、互相扶持,共同追求在新都市的生活与理想。"谁都信得现在徽社的分子,大都是求学的青年,抱着正义;服从真理;无党派的色彩;有改造的眼光!"[⑥]寥寥几句,已描摹出一幅徽社学子群风华正茂、气宇轩昂的像图。

值得一提的是,徽社成员相当一部分在毕业后走上了职业化的道路,其中一些主要成员甚至成为当地或全国的知名人士。《微音》主编程本海"1926年入中华书局编辑所,1927年辞职去南京晓庄大学部学习,1948年应邀赴台湾,任教育厅督学";胡梦华"1927年毕业后,留校任教,后任商务印书馆编辑,安徽省立第一师范校长";许士骐"毕业后历任江苏南京晓庄师范学校、四川重庆育才学校教员。20世纪30年代留学法国巴黎美术学院,回国后,历

① 《微音》月刊第14期"社员通讯录",1924年7月1日,第24～26页。

② 绩溪县地方志编纂委员会编:《绩溪县志》,第887页。

③ 绩溪县地方志编纂委员会编:《绩溪县志》,第894页。

④ 绩溪县地方志编纂委员会编:《绩溪县志》,第902页。

⑤ 歙县地方志编纂委员会编:《歙县志》,合肥:黄山书社,2010年,第1138页。

⑥ 鲍剑奴:《绩溪教育的危险》,《微音》月刊第17、18期合刊,1924年10月,第9页。

任南京中央大学艺术系、建筑系教授等职，参与创办歙县行知小学，并任校长”；柯莘麓“1924年后任职于武汉大学、上海中国国医大学。1930年返乡开设诊所，建国后，任乡联合诊所医务主任、县医联会执委”[①]。这些走出来的徽州学子，也将徽社的历史地位提到了一个更有意义的层面。

（二）“徽社”群体的社会交往

民国时期的上海是一个移民城市，这里旅居者众，同乡组织也多。同乡组织的一个重要功能是为旅居者提供一个交往的平台，营造一个交往的空间。就徽社而言，其群体的社会交往是由内而外分几个层次展开的。

1. 社员的内部往来

在具体社务中，“联络乡谊”作为徽社的主要目的之一，超越了“改造乡土”而被置于首要地位。对团体凝聚力的强调使他们十分注重社员间的往来。徽社群体内部交往中，机关刊物《微音》也发挥了极其重要的平台作用。

（1）联络社员的“社员通讯录”和“社员消息”

凭借广泛的发行渠道和到达率，《微音》在联络社员方面充分发挥了平台和纽带作用。《微音》杂志每隔一段时间，都会在刊物的末尾或封底刊登“社员通讯录”或“社员消息”，公布每位社员的通信地址。在笔者现有的资料中，第14期、第15期、第26期以及31、32合期上均有类似内容。如第14期的“社员通信处一览”，悉数刊登了汪乃刚、汪原放、周德之、邵雪奴、胡梦华、胡素月、许士骐等众多社员的通讯地址[②]。在第28期上，还刊登了他们整理的“全体社员通讯录”。

当有社员的工作或地址发生变动时，编辑人员也会及时编发“社员消息”广而告之。如第25期上有“周德之君今夏毕业于中国公学商科，下学期被北京平民教育促进会聘任编辑员。胡家健君下学期应河南开封第一师范之聘担任教职。……许叔良君下学期在上海南光中学担任教职。邵雪奴君现

---

① 以上据绩溪县地方志编纂委员会编《绩溪县志》、歙县地方志编纂委员会编《歙县志》。

② 《微音》月刊第14期，1924年7月1日，第24～26页。

在考入邮局为邮务员”①。此外,“社员消息”中还刊发海外社员和新社员的消息,甚至表达对社员身体状况的关注,如第 23、24 合刊的“社员消息”:“(一)海外社员周其庠君最近来信嘱将他的最近通信处刊布于此,以告诸同志。Herrn Chichiang chow\Legation China\Berlin W15\Uter Moska。(二)本社社员章若和女士,是绩溪人,于前年来沪,肄业务本女学,平日好学,师友同钦。不幸于四月间一病不起,同人闻悉,痛悼良深!(三)歙县许叔良君、休宁黄怜生君对于本社宗旨及一切组织,甚表满意,已于上月间经干事会通过,加入本社为社员。”②

由于徽社成员散处各地,为促进异地社员多加联络往来,编辑人员也时常在刊物上呼吁“本刊为社员互通消息起见,希望诸同志随时将本人或友人(社员)近况见告,以使刊布于此”③。这些“社员消息”为社员之间的交往提供了极大便利,在群体的凝聚方面发挥了重要作用。

(2)“徽社”组织的集体活动

为使旅外同乡多有机会沟通交流,联络和增进彼此情谊,徽社还时常开展同乐会、餐会、游艺会等集体活动,其中,聚餐、同乐会是最为常见的形式。

现有资料可见,每年元旦,徽社都会组织全体社员聚餐,并在餐后表演各种节目,从《微音》相关记载中可见每次聚餐的时间之长、场面之热闹。如第 20 期《微音》上记载了徽社同人欢度 1925 年元旦的热闹场面:“阳历元旦,本社社员(上海总部)假座第一春徽馆举行聚餐同乐会,一以庆祝元旦,一以联络情谊。……于七时入席,觥筹交错,欢饮大嚼,笑聚一堂,难得之盛会……散会已十一时,兴尽而散,极一时之盛也。”同乐会上还有各种精彩的表演:“先为严个凡君的新奇幻术……为观众赞赏不置。次为来宾顾月贞、顾荣贞姊妹之双簧,其言辞以讽刺口吻,而表情又活泼,颇感动人,掌声不绝于耳。最后为严个凡、与今昆仲的丝竹,二君研究有素……抑扬顿挫,满室生春,尤以能陶养人性情,如入清凉境界,消除一切繁恼为可贵也。”④

---

① “社员消息”,《微音》月刊第 25 期,1925 年 8 月 30 日,第 44 页。

② “社员消息”,《微音》月刊第 23、24 合期,1925 年 7 月 25 日,第 70 页。

③ “全体社员公鉴”,《微音》月刊第 31、32 合期,1927 年 1 月 22 日,第 86 页。

④ 《微音》月刊第 20 期,1925 年 2 月,第 30 页。

1926年的新年同乐会同样热闹非凡："一月十六日（星期六）下午六时假座第一春徽馆举行聚（餐）同乐会，并由社友表演游艺多种，以娱余兴，而联情谊。……餐毕，由各同志表演游艺，如严个凡、严与今、黄叔鸾三君之国乐，胡蔼卿、严个凡、黄叔鸾、胡洪炳四君之京曲，张国良君之魔术等，直至十时尽欢而散，颇极一时之盛。"[①]

新年、元旦都是象征团圆的中国传统佳节，徽社在这些特殊的日子里举办聚餐、同乐会这样的集体活动，对"每逢佳节倍思亲"的都市异乡人而言，既能够排遣乡愁，又增进了同乡间的情谊。

此外，在欢迎顾问胡适、陶行知来社内演说时，徽社也会组织社员聚餐。徽社还举行过以筹集资金为目的的游艺会。

2. 外在的联结：徽社范围外的社会交往

除了内部社员间的交往，徽社还作为一个组织开展对外的交往。

（1）与皖籍名人胡适、陶行知的互动

作为徽社的顾问，胡适、陶行知在徽社成长过程中不仅发挥着"精神领袖"的作用，还亲身参与徽社的相关活动，成为徽社外部交往最亲近的层面。

胡适和陶行知对社务都给予过指导。前文已述，在"学社"发起与成立之时，胡适就参与指导[②]。对于机关刊物《微音》的编辑工作，陶行知也曾反复给予指点："办报不难，难在议论公正，消息真实，倘同人对此二点继续注意，必能增加月刊之价值与影响。"[③]"《微音》月刊希望继续出版，惟材料须精选。"[④]

胡适、陶行知还应邀来社内演讲。现有相关资料显示，胡适有两次演讲（1923年11月中旬、1925年10月18日），陶行知有三次演讲（1925年5月10日、7月25日，1927年1月3日）。

作为五四新文化运动的发起者之一，胡适的演讲重在与年轻学子谈人生

① 《微音》月刊第27期，1926年，第44页。

② 绩溪县地方志编纂委员会编：《绩溪县志》，第569页。

③ 《陶行知先生致社员程葆成君的信》，《微音》月刊第23、24期合刊，1925年7月25日。

④ "社务报告"，《微音》月刊第25期，1925年8月30日，第44页。

和文化。他的演讲受到了社员的高度重视和欢迎。第26期《微音》月刊详细记载了徽社欢迎胡适演讲的情形："十月十八日(星期日)上午十时，本社假座三马路中西女塾大礼堂开会欢迎本社顾问胡适之博士并请演讲。……胡先生此次由武汉来申休养，本谢绝一切演讲，因与本社有特殊感情，得蒙惠允，不胜荣幸！"[①]演讲之后，胡适又与徽社成员一道聚餐并合影留念，在与大家的谈笑间尽显风趣，给社员们留下深刻的印象。有社员赞叹道："先生虽为有名学者，然毫无时下闻人习气，来去皆拟步行，徽社社员以如此殊失推崇学者之意，而先生又力戒奢费……则先生之俭德，又不可及矣。"[②]

身为教育家，陶行知特别关注家乡教育问题，演讲侧重于家乡教育的相关话题，并对旅外学子如何改造徽州教育、建设家乡提出具体建议，如要求徽州少年回乡后做三件事："一是本村生活之调查，二是村民须知之演讲，三是提倡平民教育。"[③]此外，对于徽州的交通事业，陶行知也给予了关注。这些演讲内容后都被主编程本海记录整理，刊登在《微音》上供全体社员参阅学习。

胡适和陶行知还在《微音》上发表过不少文章。胡适发表的文章(诗歌)有：《哲学与人生》(1923年旬刊第10期[④])、《读书》(月刊第25期)、《竹叶青》(月刊第26期)、《我也来谈谈东西文化》《龙井》(月刊第27期)；陶行知发表的文章有：《徽州少年回乡运动》(月刊第23、24合期)、《我对于屯昌汽车路办理的意见》(月刊第25期)、《我之学校观》《天将明之师范学校》(月刊第29、30合期)、《徽州人的新使命》《中国乡村教育之根本改造及建设新徽州之使命》(月刊第31、32合期)。

值得注意的是，其中的一些文章是首发在《微音》上的。如胡适的《龙井》

---

① 《欢迎胡适之博士》，《微音》月刊第26期"社务报告"，1926年1月1日，第40～41页。

② 空我：《欢迎胡适之先生琐记》，《微音》月刊第26期，1926年1月1日，第33页。

③ 陶行知：《徽州少年回乡运动》，《微音》月刊第23、24期合刊，1925年7月25日，第5页。

④ 这是胡适1923年11月中旬在上海应绩溪学社诸同乡相邀作的演讲，由周德、程本海笔记，送胡适修改后，刊载于1923年11月21日该学社主办的《微音》旬刊第10期上。杜春和、韩荣芳、耿来金编：《胡适演讲录》，石家庄：河北人民出版社，1999年，第292页注释。

与《竹叶青》两首诗，据《微音》编者介绍，“承胡先生检出旧作《竹叶青》与《龙井》两首白话诗(均未发表过)，嘱先发排”[1]。陶行知的《天将明之师范学校》《徽州人的新使命》《中国乡村教育之根本改造及建设新徽州之使命》也都是先发表在《微音》上，后才在陶行知自己主办的《中华教育界》上发表。

从上述材料可见胡适和陶行知对于徽社这个家乡学子组织的热情支持，以及徽社成员对故乡文化名人的精神倚重。

(2)与其他徽人团体的联络

民国时期旅沪徽人成立的同乡组织较多，除同业公会外，还有本县同乡会、徽宁同乡会、各县会馆或徽宁会馆，乃至安徽同乡会，徽州人可参与的组织因此也交叉重叠，从而织就一张庞大的地缘、业缘网络[2]。徽社亦是如此，该社一些核心社员如曹志功、邵亦群、许士骐、许作人等，还分别是徽宁同乡会、歙县旅沪同乡会的理事或社员。这种交叉重叠的同乡网络，一定程度上强化了各同乡团体的相互交往。特别是在改造家乡、建设新徽州等方面，旅外徽人尤其同声共气。

当时的徽州交通不便，对徽州人的出行与各类事业的发展均造成阻碍，程本海曾在《微音》上发表《论徽州亟宜创办长途汽车》指出：“吾徽处万山之中，交通极感不便，陆则山道间阻，水则河道不深，故舟车需时。……且因运输不便，坐令许多富源，难以发展。”[3]因此，发展交通成为旅外徽人极力筹划和鼓吹的重要内容。徽社在此方面表现积极。除了做文字的宣传鼓吹外，他们还联络在当时徽人团体中颇具影响力的徽宁同乡会，共同签署《致杭州屯昌汽车路公司筹备处之公函》，后又会同杭州的同乡，积极策划发起徽杭互通长途汽车事宜[4]。在听闻家乡遭军阀侵扰后，徽社立即与其他旅沪徽人团体

---

① 见《微音》月刊第26期，1926年1月1日，第25页。笔者在《胡适全集》中，并未发现收录有《竹叶青》这首诗。

② 参见唐力行《徽州旅沪同乡会与社会变迁(1923—1953)》，《历史研究》2011年第3期。

③ 程本海：《论徽州亟宜创办长途汽车》，《微音》月刊第21、22期合刊，1925年4月25日，第10页。

④ “社务报告”，《微音》月刊第25期，1925年8月30日，第43～44页。

一起，加入了以徽宁同乡会为首的和平委员会[①]。当家乡名人柏文蔚(烈武)来沪时，徽社则作为组织者发起了欢迎活动，“于十一月卅日联合上海各公团(共四十三公团)开欢迎大会，欢迎柏烈武先生于宁波同乡会四楼……到会者皆素有声望之团体，颇极一时之盛!”[②]

与同乡团体的频繁往来，有助于徽社与其他旅外徽人团体彼此间构筑同乡情谊，树立正面的徽人群体形象。

许纪霖认为:现代知识分子与传统知识分子的最大区别之一，是他们从乡村走向了都市，在现代都市空间中聚集在一起，以都市的公共空间和文化权力网络作为背景，展开自身的文化生产、社会交往和施加公共影响[③]。从这一角度看，作为与传统书生相区别的新式学子群体，徽社成员的交往，在某种程度上也体现了一种“公共性”的特点。这种联络与交往对于这批学子立身于上海这个正在向现代化转型的都市有着积极的意义。事实上，这批学子中也确实有相当一部分人最后都有了自己较好的职业发展，有些人在不同的领域产生了影响。然而，一个令人深思的现象是，尽管徽社的外部交往活动很多，且呈现出多样化的态势，但如果细究其交往的主要对象，可以发现无论是文化名人还是其他团体，均未超脱地缘纽带的“捆绑”。在城市与故乡之间，徽社群体的情感天平明显向故乡倾斜，显示出一种既想融入城市又走不出家乡视野的矛盾状态。这种两难的状态在近代旅外徽人团体中有一定的代表性。

原载《安徽大学学报》2014 年第 3 期

---

① 《旅沪同乡之和平运动·大会之决定》，《微音》月刊第 31、32 合期，1927 年 1 月 22 日，第 61 页。

② “社务报告”，《微音》月刊第 19 期，1925 年 1 月，第 44～45 页。

③ 许纪霖:《都市空间视野中的知识分子》，《天津社会科学》2004 年第 3 期。

明清徽州宗族执事人员的经济管理活动

陈　瑞

明清时期，徽州宗族往往根据自身实际需要设置各种名目的执事人员，以协助处理族内一些特定领域中的具体事务①。其中，族内经济事务管理是执事人员实施族务管理时所涉及的一个重要方面。本文掇拾相关史料，对明清徽州宗族执事人员的经济管理活动作一初步考察，不妥之处，诚请方家教正。

一、司值、司事、执事者、执事之人、管事人的经济管理活动

明代，绩溪城西周氏族人周士暹在制定的宗族文会规条中提及："每年司值②四人，收租存贮公所，办祭输粮，公同支用，事竣算帐，如有私自支用，公仝议罚，入众公用。""存贮银两借去收入，必须（司值）四人同见，不得私自专行，更不得侵渔吞噬。"③清代，该族《祠规》云："祠首收租，议定在祠公处，不得私收入家。谷麦贮存祠内，其租谷每百斤折干谷八十斤，麦每斗折甕麦十升半，豆每十升折干豆八升，俱于办祭时照时价出支，不得多收报少，少支报多，着令司值随时查核。……司值或徇情庇护，查出罚胙三年。每于四月初

---

① 笔者在考察明清徽州宗族内部族长、房长的族务管理活动时，对上述人员的经济管理活动有所讨论。具体可参阅陈瑞《清代徽州族长的权力简论》，《安徽史学》2008 年第 4 期；《明清时期徽州宗族中的房长及其权力》，《安徽大学学报》2010 年第 6 期。

② 为便于分析问题，文中将相关词语用下划线标示。下同，不另作说明。

③ 光绪《绩溪城西周氏宗谱》卷 20《文会》，清光绪三十一年木活字本，安徽省图书馆藏。

一日，司值、头首邀同族长、斯文诣祠开报新年四十岁头首，并派新班司值，公仝核算，除办祭上粮，仍剩若干，司值即时登记，将项银封贮公匣置产，毋许派丁挪借。"[①]该族内部执事人员"司值"的经济管理活动主要涉及"收租""输粮""算账""置产"(资本生息)以及"随时查核""公仝核算"公产，"即时登记"公产等方面。司值对于宗族公产，不得"私自支用"；在公产借出生息时，"不得私自专行，更不得侵渔吞噬"；在查核公产时，不得"徇情庇护"。如有上述情形，则要受到处罚。清咸丰《绩溪黄氏家庙遗据录》[②]卷1《祠制》之"能干查刷"条云："收租办祭，固属司值肩任，而所收之租与所办之祭，若无查刷，恐其有误。"该族内部执事人员"司值"的经济管理活动主要体现在"收租"等方面。

清嘉庆《歙县桂溪项氏族谱》[③]卷22《义田·不给规》云："以上各定规，各门自将本人按款核实，符合方可开送司事，然后给票发谷。"该族还规定："凡入词垣、点部属，每祭给胙照进士规外，于饮福时另设正席一筵，设而不坐，饮毕，司事遣价送于其第。"[④]该族内部执事人员"司事"的经济管理活动主要涉及义租谷的管理与发放、功名胙与功名奖励银两的发送等方面。清咸丰年间，徽州舒氏一份卖产契约中曾提及"司事"："立杜断卖契舒蟾公会支长灶留仝司事大章，今因官差事用无措，愿将会内土名□头田一处，计籼租十五砠，减硬拾砠正，系经理吊字……今将前项各四至内田凭中尽行立契出卖与舒名下为业……咸丰十一年二月日立杜断卖契舒蟾公会支长灶留；秉笔司事大章；中见舒步其。"[⑤]该族内部执事人员"司事"舒大章的经济管理活动主要体现在会产买卖等方面。

清嘉庆《(歙县)棠樾鲍氏宣忠堂支谱》[⑥]卷19《公议体源户规条》云："征租定于处暑日，督总与执事者会同族长、文会约定分数，时租收几分，硬租收几分，书明实贴收租所，俾众佃共知。""四穷及废疾与例相符给谷者，执事之

---

① 光绪《绩溪城西周氏宗谱》卷首《祠规》。

② 清咸丰元年刊本，安徽省图书馆藏。

③ 清嘉庆十六年木活字本，安徽省图书馆藏。

④ 嘉庆《歙县桂溪项氏族谱》卷22《祠祀》。

⑤ 王钰欣、周绍泉主编：《徽州千年契约文书》(清民国编)卷2，石家庄：花山文艺出版社，1991年，第511页。

⑥ 清嘉庆十年刻本，安徽省图书馆藏。

人知会督总，给与经摺。”该族内部执事人员“执事者”的经济管理活动主要体现为参与确定征租事宜，约定收租比例；“执事之人”的经济管理活动主要体现在参与赈济族中“四穷及废疾”等弱势群体，发放义租谷等方面。他们与督总、族长、文会等一道，共同参与宗族内部经济事务的管理。

民国《（绩溪）明经胡氏龙井派宗谱》[①]卷首《明经胡氏龙井派祠规》之“修祭事”条云：“祭之明日，管事人入祠同算费用，面折登账。”晚清民国年间，该族执事人员“管事人”的经济管理活动之一是参与宗族祠堂祭祀过程中的相关财务管理。

二、司年、管年、管年人、支年者的经济管理活动

清康熙年间歙县潭渡孝里黄氏所订《德庵府君祠规》云：“本祠旧例，每岁于花朝日算帐，腊月初二日刷帐，每次开支日费二钱，俱尽日之力秉公查刷。自此例一废，遂生种种侵蚀之弊，嗣后应并为一次，每岁于二月初一日议谷价之日，齐集文会、门长、上下轮司年，将上年出入钱谷帐目秉公查算。”“向来租粒俱收归司年之家，以致强有力者并非司年，擅自收去。……应照大宗祠例，本年与下轮司年眼同公收公贮，司年者不许私收颗粒，违者斥罚。”“本祠钱粮户头半系祖宗的名，岂可拖欠，使祖宗受追呼之辱。应于开征日先完一半，至开忙日完清，俱要司年之人亲身赴柜投纳，即领收附归匣。”“本祠粜卖租粒及一应银两，俱应凭众公同入匣封锁，寄贮殷实之家。如有应用之项，凭众酌量多寡，同门长、文会开匣称给司年之手支用。”“租户退屋之时，司年者决非原经手之人，装摺遗失，岂能稽查？转辗交代，竟有全无窗槅门扇之屋者矣。今会集门长、文会、司年将各处屋宇装摺一一点明，登载于祀产簿内，交屋时，司年之人务必照簿点收，如少则勒令赔补。”[②]此外，对于“进主银两”等相关族产的进项，该族规定：“司年者会同斯文及各堂堂长公封入匣。”[③]该族内部执事人员“司年”的经济管理活动，主要涉及“秉公查算”“出入钱谷帐目”，“公收

① 民国十年刊本，安徽大学徽学研究中心藏。

② 雍正《歙县潭渡孝里黄氏族谱》卷6《康熙己亥公立德庵府君祠规》，清雍正九年刻本，安徽省图书馆藏。

③ 雍正《歙县潭渡孝里黄氏族谱》卷6《公议规条》。

公贮""租粒","亲身赴柜投纳"(即缴纳税粮),"支用""租粒及一应银两","照簿点收""各处屋宇装摺"等方面。在宗族相关财务管理过程中,倘若发生"私收颗粒""装摺遗失"等过失行为,司年要受到"斥罚"或"勒令赔补"等处罚。此外,歙县潭渡黄氏还曾于明崇祯年间订立《各派更定祠规条款》,其中提及:"祠屋日久不无颓圮,管年派祭日同众议价修理,无得袖手推诿。其簿内现在家伙,上下首眼同查交,如有损坏,责令管年经手赔偿。"[①]此处"管年"的经济管理活动主要体现在"同众议价修理"祠屋等方面,与前述"司年"实为同一类性质的管理者,二者的职能极其相似。

清嘉庆年间,歙县棠樾鲍氏宗族商人鲍志道妻汪氏,"置大买田一百亩,税立鲍节俭户,每年租谷归宣忠堂司祠与司年公管"。该族内部执事人员"司年"的经济管理活动主要体现在管理租谷等方面。同一时期,汪氏还捐资设立节俭户义田,以惠族妇。在义租管理方面规定:"收租,三大房房长监收,司祠及三大房管年经收,眼同晒干,上宣忠堂仓内,记明簿扇,实贮干谷若干。次年三月二日,司祠与原监收房长暨原经收管年,会同当年管年三面开仓……查询本堂现在愿要此谷女眷名数,均匀分派。"[②]此处"管年"的经济管理活动主要体现在收租与发放义租谷等方面,与"司年"亦属同一类性质的管理者,他们的经济管理职能颇为相似。

在明代休宁张氏宗族中,有一类执事人员被称作"管年人":"所建厅二次斗银尚不能完备,若行再派,其中多有才力不齐者,今众的议条约数款,日后子孙永远遵守,以作收拾之费。其银俱期三朝日兑出,附[付]与管年人,眼同交附[付]执匣者收贮。"[③]此处"管年人"的主要职责是参与族内相关公产的管理。

在明代休宁程氏宗族中,有一类执事人员被称作"支年者"。明天启元年(1621)休宁程氏订立的《清明挂柏簿》云:"如支年者坟墓不修,礼仪不备,铺设不齐,邀率不齐,结算不清,交管违期,及祭器物件失所损坏者,会中共罚艮

---

① 雍正《歙县潭渡孝里黄氏族谱》卷5崇祯十三年《各派更定祠规条款》。

② 嘉庆《(歙县)棠樾鲍氏宣忠堂支谱》卷17《祀事》。

③ 王钰欣、周绍泉主编:《徽州千年契约文书》(宋元明编)卷6《万历十六年休宁张氏〈建厅簿〉》,第75～78页。

五钱。”“递肉价时岁有贵贱不同，然所差不过一二厘，不若今岁肉卖四分四厘，支年者亦难倍。”①该族“支年者”的经济管理活动主要是围绕清明祭祀时的相关财务管理以及“祭器物件”管理等。在相关财务管理过程中，如有“结算不清”，支年者要受到一定的经济处罚。

三、祠首、祠董、司祠、祠正副的经济管理活动

清光绪《绩溪城西周氏宗谱》卷首《祠规》云：“祠首收租……谷麦贮存祠内……俱于办祭时照时价出支，不得多收报少，少支报多……如祠首有此情弊，即时鸣众，将侵蚀之项照数追出公罚，永不给胙。”该族执事人员“祠首”的经济管理活动主要体现在“收租”及“办祭时照时价出支”租谷等方面。倘若发生“侵蚀”公产等舞弊行为，“祠首”要受到一定的处罚。民国《（绩溪）明经胡氏龙井派宗谱》卷首《明经胡氏龙井派祠规》之“训祠首”条云：“祠之废兴系于祠首，非人则害大，日久亦弊生。……大要修祠宇、省坟墓、核产业、勤算租、整祭器、明用度，遵前人所已行，发前人所未发，毋贪利徇情，毋畏势凌弱，则勤足办事，公足服人，而祠赖以兴矣。”该族执事人员“祠首”的经济管理活动主要体现在“核产业”“勤算租”“明用度”等方面，即负责宗族公产的征收、开支与管理等具体事务。在经济管理过程中，该族对“祠首”提出了“毋贪利徇情，毋畏势凌弱”等素质方面的要求。

清光绪《绩溪县南关许余氏惇叙堂宗谱》卷8《惇叙堂家政》之“理财之人”条云：“一族虽以族长为主，而理财必由合族公举正直精明之人为祠董，或加一二人副之，以司出纳。”该族执事人员“祠董”的经济管理活动主要体现在“理财”等方面。该族对“祠董”人选，提出了“正直精明”等素质方面的要求。

清嘉庆《（歙县）棠樾鲍氏宣忠堂支谱》卷17《祀事·值年规例》云：“大厅及祠宇，先人创造维艰，今复重新，光昭遗泽，遇有渗漏及竹枧损坏，务须随时修理，不得膜置，所需工费，司祠、管年会同支长动支租谷，仍将用过细数开载

① 王钰欣、周绍泉主编：《徽州千年契约文书》（宋元明编）卷8《天启元年休宁程氏立〈清明挂柏簿〉》，第273～274页。

祀簿，以便稽查。"清嘉庆年间，该族商人鲍志道妻汪氏捐资设立节俭户义田，在该义田的义租管理方面则规定："每年租谷归宣忠堂司祠与司年公管，房长稽查。……收租，三大房房长监收，司祠及三大房管年经收……次年三月二日，司祠与原监收房长暨原经收管年，会同当年管年三面开仓。"[①]该族执事人员"司祠"的经济管理活动主要涉及征收与分配义租谷等方面。

在明代中后期，一些徽州宗族受封建官府推行乡约的影响，在族内设置祠正副等执事人员以管理族务。如明代，婺源萧江氏族内的祠正副就参与宗族内部相关经济事务的管理，其中，在"时供赋"方面，该族强调祠正副要按时征缴国税："宗祠江光裕户一应粮差，祠正副要行依期解纳"；在"谨财用"方面，该族强调祠正副对族产的管理："吾族各处岁入田租及前溪渡银，并一应公著公堂等项，祠正副公同出纳，订注簿籍，听从族众查考。祠正一司钥，一司匣，不得兼摄疏失。其干便分理，祠副所司，毋恣忽。"[②]

四、头首、头家、首家、首事、当首、轮首的经济管理活动

清雍正《歙县潭渡孝里黄氏族谱》卷6《祠祀》云："其猪俱照时价买办，每生肉一斤务要剔骨糜烂熟肉九两，大米一斗要熟粿十五斤，糯米一斗务要好酒十壶。族长与下次头首眼同照数称较，如有短少，当年头首赔出，永远为规。"《德庵府君祠规》云："今于康熙五十八年设立新簿，头首出入帐目，定于每岁二月初一日将上年帐目、经手出入数目誊清交递下首，违者公罚。"该族执事人员"头首"的经济管理活动主要涉及"照时价买办"祭祀用品，"出入帐目"等方面。在具体经办和管理过程中，倘若出现过失，"头首"要负责赔偿，或受到相应的处罚。晚清时期绩溪盘川王氏所订《管祠规则》云："每年与经理、头首结账时，务须将公项存数、两季租数以及各项出纳逐细开列，以示共知。如有故意舛错、希图侵蚀亏空者，一经查出，照三倍议罚，另举公直者接理。如或经理、头首知情容隐，一体示罚。""值年头首每逢祭期，前一日打扫

① 嘉庆《(歙县)棠樾鲍氏宣忠堂支谱》卷17《祀事》。

② 万历《萧江全谱》信集《附录》5卷《贞教第七》，明万历刊本，安徽大学徽学研究中心藏。

祠堂，铺设祭器。清明上坟标挂以及收租、复晒一切杂务，均须勤慎将事。至结账之日，亦须到祠眼同结算，稽查弊实，慎无徇情容隐，致干例罚。”[①]该族执事人员“头首”的经济管理活动主要涉及管理“公项存数、两季租数以及各项出纳”，“收租”，参与“结账”“结算”“稽查”等方面。在具体管理过程中，倘若“知情容隐”“徇情容隐”，“头首”要受到一定的处罚。绩溪城西周氏宗族也有执事人员“头首”，其经济管理活动主要是参与“公仝核算”[②]。

明嘉靖十八年(1539)歙县沙溪汪氏订立的《先茔便览义约》中提及：“每岁清明，例编标挂头家六名，递年照序轮流征收租利，至期买办祭仪，标挂唐宋元皇明历代祖墓。”[③]该族执事人员“头家”的经济管理活动主要体现在“征收租利”“买办祭仪”等方面。

明《(休宁)商山吴氏宗法规条》[④]云：“祠中田地山塘屋赁等租、新立水牌，俱轮首家经收，必须一一如数取完。如若懒惰不行取讨，欠缺之数尽是首家赔补充足。”该族执事人员“首家”的经济管理活动主要是参与族内祠产的经收与管理。“首家”对经收祠产负有重要责任，如有“懒惰不行取讨”等情形，欠缺之数则由“首家”负责赔补。

清康熙《歙县汪氏崇本祠条规》[⑤]云：“祭田租利，首事轮管，务期秉公支销。”该族执事人员“首事”的经济管理活动主要体现在管理“祭田租利”“秉公支销”等方面。

明成化十八年(1482)休宁陪郭程氏族人程敏政制订的《重定拜扫规约》中提及：“族众每人出银二钱，每岁轮当首者，以所鸠银两任从生理利息，供祭扫之用，本钱不得擅动，动者，每一钱罚银一两，入拜扫本内。”[⑥]明弘治年间，该族订立义社《会约》，对本族社祭加以规范，其中提及：“在会二十八户，所出

① 民国《绩溪盘川王氏宗谱》卷5《管祠规则》，民国十年木活字本，安徽省图书馆藏。

② 见前引光绪《绩溪城西周氏宗谱》卷首《祠规》。

③ 道光《新安歙西沙溪汪氏族谱》卷12嘉靖十八年《先茔便览义约》，清道光五年刻本，南京图书馆藏。

④ 明抄本，国家图书馆藏。

⑤ 清康熙三十年刻本，安徽省图书馆藏。

⑥ 成化十八年《重定拜扫规约》，弘治《休宁陪郭程氏本宗谱》附录《休宁陪郭程氏赡茔首末》，明弘治十年刻本，安徽省图书馆藏。

银两，收积社内，每年当首领去加息三分，遇春秋二戊，交与下次当首。"[①]该族执事人员"当首"的经济管理活动主要体现在对祭祀经费进行"生理利息"，对会产"领去加息"等方面。"当首"对祭祀经费"生理利息"负有责任，但不得擅动本钱，否则会受到经济处罚。

清乾隆《重修古歙东门许氏宗谱》[②]卷8《许氏家规》云："族长正副于祭毕之时，集轮首收租者而加考察，以验其果至之与不至，毋听其虚应故事而妄对也。有妄对者而罚行焉，庶几人知所警，而次年轮首亦惟率是而行之。"该族执事人员"轮首"的经济管理活动主要是负责祭田租谷的收缴。如若"轮首"有"虚应故事而妄对"等行为，则会受到一定的处罚。

五、司匣、执匣者、司钱谷者、司银钱者的经济管理活动

据清《歙县虹梁村程氏德卿公匣规条》记载，该族内部有一类执事人员被称作"司匣"或"司匣者"："匣内银钱，除坐常支外，再存五十两以备匣用。盈余银两，如坟墓、祠宇、道路、桥梁及一切有光于吾乡公事善事，随时斟酌，请告分长公商举办。如现有盈余银两，司匣不请公商办事，凡系支众咸得理论。""匣内祀田，设被水冲沙涨及田塝坍塌，随时搬沙修理，费用十两以内，司匣四人主之，十两以外，请各分长公同估定，仍归司匣承办。""现在存行匣所有纸笔并新旧归户，公同检明写列号簿，归于一匣，公交登元公支下尚皓、觐、潞、嘉仪、鼎铭、铨收贮。每年六月十五日，分长同司匣至收贮之家验封。""匣内房屋，随时修理，费用十两以内，司匣四人主之，十两以外，请各分长公同估定，仍归司匣承办。""坟山枯树，于大寒前后，四司匣邀同各分长验讫，然后砍去卖钱归匣。""遇有要事，须开纸笔匣，议定四分长、四司匣及另举四人监督同开，不准多人混杂。""义租除在前已发人名外，嗣后倘有领义租者，须本人先向本支支长言明，察其实应周恤，候六月十五算帐之日，代其向各分长申明，候各分长示司匣登入发义租簿，于其名下注明年月日某人……十五日一

① 弘治《休宁陪郭程氏本宗谱》附录《会约》。
② 清乾隆二年刻本，安徽省图书馆藏。

体给发。""租谷粜出之日，司匣开支时钱力钱，为请仓福及赏守仓人之费。""匣内所有田地山塘屋宇以及杂项租息，俱立有簿。司匣四人尽五月内逐一追讨清讫，收入总帐，不得任其有丝毫挂欠。如有挂欠不清者，分长及支众等即……诘司匣四人何以任其挂欠原由，立即公同分别追理，以杜因循徇私、移挪饰混之弊。""租田为祭祀根本，所有租谷必须年清年款，不得任佃户挂欠。设有挂欠未清者，四司匣务于霜降之前追找清讫，毋得懈怠。倘尽九月不交清者，议定不论支丁外姓，定于十月初一日司匣将欠……的名、欠租数目开汇清单，即请各分长到齐公同严追。""支下轮值公事，俱有津贴定规。即排年保长亦有贴办定例，俱定有日期。司匣支发，不得因身值办，借端勒措各租。""嗣后司匣者倘有亏空等事，分长及支众等即行查核追理。"该族"司匣"的经济管理活动主要体现在宗族公匣管理制度运作方面，即负责"匣内银钱""匣内祀田""匣内房屋""匣内所有田地山塘屋宇以及杂项租息"等族内公产和财务的管理与运作。

在明代休宁张氏族内，有一类执事人员被称作"执匣者"[①]，其经济管理职责与前述"司匣"相似，主要是"收贮"公匣银，即负责族内公匣制度的正常运作。

在清代一些徽州宗族内部，某些执事人员被称作"司银钱者""司钱谷者"。如清《歙县虹梁村程氏德卿公匣规条》云："租谷粜出之日……请四分正副长八人齐集于司银钱者家，查核租簿，照数结算。将所有卖得谷银公同并兑，每封五十两，零头银另包，一并谨封，标注年月号头。分长书押，交司银钱者收。""存银存钱于算帐日呈出公验，四分长核算总帐现在存有钱若干，存零银若干，应凑足本年下半年及次年上半年完粮米、办祭祀，及一切津贴支用之数。当公兑出交与四司匣，即将余存银两无论多寡，四分长重复加封书押，交司银钱者收入银匣。"清康熙年间，歙县潭渡黄氏《德庵府君祠规》云："司年终岁勤劳，有罚无赏，恐起人规避之念，应照大宗祠之例，司钱谷者酌给辛力四两。"[②]上述"司银钱者""司钱谷者"的主要职责是负责族内"银钱""钱谷"等

① 见前引《万历十六年休宁张氏〈建厅簿〉》，第75页。

② 雍正《歙县潭渡孝里黄氏族谱》卷6《康熙己亥公立德庵府君祠规·议司年辛力及收租日费》。

相关财产的经营管理。

六、经理、督总、能干、查察的经济管理活动

在清代绩溪盘川王氏宗族内部，有一类执事人员被称作“经理”：“经理四人，由族中公举之。管钱一人，由经理四人中择一身家殷实者充之；司账一人，由经理四人中择一公直勤慎者充之。”“银钱账目不准一人独揽，以杜弊端。每年与经理、头首结账时，务须将公项存数、两季租数以及各项出纳逐细开列，以示共知。……如或经理、头首知情容隐，一体示罚。”[①]该族“经理”的经济管理活动主要是负责管理宗族“银钱账目”。“经理”人选由族中公举产生。在遇到财务管理弊端时，“经理”如若“知情容隐”，则会受到一定的处罚。

清嘉庆《（歙县）棠樾鲍氏宣忠堂支谱》卷19《义田·公议体源户规条》云：“征租定于处暑日，督总与执事者会同族长、文会约定分数。”倘若仓谷亏少，“惟督总及襄事三人是问”。发放义租谷时，要“知会督总，给与经摺”。该族执事人员“督总”的经济管理活动主要体现在参与决定征租事宜、约定征租比例，管理义仓谷，发放义租谷等方面。

清咸丰《绩溪黄氏家庙遗据录》卷1《祠制》之“能干查刷”条云：“各村派丁，或生或故，附近不查，远派尤属难稽。但老能干已成古人，理宜安享祭祀，而新能干名虽登龛，其人现在者多祠事谙练，即故者之子孙，耳闻目见，亦熟识祠事。其查刷之任，义毋容辞。是以甲午（按，即道光十四年，1834年）集众公议，仍着戊子（按，即道光八年）能干四十八人递年专管，就近查刷。”该族执事人员“能干”的经济管理活动主要体现在“查刷”“所收之租与所办之祭”等方面，即负责对族内相关经济和财务活动进行监督。

清光绪《绩溪城西周氏宗谱》卷首《祠规》云：“司值、查察，每年轮派斯文八人，及能干内公举两人，经管祠务，稽查盘算。倘遇有不公不法事件，及刁佃负租，俱系十人经公理论，毋得推诿。”“司值、查察于祭之明日，诣祠盘算各账。”该族执事人员“能干”“查察”的经济管理活动主要是负责宗族财务的日常管理与监督。

---

① 民国《绩溪盘川王氏宗谱》卷5《管祠规则》。

七、文会、斯文的经济管理活动

清雍正《歙县潭渡孝里黄氏族谱》卷6《康熙己亥公立德庵府君祠规》云："本祠粜卖租粒及一应银两……如有应用之项，凭众酌量多寡，同门长、文会开匣称给司年之手支用。"《公议规条》云："春秋二祭日，文会诸公务于辰刻入祠查阅账目，酌议公事，如迟，议罚。"在该族内部，有一类执事人员被称作"文会"或"文会诸公"。需要说明的是，明清时期徽州境内的"文会"，原指宗族或乡族文人饮酒赋诗或切磋学问的团体，此处则被用以指代文会组织中的人，即所谓"文会诸公"。因其文人或儒者的社会身份，作为宗族社会精英的"文会诸公"，常被要求参与宗族内部的财务管理等活动。该族"文会"或"文会诸公"的经济管理活动主要体现在"开匣称给司年之手支用"（即参与宗族公匣财务管理），"入祠查阅账目"等方面。清嘉庆《(歙县)棠樾鲍氏宣忠堂支谱》卷19《公议体源户规条》云："仓谷议以每年二月十五日公祠祭毕，文会、各分长公诣仓所，核簿盘查。"该族执事人员"文会"的经济管理活动主要体现在"公诣仓所，核簿盘查"义仓谷等方面。

清咸丰《绩溪黄氏家庙遗据录》卷1《祠制》之"斯文管匣"条云："祠旧公匣涣无纲纪，流传既久，遗失难稽。今设三匣，编名致、中、和，立簿挂号，有纲有纪。斯文轮管，易于查检。其契据、老簿藏于致字号公匣。斯文、族长、能干、司值各一封条，书押封锁，遇有重大公事，集众拆封。检阅毕，仍即归匣封锁。""胙包额例"条云："其生子上丁，照例交丁粮于公匣，斯文收帐，遵式登上牌行丁簿，随入发包丁簿，以换班之年为限期，或生即上丁，或于冬至、春分二祭，或届限期听其自便。……若斯文、族长、司值徇情互隐，一体罚跪不贷，各宜凛遵。"此处所谓的"斯文"，实为徽州宗族内部的文人或儒者，属于族内社会精英一类的人物。该族执事人员"斯文"的经济管理活动主要体现在参与管理宗族公匣，"收帐，遵式登上牌行丁簿，随入发包丁簿"等方面。"斯文"若有"徇情互隐"等失责行为，要受到罚跪等处罚。

八、结　论

以上对明清徽州宗族内部存在的司值、司事、执事者、执事之人、管事人、司年、管年、管年人、支年者、祠首、祠董、司祠、祠正副、头首、头家、首家、首事、当首、轮首、司匣、执匣者、司钱谷者、司银钱者、经理、督总、能干、查察、文会、斯文等29种称谓的执事人员的经济管理活动进行了初步考察。通过考察，我们认为：在明清徽州宗族社会中，执事人员是一个人数众多、称谓与名目繁杂的人群，他们是所在宗族族务管理运作系统中的重要一员，族内有关经济事务的管理也是他们十分关心和积极参与的一个重要领域。概而言之，明清徽州宗族执事人员的经济管理活动主要体现在“核产业”“勤算租”“明用度”等几个大的方面。具体而言，则涉及租粮的征收和收租比例的确定，赋税的输纳，祭仪的买办，族产的登记、收支、买卖、生息与查核，义租谷的管理与发放，功名胙与功名奖励银的发送，宗族公匣制度的运作，族内经济和财务活动的监督等方面。在经济管理过程中，各类执事人员之间有一定的分工，也有协调与配合，往往协同发挥作用。如清代绩溪城西周氏宗族，“祠首收租”，“司值随时查核”，每年四月初一日，“司值、头首邀同族长、斯文诣祠开报新年四十岁头首，并派新班司值，公仝核算”①。在该族内部，祠首、司值、头首、斯文等各类执事人员在宗族相关经济事务管理中，既分工明确、各司其职，又密切配合、相互监督。为防止各类执事人员在经济管理过程中“贪利徇情”“私自专行”“畏势凌弱”“虚应故事”“侵渔吞噬”，明清徽州宗族对他们的经济活动制订了诸多规范性条款，予以约束；对于其中的徇私舞弊或玩忽职守者，则予以处罚。总之，在明清徽州宗族精心设计与规范运作下，各类执事人员在宗族经济事务管理过程中发挥了各自应有的作用，在一定程度上推动了所在宗族社会经济的良性有序运转。

原载《安徽大学学报》2013年第6期

① 光绪《绩溪城西周氏宗谱》卷首《祠规》。

明清徽州村社运作与宗族关系初探

张小坡

在传统中国，社的崇拜与祭祀源远流长，直到民国时期也未曾中断，深刻影响了中国传统社会的走向。海内外学者对社给予了高度关注，并取得了丰硕的研究成果①。但学界对徽州社的研究尚不多见，日本学者牧野巽考察了明代徽州同族的社祭，认为明代徽州的社“虽然不是一族的祖先，而是庙的一种，宁可说是代表一个地方性的结合体更为适切”②。郑力民以歙南孝女会为例，对祠社关系、社庙结构等社屋的基本形态作了较为深入的分析，并从接菩萨、嬉菩萨、坐菩萨、送菩萨四个阶段解读了迎神赛会③。刘道胜对明清徽州会社关系文书进行了研究，认为以血缘关系为纽带结合而成的宗族会社在徽州传统民间会社中占据重要地位，形形色色的会社使得徽州宗族社会原有的社会结构、组织体系、社会主体更加复杂化和多样化，并在社会运行和演进过程中扮演着不同角色，发挥着不同的功能④。陶明选考察了明清以来徽州

① 可参阅杜正贞《村社传统与明清士绅——山西泽州乡土社会的制度变迁》，上海：上海辞书出版社，2007 年，第 7～13 页；孟宪实《敦煌民间结社研究》，北京：北京大学出版社，2009 年，第 1～18 页。

② [日]牧野巽：《明代同族的社祭记录之一例——关于〈休宁茗洲吴氏家记·社会记〉》，刘淼辑译：《徽州社会经济史研究译文集》，合肥：黄山书社，1988 年，第 125～140 页。

③ 郑力民：《徽州社屋的诸侧面——以歙南孝女会田野个案为例》，赵华富编：《首届国际徽学学术讨论会文集》，合肥：黄山书社，1996 年，第 34～53 页。

④ 刘道胜：《明清徽州宗族文书研究》，合肥：安徽人民出版社，2008 年，第 175～201 页。

会社所反映的信仰习俗,对会社兴盛的原因及其负面影响作了分析[①]。这些成果丰富了我们对传统时期徽州社的认识,但在揭示社的具体运行实态方面还有一定的发掘空间。

现存徽州各类文献中有关社的资料比较丰富,除了乾隆《橙阳散志》、民国《丰南志》等乡镇志的记述外,遗留下来的明清时期徽州族谱也保存了大量社的记载,其中既有立社的序文、社祭文,也有做社规约,还有社田的记载、社首轮值名单等。此外,可供披览的徽州文书中亦有不少社的文书,如安徽省图书馆古籍部就收藏有《生活纪事文稿》《春秋社簿》等数份社祭文书。《生活纪事文稿》分年记载了从天启元年(1621)到弘光元年(1645)婺源朱氏春、秋二社祭祀的轮值、开支等情况;《春秋社簿》为万历刻本,但粗糙不堪,字迹多漫漶不清,记录了项氏举办春秋社祭的规约、利银收入、买房置地文契以及万历九年(1581)清丈户册等,内容颇为丰赡,亦有助于我们对社的理解。

本文即综合利用地方志、族谱、文书以及文集、笔记等文献资料,对明清徽州村社的运作实态及其与宗族的具体关系进行初步分析,不当之处,请方家指正。

一、明清时期徽州社的概况

徽州设社的历史比较悠久,隋唐以前,社就开始零星出现,隆庆《续修新安歙北许村许氏东支世谱》载:"富昇社,在昇溪之右,本里之祖社也。肇建于南梁大同二年,迄宋景定甲子岁,幼学公同族许文伟等修葺,有石刻记文可考。东西二族春祈秋报,岁时崇祀焉。"[②]宋元时期,社在徽州普遍设立,明清达于极盛。如绩溪县,"祭赛社会之俗滥觞于北宋,而极盛于明清之间,兵燹以后此风顿戢"[③]。康熙年间,程庭在返乡展墓日记中写下了家乡的风俗:"徽俗,士夫巨室,多处于乡,每一村落,聚族而居,不杂他姓。其间,社则有

---

① 陶明选:《明清以来徽州民间信仰研究》,复旦大学历史系博士学位论文,2007 年,第 60～70 页。

② 隆庆《续修新安歙北许村许氏东支世谱》卷 2《墓道宫室桥梁考》。

③ 民国《新安柯氏谱》卷 26《杂记》。

屋，宗则有祠，支派有谱，源流难以混淆。”[①]可见，社屋已成为徽州乡村不可或缺的一道景观，以致在歙县许村流传着这样一句俗话：“有女不嫁无祠无社之地。”[②]意思是说许村的女子不能嫁到没有祠堂和社屋的村落，言外之意是将有无祠堂和社屋视为该地是否兴盛的标志，由此可见社屋之于村落的重要性。

明清时期徽州的社有两大系统，一是官方祀典体系下的社稷，徽州府及各县皆于城内设立社稷坛，于每年春秋仲月上戊日进行祭祀，本文略而不论。另一系统则是明初与里甲制度同时推行的里社。洪武八年(1375)，诏天下乡民立社，规定：“凡各处乡村人民，每里一百户内，立坛一所，祀五土五谷之神，专为祈祷雨旸时若，五谷丰登。每岁一户轮当会首，常川洁净坛场，遇春秋二社，预期率办祭物，至日约聚祭祀。其祭用一羊、一豕，酒、果、香烛随用。祭毕，就行会饮。会中先令一人读抑强扶弱之誓，其词曰：‘凡我同里之人，各遵守礼法，毋恃力凌弱。违者先共制之，然后经官。或贫无可赡，周给其家，三年不立，不使与会。其婚姻丧葬有乏，随力相助。如不从众及犯奸盗诈伪，一切非为之人，并不许入会。’读誓词毕，长幼以次就坐，尽欢而退。务在恭敬神明，和睦乡里，以厚风俗。”[③]可见，朱元璋力图将民间的社祭活动纳入官方的祭祀制度[④]。但因经费所限，里社兴废无常，行之不久即多湮没无闻。嘉靖五年(1526)，朝廷又重新明令地方立社。歙县知县孟镇为此将兴社“事理”刻石立碑，要求“永为遵守施行”：

直隶徽州府歙县孟为申明乡约以敦风化事。抄蒙巡差总理粮储兼巡按应天等处地方都察院右都御史陈案验备，仰县遵照。洪武礼制，每里建立里社坛场一所，就查本处淫祠寺观毁改为之，不必劳民伤财，仍行

① 程庭：《若庵集》卷5《春帆纪程》，“四库全书存目丛书”补编第8册，第114页。

② 劳格文、王振忠主编，许骥著：《徽州传统村落社会——许村》，上海：复旦大学出版社，2013年，第391页。

③ 申时行等修：《大明会典》卷94《群祀四·有司祀典下·里社》，《续修四库全书》本。

④ 郑振满指出：“明王朝推行里社制度的目的，是为了把各种宗教活动纳入官方的统一规范，以限制民间集会结社的自由。因此，明代的里社制度不仅是一种宗教制度，同时也是与里甲体制相适应的社会制度。”郑振满：《明清福建里社组织的演变》，郑振满、陈春声主编：《民间信仰与社会空间》，福州：福建人民出版社，2003年，第336～337页。

令各乡图遵行。嘉靖五年二月起，每遇春秋二社，出力办猪羊祭品，依式书写祭文，率领一里人户致祭，五行五献。设礼生冠带几人，务在诚敬丰洁，用虔祈报。祭毕就行会饮，并读抑强扶弱之词，成礼而退。仍于本里内推选年高矜式者一人为约正，有德行兼优者二人副之，照依乡约事宜置立簿二扇，或善或恶者各书一籍，每月一会，务在劝善惩恶，兴礼恤患，以厚风俗。乡社既定，然后立社学设教读以训童蒙，建社仓积粟谷以备凶荒，而古人教养之良法美意，率于此乎寓焉。果能行之，则雨旸时若，五谷丰登，而赋税自充；礼让兴行，风俗淳美，而词讼自简。何待于催科，何劳于听断，而水旱盗贼亦何足虑乎？此敦本尚实之政，良由此者，自当加意举行，不劳催督。各将领过乡约本数，建立过里社处所，选过约正、约副姓名，备造文册，各另径自申报，以凭查核。其兴之有迟速，行之有勤惰，而有司之贤否于此见焉。定于分别劝惩，决不虚示等因。奉此。除遵奉外，今将备蒙案验事理刻石立于本社，永为遵守施行。①

可见，立社坛、设乡约、立社学、建社仓等举措已成为明朝治理乡村社会，构建乡村教化体系的重要环节。清康熙年间，徽州知府张叔珽以为明代之兴社，“其意大率本祈报之文，寓教养之法……一里之人咸聚焉。月有常会，会有常期，相与赏善罚恶，型仁讲义。立社学以训蒙，置社仓以贮谷，俾人自为教，家自为养”，故对江村重建慈化西社之举予以褒扬，并为之撰写碑记②。在官方的鼓励下，社在徽州各地普遍设立。绩溪县里社，“城内及各乡群姓所置，在县东南者名德安社，在五根岭者名连城社，在翠眉麓者名西坛崇德社，并易坛以屋，易主以像”。婺源县“俗重社祭，里团结为会。社之日，击鼓迎神，祭而舞以乐之，祭毕颁肉群饮，语曰：‘社鼓鸣，春草生。’至秋而祭亦如之。闾里之欢，此为近古”③。徽州广大乡村以里为单位立社兴祀，以歙县西溪南为例，该地明清时期有社 10 处④，其情况如表 1 所示：

---

① 《建立社坛示碑》，乾隆《橙阳散志》卷 10《艺文志》。

② 《重建慈化西社记碑》，乾隆《橙阳散志》卷 10《艺文志》。

③ 嘉庆《绩溪县志》卷 7《祀典志・乡祀》；康熙《婺源县志》卷 2《疆域志・风俗》。

④ 民国《丰南志》卷 2《舆地志・社宇》。

表 1 明清徽州歙县西溪南社之概况

名称	诸社之情况
仁德社	旧志云:在街桥西,吴氏世祀之。淳熙中修三门,元泰定年间吴檝等重修,明天顺年间重修,正厅三间,耳房二间,门房一间。正德年间屋墙倒塌,嘉靖间里人吴桢祥等协力喻众出资财修理。祭户旧分上下管,上管一岁祭,下管附吴鳌名等二姓,增吴仁、程志广二户,上管事宜照社簿抄入,下管亦同。鳞册系发字号二千六百九十六号,税三分六厘一毫,见业十六都。
新义社	在仁德社西,瓦屋三间,里人胡志勖等姓所祀,见旧志,现无考。
余村社	旧志云:在星桥西,余村里金氏等所祀,旧有社,今废。嘉靖年重建小屋三间,其额曰"余村仁德社学"。
丙村社	旧志云:在村东丙村里,吕氏等姓所祀,建瓦屋三间。
仁义社	旧志云:在仁义寺门前。今废。
唐朔社	旧志云:在里南,瓦屋三间。
詹塘社	旧志云:在詹塘西南,瓦屋三间。
义兴社	旧志云:潭水淹没,今无存。
郑村社	旧志云:今废。
前山社	在丙社东,今倾塌。

歙县岩寺在明清时期也先后设立永兴义井社、长兴祖社、四义井社等 15 个里社组织①。江村立社的情况则为:"(新安)人心尚朴,事多近古,即乡社之举,至今独能行之,而江村则尤称最焉。其奉祀社稷,素有朝献之仪,每岁轮禋,无论家居恪遵先典,即远游千里外者亦莫不届期而至。其奉醴牵牲,诚敬丰洁,备极情文,可称盛举。"为顺利开展社祭活动,江村"里、外村介塘分二十四股,后并为十六股,轮司祀事,岁于正月上元前三日设祭演剧,陈列方物,广张灯彩,曰'朝献'"②。

古社制强调坛而不屋,多数地方设坛于山下,望山而祭。宋代,社坛开始立庙,庙中社主塑为人像,又配以夫妇,即广为所知的社公、社母。明清时期绩溪县境内的村社普遍易坛以屋,并"肖社神之像以祀之","(二月)戊日祀社,春祈秋报,岁凡二举,里自为域,献豜醉酒,尚遗古风。社神为男女二像,

① 雍正《岩镇志草》元集《里社坛宇》。

② 乾隆《橙阳散志》卷 10《艺文志·重建慈化西社记碑》、卷 6《礼仪志·祭祀》。

庞眉酷首,呼为社公、社母,社前有雨,谓之社公雨,言'社神不能食宿水'"①。清同治年间黟县文人胡朝贺所著《知新录·提要录》亦云:"社翁社母,不饮宿水,故社日必雨,谓之社公雨。"②在明清徽州社会,社公、社母已逐渐成为社屋的代名词。笔者在绩溪县家朋乡幸福村竹里做田野调查时,曾根据康熙《周氏族谱正宗》中的村落图询问社屋遗址,村民周国发脱口而言"社公、社母在村西水口处"。虽然从宋代开始立社庙,但各地并没有完全步调一致,"乡里各自为之,非其国制然也"③。詹元相在《畏斋日记》中记录了清康熙年间婺源县庆源社无坛无庙的情况:"本村独无社坛,虽有社会,而祈报皆不得其所。惟各户轮流充首,迎至各家众屋中祭神、领胙而已。不知社无屋,于众屋中祭社,其事已非,又各户领胙而去,其有剩租,亦第春、秋二祭,其余祈雨祈晴,以及发风、驱耗等事并不之及。此而曰社何也?"④黟县直到清乾隆年间才因"坛场芜秽不洁",开始建庙⑤。社屋一般为一间平房,偶尔也有两进的,规模大小不一。据今人许骥的调查,民国年间,歙县许村社屋为二进三开间,城东高阳社屋则为三进,社屋的内部格局是"下进有厢房两间,用于存放一些祭祀用品。上进是一个大厅,中间是一个神龛,神龛的上方悬挂着一字一匾的四个大字:'土'、'谷'、'维'、'修'。神龛前面摆放着供桌和香炉。供桌的左边安放有大钟,右边是大鼓。"⑥社屋的全称有一定的格式,一般写作"江南徽州府某县某乡某里某社",但社屋门额均以末尾四字例题,如江村的"慈化西社"、呈坎的"长春大社"、岩寺的"长兴祖社""义成祖社"等等。

二、明清徽州村社与宗族

据郑力民的研究,在宋明之间有社无祠的时期内,徽州各姓包括祭祖在内的种种族事活动即是在社中进行,或以社的名义举办,这时的社兼具后世

---

① 康熙《绩溪县志》卷8《祀典志·坛壝》;嘉庆《绩溪县志》卷1《舆地志·风俗》。

② 胡朝贺:《胡藤圃杂著·考·社稷考》,同治甲戌年镌刻,安徽省图书馆古籍部藏。

③ 胡朝贺:《胡藤圃杂著·考·社稷考》,同治甲戌年镌刻,安徽省图书馆古籍部藏。

④ 詹元相:《畏斋日记》,刘和惠标点,《清史资料》第4辑,北京:中华书局,1983年,第199~200页。

⑤ 胡朝贺:《胡藤圃杂著·考·社稷考》,同治甲戌年镌刻,安徽省图书馆古籍部藏。

⑥ 劳格文、王振忠主编,许骥著:《徽州传统村落社会——许村》,第393页。

祠堂的功能[1]。常建华的研究在相当程度上证实了郑力民的观点，不过他强调明代中后期是徽州宗祠大规模兴起之时，而徽州宗祠的出现并且与社祭发生兼容可以追溯到宋元时代[2]。刘道胜亦指出，兴社成为宋元时期聚族而居的徽州地方村族祭祖祀神的重要形式[3]。

明清时期的徽州，社与宗族的关系非常密切，众多的社屋由宗族所建。如休宁双溪毕良夫于明永乐十八年(1420)号召族人重建河南敦睦大社，在交代立社原因时指出："本族重兴祖社，乃先人所立，每岁依时致祭，以祈春种秋成，无失望也。爰自兵燹以后，人事出入，春秋祭祀，礼典缺焉。盖思先有其举，莫敢废也。兹今重兴社，薰莸同类，玉石混淆，于是族众会议，改立为河南敦睦大社。敦者，敦厚风俗；睦者，和睦姻族，是亦继志述事之一端也。"[4]婺源上溪源程氏十九公自宋朝迁居溪源下村，六公迁居溪头上村，建坛于社屋溪。明成化八年(1472)，程思隆等人以坛址弗利，重建于环拱坦，名曰崇兴上社。清雍正七年(1729)程嵩辑录的《新安婺源上溪源程氏乡局记》中收录了此次重建的社庙钟文："崇兴上社居民众信等，切缘社屋溪祖社坛少利，今众发诚心，议照丁粮出财卜地，于水口环拱坦填筑地基，创立社坛，重装圣像，铸造钟鼓，永充供养。上祝皇图巩固，下祈社界清平，壮观山川，匡扶人物，福音有攸归者。"[5]徽州宗族甚至将立社视为聚族的一种手段，万历二十七年，方万山《柘源方氏族谱序》曰："盖自予少时尝见时祭肇举，五派咸来……夫乡社亦聚族之一端也，昔也举同日、散同会，犹有家家扶醉之遗风焉。"[6]

徽州村社的建立存在多种形态，有的为一姓所建，并强调他姓不与，这类村社可称为祖社或族社，如万历休宁《茗洲吴氏家记》在《社会记》的前言中交代："族社也，社名祈宁。"嘉靖《休宁县市吴氏本宗谱》在社款中明确提出："吾吴氏恭立社神，惟本氏一族敬设，不紊外姓，名曰东岸节义社。计户三十有

---

① 郑力民：《徽州社屋的诸侧面——以歙南孝女会田野个案为例》，《首届国际徽学学术讨论会文集》，第34～53页。

② 常建华：《明代宗族研究》，上海：上海人民出版社，2005年，第45～50页。

③ 刘道胜：《明清徽州宗族文书研究》，第177页。

④ 正德《新安毕氏会通族谱》卷15《宫室志》。

⑤ 程嵩：《成化社坛境神庙记(附社庙钟文)》，《新安婺源上溪源程氏乡局记》，抄本。

⑥ 乾隆《歙淳方氏柳山真应庙会宗统谱》卷2《各派谱序》。

一，各备贮银若干，以为春秋祈报之需，年深月久，所积本利颇丰饶，递年出入银数另有收支簿以备存查。”[①]歙县巨川毕氏设立的保厘祖社亦强调唯毕氏族人祀之：“保厘社庙，毕氏共建，春秋祭社稷之神。同治初适遭洪杨兵燹，至光绪壬午之末秋，族人重为建造。然古人何以命名曰保厘祖社邪？盖取毕公保厘东郊之意，保者，安也；厘者，理也。凡我巨川毕氏族人如遇水旱疾疫，皆赖神祇安而理之，所以惟我毕氏族人祀之，他姓不与焉。”[②]

有的村社为多姓同建，如歙县潭渡黄氏的礼堂社，成化间社簿载社户不满三十，黄姓居大半，但仍有其他五姓，而朱姓居其一[③]。民国《新安柯氏谱》载：“嘉庆谱中又有麻田头社屋图，图中标明柯、程、王、董、李五姓同社，社额曰‘忠祈’，一切均与今同。此谱中又有三厅八社户之目，今族人亦传有是说，盖耕心堂派占一户，中和堂派占三户，敦伦堂派占四户，合其八户也。至八户之由来则无可考证，意者当日建社时，柯氏尚只八户，既各输建筑之费于前，复轮举祭赛之典于后，故遂因以得名欤。自咸同兵燹以后，中和堂派、敦伦堂派各有一户乏嗣，实际仅存六户。”[④]由多姓同建的社有一部分在运作过程中逐渐归于单姓控制。据正德《新安毕氏会通族谱》载，歙县上北街毕氏于洪武十七年建河南福庆社稷行祠，“旧与杂姓淆混”，逮弘治癸丑(1493)，毕元、毕永春、毕文玉等人“舍旧而新，惟与毕氏共祀之，而他姓不得与焉”，并创制立法，“甚得其宜，迄今礼乐衣冠容容如也”。毕文理还为之作序，颇可窥见毕氏何以单独立社的缘由：

> 今吾姓社原本与外姓相共，近数年来，老者希故，少者不知上古所立之风，不习规矩，希念至期饱食醉饮，甚则至于语言犯上，或相詈而散，无足观者。吾族众合议曰：“社本集义，今而如此，后必生祸。且吾族众不若另设，仍立祖社之名，春祈秋赛亦复如是。”今弘治十年春始立神牌，依姓郡氏，立河南福庆大社，稷之神是设。为因众姓混杂，无上古之风，弄酒乖张，难以为劝，一年一年，一代一代，尤恐后之子弟同流合污，仿效摧

① 嘉靖《休宁县市吴氏本宗谱》附录卷10《社款》。

② 民国《巨川毕氏宗谱》卷5《宫室志》。

③ 《重订潭滨杂志·礼堂社》，安徽省图书馆古籍部藏。

④ 民国《新安柯氏谱》卷26《杂记》。

毁。吾之族氏古来良善，颇有文风，若不立成规矩，革故从新，亦复如是，是求荣反辱，求亲反疏也，徒哂于人，不如不设矣。今既族义立社，当以仁义处众，禀诸长少，孝悌忠信礼义廉耻数事不可不察，齐家治国亦足为用是云。[①]

歙县东门许氏宗族也是先与本关汪氏斋谕公等共为一社，宋季，荣甫公谋诸族人曰："吾宗人繁衍，当自为一社，春秋祭祀，使子孙序昭穆、习礼义，或商或儒，各勤本业，谨守礼法，毋坠先志。"族人咸称善，于是该族自号为高阳和丰祖社[②]。明宣德二年(1427)，许斯器在为该社营置义田所作序文中也同样强调单独祭社的重要性："昔本族与异姓同奉社稷，后族内蕃衍，兼且异姓溷杂，意其不便，恐无以格神，是用改号高阳和丰祖社。凡遇春秋祭赛，皆吾宗枝子孙虔于祭奠，纯一不溷。逮至于今，咸仗神功，奕叶茂丽，以倍于前。"[③]休宁茗洲吴氏的祈宁社亦经历了先与他姓共社，后将他姓逐出而单独祭社的过程："先是，我社有非我族类溷其间者，凡四户，至正统丁卯社日尽绌之。增入我族户如其数，是社当称族社矣。长老曰：'立社以来，故有纪事。今既称族社，则族属事尤载笔者所当记。'遂于是日具簿牒，书岁候，书牧长，及时事如故。"正统十二年(1447)春社之日，从本族内部增加四户以补前述去除的四户外姓，"是日，绌革吴宗成等非类者四户，新入德烜、德安、德皓、敏文四户"[④]。从这个层面而言，由单姓祭祀的社也便具有族社的性质。

三、明清徽州村社的经费筹措与管理

社祭每年依例分为春社、秋社两次举办，由此需要一定的经费以维系社的正常运转。明清时期徽州各地村社的经费来源各有不同，但举其要者多集中在银和田两种形态上。有的社系社户出资襄助，如歙县虹梁村《程氏得卿公匣规条》规定："支下轮值春秋两社，每户匣内贴纹银四钱。今议定发元丝

① 正德《新安毕氏会通族谱》卷15《宫室志》。
② 崇祯《重修古歙东门许氏宗谱》卷10《社序》。
③ 乾隆《重修古歙东门许氏宗谱》卷10《本社营置义田序》。
④ 万历《茗洲吴氏家记》卷10《社会记》。

银四钱一分二厘，社前十五日发。"[1]歙县潭渡长至社规定，新入社者须出钞半锭，否则不许入分，并对旧社产立碑为记[2]。又如徽州项氏宗族，其族内旧例，新婚者每遇元宵，送花烛一对至祠堂，以求子嗣，按例设醴以酬答，后变其规，要求出银1钱5分入社，如此，项氏子孙便无需另外设置社田。经过多年积累，项氏春秋社的本利银已达124两余，除买田外，剩余银两放款生息。此外还规定，在64户社户中，新入者每户出5钱作为生息资本，违者以不义黜之。嘉靖十五年，社内资产清查情况如下："今查众社内新旧银租二簿，置买山场田地，由成化丁未年在社子孙新娶者喜出花烛银一钱五分包利。至正德壬申始，买田起共存银一百二十四两二钱。后入社者出银五钱，又贡巧坑等处山场银放有利，田山有花，年积月累，共买民粮两硕，皆赖六十四户创。"从嘉靖十九年到三十年，项氏春秋社共有本银23两1钱8分，而利银达151两2钱，两者共计174两3钱6分[3]。休宁县陪郭程氏在会约中规定，在会28户所出银两投积社内，每年由社首领去，加息3分，过春秋二戊，交与下次社首，社内各户添丁助银3分，亦同交付生息，不许隐匿侵欺，违者一罚倍十。另外，"在会人户每过二戊，亲赏缗币一付至当首，众取齐行礼，复以任时为约，有不至者罚银三分入众"。程氏族社还置有社田，订立合同，严禁社户盗卖：

> 我培[陪]郭程氏自宋元以来置立社田，具立规约，窃恐子孙众多，贤愚难保，原置文簿一扇或有损失，今立合同与诸房子孙收执，如有将社内田土盗卖及将存众钱本侵欺者，各执赴官陈告追给，仍将本人坐罪不孝，毋许入会者。
>
> 弘治十年八月十九日培[陪]郭程氏义社族众(以下28人名略)[4]

清嘉庆十一年(1806)，歙县二十二图一都的郝、方、佘三姓公立社公神会，签订合同，对社内经费作出规定：

> 立议合同人郝、方、佘三姓人等，今因公议新起社公神会，名下议定

---

① 《歙县虹梁村程氏得卿公匣规条》，安徽大学徽学研究中心资料室所藏复印本。

② 雍正《潭渡孝里黄氏族谱》卷6《祠祀·元至正己丑长至社众公立礼堂旧社产土碑记》。

③ 万历《春秋社簿·查簿遗》，安徽省图书馆古籍部藏。

④ 弘治《休宁陪郭程氏本宗谱》附录《书锦坊陪郭义社首末》之《会约》《社田合同》。

每家喜取出银公放生息,其利言定会内支用,自议过之后无得退悔。公众退还银五钱,有本无利,倘有日后发大人圣,出银家家有份,如有无后,不得退还。其会二人合管,十二个月为满,将账算清以交下首,轮流交管。倘有上首不清,今首者倍赏。倘有人借去,须要硬保包付,方借用,不能自便取用。恐口无凭,立此合同一样二纸,各执一纸,永远存照。①

明清徽州村社的运作采取社首轮值制,当值社首负责该年春秋二祭的各事项,如办理不周,众议予以惩罚。休宁陪郭程氏订立了13年的社首当值顺序,每年春祈秋报各有一至二人轮值。流传于民间的《村社竹枝词》反映了社首操持忙碌的景象:"提灯社长唤邻家,今夜须教算莫差;某项某钱该某步,丝毫准折到棉纱。"②崇祯《生活纪事文稿》对每次社祭情况均记录在案,如崇祯六年(1633)八月十九日秋报,"头首弟子朱祉祚,酒肉羹饭俱好,鲞多一头,众议照前罚银三分整,家伙照旧不缺"。崇祯十年八月初三日秋报,"头首弟子朱立党等,酒肉羹饭皆好,家伙照旧"。社首既承其责,也享有一定的权力。如绩溪县谷川柯氏的祖社名曰平安,向分六户。六户中推举一户轮流充当社首,每逢春社日为新旧社首换班之期,先行祀社,祀后新社首把米馃等物品颁给其余社户中有交谊者,并赠送给亲邻好友,旧社首亦如之,只是用蒸糕散发。每年元旦开门祭祀天地,须社首先举,届时合族数百家盥洗沐浴,执香以待,一闻社首鸣爆,则全村爆竹齐发;到除夕封门时,社首又居最后,如果社首已封门,而族众犹有未封者,则封门时不得鸣爆,违背此例者,族众共罚之。交年节也向无定期,例于腊八日由社首择定宣示大众③。歙县潭渡春、秋二社皆设祭,虽然入社者有百户之多,"惟前后值年之二十户与祭,祭毕具饮福之礼,酒必老醇,肴必丰腆,炙鸡烹鱼,大胾肥脔,观者无不朵颐,稍有不善,则起訾之,盖循甲乙迭为宾主故也,然所费不赀,贫者每以为苦"④。

为保证社祭的顺利进行,明清徽州众多村社还制定了严格的社规。如

---

① 《歙县二十二都一图方氏文书·清嘉庆十一年十月郝、方、佘三姓人等立议合同》,刘伯山主编:《徽州文书》第3辑第3册,桂林:广西师范大学出版社,2009年,第135页。

② 欧阳发、洪钢编著:《安徽竹枝词》,合肥:黄山书社,1993年,第60页。

③ 民国《新安柯氏谱》卷26《杂记》。

④ 《重订潭滨杂志·社烛》,安徽省图书馆古籍部藏。

《休宁县市吴氏本宗谱》收录的社款对立社的目的、如何办祭、社田的经管等方面作出详细规定。社规是保证村社正常运行的章程，是社祭活动的准则，由社内全体成员共同制定，在经过成员同意之后开始生效，对全体成员产生约束力。一些村社还会对社规进行修改补充，如万历《春秋社簿》就先后收录了正德七年(1512)、嘉靖十五年(1536)、隆庆元年(1567)制定的社例条则，这为我们解读明代村社的管理运行实态提供了连续性的史料，有助于加深对明代徽州村社的认识。

正德七年订立了6条社例规则，主要是对社首所办酒馔及社银管理作出规定：

一、众社户尝牲，社首四人各己出肝、大肠五斤，好酒三杯，众用。

一、各社户出糯米半升，籼米一升，盐一两，纸十张，谷一秤。

一、赛社，各社首出好酒五杯及尝牲酒，如淡酸，倍罚之。

一、借银人户秋社之日领去，至次年秋社日齐要交纳，预期三日，社首同议各户催取，如期有误，每一日倍罚利一钱。

一、借社银照依前例供息，本利俱要白银，如有成色高低，凭众估补。

一、社之日以敬神为本，如在家而不亲莅者以亵渎论，罚白银一钱，如商游出外者不在此限，有子孙者许令替之。

嘉靖十五年秋，由众社户重新议订的社规比正德七年的社规要详细具体，有10条之多，从准备祭祀到祭祀礼仪的制定直至祭祀结束的分胙宴饮皆作了安排，涉及社祭的各个环节，其中有7条是对社首的规定，可看出社首在整个社祭过程中的重要性：

一、各社首每遇春秋二祭，先三日示谕各社户并执事者一十六人，务要斋戒沐浴，至是日清晨，各穿本色礼衣至祭坛行礼助祭，违者罚银五分入社公用。

一、各社首预集鼓乐，敬具祝版祭文，整备桌面各一张，奠食各三盏，羹饭各一碗，全猪各一口。五更，社首鸣锣一通，晓谕社户，亲临助祭，以敬为本，毋得懈怠喧哗，违者照前罚银公用。

一、例支社银一钱买香烛纸敬神。

一、未祭祀前十日，社首各出白糯米二斗，眼同上手社首造酒以备祭赛,众除干谷二秤抵还社首。如有造酒不如法者,俱是社首倍偿。

一、祭祀毕分胙外,其余猪首肝肺杂物烹熟,每户二株,好酒一壶,照依昭穆次序而饮。所言者皆寓道理之事,如有搀越次序,喧哗妄语,不依家规者,亦照前例罚银公用。

一、赛社毕,如不在家者,社首将所得酒肉送至大门之外,交与领去。如有不遵家规,闯至席内喧攘者,社首人户各照前例罚银。

一、社户名目务要照依房分,子承父名,排行次序,以便轮该社首。如有搀越者,亦照前例罚银公用。

一、每社首止许答牲首七斤、脚二只,余多不用。

一、社毕三日供,要将银两租谷结算明白交与下手社首,违者照前例罚。

一、社银,众举公道社首二人经管收支,如有不遵混收者照前例罚。

隆庆元年秋,又由九房尊长及公直者议立规约,该规约仅有4条,主要是对借社银逾期不还者社首如何催讨惩罚,以及对盗取社内器物者如何处理等作出规定,能够看出是对正德七年和嘉靖十五年所定规条的补充:

一、正借社银者至社日不还,众议停胙。

一、外借银者社日不还,照例除银一两,出社仍欠,照数加利扣算还社。如不还,众社户协同社首登门攻取,如社首不行催取以致拖欠,情甚不堪,仍要经手者催完,方许给胙,如不完,经手、社首一例停胙。

一、经收社内器皿等物乘盗匿不还者,将一家生日设誓,愿赔者听。

一、乘机盗社内器物赃证明白者坐赔,不准设誓,外人盗者,获赃报给赏告追。

四、余　论

传统徽州是中国境内宗族组织和宗族制度最为发达的地区之一,徽州地区的宗族制度堪称正统宗族制传承的典型。陈瑞指出,在中国宗族发展史上,徽州宗族已形成一种颇具自身鲜明个性特征的模式,或可称为宗族发展的"徽州模式"[①]。也正因为宗族在徽州具有广泛而深刻的影响，所以宗族与村社形成彼此难分的密切关系也就不难理解了。明中叶以后，随着徽州宗族组织的不断完善，官方法定的里社祭祀制度因经费无常而趋于衰落的背景下，聚族而居的特征使得村社与宗族逐步融合，以族立社，社为宗族所有，各村的社庙有相当一部分成为家族的家庙。郑振满在研究明清福建里社组织的演变时曾指出："清中叶以后，随着'分社''分祭'的日益盛行，里社组织逐渐趋于家族化、社区化或社团化。"[②]我们由此不难看出，徽州和福建两地在里社趋于家族化的时间上有先后之别。祭祀是徽州宗族的重要日常活动，宗族将社祭纳入岁时祭祀系统之中，既保证了村社的良性运行，同时也通过举办社祭，强化了宗族认同，实现了一定程度的宗族整合。"社"作为一种地缘关系的象征机制，与以血缘关系为纽带的宗族共同构成地方社会的关系网络。围绕社祭及其所衍生出的迎神赛会，成为展示宗族实力，进行地域社会权力再分配的重要契机。探讨村社的运作，在某种程度上为我们考察明清徽州宗族及地方社会提供了一个独特的视角。

原载《安徽大学学报》2014 年第 6 期

---

① 陈瑞：《明清徽州宗族与乡村社会控制》，合肥：安徽大学出版社，2013 年，第 2 页。

② 郑振满：《明清福建里社组织的演变》，郑振满、陈春声主编：《民间信仰与社会空间》，第 351 页。

清代徽州家政与乡族社会的善治

胡中生

宋明以来，徽州家族组织发展非常迅速。伴随家族发展壮大而来的，是日益严密的组织建设和道德教化。家族的组织化建设和教化权的巩固是徽州乡村和宗族组织实现善治的重要保证。清代徽州家族形成了一整套非常完整的教化体系，包括家训（祖训）、家礼、家政、家法（族规、祠约等），体现了徽州家族的组织化在进一步发展。不管是组织化还是推进教化，都是以家族经济为后盾，以儒家伦理道德为意识形态，最终达到对地方社会实施管理和控制。家政主要关注的是家族内部的民生问题及其解决。一些清代学者如顾炎武、魏源等也意识到，政府在民生事务方面的无所作为，导致教化权下移，而宗族的教化功能则有助于国家强大①。宗族通过义庄建设，佐助国家“教民”“养民”，端正风俗，维系人心，是地方社会秩序的维护者②。学术界也探讨了徽州宗族主导下的社会保障和社会救助，认为明清时期的徽州民间社会保障几乎是以血缘性的宗族保障覆盖整个社会，徽商利润是其主要的经济来源，其思想出发点是儒家的敦亲睦族尚仁尚义③。徽州宗族具有救荒功能，为了有效维持族人的基本生存及宗族社会秩序的稳定，徽州宗族非常重

① （清）顾炎武：《顾亭林诗文集·文集》卷5《裴村记》，北京：中华书局，1983年，第101页。

② （清）魏源：《魏源集·庐江章氏义庄记》，北京：中华书局，1976年，第502页。

③ 唐力行、徐茂明：《明清以来徽州与苏州社会保障的比较研究》，《江海学刊》2004年第3期。

视救济贫困族人，并通过设义田、义仓、学田等途径积极开展内部救济[①]。本文主要从家政着手，探讨徽州家族的组织化及其教化体系建设，并以此说明徽州乡族社会的治理情况。

一、家政是乡族教化体系中的重要一环

从字义理解，“家政”就是一个家庭或家族的管理制度及其内外事务。不管是小家庭还是同居共财的大家庭，甚或是宗族，家政都需要由专人督理，这是由中国传统的家长制决定的。唐朝末年，王延钊因战乱“退居陀川”，后来生有十子。他死后，孙曾四代同堂共 65 年，“第三世则有若仁绍公，四世则有若文真公、文询公、文霸公、文盛公，五世则有若德諲公、德聪公，六世则有若元厚公，先后维特，递领家政。盖当是时，一门雍肃，蒸濡成风，贤裔为不少矣”[②]。徽州家谱中这类关于家政的表述比较多，针对个人的有“理家政”“领家政”“当家政”“任家政”“厘家政”“兼家政”“督家政”“持家政”“襄家政”“栉束家政”等。明代家谱中已经把家政和修谱联系起来。嘉靖年间著名理学家邹守益在一篇谱序中就说：“谱，其文也；家政，其实也。使谱备而家政不修，则谱亦罔焉耳矣。此可以为世训也已，惟循而行之，无致为虚文可也。”[③]清代谱序中也说：“余惟修谱一事最为一族且要之图，乃人伦之根本，家政之极大者也。”[④]清代徽州家谱已有关于“家政”的专章，把家政作为收族的一个重要部分。

清代徽州家谱中关于家政的内涵有广义和狭义之分。狭义上的家政，是与家训、家礼、家法构成一体的乡族教化、治理体系的一部分。绩溪许余氏

---

① 周致元：《明代徽州官府与宗族的救荒功能》，《安徽大学学报》2006 年第 1 期；陈瑞：《明清时期徽州宗族的内部救济》，《中国农史》2007 年第 1 期；柏家文、朱正业：《明清徽州社会救助体系浅论》，《江淮论坛》2012 年第 3 期。

② 光绪婺源《槐溪王氏宗谱》卷 10《武口二世祖待制公传》，光绪十九年世贤堂木活字本。

③ （明）邹守益：《沙隄李氏宗谱序》（嘉靖二十五年），乾隆《三田李氏重修宗谱》卷 37，乾隆三十六年刻本，国家图书馆藏。

④ （清）胡肇龄：《绩溪县东关戴氏续修宗谱序》，光绪绩溪《戴氏宗谱》卷首，光绪十五年刻本。

《南关惇叙堂宗谱》专门设有"家政"篇，其对家政的理解是"族中别无所谓家政，不过理财而已"[①]。该谱还在"家法"中谈到了与"家政"的关系，罗列了家训、家礼、家政和家法这四者不可不行的理由，强调家政是一种恩泽和善举："然必每年宣讲家训，每岁遵行家礼，每事举行家政，然后可以行家法。若不讲家训，是不教而杀；不行家礼，是无风化；不举家政，是无恩泽。专行家法，恶人未必感服也。"[②]

《仙源杜氏宗谱》认为家政是一种家族治理的行事规范，家谱中要载明家训、家礼、家政、家法的必要性："家有训则知义，家有礼则知序，家有政则知体，家有法则知戒，此家训、家礼、家政、家法所以有裨于王道而不可不讲。"[③]

从以上引文可以看出家训、家礼、家政和家法在乡族社会教化体系中的不同之处。"家训"是每年定期要宣讲的，以便让族人明白礼义廉耻，它强调的是一种"义"；若不讲家训，是不教而杀。"家礼"是要切实遵行的，它强调的是传统社会的道德秩序，在徽州主要遵行的是朱熹《家礼》；若不行家礼，则乡村社会无风化。"家政"是针对家族内部具体事务的，相当于我们今天所强调的民生事务；若不举家政，则家族对族人无恩泽，乡族社会实现不了善治。"家法"则代表了一种家族强制力，是对某类行为的惩戒；如果一个家族不讲家训、不遵家礼、不举家政，而专行家法，族人未必感恩心服。因此，狭义上的"家政"更强调家族内部的理财和周恤恩泽行为，有了财力才有能力周恤族人。而作为具有强制力的家法，则是家族实现善治的最后一环，在讲家训、行家礼、举家政之后，如果仍有族人违法犯上，才动用家法予以惩处。

广义上的家政可以与国政相对，但更强调家训等道德教化方面。绩溪县《梁安高氏宗谱》有一篇《家政叙》：

> 昔孔子告冉有以家事别于国政，是家不得言政，所以防僭越耳。其于君陈所谓施于家有政者，则谓是亦为政，诚以治国本乎齐家，以是见家国之通也。我族自李唐南迁，至今四十余世，其间科甲蝉联，簪缨继起，而瓜绵椒衍，子姓日繁，已足见世德之灵长矣。向因宗祠未竣，未修祠

① 光绪绩溪《南关惇叙堂宗谱》卷8《惇叙堂家政》，光绪十五年刻本。

② 光绪绩溪《南关惇叙堂宗谱》卷8《惇叙堂家法》。

③ 光绪《仙源杜氏宗谱》卷首《凡例》，光绪二十一年刻本。

谱。非无谱也，有各派分修之谱而无合族统修之谱，有各自缮写之谱而无同出刊印之谱，于是见人心之不齐，非所以齐家也。同治壬申，族人始议统修刊印之谱。光绪丁丑始克蒇事。佩不敏，惟竭其驽钝之力蝺蹶以从。夫既有统修之印谱以别昭穆、辨亲疏、明长幼，人心庶可齐矣。然不可无齐之之法也，谨辑先世所传祖训家法条著于篇，名之曰“家政”。太史公谓“礼禁于未然而法治于已然”，治国如斯，治家无异术也；治家如是，治国无异术也。然上下以法制相维，宗族以恩谊相结，彼治国者尚不可以专治法，而况于治家乎？然则家政中虽祖训与家法并列，而所以厚性情、美风俗、光前而裕后者固专在祖训也。苟使后之人聪听无忘而兢兢持守，所谓人人亲其亲、长其长，而天下平，将国法且无所用，于家法何有？则即以家训为家政可也。[①]

该序的作者是高氏后裔佩，很明显他是一个儒家知识分子。对于儒家来说，修身、齐家、治国、平天下是一个整体，“诚以治国本乎齐家，以是见家国之通也”。如何齐家？得有“齐家之法”，即作者所谓的“先世所传祖训家法”，这也就是作者所谓的“家政”。很显然，此处的“家政”涵盖了广泛意义上的族规家法，包括家训、家礼、家政、家法。而在这四者当中，作者更强调的是家训、祖训，因为“厚性情、美风俗、光前而裕后者固专在祖训也”，如果人人能恪守祖训、家训，国法即无所用；同样，作为惩戒性的家法也无所用。

实际上，在徽州家谱中，家政的用法是比较随意的，既有伦理道德教化方面的，也有理财与救济方面的，也有指家族各种内外事务的，如“寻常总理家政，内外井井，绝不假手于人”[②]。家谱中有很多家政涉及女性，针对女性的用法也颇有异。在祁门《历溪琅玡王氏宗谱》中，描绘明代处士王泰原：“笃诗书，明礼乐，惇伦理，立大节，略细故，以厘家政。”[③]而对明代一位女性的描述则是：“节妇年方三十，□□孑立，自当家政。有利其产者，节妇词严谊正，不

① 光绪绩溪《梁安高氏宗谱》卷11《家政叙》，光绪三年木活字本。

② （清）彭会淇：《彭绿洲宫詹祝子立公七十序》（康熙四十二年），雍正《江村洪氏家谱》卷11，雍正八年刻本。

③ 咸丰祁门《历溪琅琊王氏宗谱》卷1《明处士王公泰原墓碑铭》，安徽大学徽学研究中心复印件。

屈声势，以故群邪自息，而家业以存。”[①]同一部家谱中，说男子“厘家政”，好像更强调道德教化，而说女性“当家政”，似乎更强调家业，强调经济层面。其他谱中也有类似情况，如“太公挟策远游，太母即庀其家政，供滫瀡以奉姑惟谨”[②]。“庀”有私下帮助、从旁协助之意。当然，这可能也是针对女性的身份限制而言的，家族的道德教化权只有男子能掌控。如果家政的面更宽一些，有男子督理家政，女子则只能“庀其家政”“赞襄家政”或“襄家政”[③]。家政的好坏与女子贤否有密切关系，如果女子不贤，可能会败坏家政[④]。

二、家政体现了乡族社会的救助机制

绩溪县许余氏《南关惇叙堂宗谱》卷8《惇叙堂家政》从七个方面阐述了家族的理财与民生，分别为：理财、祭祀、营造、养老、赈贫、助学、救荒。在理财部分，特别强调“理财之人”的重要：

族中别无所谓家政，不过理财而已。古人有言：穷村乡富公堂。公堂富则虽众户贫寒，或助或借，缓急有恃。故一族虽以族长为主，而理财必由合族公举正直精明之人为祠董，或加一二人副之，以司出纳。如其诚心经理，使公堂丰足，合族受惠，百年后于报功祠立神主以祀之。俗所谓能干祠也。倘或侵公肥己，无功有过，虽终身管理祠堂，没后不许滥入。

一个家族是否有善于理财之人，实际上决定了一个家族的兴衰。“穷村乡富公堂”的确是徽州乡族社会的一个典型特点，这体现了祠堂在徽州至高无上的地位。祠堂作为家族管理机构和集体经济形式而存在，只要祠堂财力雄厚，宗族内部的小家庭或者个人一旦出现紧急情况，就可以向祠堂请求援

---

① 咸丰祁门《历溪琅琊王氏宗谱》卷10《明节妇叶氏传》。

② （明）金继震：《蓝田逸老堂燕喜序》（明万历间），乾隆《三田李氏重修宗谱》卷37。

③ 洪昌《奠元配程氏孺人文》曰：“自汝之归吾门也，于今二十三年矣。汝之事吾高堂也竭其孝，汝之襄吾家政也得其宜，汝之相昌也以敬，汝之抚儿女也以慈。至于汝之妯娌睦、御下严，事事之合乎轨度者固不胜述，亦不必为汝尽述也。”雍正《江村洪氏家谱》卷8。

④ 婺源槐溪王氏宗规曰：“家之和与不和皆系妇人之贤否……其不贤者狼戾妬忌，恃强欺弱，摇唇鼓舌，面是背非，争长竞短，以坏家政，如此之类是也。福善祸淫，天道昭昭，为妇者必当鉴此。”光绪婺源《槐溪王氏宗谱》卷首《宗规十六条》，光绪十九年世贤堂木活字本。

助，或者向祠堂借贷。所以，对于一个宗族来说，族长地位虽然很高，是家族的主宰，但一定要有正直精明的人充任祠董，还要配备几个副手。如果他们能够为祠堂创收，整个家族都将受惠，他们也将在家族内确立自己的地位，死后享祀于报功祠或能干祠。在徽州的确有很多能干祠，这说明徽州人在家族理财方面的确非常能干，也十分热衷于为家族理财。

另外六条具体的家族善政是：

祭祀之用。每年春冬祭祀，牲仪、酒食、香帛及照例颁胙各费，均出于祀产租息，仍可有余，不可不足。凶年则祀品皆从省俭，不用鼓乐。

营造之用。凡修整祠堂、坟墓及应办器用，祀租无余，则随所用之数而劝捐于富户、中户，极贫者不可苛派。

养老之用。凡生平公谨，至年老又遭患难，无子侄服亲，无田产者，于祠祀产拨租以养之。如祀租无余，每年由祠董与族内富户派送月米，如无富户，则中户派送，不得任其转辗沟壑，不得视其流离乞丐。如本族有年老饥寒乞丐者，即族长、祠董与富户、亲房之罪也。

赈贫之用。凡家贫孤儿寡妇与疲癃残疾，及年壮遇灾遇病、素行归真、衣食无赖而无服亲者，祠董拨祀租以赈之。如祀租无余，于合族上户及其近房派送月米。在节妇则尤当加礼，其寡妇与疲癃残疾俱赈之终身。孤子、病人以年长、病好为度，孤子日后发财则捐资为义田义仓以济后之贫者。

助学之用。族中子弟读书三五年，如果天资高妙与天资平等而志大心专者，其家贫无力，则祠董于祀租每年拨助学资。如祀租无余，则于上户亲房劝其扶助，中举则偿其本。

救荒之用。每遇荒年，如既无义仓又无祀租可拨，族长、祠董会计合族富户捐资，以保合族贫户断不至家家赤贫，家家无粮。务求一族之富人能保全一族之贫民，不使一人独受饥寒。富者有钱出钱，有谷出谷。倘明明有钱有谷，为富不仁，凡以上各条从中违拗，以致祖训家政徒为具文，贫民求生无路，则由本族持此谱呈官求究，以不孝不义之罪治之。

以上各条皆由文会不足、无义仓之故，如果显宦富商能捐巨资置田产为义田义仓，使鳏寡孤独、疲癃残疾、水旱凶祸、节妇志士皆有所赖，只由祠董按例举行而不烦临时劝捐，尤为无穷善举。然此事不患无财，而患无理财之人，亦不患无理财之人，特患无能理财而好善之人耳。凡人欲后日昌盛，必做好事，欲做好事，必先从亲族做起。苟能洗心不染以理此事，使合族免饥寒之苦，何患日后不昌盛乎！

这六条都是规定祠堂财富的用途，具体说就是要用于改善家族内部的民生、应付紧急情况、保障特殊族人。正是因为祠堂财富能够给族人以实际恩泽，因此，一旦祠堂财富力有不逮，则需要族内其他力量伸出援手。不同的事务要求的援助力量也不同。祭祀是宗族的头等大事，在六条善政中位列第一，所以，祠堂财富——主要是祀产租息，首先是为了保障宗族祭祀。只要是正常年份，祀产租息足可应付祭祀之用，而且还有剩余；一旦遇到灾荒年头，“则祀品皆从省俭，不用鼓乐”。

营造主要涉及的是修建祠堂、坟墓，以及置办相关器具。如果祀租不足，就要劝捐，劝捐的对象是族内的富户、中户，特别规定“极贫者不可苛派”。有的宗族修祠是面向族内全体男丁分摊费用，而许余氏惇叙堂禁止向极贫者劝捐则是一条非常人性化的善政。应该说，修建祠堂、坟墓，泽及后裔，只要是稍有能力的族人都不会也不愿袖手旁观。所以，家政在这方面并没有强行劝捐，而是禁止向某些极贫者强行劝捐。

养老并非针对族内所有老人，而是生平公谨、没有子侄服亲、没有田产的老人。如果祀租不足，则要求祠董和族内富户派送月米，如果没有富户就要求中户承担。总而言之，不能放任不管。如果族内老人因此沦为乞丐，那么族长、祠董和亲房富户要负起连带责任。对于徽州这个典型的乡族社会来说，这条规定尤其具有极强的针对性，族长作为一族之长，负有领导责任；祠董作为家族经济管理人，负有直接责任；亲房富户负有血缘伦理上的连带责任。如果每个家族都有如此善政，那么社会必定会实现善治。

赈贫作为家族的又一善政，其赈济对象主要是两类人，一类是寡妇和残疾人，他们终身受赈；一类是孤儿和病人，他们受赈有着时间限制，孤儿长大成人、病人病好之后就会中止赈济。如果祀租不足，那么族内上户和近房就要承担赈贫的责任。这里特别强调的是两点：第一是对贞节寡妇，要“尤当加礼”，这在中国传统社会实际上是褒奖寡妇守节的配套措施，有了宗族的经济援助，寡妇可以安心伺候老人、抚养孩子。在徽州这样一个经商人口众多的社会里，一方面商人死亡率很高，另一方面有更多的商人夫妻实际上处于两地分居状态。所以许多徽商家庭是残缺不全的，如果不能稳定住商人妇这个群体，徽州社会将会动荡不安。因此，赈济寡妇是徽州社会必须面对的一个大问题。对寡妇施以经济援助，同时给以礼遇，甚至上报朝廷请求旌表，在徽州也具有极强的针对性。第二是对孤儿，要资助他们直至成人，但特别强调其成人后，如果发财了要回馈宗族。家族善政培养出家族善人，如此形成良性循环，何愁不能实现乡族善治！

助学是徽州家族实现振兴的关键，所以要不惜代价培养族内子弟读书中举。如果祀租不足，上户、亲房必须承担扶助责任。但是这种扶助同样不是单向的，一旦中举，被扶助人要知恩图报，向扶助人偿还扶助的本钱。

救荒最能体现一个家族共同行动的能力，也是在恶劣环境下对乡族善政的考验。该族特别强调，“务求一族之富人能保全一族之贫民，不使一人独受饥寒”。这个规定体现了该家族具备集体行动的能力，具备在恶劣环境下实现善治的理念基础。“为富不仁”在中国传统乡族社会是非常令人不耻的行为，所以，一旦族内有人“为富不仁”，导致“贫民求生无路”，就可以呈官究治，“以不孝不义之罪治之”。

从许余氏惇叙堂的家政中，我们看到了很多善政，而这些善政往往都面临祀租不足的情况，所以对族内的富户、中户提出了很高的要求。更让人感慨的是，很多善举是从宗族全体利益着手，如对寡妇的终身赈济，对优秀子弟的学习资助；也有一些善举是双向的，受益人在有能力后，要回报资助过他的人，资助宗族内需要资助的人。这样形成一种良性循环，由宗族理财到实施善政，再到最后实现善治。由此可见，从理财到周恤，徽州家政可以视为民间的一种救助机制。家政规范对徽州乡族社会善治的实现，具有不可或缺的作用。虽然家政内涵不一样，但对于民间来说，最重要的就是民生功能。

三、家政是一种成熟的家族管理制度

广义上的家政包含了家族内部治理以及涉外的各项事务。光绪《仙源杜氏宗谱》卷首有《家政十四条》，实际上就是家族治理的规章制度，但却与家训的口气颇为相似。抄录如下：

宗庙宜肃。宗庙者，祖宗精魂常聚之所，闲时宜锁钥，不准常开，以昭清肃。不准堆积物件，每月朔望及四时八节祠仆务须打扫洁净，以备管祭者嗄饭敬香。大宗祠及各分支祠一体皆然。

祭祀宜谨。……临祭之时尚诚敬，尚肃穆。跛倚喧哗，皆非所以通神明之道。自今以后，临祭之时，大堂两柱各悬一大粉牌，一书“禁止喧哗”四字，一书“闲人俱出”四字，务期必行，庶祭则可以受福也。

祭器宜珍。……吾族各祠祭器俱备，平日务宜珍藏，不作他用，不得借出。每岁轮祭者上交下接，如有破损，值年管祭者□赔，器有缺略，亦当随时添制。

祠产宜理。吾族大宗祠及各支祠俱有祭田、公款，宜公举正直精明之人为祠董以司出纳，或加一二人副之，每岁酌给工食以专责成。其祠内田土、山场尤宜随时经理，如有被人隐匿侵占等弊，即当亲临查勘，免致失业。岁终集众结帐一次，以杜侵蚀。庶公款日裕，公用无不给之虞矣。

宗谱宜修。吾族人丁繁衍，居址星散，无谱以联其情，必致支派罔知，尊卑失序，而一本之亲视若途人矣。不特此也，世远年湮，名讳阙略，甚至有子孙而不知其祖考者，于心安乎？今与族约，此后各房须立草谱，每年正月初十日管祭者请房长数人至祖堂，凡有生卒葬嫁娶应载入谱者，令其报名填入。娶妻生子之家著出钱百文，有力者劝其捐输若干，汇赀伸放，每至十年则拨此款倩人照宗谱式楷录数本分藏，以免遗失，永著为例。至于宗谱，务三十年重修一次，即至迟不得逾六十年。

尊卑宜序。吾族各村俱有支祠，每岁元旦管祭者令祠仆鸣锣，大小毕集祠内，叩贺新禧，辈行尊者序列上堂两廊，卑者在下，先拜祖先，次长幼团拜，行一跪三叩礼。拜时用铳炮用乐，以昭郑重。

义仓宜设。吾族村居星散，义仓非一处所能该，今酌立定制，大村各聚一仓，小村或二三村共聚一仓。其始筹谷若干担，择一勤廉者伸放，度谷可备该地一二年之粮，始不伸放。年丰则出陈买新，凶荒则集众会议，酌量平粜。所粜之钱复往丰熟地方运谷接济。管理者每年酌给工资，岁终集众结帐一次,帐簿一样写立数本各执,以杜侵蚀。

文会宜兴。吾族村里向有玉霏堂、联元堂、同升堂,村外向有启元堂,今又新增振文堂。此数公堂原为作养人材之用。今与族约,村里村外务将公堂择人经理,每岁按月会课勿懈,大小考试约给川费,入泮掇科酌给花红。自人人鼓励,人材蔚起矣。族中之出仕者及商贾有力者,当随时量力捐输,以充其用。

嫁娶宜慎。……凡娶须择门第相当,不得娶下姓及娼优隶卒素无家教之女。嫁女亦然,不得攀高门富贵之家,以致伤财;不得许势豪纨绔之子,致琴瑟不调俾女失所;不得许下姓优隶之家,不得鬻女为妾。违者治以家法,责令改正。议婚男女须十岁以上,不得太早,恐家道一有变迁,以致互生嫌隙也。

闺阃宜严。……今酌定家规:妇人年未五十者不准干预外事,到老不准入庙烧香,不准与三姑六婆通往来,不准僧道入门,不准长大男子入内室,不准男女同场赌博,不准妇人凌辱养媳及婢女,不准与人辨斗图命,妇女无论贫富须课以女工。如此方是有礼之家,而无渎乱之患矣。

赏罚宜明。……吾族遇有忠孝节烈例应旌表者,须为联名禀请旌表。费用无出者,亲房须设法赀助,不可使其湮没不彰。族中有急公好义及德行可风者,亦当格外尊崇,以示鼓励。至于奸盗邪淫之辈,察其事之虚实,轻则家法从事,重则送官究治。

诸费宜节。……今与族约,婚嫁,席用一品锅,人丁多者请人以五服为度,人丁少者以九服为度,此外请酒与否听其自便。近见人家婚嫁请酒动至数十席,此伤财之大弊也。丧事,亲房宜送□粥米,吊丧者答以白布,席用一品锅或四簋,俱用素蔬。近见丧家饮酒食肉,男妇或持余膳回家,此俗之大违乎礼而最可鄙者,尤当痛革。至于朋友亲戚庆吊往来,取其备礼不必过丰,席请宾客丰限八簋,平常应酬减半,宗祠及各支祠绅者祭酒用一品锅。永著为例。

家仆宜束。吾族各房世仆有刘、昝、沈、何诸姓,当待之以恩,约之以礼,凡冠婚丧祭诸事自应使其服役,赏给工食,不得用外来客民充役。仆家有患难,当为周恤之,有外侮当为保护之,不得倚势欺辱。如仆不安本分，为非犯上，不受使役，当引至祠堂从重处治，不可任其骄纵，酿成大戾。

诸事宜治。家事之外公事、外事，大族势所必有，即如举行乡约所以教导百姓，设立保甲所以保卫身家，当实力奉行之。其他如邻姓有庆，公家理应致贺，宗人谒祖，公家理应优待者，祠董、族长宜悉心料理，免失族体。至于族有外侮，实属理直，而邻姓不能排解，万不得已而兴讼者，我族人亦当同心竭力，勿受欺辱。

仙源杜氏的14条家政中，前5条是关于祠堂、祭祀、祠产和家谱方面的。祠堂事务的管理非常重要，有的家族规定了轮值制度，甚至因此而向基层政府备案。如休宁县首村派朱氏家族有一份文书记载：

具呈乡约朱希茂、保长朱天锡，呈为遵奉回报事。蒙宪批谕，役等将朱氏祠簿清交新管之人。今遵公谕，原管之朱任康、朱有光等眼同当凭八门房长逐一立簿清交新管朱朝益、朱邦遴、朱邦积、朱国英四人接管祠事，理合具呈回报，伏乞宪天验交，感恩上呈。右具呈。康熙三十五年四月廿五日具呈乡约朱希茂、保长朱天锡。①

此文书上空白处有乡约(或保长)的批文："准交朱朝益等四人经管。"管祠人移交管祠事务要向乡约和保长呈文备案，并在形式上要得到批准。这种批准实际上赋予管祠人以半官方的身份，他们对宗族的管理符合官方对地方社会的控制。

第6条"尊卑宜序"、第10条"闺阃宜严"、第13条"家仆宜束"关注的都是族内人际关系的规范化。"尊卑宜序"针对的是族内所有人，尤其是男性族人，每年元旦合族郑重举行团拜礼，通过儒家礼仪的实践来实现族内尊卑关系的有序。

"闺阃宜严"针对的是族内女性人口，其中心思想是男女有别，在家内事务上要男主外、女主内，女性家长是族内女性的管理者；在生活空间上女子以内室为主要活动空间，成年男子不得进入内室；在社会交往上，禁止女子入庙

---

① 安徽大学徽学研究中心编、刘伯山编纂：《徽州文书》第3辑第4册，桂林：广西师范大学出版社，2009年，第430页。

烧香，禁止与三姑六婆、僧道人士往来，禁止与男子同场赌博；同时强调女子不分贫富，都要学习女红。中国传统社会有不少开明人士非常关注女子教育，因为女子一旦出嫁为人妇，就关乎这个家庭的兴衰。所以，著名才女班昭才会说，她不担心族内的男子，而真正担心的是族内的女子，因此她才编写《女诫》教育家族女子。中国历史上著名的“女四书”都是针对女子的教材。虽然禁止女子干涉外事，但女子一旦过了 50 岁，就不受此限制。女子到了 50 岁，多数已经成为家族内的女性长辈，甚至可能因为丧夫而成为一家之主。当家的女性可以干预外事，包括子女的婚姻和职业。很多女性传记有这方面的记载。

“家仆宜束”针对族内仆人家族，他们世代受恩于主人，因此才被称为“世仆”。主家对世仆要待之以恩，约之以礼，使之以役，患难周恤之，外侮保护之。如果家仆不安本分，为非犯上，不受使役，就要在祠堂内惩处他们，及时给予教诲，免得骄纵以致酿成大恶。

第 7 条“义仓宜设”和第 12 条“诸费宜节”是关于经济方面的开源节流措施，设义仓是开源，省费用是节流。

第 8 条“文会宜兴”是关于文教科举方面的，主要是资助、奖励子弟学习，要求族人量力捐助。在家族内推行文教，本身就是一个非常好的家族制度。但是在徽州，文会的功能远远超出了文教范围，不仅在精神上提供某种信仰空间，也承担着治理乡族的部分职能。“本族倘有不得已公事，必致呈公，乡约正副、尊长并文会，秉公呈治，不得徇私推诿。”[①]《新安竹枝词》也说：“雀角何须强斗争，是非曲直有乡评。不投保长投文会，省却官差免下城。”[②]因为文会是文人士子的活动中心，必然大大提高文会本身的吸引力和权威性；文人士大夫也不甘心受制于被他们所蔑视的约、保等人的控制。因此，在士人身份和宗族组织的掩护下，文会有资格也有机会成为地域社会的实际控制者。也正是因为文会的这种职能，使得其控制地区少有把持唆使诉讼的事情。“各村自为文会，以名教相砥砺。乡有争竞，始则鸣族，不能决则诉诸文

① 康熙歙县《汪氏崇本祠条规》，康熙三十年刻本，安徽省图书馆藏。

② 许承尧：《歙事闲谭》卷 7《新安竹枝词》，李明回、彭超、张爱琴校点，合肥：黄山书社，2001 年，第 207 页。

会,听约束焉。再不决,然后讼于官,比经文会公论者,而官借以得其款要过半矣。故其讼易解。若里约坊保,绝无权焉,不若他处把持唆使之纷纷也。"[①]从"各村自为文会"看,文会与血缘、地缘以及基层政权有着紧密的结合,有文会的地方也成为诉讼较少的地方。

第 9 条"婚娶宜慎"是关于婚姻方面的。姻亲是传统社会极为重要的一种人际关系,它所关系的不仅是当事男女,更重要的是关系到两个家庭乃至两个家族的事情。"昏礼者,将合二姓之好,上以事宗庙而下以继后世也,故君子重之。"[②]所以对于婚姻要极为慎重,关键是要门第相当,娶妇不可娶下姓及无家教之女,嫁女不可攀高门以伤财,更不可卖女为妾。

第 11 条"赏罚宜明"是关于家法族规方面的,赏善罚恶是实现善治的必要手段。

第 14 条"诸事宜治"主要针对族外事务,如举行乡约、设立保甲、邻里相处以及打官司等。北宋大臣吕大防、吕大临兄弟在自己家乡蓝田(今陕西省内)与邻里亲友共同制定的《乡约》(也称《吕氏乡约》或《蓝田乡约》),把社会民众相互帮助的要求用契约规范的形式确定下来。乡约的主要内容是:德业相劝,过失相规,礼俗相交,患难相恤。其中患难相恤就是要求凡同约者在别人遭遇灾难时发挥团体的作用互助互济,用大家的力量分担一家的风险。这种约定体现了中国古代村民朴素的社会保障精神。《吕氏乡约》的做法后经南宋朱熹推行于全国,成为中国农村很多地方采用的一种社会制度。王阳明亲自拟定的《南赣乡约》进一步规定了"死丧相助,患难相恤,善相劝勉,恶相告诫,息讼罢争,讲信修睦"的互助内容。徽州也同样受到影响,在《新安率口程氏祠规续编》中有这样的规定:"吾族自三三宣议公以来,礼教相传,罔敢失坠,凡为子孙者当以祖宗之心为心,毋得强陵弱,诈给愚,富欺贫,众暴寡。务以德业相劝,过失相规,患难相恤,其平居相见一遵名分,称呼、行坐有叙,违者众责之以礼。"[③]

《家政十四条》是非常全面的家族治理制度,而它被冠以"家政"之名,说

① 许承尧:《歙事闲谭》卷 18《歙风俗礼教考》,李明回、彭超、张爱琴校点,第 602 页。

② 《礼记・昏义》。

③ (清)程瑞等辑:《新安率口程氏祠规续编》卷 1《祠约》,康熙十七年刻本。

明徽州社会家族治理在形式上已经非常规范，内容上也非常全面具体。在徽州，家政是一种很成熟的家族管理制度，体现了徽州社会管理的精细化。

四、家族组织化、文化传播与乡族善治

家政的制度化及其实施，是清代徽州家族进一步组织化的体现，也是儒家伦理纲常世俗化的体现。家族的组织化及其教化体系的建设是一个持续的渐进发展过程。明代嘉靖以后大规模推行乡约制度，徽州宗族的组织化也主要采取乡约化的形式，这对基层社会影响重大，也加强了宗族与官府之间的互动[①]。族规的兴起也是家族组织化的产物，明代嘉靖、万历时期制定的族规偏重祭祖，贯彻朱熹《家礼》仪节，赋予族长管理族人的权力，同时强化伦理道德和睦族方面的内容[②]。对明清徽州宗族公约的类型、执行、特征和功能的相关研究，也支持了家族组织化的观点，宗族公约规范乡民行为，管理乡村社会的经济与文化生活，维护社会秩序和社会稳定[③]。清代徽州家族的组织化和教化体系建设是明代徽州家族建设的进一步发展，并已经达到相当高的程度。

不管是狭义的家政（如绩溪许余氏的《惇叙堂家政》），还是广义上的家政（如仙源杜氏的《家政十四条》），以我们今天的标准来看，绝大部分仍然具有价值，因为这些家政不仅体现了徽州社会的精细化管理，也体现了传统主流文化在徽州的传承与创新。这些家政是精英文化不断向下层社会普及与渗透的结果，是中华传统主流文化的在地化表现，显示了传统文化精髓之所在及其旺盛的生命力。在传统文化中，礼仪实践为儒家所一再强调。传统法律的核心是儒家礼仪，“引礼入法”是普遍现象。而对于家族来说，家法族规的核心也是儒家礼仪。对于有抱负的儒士来说，在基层社会向普通百姓灌输和实践礼仪成为他们的历史使命。而家族经济则是传播传统文化、实践儒家礼仪的物质基础，也是家族赖以生存和发展的基础，所以理财与周恤在家政中

① 常建华：《明代徽州的宗族乡约化》，《中国史研究》2003 年第 3 期。

② 常建华：《试论明代族规的兴起》，《明清人口婚姻家族史论》，天津：天津古籍出版社，2002 年，第 112～147 页。

③ 卞利：《明清时期徽州的宗族公约研究》，《中国农史》2009 年第 3 期。

也具有非常重要的意义。

传统文化向下层社会的传播与渗透需要依靠文人士大夫，也需要依托某种组织，这两个条件在徽州都具备。而这两者的结合，就是“收族”。如此之多、管理严密的家政制度，当然与徽州社会家族组织的普遍存在有着密切的关系。家族的普及化与组织化，又与文人士大夫热衷于家族建设有关。徽州的世家大族一般都有悠久的历史传统，家学渊源深厚，热衷于科举功名，所以徽州存在着庞大的缙绅士大夫群体，他们信奉儒家学说，信奉修齐治平的入世理念。当他们无法跻身官场时，他们就把家族作为实现自己理想的地方。那些从官场退下来的官僚缙绅，也把家族作为自己的养老、归依之地。对这些人来说，家族的存在，为他们提供了继续发挥作用的舞台。所以，他们在修身、齐家与治国、平天下之间存在着另一个人生舞台，那就是收族，即凝聚族人，治理乡族[①]。

今天的徽州留下了曾经辉煌的古村落和无处不在的文化遗存，也留下了大量被学术界视为瑰宝的文书和家谱，从中可以看到明清时期的徽州存在着规范性的管理制度。从经济发展到人文关怀，从家族治理到村落建设，从族内的长幼主仆关系到族外的乡邻、保甲与乡约，正是因为种种善政的存在，徽州社会才会长期保持着相对和谐稳定的发展，较少发生大的内部动乱。明代官僚、歙人方弘静就认为：“郡之久安也，非徒以险阻足恃也。由内之纪纲不驰，足以维之耳。纪纲之系于治乱，非世所习言乎！”[②]儒家口中的“内之纪纲”，在家族管理阶层和地方精英的努力之下，转化为种种“家政”。“翁举丈夫子五，长永锡与三君在中纪纲家政；次君鸿章材器负异，例入成均；四尧章倜傥自喜，不染时氛；五季廉工制举业，行将蜚声庠序。”[③]这里的“纪纲家政”体现了儒家伦理纲常在家族中的实施，家政反映了民间组织为推进儒家伦理纲常所做的制度化安排。徽州乡族社会就是在许许多多这样的“家政”制度

① 徽州的家族组织很多与乡村组织重叠，一个村庄往往只有一姓或者以一姓为主，所以“乡族”一词可以概括之。

② （明）方弘静：《素园存稿》卷17《郡语》下。

③ （清）钱景：《许武公翁行传（增）》（乾隆六年），乾隆《歙北皇呈徐氏族谱》卷12，乾隆十年刻本。

之下，产生了执海内牛耳的徽商群体，商业利润又创造出辉煌的徽州文化，并辐射到徽州周边地区，徽州因此被冠以"东南邹鲁"之美名。经济和文化的发展，使得徽州社会实现了相对和谐的发展，达到了"郡之久安"的善治。

原载《安徽大学学报》2013 年第 4 期

微型宗族组织的衰落过程研究

——歙县驼岗萧江氏的世系演变与祀产经营(1869—1928)

赵思渊

几年来,上海交通大学历史系以浙南石仓地区为重心,持续进行民间文书收集、整理与研究,对近世乡村社会经济取得了一些新的理解①,并由此提出民间文书"在地与有机"的研究方法②。我们希望解读更多不同区域的民间文书,从而更丰富地理解乡村社会经济,而徽州正是民间文书留存之重镇。从这一想法出发,笔者近来整理了歙县绍濂乡一个数量颇丰的民间文书群,本文是对其中一组家谱和祭祀账的研究。

1980年代,讨论资本主义萌芽及封建地主制是历史研究的主要议题之一,专门针对徽州租佃关系的研究颇为活跃。章有义、刘淼均专门研究过宗族置产簿、租谷簿,主要关注其中反映的租佃关系、地租率(地主剥削率)等与

---

① 石仓是浙南一个闽北客家移民村落,在清前期由冶铁业而繁荣。利用石仓契约进行的研究,迄今已发表20余篇,不能尽列,其中以下研究最有助理解石仓村落对社会经济史研究的价值:曹树基、蒋勤:《石仓冶铁业所见浙南乡村工业与市场》,《"中央研究院"历史语言研究所集刊》81本4分,2010年12月;曹树基:《石仓洗砂业所见清代浙南乡村工业与市场》,《史林》2011年第3期;王媛:《"香火堂":血缘的依附与独立——石仓阙盛宗家族1710—1850年的住屋史》,《史林》2011年第5期;章毅:《公共性的寻求:清代石仓契约中的会社组织》,《上海交通大学学报(哲学社会科学版)》2011年第6期。

② 蒋勤:《清代石仓文书的"在地"与"有机"分析》,《上海交通大学学报(哲学社会科学版)》2014年第3期。

生产关系研究密切相关的主题[①]。1990年代问题意识转换之后，学界更多关注反映村落社会文化的材料，以置产簿、租谷簿等为主要材料的研究渐为减少，即使在讨论农民家计问题时，也更多依据分家书之类的材料[②]。不过，如果将置产簿、租谷簿等视作乡村社会组织土地经营而产生的文献，那么这类材料所提供的信息就不止于租佃关系或经济数据。本文从这一思路出发，解读一份祭祀账簿与家谱，进而讨论一个宗族组织发展、衰亡的机制。

一、绍濂文书群简说

在歙县绍濂乡的枧桥村、驼岗村等地，我们先后收集到来自四个家族的契约400余件，此外尚有抄契簿、账簿、归户册、分家书等共计32件，合计近500件。还有若干串票、执照等尚未计入，总数当在1000件之谱，是目前发现民间文书较为集中的一个区域。为了解这个文书群与当地社会的关系，笔者数次前往当地考察，在此过程中，发现了前文提及的家谱及祭祀账簿。家谱、祭祀账簿与以上文书群之间的关联，笔者将另文研究，本文专门考察家谱、祭祀账簿的内容。

我们在田野中收集到的文献一共两册。一册内容为序、世表、后记、世系、世传；另一册为序、大有公至允胜公世表、光绪十九年(1893)至民国十七年(1928)清明祭祀账簿。笔者将前者订为第一册，后者订为第二册。

第一册封面题"本支百世谱"，其后为序、世表，末页有后记，落款均为江志锦，可证明本册世系、世表、世传的编订都出自江志锦之手。整理文本后可知，世系中启、维、鸿三个字辈，都出生在江志锦去世后，是后人续编。笔者依

① 章有义：《明清徽州土地关系研究》，北京：中国社会科学出版社，1984年；《近代徽州租佃关系案例研究》，北京：中国社会科学出版社，1988年；《明清及近代农业史论集》，北京：中国农业出版社，1997年。刘淼：《清代徽州歙县棠樾鲍氏祠产土地关系》，《学术界》1989年第3期；《清代徽州祠产土地关系——以徽州歙县棠樾鲍氏、唐模许氏为中心》，《中国经济史研究》1991年第1期；《传统农村社会的宗子法与祠堂祭祀制度——兼论徽州农村宗族的整合》，《中国农史》2002年第3期。

② 最近利用分家书讨论农民家计的研究如中岛乐章《明代中期徽州农民的家产分割——以祁门县三都凌氏为例》，《徽学》第5卷，合肥：安徽大学出版社，2008年。

封面题字将其命名为《本支百世谱》。

第二册封面已经散失，第一页几乎全部残破，仅能辨识“盖闻”两字，推测也是一篇序。第二页落款为“光绪十九年杏月□□□立”。落款人名虽不可辨识，但一定不是江志锦，说明两册出自不同人之手。此后内容，是罗列自二十二世大有公至二十七世允胜公的六代祖先及其墓葬。所罗列的均是允胜公的直系祖先，大有公的其他子孙并未列入。说明这份账簿反映的是允胜公后裔所组成的共祀群体的祀产收支，这个共祀群体同时还参与大有公后裔的共同祭祀仪式。笔者将第二册题名为《允胜公支系轮祀簿》[①]。

此外，在《本支百世谱》的序言中，说明“各代祖先集成一本”。也就是说，该家谱本来的计划就是编纂一册。且两册文书序言的落款人不同，这都说明家谱与账簿是分别编纂的，账簿的形成晚于家谱，应被视为两份独立的文书。但是，它们都是允胜公支系这一共祀群体编纂的。

《本支百世谱》的世表、世系均从唐末萧祯开始记录，萧祯是徽州萧江氏传说中的始祖。与刊刻流布较广的两种萧江氏家谱比对，谱系的结构以及几个主要支派始迁祖的小传，内容完全相同[②]。推测是江志锦从道光或乾隆版的萧江氏统宗谱中辑录出来的。历代萧江氏编纂宗谱，虽对萧祯事迹言之凿凿，且亦列入《新安名族志》[③]，但徽州本地人至晚近仍认为萧江氏“不知所自”[④]，现代学者则揭明其早期历史杂糅模糊[⑤]。萧江氏驼岗支系的早期源流与本文的主旨不相关，因此不做专门考证，仅关注允胜公支系的发展。

---

① 严桂夫将“徽州宗族祭祀祖先神灵活动账务收支登记簿”命名为“祀簿”。严桂夫主编：《徽州历史档案总目提要》，合肥：黄山书社，1996年，第41页。

② 江云澍等：《新安萧江大统宗谱》卷1《敬山公续萧江世家表》，第41页，明钞本，上海图书馆藏。（原钞本无页码，所标页码为上海图书馆电子文档之流水码）

③ 戴廷明、程尚宽等：《新安名族志》，朱万曙等点校，合肥：黄山书社，2004年，第520页。

④ 许承尧：《歙事闲谭》“萧江”条，李明回等点校，合肥：黄山书社，2001年，第954页。

⑤ 冯尔康：《古代宗族乱以名贤为祖先的通病——以明人〈新安萧江宗谱〉为例》，《中国宗族制度与谱牒编纂》，天津：天津古籍出版社，2011年。

二、《本支百世谱》:房分形成与文献编纂

(一)乱世苦守:家谱编纂的背景

《本支百世谱》的性质,可以认为是私人独力撰修的家谱。生活在同治年间的江志锦最初编纂这份家谱,他在家谱后附有简短的自传,由此可了解他的生平。江志锦字灿云,生于嘉庆二十四年(1819),随父前往溧阳生活,成年后进入典当行,26岁时升至管楼①。

江志锦于中年辞去典业工作,返回驼岗村,此后由于太平天国战乱逃难离村。46岁时返回故乡,在周边村落教馆为生。由于是自传,江志锦的卒年不得而知。自传最终记录至55岁,即同治十二年(1873),从光绪十九年开始记录的《允胜公支系轮祀簿》中也没有提及他,因此他的卒年必在光绪十九年之前。

江志锦的人生与大量出外谋生的徽商大致相同。由于家产纠纷(详下文),乾隆末年,他的祖先被迫迁至溧阳谋生。典业是徽商在外地从事的主要行业之一,江志锦在典业出徒后,很快得到柜缺,这得力于其姻亲网络。

江志锦娶妻程氏,程氏另一女嫁入余氏,其"太翁"余昆也在当地典当业工作,即将退休养老,江志锦的岳父即推荐他顶替这一空缺,担任管楼职位。这是典当业中的重要职位,收入颇丰。32岁时他辞职返回村中,未提及收入来源,很可能是购置田产收租为生。

江志锦的命运轨迹由于太平天国战争而大转折。战争中失去家业与亲人,战后只能重寻生计,四处教书为业。自传记录的最后一条是他55岁时的自况:"自遭兵燹后,家业凋零,岂止心身无安逸,抑且骨肉多刑尅,苦守而

① "管楼"是徽帮典当业中的职位,又称"司楼""管包",是与"管钱""写账""掌头柜"同列"四庭柱"的重要职位,其职责是"管理包楼,教导学生"。刘秋根:《中国典当制度史》,上海:上海古籍出版社,1995年,第88~90页;常梦渠、钱椿涛等编:《中国近代典当业》,北京:中国文史出版社,1996年,第36~37页。

已。”[①]“苦守”二字，表达了人到迟暮而未来没有希望的悲凉心情。

造成江志锦“苦守”绝境的，一是家业凋零，二是子女夭折。战乱中，江志锦失去了全部田产，不得不靠教馆维持生计。另外据家谱载，江志锦有一子德泉，夭折。此外，他48岁得一女，两年后也夭折。因此晚年的江志锦膝下没有子女。此时族内人丁稀少，也无法为他立嗣。

江志锦晚景寂寥，无可依恃，只能在族中寻求晚年照料与精神寄托。《本支百世谱》正是在这样的情境中编纂出来的。家谱的序言作于同治八年三月，由江志锦亲撰，从中可以分析修谱的背景与动机。

> 自咸丰十年八月二十三日徽城失陷，粤匪停扎四乡，散在各村，烧杀淫掳，民不聊生，农不安业，深山僻坞，均皆抄到，粮食、鸡犬一概无留，草根木皮食尽，人饿死无算。次年五月十二日，方才退去。即又疫疠流行，人死抛藉，白骨满野，人民十伤八九。吾家妇女男人大小共二十四口被贼匪掳去，两人（六安□）□，只剩女口五人、男丁两人（志锦、荫昌）。□□□□□□□，至同治三年六月十二日，南京克复，始得稍安。所有契券，各项簿记，只字□□，更后人口□□，将各代祖先集成一本，以便后人知悉。□本水源，则标祀庶无遗失也。[②]

从序言中可得知三方面信息。其一，战争期间，江志锦所属家族的人口，从33人急剧减少到7人，其中男丁两人（即江志锦、江荫昌），另有六安等2人情况不明。查对家谱，六安即江德洲，他与志锦、荫昌均属于三房。从后来的《轮祀簿》看，整个允胜公支系存活的男丁绝不止两人。因此，江志锦所说的“吾家”，是指允胜公支系的三房。这也说明了为何家谱的世传仅载记三房的祖先。

其二，江志锦强调契约文书、账簿大部分散失，因此要编辑家谱，使后代了解家族情况。但是没有提到家谱是否散失，或之前是否曾编纂有家谱。契约、账簿散失与编纂家谱之间形成逻辑关系，说明此时家谱编纂的重要意义是证明该房支在当地的经济权利。不过，除了江志锦死后才开始记录的《轮

---

① 江志锦：《本支百世谱》，PP181。原文书无页码，所标为拍照时形成的流水号，以下同。

② 江志锦：《序》，《本支百世谱》，PB214671。

祀簿》,家谱并没有记录土地财产,说明编纂家谱的主要动机应是证明本宗族的土著身份,以此达成对经济权利的诉求。

另外,江志锦还在家谱的世表部分详细记录了其祖辈的家产纠纷,他希望"后人知悉"的,自然也包括他对这起家产纠纷的理解。因此,重新阐释宗族内各房支之间的关系,评判他们在宗族历史上的是非对错,也是江志锦的动机之一。

其三,谱序的落款为同治八年,江志锦的自传一直记到 55 岁,即同治十二年。说明从同治八年到同治十二年间,该谱都在修纂之中。因此,同治八年与其说是家谱修纂完成的时间,毋宁理解为家谱初步成形的时间。

(二)家产纠纷:房分结构的形成

允胜公支系属于驼岗东支大有公支系,家谱的世传部分清晰地反映了编纂者对宗族结构的理解。在世表中,自一世萧祯至十世江士彦,记作"迁溪南始祖";十一世江恺,记作"迁驼岗始祖";十四世珪公记作"东支众祖";十五世质公以下,记作"本门众祖";二十二世大有公以下,记作"本支众祖";允胜公以下,记作"本支己祖"。

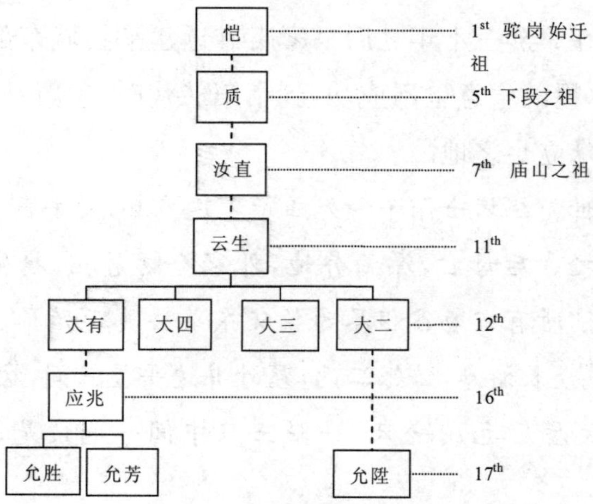

图 1　允胜支系世系 1

由此可知,江志锦编纂世系的结构,是划分开基祖、始迁祖、分支祖、本门众祖、本支众祖、本支己祖六个层次。参加祭祀的成员,以允胜公支系后裔的身份,参加大有公的祭祀。每年祭祀的轮值,则是在允胜公支系的后裔中进行。也就是说，家谱中大有公以下的谱系及其成员，才共享仪式生活，并可能活动空间较接近。而允胜公支系的成员之间，才具有最紧密的联系。

这份家谱记录最详细的，正是大有公以下的允胜、允陞两个支系。允胜公支系，使用东、士、伯、志、德、启、维、鸿排列字辈，允陞公支系则使用东、士、梓、成、名、显、达、振。两个支系从士字辈之后开始使用不同的字辈，推测两个支系分别祭祀，建立各自的祀产，也从这时开始。

在同一时期，允胜公支系内部发生了家产纠纷，伴随着纠纷的发展，允胜公支系内三个房分的结构也稳定下来。允胜公为应兆公长子，另有次子允芳。这样的世系结构，其正常的发展趋势是分家后允胜、允芳平分家产，各自进行东字辈的分家，形成两个房分。但事情并没有这样发展：

> 应兆公生二子，长允胜，次允芳。芳无传，允胜生三子，长东莱，仲东彩，季东明。彼时析产以作六分，莱得其四，彩、明各得一分。因芳无子，莱恃强绍芳，得产三股，又三股，莱、彩、明各得一股。所有各祀司首大三公支、大有公支共八阄，每四阄莱两阄，彩、明各一阄。[①]

纠纷的直接影响是三子东明迁往广德州建平县（今郎溪县）廖店镇经营生意，其子嗣也多在此成长。东明生于康熙十一年（1672），所以推测他前往建平县的时间应在康熙三十年之后。廖店靠近建平县城东部[②]，商业似乎并不发达，东明在这里的生意也不成功，到了第二代时，生意几乎不能维持，又返回驼岗故乡寻求立足之地。

> 二十九世先祖讳士保……先祖产于建平县，父早丧，寡母不能维持，店业渐次消之。后母亡，漂泊异地，外家怜甥落拓，携带归里。至家之日，室如悬磬，所有田地谷租尽为伯父东莱公典卖殆尽。吾祖士保公投族理论，因遵众长谕息，赔银二两，屋外井边平屋三间，拨出一间，小堂前客房一间，大屋后毛厕一只，一联三只中间一间便是。无非平气息争

---

① 江志锦：《本支百世谱》，PP173。

② 康熙《广德州志》卷5《疆域·津梁》："廖店桥，县东一十里，明宣德八年县丞马昶建。"（《清代孤本方志选》第1辑第12册，北京：线装书局，2001年，第171页）廖店临近县城，宣德年间即建桥，说明当地较早即形成聚落。但除此条外，方志再无有关廖店的记录，似又说明当地并不特别发达。

而已。祖家居农业，嗣娶吴氏，生三子，长伯增，蚤故亡，年仅廿五岁，寄聘未婚，无传；仲伯均；季伯坤，吾父。坤又于道光年间捐银六十两入祠，例主不祧，蒸尝绵远，少慰不匮。[1]

东明共有两子，长士唐，生于康熙五十一年；次士保，生于康熙六十年。生意败落后，士唐将家眷迁往妻族所在村落余岸，此地离驼岗很近，自己仍在建平县经商。士唐夫妻在余岸生活安定，“欲弃驼岗”。但士唐去世后，妻子汪氏生活颇不如意，因此萌生返回驼岗的想法，还未成行，便于乾隆四十年(1775)去世。至乾隆五十一年，士唐之侄伯坤将二人坟墓迁回驼岗。

东明去世于雍正元年(1723)，此时士保尚幼小，其母家在歙县汪坑，离驼岗臬远，因此他被带回驼岗。族中拨给赔银二两，以及平屋三间，都是保证士保的基本生活，与东明本应占有的家产份额是不相称的。因此，江志锦说这无非是“平气息争”，当是可信的说法。

考察了东明两子的生活轨迹，可以理解士唐妻汪氏“欲弃驼岗”的含义，是迁移祖墓，不再以驼岗为祭祀所在，在余岸建立新的祖墓、祀产，从而形成新的宗族支系。但是这一想法没有成功，允胜公支系因此也没有再发生新的分化。同样，东明、士保定居建平县的努力也没有成功，终于返回驼岗，重新被纳入以允胜公为共同祖先的祭祀群体。

(三)奉主入祠：房分结构的固化

三房东明的子嗣重新融入本土宗族生活的最后一项重要举动是捐银奉神主入祠。江志锦之父捐银六十两，将神主入祠，并且“例主不祧”。江伯坤所奉是谁的神主，又入于哪一个支系的祠堂呢？

此时允胜公支系没有独立的祠堂，允胜公后嗣参加的是质公支系的祭祀，因此，东莱、东彩、东明分家时继承了质公后代大三、大有两个支系的祀首股份。同时，在东明公的世传中，还记载有以下内容：

张氏孺人生于康熙丙寅七月十二日戌时，同葬廖店王我生坟山。孺人殁于乾隆九年十月廿六日戌时，嗣于乾隆十九年十月初二日起骨回

---

① 江志锦：《本支百世谱·本支已祖》，PP174。

家。复迁葬于出水莲花，土名小蒜园，喜禄孺人右坝，于是岁十月十一日辰时，分金卯山酉向，祸与小溪字号毗联，讼结五载才息。其地税业在种德户，乃质公支祠公产，吾父伯坤公输谷租六斗，即井水堀布帚坵是也。入于质公清明会内，以杜生枝，聊笔于此，后人即可瞭焉。①

张氏是东明的妻子，她迁回驼岗的墓地与小溪项氏之间发生土地纠纷姑且不论，关键的信息是这块墓地的地税登记于种德户，这个户名用于登记质公支祠公产。这说明质公支派建有独立祠堂，前文所述的大三、大有、允胜、允陞等派系，也都是质公后嗣渐次形成的。

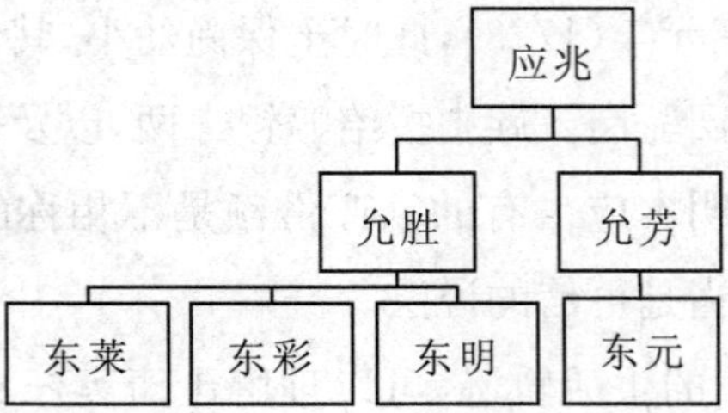

图2　允胜支系世系2

说明：家谱的世系图中记有东元，但世传中未提及。

质公祠堂拥有自己的祠产，其地租收入用于每年的祭祀支出，江伯坤在种德户内登记税田，在形式上，就转变为江伯坤租佃种德户田产，每年缴纳谷租六斗。质公支派拥有独立的祠堂与祠产，允胜公支系以大三、大有公后裔的身份参加质公祭祀，从这两方面考虑，伯坤捐银的对象一定是质公祠堂。

伯坤捐银六十两后，所奉入祠堂的神主享有不祧的资格。按照朱子《家礼》，始祖享有不祧的资格，另外，时祭中各自祭祀五代祖先，“亲尽则祧”。康熙年间成书的《茗洲吴氏家典》，也是这样理解祭仪②。也就是说，只有各支系的始祖才有奉入宗祠并且不祧的资格。因此，江伯坤捐银入祠的神主，应是允胜公，即其所属支系的始祖。

进一步推测，正是在士字辈至伯字辈时期，允胜公的后代形成了新的支系，独立于大有公及允陞公支系之外。字辈使用上，允陞与允胜支系在第三

① 江志锦：《本世百支谱·本支已祖》，PP173。

② 吴翟：《茗洲吴氏家典》卷1《家规十八条》、卷2《祧议》，刘梦芙点校，合肥：黄山书社，2006年，第24页、28～29页。

代开始分别使用不同的字辈。在伯字辈奉入了本支系始祖的神主,本支系的祀产也很可能是在这一时期形成。

江伯坤生于乾隆三十二年,殁于道光十八年(1838),享年七十二,他捐银进主入祠,应在乾隆末至道光初年,以江允胜为共同始祖的祭祀群体,也应是在这一时期形成的。允胜公支系本来有进一步分化的可能,但东明后代独立家业的努力失败,经过族内的协调,重回驼岗定居,三个房分的宗族结构就此稳定。

这个宗族支系没有再分化的另一个原因是人口。从家谱来看,这个共祀群的"启""维""鸿"三个字辈的成员合计有20余人,但太平天国战乱造成了大量人口损失,家谱中有多位德字辈成员被"掳去"的记录。最直接的证据是《轮祀簿》记载的每年分猪肉的人数,也即该支系参加祭祀的男丁的人数。在光绪三十二年,这一群体的人数达到最高峰的11人,此后处于下落的趋势,到长、三两房绝嗣前夕,每年只有4人共同参加祭祀。可以说是一个处于衰落中的宗族。

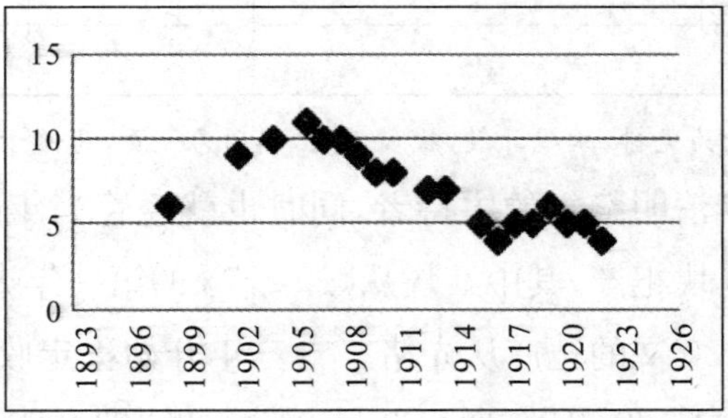

图3 允胜支共祀群历年参加祭祀人数

三、《允胜公支系轮祀簿》:微型宗族组织的运作

(一)用语分析与数据处理

《轮祀簿》的结构是逐年登记祀产的收支,每年的格式是相同的(表1)。收入部分,首列记当年"祀首",其后每列记录每一笔祀产的承租人,"期租"额,当年实收麦、豆、玉米租额。最后一列记三种粮食各自的总收额,及折银

或折钱价格。支出部分,每一种支出项目为一列,先书写支出金额,再书写支出用途。最后写当年总收及总支出,如有盈余,还会写由几人照分,每人分钱多少。

表1 《允胜公支系轮祀簿》收支账目结构

年份	祀首			
收入账				
租佃人名字	期租额	麦租实收	豆租实收	玉米租实收
		麦租总收	豆租总收	玉米租总收
		麦出售价	豆出售价	玉米出售价
支出账				
	支出金额	支出用途		
总账				
总收入金额				
总支出金额				

说明:账簿原结构为竖排,草码计数,收入、支出各列为一页,为便于理解,改编为现结构。

“祀首”是当年清明祭祀的主持者,同时也就经管当年的地租收入。《轮祀簿》共记载了10块祀产,其中9块从账簿记录的第一年光绪十九年即已存在,另有一份地租30文的祀产从光绪三十三年开始稳定收租。10份祀产均由不同人承租,其中6份记做“期租”,另2份记做“硬豆”,还有2份记做“地租”“山租”。

“期租”“硬豆”的记账单位是斗,“地租”“山租”的记账单位是文。显然,地租、山租以货币交纳租金,很可能从事茶、木等与山林开发相关的经营。硬豆是用豆类交纳租金,其记账单位“斗”就是实际重量单位。前人研究认为“硬”的含义是不可变更的租额,但在实际收租中,都有减低的情况①。

“期租”虽然也用“斗”记账,但每年收租的内容包括麦、豆、玉米三种。

① 刘淼:《清代徽州祠产土地关系——以徽州棠樾鲍氏、唐模许氏为中心》,《中国经济史研究》1991年第1期。

“期租”一词的含义，应当是指作物的种植周期，每一种作物为一“期”。也就是说，在当地，麦、豆、玉米可能是一组复种组合。在长江中下游地区的丘陵旱地，冬小麦与玉米是最普遍的一组轮作作物，同时，玉米又常常与大豆间作[①]。《轮祀簿》中登记的几块土地的耕作，应当也是这种情况。在1925—1928年的祀产收租账中，凡收麦、豆、玉米三种的，记作“三期”，只收麦、玉米两种的，记作“二期”，印证了以上的推测。

表2　光绪十九年祀产收入（单位：斗）

租佃人	期租额	麦	豆	玉米
江和尚	3.00	1.47	1.50	2.10
江贵兴	1.00	0.49	0.50	0.70
江应昌	1.00	0.49	0.50	0.70
宝大嫂	0.80	0.33	0.40	0.56
江清元		0.14		0.21
郑进财	0.50	0.24	0.25	0.35
合计	6.30	3.16	3.15	4.62

资料来源：《允胜公支系轮祀簿》光绪十九年祀产收租账，PB214704。

每个租佃人的租额均标期租若干斗，以及当年实收的三种作物的斗数，推测期租与实收租额之间应当具有折算关系。账簿中的期租明显不是三种作物的算术加总。笔者最初认为期租应是以上三种作物乘以某个系数折算得到的，即符合如下公式：$Y=ax_1+bx_2+cx_3$（Y＝期租额；x_1＝麦收租；x_2＝豆收租；x_3＝玉米收租；a，b，c＝折算系数），但是经过计算，玉米的折算系数为负数，这显然是不可能的。另外，同一份期租额每年交纳的三种实物地租数额均不相同，有时是全部低于或高于前一年数额，这说明账簿记录的数额是根据每年收入变化的。

账簿中记录的实物地租也不是租户的实际缴纳额，而应是当年初或收获后约定应交租额。证据是同为期租1斗的江贵兴与江应昌两份祀产，其历年

① 浙江农业大学编：《耕作学（南方本）》，上海：上海科学技术出版社，1984年，第70～72页、166页、201页。

的三种实物地租的交纳额都是相同的。此外，三种粮食的收租额，期租 3 斗与期租 1 斗存在比例关系。以上都说明账簿登记的是每年的应收额。应收额与期租的折算关系，及其所反映的当地租佃惯习，有待进一步考察。

（二）祀产的经营与租佃关系

《轮祀簿》中出现的人物分为两类，一是每年主持祭祀的祀首，二是祀产的租佃人。祀首的名字多可与家谱对应，但有 8 个年份的祀首无法查得，分别是：江应昌、江和尚、江维陞、江冬发、江柏发。28 个祀首身份明确的年份，轮值的情况如下：长房 10 年、二房 15 年、三房 3 年。按照家谱所述，三个房应当轮流主祀，则每房应主祀 12 年，由此推测身份不明的祀首应来自三房。另外，光绪二十九年、宣统元年(1909)、民国十七年本不应由二房主祀而实际由二房主祀。

几个身份不明的祀首可根据家谱与账簿推测。该宗族生活于清末民初的是启、维、鸿三个字辈。根据家谱记载，三房启字辈为启槐、启枚。二人均无子嗣，分别以二房的启泽（四元）子维成、启学子维珙承嗣。江应昌、江和尚从光绪二十年开始主祀，至光绪三十二年最后一次主祀，江冬发则从民国七年开始主祀。推测江应昌、江和尚即江启槐、江启枚。三房维字辈的成员维成，民国四年首次主祀。在此前，民国元年主祀的江维陞按轮值顺序也应属于三房，《轮祀簿》光绪三十二年的记录证实了以上猜测。该年账簿的末页记录："新丁名目：三房应昌长子，维陞。丁钱卅五文。"[①]这说明应昌确实来自三房，维陞出生于光绪三十二年，在民国元年主祀，但此后再未出现，亦未入谱，很可能是夭折了。这说明未成年人亦可主祀。

尚未确定身份的两个名字是冬发、柏发。冬发在民国七年首次主祀，按轮值顺序应为三房，因此，冬发很可能是维成或维珙的俗名。柏发唯一一次出现是与冬发共同主祀民国十二年，当年轮值为二房，推测柏发是二房维字辈某成员的俗名。不论维成或维珙血缘都出自二房，参与主祀二房亦可理解。

① 《允胜公支系轮祀簿》，PB214738。

10份祀产的承租人,以族内成员为主。如果以祀产的期租额为10份祀产编号,它们的承租人变动如表3所示:

表3 《允胜公支系轮祀簿》租佃人表

	祀产额	1893 1895 1900 1905 1910 1915 1920 1925 1928					
a	3.0斗	江和尚	江宝富	江来果			
b	1.0斗	江贵兴	贵兴嫂				
c	1.0斗	江应昌	江东法	江百寿			
d	0.8斗	潘宝大嫂	舒叙富	潘恒月			
e	0.3斗	江清元	江讨饭	江维珠			
f	0.5斗	郑进财	郑运发	李大荣	汪涌泉	潘恒春	
g	豆0.6斗	戴宏本	戴松庆	舒叙富	有萍嫂	潘恒月	
h	豆0.7斗	戴松庆	老曲	老曲嫂	老回嫂		
i	地租30文	郑进财	①	戴松庆	江应昌	江东法	江观果
j	山租30文		六安嫂	金生	洪照		

(1)资料来源:《允胜公支系轮祀簿》历年收租账。(2)①是郑进旺,租佃年限为1898年。

表3中,祀产a,b,c,e的历年租佃人均为允胜公支的成员,并且先后主持清明祭祀。每份祀产的承租人之间,也都存在亲属关系。祀产a的第二任租佃人江宝富即族谱中的江维金,他的儿子江鸿褕小名来狗,显然即继任租佃的江来果。由此推测,江和尚可能是江维金的父亲江启汾,即江青元(清元)。祀产e的租佃者明确为江青元,即江启汾,这份祀产的继任租佃人是他的三子江讨饭,即江维珠①。江启汾来自二房。

此外,江贵兴与贵兴嫂、老曲与老曲嫂显系夫妻关系,潘恒月与潘恒春应为兄弟关系。六安嫂则是三房成员江德洲之妻。也就是说,祀产佃权的转移,主要在亲属之间进行。祀产中由本房支成员租佃的期租额为5.3斗,占全部期租额(6.6斗)的80%,如果算入豆租和货币地租,所占份额会小一些,但一定在60%以上。以上都说明祀田主要由本族成员耕种。

(三)祀产的收支平衡与宗族发展

祀产收入的计算有两组不同数据,一组是实物地租收入,包括麦、豆、玉米,它们加总折算为一个定额记账项目"期租"。三种作物收入又折算为铜钱或银元,得到一个年度货币实际收入。该宗族的祀产收入总体不断增长,与

---

① "讨饭"是徽州农村常用的俗名。章有义在《休宁吴启贤堂祁庄租簿研究》中引用《歙县余姓相公凸租簿》"佃户江松,子讨饭",并理解为"佃人养活不了妻子,只好让儿子讨饭去了",从而说明地主对佃农的残酷压迫(《近代徽州租佃关系案例研究》,第48页)。但此处的"讨饭"可能理解为人名更为准确。

此同时，支出的增长速率则平缓得多，因此，除个别年份（1900、1922），该宗族祀产的收支均有盈余（图 4、图 5）。这个宗族的祀产盈余并没有积累，每一年的祭祀结束后，祀产的盈余就会以铜钱或者猪肉的形式平均分配给宗族所有男丁。另外，祀产的规模有缓慢的增长，光绪三十三年增加山租 30 文，民国八年增加了硬豆租 1 斗，这些祀产应该都是通过族众捐入获得的。

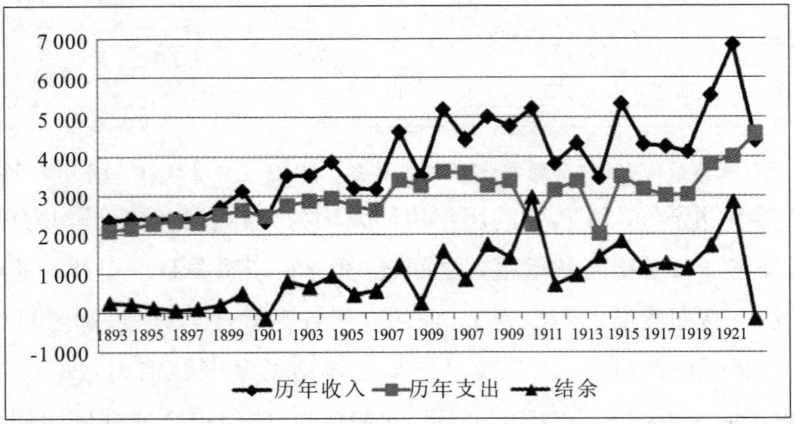

图 4　1893—1922 允胜支系祀产收支情况（单位：文）

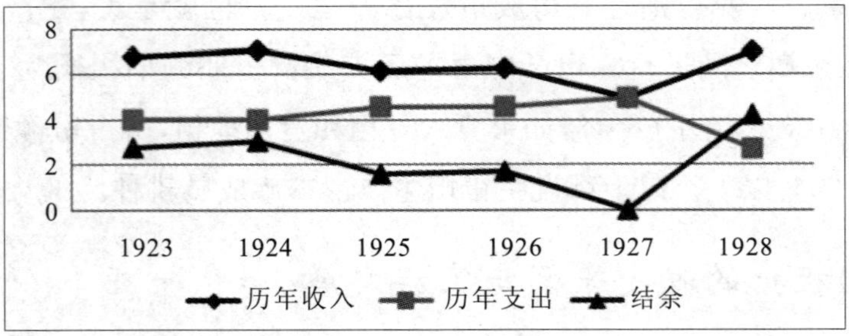

图 5　1923—1928 允胜支系祀产收支情况（单位：元）

祀产结余全部分掉，以及祀产增加缓慢这两点，都反映这个宗族组织尚没有发展到控产机构的程度，其本身的经济基础还是比较薄弱的。在前文所提及的家产纠纷中，第三房曾试图自立但是失败，并选择仍然保持三个房分的结构，都印证了他们的经济力量较弱，还不足以形成两个独立的支系。从江志锦的叙述以及祭祀账簿来看，他们的经济力量始终没有大规模的发展，仅维持着一个小规模的收支平衡，以满足几十个人的仪式生活与社会网络。

太平天国战争造成这个支系过半人口死亡，不仅如此，战后的人口出生率还大为降低，宗族成员逐渐减少（见图 3），维系宗族存续的人口基础严重削弱。此后虽然他们的祀产收入仍然缓慢增长，但始终无法将宗族组织恢复到一定规模，其结果就是逐渐走向衰落。

> 大有公祀，向来长、二、三房轮转，因长、三房无传，嗣后统归二房维珠、来果二家轮流，所有大有公存下园租，归祭祀者收租，每年清明标祀。
>
> 民国十八年二月廿一日 江 验批
>
> 再批，倘有园租轮值，首家收租，该佃户无租，租计价要收现钱，又批。[①]

正如前文所说，允胜公支系是以大有公祠堂的一个房分的形式存在的。这个支系在乾隆间分化为三个房分，从此维持稳定的宗族活动。到民国十八年时，长房、三房绝嗣，二房也只有两名男丁。虽然二房仍然继承了允胜公支系在大有公祠堂中占有的份额，但此时维珠、来果毋宁理解为两个主干家庭更为合适。允胜公支系发展到这一阶段，可以认为已经解体。

四、结　论

宗族组织为成员提供仪式生活与社会网络，在发展较成熟时，又具有控产机构的能力，它在近代中国商业发展中具有重要意义[②]。本文的案例研究却提供了宗族蓬勃发展的反面，即一个宗族组织衰亡的机制。经济力量不足与人口损失是这一宗族组织衰亡的主要因素。

驼岗萧江氏允胜公支系在乾隆末、嘉庆初分化为一个独立的支系，经过100 余年的发展，结果是趋于衰亡。通过家产纠纷可以看到他们始终未获得强大的经济力量，也就无法支持其成员商业或科举的发展。太平天国战争造成宗族人口损失过半，此后的几十年中也一直没有复苏，使得宗族组织最终

① 《允胜公支系轮祀簿》，PB214789。

② 科大卫：《近代中国商业的发展》，周琳、李旭佳译，杭州：浙江大学出版社，2010 年，第103～104 页。

无法维持房分结构，停止轮值祭祀，蜕化为若干个主干家庭。

（笔者在前往歙县绍濂乡收集材料、考察访谈过程中，得到黄山市中国徽州文化博物馆程乔先生的极大帮助，特此致谢）

原载《安徽大学学报》2014 年第 3 期

谱牒学与徽学离不开徽州族谱

常建华

徽州族谱(家谱、宗谱)以现存族谱时间最早、明代族谱数量最多、族谱体例多样等独特性,在中国谱牒学(族谱学)上占据重要地位。

中国族谱源远流长,不过经历了"唐宋变革"后,出现了宋以后以小宗谱法为主、以收族为目的的新型私修族谱,尤以宋代欧阳修、苏洵谱例影响最大,持续至今的族谱主要是依照欧、苏谱例产生的族谱样式。然而,徽州地区在宋代已有修谱活动,具有地区性特色,与欧阳修、苏洵修族谱同时。婺源王氏于仁宗嘉祐三年作"九族图",到了南宋宁宗嘉定四年又修"世系录"(戴表元:《剡源文集》卷18《题婺源武口王氏世系》)。有些宋代谱序保留下来,如朱熹是婺源茶院朱氏宗族九世孙,纂修了《婺源茶院朱氏世谱》,谱序保留至今。休宁《汪溪金氏族谱》的内容,在《古今图书集成》的三篇谱序中留下了资料。据程若甫序说,金若洙"考史汉纪例,参欧苏谱法,辑源派家乘,谨世次之传,列迁徙之派,详生没之节,编为内外二纪。以得姓祖汉日磾公而至于唐为外纪,以始迁祖唐博道公而至于今为内纪。前乎数十世可以上接其传,后乎数千年可以下衍其派,列图分卷,装潢成帙"。可知该谱分内外二纪,外纪是得姓祖以下世系,内纪是始迁祖以下世系,其记载详于世次、迁徙、生没,列图分卷。又据金朋说序记载,汪溪金氏"自始祖而下各枝未得统宗",乃修辑族谱。估计该谱详于内纪,是统各支于一谱的宗谱。另外金若洙亦自序修谱经过,其中谈了他对族谱作用的看法,亦可从中窥见族谱的内容。他说:"昔者圣人别族类义,君子继世,因之以谱一家。谱其氏族所自出,则本源得,其宗莫之惑矣。谱其祖考所自出，则流派得，其传莫之淆矣。谱其迁徙所自出，则始末得，其详莫之夺矣。由是以仁率之，而联族属，缀亲疏，谱焉。以义行之，而尚行检，重名教，谱焉。以礼齐之，而崇明祀，敦嘉会，谱焉。以智成之，而比经训，寓劝戒，谱焉。”[①]金若洙把记载宗族的本源、流派、迁徙作为族谱的核心，并认为把握了宗族世系的这些关键，以仁、义、礼、智为指导，通过族谱联族属、尚行检、崇明祀、比经训，从而赋予族谱以缀亲疏、重名教、敦嘉会、寓劝戒的功能。金若洙曾从理学家程若甫、朱熹游学，他的谱序充满了说教味，这或许可视为理学思想对族谱的渗透吧。所谓“比经训，寓劝戒”，可能此时的族谱中也有家训、族规之类的内容，表明族谱开始关注伦理规范的教化作用。此外，婺源人胡次焱宗族有“庆源图”（胡次焱:《梅岩文集》卷5《论始祖》）。

宋以后的新型族谱，现存最早的实物是元代的，都产生于徽州地区。休宁人汪照（炤）编纂《新安旌城汪氏家录》，七卷全一册，前署“元泰定甲子自序”（残）。元泰定刻本，现藏安徽省博物馆。该谱内容包括六项，即自序、提纲、世系图、传记、类题（入仕名录）、拾遗，主要部分是传记。汪照修谱参考了其师曹泾的《曹氏家录》条例，不仅为我们提供了南宋时徽州一个家族繁衍裂变的情况，还记录了当时乡村中诸如书院、义庄、义学、乡社等基层社会诸相[②]。河北大学藏元至元三年汪云龙纂修的《新安汪氏族谱》，保存了彩色祖先画像。国家图书馆藏有元抄本《新安汪氏庆源宗谱》；元人汪垚纂《新安汪氏庆源宗谱》，元代木刻活字印本一册。上海市博物馆等单位收藏《新安胡氏历代报功图》一卷，元代木刻活字印本。此外，安徽省图书馆等处藏有《汪氏渊源录》十卷，休宁人汪松寿编纂于泰定二年前后，1518年刻本。《汪氏渊源录》的文献来源于汪照的《新安旌城汪氏家录》以及南宋以来当地有关汪氏的旧传谱系，作者在此基础上做了大幅度的加工创作，使其兼具了“统宗谱”和

① 程若甫、金朋说、金若洙分别撰写的《汪溪金氏族谱序》，均见《古今图书集成·明伦汇编·氏族典》卷362《金姓部艺文》。

② 汪庆元:《〈新安旌城汪氏家录〉初探》，《文献》2003年第4期。

“文献志”的特点。《渊源录》极其注重对“族源”和“世系”的辨析，务使族源正确，世系连绵。《渊源录》的《诸支代表》，详列元代徽州各地九支汪氏的家族情形。该书不啻描绘了一个因蒙元新政而崛起的元代徽州地方精英网络①。此外，休宁人理学家陈栎在其文集《定宇集》卷十五中收录本族的《陈氏谱略》。《陈氏谱略》是由七部分组成的，即陈氏本始、前代姓陈人、始祖鬲山府君、本房先世事略、福州通判、杂识、云萍小录。《陈氏谱略》没有世系图，当是被省略了，现有内容是陈氏族谱的一部分。这是难得一见保留在文集中的元人族谱。

现存明代族谱七百多种，半数以上是徽州族谱，而且质量好，可以说主要依靠徽州族谱才能深入认识明代族谱。明代徽州族谱由于谱学的发达，呈现出自身特色，如记载始祖以下支派的统宗谱、会通谱的流行，弘治时程敏政编纂《新安程氏统宗世谱》具有代表性，该谱合 44 支、通 53 代，入谱者逾万人。特别是作为学者修谱，求真求实，摈弃族内传说，产生争论，引起人们对谱学的思考。明代徽州还出现宗族总志，如明程尚宽等撰、嘉靖三十一年所刊《新安名族志》。再如曹嗣轩编撰、天启年间刊刻的《休宁名族志》等。明代徽州族谱还喜欢谱例借鉴史、志体例，据汪道昆《十六族谱小序》，该谱体例五类，即纪一、世家二、世表三、传二、志二(《古今图书集成·氏族典》卷 282《汪姓部艺文》)，纪、世家、表、传、志俱全，与《史记》体例相同。歙县殷氏族谱分列宅第、丘墓、遗迹、里社诸考，显然是受到方志体例的影响。休宁珰溪金氏族谱也有方志体例的痕迹，该谱分著居、溯迁、序族、明宗、征贤、录仕、见节、存述、裒翰、陈俗十类。实际上明代族谱借鉴史例，也就主要体现在传和志上。族谱志的主要内容有两类，一类是有关宗族制度的，一类是有关文献的。万历年间程一枝纂修的休宁泰塘程氏族谱《程典》，借鉴正史、典志体例，设有序、凡例、系谱、表、世家、列传、志、图、录及其附录，称得上是程氏之史，反映

① 章毅：《〈汪氏渊源录〉与元代徽州地方精英网络》，南开大学中国社会史研究中心主办“中国史上的日常生活与地方社会”学术研讨会论文，天津，2013 年 10 月 31 日—11 月 3 日。

了徽州社会多方面的情况[①]。

至清代，徽州族谱仍不断续修，存世数量丰富，成为徽学研究的资料宝库。

原载《安徽大学学报》2015 年第 6 期

① 刘道胜：《明代徽州珍稀族谱〈程典〉考论》，《历史档案》2012 年第 3 期。

论徽州家谱谱传的价值

——以《新安商山吴氏宗祠谱传》为例

周晓光

家谱起源于先秦，早期体例单一、内容简单，大多只是记述世系和先人简单履历。南宋以后，编修家谱之风渐长，尤其是明嘉靖以降，民间修谱活动盛行，家谱数量剧增。据学界统计，迄今国内外公藏机构收藏的家谱约有 4 万种，且多为明、清、民国时所修①。随着谱学思想的逐渐成熟和修谱实践的不断深入，宋元以来家谱的体例亦趋完备，其内容更为丰富，举凡姓氏源流、堂号、世系表、族规家训、家传、艺文著述和图像等等，成为家谱的基本内容。由于明中叶后家谱修撰模仿史书成为一时之潮流，因此传记内容在家谱中占有了重要地位。显然，考察谱传的价值，将有助于我们加深对家谱功能及其作用的认识，也有利于学术研究中对传世家谱的整理和利用②。

《新安商山吴氏宗祠谱传》(以下简称《宗祠谱传》)即是一部以传记为内容的家谱。该谱由晚明吴应迁编撰，其子光宫、光室和孙献吉、旋吉、申吉、凝吉、遇吉于康熙年间略加补充后刊印。吴应迁，字安倩，号周虚，生于隆庆六

① 上海图书馆编:《中国家谱资料选编·凡例卷·总序》，上海:上海古籍出版社，2013 年，第 3 页。

② 常建华《中国族谱的人物传记》(台北《历史月刊》1997 年第 8 期，总第 115 期；收入《社会生活的历史学——中国社会史研究新探》，北京:北京师范大学出版社，2004 年，第 318～326 页)和《明代宗族研究》(上海:上海人民出版社，2005 年)论及家谱谱传的史料价值。王铁《浅谈旧族谱中人物传记的文献价值》(《历史文献研究》2008 年)论及家谱谱传的文献价值，王鹤鸣《中国家谱体例概说(三)》(《寻根》2009 年第 3 期)对家谱谱传的文献价值亦有所论及。

年(1572)、卒于崇祯十七年(1644),幼习举业,弱冠补博士弟子员,喜好古文,后弃举研习理学,热心家谱修撰,撰有家乘和谱传。其所撰家乘今已失传,所撰谱传即《宗祠谱传》。该谱载有吴氏族人传记73篇,同时部分传记附录有相关文献。该谱资料丰富,体例独特,有很高的学术价值。本文即以该谱为中心,阐述家谱传记的教化、文献和史料价值[①]。

一、教化价值

康熙年间,商山吴氏族人申吉在《先王父周虚公宗祠谱传后跋》中称,吴应迁"学宗孔孟,以仁义为本,教化为心",为"鉴往警来",遂"积虑苦心,悉见之笔花砚铁之间,俾悖乱者循孝悌,化奸诡者为善良,贤者知所勉,不肖知所惧,则是书之作也,虽不能上拟《春秋》,而建功立言,昭垂千古,亦岂无小补于我宗族也"[②]。就是说,《宗祠谱传》其实具有鲜明的教化主旨。吴应迁本人在《商山吴氏宗祠谱传小引》中也明确表示:"立传之意,为后世子孙法也。"[③]他主要是通过宣扬传主积德行善、移风导俗和崇儒尚文等事迹,体现其教化宗旨的。

首先,《宗祠谱传》浓墨重彩记载了吴氏族人积德行善的事例,以典范人物行迹引导做人向善的价值观。

扬善讳恶本为家谱书写的一项基本原则。成化《商山吴氏族谱》明确规定:"谱,史例也。谱为一家之史,史则善恶具(俱)载,谱则述祖宗之嘉言善行而不书恶,为亲讳也。"[④]同样,《休宁流塘詹氏宗谱》也清楚指出:"谱存一族一人之事,书善不书恶,为亲者讳也。"[⑤]《宗祠谱传》遵循家谱书善不书恶的基本原则,以详细笔墨记录了商山吴氏积德行善的理念、言行和具体事迹。

《宗祠谱传》通过系列人物言行,向族人和后人展示了商山吴氏向以行善

---

① 魏志远曾利用该家谱对商山吴氏发展过程及其特点进行论述,见《"富不废礼,商不忘儒"——对明代休宁商山吴氏宗族的解读》,《晋中学院学报》2012年第5期。

② 《新安商山吴氏宗祠谱传》不分卷《先王父周虚公宗祠谱传后跋》,康熙刊本。

③ 《新安商山吴氏宗祠谱传》不分卷《商山吴氏宗祠谱传小引》,康熙刊本。

④ 吴士信纂修:《商山吴氏族谱》不分卷《族谱凡例》,成化抄本,安徽省图书馆藏。

⑤ 詹贵纂修:《休宁流塘詹氏宗谱》卷前《宗谱凡例》,弘治十二年(1499)刻本,中国国家图书馆藏。

著称的家族形象。比如,生于北宋真宗年间的吴垓说过,“祖祢皆以积德行善著于时”[①]。生于元延祐五年(1318)、卒于明洪武十一年(1378)的吴朝也说:“吾家积善数世,尝闻久蛰者必振。”[②]生活在明前期的吴保(1371—1439),“乡以善人称之”[③]。明中叶的吴隆兴(1444—1518)和吴永珪(1470—1540)父子二人,也是“尚义好礼之誉,溢于缙绅”[④]。《宗祠谱传》以诸多商山吴氏族人的言行表明,在宋明间,商山吴氏的善行一直为人所称道。《宗祠谱传》还以典型人物事例,表彰商山吴氏族人多心存善念。生活在明前期的吴音寿(1379—1449),“生平以济人为念,凡往来道路崎岖,则铲平之;深沟陡涧,则凿石架梁以渡之”[⑤]。在该传记的描述中,我们所见的吴音寿不仅力行修桥铺路善举,更是常存济人善念。同样,前述的吴永珪亦心存善念,认为富裕之人应该行义济众,“所贵乎富足者,以能行仁义,博施济众也,不然一守财奴耳”[⑥]。在记载商山吴氏力行善事方面,《宗祠谱传》更是不惜笔墨。据其记载,宋明间,商山吴氏所行善事不胜枚举,举凡修桥铺路、助贫济困、捐资助学、赈荒济灾及施棺施药,无不踊跃参与。比如北宋初年的吴待,“乐道人之善而好施予,族姻里党老而无依、幼而孤者衣食之,岁饥不能自活者赈恤之”[⑦]。北宋中期的吴师政喜欢仗义疏财,“视势利漠如也。里中少俊贫不能就学者,给之。或有急而求贷必如所请,不能偿者每毁其券”[⑧]。明代中期的吴永珪,常扶危济困,对于病故之人,即“捐己赀买棺以殓”;对于“囊竭无依”之人,便“厚馈资之”[⑨]。《宗祠谱传》塑造了商山吴氏族人自宋至明积德行善的群像,其显亲扬名、教化后人之意甚明。

其次,《宗祠谱传》详细记录了吴氏族人尚文禁讼的事例,倡导美俗良风

---

① 《新安商山吴氏宗祠谱传》不分卷《三世祖七宣议垓公传》,康熙刊本。
② 《新安商山吴氏宗祠谱传》不分卷《十四世祖正三府君观仪公传》,康熙刊本。
③ 《新安商山吴氏宗祠谱传》不分卷《十六世崇一仲升公传》,康熙刊本。
④ 《新安商山吴氏宗祠谱传》不分卷《十九世祖和十一府君麦山公传》,康熙刊本。
⑤ 《新安商山吴氏宗祠谱传》不分卷《十六世祖崇二府君仲清公传》,康熙刊本。
⑥ 《新安商山吴氏宗祠谱传》不分卷《十九世祖和十一府君麦山公传》,康熙刊本。
⑦ 《新安商山吴氏宗祠谱传》不分卷《二世祖二七宣议待公传》,康熙刊本。
⑧ 《新安商山吴氏宗祠谱传》不分卷《六世祖八府君师政公传》,康熙刊本。
⑨ 《新安商山吴氏宗祠谱传》不分卷《十九世祖和十一府君麦山公传》,康熙刊本。

的社会风尚。

据典籍记载，宋明间，徽州风俗丕变，最为明显的是出现尚文风尚、健讼之风、经商风气和奢靡之俗。《宗祠谱传》“订正先迹，每事核实，务使善者劝而恶者惩”[①]，通过收录人物及其事迹的宣扬，对变化之风俗或扬或禁，意在教化后人，倡导淳朴的社会风尚。

唐宋时期，徽州风尚由“武劲”转为“尚文”。乾隆《歙县志》载：“武劲之风显于梁陈，文艺之风振于唐宋，守礼率义自古已然。故质朴邻于啬俭，谨节状若拘牵。”[②]又乾隆《橙阳散志》载：“武劲之风盛于梁、陈、隋间，如程忠壮、汪越国，皆以捍卫乡里显。若文艺则振兴于唐宋，如吴少微、舒雅诸前哲，悉著望一时。”[③]乾隆《绩溪县志》亦载：“学校者，化民成俗之本也。州县立学，始自宋之庆历。而南渡后，徽为朱子阙里，彬彬多文学之士，其风埒于邹鲁。”[④]《宗祠谱传》编撰者对徽州出现的“尚文”风尚极为推崇，其人物传记首录人物即为唐代的吴少微。吴少微，名远，字仲芳，武周长安元年(701)进士，著有《文集》5卷、《经籍志》10卷。少微擅长文辞，与当时文学名士富嘉谟、魏谷倚并称为“三杰”。当时世人文章以徐陵、庾信为宗，格调绮丽轻靡，而少微和嘉谟却以儒家经典为本，作文雄健高雅。吴、富二人文体独树一帜，被称为“吴富体”，引起时人争相效仿，由此开启一代文风。除了褒扬吴少微之外，《宗祠谱传》还对宋代商山吴氏文人代表吴俯(益章)、吴儆(益恭)兄弟二人的事迹褒誉有加。吴俯与吴儆早年齐名太学，时人有“眉山三苏，江东二吴”的说法。吴俯于宋孝宗乾道二年(1166)中进士，历任宁国府学教授等职。《宗祠谱传》引时人对其评价称：“造理深刻，下笔如老师，说禅字字有法。”[⑤]吴儆于绍兴二十七年(1157)中进士，授明州鄞县尉，后出任邕州通判，迁广南西路安抚使。县志对他的评价是：“资禀雄浑，学该体用，上下数千年间世变升降、制度

---

① 《新安商山吴氏宗祠谱传》不分卷《许默序》，康熙刊本。

② 乾隆《歙县志》卷1《风土》，“中国方志丛书”华中地方第232号，台北：成文出版社，1975年，第123页。

③ 江登云纂修、江绍莲续修：《橙阳散志》卷末《歙风俗礼教考》，乾隆稿本，中国国家图书馆藏。

④ 乾隆《绩溪县志》卷3《学校》，乾隆二十一年(1756)刻本，中国国家图书馆藏。

⑤ 《新安商山吴氏宗祠谱传》不分卷《九世祖九府君国录公传》，康熙刊本。

因革，灿然若指诸掌，而能剂量之以道；出入诸子百家、天官稗说，靡不洞究，而能折衷之以圣人之经。故其发为文辞，涵蓄演瀁，严洁渊奥，每一引笔，若飘风骤雨不可止遏，初若未尝屑意也。”[①]这就是说，在理学与文学方面，吴儆都有所成就。清初学者赵吉士在《寄园寄所寄》中列举的宋元明三代 14 位最有影响的新安理学家，吴儆亦在其中。《宗祠谱传》在二人的传记中，除正面刻画其学者形象与成就外，还特意提到“家居之日，从游者远自池、饶、宣、睦负笈而至，岁率数百人”[②]，高度肯定了二人的学术传播之功和尚文风气的营造。此外，《宗祠谱传》还为吴氏家族其他文人学者，如吴兰皋、吴义夫等一一立传，以表明编撰者对家族尚文风气的赞赏。

在提倡尚文风尚的同时，《宗祠谱传》对徽州健讼之风则持明确反对的态度。宋明时期，徽州健讼之风颇为盛行。其健讼之俗乃是尚武余绪与右文之习结合的结果。两宋时期，包括徽州在内的江南东、西路，“其俗性悍而急，丧葬或不中礼，尤好争讼，其气尚使然也”[③]。北宋时，徽州人已经养成了“习律令，性喜讼”[④]的习俗。明代，徽州健讼之风愈演愈烈，史称“俗尚气力，讼起杪忽而蔓延不止”[⑤]。对于明代徽州的健讼之风，嘉靖、万历年间休宁吴文奎深有体会：“徽俗故嚣讼，争因虫猬起。”[⑥]《宗祠谱传》通过对相关人物的叙录，表达了禁讼和止讼的主张。所谓“禁讼”，就是在遇到矛盾纠纷时不轻易兴讼。比如，在《十一世祖堂长府君兰皋公传》中，编撰者记录了元代吴锡畴在长兄破家后，有人鼓动锡畴状告长兄一事。当时锡畴坚决不告，对众人谢道：“贫窭，命也。二祖以孝友名家，而吾兄弟讼，宁不辱先乎。”编撰者对此持欣赏态度。所谓“止讼”，就是息讼，以和解方式解决纠纷。这也是《宗祠谱

---

① 康熙《休宁县志》卷 6《儒硕》，“中国方志丛书”华中地方第 90 号，台北：成文出版社，1975 年，第 761 页、762 页。

② 《新安商山吴氏宗祠谱传》不分卷《九世祖九府君国录公传》，康熙刊本。

③ 脱脱：《宋史》卷 88《地理志四》，北京：中华书局，1977 年，第 2192 页。

④ 欧阳修：《欧阳修全集》卷 62《尚书职方郎中分司南京欧阳公墓志铭》，李逸安点校，北京：中华书局，2001 年，第 907 页。

⑤ 康熙《徽州府志》卷 2《风俗》，“中国方志丛书”华中地方第 237 号，台北：成文出版社，1975 年，第 446 页。

⑥ 吴文奎：《荪堂集》卷 8《三弟吴廷用行状》，“四库全书存目丛书”189 册，济南：齐鲁书社，1997 年，第 186 页。

传》的基本立场。我们注意到,《宗祠谱传》收录了多位传主止讼的事迹。如十五世吴新童,“见人有急,则思所以拯之;或有以非理忿争,公以义折之,无不悦服”①。新童在乐善好施的同时,对于无谓纠纷,常晓以大义,促之和解。又二十一世吴世祥,“遇人有急则解橐济之,排人难而解人纷,有非口舌所能平者,往往挥金以息之”②。他不仅乐善好施,而且调解纠纷不遗余力。三世吴垓,“家饶裕财,亦好施予,人每服其信义,乡里有斗者、讼者,公以片言决之,无不悦服,斗讼之风几息,咸称有识之士也”③。吴垓对纠纷的有力调解,在一定程度上抑制了当地的健讼之风。这些传主的禁讼和止讼事例,正是《宗祠谱传》所倡导的。

此外,关于经商风气,从《宗祠谱传》所录《十七世祖尚二府君归隐公传·附题归隐卷后》等篇来看,亦被编撰者视为“良俗”而加以提倡;而奢靡之俗,则被视为“陋习”多遭抵排。如《宗祠谱传》特别表彰二世祖吴待“性质笃厚,遇事警敏,虽家赀丰裕,而不尚侈靡”④。总之,美俗良风的社会风尚,成为《宗祠谱传》教化的目标。

再次,《宗祠谱传》收录了一批吴氏儒学人物,极力推崇读书崇儒的人生价值。

寻检《宗祠谱传》所录人物,其特意表彰者,儒学人物居大半。如吴少微、吴俯、吴儆、吴载、吴垕、吴锡畴、吴浩、吴雾、吴世禄、吴瀛、吴世瀚、吴继仕、吴应征等。《宗祠谱传》在为这些儒学人物作传时,不仅赞誉其儒学成就,且刻意褒扬其因儒而实现的人生和社会价值,从而表明了《宗祠谱传》编撰者的人生观和价值观,也反映了编撰者所追求的教化目标。

《宗祠谱传》对读书崇儒人生价值的推崇,不只通过吴氏儒学人物传记来体现,还在非儒学人物的传记中,表彰其对读书向儒的追求。如在吴待传中,称其“安居乐道,不干仕进,癯然山泽之儒也”⑤。《宗祠谱传》非常欣赏吴氏

---

① 《新安商山吴氏宗祠谱传》不分卷《十五世祖荣一府君德新公传》,康熙刊本。

② 《新安商山吴氏宗祠谱传》不分卷《二十一世从宗三九南斋公传》,康熙刊本。

③ 《新安商山吴氏宗祠谱传》不分卷《三世祖七宣议垓公传》,康熙刊本。

④ 《新安商山吴氏宗祠谱传》不分卷《二世祖二七宣议待公传》,康熙刊本。

⑤ 《新安商山吴氏宗祠谱传》不分卷《二世祖二七宣议待公传》,康熙刊本。

族人的“业儒”行为，如二十一世吴世祖命两子“业儒”，“凡从子从孙之儒业者，必奖之、劳之、劝勉之”①；二十三世吴应魁贾而好儒，“年十八自不屑贾，乃弃而就儒”②，《宗祠谱传》均给予肯定描述。在《宗祠谱传》中，我们所见的是商山吴氏对读书业儒的大力推崇，其突出表现有两点：一是要求子弟读书应试，二是潜心理学。就读书应试而言，七世祖吴俊富而好儒，不仅“生殖甚殷”，而且还被封为朝议大夫，他“教子孙必以读书为先务，戒之曰：不读书，非吾子与孙也”③。十二世吴霁承继先人儒风，也要求子孙以读书为先。又二十二世吴元维，“治举子业”，走科举应试之路④。就潜心理学而言，商山吴氏为宋元明时期著名的理学世家，先后涌现出吴俯、吴儆、吴垕、吴锡畴、吴浩等十数位理学家。由此可见，通过收录一批吴氏儒学人物传记、宣扬读书业儒事迹，《宗祠谱传》极力推崇读书崇儒的人生价值。

总之，《宗祠谱传》所录人物繁杂，包括“有忠信不泯者，有孝行幽微者，有贞节不渝者，有义勇捐躯者，有文德兼优者，有友爱恭睦者，有仗义赒贫者，有创业开基者，有奋志成家者，有淡薄明志者”⑤。通过这些人物言行事迹的描述，《宗祠谱传》意在引导做人向善的价值观，倡导美俗良风的社会风尚和推崇读书崇儒的人生价值，其教化目的和价值体现甚明。正如吴凝吉在《谱传跋》中所说：“凡有关世教，可为后世子孙法者，无不胪载……欲扬前人之德泽，以期激励后人之奋发，永启本原之思。”⑥

二、文献价值

《宗祠谱传》资料丰赡。吴应迁在撰写该谱时，旁征博引，“或采于郡邑志，或录于墓表志状，或访于传闻遗迹”⑦。此外，吴应迁还广泛搜集各种正史、方志、文集和家族资料，直接附于相关传记之后。因此，该谱文献价值较

① 《新安商山吴氏宗祠谱传》不分卷《二十一世从宗四六敬斋公传》，康熙刊本。
② 《新安商山吴氏宗祠谱传》不分卷《二十三世从兄简十三斗垣公传》，康熙刊本。
③ 《新安商山吴氏宗祠谱传》不分卷《七世祖九府君俊公传》，康熙刊本。
④ 《新安商山吴氏宗祠谱传》不分卷《二十二世从叔易八七濂水公传》，康熙刊本。
⑤ 《新安商山吴氏宗祠谱传》不分卷《商山吴氏宗祠谱传小引》，康熙刊本。
⑥ 吴凝吉：《谱传跋》，《新安商山吴氏宗祠谱传》不分卷，康熙刊本。
⑦ 吴禔征：《伯祖周虚公谱传跋》，《商山吴氏宗祠谱传》不分卷，康熙刊本。

高，有助于补史、辑佚和校勘。

首先，该谱在补史方面主要是弥补地方志不足。具体而言有两点：一是弥补方志缺失，二是修正方志讹误。

关于弥补方志缺失，《宗祠谱传》所撰吴浩传就是典型一例。吴浩是元代著名理学家，与元明时期新安理学名家程若庸、汪炎昶、赵汸、郑潜、汪克宽、倪士毅、朱升、郑玉和唐仲实等人齐名。对此，明代著名儒臣解缙说过："新安，齐国文公阙里也，遗风余韵，奕世犹存。自宋亡元兴，时则有若程勿斋、吴义夫、汪古逸、赵子常、郑彦昭、汪德辅、倪士毅、朱允升、郑师山、唐三峰，传至国初，以性命义理之学讲淑诸人，皆不失为文公之徒也。余尝闻而为之羡慕焉。"[①]解缙提到的10人中，除吴浩（义夫）外，其余9人皆载入徽州府志。具体说来，程若庸（勿斋）、汪炎昶（古逸）、赵汸（子常）、汪克宽（德辅）和倪士毅列于弘治《徽州府志》卷七《儒硕》和嘉靖《徽州府志》卷十五《儒林》，郑潜（彦昭）和唐仲实（三峰）列于弘治《徽州府志》卷七《文苑》和嘉靖《徽州府志》卷十八《文苑》，朱升（允升）列于弘治《徽州府志》卷七《勋贤》和嘉靖《徽州府志》卷十六《名贤》，郑玉（师山）列于弘治《徽州府志》卷九《忠节》和嘉靖《徽州府志》卷十六《忠节》。因此，对于吴浩没能被方志采录，吴应迁感慨道："此数君子多已列于儒硕矣。惟我直轩先生虽已载在祀典，而儒林见遗，得非后裔乏人之故哉。"[②]可见，该谱所收吴浩传可以弥补徽州方志有关重要人物记载的缺失。

关于修正方志讹误，从该谱所收《青浦遗迹》一文可窥一斑。据乾隆《青浦县志》载："城隍庙，万历元年复建青浦县，迁唐行镇，知县石继芳移建于县东北隅。"[③]又光绪《青浦县志》亦载："城隍庙，在城东北隅。万历建县，知县石继芳移建。"[④]不论是乾隆县志还是光绪县志，都明确记载青浦县城隍庙为

① 程敏政辑撰：《新安文献志》卷92下《吴处士伯冈墓志铭》，何庆善、于石点校，合肥：黄山书社，2004年，第2295页。

② 《新安商山吴氏宗祠谱传》不分卷《十二世元七理学名儒义夫公传·附考跋》。

③ 乾隆《青浦县志》卷14《坛庙》，乾隆五十三年(1788)刻本，中国国家图书馆藏。

④ 光绪《青浦县志》卷3《建置·坛庙》，"中国地方志集成"上海府县志辑第6册，上海：上海书店出版社，2010年，第80页。

知县石继芳所建。不过,实际情况并非如此简单。据《宗祠谱传》附录的《青浦遗迹》记载:“松之青浦县治,明季所添设也。邑事草创,城隍无庙,怡园公独力输赀创建,不涉一人。迄于今,庙貌巍然,堂构焕然。”[①]按此记载,青浦县建县之初并没有修建城隍庙,青浦县城隍庙独力出资者为休宁商山吴怡园公,即明嘉万年间的吴元绶。《青浦遗迹》一文为康熙十九年(1680)吴献吉所作。献吉曾于康熙元年到过青浦,有关吴元绶修建青浦城隍庙一事,就是吴献吉实地采访而得,且在当时还见到“邑人佩公之德,奕世不忘,今虽复新,犹能刊版重立公之讳于西庑”的证物,故而可信度高。因此《宗祠谱传》中的《青浦遗迹》一文可以修正《青浦县志》中的相关误记。

其次,《宗祠谱传》收录的文献原文和家族资料今多已不存,它为文献辑佚提供了珍贵史料。我们寻检《宗祠谱传》,校以一些名家文集,发现谱中所收佚文至少有歙县汪道昆《吴世瀚铭》、吴兴陈秉中《题吴士恺归隐卷诗》、嘉兴姚绶《题吴士恺归隐卷诗》和莱阳姜埰《清故节妇吴母程孺人墓表》等。

汪道昆(1526—1593)是明代著名官员和学者,著有《大雅堂杂剧》4 种、《太函集》诗文 120 卷、《副墨》24 卷、《太函副墨》22 卷、《太函遗书》2 卷、《春秋左传节文》15 卷、《增订五车霏玉》34 卷和《楞严经注》10 卷等。其中,诗文集《太函集》120 卷,万历十九年(1591)刻本,今存。《副墨》24 卷,今存 5 卷本和 8 卷本,为明万历刻本。《太函副墨》22 卷,崇祯六年(1633)刻本,今存。《太函遗书》2 卷,今佚。在现存汪道昆诗文集中,均没有收录《吴世瀚铭》一文。黄山书社 2004 年出版的点校本《太函集》,亦未见辑录。显然,该文属于汪道昆佚文之一。

陈秉中(1422—1475),字宗尧,浙江乌程县人,天顺元年(1457)进士,历官翰林院编修,参与纂修《大明一统志》和《英宗实录》,著有《友桧集》。《友桧集》今已不存,故其《题吴士恺归隐卷诗》属难得的佚文之一。

姚绶(1423—1495),字公绶,号谷庵、云东逸史,嘉善人,天顺八年(1464)进士,历官监察御史、江西永宁知府等,著有《云东逸史年谱》《谷庵集》和《云

---

① 《新安商山吴氏宗祠谱传》不分卷《二十二世季父易卅三怡园公传》附录《青浦遗迹》,康熙刊本。

东集》。《云东集》今已不存,现存《谷庵集》也没有收录《题吴士恺归隐卷诗》,该诗当属姚绶佚文之一。

姜埰(1607—1673),山东莱阳人,崇祯四年(1631)进士,历官密云、仪真知县和礼部主事,顺治四年(1647)避乱徽州,著有《敬亭集》《宣州日记诗集》《嘤鸣录》《馎饦集》和《纪事摘谬》。《宣州日记诗集》《嘤鸣录》《馎饦集》和《纪事摘谬》今已失传,《敬亭集》也没有收录《清故节妇吴母程孺人墓表》,该文属姜埰佚文之一。

此外,谱中所录德清蔡璿《题吴士恺归隐卷序》、江阴卞荣《题吴士恺归隐卷诗》、雪溪张渊《题吴士恺归隐卷诗》、仁和张僎《题吴士恺归隐卷后》、歙县殷都《商山四皓图序》、张清议《新安学训周虚吴公传》、沈鼒《明故儒士生初吴公偕元配节妇程孺人墓志铭》、陆之祺《清故处士虚白吴公行状》、许默《清故处士虚白吴公墓志铭》和《明故孝子幼全吴子传》,亦应属于佚文。这些佚文为相关文献辑佚提供了资料。

再次,《宗祠谱传》中的传记及所录文献,也是校勘其他文献记载之误的重要依据。比如,关于吴世瀚与吴世泰的名字,休宁地方宗族总志《休宁名族志》称:"瀚,字子浩,号白石。其为学,宗阳明先生之派,于良知之义多所发明。耿公督南畿学,与论难反复,学者多宗之。"其弟"泰,字子通,能承兄志"①。据其所载,吴瀚,字子浩,号白石;吴泰为吴瀚弟,字子通。而据《宗祠谱传》记载:"白石先生讳世瀚,字道洪","弟世泰,字开父,号斗岳"②。可见,《休宁名族志》中的吴瀚当为吴世瀚,字道洪,而非子浩;吴泰应为吴世泰,字开父,而非子通。又如,关于吴仁达的号,成化《商山吴氏族谱》载:"第四世十五府君,号十万。丰赀厚产,甲于一郡,薄取而厚施,岁视籴之贵,廉其价以出之,施及乡邑,全活者甚众。产业不分于三子而分于十孙,每孙计租一万,他物称是。"按其所载,吴仁达号"十万"。而《宗祠谱传》记载更为明晰:"十五府君,讳仁达。丰赀厚产,甲于一郡,薄取而厚施,岁视籴之贵,廉其价以出之,施及乡邑,全活者甚众。产业不分于三子而分于十孙,每孙计租一万,他物称

① 曹嗣轩编撰:《休宁名族志》,胡中生、王夔点校,合肥:黄山书社,2007年,第429页。
② 《新安商山吴氏宗祠谱传》不分卷《白石先生传》,康熙刊本。

是，故时人号为十万公。"[①]由是可见，"十万"并非吴仁达的号，而是时人对其的尊称。关于吴垕的号，成化《商山吴氏族谱》载："百十讲书府君，国录公之长子也，讳垕，字基仲，十岁能属文。"而《宗祠谱传》载：吴垕，"字基仲，号月轩。国录公之冢嗣，文肃公之从子也。十岁能属文"[②]。可知，吴垕尚有"月轩"之号，而成化《商山吴氏族谱》对此漏载。

此外，关于吴霁身份，成化《商山吴氏族谱》载："元九奏差府君霁，字春宇，三四堂长锡畴之长子也。"据其所载，吴霁为吴锡畴长子。而《宗祠谱传》则纠正为："元九府君讳霁，字春宇，号监岳，堂长府君次子也。"[③]明确指出吴霁为吴锡畴次子而非长子，且号监岳。关于吴浩身份，成化《商山吴氏族谱》载："堂长府君有三子八孙……仲子字义夫，号直轩。"又载："元七奉议府君，讳浩，字义夫，又字蜚卿，号直轩。"此处"堂长府君"为吴锡畴。成化《商山吴氏族谱》以吴浩为吴锡畴次子，字义夫、蜚卿。而《宗祠谱传》载："元七奉议公，讳浩，字义夫，号直轩，行元七，堂长府君冢嗣，是为奉议公大宗宗子，故称奉议。"[④]据其所载，吴浩为吴锡畴长子而非次子，且说明了奉议公之称的由来，较为可信。类似于上述对其他文献的校勘作用，在《宗祠谱传》中有诸多体现。

总之，在补史、辑佚和校勘等方面，《宗祠谱传》都具有较高的文献价值。

三、史料价值

《宗祠谱传》之传记资料，博收广采，考订有据，它为徽州文化及地方历史的研究提供了丰富的史料。这里，我们分别从徽州学术史研究、徽商研究、徽州宗谱研究等方面，说明其史料价值。

其一，关于徽州学术史研究。

商山吴氏向以诗书传家，数百年间曾涌现出一批学者，《宗祠谱传》有关他们言行的记载，为徽州学术史研究提供了可靠的史料。具体而言，一是补

---

① 《新安商山吴氏宗祠谱传》不分卷《四世祖十五府君仁达公传》，康熙刊本。
② 《新安商山吴氏宗祠谱传》不分卷《十世祖讲书府君月轩公传》，康熙刊本。
③ 《新安商山吴氏宗祠谱传》不分卷《十二世祖元九府君监岳公传》，康熙刊本。
④ 《新安商山吴氏宗祠谱传》不分卷《十二世元七理学名儒义夫公传》，康熙刊本。

充新安理学文献资料，二是揭示商山吴氏理学传承途径，三是阐明心学在徽州的传播，四是记录三一教在徽州的影响。

关于补充新安理学文献资料。新安理学是朱子学的重要流派之一，主要流传于徽州（旧称新安）一带。该学派崛起于南宋，发展于元代，全盛于明初，衰落于明中后期，终结于清中叶。其间，它始终有一脉相传的理学家群、一以贯之的学派宗旨，对12世纪以后中国哲学史和学术思想史的发展演变，产生了巨大影响[①]。宋明时期，商山吴氏理学人物众多，其中吴俯、吴儆、吴垕和吴锡畴等人，文献多有记载。如明程曈的《新安学系录》载有吴俯、吴儆、吴垕、吴资深、吴锡畴和吴浩等人资料，明人程敏政的《新安文献志》载有吴俯和吴儆两人资料，弘治《徽州府志》则有吴俯、吴儆、吴垕和吴锡畴等人资料，而嘉靖《徽州府志》也载有吴俯、吴儆、吴垕和吴锡畴等人传记资料。但有关吴霁、吴世禄、吴世瀚、吴元缙、吴应征和吴应迁等人的资料，已知相关文献基本不见记载，因此《宗祠谱传》关于这些人物的传记，可以弥补文献记载不足。其中，如吴霁，"幼颖悟，日诵千余言，祖、父皆以儒为业，世以清白相承。既长，研穷理学，为文辞必本性命之蕴，不为华言绮语以夸耀"[②]，既说明了"祖、父皆以儒为业"的家学渊源，也指出了其"为文辞必本性命之蕴"的学术倾向。

关于商山吴氏理学传承途径。据《宗祠谱传》记载，商山吴氏理学发轫于吴舜选。吴舜选"于理学最精粹，因恶伪学，从歙漳潭门人张某请，遂讲学其家"[③]。在吴舜选的影响下，其两子吴俯和吴儆也展现出出众的学术才能，"兄弟自相师友，又取正天下所谓有道者，晦庵朱文公、南轩张宣公、东莱吕成公极相爱"。其后，理学在吴氏家族中递相传承。吴俯之子吴垕、吴儆之子吴载、吴垕之子吴锡畴、吴载之孙吴资深、吴锡畴两子吴浩和吴霁、吴浩之子吴朝，皆服膺理学[④]。明代中后期，吴世禄次子元缙，世禄之孙、元经之子应魁，元缙长子应征、次子应迁，皆潜心性命之学。其中，应征"专心性命之学，行止

① 参见周晓光《新安理学》，合肥：安徽人民出版社，2005年。

② 《新安商山吴氏宗祠谱传》不分卷《十二世祖元九府君监岳公传》，康熙刊本。

③ 道光《休宁县志》卷14《绩学》，"中国地方志集成"安徽府县志辑52册，南京：江苏古籍出版社，1998年，第349页。

④ 《新安商山吴氏宗祠谱传》不分卷《三世祖七宣议垓公传》，康熙刊本。

坐卧息不离道。于孔孟有独解，兼二氏之学，所著有《宗孔堂语》《性命双修辨》”；应迁“晚籍儒官，有《著籁集》”。从《宗祠谱传》记载来看，商山吴氏理学研究有两个高潮时期，一是宋元时期，一是明代中后期。而不论哪个时期，家传乃是其主要传承途径。

关于心学传播。明代中后期，湛若水和王阳明心学先后传入徽州，对徽州学术思想产生了重大影响。《紫阳书院志》记载：当时徽州“文成之教盛行，讲会者大多不诣紫阳”①。明末休宁学者汪佑曾感叹：“自阳明树帜宇内，其徒驱煽薰炙，侈为心学，狭小宋儒。嗣后新安大会，多聘王氏高弟阐教，如心斋、绪山、龙溪、东廓、师泉、复所、近溪诸公，迭主齐盟。自此新安多王氏之学，有非复朱子之旧者矣。”②《宗祠谱传》中有关传主的记载，为当时心学在徽州的传播提供了重要佐证。如吴世禄，“晚乃嗜性命之学，与星源叶云山先生、游思堂先生，吾宗密山先生，及族昆季凤泉公、白石公日相谈论”③。其中，密山先生为休宁临溪吴周翰。周翰，“寤寐圣贤之学，师事王龙溪、罗近溪，笃志于道。耿天台嘉其学真，引而进之。益孳孳问道四方，与海内名彦相切劘”。“大都以仁体为学，故欲合天下以成其身。无贵贱、无贤愚，民胞物与，所称万物一体者，庶几有焉。所著有《梅里集》《悟学吟》行于世，学者称‘密山先生’。”④显然，吴周翰的理学思想倾向于王阳明的心学。白石公为商山吴世瀚。世瀚与“大周赵先生、都峰周先生上下其论议，李礼部逢旸、乌程焦孝廉尤莫逆焉。戊午，之豫章，执贽念庵罗文恭之门，因得师事东廓邹先生文庄。己未之越，谒文成王阳明先生祠，从王龙溪、钱绪山两先生游，学益进”⑤。同样，世瀚亦服膺王阳明的心学。由此可见，吴世禄、吴周翰、吴世瀚等所“嗜性命之学”，乃是阳明心学，而非程朱理学。这些记载，为明代中后期心学在徽州的传播提供了实例。

---

① 施璜等：《紫阳书院志》卷12《汪县尹》，赵所生、薛正兴主编：《中国历代书院志》第9册，南京：江苏教育出版社，1995年，第560页。

② 施璜等：《紫阳书院志》卷16《会纪》，赵所生、薛正兴主编：《中国历代书院志》第9册，第587页。

③ 《新安商山吴氏宗祠谱传》不分卷《二十一世祖宗十七府君和斋公传》，康熙刊本。

④ 曹嗣轩编撰：《休宁名族志》，胡中生、王夔点校，第471页。

⑤ 《新安商山吴氏宗祠谱传》不分卷《白石先生传》，康熙刊本。

关于三一教的影响。三一教为明代嘉万年间福建莆田林兆恩所创，它以儒家纲常礼教为立本，以道教内丹修炼为入门，以佛教涅槃寂静境界为极则。三一教深受王阳明心学影响，常被认为闽中王学旁支别派。三一教创立后，林兆恩开始向外传教。万历六年(1578)夏，林兆恩至徽州休宁梅林传授静功祛病之法，前来听讲者达几千人。吴应征亦“虔诚往拜，得所传授，勤而行之，疾顿愈。自是专心性命之学，行止坐卧息不离道”[①]。此后，林兆恩弟子王兴、真懒相继传教徽州，并在梅林建有三教会所。三一教在徽州影响甚大，“惟徽郡各邑旧友甚多，而乡士大夫、孝廉雍泮，善信宗教者亦最盛”[②]。以往在徽州学术史和社会史的研究中，因受限于史料，对三一教的关注并不多。《宗祠谱传》的相关记载，为我们了解三一教对徽州的影响提供了难得的资料。

其二，关于徽商研究。

商山吴氏是明代著名商人家族之一。金声曾说过，商山吴氏“自其先远祖起家，至今源远流长，几几乎殆十世不失”[③]。《宗祠谱传》记载了大量吴氏族人经商事例。这些资料不仅记载吴氏族人经商时间、地域、行业和手段，而且记载了吴氏族人在经商过程中的善举和交游，因而为研究徽商的基本面貌、兴起过程、商业传承、事功、社会网络和经营手段等提供了丰富的资料。

比如，关于经商时间，据《宗祠谱传》记载，早在明朝建立之初，商山吴氏就开始外出经商。这个时间，要早于学界通常认为的徽州商帮正式形成的时间[④]。该谱载，生于至正十二年(1352)、卒于永乐十五年(1417)的吴新童，“皇朝维新之初，思光前人之业，宵衣旰食，早夜勤劳，经营四方，日渐丰裕”[⑤]。此后，吴氏族人商业经营代代相传，经商不辍。新童之子音寿、音寿之子悌

---

① 《新安商山吴氏宗祠谱传》不分卷《二十三世伯兄简十二静宇公传》，康熙刊本。

② 林兆恩：《林子全集》贞集《林子行实》，“北京图书馆古籍珍本丛刊”63册，北京：书目文献出版社，1986年，第1216页、1230页、1231页。

③ 金声：《金正希先生文集辑略》卷7《寿吴亲母金孺人序》，“四库禁毁书丛刊”集部50册，北京：北京出版社，1998年，第604页。

④ 一般认为，徽州商帮正式形成于明代成化、弘治年间。参见张海鹏等《徽商研究》，合肥：安徽人民出版社，1995年。

⑤ 《新安商山吴氏宗祠谱传》不分卷《十五世祖荣一府君德新公传》，康熙刊本。

宗、悌宗之子隆兴、隆兴之子永珪、永珪之子文谟和文让，文谟之子世禄，世禄之子元绅、元绶，皆经商不辍。其中，生于洪武十一年(1378)、卒于正统十三年(1448)的音寿，“弱冠承父之业，克自树立，每以继述为念，东驰西惊，励志经营，往往所至有获，且有数倍其息者”[①]。悌宗(1412—1495)“拮据经营，以箕裘为已任，北而齐鲁燕赵，南而江淮吴越，足迹殆遍”[②]。隆兴(1444—1518)“与伯兄戮力负荷，懋迁有无于吴越之地，居嘉湖间最多”[③]。永珪(1470—1540)“弱冠游浙之嘉湖，善懋迁化居，有祖考风”[④]。文谟(1491—1562)“少年游山东，涉淮泗，化居齐鲁间，既卜地练川，为居货计，以逐什一，然亲贤好礼，乐与四方贤俊游，故尚书太室徐公寿序”[⑤]。世禄(1513—1578)“既挟计然策，南走吴越，北抵齐梁邹鲁，贸有无，权子母，悉中机宜，业益以饶”[⑥]。由此看出，自明初洪武年间至明后期万历时期，商山吴氏经商不辍。

再如关于经营行业，众所周知，商山吴氏以经营典业著称，是明代闻名遐迩的徽州典商。据该谱载，吴氏除业典外，尚经营棉花业、布业和米业。经营棉花业的如二十一世吴宗法，“父殁后，跋涉江湖，懋迁于吴会，齐、郑、鲁、卫之地，足迹殆遍，铢积寸累，至耆艾之年，有数百金之蓄。尝贩北花过南黄河，舟坏花浮于水。公从急流中捞花登岸，一无所失”[⑦]。又经营布业的二十世吴文珂，“贾布业于汴梁”，其子世褚“创万益字号于云间，出布镳之临清”[⑧]。经营米业的则有二十一世吴世祥，“有米栈于桐乡”[⑨]。

据《宗祠谱传》记载，明代商山吴氏商人在经营手段上也颇为灵活，如嘉靖、万历年间，吴元绅和吴元绶兄弟两人在松江嘉定练川收购棉花，贩至嘉兴出卖。但是，练川所产棉花，“美恶参差不齐”。对此，元绶“按成规，遵时宜，

---

① 《新安商山吴氏宗祠谱传》不分卷《十六世祖崇二府君仲清公传》，康熙刊本。
② 《新安商山吴氏宗祠谱传》不分卷《十七世祖尚二府君归隐公传》，康熙刊本。
③ 《新安商山吴氏宗祠谱传》不分卷《十八世祖谦五府君朴庵公传》，康熙刊本。
④ 《新安商山吴氏宗祠谱传》不分卷《十九世祖和十一府君麦山公传》，康熙刊本。
⑤ 《新安商山吴氏宗祠谱传》不分卷《二十世祖敬十六府君得愚公传》，康熙刊本。
⑥ 《新安商山吴氏宗祠谱传》不分卷《二十一世祖宗十七府君和斋公传》，康熙刊本。
⑦ 《新安商山吴氏宗祠谱传》不分卷《二十一世从宗二十三石溪公传》，康熙刊本。
⑧ 《新安商山吴氏宗祠谱传》不分卷《二十一世宗六六益所公传》，康熙刊本。
⑨ 《新安商山吴氏宗祠谱传》不分卷《二十一世从宗三九南斋公传》，康熙刊本。

稽利弊，以收自然之息”；而元绅则不然，“一一品其等第，编成字号，辨别精微”，按其质次分类出售，获得超额利润[①]。可见，元绅和元绶兄弟两人经营手段有所不同，所获利润厚薄不一。元绶墨守成规，所得利润微薄；元绅灵活变通，所得利润丰厚。别出心裁的经营手段，在商山吴氏家族经商中屡有展现。

其三，宗谱研究是目前学术界非常关注的热门问题之一，《宗祠谱传》对于徽州家谱研究最重要的价值在于提供了新颖的谱例。其主要表现一是内容别具一格，二是宗旨推陈创新，三是谱法史考结合。

在内容方面，《宗祠谱传》与一般家谱明显不同，没有记录姓氏源流、堂号、世系表、族规家训、小传、艺文和图像等家谱基本内容，只有传记一项，因而属于专题类家谱。明代中后期，徽州专题类家谱不断出现，有专以艺文为内容的贻范集、清芬录等，如程敏政《程氏贻范集》、程一枝《程氏贻范集补》和吴绅《新安吴氏传桂集》等；有专以祠墓为内容的墓谱、祠志、祭祀谱，如明代吴可学《吴氏本枝墓谱》、王珙《新安王氏墓谱纪略》、汪仲滔《西溪汪氏先茔便览》和吴士彦《商山吴氏祖墓四至图》等；有专以宗族族规为内容的祖训家规，如吴世禄《商山吴氏宗法规条》[②]等。明代中期以后，徽州专题类家谱的纂修，极大丰富了徽州家谱类型。而《宗祠谱传》只录人物传记，在徽州专题类家谱中别具一格。

在编撰宗旨方面，《宗谱谱传》收录吴氏族人“修身齐家，有光前裕后之哲；履历立行，有激劝可慕之风”者，以达到“不可使其泯没不传”之目的。具体而言，就是具有“忠信不泯、孝行幽微、贞节不渝、义勇捐躯、文德兼优、友爱恭睦、仗义赒贫、创业开基、奋志成家、淡薄明志”其中之一的，都为之立传。反之，只要有“行一不义、践一非礼”[③]，皆不得立传。由此可见，《宗谱谱传》以“忠孝节义、文章勋业、友爱恭睦、慈善明志”为基本原则。这些原则，亦为一般家谱所遵循，如《新安名族志》即以“忠孝节义、勋业文章”为宗旨。而《宗

① 《新安商山吴氏宗祠谱传》不分卷《二十二世叔父易廿九养心公传》，康熙刊本。

② 常建华利用《商山吴氏宗法条规》探讨过商山吴氏宗族的乡约化问题，见《明代徽州的宗族乡约化》，《中国史研究》2003 年第 3 期；又见《明代宗族研究》，第 283～289 页。

③ 《新安商山吴氏宗祠谱传》不分卷《商山吴氏宗祠谱传小引》，康熙刊本。

谱谱传》提出的“淡薄明志”入传原则，在徽州家谱编撰中则甚为少见。这说明，《宗谱谱传》宗旨在继承前人的基础上又有推陈创新之举。

在谱法史考结合方面，《宗祠谱传》采取史学纂修方法，资料直接来源于家族文献、正史、方志以及墓志铭状，较为真实可靠。《宗祠谱传》对广泛搜集的材料，并不照搬照抄，而是仔细比对、详加考订。如对吴士信《商山吴氏族谱》材料，吴应迁在引用时，“自始祖至十五世传俱属旧谱所载，其中有差讹，皆已改正”。如上数端，为我们研究徽州家谱提供了重要的新颖谱例。

综上所述，由《新安商山吴氏宗祠谱传》反映出的徽州家谱谱传之价值，从教化角度来看，在于“扬前人之德泽，激励后人之愤发”，具有“俾悖乱者循孝悌，化奸诡者为善良，贤者知所勉，不肖知所惧”的功能。从文献学角度考察，体现在补史、辑佚和校勘等方面。而从史料学角度来看，谱传又为有关历史问题以及区域史、家族史等研究提供了原始和典型史料。因此，尽管家谱谱传普遍存在“为亲者讳”和“美化”先人等问题，但其社会教化价值和学术研究价值应受到重视。本文所考察的《新安商山吴氏宗祠谱传》，为我们了解徽州家谱谱传的价值，提供了一个典型样本。

原载《安徽大学学报》2015 年第 6 期

徽州家谱中的清代涉墓诉讼论略

徐　彬　祝　虻

清代徽州家族对墓地极为重视，将其视为家族之根本，认为“死者有墓犹生者有庐”，“先人坟墓政吾人之根本地也”①。对于墓地的保护，族内更是有着严格的规定，涉及墓地纠纷时，要求族人“当执据理论取复，不得已而后呈官”②。虽然诉讼手段属于解决这类纠纷的“不得已”途径，但从遗存资料来看，有清一代徽州地区的涉墓诉讼绝非少数。一些学者利用徽州文书资料对墓地诉讼进行了研究③，同时也有学者利用徽州家谱资料考察墓地诉讼④。

---

① (清)程家训等纂修:《潜阳程氏支谱》卷首《家训》，清光绪元年(1875)世忠堂刻本。

② 民国《碧山李氏宗派谱·家训》，抄本，纂修者不详。

③ 这方面的主要论述有，沈菊芳:《明清徽州坟山、祀田状况及其纠纷研究》，华东政法大学硕士学位论文，2008年；韩秀桃:《明清徽州民间坟山纠纷的初步分析》，《法律文化研究(第四辑)》，2008年；任志强:《明清时期坟茔的纷争》，《安徽大学法律评论》2009年第1辑；李哲:《清代民间坟山纠纷解决机制》，《民间法 2010》，济南:济南出版社，2010年；龚雪:《清代徽州坟产纠纷研究》，华东政法大学硕士学位论文，2014年。除整体分析外，还有对墓地诉讼某一方面的专门研究，如梁诸英《明清时期徽州荫木砍伐及地方社会应对》，《中国农史》2013年第2期。

④ 郑小春《明清徽州诉讼文书的遗存及其特点》(《巢湖学院学报》2007年第1期)、《明清徽州案卷文书的种类与学术价值》(《淮北煤炭师范学院学报》2010年第3期)论述了徽州家谱收录的墓地诉讼案卷。以徽州家谱资料研究墓地诉讼的主要成果有，郑小春:《明清徽州汪氏祠墓纠纷初探》，《徽学》第4卷，合肥:安徽大学出版社，2006年；郑小春:《汪氏祠墓纠纷所见明清徽州宗族统治的强化》，《安徽大学学报》2007年第4期；卜永坚:《明清徽州程元谭墓地的纠纷:以〈新安程氏家乘〉为中心》，《徽学》第5卷，合肥:安徽大学出版社，2008年；张佩国:《风水与坟业的历史民族志——清代光绪十八年绩溪司马墓“盗葬案”探析》，《西南民族大学学报》2011年第3期；张佩国:《祖先与神明之间——清代绩溪司马墓“盗砍案”的历史民族志》，《中国社会科学》2011年第2期。

但从已有成果看，基于徽州家谱资料的清代涉墓诉讼研究，多集中于个案，缺乏整体性的探讨。本文拟从分属不同家族、诉讼原因也存在差异的记载中，简要探讨徽州家谱中的清代涉墓诉讼。

一、墓地诉讼入谱原因及内容

中国传统基层社会缺乏长期有效的档案管理机制，家谱就成为家族重要的档案资料，亦成为官府资料的重要补充。作为档案的家谱，收录有大量证明家族财产如墓地所有权的资料。清代徽州的宗族社会已日臻成熟，其中不乏传承达数百年的著姓大族，延绵的世系在标示悠久传统的同时，亦存在地权证明的困难。这种困难使得徽州宗族在编纂自身家谱时尤为重视地权合法性的记载。清代徽州宗族墓地主要来源于祖传与向他人购买两种方式。祖传者因年代久远，家族虽明确要求族人不得出售并严加保护，“倒卖宗谱及祖坟地基，砍卖祖坟切近荫木，致伤祖墓者”会遭到逐出宗族的处罚[①]，但实际上这种要求难以完全做到，进而就无法保证对于家族墓地的长期占有。向他人购买者则会产生契约以为凭据，但这种契约有着明显的时效性，在保存上也有一定的困难。即便是保存完善或载入家谱的年久契约，亦不具备全部的法律效力。乾隆三十三年(1768)条例规定：“凡民人告争坟山，近年者以印契为凭；如系远年之业，须将山地字号、亩数及库贮鳞册并完粮印串，逐一丈勘查对。果相符合，即断令管业。如勘查不符，又无完粮印串，其所执远年旧契及碑谱等项，均不得执为凭据。即将滥控侵占之人，按例治罪。”[②]只有“山地字号、亩数及库贮鳞册并完粮印串”相符，“远年旧契、碑谱”才能够证明家族的墓地所有权。而诉讼结果与课税记录一样具有比私家契约更强的法律效应，还能证明祖传墓地所有权的合法性。若家谱中记录有此类官方明确认可的材料，则家族的墓地所有权就能得到保证。

笔者从安徽师范大学图书馆收藏的徽州家谱中析出涉墓诉讼文书 21 件，这些文书以官府示禁文为主，兼有讼词稿，具体情况如表 1。

---

① (清)高美佩等纂修：《梁安高氏族谱》卷 11《家法》，清光绪三年(1877)木活字本。

② 《大清律例》卷 9《户律・田宅・盗卖田宅・条例》，参见马建石、杨育棠主编《大清律例通考校注》，北京：中国政法大学出版社，1992 年，第 433 页。

表 1　徽州家谱所载清代墓地诉讼

序号	谱名	地点	时间	诉讼双方	诉讼内容	处理结果
1	弘村汪氏家谱	黟县	顺治七年	汪姓族人控韩廷宿等	乘清丈而欲将汪山丈入韩坟之内	呈于徽州府，杖廷宿、廷敏
2	休宁程氏北山派续编本派源流谱	休宁	康熙八年	程涛等控程立贤等	盗葬改向、擅折旧坊、私竖新坊	案宕未结
3	新州叶氏家乘	钱塘	康熙五十年	叶菁等控汪士	汪士以伪造契约侵占叶氏墓地	墓地归还
4	皤溪汪氏家谱	婺源	康熙五十七年	汪芳控郎柳等	郎柳等违禁盗砍	契约作废，赃银归还
5	皤溪汪氏家谱	婺源	康熙五十七年	汪祖泰等控强横之徒	强横之徒盗荫药鱼	官府示禁
6	皤溪汪氏家谱	婺源	康熙五十八年	汪贤等控郎姓之人	郎姓之人盗砍荫木	官府示禁
7	仙源岑村汪氏族谱	太平	雍正四年	汪陈两姓互控	两姓互控坟山归属	告臬司，定界，陈姓迁葬、认罚
8	弘村汪氏家谱	淳安	雍正十二年	汪兆璿控土豪邵子俊	邵子俊兴造广厦盗伐山石	官府示禁
9	古筑孙氏家谱	黟县	乾隆十九年	孙自超等控棍徒	村落附近无知之辈任意侵害	官府示禁
10	桂林洪氏宗谱	歙县	乾隆三十年	洪征治等控坟佃	坟佃盗荫为灾、谋坟上之丰壤、夺业欺主	官府示禁
11	眉山吴氏宗谱	绩溪	嘉庆二年	吴伯煋等控宵小瞰生等	瞰生等伐荫挖桩或继畜作践	官府示禁
12	古筑孙氏家谱	黟县	嘉庆三年	孙大顺上控孙启方等	孙启方挖棺	孙大顺诬告，迁坟，官府示禁
13	古筑孙氏家谱	黟县	嘉庆九年	孙枚等控孙沧屿、孙大顺	孙沧屿、孙大顺叔侄盗葬，挖伤小盛郎祖坟	官府示禁
14	梁安城西周氏宗谱	绩溪	嘉庆二十二年	周荣等控异姓棍徒	异姓棍徒惑遗穴于地师，魆行盗葬	官府示禁
15	新安汪氏宗祠通谱	徽州	道光二十年	汪廷楷等控附近居民	附近居民作残坟祠	官府示禁
16	南关许氏惇叙堂宗谱	绩溪	同治二年	余庭训控该地愚民	该地愚民觊觎吉穴，开挖盗葬，盗砍荫木	官府示禁
17	南关许氏惇叙堂宗谱	绩溪	同治三年	许元剑等控邻村地棍汪德富等	邻村地棍屡次盗害，扯毁示禁	官府示禁
18	新安柯氏宗谱	绩溪	同治十年	柯根菊等控附近居民	附近居民垂涎窥伺吉壤	官府示禁

续表 1

序号	谱名	地点	时间	诉讼双方	诉讼内容	处理结果
19	新州叶氏家乘	黟县	光绪八年	叶庆熊等控叶三喜与不法之徒	不法之徒勾结支孽叶三喜盗砍侵害	官府示禁
20	南关许氏惇叙堂宗谱	绩溪	光绪十五年	许文源等控不法之徒	不法之徒盗砍荫木，贪吉盗葬	官府示禁
21	新安柯氏宗谱	绩溪	光绪二十二年	柯钰选等控黄姓村黄姓族人	黄姓族人捣毁定界，盗砍侵占	官府示禁

资料出处：1.(清)汪炳章等纂：《磻溪汪氏家谱》，同治十三年木刻本，5 册。2.(清)许文源等纂修：《南关许氏惇叙堂宗谱》，光绪十五年木活字本，10 册。3.(清)汪立铭等纂修：《仙源岑村汪氏族谱》，光绪二十二年木活字本，10 册。4.(清)孙家晖纂修：《古筑孙氏家谱》，嘉庆十七年刻本，6 册。5.(民国)洪业远纂修：《桂林洪氏宗谱》，1923 年木活字本，8 册。6.(清)汪纯粹纂：《弘村汪氏家谱》，乾隆十五年刻本，16 册。7.(清)周之屏等纂修：《梁安城西周氏宗谱》，光绪三十一年敬爱堂木活字本，21 册。8.(民国)柯立功等编纂：《新安柯氏宗谱》，1926 年刻本，12 册。9.(清)汪鸣相等纂修：《新安汪氏宗祠通谱》，道光二十年木活字本，4 册。10.(民国)叶希明纂修：《新州叶氏家乘》，1925 年铅印本，10 册。11.(清)程子享编续：《休宁程氏北山派续编本派源流谱》，抄本，1 册。12.(民国)吴永丰纂修：《眉山吴氏宗谱》，1924 年木活字本，6 册。

从表 1 看，徽州家谱中所载涉墓诉讼几乎贯穿整个清代，地域上涉及除祁门之外的徽州 5 县，及宁国府太平县、浙江严州府淳安县和杭州府钱塘县。控诉者大多为宗族代表，被控者则包括本姓族人、异姓宗族、强横之徒、不法之徒、土豪、地棍、坟佃、宵小以及普通民众等。诉讼的内容主要集中于侵占盗害墓地及与墓地“吉壤”相关的风水，涉及的墓地大多为宗族祖墓。将这些内容与墓图一起载入家谱，共同配合证明与保护祖墓，尤其是为了强调它们的警示作用。这些诉讼虽属“民间细故”，但宗族阖族参与的现象十分普遍，有的案件甚至延宕数百年。案件中虽有部分呈至臬司等省级司法机构，但大部分的最终判决都是府县一级所决定的。从最后处理的结果来看，大部分都是以官府示禁、被告赔偿结案，最重者也不过施以杖责。由是观之，属于州县“自理”范围的诉讼占据了主要部分①。

① 《清史稿》卷 144《刑法三》：“各省户、婚、田土及笞、杖轻罪，由州县完结，例称‘自理’。”北京：中华书局，1976 年，第 4207 页。

二、入谱墓地诉讼的基本类别

受传统中国社会物权保护缺失的影响和明代中期逐渐发展的商品经济的冲击，清代徽州地区的墓地产权模糊且常有变更，所引发的纠纷屡见不鲜。上述徽州墓地诉讼，是这种纠纷的一种激烈表现形式。这种地权争夺反映了这一时期徽州地区土地产权及依附于其上的各阶层之间的关系。从家谱中记载的具体案例看，这些诉讼可以分为侵犯墓地所有权、破坏先祖坟墓、侵害祖墓风水等。

在上述21个诉讼案例中，涉及侵占盗害的诉讼有16项，占主要部分，主要表现为侵占墓地、盗葬、作残坟祠等。这种侵占盗害在类型上包括对于墓地产权的侵犯和先祖坟墓的破坏。

（一）侵犯墓地产权

侵犯墓地产权所引发的诉讼在涉墓诉讼中最为常见，主要由侵越坟界、盗葬和盗卖坟地等几种常见的侵权行为所造成。

1. 侵越坟界

坟界指坟茔界址和坟山界址，实质上即是墓地产权的界限。在通常情况下，坟茔界址都会依据“坟茔禁步”来确定，而坟山界址也会在坟山契约、墓碑和族谱中进行注明。相互毗邻的墓地所有人之间往往会因界址不清而发生诉讼，或会因一方侵权而引发诉讼。发生于雍正四年(1726)的汪陈两姓互控案即是缘于界址不清：“纵来山地总以界为定，如汪陈两姓土名黄栗岗坟山毗连，各坟墓在各山界内……汪姓续在自界内靠西埋坟，陈姓即与之争论。”①这种界限的模糊使得嘉靖四十年(1561)两姓因一树归属便开始争讼不休，直到嘉靖四十五年官府立石划界方告一段落。到清朝清丈土地时，黄栗岗的地权更为复杂，除汪陈两姓外又有胡、时两姓坟山。康熙五十三年(1714)，因汪氏在自身墓地内砍树，两姓纠纷又起，随即诉讼出现并不断升级，双方迭讼长

---

① (清)汪立铭等纂修:《仙源岑村汪氏族谱》卷10《黄栗岗案抄》，清光绪二十二年(1896)木活字本。

达13年，直至雍正四年臬司处理方才终结。顺治七年(1650)汪姓族人控韩廷宿等案，则是典型的由侵占墓地地权而引发的诉讼。汪韩两姓在明万历年间即已定下合同，划定坟界，而韩廷宿等人欲乘清朝丈量土地之机将汪氏墓地据为己有[①]，汪姓随即将韩廷宿控诉至徽州府。有些侵权则是故意破坏坟界，光绪二十二年(1896)柯钰选等控黄姓族人案即是如此，“黄姓因库存鳞册无存，往往挖毁原钉界石、志图，盗砍侵占”[②]。

这种因界址引发的诉讼，官府多以“各管各业”为断案宗旨，往往会安排官差邀集约邻进行现场勘查，“即以断明立碑定界，则各管各业，听从其便”，并对引发诉讼的事由明令禁止，如“汪家坟山株树不许砍伐，以伤陈姓风水”[③]；对相关责任人予以惩罚，如“杖廷宿、廷敏以为侵贪之戒”[④]。

2. 盗葬

盗葬行为也是引发墓地诉讼的重要原因之一。土地资源稀缺与风水观念盛行是徽州地区盗葬行为的主要诱因。有些盗葬是因家贫无力而起，这种行为徽州宗族亦会宽容对待，“纵前盗葬者，或是贫苦无地可葬，处于不得已，情有可原，姑置勿论”，但对“异姓棍徒惑遗穴于地师，魆行盗葬”[⑤]这种贪图“吉壤”的盗葬行为，徽州宗族则会严肃对待，并有可能付诸诉讼，请官府示禁，“非赏给示严禁，不足以儆将来”[⑥]。而且不论族内还是族外之人盗葬，徽州人都会提出控告。如嘉庆三年(1798)孙大顺上控孙启方等案，即是族内相控。孙沧屿、孙大顺叔侄于嘉庆二年盗葬后，孙启方等将其坟中棺木挖出，孙大顺反诬孙启方。官府查明情况后，令孙大顺迁坟，并于嘉庆三年示禁以防族内再生盗葬之事。对于盗葬行为所引发的诉讼，官府在惩处盗葬者之外，

---

① (清)汪纯粹纂:《弘村汪氏家谱》卷19《邱墓》，清乾隆十五年(1750)刻本。

② (民国)柯立功、胡祥木编纂:《新安柯氏宗谱》卷23《宅墓》，1926年汤已照斋刻本。

③ (清)汪立铭等纂修:《仙源岑村汪氏族谱》卷10《黄栗岗案抄》，清光绪二十二年(1896)木活字本。

④ (清)汪纯粹纂:《弘村汪氏家谱》卷19《邱墓》，清乾隆十五年(1750)刻本。

⑤ (清)周之屏等纂修:《梁安城西周氏宗谱》卷19《禁碑》，清光绪三十一年(1905)敬爱堂木活字本。

⑥ (清)许文源等纂修:《南关许氏惇叙堂宗谱》卷9《墓图附告示》，清光绪十五年(1889)木活字本。

往往会满足墓地所有者的要求给出示禁，在证明墓地所有权的同时，防止今后再出现盗葬之事。

3. 盗卖坟地

墓地虽然用途较为特殊，但本质上还是土地资源的一种，具有土地资源所共有的经济价值。在传统中国社会，对比墓地所具有的经济价值，盗卖的犯罪成本相当低廉。这种盗卖行为一经发现，自然会引发诉讼，这种诉讼在徽州家谱中亦有记载。康熙五十年(1711)叶菁控汪士案、康熙五十七年汪芳控郎柳案，都是盗卖坟地的案例。前者为汪士伪造契约以推翻叶氏墓地地权。后者为一地两卖，汪芳于康熙三十八年从查之璐手中买取田地以作墓地之用，康熙四十二年查氏之子查新若又将其地卖与郎氏，直至郎氏于地砍伐时，汪芳才以盗砍之名将郎柳等人俱控于官。盗卖在清代属于民事犯罪中的重罪之一，《大清律例》有着明确的规定："凡盗(他人田宅)卖、(将已不堪田宅)换易及冒认(他人田宅作自己者)，若虚(写价)钱实(立文)契典买，及侵占他人田宅者，田一亩、屋一间以下笞五十，每田五亩、屋三间加一等，罪止杖八十、徒二年。系官(田宅)者，各加二等。"[①]地方官府以查询买卖契约与实际状况为判案依据，查明则会以盗卖田产罪从重处置。汪芳控郎柳案，官府的判决是："今查讯干证户族各供鉴，鉴明系盗卖情真，本应以将查新若、查慎先并知情故买之郎柳等一并严究，念事在康熙五十二年上谕以前，姑从宽释。"[②]

(二)破坏先祖坟墓

破坏先祖坟墓主要表现为践踏、挖毁坟茔和盗取坟茔资源三种情形。清代的徽州宗族更是赋予了先祖坟墓人格化的灵性，并认为保护祖墓即是为子孙后代服务，"人之魂体居墓，受山川淑气则灵，灵则魂安，安则致子孙昌衍而

---

① 《大清律例》卷9《户律·田宅·盗卖田宅》，田涛、郑秦点校，北京：法律出版社，1999年，第195～196页。

② (清)汪炳章、汪腾璋等纂：《磻溪汪氏家谱》卷1《城源事录契据》，清同治十三年(1874)木刻本。

不替”[①],并在家规中详尽表述这类保护。对于破坏先祖坟茔的行为,徽州家族往往会有激烈的反应,即会采取诉讼的解决方式。

1. 践踏坟茔

徽州宗族在保护先祖坟茔时尤重防止人畜践踏,人畜践踏坟茔的举动被认为是对先祖坟墓的严重侵犯,一些普通的小事也会引发诉讼。如嘉庆二年(1797)吴伯煋等控宵小瞰生等案,即是因有人于吴氏祖坟上饲养牲畜而起。道光二十年(1840)汪廷楷等控附近居民案,也是由附近居民在坟茔前肆意放养猪牛等牲畜所引发。这种诉讼往往难以找到明确的被告人,诉讼便会以官府示禁结束。

2. 挖毁坟茔

有些诉讼则涉及严重的挖坟行为。从表 1 所列诉讼看,挖坟行为并非被告人刻意为之,而是盗葬的另一后果,嘉庆九年(1804)的孙氏内控案即是如此。该案起因是,嘉庆三年,孙大顺受孙沧屿蛊惑,盗葬入祖坟地界内,并挖伤小盛郎墓。为避免这种侵害再次出现,孙氏族人孙枚等将官府示禁扩大至所有祖坟处。依照《大清律例》的规定,挖毁坟茔的行为属于“发冢”,是严重的犯罪行为。孙氏内控案中的示禁均由省级司法机关按察使司下令颁示,也从侧面证实了这种侵害行为的严重性。

3. 盗取坟地的土石资源

墓地的土石资源也具有一定的经济价值(如可用于建筑),盗取这种资源亦被视为对先祖墓地的破坏,宗族即会控告于官,雍正十二年(1734)汪兆璿控土豪邵子俊案、同治十年(1871)柯根菊等控附近居民案即是其中典型案例。在后案中,柯氏认为祖墓附近居民“有觊觎墓后红泥色沃……造屋之家难保不于此处垂涎”[②],便提前告官,请得官府示禁。对于这种盗取行为,有时因坟地所在山脉资源所有权无法完全确定,官府的处置亦有模糊之处。如汪兆璿案中,因邵子俊“兴造广厦,盗伐山石,满载连樯”,引起汪素公等上告,

---

① (清)许登瀛重修:《重修古歙东门许氏宗谱》卷 1《戒后侵祖坟伐木说》,清乾隆二年(1737)木活字本。

② (民国)柯立功、胡祥木编纂:《新安柯氏宗谱》卷 23《宅墓》,1926 年汤已照斋刻本。

而淳安县处理的结果是"乡曲愚氓,姑纵宽宥在案"[①]。汪氏族人不满于此而告到严州府,最终获严州府宪的"给示永禁碑"。

(三)有关风水诉讼

徽州地区信仰风水的习俗由来已久,宋人罗愿《新安志》中已有程灵洗为其父挑选"吉兆"安葬的故事。清代,徽州地区风水观念盛行,在徽州人看来,祖墓之一草一石皆关乎宗族的命运,一朝被损,则有子孙不蕃之风险。受此观念影响的墓地诉讼在徽州屡见不鲜,正如清人赵吉士所说,"风水之说,徽人尤重之,其平时构争结讼,强半为此"[②]。这种风水实质上构成了墓地中的隐性"财产"。因侵犯祖坟风水而控至官府的案件主要包括"谋占风水""盗砍荫木"和侵害祖坟"龙脉"等三个方面。

1. 谋占风水

受风水观念影响,徽州人在殡葬先人之时,"既择年、月、日、时,又择山水形势,以为子孙贫富、贵贱、贤愚、寿夭尽系于此"[③]。而优质的山水形势即是所谓的"吉壤",对此,徽州人自明代起就形成了较明确的判断标准:"土厚、水深、无砂、无蚁,土色以黄为正,坚而不燥、光润而不湿者吉。"[④]这样一来,"吉壤"资源的缺乏就不足为奇了。由于寻找一块吉壤不易,故而会出现盗葬等行为。这种因图谋"吉壤"而起的盗葬行为,即是对于风水财产的谋占。表1案例中的盗葬行为均有谋取优质风水的诱因。以光绪十五年(1889)许文源等控不法之徒案为例,许氏祖墓在太平天国战争中无人看管,即有人觊觎吉壤盗葬,控告至官后,因证据不足无法定罪,许氏只得请官府示禁以图"消患

---

① (清)汪纯粹纂:《弘村汪氏家谱》卷19《邱墓》,清乾隆十五年(1750)刻本。

② (清)赵吉士:《寄园寄所寄》卷11《故老杂记》,周晓光、刘道胜点校,合肥:黄山书社,2008年,第872页。

③ (清)吴翟:《茗洲吴氏家典》卷5《治葬》,胡益民点校,合肥:黄山书社,2006年,第138页。

④ (明)王宗本纂修:《休宁宣仁王氏族谱》卷10《族谱四礼》,明万历三十八年(1610)刻本。

于未事之先”[1]。在这些诉讼中,堪舆之人即地师的作用不能忽略,嘉庆二十二年(1817)周荣等控异姓棍徒案即是被告受地师影响而引发的。对于这种谋占风水的行为,《大清律例》中没有明确的法条规定,官府只有在盗葬行为发生后才会给予处置。因此,宗族为保护自家墓地风水,只得提前向官府请得示禁以作预防。

2. 盗砍荫木

在徽州人观念中,荫木被赋予了护卫祖先坟茔的功效,“墓旁树木勤蓄,始可以护坟而壮观焉”[2]。这使得荫木在风水上有着极其重要的作用,并和子孙后代的繁衍联系在一起,即“树木有关乎风水,而风水实关乎人丁”[3]。与此同时,官府亦对这些荫木记有山税,如一份清代乾隆年间的休宁县坟山示禁告示载:“据十八都三图贡生汪大瑗、职员汪得志呈称:缘生等祖茔葬在土名庄基林,系坐字二千四十九号,山税一分七厘。”[4]盗砍荫木的行为一经发现必然会引起宗族的强烈反应,以致产生诉讼。从这些诉讼的被告人来看,盗砍可大致分为本族盗砍(如光绪八年叶庆熊等控叶三喜与不法之徒案)、外族盗砍(如光绪十五年许文源等控不法之徒案)及看管者监守自盗(如乾隆三十年洪征治等控坟佃案)三类。由于荫木在墓地风水上的特殊性,官府对盗砍荫木的处罚要较一般盗砍为重,如在叶庆熊等控叶三喜与不法之徒案中,官府就将被告“提押责惩”,并给予示禁。

3. 侵害祖坟“龙脉”

清代徽州人一般认为祖坟龙脉乃是风水根基,“本自天成”,如果遭到破坏必然会影响子孙后代,所以将损害祖坟“龙脉”的行为视为严重侵权,并会付诸诉讼。如在雍正十二年(1734)汪兆璿控土豪邵子俊案中,汪氏族人兴讼固然有邵子俊盗采山石之故,更深层次原因应是害怕祖坟“龙脉”受损,导致

---

① (清)许文源等纂修:《南关许氏惇叙堂宗谱》卷9《墓图附告示》,清光绪十五年(1889)木活字本。

② (民国)汪凤五等纂修:《汪氏宗谱》卷首下《家训》,1925年务本堂刻本。

③ (清)许文源等纂修:《南关许氏惇叙堂宗谱》卷9《墓图附告示》,清光绪十五年(1889)木活字本。

④ 《乾隆四十年休宁县告示》,王钰欣、周绍泉主编:《徽州千年契约文书·清民国编》第1卷,石家庄:花山文艺出版社,1993年,第414页。

“子孙必受其咎,刁风渐起,穿凿更恐不休”[①]。这种大规模的破坏行为在诉讼中并不多见,官府处置亦以示禁预防为主。

三、入谱墓地诉讼的特点

墓地在中国传统社会是一种极为特殊的财产形式,不仅体现了传统社会中的地权特征,还是传统文化尤其是宗族文化的某种集中体现。这种特殊性在清代徽州地区凸显,徽州人的产权观念、风水观念、孝义观念和宗族观念都通过墓地表达出来,使得涉及墓地的诉讼呈现出自身的特点。尤其是载入家谱中的墓地诉讼,这些特点更为明显,在诉讼的成因、内容和最终判决上均有所表现,成为反映清代徽州文化与社会特质的镜像之一。

(一)地权和风水纠葛的复杂性

在清代“户婚田土、民间细故”式的诉讼中,涉及墓地的诉讼表现出鲜明的复杂性,这是因为此类诉讼不仅与地权有关,还涉及风水这一隐性财产。风水财产虽为隐性财产,必须依托地权方能存在,但在尤重风水的徽州地区,唯有拥有了风水财产,土地地权才具有墓地价值。地权与风水无法完全分割、界定,致使两者纠葛不清,诉讼案件必然十分复杂,正如清人汪辉祖谈及田土勘丈时指出的,田土勘丈“大端有四:曰风水,曰水利,曰山场,曰田界……唯风水、山场有影射,有牵扯,诈伪百出”[②],而这种情形在徽州表现得十分突出。

1. 墓地属于重要地权

土地资源的缺乏与集中为清代徽州土地实态,与此种自然条件相比,徽州地区人口却在不断增加,到清道光年间已达200万之巨[③]。同时,徽州地区有产者如仕宦、商贾等又纷纷回乡斥资并购土地,大兴祠墓,死人地占据活人田的现象十分普遍。这种人文与自然环境下的徽州,人地矛盾极为突出,自

---

① (清)汪纯粹纂:《弘村汪氏家谱》卷19《邱墓》,清乾隆十五年(1750)刻本。

② (清)汪辉祖:《学治臆说》,张廷骧:《入幕须知五种》,光绪十年(1884)刻本。

③ 参见叶显恩《明清徽州农村社会与佃仆制》,合肥:安徽人民出版社,1983年,第33页之“徽州地区人口变动指数图”。

然使得地权关系紧张。墓地虽为一种特殊的土地形式，同样具有生产资料的价值。墓地空地可用于栽培树木、放养牲畜，甚至还有建筑和渔业资源，在经济利益的驱使下，墓地自然成为盗掠的对象。如乾隆三十年（1765）洪征治等控坟佃案中，坟佃“盗荫为灾并谋坟上之丰壤，竟至夺业欺主”①，看守洪氏墓地的佃农显然是将所守墓地当作自家田地来经营了。由墓地林业资源所引发的诉讼在清代徽州更是屡见不鲜，如雍正四年（1726）的汪陈两姓互控案，前后历经十三载，就是两姓对于墓地林业资源的争夺引发的界址诉讼，本质上即是地权之争。

2. 墓地价值关乎风水

清代徽州人的风水信仰对于墓地诉讼的影响非常明显，在入谱墓地诉讼中，常有“觊覦、窥伺、贪图”吉壤之语。“吉壤”即是墓地中风水财产的表达，这种表达亦有其自身标准：“卜地葬亲，树封坚固，审查地形，虑夫日后不为道路，不为城墩，不为沟渠，耕犁不能及，豪势不能夺，有一于此，则惕然凛惧，别卜区焉。”②“吉壤”一经选定，自然就将风水财产固化于墓地之上，保护墓地地权即包含了保护风水财产的意味。破坏墓地如盗伐荫木等行为，不仅是对墓地本身的破坏，宗族还会认为将影响到风水价值的发挥，“各派支丁亦知，根深则枝茂，祖妥则丁安”③，因此必然会出现诉讼。入谱墓地诉讼中，大量案例即是基于这类认识而产生的。但附着于墓地之上的风水财产却难以完全定义，会令这类诉讼更为复杂。

（二）士绅为首、家族参与的集团性

在清代徽州宗族社会中，墓地为家族共有，同一家族往往葬于一处。同时，宗族亦将本族墓地视为家族根本，和宗祠统一起到“敬宗收族”的功能。共有财产的现实与根本地位的认同使得墓地纠纷通常会涉及整个家族和宗

① （民国）洪业远纂修：《桂林洪氏宗谱》卷4《茔墓》，1923年木活字本。

② （清）黄治安等纂修：《古林黄氏重修族谱》卷1《修墓通知贴》，清乾隆二十二年（1757）木活字本。

③ （清）周之屏等纂修：《梁安城西周氏宗谱》卷19《禁碑》，清光绪三十一年（1905）敬爱堂木活字本。

族的利益，因此当诉讼发生时，整个家族甚至整个宗族都会卷入其中。实际上家族也会要求在涉及墓地纠纷时，每个族人都要贡献自身的力量，不得帮助外族："外姓有强葬及侵界、伐荫等患，协力公讨，受贿外祖者严惩于家庙，即讼于公庭勿贷。"[①]如康熙五十年(1711)的叶菁等控汪士案中，原告即为整个叶氏家族，包括叶菁、叶莘等34名叶氏族人。尤其是涉及祖墓的诉讼时，更是全族之事，如雍正四年(1726)汪陈两姓互控案，两族均是阖族皆出。虽然诉讼涉及全族利益，但大部分情况下家族都会推举族内士绅作为诉讼原告代表。这些士绅大都拥有功名，与本地官府有着天然的联系。如同治三年(1864)许元剑等诉邻村地棍汪德富等案中，原告即是"署池州营千总事，芜采营千总蓝翎守备"许元剑及其堂弟堂侄等人[②]。而官府亦肯定士绅的行动，甚至赋予他们进一步行动的权力，"许该绅赴县指名控告"[③]，"许该生等指名呈禀"[④]。从清代徽州宗族社会的结构来看，士绅属于家族内部权力的主要掌握者，又有可能是国家和地方的统治阶层，双重属性下的士绅阶层能够顺利地达到家族诉讼的目的。

有关墓地的诉讼并不总是发生于异姓宗族之间，有时本族内部也会产生墓地诉讼。到清代时，徽州家族已经繁衍裂变至相当程度，宗族内部血缘亲疏关系复杂。与此同时，宗族内部墓地的管理、使用等问题也日趋复杂化。康熙年间发生的程氏族内互控案和嘉庆年间的孙氏族内互控案，即是由族内复杂的墓地管理和使用问题引起的。前者是因异姓承继导致的祖墓管理权之争，被告程立贤一脉先祖本为方姓，是为程氏看庙守墓的"细民"，明代改姓为程。康熙年间程立贤等人改动程元谭墓葬的行为，即是为了让这种改姓事实在法理上有立足点。这种行为却挑战了程氏后人对于其先祖墓地的管理权，立刻遭到程氏族人的强烈反对。程氏虽然通过诉讼排除了程立贤一系对于程元谭墓地的管理权，却在事实上承认了此脉程氏。这种由异姓承继带来

---

① (民国)汪凤五等纂修：《汪氏宗谱》卷首下《家训》，1925年务本堂刻本。

② (清)许文源等纂修：《南关许氏惇叙堂宗谱》卷9《墓图附告示》，清光绪十五年(1889)木活字本。

③ (清)孙家晖纂修：《古筑孙氏家谱》卷4《祠墓》，清嘉庆十七年(1812)刻本。

④ (民国)叶希明纂修：《新州叶氏家乘·法案六》，1925年铅印本。

的家族墓地管理权混乱只是引发诉讼的原因之一，还有血缘亲属间的墓地诉讼，嘉庆年间的孙氏内控案即是一例。此案中，孙大顺盗葬之处实际上是孙枚一脉先祖的明代墓地，这一事实的发生实际上反映了孙氏对于先祖墓地管理的缺失和血缘稀薄后宗族凝聚力的下降。

（三）情、理、法交织的融合性

考察所有入谱墓地诉讼可以发现，州县官吏并非完全按照《大清律例》中的规定判决，而是将"情理"与"习俗"纳入整体考量再行判决。官府所考虑的当事人之间是否存在亲情关系等诸多"人情"即是"情理"的范畴，而徽州基层社会普遍存在的乡俗、乡例、乡规、家法族规等即属"习俗"。虽然律例中有涉及田土的法条，但其规定十分简略，而"习俗"则是乡村社会形成的相关规则，具有相当的实用性。这种情况下，"习俗"自然得到了地方官府的司法认同。在顺治七年（1650）汪姓族人控韩廷宿等案、康熙五十七年（1718）汪祖泰等控强横之徒案和雍正四年（1726）汪陈两姓互控案等诉讼中，官府在处置被告时，均以乡约或合同等"习俗"表述作为重要判决依据。尽管其中所涉及的乡约为前朝所定，但官府依然认可它们的法律效力。如汪陈两姓互控案中，两姓曾于明正德年间订立合同确立坟界，并在嘉靖年间的诉讼中作为重要证据被记录在案，到清雍正年间判决时，地方官府即以此为据："正德年间为汪续葬此冢争论曾立合同，合同虽无可考，而旧案内叙说甚明。"[①]但清代徽州官府并非一味以"人情"或"习俗"为断案标准，当《大清律例》中有详细明确的规定时，官府还是以律条为准。如康熙五十七年汪芳控郎柳案，地方官员即是按照《大清律例》中的规定严惩当事人。

四、结　语

墓地作为田土的一种，不免成为掠夺侵占的对象，而清代徽州地区突出的人地矛盾和盛行的风水信仰更加剧了对墓地的争夺。这种情形下，有关墓

① （清）汪立铭等纂修：《仙源岑村汪氏族谱》卷10《黄栗岗案抄》，清光绪二十二年（1896）木活字本。

地诉讼必然频繁发生。同时,在这一时期的徽州宗族社会中,宗族墓地已被视为家族根本,为确保家族墓地长久不受侵犯,徽州家族选择将相关诉讼结果这一极具法律效力的合法性证明载入家谱中。事实上,综合考察这些诉讼与家谱中所载的其他涉墓内容,能有效补充以遗存诉讼文书为基本材料的同类研究,可以展现比较完整的明清徽州墓地纠纷景象。进一步分析所涉墓地的具体情形,将其与宗族内部个体家庭相结合,运用深描的探讨方式,能够揭示其背后的宗族根基性。将这一特性与其他方向的研究相结合,更能从社会学和人类学视角阐释明清徽州宗族所具备的社会组织特性。

原载《安徽大学学报》2015 年第 6 期

清代徽州家谱的谱禁

王裕明

清代谱禁是中国家谱史上一个特有现象。所谓谱禁，是指清代官方对家谱内容和格式所作的规范。有关清代谱禁的研究，发端于杨殿珣，他在《中国家谱通论(续)》一文中简单交代了乾隆四十四年谱禁事实①。陈捷先论述了清代"谱禁"的发生时间、原因、内容和影响，认为谱禁始于乾隆二十九年(1764)，发端于江西一些家族的祠谱纠纷，重点查禁家谱中的妄攀现象及僭越之词，家谱避讳也属于谱禁内容②。常建华在分析乾隆朝的宗族治理时，论及乾隆二十九的谱禁③。徐建华认为，清代谱禁共有乾隆二十九年和乾隆四十年代中叶两次。前一次始于江西一些家族的祠谱纠纷，重点查禁家谱中的妄攀现象；后一次是在编修《四库全书》和"文字狱"风行下实行的，特点是重点查找、删改家谱中的僭妄、违碍字句④。卞利论述了徽州家谱避讳过程以及家谱与官府管理之间的互动，认为徽州谱禁始于乾隆四十六年，并延续至清末，重点查阅家谱中不知检点和敬避问题⑤。

---

① 杨殿珣：《中国家谱通论(续)》，《图书季刊》1946年1～2期，第34页。

② 陈捷先：《清代"谱禁"探微》，《故宫学术季刊》第1卷第1期，1983年，第11～29页。

③ 常建华：《试论乾隆朝治理宗族的政策与实践》，《学术界》1990年第2期。又常建华《宗族志》分析了乾隆朝的两次谱禁，上海：上海人民出版社，1998年，第303－306页。

④ 来新夏、徐建华：《中国的年谱与家谱》，济南：山东教育出版社，1991年，第78～82页。

⑤ 卞利：《明清时期徽州族谱的纂修及刊刻等相关问题研究》，《徽学》第5卷，合肥：安徽大学出版社，2008年，第209～239页；《明清至民国时期徽州族谱的纂修、刊印、避讳及其家国互动关系初探》，郑振满主编：《族谱研究》第一辑，北京：社会科学文献出版社，2013年，第50～96页。

检阅徽州家谱不难发现,清代徽州谱禁始于乾隆四十六年,并延至嘉道年间。清代徽州谱禁内容主要为避讳、抬写、禁用违碍荒诞字句和毁板。避讳是清代徽州谱禁的基本内容,但不能将徽州家谱避讳等同于谱禁。徽州家谱的避讳存在于有清一代,但乾隆四十五年以前以及道光以后徽州家谱的避讳并非谱禁。徽州家谱谱禁内容比规定更为具体、丰富,对徽州家谱编修的影响既有积极的一面,又有消极的一面。故此,有必要对清代徽州谱禁重新检讨,徽州谱禁发生的时间需要澄清,徽州谱禁的内容需要补充,徽州谱禁的影响需要说明。

一、时　间

徽州谱禁始于乾隆四十六年(1781),并延至嘉道年间。对于乾隆四十六年的徽州谱禁,乾隆婺源《龙溪俞氏宗谱》、乾隆婺源《甲道张氏宗谱》、乾隆婺源《庆源詹氏宗谱》、乾隆婺源《星源严田李氏家谱》、乾隆婺源《甲椿李氏家谱》、乾隆徽州《汪氏通宗世谱》、道光婺源《磻溪汪氏宗谱》和民国婺源《清华东园胡氏昧贤总谱》皆有相关记载。其中,刊于乾隆四十七年的《龙溪俞氏宗谱·叙》载:“今上御极之四十六年,当路有改正宗谱之令。余时秉录星江,星江之人争从令焉。盖由士民风气醇古,而尊王、尊祖之意,有油然不能自已者。逾年秋,龙溪俞氏乃携其修辑之家乘校阅于余,繁者删,阙者补,诸所为诞蔓之语,悉举而去之。”该《叙》为婺源教谕陆源所作。据其所载,乾隆四十六年“当路”下令谱禁,乾隆四十七年,婺源龙溪俞氏便将新修家谱送至官府审查。所谓“当路”,据乾隆徽州《汪氏通宗世谱》凡例,为安徽布政使。即是说,乾隆四十六年徽州谱禁,是由安徽布政使下令的。关于此次谱禁在徽州府县的施行情况,乾隆四十七年补刊的《甲道张氏宗谱·重修宗谱小引》也有详细记载:

> 我张氏宗谱,自乾隆癸未集修,至乙酉冬告竣,为时未远。今辛丑之秋,奉各上宪饬示,各郡邑凡有宗谱之家,不知检点、敬避讳字及一切违碍、妄诞诸句,务必逐一改正,不得藏匿干咎。某等奉诵之下,窃思从前修集之时,因支派甚多,卷帖(帙)浩繁,凡各族誊送红格草本,不及检查,遂概付梓,字句之愆,固所不免。因凛遵功令,将存局原谱呈明邑尊彭父

师。荷蒙详加查核，逐一粘签，指示迷途，幸得有所遵循。遂与原同事诸人议定事例，知会远近宗祊，合一办理。属在我婺诸宗搜集无违，惟外郡远邑以地隔途遥，跋涉维艰，愿各自就近改修。而地稍邻比，郑重其事，必欲寻源者间亦有之。是役也，始于辛丑之仲冬，成于壬寅之季夏，凡单词只句，应避者删之改之，连行累句违碍者抽而换之，虽刮垢除瑕，依然完璧归赵。

据其所载，甲道张氏宗谱始修于乾隆二十八年，成于三十年。乾隆四十六年秋，甲道张氏遵从官府之令，将存局原谱呈送知县彭家桂查核。乾隆《甲道张氏宗谱》卷首《宪示》录有乾隆四十六年婺源知县彭家桂颁布的谱禁告示：

特授婺源县正堂加五级记录十次彭，为自行检举事。本年八月初七日，奉各宪檄，饬令各县民人家谱中不知检点、敬避应作何查办之处，作速悉心妥协核议通禀等因到县。奉此。合摘简明告示，遍行晓谕。为此，示仰阖邑城乡各姓衿族理祠人等知悉，各家谱系内，如有庙讳御名，未经敬避者，及语有违碍者，并叙述姓氏来源，远引古时帝王为始祖，以示荣耀，暨措词失检、混用经书语句，如创业垂统、丕基丕业、升遐薨逝、在天之灵，暨王父、王大父等字样，涉于僭逾，一切夸张、诞妄、不经、违碍之语，概行严禁。如刊刻在前，内有违犯字样，该族长等将谱并板片，赴县呈缴，以凭檄饬刊正销毁，概免治罪。倘敢匿不呈，又不更正销毁，一经查出或被首告，定即照律严行究拟，决不宽贷。各宜凛遵毋违。特示。乾隆四十六年八月二十六日抄白。

据该告示，谱禁对象不仅包括新修家谱而且包括旧刊家谱。

嘉道年间，徽州谱禁仍然存在。如刊于嘉庆十六年(1811)的歙县《桂溪项氏族谱》凡例载："凡前人序传诸文，固非溢美，然推崇雅意，窃恐善善从长，致蹈浮夸之习。今敬遵功令，详加删改，各如其分而止。"该谱始修于嘉庆三年，成于十四年，在编修时，遵照"功令"，对"前人序传诸文"中的浮夸之语进行了删改。又刊于道光元年(1821)的祁门《锦营郑氏宗谱》凡例载："谱内于庙讳、圣讳、御名俱已避书，即名讳文词内稍有字句涉于僭妄不经者，悉细心酌改谨述之，以昭谨慎。”[①]该谱始修于嘉庆二十一年，成于道光元年，编修时不仅避讳，而且对谱中“僭妄不经”字句进行改正。避讳和改正谱中“僭妄不经”字句是谱禁的主要内容。

需要说明的是，虽然避讳是谱禁的一项重要内容，但并不等于说家谱中的避讳皆属于谱禁。清代徽州家谱避讳贯穿有清一代，故而清代徽州家谱避讳是否属于谱禁需要辨正。徽州家谱避讳在康熙年间业已存在，如刊于康熙十年(1671)的《新安程氏世谱正宗》载：“升。子：与宁、玄宁。”[②]其中“玄宁”的“玄”字缺右下“、”。这是对康熙名字的避讳。康熙以后，徽州家谱避讳继续存在。如刊于雍正九年(1731)的歙县《潭渡黄氏族谱》明确记载：“昭代圣讳，悉照钦定‘元鸟至正定府’之例，一一改正。但恐祖讳骤更，易启人疑，故于本字四旁加方□别之，遵功令也。”[③]该谱中，“玄”改写为“元”，“真”改为“正”，分别是对康熙和雍正名字的避讳。又刊于乾隆二十二年的《休宁榆村程氏族谱》中，凡是明代年号“弘治”一律改为“宏治”，“崇祯”一律改为“崇正”，则是对乾隆、雍正名字的避讳。如卒于弘治年间的程添奇，谱载：“添奇，字以琎……没宏治壬戌三月六日。”生于崇祯年间的程天凑，谱载：“天凑，字遥集，号愚庵，生崇正己卯四月廿五日。”[④]刊于道光二十九年的祁门《南源汪氏支谱》凡例亦明确记载：“谱中凡遇庙讳、御名诸字，有他字可代者，俱于本字敬避。然或地名，或前朝国号，或抄录从前通谱，文法中无他字可代者，谨遵功令，恭缺笔画。”刊于光绪二十七年(1901)的祁门《永春戴氏宗谱》凡例载：“谱内有干庙讳、御名字样及先圣、先贤讳者，俱应敬避。”不过，清代乾隆四十五年以前和道光以后徽州家谱避讳皆非谱禁。理由主要有二：第一，从内容来看，谱禁除要求避讳外，还要遵照官府命令对谱中违碍荒诞字句进行改正，甚至删除“诗文传赞”和新安以上世系。而清代乾隆四十五年以前和道光以后存在避讳的徽州家谱，皆无遵照命令改正谱中违碍荒诞字句要求。如雍正歙县《潭渡黄氏族谱》共有凡例35条，却没有一条属于改正“违碍荒诞字

① 道光祁门《锦营郑氏宗谱》卷首《锦营峡城尚三公宗谱凡例》。
② 康熙《新安程氏世谱正宗》不分卷《长翰山派》。
③ 雍正歙县《潭渡黄氏族谱》卷前《录刊隐南公谱凡例》。
④ 乾隆《休宁榆村程氏族谱》卷3《榆村系》、卷5《瑞公派二》。

句”的内容，且该谱还大量收录家传、闺范和文献录等诗文传赞4卷。乾隆《休宁榆村程氏族谱》共有凡例13条，也无一条要求改正“违碍荒诞字句”的内容，却收录了《歙县黄坑院记》《程季公传》和《贞女王氏赞》等诗文传赞近百篇（首）。道光祁门《南源汪氏支谱》共有凡例7条，同样没有一条要求改正“违碍荒诞字句”的内容，却收录了《赠祁门宗兄文亮诗四首》《祝登仕佐郎槐三亲翁汪老先生六十序文》《太学宗泗汪先生传略》和《道安公像赞》等诗文传赞数十篇（首）。光绪祁门《永春戴氏宗谱》共有凡例15条，无一条要求改正“违碍荒诞字句”的内容，反而收录了《谯国历代老系》和《江南戴氏世系》等新安以上世系。第二，从依据来看，徽州谱禁避讳依据的是安徽布政使颁布的告示，而乾隆四十五年以前和道光以后徽州家谱避讳依据的主要是科场条例。如刊于乾隆四十年的婺源《星源银川郑氏宗谱》凡例明确记载：“惟本朝圣讳、御名，及先师讳，悉照监临条约，敬谨避之，不敢干犯，以示恭敬之意。”所谓“监临条约”，即为“监临科场条例”。这说明，乾隆年间银川郑氏家谱避讳依据的是科场条例。又道光三年婺源黄潭程氏编修宗谱时明确规定：“改讳字所以遵功令，示敬心也。”“照科场条例，于各讳字，有他字可代者，则全代之；如无他字可代者，及偏旁字，始缺笔。虽敕命祖名，悉遵此例，同表恭慎之忱，非敢专擅改易也。”[①]可见，道光年间黄潭程氏家谱避讳依据的也是科场条例。

清代徽州谱禁始于乾隆四十六年，并延及嘉道年间。如果认为清代道光以后徽州家谱避讳属于谱禁的话，显然难以准确把握清代徽州谱禁的阶段；如果对清代徽州家谱的避讳不加辨正，则无法完整认识清代谱禁的实质。

二、内　容

徽州谱禁的主要内容是避讳、抬写、改正违碍荒诞字句和销毁谱板等。乾隆婺源《甲道张氏宗谱》卷首《宪示》完整记载了安徽布政使颁布的六条具体规定：

一、谱内如有庙讳、御名本字，遵照部颁字式更正。圣祖仁皇帝讳，

① 光绪婺源《黄潭程氏宗谱》卷首《癸未续修凡例》。

上一字写“元”字，下一字写“煜”字；世宗宪皇帝讳，上一字写“允”字，下一字写“正”字；皇帝御名，上一字写“宏”字，下一字写“歷”字。

一、谱内引用“天子、皇上、圣上、一人、当宁、宸衷、恩旨、温纶、龙章、凤诰、予告、垂问、召对、入觐、熙朝、盛世”等字，系指国朝者，俱应敬谨抬头写，其余可以类推。

一、谱有系国朝重修，卷首载列明代旧序，仍将帝王国号抬写出格者，殊失体制，应改刊作一行直书。

一、各谱艺文内，如有引用吕留良、钱谦益、屈大均等著作诗文，亟宜删去。

一、谱内刊有明末暨国朝定鼎之初士民小传以及诗文、序记，最宜细心校阅。倘有不知体要，语涉不经者，应速更正。

一、各谱艺文内引用“创业垂统、燕天昌后、大启尔宇、保世滋大、卜年卜世、肇迹肇基、烈祖烈考、丕显丕承、中兴缔造、受天之祜、锡我无疆、笃生发祥、肇兴大业、开创丕基、世庙太室、升遐薨逝、在天之灵”，以暨“天命、天佑、天宠、天贶、天眷、天庥、高庙、配享、笔削、家史、王父、王大父”等项字样，俱属僭妄，亟宜更正，余可以类推。

六条谱禁内容概括起来可分为避讳、抬头格式和禁用违碍荒诞字句三个方面。

避讳，即第一条所载，包括避讳依据、对象和讳字处理三方面。避讳依据是“遵照部颁字式更正”。所谓“部颁”，当指礼部所颁。避讳对象为庙讳和御名本字。所谓“庙讳”，是指已去世皇帝的名字；所谓“御名”，即在位皇帝的名字。讳字处理采用代字方式，该条具体写明了康熙、雍正、乾隆三帝名字的避讳用字。谱禁时，徽州家谱悉照该条例避讳。如乾隆徽州《汪氏通宗世谱》凡例关于敬避康熙乾三帝名讳的内容，完全照抄该条。乾隆婺源《庆源詹氏宗谱》将明代年号“弘治”写成“宏治”，如明相，“字济时，行相十五，生明宏治庚申十一月廿一”①。避讳制度并非始于清代，而是自秦汉以来历代如此。家

① 乾隆婺源《庆源詹氏宗谱》卷5《定派义房派二》。

谱中避讳也非始于清代，而是在汉代业已出现[①]。如前所述，谱禁之前，徽州家谱已存在避讳。由此看来，避讳是清代徽州家谱的基本规定，清代徽州谱禁的避讳承袭了秦汉以来的避讳制度。

抬头格式，即第二条和第三条所载，包括抬写词语、方式和朝代两方面。抬写词语列出了16个，抬写朝代仅为本朝，而对明朝皇帝、国号则不准抬写。另，抬写方式亦有相关规定，有“三抬、双抬、单抬”之分，“提行或空格”之别[②]。就抬写词语而言，乾隆婺源《庆源詹氏宗谱》载有“国朝、旨”等，乾隆婺源《龙溪俞氏宗谱》载有“朝廷、功令、国家、本朝、盛时、今上、敕授、龙飞、例授、恩赏”等，乾隆婺源《甲椿李氏宗谱》载有“皇清、国朝、宪颁、诰授、大廷、尊阃、特授、天子、貤封、天阙、龙章、简命、恩科、君恩、皇清、简授”等，乾隆《汪氏通宗世谱》载有“王祖、显祖、安抚、今上御名、国恩、恩旨、特授、上谕、特调、敕建、敕封、圣主、圣天子、御览、君、累朝、恩典、宠锡、天朝、皇上、御书、敕赐、皇恩、圣祖仁皇帝、世宗宪皇帝”等，乾隆婺源《甲道张氏宗谱》载有“赠奉、诰赠、诰封、九重、宪皇帝、敕建、钦命”等。相反的是，乾隆婺源《甲道张氏宗谱》则对抬写“宋、明、大明”等宋明朝号进行涂抹，意谓不准抬写。就抬写方式而言，单抬的有“国朝、朝廷、功令、宪颁、诰授、尊阃、王祖”等，双抬的有“旨、今上、敕授、例授、恩赏、天子、貤封、龙章、简命、恩科、君恩、上谕、敕建、圣主、御览、恩典、宠锡、皇上、御书”等，三抬的有“圣祖仁皇帝、世宗宪皇帝”等。抬写格式并非始于清代，而是始于秦朝。清代抬头格式，至乾隆时正式加以规范。乾隆二十五年，清廷颁布抬写格式，规定“朝廷、国朝、国家、龙楼、凤阁”等词语需要单抬，“圣天子、圣主、宸衷、盛世、孝治、谕旨、熙朝、御书、天章、九重、六飞”等词语需要双抬，“御纂、御批、御注、御定、御制、世祖章皇帝、圣祖仁皇帝、列圣、世德、方泽、宗庙”等词语需要三抬。乾隆三十年，清廷再次颁行抬写格式，规定“列圣、郊庙、皇上、圣主”等词语需要抬写[③]。由此看来，抬写是清代徽州家谱的基本规定，清代徽州谱禁的抬写格式是对汉代以来抬写格式

① 来新夏、徐建华：《中国的年谱与家谱》，第78页。

② 同治婺源《磻溪汪氏宗谱》卷首《凡例·录乾隆壬寅十则》。

③ 道光《钦定科场条例》卷42《违式·抬写格式·例案》，“故宫珍本丛刊”第337册，海口：海南出版社，2000年，第86～91页。

的承袭。不过，徽州谱禁实际抬写制度与谱禁条例略有不同，在遵照条例基础上增加了不少词语，显示出谱禁时徽州宗族编修家谱的谨慎态度。

改正违碍、荒诞和僭妄字句，即第四、第五和第六条所载。谱禁时，徽州家谱悉遵条例。乾隆年间，休宁富溪汪玑在修撰汪氏家谱时，对于谱中“新旧传记，字句违碍，有遵全删者，有遵节删者，有古昔帝王敕赐及古笔不敢涂乙者，阙之而已。其称辞、命名僭妄，一切遵签删去，不敢存之简端”①。至于改正违碍、荒诞和僭妄字句的原因，当与编修《四库全书》和“文字狱”风行相关。如第四条要求删去谱中“吕留良、钱谦益、屈大均等著作诗文”，直接来自乾隆四十三年四库馆《查办违碍书籍条款》：“钱谦益、吕留良、金堡、屈大均等，除所自著之书俱应销毁除外，若各书内载入其议论、选及其诗词者，原系他人所采录，与伊等自著之书不同，应遵照原奉谕旨，将书内所引各条签名抽毁，于原板内铲除，仍各存其原书，以示平允。”②第五条要求更正“明末暨国朝定鼎之初士民小传以及诗文、序记”中“不知体要、不经之语”，亦与四库编修期间查禁书籍有关。乾隆三十九年，查禁书籍违碍字句，“明季造野史者甚多，其间毁誉任意，传闻异词，必有诋触本朝之语。正当及此一番查办，尽行销毁，杜遏邪言”③。乾隆四十五年，查缴戏曲剧本，“如明季国初之事，有关涉本朝字句，自当一体饬查”④。至于违碍、荒诞字句的具体内容，由于谱禁条例没有具体、明确的表示，兼之谱禁时新旧家谱的涂抹删改，已经难以清楚说明，只能从个别家谱中窥见一二。如乾隆婺源《甲道张氏宗谱》将“君、统宗大谱”视为违碍荒诞字句，谱中“予自弱冠交君共笔研者四年”⑤句中，“君”即被涂抹。此外，也可以从邻近府县家谱中约略推知。如刊于康熙五十九年的旌德县《旌阳张氏续修宗谱》，将“本支百世”、“自黄帝以来”、“《大雅》之诗曰：‘文

---

① 乾隆徽州《汪氏通宗世谱》卷首《凡例》。

② 转引自郭伯恭《四库全书纂修考》，“民国丛书”第四编第41册，上海：上海书店出版社，1992年，第25页。

③ 王先谦编，周润蕃、周沦蕃校：《正续东华录》，乾隆三十九年八月癸未，光绪十三年撷华书局版。

④ 《清高宗实录》卷1118，乾隆四十五年十一月乙酉，北京：中华书局，1986年，第22册第939页。

⑤ 乾隆婺源《甲道张氏宗谱》卷38《明通判澹圃张公行状》。

王孙子，本支百世'"、"统宗"，以及"统宗大谱"中"统、大"等视为违碍荒诞字句[①]。不难看出，这些字句多为夸大、并非事实之语。按此而言，谱禁要求改正的违碍荒诞字句多为荒诞之语。这些荒诞之语主要涉及姓氏来源和远古世系。因此，谱禁时，一些家谱明确表示遵守不得远引古代帝王为祖先的规定[②]。

另据前述乾隆四十六年婺源知县彭家桂谱禁告示可知，谱禁规定对已刊板片，除呈缴改正外，尚需销毁。

综上，谱禁内容主要体现在避讳、抬写和改正违碍荒诞字句三个方面。避讳和抬写是清代谱禁的基本内容。避讳制度和抬写格式并非始于清代，而是自秦汉以来历代如此。这说明清代谱禁是长期以来专制文化的产物。改正违碍荒诞字句来源于乾隆年间四库编修和书籍查办，说明清代谱禁是直接在四库编修和文字狱下实行的。而徽州家谱执行谱禁时更为苛刻。

三、影　响

谱禁对徽州家谱产生诸多影响，既有消极的一面，亦有积极的一面。消极面表现为家谱内容删减过多、肆意篡改家谱内容从而增加阅读困难，以及因谱禁而引起谱事纷争；积极面是使得家谱修撰更为严谨、内容更加可靠。

内容删减过多。根据谱禁规定，谱中违碍荒诞字句需要删改，但并非要求将有违碍荒诞字句的文章整篇删除，除了吕留良、钱谦益、屈大均等的著作诗文，也未要求将某类文章全部删除。然而，一些家族在修撰家谱时，出于担心，便一概不载诗文。乾隆五十年，婺源庆源詹氏在修撰家谱时，不仅将"谱内一切违碍字句，悉遵改正"，而且将"谱内诗文、传赞，概行禁除。只将履历、生殁年月、娶氏、葬所，及女适某氏，照所送红格编注"。规定"诗文传赞遵例不入。即嘉靖已载者，亦遵例悉删"[③]。最终撰成的家谱共 24 卷，内容为"卷首序、分迁表、凡例，卷一至二十四世系"，没有诗文传赞。乾隆四十七年，婺

① 康熙旌德《旌阳张氏续修宗谱》卷上一《旌德张氏续修嘉会谱序》。

② 同治婺源《磻溪汪氏宗谱》卷首《凡例·录乾隆壬寅十则》、乾隆徽州《汪氏通宗世谱》卷首《凡例》。

③ 乾隆婺源《庆源詹氏宗谱》卷首《凡例》。

源龙溪俞氏在修撰家谱时，也将诗文、传赞之类文章全部删除不录。现存乾隆婺源《龙溪俞氏宗谱》共16卷首末各1卷，内容为“卷首谱序、祖源图、卷一至十六世系，卷末诰敕、宅居图、墓图、祠记和地税”，没有诗文传赞。乾隆四十七年，婺源严田李氏在修撰家谱时，大量删除乾隆十四年谱中的诗文、传赞。同乾隆十四年家谱相比，乾隆四十七年《星源严田李氏宗谱》内容大为减少，由原18卷减少至8卷。家谱中的诗文传赞宣扬族人美德和事迹，旨在激励后人，本是家谱重要内容，删除不录，一方面使得家谱结构不够完整，另一方面使得家谱的教化功能大大降低。

甚至，一些家族因族中有人受文字狱牵连，在修撰家谱时，不仅将该族人相关资料一律不载，而且将该族人的相关世系也弃而不录。如乾隆年间，婺源甲道张氏在修撰家谱时，就没有收录族人张潮的资料。张潮是清代康熙年间著名刻书家、文学家，与桐城派学者戴名世多有交往。张潮曾向戴名世索要《孑遗录》，也为戴名世刻过“明小题”，同时为戴名世“江上今文”之选积极供稿。康熙五十年，戴名世“南山案”发时，张潮虽已去世，但还是受到牵连。乾隆《甲道张氏宗谱》不仅将谱中张潮名字涂抹，而且张潮所在柔川一支世系也残缺不全。该谱有关柔川张氏世系，尚不及顺治十六年(1659)张习孔修撰的《新安张氏统宗谱》完整。由于乾隆《甲道张氏宗谱》刻意不录张潮的资料，使得张潮的生平事迹至今还不够明了。

肆意篡改内容。一些家谱在改正违碍字句的同时，借机对旧谱中的文章进行篡改。如乾隆五十年，婺源庆源詹氏编修家谱时，即对旧谱中的王汝舟序进行篡改。其中，对其引用詹新道一段话篡改特别明显。原文为：

> 予表兄新道常曰：“家世居此，远有代序。今吾族之先，小八进士盛，孝行义风，勤俭积累，以有其家。盛生十八进士士隆，士隆生三二进士敌，敌生念五进士彬。彬生四十进士彦皋，能嗣其先志，以儒学自持。及彦皋生三进士文珣，则吾高祖也。高祖生十四进士义居，义居生十进士锦，锦生先君五进士升。闻高祖生当五代之末，兵戈征役，四方骚然未定。三子尚幼，奋身独立于乱离扰攘之际，劳苦艰难，可谓至矣。及天下无事，人获安堵。三子既壮而附翼之，故能大振门户，□□□□族寿九十有一，曾祖卒时，吾先大父才二十有□□，□有成器，志虑博远，无过言缺

行，乡里称其长者，皆□以为法焉。先君早世，鼎与母相依为命，辛勤履善，仅绍宗祊，慨念亲亲之服，五世而斩，则岁时祭祀之礼，将有时而废其祖。欲书此意，遗吾子孙以示不忘。”①

篡改后的文字为：

予表兄新道君，同居洪氏外家，得闻其详，又出谱系曰：“吾族之先，自黄隐公迁庐源，三传云烟，生小八，迁庆源，子孙繁衍。迨我高祖，生当五代之末，立于兵戈扰攘之中，劳苦艰难，可谓至矣。及天下安定，诸子既壮以辅翼之，故能大振门户，为世家之冠。曾祖及先大父，孝行义风，代有令闻。鼎幼失怙，母子相依为命，仅绍宗祊。慨念亲亲之服，五世而斩，岁时祭祀，恐有时而废，故书此示子孙，以不忘之意。”②

经比较不难发现，篡改内容主要有三：一是增添詹氏从庐源迁至庆源的主要人物，二是直接删除新道先人世系和姓名，三是改写新道高祖以下先人的主要事迹。篡改后，不仅文字大大减少，而且模糊了新道家世，从而失去了文章本意。乾隆四十七年，婺源严田李氏修撰《星源严田李氏宗谱》时，在对旧谱中违碍字句进行改正的同时，趁机对文章肆意篡改。其中，对嘉靖年间金达所撰《三田李氏通宗谱序》的篡改特别明显，使金达序文失去了原意。

增加阅读困难。不论是讳字的处理，还是违碍字句的改正，都会在一定程度上造成阅读困难。如乾隆婺源《甲道张氏宗谱》对违碍字句进行涂抹，使人无法辨认。该谱序传中涂抹之处甚多。其中，王佑《宗间序》在“与甲道源远流长”与“也。今秋谱事告竣，诸公问序焉”之间涂抹 5 字。叶立琰《杰坑岭西序》在“清和张氏”与“得姓原由，前谱序之详矣”之间涂抹 4 字。如此涂抹，使人无法辨认，增加阅读困难。另，违碍字句的删改，对后世家谱续修也产生不良影响。乾隆婺源《甲道张氏宗谱》对违碍字句的涂抹，使得甲道张氏道光年间续修家谱时，只好直接将被涂抹的字略去不录。如将王佑《宗间序》上述文句直接写成“甲道源远流长也。今秋谱事告竣，诸公问序焉”，将叶立琰《杰坑岭西序》上述文句直接写成“清和张氏，得姓原由，前谱序之详矣”。

---

① 明成化《新安詹氏家谱》卷 1《庆源詹氏家谱引》。

② 乾隆婺源《庆源詹氏宗谱》卷首《婺源庆源家谱序》。

引起宗族纷争。清代谱禁非常严格，一些族人因担心受到牵连，便主动告发本族家谱中存在违禁内容。如乾隆四十年，休宁富溪汪玑修撰《汪氏通宗世谱》。由于该谱不仅记载了汪氏“得姓以前渊源”，而且还记载“著姓四十四传至世华公、铁佛公”世系，同时新旧传中有不少“违碍字句”，例属谱禁范围，乾隆四十六年徽州谱禁时，便有汪氏族人控告到县，引起宗族纠纷。据汪玑说：“岁己丑，玑承先严命，奉宪暨诸彦公举，校修通谱，缘就旧牒挂新丁，七经寒暑始竣迄。奉宪禁谕，未即邀集重校，婺北有族人构讼，指谱有违碍干禁，上控藩辕，檄吊磨勘。先檄府宪，会同休、婺县台，传玑并诸族长凭讯。斯时只身上下，惴惴引咎。荷蒙冰镜，原在未奉例禁之先，乃核定粘签，饬遵一一抽旧镌正，限以岁时，详销蒇事。”①

家谱修撰更为严谨。根据谱禁规定，祖先不得远引古代帝王先贤，并禁用荒诞之语。因此，一些徽州家谱在撰修时，特别谨慎，对于伪托以及难以考证的祖先世系则不予收录，对于前人诗文序传浮夸之语详加删改。如乾隆四十七年，婺源磻溪汪氏修撰家谱时，对始迁祖以前世系及其诗文不予收录：“世系吊图，断以始迁磻溪祖十万公为始。其自十万公以上旧谱所详，概弗敢录。”并将始迁祖以上的“祖像、地图、墓图、宦绩，及官诰、行状、传赞、序记、诗铭、辨说各文词”亦一同删除②。又乾隆五十年婺源庆源詹氏修撰《庆源詹氏宗谱》时，也没有收录新安以前世系。再如，乾隆四十七年婺源龙溪俞氏修谱，“严校勘，义彰敬谨，立言有体，不宜滥引经籍，字画讹舛亦恐违碍干禁，兹谱再三磨勘，务令字句妥帖，疵瑕净尽”③。删除伪托的远古世系和不实的浮夸之语，表现出家谱修撰者的严谨态度，提高了家谱内容的可靠性。

乾道年间的徽州谱禁，是长期以来专制文化的产物。家谱本属民间私家文献，并不对外展示。谱禁则将专制文化渗透至民间私人领域，并借此加强对普通百姓的文化控制。清代谱禁标志着专制文化统治的加强。

原载《安徽大学学报》2015 年第 6 期

---

① 乾隆徽州《汪氏通宗世谱》卷首《遵饬改正通谱后序》。

② 同治婺源《磻溪汪氏家谱》卷首《凡例·录乾隆壬寅十则》。

③ 乾隆婺源《龙溪俞氏宗谱》卷首《凡例》。

后　记

《安徽大学学报(哲学社会科学版)》1995年开始设置“徽学”专栏,自那以来,历任主编都将该专栏作为刊物的重点栏目。经过不懈努力,“徽学”专栏成为发表徽学学术成果的重要阵地,也获得一些好评。在全国高校文科学报研究会和安徽省高校学报研究会举办的评优活动中,“徽学”专栏多次被评为高校学报“特色栏目”“优秀栏目”。2014年,“徽学”专栏被选为教育部高校哲学社会科学学报名栏。

2012年,编辑部从1978年至2010年发表的徽学论文中,选出30余篇编为《徽学研究的理论与实践——〈安徽大学学报〉三十年徽学论文选粹》出版。现在呈现在读者面前的这本文选,是本刊2011－2015年所发徽学论文的结集。

多年来,各界特别是徽学领域的学者、全国文科学报研究会的领导和专家,给了《安徽大学学报》和“徽学”专栏莫大的支持和关爱。没有他们的鼎力支持,“徽学”专栏不会有今日的面貌,我们在此表示衷心感谢。

本书能够顺利出版,还要感谢教育部高校哲学社会科学学报名栏建设工程和安徽大学徽文化传承与创新中心、安徽大学徽学研究中心的资助支持,以及安徽大学出版社李君女士的辛勤工作。

本书出版适逢安徽大学建校90周年,我们以此向安徽大学90华诞献礼。

安徽大学学报编辑部

2018年8月